도남학술연구총서 4

도남 국문학연구의 계승과 발전

도남학회 편

도서출판 월인

陶南學術硏究叢書 4

陶南 國文學 硏究의 繼承과 發展

초판 1쇄 인쇄 • 2007년 6월 15일
초판 1쇄 발행 • 2007년 6월 20일

엮은이 • 陶南學會
펴낸이 • 박 성 복
펴낸곳 • 도서출판 月印
서울특별시 강북구 수유2동 252-9
등록 • 제6-0364호 / **등록일** • 1998년 5월 4일
대표전화 • (02) 912-5000 / **팩스** • (02) 900-5036
http://www.worin.net

ISBN 978-89-8477-363-9 94810

값 25,000원

☞ 잘못된 책은 구입하신 서점이나 본사에서 바꾸어 드립니다.

『陶南學術硏究叢書』 간행에 즈음하여

陶南學會는 陶南 先生이 他界하신 해인 1976년 11월에 결성되었는 바, "己未獨立運動 以後 覺醒한 民族意志가 새로운 民族史를 꾸미기 시작할 무렵 民族運動의 一環으로 國文學 硏究에 뜻을 두어 平生을 이에 獻身함으로써 最初로 國文學의 學的 體系를 세워 이 땅에 學問하는 風土를 조성해주신 陶南 趙潤濟 先生의 學統을 繼承 發展시키기 위하여 陶南學會를 設立한다."고 設立 趣旨文에 밝혀져 있다.

陶南 學統의 繼承과 發展을 주요 趣旨로 출범한 陶南學會는 지난 해 11월로 四半世紀의 年輪을 쌓게 되었고, 곧 創立 30周年을 눈앞에 두고 있다. 이제 陶南 先生의 薰炙를 곁에서 받들던 제자들도 상당수가 타계하여 先生의 곁으로 다시 돌아갔으며, 陶南學會는 그 다음 세대의 학자들이 대부분의 實務를 맡아 운영하게 되었다.

그간 陶南學會에서는 陶南 先生의 學風을 비판적으로 繼承·發展시키고, 國文學의 참신한 硏究 方向을 제시할 만한 논문을 투고 받아 학술지인 『陶南學報』를 제19집까지 發刊하였으며, 陶南學會의 設立 趣旨는 물론 國文學 硏究의 올바른 方向 定立에 기여한 學會와 著述을 嚴選하여 20회에 걸쳐 陶南國文學賞을 시상한 바 있다.

이러한 成果를 바탕으로 하고 또한 창립 25주년을 기리는 뜻으로, 『陶南學術硏究叢書』를 發刊하기로 하였다. 이에는 지금까지 學界에 발표되지 않았던 참신한 硏究 方法에 의한 學術 著書뿐만 아니라, 化石으로 남기 십상인 우리의 古典文學作品을 생동감 있게 풀이하여 전공학자나 일반인들이 두루 感動을 수반하여 古典에 접할 수 있도록 기획된 著述 등을 포괄할 예정이다.

우리의 文學을 民族의 生命體로 파악하셨던 陶南 先生의 遺訓을 다시금 되새기며, 學界에 대한 寄與와 일반 대중에 대한 國文學의 새로운 啓蒙을 펴고자 하는 『陶南學術研究叢書』의 發刊 趣旨에 많은 同學 諸賢의 따스한 激勵와 적극적인 同參, 그리고 따끔한 叱正을 기대하는 바이다. 끝으로 본 叢書의 出刊을 흔쾌히 수락한 도서출판 月印의 박성복 사장께 심심한 謝意를 표한다.

2002년 9월

陶南學會 이사장 尹 徹 重

서문

올해는 陶南 趙潤濟 博士 탄생 100년을 맞이한 지 3년째이며, 林下 崔珍源 선생이 타계하신 지 2년째가 되는 해이다. 도남의 학문적 전통을 잇고 지금까지 도남학회를 이끌어 온 임하 선생의 뜻을 이어받아 도남학회를 새롭게 발전시킬 계기로 삼고자 이 책을 구상하였다.

이 책은 지금까지 '도남 국문학상'을 수상한 분들의 논문 중 스스로 자신의 대표논문으로 자평한 글들로 구성되었으며, 아울러 이들 논문들은 국문학 연구가 시작된 이래 새로운 연구 방법을 마련했거나 새로운 성과를 얻은 것들이다. 이러한 면에서 이 책이 우리 학계에 적지 않은 기여를 하게 될 것이라고 보며, 또한 이 책을 도남학술연구총서로 내게 된 것도 그 의의가 크다고 생각한다.

현재 도남학술상을 수상한 분은 모두 스물 한 분으로 이 가운데는 이미 돌아가신 분들도 계시고, 또 개인적으로 여러 사정이 있어 모두 열일곱 분만이 이번 기획에 참여하셨다. 논문을 보내주신 분들께 깊은 감사의 마음을 드린다.

2007년 6월

陶南學會 이사장 尹 徹 重

차 례

Ⅲ. 산문론

Ⅳ. 음악론

Ⅰ. 일반론

국문학(國文學), 무엇을 어떻게 할 것인가*

임형택(林熒澤)

이 글은 내가 업으로 삼고 있는 일에 대해서 한번 진지하게 생각해보고자 하는 것입니다. 대체 무엇 때문에 하며, 마땅히 무엇을 해야 할 것이며, 또 과연 어떻게 하는 것이 옳고 좋은 방도인가? 새삼스런 소리 같지만, 현재적 임무와 방법을 짚어본다는 점에서 실천과 직결되고 근본적 물음에 해당하는 것입니다.

근래 국문학 강의를 담당하는 교수들로부터 곧잘 듣는 말이 있습니다. 강단에 서서 아무리 소리쳐 보아도 학생들에게 도무지 반응을 얻지 못해 그만 맥이 빠진다는 이야기입니다. "선생님, 방금 강의하신 내용은 도대체 무슨 의미를 갖는 것입니까?" 한 교수가 실제로 받았던 질문입니다. 국문

* 이 글은 필자가 1985년 5월 11일 제9회 도남국문학상(陶南國文學賞)을 받는 자리에서 행한 수상연설의 초고를 새로이 확대 부연할 것이다. 여기서 국문학(國文學)이란 개념은 학문분야로서의 국문학이므로 '한국문학의 학(學)'이란 뜻이다. 따라서 한문학(漢文學)도 포함되는 개념이다.

학사상(國文學史上) 중요한 어떤 작품을 다루면서 고명한 학설을 인용하여 일껏 설명하고 나자 그런 질문이 나온 것입니다. 그 교수는 말문이 막혀 화를 벌컥 내고 강의실을 나왔지만, 그로 인해서 생긴 불유쾌한 감정은 두고두고 가시지 않더라고 합니다. 국문학은 말하자면 많은 학생들의 하품을 유발하고 똑똑한 젊은이에게 무의미하게 비쳐진 꼴입니다.

요즘 대학생들 도무지 버릇없다고들 말합니다. 나도 그런 느낌을 받을 때가 없잖아 있지요. 위의 그 질문을 던진 학생도 버릇없는 놈에 속하는지 잘은 모르지만, 굳이 따지고 싶지 않습니다. 어쨌건 질문 자체가 반드시 제기되어야 할 물음이기 때문입니다.

무릇 하는 일의 본질적 의미-'진정한 가치'를 불문에 부치는 경향은 국문학만의 특수한 현상이 아니오, 현대의 학문 일반에서 볼 수 있고 학문 이외의 다른 영역에서 더욱 현저한 듯합니다. 가령 링 위에서 주먹을 휘둘러 상대를 때려눕히는 것이 무슨 의미를 갖는 일인가? 금메달을 획득하고 사람들을 유쾌하게 해주고, 상품광고의 소재를 제공하고, 게다가 돈을 벌어들이는 것이 의미라면 의미겠죠. 과연 이것이 진정한 가치라고 주장할 수 있을지? 흥부처럼 구처없이 '매품'이라도 파는 노릇이라면 모르겠거니와, 제 자신의 건강에 유익한 일인지 국민 일반의 건강에 기여하는 일인지 묻고 싶은 것입니다.

농부는 쌀을 생산하려고 일을 하는데 쌀은 우리의 생존을 가능케 하는 소중한 것입니다. 쌀에 그런 의미가 없다면 농부는 쌀의 생산을 위해 땀을 흘리지 않습니다. 무의미한 일에 땀을 흘리면 도로(徒勞), 헛짓이 되기 때문입니다. 정신노동 역시 마찬가지지요. 다만, 정신노동은 의미 있는 일인지 아닌지 쉽게 가려지지 않는 경우가 허다합니다. 아니 별 볼일 없는 것이 가장 볼일 있는 듯 착각을 일으키게 하는 수도 있고 아무짝에 쓸모 없거나 심지어 해로운 것이 엄연히 권위를 행사할 수도 있습니다.

그리고 농부는 좋은 쌀을 생산하기 위해서 종자를 선택하고 피를 뽑아버리며, 수확량을 높이기 위해 부단히 기술을 연마, 개선합니다. 물론 가다가 실수를 범하는 수가 있지요. 그러나 같은 실수를 반복하지 않습니다. 그런데 정신노동을 하는 사람들은 더러 피농사를 짓고도 그런 줄도 모르고, 혹은 폐농(廢農)을 하고도 계속 빈둥거리는가 하면, 실농(失農)을 하고도 그 과오를 반복하기도 합니다.

나는 지금 제기하고 있는 문제를 나름으로 의식하면서 작업을 해왔고 글이라고 써왔습니다. 그래서 기왕에 소견을 언급한 바 없지 않으나 대개 단편적이었고 정면으로 거론하지 못했습니다. 원론적인 문제를 굳이 회피할 뜻은 아니었습니다. 구체적인 연구를 통해 보여주고 주장을 납득시키는 편이 보다 바람직하다고 여겼던 터입니다. 이제 와서 종전의 태도를 바꾼 것은 아니고 다만 자기의 할 일을 전체적으로 살피면서 앞으로의 일도 챙기고 가다듬을 필요성을 느꼈으며, 나아가 선배 동학 여러분들과 함께 반성할 기회를 만들고도 싶은 것입니다. 이것은 우리 문학의 연구에 관한 나의 개인적인 의견을 개진한 데 불과합니다. 아무쪼록 여러분들의 도움의 말씀과 서슴없는 질책을 기대합니다.

1. 국문학(國文學)의 상황

자기 임무를 확인하려면 자기가 하는 일이 처한 상황부터 점검할 필요가 있습니다. 이야기를 8 · 15의 국문학적 의미를 생각해보는 데서 시작하겠습니다. 우선 도남(陶南) 조윤제(趙潤濟, 1904~1975) 선생의 노작 『한국문학사(韓國文學史)』 초판 서문(序文)을 인용합니다. 이 저서는 8 · 15 직후에 집필한 것인데, 거기에 국문학자로서 8 · 15에 대한 감회를 적고 있습니다.

> 정치가는 해내외(海內外)에서 모두 한데 모이어 국사(國事)를 논하고 문필가는 붓을 몰아 건국(建國)의 이념을 토(吐)하였다. 이때 나는 대학 강당(講

> 堂)에 뛰어올라 동포의 젊은 학도를 앞에 놓고 소리높이 국문학사를 강의하였다. 실로 감개무량한 일이다. 나는 국문학사 강의의 첫 시간을 마치고 내 연구실에 들어가 뜨거운 눈물이 방울방울 내 옷깃에 떨어지고 있는 것을 뒤에 알았다.

국문학사의 첫 강의는 '뜨거운 눈물'이 옷깃을 적실만큼 감개무량한 일이었음을 고백합니다. 그는 냉철하게 임해야 할 강의에서 왜 이처럼 사뭇 흥분하였을까?

도남(陶南)은 우리가 종사하는 이 국문학을 개척하고 건설한 분입니다. 그는 왜정이 "우리의 문화를 짓밟아 망그러뜨려 없애려"는 데 각성하여, 국문학 연구에 착수하게 되었다 합니다. 이미 국권을 상실한 판국에 우리말을 잃어버리고 수천 년 동안 가꾸고 간직했던 문화마저 멸절(滅絶)되면 곧 민족 자체의 멸절로 되는 것입니다. 민족자아의 회복을 위해서 학문적 탐구가 긴요하게 되었습니다. 하필 일제하에서 국어학 · 국문학 · 국사학이 근대학문으로 성장한 것은 우연이 아니었습니다. 요컨대, 국문학의 건설은 식민지 민족해방운동의 의미를 내포한 것이었지요. 국문학의 개척자 도남으로서는, 일제의 압박으로부터 벗어나 신생 조국의 건설을 눈앞에 보는 마당에 우리 문학사의 첫 강의는 그대로 뿌듯한 감격이 아닐 수 없었던 것입니다.

이런 감정은 어느 한 사람의 특수한 상태는 아니었겠지요. 8 · 15는 국문학에도 확실히 자유 해방의 기분을 안겨주었습니다. 학문 대상의 주체(민족과 국토)와 연구주체(학자)가 억압으로부터 풀려났으니 당연한 일이지요. 학문활동으로 저술 · 출판 등 눈에 나타난 현상만 보더라도 과연 백화제방(百花齊放)의 기운이 완연했습니다. 그러나 그 해방적 의미가 선명하고 확고한 것이었던가요? 나는 한 국문학자의 직접적인 체험을 통해서 음미해보렵니다. 역시 도남의 경우를 들겠습니다.

당시 도남은 그의 학적 권위에 상응하는 자리를 차지합니다. 국립 서울대학의 국어국문학과(國語國文學科)를 자신의 손으로 창설하고 법문학부장(法文學部長)에 취임하였는데, 이때 일입니다. 한 가지 일화는 일본 유학을 하다가 돌아온 학생들을 편입시키기 위한 시험에 국어과목을 넣어 생긴 말썽입니다. 대다수 교수들이 "그만두자. 모르는 것 해서 뭐 하느냐?"고 주장했지만 도남은 "독립된 국가에서 국어를 안 할 수 없다" 우기고 강행한 때문에 공박을 받고 곤란한 지경에 놓였었다 합니다.1) 혹자는 도남의 주장이 당위론이긴 하나 실정을 고려하면 국어는 시험보이기에 난점이 있었다고 말할 것입니다. 상황론이지요. 그러나 지금은 어떠한가? 같은 경우로 요즘도 대학에 따라서 편입시험이란 것이 더러 치러지는데 이때 영어는 으레 들어가지만 국어는 끼이질 않습니다. "모르는 것 시험 보여 뭐 하느냐?"는 주장은 성립될 수 없는 대신 "국어시험은 보여 뭐 하느냐?"는 투의 비웃음이 나옵니다. 이 역시 상황론이지요. 국어를 잘해서 출세를 했다든지, 성공을 했다는 이야기를 나는 별로 들어보지 못했습니다. 국어와 영어가 실세에 있어서, 국민 일반의 의식 속에서 차지하는 중요도는 과연 어떻게 나타날까요. 긴말이 필요치 않다고 봅니다. 모국어가 외국어에 의해 경시 · 위축되는 사태는 8 · 15 이후로도 지속 · 발전된 것입니다.

말이 난 김에 국어교육 문제를 거론하고 넘어가지요. 국어는 8 · 15 이후 비로소 초 · 중 · 고교 및 대학의 필수교과로 들어가 있습니다. 민족국가의 독립과 발전에 국어교육은 긴요한 밑받침이라고 생각합니다. 밑받침이 부실하면 건물이 마침내 무너지고 말듯, 국어교육이 부실하면 민족의 자주적 성장은 기대하기 어려운 것입니다. 국어교육을 통해서 삶의 체험을 풍부하게 이해하고 자기 조상들을 포함해서 인류 보편의 사상 · 문화의 정화(精華)를 섭취하여 건전한 인격을 형성하고 자기를 표현하는 역량을 기르게 됩니다. 그러므로 국어는 근대교육에서 첫째로 중요한 교과입니다. 선진제국이 국어교육을 중시하는 것도 이 때문이지요. 일제하에서는 일본어를

---

1) 李崇寧, 『陶南學報』 제1집, 「陶南回顧記」.

'국어'라고 해서 가르쳤습니다. 반면에 우리 말은 부수 과목으로 들어 있다가 막판에는 가르치지 말도록 강압했던 것입니다. 그런고로 식민지 교육이요, 식민지적 인간을 만들어냈던 것 아닙니까. 8·15 이후 우리 국어가 필수교과로 설정된 사실은 뚜렷한 형식의 변화입니다. 그 형식에 상응하는 내용을 갖게 되었느냐? 국어교육에 의해서 건전한 인격과 표현능력을 갖춘 인간을 창출했으며, 그들이 지금 우리 사회를 이끌어가고 있느냐? 대답은 아니라고 밖에 하지 못하겠습니다. 형식에 내용이 채워지지 않았다고 하겠습니다. 왜 이렇게 되었을까? 이 모두 8·15로부터 오늘에 이르는 우리 현실의 반영이겠지요. 요컨대, 미국과의 정치적·군사적·경제적·문화적인 예속관계에 핵심적인 원인이 있다고 느껴집니다.

또 하나의 일화는 도남이 1948년 4월에 남북협상을 위해서 김구(金九) 선생 등을 따라 평양을 다녀온 다음의 일입니다. 이 때문에 그는 경무대 파출소에 구금을 당하는 곤욕을 치렀으며, 또 뒤에 국립대학의 교수직에서 영원히 쫓겨나는 빌미로까지 됩니다. 그가 '연구 대상의 주체'의 해방을 위해서 심신을 바쳤듯, 이번에는 그것이 분열되어 두 조각이 되는 비극적 사태를 저지하고자 행동했던 것입니다. 그의 학문의식으로서는 논리적 귀결처이며, 그야말로 순수한 학자적 양심 이외에 다른 무엇이 아닙니다. 이 행동은 그러나 자신의 신상에 불이익만 초래하고 민족현실은 남북분단이 고착되고 말았습니다. 그는 그래도 좌절하지 않고 다시 『국문학개설(國文學槪說)』을 집필합니다. 앞의 『국문학사』와 이 『국문학개설』로 '도남 국문학'이 완결된 셈입니다. 그런데 이 책을 쓸 때 그는 '권태(倦怠)와 곤(困)함'에서 늘 벗어나지 못했음을 스스로 술회합니다. 이유는 다른 무엇보다 "오늘날 우리 민족이 한없는 곤(困)함 가운데 희망조차 두질 못하고 허공을 허벅대고 있는 이 역사적 순간에 우리가 처하여 있기 때문"이라고 말합니다. 그가 처음에 가졌던 '감격과 용기와 정열'은 여지없이 권태와 실의로 바뀌고 있습니다.

도남의 경우 비록 암담한 기분에서 헤어나지 못했으며, 학문의 현실권으로부터 소외되고 밀려나긴 하였지만 학자로서의 자기는 유지할 수 있었습니다. 우리 문학을 창조하는 작가 · 시인들, 연구하는 학자 · 지식인들이 얼마나 많이 8 · 15에 의해 구축된 남북분단, 좌우의 대립 · 갈등 속에서 분열 · 파탄에 이르렀던가를 생각해보십시오. 일제의 억압 속에서 축적된 민족의 지적 역량이 온통 소진 · 파괴되었던 것입니다. 국문학은 엄청난 손상을 입었습니다. 도남과 함께 국문학의 개척자요, 특히 소설사(小說史)로 불후의 업적을 남긴 학자의 경우 새로 수립된 정권에 의해 처형을 당했지요. 보다 전진적 방향에서 학문을 하고 독립투쟁의 대열에 뛰어들었던 학자의 운명이었습니다.

8 · 15는 분단시대의 개막이었고, 드디어 남북이 각각 체제를 달리하는 삶을 영위하여, 한쪽의 체제는 종속적 · 의존적인 관계를 공고하게 설정하였습니다. 이것이 우리의 객관적 상황입니다.

물론 일제 식민지로부터 벗어났다는 점에서는 해방적 의미가 없지 않습니다. 그러나 그것은 형식이요, 내용으로 구체화된 것은 아니지요. 국문학은 이제 그 개념구성의 기본요소인 이 땅에서 이 민족이 하나의 생활양식으로 살아온 자기의 과거 역사와 불공대천으로 분열 · 대립된 현재 사이에 엄청난 괴리를 감수하게 되었습니다. 식민지시대와는 양상을 달리하는, 보다 심각한 자기모순을 안고 있는 것입니다.

민족현실을 똑바로 인식하면 통일의 문제는 국문학의 학문의식으로 떠오르게 마련이며, 국문학은 현실에 대항하는 방향으로 정립될 수밖에 없습니다. 그렇지 않으면 국문학의 상(象)을 총체적으로 보지 못합니다. 실제로 분단이 초래한 사상적 경직과 정치적 왜곡이 학문연구의 사고를 크게 제약하였거니와, 비판적 · 저항적인 경향의 학문은 아예 발조차 붙이지 못했던 것입니다. 다른 한편, 자신이 소속한 구역이 '자유진영'에 의해서 방어되고 민족의 현재가 통일적 유기체로 운동하지 않기 때문에 민족문제가 학문의식에 연계되는 것 자체를 불필요한 감정의 소비로 의식하게 됩니다. 6 · 25 이후 냉전체제 하에서 현실순응의 자세입니다만, 이러한 학문경향이 학계를 지배했던 것이 사실입니다. '탈민족의식'은 곧 '탈현실의식'으로 표출되어 과학성을 강조한 결과는 '자료'와 표피적 현상 속에 매몰되고 예술성을 강조한 결과는 '형식' 속에 매몰되었던 것입니다.

그리하여 급기야 서두에서 말했듯 똑똑한 젊은이들에게 '별 볼일 없이' 비쳐지는 국문학을 형성한 것입니다. 국문학의 현재 상태를 한마디로 꼬집자면 '지리멸렬'이 적절한 표현입니다. 물론 값진 연구의 결실, 올바른 이해와 깊은 감동을 주는 역작이 개별적으로 없는 게 아니지요. 그러나 한 가닥 깨끗한 물줄기가 범람하는 흐린 물결을 맑게 할 수는 없습니다.

국문학을 이처럼 지리멸렬하게 존속시키는 곳은 바로 대학입니다. 학생들은 아무리 하품이 나와도 학점을 따기 위해서, 학위를 따기 위해서 참아줍니다. 모든 시험의 권위, 심사의 권위는 가장 별 볼 일없는 지식을 가장 볼 일 있게 만들어주지요. 논문이 아무리 지루하고 허무해도 전문(專門)이란 울타리에 가려져, 상호 불간섭 · 무비판으로 넘어갑니다. 제도적인 보호와 은폐로 '헛짓'과 '무의미'가 통하고 권위를 행사하는 꼴입니다.

이제 국문학의 산실(産室)인 국어국문학과로 눈을 돌려보지요. 이곳은 민족의 언어와 문학을 연구하고 교육하는 기지입니다. 따라서 국어국문학과는 대학의 중추로 인정받아 명실공히 자기 역할을 다해야 옳지만, 그렇지 못하더라도 어문계열(語文系列)에서는 중심학과로 되는 것이 마땅합니다. 그러나 현실적으로 그렇지 못한 사정은 우리 모두 통감하는 터입니다. 영어가 국어를 압도하는 것처럼 국어국문학과는 외관상으로도 영어영문학과에 뒤지고 있지요. 전국적으로 학과의 숫자, 학생의 숫자, 교수의 숫자, 모두 영문학과가 국문학과를 앞지르고 있는 것이 객관적 사실입니다.2) 실로 모양이 우습게 된 것입니다. 매년 들어오는 학생들의 수준을 견주어보면 더욱 모양이 말이 아니지요. 영문학과는 소위 인기학과로 꼽히는 데 반

2) 1984년 발행 『한국 대학연감』에 의하면 '어문학계' 소속 전국 국어국문학과와 영어영문학과의 학과수의 대비는 76:81로 나타나 있다. 거기다 영어과 및 영어학과가 4개 학교에 더 설치되어 있다. 그리고 몇 대학의 교수의 수를 도표로 제시하면 다음과 같다.

해서 국문학과는 '별로'가 된 것이 어제 오늘이 아니며, 입시에서 두 학과의 점수분포는 실제로 큰 차이를 보이고 있습니다. 내가 소속한 한문학과는 더 한심해서 입시 때마다 허탈감이 들곤 합니다. 영문학과보다는 국문학과가 중시됨이 옳고, 한문학과 또한 경시되어서는 안 되겠지요. 결코 팔이 안으로 굽고, 사촌이 땅을 사니까 배 아파하는 수작이 아닙니다. '내외지분(內外之分)'이 있는 것이지요. 남보다 자기를 중요시함이 올바른 도리입니다. 주체적 자세가 모름지기 그래야지요.

국문학이란 용어 자체도 8 · 15 광복과 함께 회복된 것이요, 국어국문학과 역시 8 · 15의 선물입니다. 8 · 15에 의해 독립의 형식은 일단 회복되는 듯 보였으나 그 형식은 분단에 의해 불구가 되어버렸고 다시 대외의존적인 관계로 괴리되고 말았거니와, 세칭 비인기학과로 전락한 곳을 산실로 삼아서 지리멸렬한 국문학을 확대 재생산하고 있다고 보겠습니다.

2. 국문학의 자세 확립과 현재적 임무

오늘의 국문학의 실태는, 문제가 국문학 내부에서 발생했거나 국문학 종사자들이 잘못한 결과로만 돌릴 수 없다고 봅니다. 우리의 삶을 규제하고 있는 한국적 현실과의 구조적 관련성에 의해 나타난 현상인 것입니다. 요컨대, 대외의존적 · 종속적인 관계의 발전, 이와 유착된 비민주적 체제, 그로 인해 빚어진 비주체적 생활과 사고의 반영일 뿐이지요. 그렇다고 해서 우리에게 면책이 허용될 수는 없습니다. 남의 탓으로만 미루는 그것이 비주체적 자세입니다.

	서울대	연세대	고려대	성균관대
국어국문학과	25	8	12	9
영어영문학과	27	22	21	16

(1984년 현재)

우리의 삶을 제약하고 왜곡시키는 힘이 거대하고 완강하다는 사실을 우리는 날이 갈수록 더 심각하게 느낍니다. 그러니 책상물림들이 정신 좀 차리고 나선다고 물러설 것 같으냐, 공연히 덤벼들지 말고 현실에 유리한 쪽으로 따르는 편이 신상에 좋다, 또 실상 그럴 수밖에 없지 않느냐는 순응주의 노선이 있습니다. 순응주의를 학문의 객관성·순수성을 내세워 합리화시킵니다. 혹은 오로지 연구실적에 몰두해서 질보다 양을 취하는 업적주의가 있습니다. 현대 자본주의적 생리에 민감하게 적응한, 적극적인 순응주의라 하겠지요. 이런 등등의 일체의 순응주의적 경향은 요컨대 '나'의 주체를 포기한 데서 나온 것입니다.

물론 학문연구는 정치적 해결을 직접 주도하는 것이 아닙니다. 더구나 국문학은 민중을 배부르게 하는 데 아무런 기여를 하지 못할뿐더러 정치운동과도 거리가 있습니다. 그렇다면 국문학 연구는 일단 보류해 두어야 할 것입니까?

여기서 구한말의 시대를 회고해보겠습니다. 우리 민족은 구체제의 질곡과 주권상실의 위기 속에서 지금 우리가 살아가는 20세기를 맞이하였습니다. 그때 민족위기를 타개하고 시대의 진운(進運)에 능동적으로 대처하려는 움직임으로, 의병항쟁(義兵抗爭)과 애국계몽운동(愛國啓蒙運動)이 전개되고 있었습니다. 전자는 침략자를 물리적으로 구축하려는 '무투(武鬪)' 노선이요, 후자는 민족의 잠재적인 정치역량을 개발하려는 '문투(文鬪)' 노선으로 규정되는 것입니다. 물론 전자가 후자보다 적극적인 대응방식이며, 최후의 승리를 위해서는 불가피하고 확고한 수단임에 틀림없습니다. 그러나 후자의 문화운동에 의한 정신혁명과 민중각성을 동반하지 않은 투쟁 내지 혁명은 공허하고 허약하게 되기 마련이며, 설사 성공한다 해도 국민일반에게 행복의 과일을 맛보게 하기 어려운 것입니다. 식민지로의 전락 역시 문화운동을 보다 광범하게 보다 활발하게 전개하지 못했던 데 내부적 요인이 있었다고 보겠습니다. 물론 지금 20세기말의 상황은 그때와 여러모로 달라졌지만, 민족역량에 대한 원천적인 신뢰와 민족·민중의 각성을 요망하는 점에서는 마찬가지입니다. 아니 보다 더 절실히 요망되고 있습니다.

우리의 민족생활과 민족문화는 8 · 15 이후 오늘에 이르기까지 식민지 지배의 분해공작으로 받았던 상처를 치유하지 못한 채 더욱 엄청난 변질 · 왜곡을 당했습니다. 지금 목전에 펼쳐지는 인간 개개인의 모습들, 도시와 농촌의 면모들을 그때와 비교해본다면 과연 어떻게 비쳐질까요? 달라진 만큼 '좋아졌네, 좋아졌어'라고 맹렬히 찬미하는 소리를 귀 아프게 들었었지요. 그리고는 민속(民俗) 혹은 문화재란 이름 아래 부분적으로 고립시켜 보존 · 모조(模造)하여 제 조상의 생활풍속을(백인이 토인의 문화를 대하듯) 구경거리로 삼아놓고 만족해왔습니다. 자기상실의 보상심리인 동시에, 관광자원의 확보로 의미가 주어질 뿐입니다. 민족의 삶의 역사로부터 이미 괴리되었으므로, 민족화합에 의거한 통일의 길은 무장무장 멀고 어렵게 되어가고 있는 실정입니다.

우리가 달라지는 것을 좋아지는 것으로 무작정 느끼기 난감한 이유에는 다른 하나의 측면이 있습니다. 과연 변형됨으로 인해서 그 결과가 민중에게 어떤 행복과 이익을 가져다주었는가 하는 점입니다. 지금까지 달라지는 과정은 대체로 민중의 희생 · 소외를 촉진하는 과정이었다고 해도 지나친 말이 아닙니다. 그러므로 오늘의 상전벽해(桑田碧海)의 변모는 민족모순을 심화시켰고 민중의 괴리를 극대화시켰던 것이라고 생각됩니다.

그렇다 해서 변혁을 거부하고 '조용한 아침의 나라'로 돌아가자고 고집하는 것은 아닙니다. 오히려 세계사의 신기운을 흡수하여 자기혁신을 감행해야 하며, 자기혁신으로 세계사적 변혁을 이끌어가야 할 것입니다. 이때 변혁은, 마땅히 민족주체적 방향으로, 민중의 삶의 요구를 실현하는 방향으로, 인간해방운동의 일환으로 되어져야 합니다. 현단계에 있어서 민족주체성의 회복이 시급히 요청되는 것입니다. 진정 국문학의 할 일이 거기 있으며, 국문학이 당당히 설자리도 거기에 마련될 것입니다.

국문학도들은 우선 오늘의 현실을 나의 문제로 안아야 합니다. 그래서 국문학의 학문적 실천은 곧 '민족주체적 삶'을 회복하기 위한 노력에 하나로 합쳐지도록 되어야 할 것입니다. 국문학을 제대로 하는 것이 민족문제를 해결하는 일의 일부라고 하겠습니다.

성호(星湖) 이익(李瀷, 1682~1764)은 한평생 초야에 묻혀 있었지만 이 세상을 자기의 책임[以斯世爲己責]으로 자각했다고 합니다. 다산(茶山) 정약용(丁若鏞, 1762~1836)도 자기 아들을 훈계하는 편지에서 육상산(陸象山, 九淵)의 "우주간(宇宙間)의 일은 곧 나 자신의 일이요, 나 자신의 일은 곧 우주간의 일이라"는 말을 인용하여, "대장부는 하루라도 이 점을 망각해서 안 되니 우리 인간 된 본분은 또한 스스로 범상한 것이 아니다"고 역설하였습니다. '나의 주체'를 '세계의 주체'로 실현하는 방도는 과연 무엇이겠습니까? 이에 대한 해답은 연암(燕巖) 박지원(朴趾源, 1737~1805)에게서 듣겠습니다. 연암은 주장하기를, "한 사(士)가 독서를 하면 혜택이 세계에 미치고 공업(功業)이 영구히 드리워지니" 천하문명(天下文明)은 독서하는 사(士)의 참여로 이룩될 수 있다고 하였습니다. 즉 '나'를 '천하의 주체'로 통일시키는 길은 독서에서 출발하는 것으로 보았던 것입니다. 연암이 의미하는 사(士)는 지식인에 해당하며, 독서(讀書)는 다름 아닌 학문입니다. 참다운 독서=학문은 '나'의 주체성의 정립이 전제되어야 할 것이며, 학문의 실천은 '나'를 '역사의 주체', '세계의 주체'로 통일하는 과정이 되는 것입니다. 성호 · 연암 · 다산이 저 위대한 학적인 업적과 걸출한 문학작품을 남길 수 있었던 것은 무엇보다 이와 같은 자세를 견지 · 실천했기 때문입니다.

우리 민족은 비교적 긴 역사에 풍부한 문학유산을 소유하고 있습니다. 미국은 현재 우리와 견줄 수 없을 만큼 큰 부자나라요 선진문화를 자랑하고 있는 터입니다. 그러나 역사경험으로 따지면 2백년 남짓하여, 저들의 문학사는 도저히 우리처럼 풍부한 역사적 내용과 다양한 형식의 발전으로 구성될 수 없습니다. 이러한 우리의 조건은 우리 자신의 정신적 자산이요, 창조의 원천입니다. 국문학은 이 민족유산을 퇴장(退藏)시키지 말고 가치를 정확하게 파악하고 생명력을 불어넣는 작업을 해야 합니다. 이것이 우리의 임무이겠지요. 그러자면 작품에 대한 정밀하고도 심오한 분석 작업이 필요한데, 거기에는 시각(視覺)의 문제가 따릅니다. 시각은 본래 연구주체에 달려 있지요.

> 현실 속에서 행동하고 사고하는 '나의 주체'를 어떻게 정립할 것인가? 세계 속에서 민족의 현재와 미래를 어떻게 방향잡고, 나의 주체를 어디에 위치시킬 것인가? 거기서 민족의 문학유산을 바라보는 시각이 열릴 것이 아닌가.
> (『한국문학사(韓國文學史)의 시각(視覺)』의 서문)

본인이 자신의 책머리에 썼던 말입니다. 현재의 입장에서는 원칙적으로 '민족주체적 시각'을 확고히 관철하는 것이 정당한 도리라고 생각합니다. 이우성(李佑成) 선생은 "'나'의 주체가 역사의 주체로서의 위치에 서게 될 때 그 역사기술은 개인의 것이 아닌 역사 자체의 하나의 상(象)으로 형성될 것"(『한국(韓國)의 역사상(歷史像)』 서문)이라고 말한 바 있거니와, 우리 문학사의 상 역시 주체적 시각에 의해 고결한 영혼의 아름다움을 체득하고, 생활의 기쁨과 슬픔, 고통과 노여움을 공감할 수 있는 모습으로, 보다 풍성하고 보다 활기찬 모습으로 그려질 때 민족 자체의 상으로 될 것입니다.

국문학의 고유한 임무는 '이상 끝'이 아닙니다. 다음으로 민족교육 · 국민교양에 해당하는 부분을 제대로 감당해야 합니다. 앞서 이미 국어교육의 의의를 언급했던 바, 국민 대중의 정신생활을 계도하는 일도 함께 중요합니다. 문학유산은 국문학자의 연구업적으로 분해될 성질이 아니라 민족의 정신적 자양분으로 살아나야 하는 것입니다. 연구 분석도 실은 국민 일반이 잘 소화할 수 있도록 하는 공작인 셈입니다. 또한 민족의 고전에 흥미를 느끼고 쉽게 접근할 수 있도록 해설 · 번역 · 주석 등의 작업을 충실하게 진행해야겠습니다. 이 경우 대중화의 이름 아래 고전에 담긴 혼을 제거하고 흥미본위로 속화시키는, 근래에 범람하는 풍조를 우려하며 경계해야지요. 문학유산은 민족·민중의 정신을 고양시키고 각성시키는 데 좋은 교재이기 때문입니다. 끝으로 현재 이루어지고 있는 문학창작과 예술운동을 밑받침하는 일입니다. 문학유산은 새로운 창조의 원천이기 때문에 우리가 그것을 소중하게 생각하는 것입니다. 근래 작가·시인들의 탁월한 창작과 민중예술의 활발한 운동을 통해 전통의 창조적 계승·발전이 시도되고 있음을 봅니다. 이 새로운 문학예술운동은 60년대 말 이후 대두한 국문학 연구의 새로운 경향과 무관하지 않으며, 실제로 그 내용사상·창작수법에 국문학 쪽의 해석을 원용한 경우를 열거할 수 있습니다. 그런데 최근에 확산된 전위적 민중문예운동에 대해서 국문학은 당황해하고 주저앉은 듯합니다. 국문학도는 창조적 현장 앞에서 모른 척하거나 어정대지 말고 거기에 전문가적 지식을 제공하고 나아가서 그 움직임을 지도할 역량까지 갖추어야 함이 물론입니다.

현재 우리 문학의 진로는 민족문학의 건설에 있습니다. 민족문학은 민중의 생활현실을 민족형식 속에 담는 것이 우선 중요하다 하겠지요. 민족형식이란 반드시 고래의 고전적 형태만을 의미하는 것은 아니라고 봅니다. 예컨대 우리의 신문학은 서구의 시민문학을 섭취해서 형성된 것이지만, 이 역시 민족형식의 자기발전이며, 거기서도 민족형식을 도출할 수 있는 것입니다. 그리고 민족형식은 문예방면에만 한정된 것은 아닙니다.

우리는 현대사의 엄청난 시련과 혼란을 역사적으로 해결하지 못한 상태입니다. 우리 앞에 밀어닥친 세계사적 영향은 우리의 구체적 환경에 적응하여 민족형식으로 용해되어야 할 줄 믿습니다. 민족통일과 민주화의 과제 역시 '민족주체적 삶'의 실천으로 실현되어야 할 것입니다. 우리의 모든 창조적 작업은 민족형식의 확충·발전에 이바지해야 되는바, 국문학도 여기에 적극적으로 기여함이 있어야겠습니다.

3. 학문연구의 실제에서 부딪치는 몇 가지 문제

앞에서 국문학에서 주어진 임무는, 첫째 민족의 문학유산을 연구함에 있고, 둘째 민족교육 · 국민교양 분야에 주도적 역할을 담당해야 하며, 셋째 오늘의 새로운 창조에 이바지해야할 것으로 보았습니다.

이 세 과제는 무엇이 더 중요하고 덜 중요하고를 가릴 성질이 아닙니다. 상호연관성을 가집니다. 첫째의 연구작업은 둘째와 셋째의 과제를 항상 염두에 두고 진행해야겠지요. 다만, 학문연구가 일차적인 일이요, 연구작업을 통해서 학적인 내실을 기해야 둘째와 셋째의 과제를 제대로 감당할 수 있을 것입니다.

학문연구는 주체적 자세만 확립하면 저절로 달성되는 그런 것은 절대 아닙니다. 자신의 심혈을 쏟아야 하는 정신노동, 한평생 각고의 노력을 거기에 기울여야 되는 것이지요. 우수한 물건을 제작하려면 기술의 축적 · 연마가 필요하듯 정신노동 역시 무릎을 썩이는 독서와 예리한 현실관찰을 통한 지식의 축적, 좋은 글을 쓰기 위한 정련(精鍊)의 과정을 반드시 요구하는 것입니다.

우리가 학문연구를 수행하자면 가지가지의 어렵고 복잡한 문제에 부딪치게 마련입니다. 무릇 세상사는 더욱 어렵고 복잡하지요. 그러나 거기에는 판결의 기준이 되는 법률 조문이라도 있는데 학문의 세계는 자고로 그런 규정을 따로 마련해둔 바가 없습니다. 그 성격 자체가 법률로 정하기란 용이치 않거니와, 사실 그런 것을 어디서 만들어놓고 규제하려 든다면 참으로 곤란하게 되겠지요. 그렇다고 무원칙이 상책이라는 식으로 나가면 그것도 곤란하겠습니다.

다음에 학문연구의 실제에서 기본적으로 제기되는 몇 가지 문제점을 두고 생각해보기로 하겠습니다. 나는 여기서 학문 방법상의 원칙적 방향을 제시하는 개념을 일부러 옛 학자들의 글 속에서 따오기로 합니다. 우리의 앞에서 위대한 학문을 이룬 민족의 스승들의 훌륭한 연구방법을 아무쪼록 배우고 또 응용해보자는 그런 뜻에서입니다.

1) 학문상에 있어서의 현실주의-'실사구시(實事求是)'

현실주의(리얼리즘)는 하나의 세계관이며, 문예창작에 있어서 기본원칙에 속하는 것입니다. 물론 역사적으로 볼 때 이것이 유일한 방법은 아니었지만, 세계문학의 많은 위대한 걸작들은 현실주의적 창작자세로부터 산출되었고 근대문학에 이르면 그것이 문예사조의 주류를 형성하지 않았습니까. 특히 우리가 지금 지향하는 민족문학은 현실주의를 튼튼히 견지함으로써 성취될 수 있다는 점을 그 동안 창작의 실제와 이론을 통해서 확인하기에 이르렀습니다. 이 현실주의는 학문연구의 영역에도 적용되어야 할 것으로 봅니다.

현실주의는 예로부터 있었으나 현실주의란 이 단어는 생긴 역사가 오래지 않지요. 현실주의와 관련해서 '실사구시(實事求是)'라는 말을 음미해볼까 합니다. 이 말은 원래 『한서(漢書)』·「하간헌왕전(河間獻王傳)」에 처음 보입니다만, 중국에서는 청대(淸代)이후 오늘에도 매우 중요한 의미를 갖는 개념으로 사용하고 있습니다. 우리나라에서도 이 말에 우리의 정신사적 내용이 함유되어 있지요.

실사구시를 강조한 것은 추사(秋史) 김정희(金正喜, 1786~1856)로 알려져 있습니다. 그의 학문 성격을 실사구시학으로 규정하듯 말입니다. 추사는 실사구시 이 말은 "학문의 가장 중요한 길[學問最要之道]이다"라고 선언합니다. "만약 실제의 일에 근거하지 않고서 다만 공소(空疎)한 술(術)로써 방편을 삼으며, 그 옳은 것(是)을 구하지 않고 다만 앞사람들의 말로써 주장을 삼으면 성현의 도(道)에 배치되지 아니하는 것이 없다"고, 고거(考據)를 진리의 당실(堂室)로 들어가는 유일한 길로 확신한 것입니다.(「實事求是說」) 이는 주로 경학상(經學上)에서 제기된 문제인데, 고거는 오직 훈고학적(訓詁學的) 방법을 가리킵니다. 추사에 있어서 실사구시는 곧 훈고학적 방법으로 청조 고증학(考證學)과 궤도를 같이하는 것이며, 그 '무거불신(無據不信)'의 태도는 실증주의적이라 보겠습니다.

다산은 이 훈고학에 대해서 긍정적이 아니었습니다. 훈고학은 경전(經傳)의 자의(字義)를 정밀하게 해독하여 성현의 본지(本旨)에 도달한다는 것인데, 자의 및 구절(句節)의 정확만으로는 그 근원에 이를 수 없다고 보는 것이지요. 말하자면 심층적 · 비판적 인식을 결여하고 있으며, 실천성 · 현실성이 배제되어 있다는 견해입니다. 다산의 훈고학비판은 추사를 겨냥했던 것은 물론 아닙니다. (청조의 한학(漢學)-훈고학을 존중하는 경향을 의식했던 듯함.) 추사는 다산의 후배로 다산의 학문방법을 계승하지 않고 오히려 다산이 비판했던 방법을 채용했습니다. 추사의 방법론이 주자(朱子)의 경전해석을 맹신하는 종래의 태도, 이기(理氣) · 성정(性情)의 문제를 둘러싸고 공소한 논쟁만 일삼는 풍조에 비추어 과학적 학문에 진일보한 것은 사실입니다. 그러나 결국 그의 실사구시는 현실로부터 이탈하여 '호고(好古)'에 침잠한 것도 사실입니다.

그런데, 실사구시는 추사보다 훨씬 이전에 이미 양득중(梁得中, 1665~1742 字 擇夫, 號 德村)이란 학자에 의해서 제창된 바 있습니다. 덕촌(德村)은 '실사구시' 네 글자는 구폐(救弊)의 요체라고 주장했던 것입니다. 실사구시는 그에 의해서 강렬히 정치적 · 현실적 배경을 가지고 사용되고 있지요.

> 의리(義理)를 가탁(假託)하고 허위(虛僞)를 숭식(崇飾)함으로 해서 오늘날 국세(國勢)가 날로 난망(亂亡)의 지경으로 빠지고 있습니다. 입만 열면 언필칭 의리를 내세우니 그 구호가 아름답기는 하지만 근본이 없으니 어찌하며 그것이 거짓이요 성실이 아니니 어찌하리오! 이에 세상의 대의리(大義理)는 인식을 함몰시키고 세도(世道)를 파괴하는 창귀가 되고 있는 것입니다. 어찌 의리를 내세움으로써 천하를 어지럽힘이 이처럼 극에 이를 수 있단 말인가! 이는 실로 천지가 생긴 이래 일찍이 없었던 세상의 변고입니다.

영조(英祖)에게 올린 소(疏)에서 한 말입니다. "의리를 내세움으로써 천하를 어지럽힌다[以義理而亂天下]"는 것은 대체 무엇을 가리키는가? 중국의 대진(戴震)이 속유(俗儒)를 비판하여 '이리살인(以理殺人)'이란 말을 썼거니와, 덕촌은 더욱 대담하게 '의리를 내세움으로써 천하를 어지럽힌다'라고 한 것입니다. 그가 「명대의변(明大義辨)」에서 "저들의 소위 대의(大義)를 밝히고 이적(夷狄)을 물리친다는 말은 곧 배우가 남의 의관을 빌려쓴 꼴이다"라고 보다 구체적으로 지적한 바, 노론(老論)의 집권 이데올로기인 존명대의(尊明大義) 북벌론(北伐論)입니다. 존명(尊明)-북벌(北伐) 이데올로기는 전혀 현실성이 없는 허위로 가득 찬 것일 뿐 아니라 인심(人心)을 함몰시키고 세도(世道)를 파괴하는 창귀라고 통렬히 공박했던 것입니다. 이 이데올로기 조작에서 탈출하자면 오로지 실사구시로 나가야 한다는 것이지요. 이때 그의 실사구시는 상하의 모든 사람들이 각자 자신의 업무와 직분에 충실해서 오직 실사로 임무를 삼아 각기 그 참으로 옳음을 구하는 것이라는 의미입니다. 문제의 해답은 인간 하나 하나의 개인적 진실성에 돌려진 것입니다.

덕촌은 정치현실에 대응하는 비판적 인식으로부터 실사구시를 제안했습니다. 비록 실사구시에 대한 그의 해석은 주자학적 실천론의 색체를 띠고 있지만, 비판성·현실성이 강하게 내포된 것입니다. 집권자에 의한 의리의 가탁, 허위의 조작은 저 옛날의 일만은 아닌 듯합니다. 이것은 명백히 현실주의로부터 위배되는 태도입니다. 무릇 객관적 존재의 실제 상태로부터 출발해야 하며, 거기서 올바른 방향 혹은 원리를 분석, 연구해야 합니다. 과학이란 이와 다른 것이 아니겠죠. 실사구시를 이런 의미로 써서 학문연구에 적용하자는 것입니다. 추사의 고거(考據)를 중시하는 태도는 당연히 받아들여야 합니다. 요는 그것이 '주의'로 흘러 실증을 위한 실증이 되고 방향감각을 상실하여 자질구레하게 되는 것을 경계하는 것이죠. 사실 지금의 국문학은 실증의 기초를 결여한 면이 너무도 많다고 봅니다. 자료의 정확한 밑받침이 없이 세워진 지식과 논리를 그것의 진보성만으로 면책될 수 없고 사상누각처럼 허약할 뿐입니다. 실사구시라는 말이 내포한 우리의 역사성, 즉 허위의 현실에 대한 비판적 인식의 태도와 함께 고거의 정신을 종합해서 섭취하는 것이 바람직하다고 보겠습니다.

이러한 실사구시의 원칙에 국문학에서 종래 쟁점이 되었던 두 가지 문제를 비추어 보겠습니다. 이미 해묵은 사안이지만 반성하는 뜻에서 거론하는 것입니다.

하나는 한문학을 우리 문학의 역사적 범위에 포함시키느냐의 문제. 한문학은 국문학이다, 아니다를 가지고 오랫동안 시비가 분분했습니다. 이 논쟁은 별다른 이론적인 성과도 얻지 못한 채 한문학만 자격 문제에 걸려서 연구대상 밖으로 계속 방치되었던 것이지요. 우리의 한문학은 이 땅에서 살아온 나와 너와 우리들의 조상들이 생활과 사상, 정감을 표현한 것이라는 사실을 어느 누가 부인하겠습니까. 그것도 1, 2백년이 아니오, 1, 2천년을 말입니다. "한국문학은 한국어로 쓴 것이다. 한문학은 한자로 씌어졌다. 고로 한문학은 한국문학이 아니다." 이 형식논리를 동원해서 오랜 역사의 실상이 거부될 수 있을까요. 개념을 현실에서 구하지 않은, 즉 '실사'를 떠나서 '구시'를 한 셈입니다. 그 결과 한문학이 폐기처분을 당할 운명에 놓였을 뿐 아니라, 우리의 문학사 자체도 자기 역사로부터 유리된 나머지 지극히 빈약한 형상이 그려질 수밖에 없었습니다. 국문학이 실사구시에 입각했던들 이런 시행착오는 진작 범하지 않았겠지요.

다른 하나는 평가기준의 문제. "우리나라에는 문학작품은 존재했지만 그것을 재단하기에 알 맞는 자[尺]는 없다. 그러니 외국에서 자를 빌어다가 재는 것이 좋다." 내가 대학에 다닐 적에 신물나도록 들은 얘깁니다. 이것은 국문학 연구를 서구 이론에 의존하는 데 대한 변명이죠. '기술제휴'처럼 서구 이론을 무분별하게 들여다가 민족유산을 한낱 소재로 이용해서 논문을 제작하는 것입니다. 국문학 연구마저 예속화된 측면이 아직도 분명히 없지 않지요. 작품의 평가는 어디서 자를 가져다 재는 것이 아니고, 작품에 즉해서, 작품의 구체적 분석을 통해서 도출되는 것입니다. 바로 실사구시의 방법입니다. 옛 어른들은 현대인과 상대도 안될 만큼 문학을 애호하고 창작을 왕성히 하였는데, 문학을 보는 그들의 안목이 어찌 없었겠습니까? 어디까지나 문학의 가치의 척도는 문학의 안목 속에 있습니다. 저 자신에게 속한 것이죠. 그런데도 제 집안에서 제 자신의 안목에서 구할 생각을 않고 밖에서 빌려 오려고만 들었다니 아무래도 이상한 노릇입니다. 주체적 국문학의 정립을 위해서도 실사구시는 반드시 견지해야 할 원칙입니다.

2) 민족유산의 계승 문제-'법고창신(法古創新)'

우리가 민족유산을 대함에 있어 반드시 경계해야 할 점이 있습니다. 무언가 하면 그것을 전면적으로 긍정해서도 옳지 않고 전면적으로 부정해서도 옳지 않다는 겁니다. 민족유산에 대한 전면적 긍정은 복고주의 · 국수주의로 흐르고, 전면적 부정은 민족허무주의로 떨어지기 때문입니다.

꾀꼬리는 노래가 아름답고 깃털이 곱지만 밑으로 똥을 눕니다. 독에다 쌀, 누룩 · 물을 섞어 빚으면 이윽고 향긋한 술이 괴니다. 그것을 걸러서 향긋한 술[精粹]은 마시고 재강[糟粕]은 버리지요. 민족유산이라 해서 전부 좋고 값진 것만은 아니요, 진부하고 자질구레한 것이거나, 심지어 유해한 독소까지도 뒤섞여 있는 것입니다. 그러기에 옛 성현도 "책을 모두 믿으면 책이 없느니만 못하다[盡信書 不如無書]"고 준절히 깨우친 것 아닙니까. 우리 앞에 쌓여진 시 · 문 · 소설 및 구비적 양식들을 살펴보면 거기에는 혹간 봉건윤리의 설교와 갖가지 아첨의 내용이 널려져 있고, 혹은 귀족 지주들의 유한적 · 퇴영적 · 소비적 생활의식으로 얼룩져 있으며, 또 혹은 굴종을 강요하고 미신을 선전하고 있으며, 더러는 문자의 공교한 세공으로 장식품을 만든 것이고, 또 더러는 구역질나고 저질스러운 것인가 하면 거칠고 산만하고 황당하기 짝 없는 것도 없지 않습니다. 민족유산을 다툴 때 '진짜[精粹]'와 '찌꺼기[糟粕]'를 제대로 분간하지 못하면 꾀꼬리의 아름다운 소리와 깃털과 함께 구린 똥을 소중한 양 간수하고, 술지게미 먹고 취해 죽겠다는 수작이 되기 십상입니다. 신동엽(申東曄) 시인의 "껍데기는 가라! 사월도 알맹이만 남고 껍데기는 가라!"는 외침이 여기에도 해당된다 하겠습니다.

역사의 전환기에는 구사상 · 구문화의 청산작업이 반드시 요망됩니다. 중국의 경우 5 · 4운동으로 이 청산작업을 일단 수행했는데, 우리의 경우 봉건적 사상 · 문화에 대한 철저한 비판작업, 말하자면 구시대가 남겨놓은 찌꺼기를 대청소하는 일을 한번도 과감하게 해치우지 못한 채 우물쭈물 지나쳤습니다. 오직 있었다면 전면적 부정이었습니다. 전면적 부정은 진지한 비판을 동반할 수 없고 다만 단절이 있을 뿐입니다. 자기 과거와의 단절은, 마치 여자가 다른 남자와 재혼할 때 그런 것처럼 서구화(西歐化)의 불가피한 절차로 되었지요. 그런데 이것으로 끝나는 것이 아닙니다. 전면적 부정은 어떤 단계에 이르면 전면적 긍정으로 급선회하기가 또한 어렵지 않지요. 이것은 조금도 놀랄 일이 아닙니다. 최근 십 수년 사이 회고적 민족주의의 등장에 발맞추어 '충효'의 부활, '뿌리 찾기'와 가훈(家訓) 보급 운동, 그리고 구문화의 무비판적 재현 · 보호가 전면적으로 나타나는 풍조를 보십시오.

국문학은 더욱 더 복고적인 풍조에 편승해서 놀아나고 또 그것을 부추길 소지가 높은 것입니다. 이미 눈앞에 그러한 작태가 짙게 드러나고 있습니다. 민속, 구비전승(口碑傳承)으로 경도된 쪽에서 다분히 그렇고 한문학 역시 그런 일면이 없지 않지요. 그러면 어떻게 해야 할까요? 여기에도 기본적으로 실사구시의 자세를 견지해야 하리라고 봅니다. 즉 실사구시에 입각해서 '진짜'와 '찌꺼기'를 가려내는 것입니다. 특히 민족유산의 계승 문제와 관련해서 연암의 작가정신이었던 '법고창신(法古創新)'을 본받을 필요가 있습니다.

우리 문학사의 현장에서 시인 · 작가들의 태도를 보면 대체로 '법고(法古)'와 '창신(創新)'이 대립되어 있었습니다. 많은 문인들은 '법고'에 치우쳤는데 어떤 문인들은 '법고'에 만족하지 않고 신의(新意) · 신어(新語)를 강조했던 것입니다. 옛것을 숭상한 나머지 오로지 답습을 능사로 삼는 전반적인 추세에 비추어 '창신'으로 나가는 쪽이 우리에게 신선한 매력을 주는 것이 사실입니다. 그러나 '창신'은 경박(輕薄)으로 흘러 의고주의(擬古主義)를 튼튼히 극복할 수 없었습니다. 연암은 "법고를 주장하는 자는 옛 자취에 빠지는 병폐가 있고 창신을 주장하는 자는 불경스럽게 될 우려가 있다"고 양자를 모두 비판한 다음, "진실로 능히 법고를 하면서도 변통할 줄 알고 창신을 하면서도 능히 전아(典雅)하게 되면 지금의 글이 오히려 옛날의 글이 될 수 있다"고 하였습니다.(「초정집서(楚亭集序)」) '법고'와 '창신'을 변증법적으로 통일한 논리라고 생각됩니다.

옛것은 지금에 씌어짐으로써 진정한 의미를 갖는 법입니다. 그렇지 못하면 한낱 골동품이지요. 박고(博古)는 통금(通今)을 위한 것 아닙니까. '법고'-확실한 계승은 창신의 과정상의 전제조건이요, '창신'은 법고의 목적으로 되는 것입니다. 앞서 국문학 연구의 목적은 오늘의 새로운 창조에 이바지함에 있다고 역설한 것도 같은 뜻입니다. '창신'의 전제조건으로 문학유산을 대하면 거기에 비판적 안목이 설정될 것입니다. 그렇다고 그것을 산출한 당시의 사정-역사배경과 분리시켜 분석하고 가치를 찾아서는 안됩니다. 더더구나 민족의 고전을 사용화(私用化)하여 제멋대로 끌어다 붙이든지 개변시키든지 해서는 정말 야단입니다. 이 모두 실사구시에 엄중히 위배되는 태도인 것입니다.

우리는 교조적·도식적인 해석 방식을 반대합니다. 17세기 후반기에 출현했던 규방소설(閨房小說)을 예로 들어보겠습니다. 규방소설이란 사대부 부녀자들을 위해서 성립된 양식으로, 그 작자 역시 『구운몽(九雲夢)』의 경우처럼 벌열(閥閱) 내지 상층 양반입니다. 이와 상응해서 내용 표현 역시 사대부의 생활의식과 언어감각을 담은 것입니다. 그러나 거기에는 체제적 모순이 내재되어 있으며, 여성의 자아각성과 감정해방의 몸부림이 엿보이고, 민족어의 아름다움이 잘 나타나 있습니다. 윤선도(尹善道)의 시 작품은 명백히 소극적 인생관을 기조로 삼고 있지요. 그렇다고 거기 담긴 언어 표현의 풍부한 예술성까지 부정해버려서는 안될 것이며, 그 내용의 소극적인 인생관 속에서도 권력에 추종하지 않은 고결한 자세는 긍정해야 할 일면입니다. 그뿐 아니라 자연의 파괴 · 오염이 심각한 오늘의 현실을 돌아볼 때 국토 산하의 미를 빼어나게 형상화한 그의 시세계는 소홀히 지나칠 성질만은 아닙니다.

한문학은 외래적인 것이다, 양반적인 것이다고 몰아치는 편견은 거의 불식된 듯합니다. 그러나 이 한문학을 아직 민족형식으로 살려내지 못하고 있습니다. 최근 이 분야의 집중적인 연구를 통해 민족 · 민중의 생활현실과 정서를 사실적으로 표출한 측면이 뚜렷이 부각되었으며, 국문문학보다 질적 · 양적으로 풍부하고 심오한 사상내용과 고도의 예술기교로 이루어져 있는 측면도 대개 공인된 사실입니다. 한문학은 외래적 양식이지만, 이미 민족화한 것으로 우리의 문학유산에서 절대적 비중을 차지하고 있습니다. 한문학은 민족유산 속에서 계승해야 할 큰 몫입니다. 그러므로 '법고창신'에 입각해서 한문문학과 국문문학의 이원성을 극복하고 새로운 차원의 민족형식으로 통일해야 할 것입니다. 이것은 일차적으로 한문학 연구에 주어진 특수한 과제입니다.

지금까지 '법고창신'이란 말을 민족유산의 계승 문제와 관련해서 적용시켰습니다. 이 개념은 우리 학문자세 자체에까지 도입해야 할 필요가 있습니다. 훌륭한 선학들의 학문방법이나 사상을 '법고'로 충분히 소화 흡수해서 나의 학문으로 '창신'하는 것 말입니다. 종래 학문상에 '의양(依樣)'과 '자득(自得)'이란 말이 쓰인 바 있었습니다. 문자 그대로 의양이란 학습해서 본받는 태도를, 자득이란 스스로 터득하는 독조(獨造)를 가리키는 것입니다. 조동일 교수는 일찍이 여기에 착안해서 국문학의 방법으로 '자득지학'을 주장한 바 있습니다. 물론 외국 이론에 대한 엉터리 의양이 횡행하는 학계의 현황에 비추어 자득을 강조하는 것 또한 필요합니다. 그러나 근본적으로 의양이 없이 참다운 자득은 이루어지기 어려운 것입니다. "책 만 권을 독파하니 붓을 잡으매 신이 붙은 듯하더라[讀書破萬卷 下筆如有神]"고 시성(詩聖) 두보(杜甫)가 증언했듯 말입니다. 김명호(金明昊) 교수가 조

교수의 '자득지학'을 '의양지학'에 대립적인 개념으로 설정하고 '자득지학'을 주장한 논리를 비판하여, '의양'과 '자득'은 단순한 대립이 아니라 인식의 전 과정상의 단계로 파악한 것은 정곡을 얻은 견해로 생각됩니다.(「국문학 연구 방법」, 『한국문학사(韓國文學史)의 쟁점(爭點)』, 집문당) 문제는 의양이 어떤 의양이냐에 있고, 의양이 참다운 자득으로, 자득이 투철한 의양으로 충실을 기하느냐에 있으며, 역사의 창조적 내일에서 최종적 답변이 주어집니다. 예로부터 학문실천의 최고의 경지로 일컬어진 '계왕개래(繼往開來)'는 법고창신의 방법론으로 도달할 수 있는 것입니다.

3) 외국과의 교류 · 영향-'내수외학(內修外學)'

나는 위에서 학문의 주체적 확립을 역설하고 외국이론에 대한 무비판적인 수용의 태도를 공박하였으며, 민족전통의 계승관계의 측면을 주목하였습니다. 요컨대 주체성을 강조한 것입니다. 그러나 주체성은 보편성을 띠지 못하면 국수주의로 떨어지게 마련입니다. 또한 자기 과거의 계승이 중요하다고 해서 외국과의 교류와 국제적 영향의 측면을 소홀히 하면 결국 막히고 뒤처져 우물 안 개구리처럼 될 것입니다. 더구나 우리는 지금 활동영역이 지구적 · 우주적으로 확장되는 시대에 처해 있습니다. 외국과의 교류 · 영향 관계를 어떻게 정립하느냐는 문제는 실로 중차대하다고 보겠습니다.

여기서 한 가지 알아두어야 할 사항이 있습니다. 진정한 주체성은 과학적 인식의 기초 위에 선다는 점입니다. 이것은 그렇게 되어야 한다는 주장만이 아니라 역사 사실을 들어서 말하는 것입니다. 우리나라의 경우 주체적 자기인식은 중국 중심의 세계관-화이론(華夷論)의 극복이 없이는 불가능했었습니다. 화이론의 최초의 이론적 극복은 담헌(湛軒) 홍대용(洪大容, 1731~1783)의 유명한 '내외지분(內外之分)'에서입니다. 즉 안과 밖의 문제죠. 중국은 '안'(세계의 중심부)이요, 사이(四夷)는 '밖(변방)'이라는 생각을 이론으로, 절대적 명분으로 정립한 것이 저 화이론(華夷論)입니다. 담헌은

'안'은 고유하게 정해져 있는 것이 아니요, 각기 자기를 본위로 자기가 소속한 곳이 '안'이며, 나로부터 다른 쪽은 '밖'이라는 것입니다. 따라서 우리 민족에 있어서는 한반도가 '내'이므로 마땅히 이곳을 중심으로 세계를 파악해야 한다는 논리가 성립됩니다.

담헌이 당시로서는 대단히 획기적인 사상을 자신 있게 펼 수 있었던 것은 우리가 딛고 서 있는 지구에 대한 과학적 지식으로 확신을 얻었기 때문입니다. 담헌은 바로 '내외지분'의 논리를 펴기에 앞서서 "중국인은 중국을 정계(正界: 정중앙의 지경)로 삼고 서양을 도계(倒界: 거꾸로 전도된 지경)로 생각하며, 서양인은 서양을 정계로 삼고 중국을 도계로 생각한다. 기실 하늘을 이고 땅을 밟고 있는바 어느 지역이고 모두 그러하니 옆으로 비껴난 곳도 없고 거꾸로 전도된 곳도 없이 어디나 균등하게 '정계'다"(「의산문답(毉山問答)」)라고 갈파했던 것입니다. 조선인으로서는 중국이 정계요 조선 땅이 옆으로 빗나간 곳이 아니라 조선 땅이 곧 '정계'라고 인식한 것이죠. 그래서 중국 역시 우리로서는 외국이며, 중국을 중심으로 시간과 공간을 파악해서는 옳지 않다는 생각에 도달했던 것입니다.

이처럼 자기에 대한 주체적 인식이 확립될 때 비로소 올바른 세계인식의 안목이 열립니다. 주관이 옳게 서야만 객관이 가능하다는 얘기죠. 홍담헌의 정신적 반려자인 박연암이 중국의 선진문물을 배우고 받아들이자고 주장한 것 역시 같은 맥락에서 이해되어야 할 사실입니다. 중국중심주의 세계관에 매몰되어서는 중국 또한 참으로 배울 수 없었습니다. 더구나 다른 외국에 대해서는 말할 것도 없었겠지요. 정다산이 유배지에서 자기의 두 아들에게 보낸 「계자서(戒子書)」는 학문의 방도를 구구절절 준절하고 성실하게 깨우친 내용입니다. 거기에 "십수년래 괴이한 일종의 의론(議論)이 있어 우리나라의 문학(광의의 개념으로 철학, 역사 일반을 포함함)을 마구 배척한 나머지 무릇 선학들의 문집을 눈에 접하려고도 않는 데 이르렀으니 이는 큰 병통이다. 사대부 자제로서 국조고사(國朝故事)를 알지 못하고 선배들의 의론을 보지 않으면 비록 그 학문이 고금을 꿰뚫더라도 스스로 거칢을 면치 못할 것이다"라 말하고 "다만 시집(詩集)은 긴급히 볼 것은 없고 소차(疏箚)·묘문(墓文)·서독(書牘) 등속을 널리 구해서 안목을 넓히고 또 『아주잡록(鵝州雜錄)』·『반지만록(盤池漫錄)』·『청야만집(靑野謾集)』 등의 서책을 불가불 널리 구독해서 박람해야 할 것이다"라고 하였습니다. 오로지 중국 고전에 매몰되어 자국의 역사와 자국의 지식을 도외시하던 당시 학풍에 대한 절실한 깨우침이지만, 지금 명색 학자라는 사람들이 다산이 언급한 그 서책들을 과연 읽느냐를 생각할 때 우리를 또한 반성케 합니다. 그런데 다산은 당시 청조의 학자와 저서에 대해서도 비판적인 언급을 가하고 있을 뿐 아니라, 일본 학계에 대해서까지 관심을 둡니다.

> 일본은 근자에 명유(名儒)들이 배출되었으니 물부쌍백(物部雙栢: 荻生徂來, 1666~1728-인용자)같은 이는 해동부자(海東夫子)의 일컬음을 받았으며 그의 문도들이 매우 많다. …… 대저 일본은 본래 백제를 통해서 서적을 얻어보아 처음에는 아주 몽매했으나 한번 강소(江蘇)·절강(浙江)과 직접 교통을 한 이후로 중국의 좋은 책들이라면 구입해가지 않은 것이 없고 또 우리나라처럼 과거(科學)의 폐단이 없기 때문에 지금 저들의 문학은 멀리 우리보다 뛰어나 우리로서 참으로 부끄러울 따름이다. (『시이아(示二兒)』)

이같이 일본 학자들의 학문수준을 높이 평가한 이면에는 현재 중국의 진보된 학술에 완고하게 담을 쌓고 과문(科文)의 누습에 사로잡힌 우리의 고식적 학풍에 맹성을 촉구하는 뜻이 내포되어 있습니다. 어쨌든 다산이 우리는 소중화(小中華)요, 일본은 중원으로부터 멀리 떨어져 미개한 '왜놈'이라는 식의 편견에서 벗어나지 못했다면 그런 인식에 도달할 수 없었겠죠. 그리고 적대적인 나라에 대해서도 저들에게서 인정할 점은 솔직히 인정하는 자세가 귀하다고 하겠습니다. 한편 다산을 비롯한 개명된 의식을 지닌 지식인들은 서양학에 대해서까지 깊이 유의했던 사실을 우리는 주시할 필요가 있습니다. 박제가(朴齊家)가 홍담헌을 두고 지은 시에,

인생에 한번 서양배에 오른다면
상객(商客)이 되는 것을 관내후(關內侯)보다 좋다 여기리.
(人生若上西洋船, 估客優於關內侯-「懷人詩」)
* 관내후란 중앙 근기(近畿)에 제후로 봉해짐. 서울시장에 해당함.

는 구절이 보입니다. 담헌은 서구세계를 동경한 나머지 자신이 직접 상선을 타고, 경우에 따라 장사치가 되더라도 저쪽에 가는 수가 생기면 그 기회를 여하한 부귀영화와도 바꾸지 않겠다는 의미입니다. 그가 동경한 것은 서양의 과학문명이며, 그는 그 것을 직접 가서 배우기를 간절히 소망했던 것입니다.

실학자들이 도달한 주체적 자기인식은 중국을 하나의 외국으로 객관화해서 바라보는 시각을 비로소 열리게 했을 뿐 아니라, 일본 그리고 나아가서 서구라는 새로운 문명권을 대하는 정당한 시각을 갖게 했던 것입니다. 서세동점(西勢東漸)의 세계사적 조류로부터 자기를 폐쇄적으로 고립시켜 자아를 유지할 수 없었던 것은 역사의 실제 경험으로 증명되고 있습니다. 만약 선각적 실학자들의 주체적 자기인식과 세계인식이 그때 정치적 실천으로 옮겨질 수 있었다면 제국주의에 짓밟혀 역사의 자주적 발전이 중단되고 왜곡된 불행한 사태를 일찍이 막았을 겁니다. 그뿐 아니고 동아시아 전체의 근대사의 방향은 사뭇 다른 양상으로 전개될 수 있었겠지요. 역사를 보는 데 '만약'은 부질없는 설정이라지만 이 경우는 두고두고 되새겨 역사의 교훈으로 명심해야 합니다.

우리는 개항 이후 서구화의 물결에 속수무책으로 휩쓸려 한 세기를 넘겼습니다. 이 서구화의 물결에 우리는 기왕에 어떤 영향을 받았고 지금 받고 있는지 새삼 긴 말을 요치 않습니다. 다만 다시 한번 확인할 점은 전면적이고 심각한 만큼 거기에 대항하는 우리의 자세가 중요하다는 것입니다. 주체성을 중언부언 강조한 이유의 큰 부분은 물론 여기에 있습니다. 그리고 우리의 주체성은 세계인식을 확보해야 한다는 것입니다. 그리고 또 적대적인 관계일수록 더욱 객관적으로 인식하고 좋은 점을 인정하는 다산의 자세를 배우자는 것입니다. 최근 백낙청(白樂晴) 교수가 우리의 외국문학 연구의 의미를 논하면서 '지피지기(知彼知己)'란 말을 원용한 것도 같은 맥락이라고 하겠습니다. 지금 우리는 서구 제국주의와 그 문화가 "이미 우리 속의 구석구석에까지 들어와서 정신과 몸뚱이를 마비시키고 있는 상태"에 처해서 "더더군다나 무엇에 의해 우리가 마비되어 있고 노예화되었는가를 알아야지, 그것을 모른다고 마비가 덜 된다거나 해방되는 것은 절대로 아닐 테니까" 적을 알고 나를 아는 '지피지기'는 우리에게 긴요한 과제입니다. 백교수는 '지피지기'로부터 한 걸음 나아가 '이이제이(以夷制夷)'를 말하고 있습니다. 제국주의 문화와의 싸움에 우리의 입장에서 그들 내부에 존재하는 반제적 요소를 활용하자는 것이죠. "미국이나 유럽 자체의 진보적이고 양심적인 세력과 진정한 국제적 유대를 이룰 수 있는 터전이 그들의 최고의 문학적 유산속에서 발견"(「민족문학과 외국문학연구」, 『우리 문학』 1호, 물레)되므로 우리가 구체적으로 "진정한 국제적 유대"를 살려서 인류 보편의 이상을 실현해보자는 생각입니다. '이이제이'라는 표현이 가당찮은 소리로 들릴지 모르지만 연암에게서도 비슷한 발상을 찾을 수 있습니다. 연암은 「옥갑야화(玉匣夜話)」에서 허생(許生)의 입을 빌어 진정 북벌(北伐)을 하려면 우리나라의 지식인과 상인들을 중국의 강남(江南) 지역으로 파견해야 할 것이라고 말했습니다. 청황제(淸皇帝) 체제의 청산-동아시아 세계의 변혁을 실현키 위해서는 진보적 세력의 국제적 결속이 필요하다는 생각인 것입니다.

연암이 북학(北學)을 강조했듯 지금 우리는 시야를 세계로 확대해서 '외학(外學)'을 강조합니다. 서구는 물론이요, 동북구, 제삼세계에 이르기까지 말입니다. 특히 서구문화는 분명히 우리에게 병을 주었지만 인류의 창조적 정신이 도달한 최고의 자산이요, 거기에 우리로서 아직 섭취해야 할 요소가 풍부하게 있습니다. 한편 제삼세계의 역사체험은 우리에게 타산지석이며, 앞으로 세계사의 전진을 위해서 굳게 손을 잡아야 하기 때문에 서로 배우고 주고받는 유대가 중요합니다. 이때 '외학'은 어디까지나 '내수(內修)'의 바탕에서 이루어져야 하고 '내수'로 이용되어야 합니다. '내수외학'이란 말은 원래 애국계몽사상에 의해 도달한 개념인데 담헌의 '내외지분'의 논리와도 연맥되는 것으로 생각됩니다. 요컨대 '내수외학'으로 우리의 주체성이 세계성을 확보하고 우리의 창조적 노력이 인류 보편의 문화의 발전에 기여하도록 해야 할 것입니다.

다음에 국문학 연구와 직접 관련해서 두 가지 점을 언급해두겠습니다.

첫째, 외국문학을 참조하고 문예이론을 도입함에 있어서 역사적 · 체계적 이해를 가져야 한다는 것입니다. 우리가 문학에 대한 안목을 기르고 이론의 심화를 기하자면 자국의 문학뿐 아니라 세계문학에 대한 폭넓은 식견을 가져야 하고 특히 서구의 문예이론 및 미학(美學)을 원용하는 것이 필요합니다. 그러나 단편적인 지식을 따다가 함부로 재단하고 끼워 맞추기로 들어서는 곤란한 노릇이지요. 무릇 어떠한 이론이든 그것을 배태한 배경이 있고 역사적 의미를 갖게 마련입니다. 외국이론을 적용하기에 앞서 그 이론을 정통하게 알아야 함은 물론, 그 이면까지 뒤집어 보아야겠습니다. 그리고 각국의 문학에 대한 고대 · 중세 · 근대로의 발전적 인식은 우리 문학사를 공부하는 데 좋은 참고가 됩니다. 서구의 근대문학의 이론 내지 작품을 기준으로 삼아 우리의 옛 문학에 대해 이러쿵저러쿵 하는 사례를 싫증나게 보아왔습니다. 말하자면 어린아이가 쓴 글과 성숙한 어른이 쓴 글을 평면적으로 비교한 꼴이죠. '지피지기'를 제대로 해야 외국문학의 지식이 국문학 연구에 적절히 이용될 수 있다고 하겠습니다.

둘째, 외학(外學)에 있어서 우리와의 역사적 관계를 신중히 고려해야 한다는 것입니다. 현실적 상황으로 보아 제삼세계 문학에 대한 관심도 중요하지만 여기서는 보다 중국과 일본에 관해서 말하겠습니다. 이 두 나라는 우리와 지역적으로 가장 가까운 이웃이며, 우리와 역사적으로 한자문화를 공유하던 하나의 권역(圈域)입니다. 따라서 정신문화의 원천이 동일하고 서로의 교류 · 영향 관계가 밀접했습니다. 한자문화적 · 고전적 중압의 상태에서 이질적 서구문명과 접촉했다는 측면에서 또한 같은 환경에 처해 있었습니다. 중국의 고전은 오늘날도 동양 각국이 공유하는 정신유산으로서 인식하고 학습해야 할 대상이며, 중국문학사에 대한 관심은 다른 어느 외국문학에 대해서보다 심화시킬 필요가 있습니다. 그리고 일본문학의 경우 근대 이후 관계는 비록 치욕스런 대목이지만 냉철히 '지피지기'를 해야 하며, 근대 이전의 문학사 또한 우리와의 관련성 · 유사성을 염두에 두면서 유심히 살펴보아야겠습니다.

4) 내용과 형식-'화이함실(華而含實)'

동서고금을 통해서 문학상의 논쟁은 대개 형식과 내용의 문제에서 벗어나지 않았다 해도 과언이 아닙니다. 문학의 방향을 어떤 식으로 정립하느냐는, 결국 이 양자에 걸리기 때문입니다. 그런 만큼 문제가 대단히 중요하고 대단히 복잡합니다. 이런 경우를 만나면 잘못 이론의 수렁에 빠질 우려도 없지 않으므로 사전적 지식을 원용해서라도 원칙을 확실히 해두는 편이 좋을 듯합니다.

내용은 사물 내부의 여러 요소의 총화이며, 형식은 그 내용의 존재방식이요 그 내용의 짜임입니다. 따라서 형식이 없는 내용은 있을 수 없으며 내용이 없는 형식도 있을 수 없습니다. 문예작품을 두고 말하자면, 현실생활 및 현실생활로부터 체득된 사상 · 감정이 내용을 이루는 요소인데 이른바 제재 · 주제 · 인물 · 사건 등은 내용에 속하는 것이요, 형식은 내용의 여러 요소를 적절히 결합하고 효과적으로 표현해서 일정한 형상을 그려내는 것인데 이른바 체재(體裁) · 구성 · 언어표현 등은 형식에 속하는 것입니다. 양자는 이처럼 논리상으로 분석할 수는 있어도 작품 내에서는 하나로 통일되어 있습니다.

형식이 먼저냐 내용이 먼저냐는, 닭과 달걀의 경우처럼 선후를 가리기 어렵지만 내용을 위해서 형식이 존재하는 것입니다. 형식의 내용이 아니라 내용의 형식이 되는 것이죠. 즉 내용에 적합한 형식을 선택하여 형식이 내용을 활발하게 살려내야 한다는 의미입니다. 『장자(莊子)』에 "토끼를 잡으면 덫은 잊어버리고[得兎忘蹄] 뜻을 얻으면 말은 잊어버린다[得意忘言]"는 문자가 있습니다. 덫은 토끼를 잡기 위한 도구요, 말은 뜻을 전달하는 수단이기 때문입니다. 형식주의자 처럼 언어 · 기교에 집착해서 사상내용을 경시하는 태도는 토끼는 제쳐두고 덫만 챙기는 꼴입니다.

내용은 자기에게 알맞은 형식을 선택한다고 말했습니다. 따라서 내용의 변화는 형식의 변화를 불가피하게 만듭니다. 토끼를 잡는 데는 토끼 덫이 필요하고 노루를 잡는 데는 노루 덫이 필요하듯 말입니다. 혹은 토끼를 총을 쏘아서 잡을 수도 있겠지요. 형식은 현실조건이 변모함에 따라 변모하며, 때로는 와해되고 때로는 혁신되는 것입니다. 구형식의 개조, 신형식의 창출은 문학발전의 결정적 계기로 됩니다. 그리고 새로운 형식은 새로운 내용을 개발하는 작용을 하게 마련입니다. 한편 신형식은 구형식의 태내에서 배출되는 것이 일반적인 현상이기 때문에 계기적인 관계를 주목할 필요가 있습니다. 우리가 문학사를 인식함에 있어서 "뜻을 얻으면 말은 잊어버린다"지만 문자 그대로 망각해서는 안되고 내용과 형식의 상호관계를 항상 유의해야겠습니다.

15세기 말엽 김종직(金宗直, 1431~1492)과 성현(成俔, 1439~1504) 두 문학가 사이에 사상성과 예술성의 문제를 놓고 일대 논쟁을 벌인 바 있었습니다. 김종직은 나무의 뿌리가 튼실해야 잎과 꽃이 번성해질 수 있다는 주장을 편 데 반해서 성현은 잎과 꽃이 번성해야 줄기와 뿌리를 덮어 나무가 제대로 자라게 된다고 맞섰습니다. 한쪽은 '뿌리의 튼실' 즉 내용의 확충을 강조했고 다른 쪽은 '잎과 꽃의 번성' 즉 예술 표현의 다양성을 중시한 것입니다. 양자의 견해는 모두 일리가 있습니다. 차라리 대립을 지양해서 뿌리와 나무라는 유기적인 전체로 통합되는 편이 좋겠습니다. 그래야만 꽃이 아름답고 열매가 알차게 영글 것이기 때문입니다. 아름다우면서 알차게 영그는 '화이함실(華而含實)'입니다.

'화이함실'이란 개념은 흔히 통용되었지만, 나는 이 문자를 원효(元曉,

617~686)의 『법화경종요서(法華經綜要序)』에서 취해 왔습니다. 원효는 아름다우면서 알차게 영글기 위해서 '문교의심(文巧義深)'을 말하고 있습니다. '문(文)' 즉 언어표현은 교묘하고 '의(義)' 즉 사상 내용은 심오해야 '화이함실'이 이루어지며, 그래야만 의도하는 바 극치에 도달할 수 있다는 것입니다.

내용과 형식은 우리가 연구의 결실로 발표하는 논문에도 응당 적용됩니다. 학술논문과 문예창작은 비록 사유방식은 서로 다르지만 내용에 상응하는 형식으로 짜임새있게 쓰여져야 함에 있어서는 전혀 마찬가지라고 봅니다. 논문도 일종의 작품으로 만들어져야 합니다. 공자는 이르기를 "'사(辭)'는 뜻이 통하면 그만이다[辭達而已矣]"라고 했습니다. 또 "말은 문(文)이 없으면 행해도 멀리 가지 못한다[言之無文 行而不遠]"고 일렀습니다. 이때 문은 표현의 묘를 의미하므로 표현형식을 강조한 것입니다. 앞의 말과 뒤의 말이 서로 모순되는 듯합니다. 그러나 '사달(辭達)'이 제대로 되려면 '문'을 구비해야겠으므로 실은 상통하는 말인 것입니다. 본디 말이란 뜻을 충분히 나타내는 데 있고 '문'은 그 말을 충분히 살려내는 데 있습니다. 그러므로 말이 없으면 아무리 좋은 뜻이 있은 들 누가 알겠으며, 아무리 좋은 말이 있은 들 문으로 아름답지 못하면 공간과 시간을 초월해서 멀리 행할 수 있겠습니까. 그래서 자고로 군자(君子)의 진덕수업(進德修業)에 '수사(修辭: 文辭를 닦음)'를 요목을 설정했던 것입니다. 논문은 비록 문예가 아니고 과학의 일에 속하지만 일단 재미있게 읽혀지는 것이 되어야 합니다. 너무도 당연한 소리지만, 지금 상아탑 속에서 생산되는 논문이란 이름의 글들이 지루하고 뒤죽박죽이라서 난감한 사례를 너무도 많이 보기 때문에 새삼 강조합니다. 한 편의 완성된 작품, 한 편의 감동을 주는 작품으로 논문을 만들기 위해서는 형식의 선택, 앞뒤 물샐틈없는 논리의 짜임, 언어표현의 정련 등 각고의 노력이 반드시 따라야겠습니다.

이처럼 논문 작성시 형식에 대한 배려를 여러모로 각별히 하는 것이 요긴한 일이지만 역시 내용이 근본이요 먼저입니다. 내용이 부실한데 아무리

말재주를 부려본들 무엇하겠습니까. 감동적 이해는 결국 내용과 형식의 성공적 결합에서 오는 법인데 당초 내용이 확충되어 있어야 거기에 상응하는 형식이 부수될 수 있을 것입니다. 내용을 충실하고 참신하게 갖추고자 하는 노력, 그것이 다름 아닌 연구와 사색의 과정입니다. 앞서 인용한 '수사'에는 곧바로 '입성(立誠)'이 결부되어 있습니다.(修辭立其誠-『주역(周易)』 건괘(乾卦) 문언(文言)) 진실이 없이 언사를 꾸미기로만 힘쓰면 곧장 허위로 떨어지기 때문입니다. 이런 따위를 조충소기(彫蟲小技)라고 대개 침을 뱉지만 구시대의 문인들은 대체로 이 잔재주로 왕조를 장식하고 군주에게 아첨했던 것입니다. 현대문학에 있어서 형식주의에 편향된 여러 경향들 역시 역사와 사회 앞에서 책임을 망각하고 순응하는 인간자세와 무관하지 않은 것으로 생각됩니다. '입성'이란 어떻게 하는 것인가? 각기 시대가 요망하는 삶의 양식에 따라 결정되었으니 오늘날은 역사의 전망 위에서 자기의 주체를 확립하는 것이 되겠습니다.

(『창비 1987』, 창작과비평사, 1987)

Ⅱ. 시가론

<두솔가(兜率歌)>고

- 유리왕대(儒理王代)의 부전시(不傳詩) -

■

홍재휴(洪在烋)

1. 도언(導言)

신라 유리왕대(儒理王代)에 이루어진 <두솔가(兜率歌)>는 그 내용이 전하지 아니하므로 이 작품에 대한 여러 가지 의문을 풀 길이 없다. 그러나 이 시에 대하여 깊은 관심을 가지고 줄곧 여러 모로 살펴 그 정체를 암색(暗索)하려는 것은 이 시(詩)가 한국 시문학 사상(韓國詩文學史上) 고유시(固有詩)의 형성 과정을 이해하는 데 매우 중요한 자리를 차지하고 있기 때문이다.

이 시의 모습을 유추할 만한 것은 다만 『삼국사기(三國史記)』와 『삼국유사(三國遺事)』에 기록된 짤막한 내용뿐이지만 이것을 통하여 이 시의 창작 연대나 창작 동기를 비롯하여 창작 주체나 시의 성격 및 형태 등을 살필 수 있음이 다행한 일이다. 그러나 이 두 문헌의 기록이 제기하는 새로운 문제는, 첫째로 두 문헌의 기록은 그 내용이 일치하지 아니하므로 이에 대한 새로운 논의를 일게 하고 있으며, 둘째로는 두 문헌의 기록 내용에 대한 해독(解讀)의 차이가 새로운 논의를 일게 하고 있다는 사실이다.

이러한 양면(兩面)의 검토가 이루어지지 않은 상태에서 논의된 종래의 연구 성과는 이 시의 정체를 파악하는 데 오히려 잘못된 해석을 빚은 결과를 가져온 것도 없지 않은 듯하다. 그러므로 여기에서는 첫째로 두 문헌의 기록에 대한 상착(相錯)된 내용을 살펴 비정(批正)하고, 둘째는 두 문헌의 기록에 대한 종래의 해독(解讀)을 재검토하여 오역(誤譯)을 바로잡고, 그 결과에 의하여 이 시의 창작 연대 동기 주체 성격 형태 등에 이르는 올바른 모습을 모색해 보고자 한다.

2. 문제 제기

논의하고자 하는 문제를 제기하기 위하여 첫째로 두 문헌의 관계기록을 『삼국사기(三國史記)』와 『삼국유사(三國遺事)』에서 뽑아 옮겨 본다.

1) 삼국사기

(1) 五年冬十一月 王巡行國內, 見一老嫗 飢凍將死 曰予以眇身居上 不能養民 使老幼至於此極 是予之罪也 解衣以覆之, 推食以食之. 仍命有司 在處存問鰥寡孤獨 老病不能自活者 給養之, 於是鄰國百姓 聞而來者衆矣 是年 民俗歡康 始製兜率歌 此歌樂之始也 <卷 第一 新羅本紀 第一>

(2) 九年春 改六部之名 仍賜姓 楊山部爲(及)梁部姓李 高墟部爲沙梁部姓崔 …(中略)… 又設官有十七等 一伊伐飡 二伊尺飡 …(中略)… 王旣定六部 中分爲二 使王女二人 各率部內女子 分朋造黨 自秋七月旣望 每日早集大部之庭 績麻乙夜而罷 至八月十五日 考其功之多小 負者置酒食以謝勝者於是歌舞百戲 皆作謂之嘉俳 是時負家一女子起舞嘆曰 會蘇會蘇 其

音哀雅 後人因其聲而作歌 名會蘇曲 <卷 第一 儒理尼師今條>

이라 기록된 것을 볼 수 있다. 그러므로 여기에 따르면 이 시의 창작 연대와 동기 및 창작 주체와 시의 성격을 비롯하여 역사상의 위상 등을 알 수 있게 하는 가운데도 더욱 명확하게 밝혀 놓은 것은 창작 연대가 유리왕(儒理王) 5년이라는 것이다.

그러나 『삼국유사』에는 동왕(同王) 9년의 일이라고 한 데 문제가 있다.

2) 삼국유사

(1) 朴弩禮尼叱今(一作儒禮王) …… 劉聖公更始元年 癸未卽位(年表云 甲申卽位) 改定六部號 仍賜六姓 始作兜率歌 有嗟辭詞腦格 <卷一 紀異 第二 第三 弩禮王條>

(2) 弩禮王九年始改六部名 又賜六姓 <卷一 紀異 第二 新羅始祖 赫居世王條>

(3) 謁平初降于瓢嵓峰 是爲及梁部李氏祖 <弩禮王九年置名 及梁部……> <卷一 新羅始祖 赫居世王條>

라고 기록된 것을 볼 수 있다. 그러므로 여기에 따르면 이 시의 창작 연대와 동기 및 창작 주체와 시의 성격을 비롯하여 역사상의 위상 등을 알 수 있을 뿐만 아니라, 시의 형식에 대하여서도 잘 보고해 주는 중요한 기록이라 할 수 있다. 그러한 가운데도 창작 연대에 대하여 이 시가 유리왕 9년의 작(作)임을 명확하게 말해 주고 있으므로 다른 모든 사항이 『삼국사기』의 기록과는 다르다는 것을 발견하게 된다.

이와 같은 사실을 감안해 볼 때 이 시의 창작 연대와 동기, 주체를 비롯하여 시의 성격 등에 대한 논의는 어디까지나 두 문헌상의 기록에 대한 새로운 비판이 선행되어야 하겠다는 것이다.

둘째로는 두 문헌의 기록에 대한 역독(譯讀)의 재검토라 할 수 있다. 정확한 역독만이 이 시의 참모습을 올바르게 유추할 수 있기 때문이다. 그러므로 역독이 재론(再論)되어야 할 대문(大文)은 『삼국사기』의 "是年民俗歡康始製兜率歌 此歌樂之始也"와 『삼국유사』에서 앞에 인용한 (1)에 대한 구두(口讀)와 역해에 대한 문제라 할 수 있다.

이에 대한 종래의 구두와 역해의 난조현상(亂調現象)은 결국 이 시의 창작 주체나 시의 성격 및 시의 형태 등에 대한 해석의 잘못을 빚게 되는 원인이 되었다고 할 수 있다.

이와 같이 두 문헌의 기록을 통하여 서로 상위(相違)한 내용과 아울러 이러한 내용을 역해하는 데 따른 난조현상(亂調現象)이 빚은 결과가 이 시의 참 모습을 찾으려는 데 새로운 문제를 제기해 주고 있으니

㉠ 이 시의 창작 연대는 유리왕 5년이냐, 동왕(同王) 9년이냐
㉡ 이 시의 창작 동기는 『삼국사기』에 좇을 것이냐, 『삼국유사』에 좇을 것이냐
㉢ 이 시의 창작 주체는 왕(王)이냐, 백성이냐
㉣ 이 시의 성격은 무엇이냐
㉤ 이 시의 형태에 대한 기록의 해석은 어떻게 할 것이냐

이와 같은 문제에 대한 종래의 해석을 재검토하여 종합해 보는 데서 이 시의 참모습을 유추(類推)해 보아야 할 것이라 생각된다.

3. 창작 연대

이 시가 창작된 연대에 대해서 다시 살펴보아야 할 것은 첫째로 『삼국사기』와 『삼국유사』의 내용에 의한 지은 연대의 시차를 어떻게 해석하느냐의 문제요, 둘째는 『삼국유사』의 내용에 대한 역독(譯讀)의 차이에 따라

지은 연대가 달라지는 문제를 재검토하는 일이라 할 수 있다.

이처럼 이 시의 지은 연대에 대해서는 두 문헌에 따라 4년이란 시차가 생기게 되고 또한 동일한 문헌의 내용이라도 역독에 따라 시차를 가져오게 되는 것임을 알 수 있다. 이러한 시차가 크게 문제되는 것이 아니라, 이 시차에 따라 이 시의 창작 동기나 창작 주체나 이 시의 성격 등을 밝히는데 큰 차이를 빚는 결과가 오므로 창작 연대의 구명(究明)은 이 시의 참모습을 찾기 위하여 선행되어야 할 중요한 일이 아닐 수 없다.

첫째의 문제를 살펴보면 <두솔가>가 지어진 연대에 대해서는 전항(前項)에서 제시한 문례(文例)와 같이 『삼국사기』에는 유리왕 5년(서기 288)이라 되었음을 볼 수 있다. 그래서 이 해를 제작된 연대로 보는 것이 보편적 현상이다. 그러나 『삼국유사』에는 이 시가 유리왕대의 "改定六部號 仍賜六姓"한 해에 비로소 지어졌다고 하였으니 이 사실(史實)이 『삼국사기』나 『삼국유사』의 다른 기록에 의하면 모두 동왕(同王) 9년의 일임을 알 수 있으니 결국 『삼국유사(三國遺事)』의 해당 기록을 좇는다면 이 시는 유리왕 9년에 지은 것이 되는 셈이다.

이와 같이 이 작품을 지은 연대에 대해서는 두 문헌의 내용에 따라 4년이란 연대적(年代的) 차이를 가지게 된다. 그러나 이러한 연대의 해명은 곧 창작 동기를 구명(究明)하는 데서 밝혀질 수 있는 것이므로 여기서는 일단 유보해 두기로 한다.

둘째로 이 시의 창작 연대에 대한 또 하나의 문제는 『삼국유사』의 해당 기록에 대한 역독(譯讀)의 차이에서 이 시의 창작 연대가 유리왕 즉위년과 동왕(同王) 9년이란 두 가지 해석이 되고 있다는 점이다.

종래의 역독을 살펴보면 『삼국유사』는 일찍이 일문역(日文譯)의 완역(完譯)이 이루어 졌음을 볼 수 있으며 이후에 이루어진 국역본(國譯本)은 이 일역본이 참고가 되었을 것임을 짐작할 수 있다. 이를 살펴보면

劉聖公の更始元年癸未位に卽き(年表に云. 甲申に卽位すと) 六部の號を改

め仍て六姓を賜ふ始めて兜率歌を作り嗟せる辭詞腦格有り<三國遺事 卷一>[1]

라고 일역(日譯)된 것을 볼 수 있는데, 이것은 "位に卽き六部の號を改め" 라는 구문상(構文上)으로 보아 왕이 즉위한 해와 이 시를 지은 해가 같은 해라는 것을 의식한 역문(譯文)으로 풀이될 수 있는 오해를 받을 수 있다.

이러한 일역문의 영향인지는 알 수 없으나 『삼국유사』를 국역(國譯)한 최초의 역서(譯書)인 1946년 간(刊)의 사서연역회(史書衍譯會) 역본(譯本)에는

> 劉聖公 更始元年 癸未에 卽位하여(年表에는 甲申년에 卽位하였다 한다.) 六部의 이름을 改定하고 또 六姓을 賜하고 비로소 兜率歌 有嗟辭 詞腦格을 짓고 …… <三國遺事 卷一>[2]

라고 하여 역문(譯文)의 구문상으로 보아 '卽位'와 '改定六部號' 사이를 연결하고 있으므로 모두 동년(同年)의 일로 보아버릴 수도 있게 한 것은 앞의 일역문(日譯文)과 다를 바가 없다. 그러므로 이러한 역독에 의한다면 이 시의 제작 연대도 유리왕 즉위년이 될 수도 있다는 것이다. 이러한 역독의 결과는 줄곧 영향하여 1954년의 고전연역회(古典衍譯會) 역본(譯本)에서도

> 유성공 갱시(劉聖公更始) 원년 계미(연표에는 갑신으로 되었다)에 즉위하고 여섯 마을의 호를 개정하고 여섯 성씨(姓氏)를 나렸다.
>
> 두솔가(兜率歌)를 지었으니 이가 신라 가악의 시초요 …… <三國遺事 卷一>[3]

---

1) 朝鮮硏究會, 『原文和譯對照 三國遺事全』, 1915, 14면.
2) 史書衍譯會, 『三國遺事』, 高麗文化社, 1946, 63면.
3) 李鍾烈 譯, 古典衍譯會, 『完譯三國遺事』, 學友社, 1954, 73면.

이와 같이 앞의 경우와 다름없는 역독이 되었음을 볼 수 있는데 이러한 번역의 경향은 이후에도 줄곧 이어졌으니 1956년 간의 이병도(李丙燾) 역주본에는

劉聖公 更始元年 癸未에 卽位하여(年表에는 甲申년에 卽位하였다 한다) 六部의 이름을 改定하고 또 六姓을 賜하고 비로소 兜率歌 有嗟辭 詞腦格을 짓고 …… <三國遺事 卷一>4)

라고 하여 앞의 경우와 다름 없는 역문임을 볼 수 있다. 이 뒤의 1967년에 이루어진 국역일체경(國譯一切經)의 일역(日譯)을 보면

劉聖公の更始元年癸未 位に卽き(年表に云く. 甲申に卽位すと) 六部の號を改定し 仍て六姓を 賜ふ. 始めて兜率歌を作る. 嗟辭詞腦格有り. <三國遺事 卷第一>5)

라고 하여 동궤(同軌)의 역문임을 볼 수 있으며 1969년의 이재호(李載浩) 역에서도

劉聖公 갱시(更時) 원년 계미(23)에 왕위에 올라(연표에는 갑신에 왕위에 올랐다고 했다) 六부(部)의 이름을 고쳐 정하고 또 六성(姓)을 내려주었다. 비로소 <도솔가(兜率歌)>를 지었는데 차사와 사뇌격이 있었다. <三國遺事 卷一>6)

고 하여 동궤(同軌)의 역문(譯文)임을 볼 수 있다.

---

4) 李丙燾 譯, 『原文幷譯註 三國遺事』, 東國文化社, 1956, 198면.
5) 『國譯一切經』 史傳部十, 東京: 大東出版社, 1967 初版, 1980 改訂版, 296면.
6) 李載浩 譯註, 『三國遺事』, 光文出版社, 1969, 113면.

이에 이어 1972년에 이재호, 이병도의 역주본(譯註本)을 참고하여 영역(英譯)한 Tea-Hung Ha의 영역본(英譯本)을 보면

Pak Norye-Nijiilgŭm, otherwise called Yuri-wang, …… He was enther-oned in the first year of Kengshih of Liusheng-kung, even in the year of Kemi. During his reign he changed the names of the six departments, creating new administrative districts, conferred family names on the six tribes, wrote songs, <SAMGUK YUSA Book One Wonder 1>7)

라고 하여 국역(國譯)의 모호한 번역이 도리어 명확하게 영역(英譯)되었음을 볼 수 있다. 그러나 1975년의 이민수(李民樹) 역주본(譯註本)에는

劉聖公 更始元年 癸未(二三)에 즉위하여(年表에는 甲申년에 즉위했다고 함) 六部의 이름을 고쳐서 정하고 또 여섯 姓을 하사했다.

이때 비로소 兜率歌를 지었으니 嗟辭와 詞腦格이 있었다. <三國遺事 卷一>8)

라고 하여 역시 모호한 국역(國譯)의 전철을 밟고 있음을 볼 수 있다. 1975년의 이동환(李東歡) 역본(譯本)에는

노례왕의 즉위는 곧 유성공(劉聖公)의 원년(A.D.23) 계미년(癸未年)에 있었다.

노례왕은 즉위하여 육부의 이름을 개정하고 또 여섯 가지 성을 내렸다. 그리고 처음으로 「도솔가(兜率歌)」를 지었는데 그 노래엔 「차사사뇌격(嗟辭詞

7) SAMGUK YUSA Translated Tea-Hung Ha Gratyon K. Mintz. YONSEI UNI VERSITY PRESS, Seoul, Korea, 1972, 53면.

8) 李民樹 譯註, 『三國遺事』, 乙酉文化社, 1975, 70면.

腦格)」이 있었다. <三國遺事 卷第一>[9]

라고 하였으나, 1978년에 간행된 권상로(權相老)의 역해본(譯解本)에는

유성공(劉聖公) 경시(更時) 원년 · 계미에 즉위(연표에는 갑신에 즉위했다 함)하여 6부의 이름을 다시 정하고 곧 여섯 성을 주었다.

처음으로 <도솔가(兜率歌)>를 지으니 차사 사뇌격(嗟辭詞腦格)이 있었다. <三國遺事 卷第一>[10]

라고 하여 또한 동궤(同軌)의 역문임을 볼 수 있다. 1980년에 간행한 김사엽(金思燁)의 일역주본(日譯註本)에는

劉聖公(漢の准陽王. 王莽に反旗をかかげた一派)の更始元年 癸未(二三年)に 卽位して (年表には 甲申に卽位したとある) 六部(慶州都內の六區 の名称を改定し, はじめて兜率歌を作った(この歌には) 嗟辭(感歎詞) が (含まれて) あり (形式は) 詞腦の調子で作られた. <三國遺事 卷第一>[11]

라고 하여 역시 동일한 역문(譯文)임을 볼 수 있으며 끝으로 1981년에 간행된 성은구(成殷九)의 역주본에는

劉聖公 更始(경시) 元年 癸未(23)에 卽位하여(年表에는 甲申年에 卽位했다고 함) 六部의 이름을 고쳐서 定하고 또 여섯姓을 下賜했다.

이때 비로소 兜(두)率歌를 지었으니 嗟辭(차사)와 詞腦格(사뇌격)이 있었고 …… <三國遺事 卷一>[12]

---

9) 李東歡 譯註, 『三國遺事』 上, 三中堂文庫, 1975, 29면.
10) 權相老 譯解, 『三國遺事』, 東西文化社, 1978, 88면.
11) 金思燁 譯, 『完解三國遺事全』, 東京: 六興出版, 1980, 81면.

라고 역해(譯解)되어 앞의 여러 역본과 다를 바가 없다.

이처럼 이 대문(大文)의 역해에 대해서는 모두 왕의 즉위년과 행정구역의 칭호(稱號) 개정을 비롯한 사성(賜姓)과 작가(<두솔가>)를 동년(同年)인 경시(更始) 원년(元年)의 일인 것처럼 역독해 놓은 것을 살펴보았다. 그러나 1923년에 일역(日譯)된 평암우개(平岩佑介)의 『초역 삼국유사(抄譯三國遺事)』에 의하면

> 劉聖公 更始元年癸未に卽位された. 此代に六部の号を改定した上 夫々六姓を賜ふた始めて兜率歌が出來 …… <三國遺事 卷第一>[13]

라고 하여 육부호(六部號)를 개정하고 성(姓)을 내린 일이라든가 <두솔가>를 지은 해는 동년(同年)의 일이지만 왕의 즉위년과는 동년이 아니라는 역해(譯解)를 볼 수 있다. 이러한 올바른 역해는 비교적 일찍 이루어진 것이지만 초역(抄譯)이라는 데서 다른 역해본(譯解本)에 영향을 주지 못한 듯하다.

이후 50여 년을 지난 1972년에 역해(譯解)된 삼품창영(三品彰英)의 『삼국유사 고증(三國遺事考證)』에서 보면

> 劉聖公の更始元年の癸未の歲に卽位した,[年表には 甲申の歲の卽位となっている] 改めて六部の呼び名を定め, かさねて六姓を賜った 始めて兜率歌が作られたが, なかに嗟辭で詞腦格のものがあった. <三國遺事 卷第一>[14]

라고 역(譯)한 것을 볼 수 있으니 여기서는 구문상으로 보아 왕의 즉위년과 육부호(六部號)를 개정한 해와는 달리 본 듯하고 또한, 같이도 본 듯

---

12) 成殷九, 『譯註 三國遺事』, 全南大出版部, 1981, 71면.
13) 平岩佑介, 『抄譯 三國遺事』, 東京: 自由討究社, 1923, 20면.
14) 三品彰英, 『三國遺事 考證』 上, 東京: 塙書房, 1975, 476면.

한 모호한 구문이 되었음을 볼 수 있다.

위에서 살펴본 바와 같이 『삼국유사』의 당해(當該) 기록에 대한 역해는 현토(懸吐)에 따라 역문(譯文)에 차질을 빚게 된 것임을 알 수 있다. 『삼국유사』는 『삼국사기』처럼 해마다의 일을 따로 적은 것이 아니라 한 왕의 치적(治績)을 한꺼번에 종합하여 기록해 놓았으므로 이를 연도별로 상고하려면 새로운 고증을 요하게 된다. 이처럼 이 대문(大文)의 역해에 있어서도 "劉聖公更始元年癸未卽位"와 "改定六部號 ……"와의 사이에는 연차(年差)를 가진 사건이므로 연결형토(連結形吐)를 달아서 동년에 일어난 사건처럼 해석할 수는 없다. 그러나 역문의 경우에도 줄곧 답습되어 '즉위(卽位)하여', '즉위하고', '왕위에 올라' 등으로 역해하고 있음을 볼 수 있다. 그래서 다음 사건들과 연결되어버리는 결과를 가져왔으므로 따라서 <두솔가>의 제작도 동왕(同王)의 즉위년에 이루어진 것처럼 이해하기 쉽게 되었다. 그러나 영역(英譯)의 경우에는 일역(日譯)의 경우와는 달리 즉위한 해를 Kemi(癸未)로 보아 종결짓고, 다음에 일어난 사건은 왕의 치세(治世) 동안에 이루어진 것으로 되었으니 이것은 전게(前揭)한 평암우개(平岩佑介)의 초역(抄譯)에서 "卽位された. 此代に六部の號を改定 ……" 하였다고 역(譯)한 것과 같다. 그러므로 결국 <두솔가>는 유리왕 즉위년의 제작이 아니라 그의 치세년간(治世年間)에 이루어진 것이라는 해석이 가능하게 되는데 이 치세년간이 『삼국사기』나 『삼국유사』의 다른 기록에 의하면 유리왕 9년임을 알 수 있다는 것이다. 그러나 종래는 『삼국사기』의 이 기록에 좇아 동왕(同王) 5년의 제작으로만 생각해 온 것이 통설시(通說視)되었다.[15] 결국 『삼국유사』의 기록에 대한 제작 동기나 제작 연대는 고려되지 아니 했다는 사실(事實)이다. 그러므로 『삼국유사』의 기록(記錄)을 다음과 같이 해석하여 상고(詳考)해보면

15) ① 崔南善, 『六堂全集』 9, 1974, 455면.
② 趙潤濟, 『韓國文學史』, 1963, 13면.

> 劉聖公 更始 元年 癸未(A.D.23)에 왕위에 올랐다.(年表에는 甲申(A.D.24)에 왕위에 올랐다고 했다.)<이 왕의 治世中 곧 同王 9年에> 六部의 이름을 고쳐 定하고 이내 六姓을 내리매 비로소<百姓들이> 兜率歌를 지었으니 그것은 嗟辭를 지닌 詞腦詩의 格式이었다. <三國遺事 卷一>

위와 같은 내용임을 볼 수 있으니 그 제작 연대, 제작 동기, 창작 주체 등이 『삼국사기』의 경우와는 달라짐을 볼 수 있다. 그러므로 제작 연대에 대한 문제가 새로 논의되어야 하는 것은 두 문헌의 기록을 어떻게 취사선택(取捨選擇)할 것이냐의 문제라 할 수 있다. 이제까지의 고찰에서 분명해진 것은 이 시가 지어진 것이 동왕(同王) 즉위년의 일이 아님은 확실한 사실(事實)이나 다만 5년이냐 9년이냐 하는 문제가 남게 된다. 5년 설과 9년 설의 선택은 시차상(時差上)으로는 큰 차이가 없으나 이 시의 제작 동기나 창작 주체나 시의 성격 등을 규명하는 데 절대적인 관계를 가지는 것이므로 제작 연대의 규명은 이 시의 정체를 바르게 파악하는 데 간과(看過)할 수 없는 중요한 선행작업이라 할 수 있다. 그러나 이러한 문제 해결은 다음 항에서 논의될 각종 사항을 규명하는 데서 얻어지는 종합적 판단에 의하여 고려될 것이므로 여기서는 그 정답을 유보해 두기로 한다.

4. 창작 동기

작품의 이해를 위하여 창작의 동기를 구명(究明)하려는 것은 문학연구의 중요한 과정의 하나이다. 대개는 작품을 중심으로 하는 주변적인 상황을 분석하고 종합하여 그 동기를 추출하는 경우가 많다. 그러나 이 <두솔가>(兜率歌)의 경우는 그와는 달리 『삼국사기』와 『삼국유사』에 이미 그 창작 동기가 분명히 제시되어 있으나 공교롭게도 두 문헌의 내용이 일치하지 아니하므로 그 내용에 대한 어느 하나를 선택하는 문제가 남게 되었다.

우선 『삼국사기』에 의하면 유리왕 5년 겨울(십일월)에

① 왕이 국내를 순행하다가 한 늙은이가 얼어 죽을 지경에 이른 것을 보고 말하기를 「내 미력한 몸으로 왕위(王位)에 있으면서 백성들을 잘 기르지 못하여 노유(老幼)들로 하여금 이와 같이 괴로운 지경에 이르게 하였으니 이는 나의 죄로다.」 하고 곧 옷을 벗어 그를 덮어주고 음식을 마련하여 먹였으며

② 곧 관리에게 명령하여 곳곳마다 돌아다니면서 홀아비와 홀어미와 고독한 늙은이와 병들어 스스로 생활할 수 없는 사람들을 위문하여 그들에게 먹을 것을 주어 기르도록 하였다.

③ 이에 이웃나라의 백성들이 이 말을 듣고 찾아오는 사람이 많았다.

④ 이 해에 민속(民俗)이 환강(歡康)하여 처음으로 <두솔가>를 지어 부르니 이 노래가 악가(樂歌)의 시초였다.

위와 같이 창작의 동기를 분석하여 살펴보면 곧 <두솔가>가 지어지게 된 발단은 왕의 순행(巡幸)에서 한 노구(老嫗)의 기동사경(饑凍死境)을 발견한 데 있다. 그리하여 이로 인하여 국내의 환과고독에 대한 양호(養護)의 은택(恩澤)을 입게 하는 복지 행정이 이루어지게 되었다. 이에 따라 이웃나라 백성까지도 찾아드는 무리가 많아졌으므로 나라 안팎으로 평화로움을 누린 때라고 할 수 있으니 이 해는 '민속환강(民俗歡康)'해서 이 시를 비로소 제작했다는 것이 곧 이 시를 짓게 된 동기가 된 것임을 알 수 있다.

이와는 달리 『삼국유사』에 의하면 유리왕 9년 봄에 있었던 일로써

① 왕이 육부(六部)의 이름을 고쳐 정하고

② 곧 육성(六姓)을 내리게 되자

③ 비로소 <두솔가>를 지었다.

고 하였음을 볼 수 있으니 두 문헌의 내용을 비교해 보면 제작 동기와 절후(節候)가 우선 다를 뿐만 아니라 그 근본 동기가 전자는 빈민구휼책(貧民救恤策)으로 인하여 민속환강(民俗歡康)을 구가(謳歌)한 것이요, 후자는 지배층 씨족들에게 성(姓)을 내려 신분을 상승시켜 준 신분 상승책으로 인하여 그에 대한 감은송찬(感恩頌讚)을 구가(謳歌)한 것이라 할 수 있다.

이처럼 두 문헌은 창작 동기에 대한 현격한 차이를 보이고 있다. 그러나 양자의 어느 하나를 택해야 하는 경우에 고려되어야 할 것은

① 『삼국사기』보다 백여 년이나 뒤에 지어진 『삼국유사』의 기록이 『삼국사기』의 기록에 좇지 아니한 것은 필연 『삼국사기』 이외의 기록을 참고했을 가능성이 있다는 것이다. 더욱 『삼국유사』를 찬술함에 있어서는 삼국사(三國史)가 참고되었다는 사실이 이를 더욱 뒷받침해 주는 일이라 할 수 있다. 그러므로 『삼국유사』의 이 기록을 도외시(度外視)할 수 없다는 것이다.

② 유리왕 9년에는 이러한 행정구역의 개명(改名)과 사성(賜姓)의 단행(斷行)을 비롯하여 왕실이 주도하는 국가적 행사로서 거행된 적마경기(績麻競技)와 이에 수반된 가희(歌戲)로 인한 '회소(會蘇)'의 유희를 이루었으니 이러한 민속과 가시(歌詩)를 이루게 한 이 시기에 이르러서는 왕화(王化)가 온 백성들에게 두루 미치어 왕에 대한 송양(頌揚)의 찬사(讚辭)가 시로 지어지고 노래로 불리게 될 만한 분위기가 무르익은 때였다고 볼 수 있다.

③ 이 시의 성격에 대해서는 뒤에서 상론(詳論)하겠거니와 우선 이 시가 '악가(樂歌)' 곧 '악장(樂章)'일 것이라는 것을 전제하여 볼 수 있으므로 이 시의 창작 주체도 백성일 가능성이 크다고 볼 때 이러한 모든 점을 충족시킬 수 있는 내용의 기록은 『삼국사기』보다 오히려 『삼국유사』의 기록이 이 시의 성격에 접근된 것이라는 사실을 도외시할 수 없다.

④ 『삼국유사』의 '有嗟辭詞腦格'이란 기록은 이 시의 형태에 대한 보다

구체적인 보고(報告)라고 볼 수 있는데 이로 미루어 보아도 『삼국유사』의 저자는 이 시의 실제 형태를 접한 것이 아닌가도 생각할 수 있다.

이와 같은 사실을 종합해 볼 때 이 시의 제작 동기는 『삼국사기』보다 오히려 『삼국유사』의 기록에 좇는 것이 온당한 해석이 되지 않을까 생각 된다. 따라서 이 시의 창작 연대도 유리왕 5년이 아니라 동왕(同王) 9년의 일이라 볼 수 있다는 것이다.

5. 창작 주체

이 시가 누구에 의하여 지어졌다거나 어떤 계층에 의하여 지어진 것인가에 대해서는 크게 논의된 바가 없는 듯하다. 말하자면 이 시는 당시에 왕이 지어내린 것이냐 백성이 지어 올린 것이냐의 문제라 할 수 있다.

이러한 문제의 해결을 위해서는 두 문헌상의 기록에 대한 문맥상의 분위기와 이 시의 성격상으로 본 창작 주체의 유추(類推)와 끝으로는 문장상(文章上)의 정확한 역해(譯解)를 통하여 판별하는 방법 등이 있을 뿐이다.

① 창작 동기에 대한 두 문헌의 문맥상으로 보아 『삼국사기』의 기록은 왕이 '민속환강(民俗歡康)'함을 기뻐하여 치화(治化)가 잘 되어감을 노래로 지은 것이라는 내용으로 해석할 수 있으므로 아마도 이 『삼국사기』의 저자는 이 시의 작자를 왕이라고 본 듯하다. 그러나 『삼국유사』의 기록에는 왕이 '改定六部號'하고 '仍賜六姓'한 데 대하여 백성이 그 감은(感恩)과 송찬(頌讚)의 뜻을 펴기 위하여 '始作兜率歌'한 것이라 볼 수 있으므로 그 창작 주체는 곧 백성이란 것을 의식하여 쓴 듯하다.

② 이 시의 성격에 대해서는 후술(後述)하려 하거니와 앞당겨 그 결론을 인용하여 보면 곧 이 시는 군왕에 대한 송찬(頌讚)의 뜻을 담은 송도시(頌

禱詩)로서의 악가(樂歌)일 것임을 전제할 수 있다. 그렇다면 이 악가(樂歌)를 제작하는 경우에 있어서는 흔히 백성이 지어 바치는 경우를 생각할 수 있으므로 이 시도 군왕의 창작이라기보다는 백성의 작(作)일 수도 있다는 것이다. 그러므로 이 시의 창작 주체도 『삼국사기』의 경우보다는 『삼국유사』의 편을 신빙할 만한 것이라고 볼 때 이 시는 결코 왕이 지은 것이 아니라 백성이 지은 시라는 것을 알 수 있다.

③ 무엇보다 이 시의 창작 주체에 대한 해명의 직접적인 자료는 『삼국사기』의 '始製兜率歌'와 『삼국유사』의 '始作兜率歌'란 기록이다. 여기에서 보는 바와 같이 그 차이란 '製'와 '作'이란 용자상(用字上)의 차이가 있을 뿐이다. 그러므로 흔히 신제(新製), 어제(御製) 등과 같이 '제(製)'는 왕의 찬술(撰述)을 의미하게 되나 일반적으로 문사(文辭)를 찬술하는 경우에도 함께 쓰여지는 것이므로 이 자(字)의 용례로써 이 시의 창작 주체를 왕으로 볼려는 것은 속단(速斷)이 될 가능성을 전적으로 배제할 수는 없다. 그러나 『삼국사기』의 문맥적 분위기로 보아 이 '製'자의 해석을 '어제(御製)'로 하는 것이 온당하지 않을까 생각 된다. 그리고 또한 『삼국사기』의 기록에서와 같이 이 기록의 문맥적 분위기로 보아 이 '作'자(字)의 해석은 백성의 창작으로 보는 것이 온당하지 않을까 생각된다. 그러나 동서(同書)의 같은 대문(大文)에서 '製犁耜及藏氷庫作車乘'의 경우에는 '製'와 '作'을 겸용(兼用)하고 있어서 비록 시문(詩文)의 경우와는 다른 바가 있다고 하더라도 용자상(用字上)으로 속단하기는 어렵다. 그러나 이러한 기구(器具)를 왕이 직접 제작한 것이 아니라 비록 백성이 제작한 것일지라도 이 왕대(王代)에 이루어진 것이므로 그 공적이 왕에게로 돌아간 것이기 때문이다. 이 시의 경우에 있어서도 이 시가 악장(樂章)의 성격을 띈 것이라면 이 후대의 <안민가(安民歌)>나 조선의 <용비어천가(龍飛御天歌)>의 경우, 백성이 지어 왕에게 올린 것과 같이 이 시의 창작도 백성이 지어 왕에게 올린 것을 악가(樂歌)로 채택한 것이라 생각할 수 있으므로 창작의 주체는 백성이라 할 수 있다.

6. 시의 성격

내용이 전하지 않는 이 시의 성격을 구체적으로 해명하기란 참으로 어려운 일이다. 그러나 이 시의 성격에 대한 구명(究明)은 줄곧 이어졌으니 흔히 종래에는 이 시의 제명(題名)인[16] '兜率'이란 어의(語意)를 고구(考究)하여 그 성격을 파악하고자 하는 경향이었다. 물론 이러한 고구도 이 시의 성격 구명을 위하여 중요한 논의의 대상이 될 수 있지만 무엇보다도 『삼국사기』의 '此歌樂之始也'의 대문(大文)에 대한 올바른 해석이 곧 해명의 관건일 수 있다. 이에 대한 종래의 해석은 구구(區區)한 바 있으니[17] 우선 해석된 결과에 따라 구두법(口讀法) 상의 차이로써 살펴보면

① 此는 歌樂(가악)之始也라.
② 此는 歌로 樂之(낙지)한 始也라.
③ 此는 歌樂(가락)之始也라.
④ 此歌는 樂(악)之始也라.

---

16) ① 兜率歌 : 「덧소리·· 神德의 頌歌이기보다 惡靈祓除의 呪歌 …… 兜率의 語義는 高貴한 노래의 意로도 解釋되고 또는 神靈을 대상으로 하는 呪力的 노래의 意로도 생각 …… 宗教 가치가 포함됨과 聖的 一表象임에 있어서는 그 歸趣를 한 가지 함을 본다. …… 「돋(또는 덧)소리」는 요하건대 聖歌乃至 神謠의 意라 하여 大過없다」 <『六堂全集』 9, 460면, 「朝鮮文學概說」, 1931~1933>
② 도살 : 還生, 復活 廻生의 뜻을 지닌 옛말 <金鍾雨, 『鄕歌文學論』, 1971, 36면>
③ 두리 : 두레 노래(農樂)의 원류 <梁柱東, 『古歌硏究』, 1981, 14면.>
④ 두리 : 歡康의 뜻. 東夷樂의 이름인 朝離 侏離와 같은 借字式의 다른 表記 <鄭炳昱, 『한국고전시가론』, 1977, 66~68면.

17) ① 趙潤濟, 『韓國文學史』, 東國文化社, 1963, 14~15면.
정병욱, 『한국고전시가론』, 신구문화사, 1979, 66면.
② 徐在克, 「향찰로서의 <兜率>」, 余泉徐炳國博士華甲紀念論集, 1979, 146면.
③ 金宅圭, 『新羅時代의 言語와 文學』, 韓國語文學會, 1974, 215면.
④ 洪在烋, 『韓國古詩律格硏究』, 1983, 150면.

위와 같이 다양하게 풀이되어 있음을 알 수 있다.

위와 같이 '歌樂(가악)'이라고 보는 경우는 일반적으로 '시가(詩歌)'나 '가요(歌謠)'라는 뜻으로 풀이한 것이고 '樂之(낙지)'의 경우는 '노래 불러 즐거워 하다는 말'로 해석하려 한 것이다. 그리고 이것을 '歌樂(가락)'이라 본 것은 노래의 '가락'을 음차(音借) 표기한 것이라 본 것이니 곧 '樂(曲)(악(곡))」을 뜻하는 것이라고 본 것이다.

그러나 이에 대한 새로운 관점에서 보고자 하는 것은 곧 이 시가 악가(樂歌) 곧 악장(樂章)의 성격을 띈 최초의 작품이라 보고자 하는 것이다.

중토(中土)의 예를 보면

△歌樂者人必有度 朝夕者天之所賦 <王起墨子廻車朝歌賦>

△言談者 仁之文也 歌樂者 仁之和也 <禮, 儒行>

△歌樂雖盈耳 慙無五袴謠 <白居易 西樓喜雪命宴詩>

위와 같이 '歌樂'이란 일반적으로 '가요(歌謠)'와 '음악(音樂)'이란 합성어로 이루어진 것을 볼 수 있으나 '악가(樂歌)'라 하여 악장(樂章)의 뜻으로 쓰인 경우를 보면

△鹿鳴小雅篇也 人君與臣下及四方之賓燕 講道修政之樂歌 <儀禮, 大射乃歌鹿鳴三終傳>

△協音律 造樂歌 薦上帝 封太山 立明堂 <漢書, 夏侯勝傳>

이라 하여 '악가(樂歌)'는 곧 악장(樂章)의 뜻과 같은 것으로 악(樂)은 천자(天子)의 전유물이란 생각이었다. 그래서

△天子無獻言 言則史書之 槽成之 樂歌之 <史記, 晉世歌>

라고 한 것을 볼 수 있으니 여기의 '악(樂)'은 곧 '악가(樂歌)' '악장(樂章)'을 뜻한 것임을 볼 수 있다. 그러나 우리나라의 경우에서 살펴보면 중토(中土)의 '악가(樂歌)'란 말을 자폄(自貶)하는 뜻에서 '속악(俗樂)'이나 '가악(歌樂)'이라는 말을 쓰고 있음을 볼 수 있는데 『삼국사기』의 "始製兜率歌此歌樂之始也"는 비록 작자는 '가악(歌樂)'이라 구두(口讀)한 것이라 할지라도 그 진의(眞意)로는 "此歌는 樂之始也라"고 구두되어야 할 것이라 생각된다. 그래서 <두솔가>를 '악가(樂歌)' 곧 '악장(樂章)'의 첫 작품이라 보고자 하는 것이다. 그러나 우리는 우리의 악가를 자폄(自貶)하는 관념 때문에 '악가(樂歌)'라 내세우지 아니하고 흔히 '가악(歌樂)'이나 '속악(俗樂)'이라는 말로 대신하여 일반적인 '가요(歌謠)'나 '음악(音樂)'이란 뜻의 '가악(歌樂)'과도 혼용된 것을 볼 수 있으니 같은 『삼국사기』에서 보면

> 徒衆雲集 或相磨以 道義 或相悅以歌樂 遊娛山水無遠不至 <眞興王條>

이라고 하였음을 볼 수 있다. 여기의 경우는 가요(歌謠)와 음악이란 말의 합성 축약된 것이라 해석할 수 밖에 없으므로 앞의 인례(引例)와는 뜻을 달리하는 것이라 할 수 밖에 없다. 그러나 조선조에서 쓰인 예를 살펴보면

> 盖我邦有樂歌 自新羅世 而朝廷鄕黨之樂 都循俚諺 未有一人 作韻語 被諸絃歌 則習俗之陋也 <星湖僿說 上卷 國朝樂章>

라고 한 것을 보아 여기의 '악가(樂歌)'는 곧 '악장(樂章)'을 일컬은 것이라 할 수 있다. '악(樂)'은 곧 '정통(政通)'[18]이라 생각했고 '치도(治道)'[19]

---

18) 凡音者 生人心者也 情動於中 故形於聲 聲成文 爲之音 是故 治世之音 安以樂其政 和亂世之音 怨以怒 其政乖 亡國之音 哀以思 其民困 聲音之與政通矣<樂經>

19) 是故 先王 愼所以感之者 故禮以道其志 樂以和其聲 政以一其行 刑而防其姦 禮樂刑政

와 '치화(治化)'[20]를 목적으로 하는 것이므로 '악가(樂歌)'는 곧 '악장(樂章)' 가운데는 백성이 왕을 위하고 또 왕이 백성을 위하는 내용으로 지어져서 더불어 군신이 즐기는 경우가 많다.

신라의 <안민가>[21]가 그러하고 조선의 <용비어천가>[22]가 그러한 대표적인 것이라 할 수 있다.

이상을 종합하여 이 시의 성격을 살펴보면 이 시는 고유 시악사상(詩樂史上) 악가(樂歌) 곧, 악장(樂章)의 시원(始源)을 이루게 된 작품이라 할 수 있으니 성호(星湖)의 악가론(樂歌論)과 일치되는 것이라 할 수 있다. 그러므로 『삼국사기』의 '此歌樂之始也'는 동서(同書)의 '或相悅以歌樂'의 가악(歌樂)과는 성격상 차이가 있는 것이므로 구두상(口讀上)으로도 '此歌는 樂之始也'라 하여 악장(樂章)의 의미를 부여하여 해석하는 것이 온당하리라 본다. 이 시의 성격을 말하여 흔히 '주력적(呪力的) 노래'나 '종교적 성가(聖歌)'나 '신요(神謠)'의 성격을 띈 것이라고 보는 경향이 있고 또는 '새로운 서정적 가요'로써 '그 때 백성들의 기쁨과 즐거움 그리고 편안한 심정을 읊어 낸 것'이라고도 하였지만 그것만도 아닌 듯하다. 이러한 내용과 아울러 왕의 덕정(德政)과 선치(善治)에 대한 감은(感恩)에 대하여 송찬(頌讚)과 기구(祈求)를 위한 일종의 송찬송도시(頌讚頌禱詩)로 지어진 백성의

其樣一也 所以同民心而出治道也 <樂經>

20) 樂也者 出於天而寓於人 發於虛而成於自然 所以使人心 感而動盪血脈 流通精神也 因所感之不同 而聲亦不同 其心感者 發以散 怒心感者 粗以厲 哀心感者 唯以殺 樂心感者 嘽以緩 能合其聲之不同而一之者 在君上導之如何耳 所導有正邪之殊 而俗之隆替係焉 此樂之道所 以大關於治化者也 <樂學軌範序>

21) 安民歌는 비록 百姓의 創作이지만 君과 民의 義理를 노래한 것이므로 이것은 곧 君과 民의 것이라 할 수 있다.
王曰 朕嘗聞師讚耆婆郎詞腦歌 其意甚高 是其果乎 對曰然 王曰 則爲朕作 理安民歌 僧應待奉勅歌呈 王佳之 封王師焉 僧再拜固辭不受 安民歌曰 (『三國遺事』 卷二 景德王 忠談師條)

22) 龍飛御天歌는 <임금의 것>으로 百姓과 더불어 즐긴 代表的 '樂'이니 「與民樂」 이란 이를 두고 이름이다. 또한 龍飛御天歌 第百二五章의 結辭에서 보인 隻句에 '님금하 아ᄅᆞ쇼셔'는 더욱 百姓이 王에게 올리는 진정임을 强調하고 있다.

시(詩)가 악장(樂章)의 사(詞)로 채택되어 곡(曲)을 붙이게 되고 군신이 동락(同樂)하는 '악가(樂歌)' 곧 '악장'으로 이룩된 것이라 할 수 있다.

이 시에 대한 이러한 성격을 부여하여 해석하고자 하는 이유는 곧 이 시의 창작 동기상으로 보아 '改定六部號'하고 '仍賜六姓'하여 백성의 신분이 상승된 데 대한 즐거움과 고마움이 유로(流露)되는 데서 지어진 것이라고 볼 수 있기 때문이다.

이 시는 곧 악장체 문학의 시원(始源)을 이루게 하는 것이며 줄곧 조선조의 <용비어천가>에 이르는 맥락을 발견할 수 있게 한다.

7. 시의 형태

이 시의 형태에 대한 논의의 단서를 제공해주는 것은 다만 『삼국유사』의

始作兜率歌 有嗟辭詞腦格

이라고 한 대문(大文)의 해석에서 비롯된다. 이에 대한 그 동안의 역독(譯讀)을 살펴보면 일치되지 아니하여 결국 이 시의 형태를 파악하는 데 혼란을 빚는 원인이 되기도 하였다.

설명의 편의상 대개 역서(譯書)의 간행된 차례로 이를 정리해 보면

① 嗟せる辭 詞腦格有り(朝鮮硏究會 譯)
② 비로소 兜率歌 有嗟辭 詞腦格을 짓고 (史書衍譯會 譯)
③ 비로소 兜率歌 有嗟辭 詞腦格을 짓고 (李丙燾 譯)
④ 嗟辭詞腦格有り (國譯一切經)
⑤ 차사와 사뇌격이 있었다. (李載浩 譯)

⑥ 嗟辭와 詞腦格이 있었다. (李民樹 譯)

⑦ 그 노래엔 嗟辭詞腦格이 있었다. (李東歡 譯)

⑧ 차사 사뇌격이 있었다. (權相老 譯)

⑨ (この歌には) 嗟辭(感歎詞) が (含まれて) あり(形式は) 詞腦の調子で作られた. (金思燁 譯)

⑩ 嗟辭와 詞腦格이 있었고 (成殷九 譯)

⑪ なかに 嗟辭で詞腦格のものがあった. (三品彰英 譯)

이처럼 '有嗟辭詞腦格'의 해석은 구구(區區)하다. 그러나 이것을 유형별로 정리하면 대개 다음과 같다.

① 嗟辭詞腦格이 있다.

② 兜率歌, 有嗟辭, 詞腦格이 있다.

③ 嗟辭와 詞腦格이 있다.

④ 율격상으로는 嗟辭가 있고 형식상으로는 詞腦格이 있다.

위에서 보는 바와 같이 <두솔가>는 차사사뇌격(嗟辭詞腦格)의 형태를 가지고 있다는 경우와 또한 '兜率歌'와 '有嗟辭'와 '詞腦格'이란 삼자 동격으로 병렬한 경우와 두솔가는 차사(嗟辭)와 사뇌격(詞腦格)이란 형식을 구유(具有)하고 있다는 해석과 아울러 율격상으로는 차사(嗟辭)를 수반하고 형식상으로는 사뇌격(詞腦格)을 지니고 있다는 견해들이다. 이것을 다시 정리하면 결국 차사(嗟辭) 사뇌격(詞腦格)이란 시 형식이 <두솔가>의 형태를 설명하는 경우와 또 하나는 <두솔가>와 '有嗟辭'와 '詞腦格'을 동격시하는 한 시 형태로 해석하려는 경향임을 볼 수 있다. 그러나 이에 대한 해석은 위의 경우들과는 달리

△비로소 두솔가를 지으니 (그것은) 嗟辭를 지닌 詞腦詩의 格式이었다.

라는 해석이 된다는 것이다. 그러므로 결국 <두솔가>의 형태는 사뇌시(詞腦詩)의 격식과 같다고 하였으니 우선 <두솔가>는 차사(嗟辭)가 수반된 시 형태임을 분명히 알 수 있다. 이에 따라 사뇌시는 차사를 수반하지 않은 형태의 것도 있다는 것을 아울러 암시해 주는 말이기도 하다. 그러므로 결국 사뇌시에도 차사 수반형이 있고 차사 비수반형이 있음을 말하여 주고 있는 셈이다. 이것으로 유추해 본다면 『삼국유사』에 전하는 월명사(月明師)가 지은 <두솔가>는 차사(嗟辭) 곧 척구(隻句)를 수반하지 아니한 사뇌시의 대표적인 예라 할 수 있다. 그러므로 유리왕 대의 <두솔가> 형태에서 차사의 유무를 강조한 것은 월명사의 <두솔가>와는 그 형태상의 혼란을 피하기 위한 설명일는지도 모르겠다. 이처럼 상대(上代)의 시 작품에서 헌화가(獻花歌) 해가(海歌) 구지가(龜旨歌) 서동요(薯童謠) 등이 모두 차사 곧 척구(隻句)를 수반하지 않는 사뇌시란 해석을 가능케 한다. 따라서 사뇌시란 개념은 매우 포괄적이라 할 수 있다. 말하자면 사뇌시란 고유시(固有詩)를 통칭하는 것으로서 여기에는 형태의 장단(長短)에 구애됨이 없이 다만 차사를 수반하는 것과 수반하지 않는 것의 두 가지 유형이 공존했음을 말해 주는 것이라 할 수 있다. 그러나 『균여전(均如傳)』에 수재(收載)된 사뇌시에 이르러서는 그 형태상의 장단(長短)이나 차사의 유무를 논할 바 없이 모두 '삼구육명(三句六名)'이란 6명(名) 곧 6구체시(句體詩) 형태로 정립된 것이라 할 수 있다.

이러한 점을 종합할 때 <두솔가>는 그 형태상에 있어서 차사를 수반한 사뇌시의 격식을 갖춘 것임을 알 수 있으나 그 구수율(句數律)이나 척사율(隻辭律)에 대한 것을 알 길은 없다.

그러면 이 <두솔가>에 수반된 차사(嗟辭)의 형태와 성격은 어떤 것이었을까에 대하여 생각해 보기로 한다.

이 시에 수반된 차사가 사뇌시에 수반된 차사와 그 격이 같은 것이라 보고된 것을 생각해 보면 우선 사뇌시의 차사에 대하여 생각해 볼 필요를 느낀다.

이 차사에 대하여 흔히 '차(嗟)'자(字)가 지닌 자의(字意)의 슬픔, 탄식, 가엾음, 한숨소리 등의 뜻에 좇아 '슬퍼하는 말'23)이라고 풀이하려는 경향이 있다. 그러나 '차사'는 결코 슬픔의 뜻만을 나타내는 율어(律語)일 수는 없다. 『삼국유사』나 『균여전』에 수재된 사뇌시의 경우를 보더라도 그기에 수반된 차사인 척구(隻句)가 시의 내용이나 성격상으로 보아 '슬퍼하는 말' 만이 수반된 것이라고 할 수 없음은 명약관화(明若觀火)한 사실이다. 그러므로 차사의 내용은 '슬퍼하는 말'과 함께 '마음에 감동하여 칭찬하는 말' (嗟稱辭)도 있고 '감명하여 칭찬하는 말'(嗟歎辭)도 있을뿐 아니라 보다 다단(多端)한 감정을 표출하는 감탄어사(感歎語辭)가 있을 수 있다. 이러한 관점에서 이 시의 '차사'를 상정(想定)해 본다면 그 내용에 있어서는 우선 시의 창작 동기나 시의 성격상으로 보아 결코 '슬퍼하는 말'이 아니었을 것임은 말할 나위도 없다. 그러므로 이 시의 '차사'인 척구(隻句)는 곧 차칭(嗟稱)이나 차탄(嗟歎)의 의미를 가진 감탄어사(感歎語辭)이었을 것으로 생각할 수 있다. 이러한 차사의 형태는 비록 무의미한 자연발생적인 '아'나 '오'라는 단순한 1율자어(律字語)라도 경우에 따라서는 '아야' '아으' '아야야' '아이구매' 등 다양한 다율자어(多律字語)로 변할 수 있다. 이것이 시어(詩語)로 채택되어 하나의 척사(隻辭)로 구성된 율어(律語)의 자격을 얻게 되어 척구로 놓이게 되면 그것은 시적 내용과 직결되어 다변적인 의미로 변이될 수 있다. 곧 시적 내용에 따라 기쁨, 슬픔, 애달픔, 즐거움 등 인간의 희비애락(喜悲哀樂)을 동일한 어음(語音)－음색의 차이는 있을 수 있다－으로 담을 수 있는 포괄성을 가진 율어(律語)다. 그러므로 이것은 일단 율어로 선택되면 결코 무의미한 소리가 아니라 하나의 유의어(有意語)로서의 율어를 이루게 된다는 것이다. 이러한 차사의 시어화(詩語化)는 『법구경(法句經)』의 번역에서 탄식의 의미로 '애(唉)'24)를 빌려 쓴 것과 같은 것

---

23) 차사(嗟辭)-'슬퍼하는 말'의 뜻이니, 곧 사뇌가(詞腦歌)에 나타나는 '아야(阿耶)'·'아야(阿也)'·'아야야(阿耶也)' 등이 이에 해당된다. 조선왕조시대 가사에 나타나는 감탄사 '아으'와 같은 것. <李載浩 譯, 『三國遺事』, 1982, 114면>

이다. 그러나 사뇌시에서는 이러한 차사로서의 척구(隻句)가 이미 자연발생적인 탄사(歎辭)에서 채택된 것이 아니라 시의(詩意)에 상응하는 유의어를 취한 듯하다. '阿也' '阿邪也'가 범어(梵語[25])의 음사(音寫)인 듯하고 '本矣' '徒良' 등이 고유어의 훈음차(訓音借)임을 보아 <두솔가>의 차사도 사뇌시의 격과 같다고 한 것을 고려해 보면

첫째로 내용에 있어서는 차탄(嗟歎)의 의미를 가진 희망적이고도 소망적이요 또한 기구적(祈求的)인 율어(律語)로 이루어졌을 듯하다.

둘째로 그 구성은 2율자(律字)나 3율자로 된 개음절어(開音節語)의 유의어(有意語)로 이루어졌을 것을 생각할 수 있다. 다른 사뇌시의 차사인 척구(隻句)의 구성상으로 미루어보아도 그렇거니와 특히 같은 해의 일이라 볼 수 있는 '회소(會蘇)'가 또한 그러함을 보아 짐작할 수 있는 일이다.

셋째로는 그 놓임자리도 다른 사뇌시의 경우로 보아 결구의 앞 전구(轉句)의 자리에 놓였을 것을 짐작할 수 있으며, 그 기능 또한 다른 사뇌시와 같았을 것이다.

이와 같은 <두솔가>의 '차사(嗟辭)'는 고유 시사상(詩史上)의 시원(始源)을 말해주는 최초의 기록 보고이며 동시에 고유시(固有詩)가 개발한 창의적 시 형식의 중요한 특징을 보이는 것이라고 할 수 있으니 이후에 이루어진 사뇌시의 척구(隻句)는 이러한 '차사'의 작풍이 계승된 흔적을 보이는 실증(實證)이라 할 수 있다.

이처럼 <두솔가>의 형태적 특징인 차사 곧 척구(隻句)의 모습은 이렇게 유추할 수 있으나 이 시의 전체적인 구조에 대해서는 상고(詳考)할 수 없다. 그러나 사뇌시의 시격(詩格)과 같다고 하였으니 곧 현존 사뇌시가 2구체나 4구체 또는 6구체 등의 형식으로 되었음을 보아 이 시도 그러한 구수율(句數律)의 범위에서 생각할 수 있으나 이 시의 성격면으로 보아 아주

---

24) エム・ウインテルッツ 著, 中野義照 外 共編,『印度佛教文學史』, 東京: 丙午出版社, 1923, 84면.

25) 洪在烋 著,『韓國古詩律格研究』, 太學社, 1982, 174~175면.

짧은 형식이라기보다는 비교적 긴 형식인 6구체와 같은 것이 아니었을까 생각되며 이것은 또한 연장체(連章體)의 시 형식일 가능성도 전적으로 배제할 수 없을 것도 같다. 그리고 척사율(隻辭律)도 사뇌시의 격과 같이 4隻辭格句(척사격구)의 구(句) 형식을 취했을 가능성이 크다.

8. 결언

이 <두솔가>의 정체에 대한 파악이란 작품 자체가 부전(不傳)하므로 다만 여러 가지 억측과 유추로써 그 윤곽을 말하는 경우가 많았다. 그러므로 지금에 와서도 어떤 결정적인 자료가 나오지 않는 한 그 내용과 형식을 밝힐 도리는 없다.

그러나 이 작품은 고유 시악사(詩樂史)에서 매우 중요한 위상을 차지하고 있는 것이므로 이에 대한 올바른 해석과 정체의 파악은 시악사(詩樂史)의 전개에 중요한 의의를 갖게 되는 것이라고 본다.

여기서는 주로 이 시의 관계 자료인 『삼국사기』와 『삼국유사』의 두 기록에 대한 분석적인 고구(考究)로써 다음과 같은 몇 가지를 밝혀 보려고 하였다.

첫째로 원전에 대한 종래의 역독(譯讀)을 재검토하여 새로운 역독을 시도하고 그 결과로써 이 시의 창작 연대와 창작 동기, 창작 주체, 시의 형태에 대한 새로운 견해를 폈다.

① 창작 연대는 종래 『삼국사기』에 의하여 유리왕 5년이라고 보아온 것을 『삼국유사』에 의하여 동왕(同王) 9년으로 수정코자 한다.

② 창작 동기는 『삼국사기』의 기록보다 『삼국유사』의 기록에 좇아 '改定六部號'하고 '仍賜六姓'한 데 대한 감은(感恩)의 발로(發露)가 곧 직접적인 창작의 동기라 본다.

③ 창작의 주체는 왕이 아니라 백성이며 이 백성이 지은 시가 상달(上

達)되어 악가(樂歌) 곧 악장(樂章)으로 채택된 것이라 본다.

④ 이 시의 성격은 왕의 덕정(德政)과 선치(善治)에 대한 송찬(頌讚)과 기구(祈求)의 뜻을 담은 송찬송도사(頌讚頌禱詞)로서 동방(東方)의 악가(樂歌) 곧 악장(樂章)의 효시를 이룬 것이라 본다. 그리고 이것은 이후에 이루어진 <안민가>나 <용비어천가> 등으로 악장체문학(樂章體文學)의 계보(系譜)를 모색할 수 있을 것으로 본다.

⑤ 시의 형태는 이 후에 이루어진 차사를 수반한 사뇌시의 격과 같음을 감안하여 그 형태를 유추할 수 있으며 특히 차사 곧 척구(隻句)의 시원(始源)을 이룬 것임을 알 수 있다. 그리고 이 차사가 지니는 형태 및 기능이 한국 고유시의 두드러진 특징을 이루는 중요한 존재 의의와 가치를 지닌 것임을 알 수 있다.

이상과 같은 여러 가지 점을 종합해 볼 때 종래의 이 시에 대한 시제(詩題)의 어원(語源) 구명(究明)으로 인한 이 시의 성격 파악과 아울러 이 시의 정체를 파악하는 데 다소나마 접근된 구명(究明)이 되지 않았을까 생각된다.

(『한국전통문화연구』 제1집 별책, 효성여자대학교, 1985)

월명사의 <도솔가>

김승찬(金承璨)

1. 서론

경덕왕 19년 4월 초하루에 나타난 '이일병현(二日並現)'의 변괴를 없애기 위하여 조원전에서 왕명에 따라 월명사가 지어 부른 <도솔가>는 『삼국유사』에 3분절로 기재되어 있는 노래로서 일명 <도솔노래>·<두시다노래>로 불린다. 이 노래의 성격을 올바르게 규명하기 위하여 김종우·김동욱·김운학 등이 불교의 현교적(顯敎的) 측면으로 고구하였는데, 필자는 신라 불교의 주밀적 신앙의 측면에서 한번 천착해보고자 한다.

2. 경덕왕대의 사회상

『삼국유사』 경덕왕 충담사 표훈대덕조를 보면, "왕이 나라를 다스린 24

년에 오악삼산신들이 때로 나타나 전정에서 (왕을) 모시었다"라는 구절을 접하게 된다. 이 구절에 있어 오악삼산신의 현시(現侍)를 상서로운 조짐으로 볼 것이냐, 아니면 불길한 조짐으로 볼 것이냐 하는 것은 해석자의 견해 여하에 따라서 다르게 파악되겠지만, 제49대 헌강왕대의 산신·지신의 현신의 예로 미루어 보아[1] 대체로 불길한 조짐을 알리는 현시로 해석함이 옳을 듯하다. 『불설인왕반야바라밀경』 권하 호국품 제5에 다음과 같은 구절이 있다.

> 대왕이시여! 나라가 어지러울 때는 먼저 귀신이 난동을 부리게 됩니다. 귀신이 난동을 부리는 까닭에 만백성이 혼란에 빠지며, 도적이 쳐들어 와 나라를 겁하고, 백성이 살 곳과 목숨을 잃으며, 군신·태자·왕자·백관이 함께 시비를 일으키고 천지가 괴이하며 28수(二十八宿)의 성도(星道)와 일월이 때를 잃고 도(度)를 잃으며 도적이 일어나는 일이 잦습니다.[2]

이에 따르면 오악삼산신들은 신라의 호국신들로서, 그들이 전정에 현시함은 바로 국난이 닥쳐 올 것임을 미리 조짐하는 것이라고 해석할 수 있다.

이와 아울러 경덕왕대에는 자연의 재이(災異)가 잇따라 나타나고 일어났다.

전기인 왕 3년 겨울에는 요성(妖星)이 열흘 동안 나타났고, 왕 4년 4월에는 서울에 때아닌 우박이 내렸으며, 5월에는 한재가 들었다. 왕 6년 가을에도 한재가 들고 겨울에도 눈이 오지 않아 기근과 역질이 심했으며, 왕 7년 정월에는 천구성(天狗星)이 땅에 떨어졌다.

중기인 왕 8년 3월에는 폭풍이 크게 일어났고, 왕 13년 4월에는 서울에

1) 地神山神知國將亡 故作舞以警之 國人不悟 謂爲現瑞.(『삼국유사』 처용랑 망해사조)
2) 大王 國土亂時 先鬼神亂 鬼神亂 故萬民亂 賊來劫國 百姓亡喪 臣君太子王子百官共生是非 天地怪異 二十八宿星道日月失時失度 多有賊起.

우박이 내렸고, 8월에는 한재와 황재(蝗災)가 있었으며, 왕 14년 봄에는 기근이 심했다.

후기인 왕 17년 7월에는 불사(佛寺) 16곳에 벼락이 떨어졌고, 왕 18년 3월과 왕 20년 4월 · 왕 23년 3월에는 혜성이 나타났으며, 왕 22년 7월에는 서울에 대풍이 불어 큰 피해를 입었고, 왕 23년 12월 11일에는 유성이 무수히 떨어졌다.

이러한 자연의 재이는 불경에서 말하는 칠난(七難)이나 칠재난(七災難)[3] 중 성수실도난(혹은 성수변괴난) · 과시불우난 · 인중역질난 · 비시풍우난 등에 해당된다. 또 이러한 재이를 당시의 동양적 사유관으로 파악하면 다음과 같다.

> 사람의 정은 위로 하늘과 통한다. 그러므로 주구(誅求)를 사납게 하면 표풍(飄風)이 많고, 법령을 잘못 사용하면 곡식의 싹을 먹는 황충(蝗虫)이 많이 생기며, 죄없는 사람을 죽이면 나라가 가물어 발갛게 탄 땅이 되고, 부당한 명령을 거두지 않으면 음우(淫雨)가 많다.[4]

왕이 정법(正法)과 선정을 베풀지 아니하면 그 사상(事象)이 하늘에 통해 하늘이 재앙을 내리게 되고, 따라서 지상에는 여러 가지의 변이가 발생한다고 생각하였다. 즉, 나라가 흥성하려면 반드시 복된 조짐이 있고, 나라가 멸망하려면 반드시 요사스러운 징조가 나타난다고 생각하였다.[5] 그래서 경덕왕 15년 2월에 재해가 까닭없이 빈번히 일어나므로 상대등 김사인

---

3) 七難은 ①日月失度時反逆難 ②星宿失度難 ③大火燃國難 ④大水漂沒百姓難 ⑤大風吹殺萬姓難 ⑥天地國土亢陽災火洞百草亢旱五穀不登難 ⑦賊來侵國內外賊起難 (『불설인왕반야바라밀경』 수지품) 등을 말하고, 七災難은 ①人民疫疾難 ②他國侵逼難 ③自界叛逆難 ④星宿變怪難 ⑤日月簿蝕難 ⑥非時風雨難 ⑦過時不雨難 (『약사유리광왕칠불본현공덕경』 염송의궤 권하) 등을 가리킨다.

4) 人主主之情 上通于天 故誅暴 則多飄風 枉法令 則多蟲螟 殺不辜 則國赤地 令不收 則多淫雨.(『회남자』 권3 천문훈)

5) 國家將興 必有禎祥 國家將亡 必有妖孽.(『중용』)

이 상소하여 시정(時政)의 득실을 극론한 것이나, 혜공왕 13년 3, 4월에 지진이 잇따라 있자 상대등 김사인이 상소하여 시정을 극론한 것 및 고려 선종 6년 4월 신축 초하루에 서리가 내렸을 때 태사가 왕에게 아뢴 일들은, 천재지변이 일어나면 그 원인이 왕의 부덕이나 실정에 있다고 생각하고 그 퇴치법을 다각도로 강구했던 고대인의 천문·오행관에 바탕을 둔 것이었다. 경덕왕대만을 보더라도 왕 19년 4월 초하루에 두 해가 나타나 열흘 동안 없어지지 않자, 조원전에서 월명사로 하여금 일괴를 퇴치케 하였고, 22년 8월에는 이순을 궁전으로 불러 들여 왕도의 묘리와 치세의 방법을 며칠 동안 자문했는가 하면, 어느해 3월 3일에도 충담사에게 <안민가>를 짓게 하였는데, 이 모든 것들은 다 천재지변이나 그에 따른 난세를 극복하기 위한 강구책이었던 것이다.

이런 점들을 고려해 볼 때, 경덕왕대의 초·중기에는 왕이 유교의 왕도정치와 불교의 호국정신에 입각한 위민·애민의 시정을 베풀므로 하여 나라 안이 평온했으나, 후기로 갈수록 왕당파(신충·이순)와 반왕당파(김사인·김양상)의 대립·갈등이 심해지게 되자, 무열왕계의 전제왕권을 비호하던 오악삼산신들이 현시하여 장차 나라에 변란(혜공왕대의 여러 변란)이 있을 것을 미리 조짐해 준 것이라 할 수 있겠다.

3. 미륵사상과 주밀신앙

<도솔가>에 대한 신라의 주밀신앙적 측면에서의 고구를 위해 먼저 『삼국유사』의 기록을 전게하면 다음과 같다.

> 경덕왕 19년 경자 4월 초하루에 두 해가 나란히 나타나 열흘 동안 없어지지 않았다. 일관이 아뢰기를 연승(인연이 있는 스님)을 청하여 산화공덕(散花功德)을 지으면 재앙을 물리치리라 하였다. 이에 조원전에 단(壇)을 깨끗이

차리고 왕이 청양루에 행차하여 연승을 기다렸다. 때에 월명사가 밭두덕의 남쪽 길을 가고 있으므로 왕이 사자를 보내 불러 단을 열고 계(기도문)를 지으라 하였다. 월명이 아뢰기를 "신승(臣僧)은 단지 국선의 무리에 속하여 다만 향가를 알 뿐이요 범성(梵聲)에는 익숙지 못합니다."라 하니, 왕이 이르되 "이미 연승으로 뽑았으니 비록 향가를 써도 괜찮다."고 하였다. 월명은 이에 도솔가를 지어 바쳤다. 그 가사는 이러하다.(가사 생략)

풀이하면 이러하다.

용루에서 오늘 산화가를 불러
청운에 한 조각 꽃을 뿌려 보낸다.
은근 정중한 직심이 시키는 바니
멀리 도솔대선가를 맞이하라.

龍樓此日散花歌 挑送青雲一片花
殷重直心之所使 遠邀兜率大僊家

지금 세속에서는 이것을 <산화가>라고 하나 잘못이다. 마땅히 <도솔가>라 해야 한다. <산화가>는 따로 있는데 글이 번다하여 싣지 않는다. 조금 후에 해의 괴변이 즉시 사라졌다. 왕이 이를 가상히 여겨 품차 한 봉지와 수정 염주 108개를 하사하였다. 홀연히 외양이 깨끗한 한 동자가 나타나 공손히 차와 염주를 받들고 궁전 서쪽 작은 문으로 나갔다. 월명은 이를 내궁의 사자라 하고, 왕은 스님의 종자라 했으나, 현징(玄徵)에 미쳐 모두 아니었다. 왕이 매우 이상히 여겨 사람을 시켜 뒤를 좇게 하였더니, 동자는 내원탑 속으로 들어가 숨고, 차와 염주는 남쪽 벽의 벽화 미륵상 앞에 있었다. 월명의 지극한 덕과 지극한 정성이 이와 같이 지성(至聖=미륵보살)을 밝게 감동시킬 수 있었다. 조야(朝野)에서 이를 모르는 자가 없었다. 왕이 더욱 그를 공경하여, 다시 명주 일백 필을 주어 큰 정성을 표하였다. (이 산문전승 뒤에 월명사의 <제망매가>에 대한 산문전승과 노래가 실려 있다.) 월명사는 항상 사천왕사에 살았는데 젓대를 잘 불렀다. 일찍이 달밤에 문 앞의 큰길을 젓대를 불며 지나가니, 달이 그 소리를 듣기 위해 떠감을 멈추었으므로 그 길을 월명리라 불렀다. 월명사는 역시 이로써 이름을 들냈다. 월명사는 곧 능준대사의 문인이었다. 신라사람은 향가를 숭상함이 오래인데 대개 시송(詩頌)의 유(類)가 아닐까. 그러므로 때때로 천지 귀신을 감동시킴이 한두 번이 아니다.

기리기를

바람은 지전을 날려 죽은 누이의 노자를 삼고

젓대는 밝은 달을 움직여 달님(姮娥)을 살게 했다.

도솔천이 하늘에 이어 멀다고 하지 말아라

만덕꽃 한 곡조 노래로 맞이했도다.

風送飛錢資逝妹　笛搖明月住姮娥

莫言兜率連天遠　萬德花迎一曲歌

위의 산문전승에서 신승(臣僧)・미륵좌주・도솔대선가・동자(미륵보살의 강림?)・자씨상(미륵상) 등을 보면, <도솔가>의 창작배경에는 교학적이고도 현교적인 미륵사상이 주류를 형성하고 있는 듯이 보인다. 그리하여 김동욱은 <도솔가>의 창작배경 사상으로서의 신라인의 미륵사상에 대해 "신라에 있어서는 『미륵하생경』에 의한 미륵 내림(來臨)이 강하고, 미륵의 도솔왕생의 사상은 교학적으로 존재하여 지식인들 사이에는 있었지만 일반화하지 않은 사상"[6]이라 논하였다.

우리나라에 있어서의 미륵사상은 전래 초기부터 우리의 고유 신앙이나 무속신앙과 습합하여 신라적 주밀(주밀=초기밀교)신앙의 특색을 띠었던 것이다.

밀교란 진언비밀교의 준말로서 현교에 대립되는 불교를 말한다. 이의 분류는 주밀(주술밀교=雜部密敎)과 순밀(純粹密敎)로 이분되는데, 순밀은 대일여래(비로자나불)가 법을 설하는 중심교주가 되고 삼밀(신밀・구밀・의밀) 관행이 의궤조직을 이룬 것이다. 중관과 반야경의 세계를 이어받아

---

6) 김동욱, 『한국가요의 연구』, 을유문화사, 1961, 60면.

이것을 지양 발전시킨 『대일경』(『대비로자나성불신변가지경』)계의 순밀(또는 通密)은 신라 문무왕 5년(665)에 혜통이 당나라의 선무외삼장에게서 인결(印訣)을 받고 수학한 뒤 귀국함으로써 전래되었고, 유가행 유식계의 경론의 세계를 계승한 『금강정경』계의 순밀은 명효가 불공에게서, 혜일이 혜과에게서 수학하고 돌아옴으로써 전래 · 수용되었다.

대일여래 → 금강살타 → 용수 → 용지
- → 선무외
  - → 신라 혜통(총지종개설)
  - → 신라 현초
  - → 혜과 → 신라 혜일
  - → 신라 혜초
- → 금강지 → 불공
  - → 신라 명효
  - → 신라 불가사의

이상과 같이 순밀이 우리나라에 전래 · 수용되었는데, 신라 밀교의 종파를 선학이 분류한 것을 보면 다음과 같다.

(가) 이능화 : 『조선불교사』

밀종
- 신인종(문두루종)-밀본 · 명랑
- 진언종
  - 선무외삼장계 → 혜통
  - 금강지삼장 및 불공삼장계 → 불가사의 · 혜초 · 명효

(나) 한기두 : 『한국불교사상』

진언종
- 잡밀-명랑 · 밀본
- 순밀(선무외계)-혜통 · 명효 · 현초 · 혜초 · 혜일

위의 종파 분류에 있어 우리의 관심은 잡밀(주밀=신인종)에 있다. 잡밀(주밀)은 질병의 퇴치 · 원한의 적 축출 · 위액의 제거 · 기우 · 승전 등 양재초복을 바라는 주술관과 습합되어 발전한 밀교다. <도솔가>의 배경사상인

미륵신앙도 진호국가하고 양재초복하는 잡밀신앙으로 수용 정착되었던 것이다. 김대은은 밀교에는 네 보살이 있는데, 보현보살은 성보리심(成菩提心), 문수보살은 제일의공혜(第一義空慧), 미륵보살은 대자여락(大慈與樂), 관음보살은 등관발고(等觀拔苦)의 소임을 지녔다고 하였다.[7] 그리하여 신라의 민중은 등관발고의 소임을 하는 관음보살과 대자여락의 소임을 하는 미륵보살을 다른 보살보다 더욱 돈독히 숭앙하였고, 승려들은 현세적 이익이나 진호국가 및 양재초복의 원을 세울 때 곧잘 도솔천에 있는 미륵보살에게 간구하였다. 진지왕 때 진자사가 흥륜사 당주 미륵상 앞에 나아가 "우리 대성이 화랑으로 화신하여 이 세상에 나타나 내가 항상 친근하고 시종하게 해 달라."하고 발원 서언하여 미륵선화인 국선 미시랑을 영묘사 동북쪽 길가 나무 밑에서 얻게 된 산문전승[8]이나 문무왕 때 승상 김양도가 어렸을 때 갑자기 입이 붙고 몸이 굳어져 말을 못하고 몸을 쓰지 못하는 병에 걸렸을 때, 밀본법사가 『약사경』을 전독하기 앞서 신주력(神呪力)을 발휘하여 병을 고치자, 이로 인하여 양도는 부처를 독실하게 믿어 일생을 게을리하지 않았을 뿐더러, 흥륜사 오당주(吳堂主) 미륵존상과 좌우 보살을 조성하고 아울러 금색으로 당의 벽화를 그린 산문전승[9] 및 경덕왕 때 진표율사가 12세에 순제법사에게 가서 배우기를 청하니 법사가 사미계법을 주고 『공양차례비법』 1권과 『점찰선악업보경』 2권을 전교하여 말하기를 "너는 이 계법을 가지고 미륵·지장 양성 앞에 나가서 간구하고 참회하여 친히 계법을 받아 세상에 유전하라."함으로 이에 진표율사는 27세 때(경덕왕 19년) 변산 불사의방에 들어가 미륵상 앞에서 계법을 간구한 지 3년 삼칠일만에 지장이 계본을 수여하고 자씨(미륵보살)가 목간 이생(『삼국유사』 진표전간조에는 증과간자 189개)을 주면서 "너는 이것으로써 법을 세상에 전하여 사람들을 구제하는 율벌(律筏)을 삼으라."하였다는 산문 전

7) 김대은, 『관음사상』, 삼장원, 1978, 368면.
8) 『삼국유사』, 미륵선화 미시랑 진자사조.
9) 『삼국유사』, 밀본최사조.

승[10]이나 경덕왕 12년 여름에 가뭄이 심하매 『금광명경』을 강하며 단비를 빈 유가종의 대현대덕이 남산 용장사의 자씨(미륵보살) 석조 장육존상을 항상 돌면 존상도 또한 대덕을 따라 얼굴을 돌렸다는 산문 전승[11]에서 보듯, 미륵신앙은 신라적 토양에서 잡밀화하게 되었던 것이다. 따라서 두 해가 나란히 나타나는 변괴가 일어났을 때 진호국가를 위해 미륵보살에게 양재를 간구하지 않을 수 없게 된 것이다.[12]

4. 월명사의 사상

<도솔가>가 신라적 주밀신앙의 성격을 지닌 노래임을 규명하기 위해 먼저 월명사의 사상과 그 직분을 천착해 보아야 할 것이다.

월명사의 사상에 대하여 김종우는,

> 종교적으로는 미타와 미륵의 두 신앙을 공유하고, 문학상으로는 순수와 참여를 공행(共行)하여 신라의 재분있는 예술인인 동시에 원융한 불교사상가이기도 하였다.[13]

라 하여 월명사가 미타와 미륵의 두 신앙을 공유한 불교사상가라 하였다.

월명사는 국선의 무리이기에 미륵보살을 신봉하고 있는 승려일 뿐 아니라 죽은 누이를 위해 재를 올릴 때 지은 <제망매가>에서는 자기도 불도를 닦아 미타찰(아미타불의 국토, 즉 서방극락정토)에서 누이를 만나겠다고

---

10) 『삼국유사』, 관동풍악발연수석기조와 진표전간조 참조.
11) 『삼국유사』, 현유가 해화엄조.
12) 「미륵사상과 잡밀과의 관계는 필자의 향가의 불교적 고찰」, 『인문논집』 23집, 부산대 1983, 1~10면 참조.
13) 김종우, 「향가를 통해 본 월명사의 위치」, 『한국문학논총』 2집, 한국문학회, 1979, 10면.

한 것을 감안하면 아미타불도 아울러 신봉하고 있었던 승려라 하겠다.

신라 경덕왕 때에 관위가 중아찬이요 직위가 집사시랑이었던 김지성이 죽은 부모를 위해 미륵보살상과 아미타불상을 조성한 그 사상을 법상종이라 한다면,14) 월명사도 김지성과 동궤의 불교 신앙을 지녔다고 볼 수 있다.

법상종은 『해심밀경』·『유가사지론』·『성유식론』으로 소의경전을 삼는다. 이 종(宗)이 우주 만물의 본체(法性)보다는 현상을 세밀히 분류·설명하였으므로 법상종이라 한다. 이 종은 만유를 분류하여 5위(심법·심소법·색법·불상응법·무위법) 100법(심법 8·심소법 51·색법 11·불상응법 24·무위법 6)으로 정하며, 만유의 참된 실재와 허망과를 밝히기 위하여 3성(선악무기삼성·편의원삼성)을 말한다. 중생의 해탈하는 방법에 있어서도 5성(정성성문·정성연각·정성보살·불정성·무성)이 각기 다르다고 말하며, 영구히 해탈할 수 없는 사람이 있다고 주장한다. 이 종에서 가장 중요한 신앙 대상은 미륵보살과 아미타불(또는 지장보살)이기 때문에, 사찰을 건립할 때 미륵보살상을 금당의 주존으로, 아미타불상(또는 지장보살상)을 강당의 주존으로 봉안하는 것이 일반적이며, 그 실천행은 '염미륵(念彌勒)'하여 '원생도솔(願生兜率)'하는 것이 목적이다.

월명사가 법상종을 신봉하는 낭승인데, 또 낭산의 사천왕사에 항상 거주했다는 것을 간과할 수는 없을 듯하다. 『삼국유사』 월명사 도솔가조에 의하면,

> 월명사는 항상 사천왕사에 살았으며, 젓대(笛)를 잘 불었다. 일찍이 달밤에 문 앞 큰 길에서 젓대를 불며 지났더니, 달이 그 소리에 수레를 멈추었기 때문에 그 길을 월명리라 하였다. 스님은 또 이로써 이름이 났다. 스님은 곧 능준대사의 문인이다.

---

14) 문명대, 「신라법상종의 성립문제와 그 미술」, 『역사학보』 62·63집, 역사학회, 1974.

라 하였다. 사천왕사는 신인종의 대덕인 명랑법사가 세웠고, 국가에 재난이 있을 때 『불설관정칠만이천신왕호비구주경』 권 제7 『불설관정복마봉인대신주경』에 설해진 문두루(文豆婁)[15] 비밀법을 행하던 도량이었다.

명랑법사가 사천왕사를 창건한 내력을 『삼국유사』 명랑신인조 · 문무왕법민조 · 혜통항룡조 · 의상전교조를 종합해 기술하면,

> 총장원년 무진에 당나라 장수 이적이 군사를 거느리고 와서 신라와 합심해 고구려를 멸망시키고 돌아갔다. 그리고 남은 당나라의 장수와 병졸이 장차 신라를 습격하려 하였는데, 이를 안 신라가 군사를 내자, 당나라의 고종이 화를 내어 김인문을 옥에 가두고 군사 50만 명을 교련하여 설방을 장수로 하여 신라를 치려고 하였다. 이 사실을 안 의상이 곧 고국으로 돌아와 왕께 아뢰었다. 왕은 두려워하여 군신을 모아 막을 계책을 물으니 김천존이 "명랑법사가 용궁에 들어가서 비법(문두루 비밀지법)을 배워 왔으니 물어보라."하였다. 이에 명랑법사를 불러 물어보니 "낭산 남쪽 신유림에 사천왕사를 세우고 도량을 열면 물리칠 수 있다."고 하였다. 그때 정주에서 사람이 달려와 "당나라 군사가 헤아릴 수 없이 많이 우리 국경에 다가와 바다 위를 순회한다."고 보고했다. 왕은 급히 명랑법사를 불러 일을 촉진시키니, 이에 채색 명주로 임시 절을 짓고 풀로써 오방신상(五方神像)을 만들고 유가명승(瑜伽明僧) 12인으로써 명랑법사를 우두머리로 삼아 문두루 비밀지법을 지었다. 그랬더니 나 · 당 군사가 접전하기도 전에 바람과 물결이 사납게 일어나 당나라 배들이 모두 물에 침몰하여 병란을 면하게 되었다. 그 뒤 임시 절을 사천왕사로 바꾸고 큰 병란이 있으면 이 절에서 문두루 비밀지법의 도량을 베풀어 그 병란을 미연에 방지했다는 것이다.[16]

---

15) 문두루(Mudra)는 晉言으로 神印인데, 金銀 또는 梅檀木 등의 圓木에 五方神王의 이름 및 그 眷屬의 이름을 새긴 圖章으로써 이 도장을 災厄이 발생한 곳으로 향해 찍으면 그 재액이 곧 소멸된다고 한다.(『佛說灌頂伏魔封印大神呪經』)

16) 庚子 設文豆婁道場於東京四天王寺 二十七日 以禳蕃兵.(『고려사』 세가 권 제9 문종 28년 추 7월조)

이상으로 보아 낭산 남쪽에 있는 사천왕사는 호국사찰로서 주밀의 한 파인 신인종의 근본 도량임을 알 수 있다. 월명사도 이 사찰에 항상 거주한 사실로 보아 호국의 임무를 띠고 국선의 무리이면서 낭승으로서 생활했기 때문에 번병(藩兵) 퇴치를 위한 문두루의 비밀법이나 이일병현(二日竝現)의 변괴를 퇴치할 수 있는 신주력을 어느 정도 행할 줄 안 인물이 아니었을까?

5. 산화행법

경덕왕 19년 4월 초하루에 하늘에 해가 둘이 나타나 열흘 동안 없어지지 않으므로 그 변괴를 퇴치하기 위해 일관의 말에 따라 산화공덕의 불교의식을 베풀게 되었다. 산화공덕의 의례(散花行法)란 대로 엮은 꽃바구니에 넣은 생화(연꽃잎, 국화꽃잎 등) 또는 오색지로 만든 연꽃잎을 불보살 앞에 산포하면서 그 공덕을 찬탄하거나 또는 권청(勸請)을 위해 행하는 의식으로써, 그 의식은 현교(顯教)에서는 4개 법요(범패 · 산화 · 범음 · 석장)[17] 가운데 하나이고, 밀교에서는 2개 법요(범패 · 산화) 가운데 하나이다. 이의 행법은 유파와 법회에 따라 일정하지 않는데, 대체로 산화사(散花師)와 대중이 각기 자리에 서서 행도하지 않고 다만 산화두인(散花頭人)이 차례로 게송을 부르며 부처 앞에 산화하는 차례산화(次第散華)와 산화사와 대중이 자리를 움직여 걸으면서 게송을 부르며 부처 앞에 산화하는 행도산화(行道散華)가 있다.[18] 그리고 산화를 창하는 방법으로는 산화사가 두

---

17) (儀式)一梵唄 先於法會之初 諷詠如來妙色身之偈 讚嘆佛德 且靜止外緣也 二散華 梵唄之次 唱願我在道場等之偈 而散花供養佛也 三梵音 散華之次 唱十方所有勝妙華等之偈以淨音供養佛也 四錫杖 梵音之次 唱手執錫杖之偈 而振錫杖也 此四事爲法會中之最要者 故曰法要 又云法用.(중국불서간행회편, 『불교사전』, 보련각, 1975)

18) (儀式)爲供養佛而散布花也 又顯密法要之式 有散華之儀 在顯爲四個法要之一 在密爲二個法要之一 於梵唄之後行之 盛樒葉於華筥 詠伽陀而散之也 此有次第散華 與行道散華

구(頭句)를 창한 뒤 대중이 중구(中句)를 생략하고 바로 끝의 '향화공양불(香華供養佛)'의 구를 창하는 것을 향화산화(香華散華, 또는 普通散華·略散華·頸散華)라 하고, 산화사가 초단(初段)·중단(中段)·후단(後段)을 차례로 창하되, 초단의 전구(全句)를 창하고 나면 대중이 전구를 다시 창하는 형식으로 차례를 지어 창하되, 3단까지 이르는 것을 차례산화(次第散華)라 한다.

차례산화의 경우, 법회의 본존이 어느 불보살인가에 따라 大日散華·釈迦散華·藥師散華·彌陀散華·十一面散華·千手散華·加意輪散華·彌勒散華·虛空藏散華·地藏散華·阿難散華·盂蘭盆散華 등이 있다.

그리고 산화사가 창하는 초단·중단·후단의 게송을 보면

초단 : 願我在道場 香華供養佛

중단 : 법회의 본존이 어느 불보살인가에 따라 게송의 내용이 다르다.
대일산화의 경우 게송은 다음과 같다.
歸命毘盧舍那佛 身口意業遍虛空
演說如來三密門 金剛一乘甚深敎

후단 : 願以此功德 普及於一切
我等與衆生 皆共成佛道 香華供養佛

이를 다시 언급하면 어느 산화법회든 초단·후단의 게송은 같되, 중단만 법회의 본존에 따라 게송의 내용이 달라지는 것이다.

꽃을 부처에게 공양함은 꽃이 극락정토에 비유되어서이며, 또 꽃은 부처가 내려와 앉을 청정한 좌대가 되기 때문에 꽃을 뿌려 부처를 청하여 기원을 사뢸 수 있을 뿐만 아니라, 꽃의 향기와 빛깔은 악귀의 장애를 물리치므로 산화하는 의식을 가지게 된 것이다.

二種 各立其座而不行道 但由頭人次第詠伽陀而散花者 曰次第散華 行道作者 曰行道散華.(앞의 책)

그러면 신라시대에 있어서 산화행법은 어떻게 거행되었으며, <산화가>는 그 의식의 어떤 자리에서 가창되었을까가 문제이다. 산화행법은 현전하지 않을 뿐더러 그것에 대해 상세히 기술한 문헌이 현전하지 않기 때문에 그 의식에 대해서는 도저히 알 수 없다. 그러나 일본 고승인 엔닌(圓仁=慈覺大師)이 구법차 당나라에 건너가 그 곳에 이주한 신라인의 사찰인 적산 법화원에 개성 4년(839) 6월 7일부터 다음해 정월 19일까지 머물러 살면서 본 신라 일일강의식(一日講儀式)과 허국림의 『돈황잡록』에 수록된 산화악사(散花樂辭) 중간 부분의 도량의식 및 현행 불교의식을 감안하면 신라시대의 산화행법을 어느 정도 어림잡을 수 있을 듯하다.

(가) 엔닌의 기록 : 신라 일일강의식(『입당구법순례행기』 권2 개성 4년 11월 22일조)

진시(辰時)에 종을 친다. 종소리가 길게 울리고 나면 강사와 도강 두 사람이 법당으로 들어온다. 대중들은 먼저 들어와 줄을 지어 앉아 있다가 강사가 법당에 들어올 때 대중들은 한 목소리로 부처이름을 길게 칭탄한다. 강사가 북쪽 자리에 오르고 도강이 남쪽 자리에 오르면 찬불을 문득 멈춘다. 이때 아랫자리에 있던 한 승려가 범패로 '이 불경들의 한 행의 게는 무엇이가' 하고 읊조린다. 범패가 끝나면 남쪽 자리에 앉은 도강이 불경의 제목을 창하는데, 이른바 창경(唱經)은 경문을 길게 읊는데 그 음에 굴곡이 많다. 창경을 할 때 대중들은 세 번 꽃을 뿌리는데 꽃을 뿌릴 때마다 저마다 기림(頌)이 있다. 창경이 끝나면 다시 짤막한 소리로 제목을 부른다. 강사는 불경의 제목을 펴들고 삼문(三門)으로 나누어 불경의 대의를 설명한다. 불경 제목의 풀이를 마치면 유나사(維那師)가 오늘의 행사가 있게 된 이유를 읽는다.[19]

19) 辰時打鍾 長打擬了 講師都講二人入堂 大衆先入列坐 講師入堂之會 大衆同音稱嘆佛名長引 其講師登北座 都講登南座了 讚佛便止 時有下座一僧作梵 云何於此經等一行偈也作梵了 南座唱經題目 所謂唱經長引 音多有屈曲 唱經之會 大衆三遍散花 每散花時 各有所頌 唱經了 更短音唱題目 講師開經目 三門分別 述經大意 釋經題目 竟 有維那師 披讀中事興所由 …… 云云

(나) 허국림 수록 : 도량의식

도량을 지을 때 먼저 모름지기 범음을 하고, 계청(啓請) 곧 모름지기 발원하고, 곧 모름지기 산화악찬을 염송하고, 곧 사자 부처 삼오십구를 외고, 곧 미타경을 염송하면 대중이 화답하고, 곧 다섯 번 염불하고 곧 산화악찬을 염송하고, 부처 앞에 지성으로 참회하고, 은근 지심으로 발원하고, 청정한 범음을 짓고, 예불을 마치고 헤어진다.[20]

위에 기록된 신라 일일강의식을 보면, "대중의 찬불→일승의 작범→도강의 창경지회(대중의 삼편산화와 매산화시 각유소송)→강사의 개경목"의 순서로 되어 있고, 도량의식을 보면, "범패→계청→송산화악찬→염불(송미타경)→염불→송산화악찬"의 순서로 되어 있다. 그리고 현행의 산화행법을 『석문의범』(안진호 편, 1931)에서 보면,

(가) 預修十王生七齋儀纂要 嚴淨八方篇 第二

○觀音讚

○觀音請

南無一心奉請 千手千眼 大慈大悲 觀自在菩薩 摩訶薩 惟願不違本誓 哀愍有情 降臨道場 加持呪水(次香花請 三次後) 散花落(三次 願降道場 受此供養 來臨偈)

○歌詠

一葉紅蓮在海中 碧波深處現神通
昨夜寶陀觀自在 今日降赴道場中
붉은 연꽃 한 잎 바다 속에 있고
푸른 물결 깊은 곳 신통이 나타나네.

---

20) 作道場時 先須□梵 梵了 啓請 啓請卽須發願了 卽須誦散花樂讚了 卽四字念佛三五十口 卽誦彌陀經 衆和了 卽五會念佛了 卽誦散花樂讚 卽至誠懺悔佛前 慇懃至心發願 作淸淨梵唱 回禮卽散

지난 밤 보타에 스스로 계시더니
오늘 도량 가운데 나려오시도다.

○乞水偈
○灑水偈
○開壇眞言
○建壇眞言
○結界眞言

(나) 各請篇 第一 諸佛通請

○淨三業眞言
○開壇眞言
○建壇眞言
○淨法界眞言
○擧佛
○普召請眞言
○由致
○香華請(或請文三回末 唱散花落三徧 願降道場 受此供養 三徧)
○歌詠
○獻座眞言 …… 等

이상의 엄정입방이나 제불통청에 보면 '산화락'은 향화청과 찬불의 노래인 가영(歌詠) 사이에 들어 있다. 또 영혼천도의식 「대례왕공문」에 나타나고 있는 의식절차 가운데서의 '산화락'과 '가영'의 위치를 그 전후의 의례로 보면,

侍　輦 : ④行步偈-⑤散花落-⑥靈駕偈
對　靈 : ⑦香烟請-⑧歌詠-⑨奠物篇

神衆作法 : ③中座神衆請詞-④歌詠-⑤故我偈

上壇勸供 : ㉕香花請-㉖歌詠-㉗故我偈

中壇勸供 : ⑦香花請-⑧歌詠-⑨證明請-⑩香花請-⑪歌詠-⑫故我偈-⑭散花落-⑮牧丹讚

觀音施食 : ⑩香花請-⑪歌詠-⑫故我偈 ⑯香煙請-⑰歌詠-⑱着語
㉞行步偈-㉟散花落-㊱法性偈

로 되어 있다. '산화락(散花落)'은 게송과 게송(또는 찬) 사이에 들어 있고, '가영(歌詠)'은 청사(請詞)와 게송 사이에 들어 있는 것이 일반적이다. 이를 종합하여 '산화락(=散花樂)'이 놓이는 위치를 보면,

신라 일일강의식 : 창경 – 산화시 각유소송 – 창경

도장의식 : 계청 – 송산화악찬 – 염불

엄정팔방 · 제불통청 : 향화청 – 산화락 – 가영

대례왕공문 : 게송 – 산화락 – 게송(또는 찬)

으로 되어 있다. 이로 미루어 보면,[21] 신라시대에 있어서 산화행법 가운데 '산화락'이 창되는 위치는 계청과 염불 사이, 또는 계청과 가영 사이일 것이라 추정되며, 이때 '산화락'이란 곧 '산화악(散花樂)'을 두고 말한 것이다. 따라서 '산화락 삼편'이란 산화악을 곡조를 넣어 삼 창영한 것을 두고 이른 것이 아닌가 한다.

그러면 『삼국유사』 월명사 도솔가조에 기록된 '글이 번다하여 싣지 않는다.(文多不載)'의 <산화가>와 <도솔가>는 각기 어떤 형식이며, 그 가창되는 자리는 어떠했을가? 필자의 견해로는 <산화가>는 산화사(散花師)[22]

---

21) 김문경은 "도량의식에서의 산화행법은 염불과 염불, 또는 예불과 송경 사이에 송찬되는 것이 일반적인 순서인 것 같다."라고 하였음(「의식을 통한 불교의 대중화운동」, 『사학지』 4, 단국대 사학회, 1970, 86면).

가 창영하는 게송의 산화악사(散花樂辭)이요, <도솔가>는 산화사(散花師)가 부처 앞에 꽃을 뿌리며 게송(여기서는 <산화가>)을 창영하는 것을 듣고 지어 부른 가영의 위치(또는 4개 법요의 경우 범음 다음의 위치)에 놓인 향가라 생각한다. 그 이유는 첫째, 『삼국유사』에 월명사가 "다만 향가를 알 뿐 범성에는 익숙하지 못합니다라 하니, 왕이 이르되 이미 연승으로 뽑았으니 비록 향가를 써도 괜찮다.(只解鄕歌 不閑聲梵 王曰 旣卜緣僧 雖用鄕歌可也)"라 하여 범음(梵音) 대신에 향가를 써도 좋다 하였고, 둘째 산화락 삼창은 산화두인과 대중의 화창이고, 가영은 범음성이 아닌 다른 소리로도 가능한 독창이며, 셋째 월명사가 두 해가 나란히 나타난 변괴를 불양(祓禳)하기 위해 지어 부른 <도솔가>에 '오늘 이에 산화가를 부르며 뿌린 꽃아 너는(今日此矣散花唱良巴寶白乎隱花良汝隱)'라 하여 <산화가>를 부르며 뿌린 꽃에게 너는 '곧은 마음의 명을 심부름하여 미륵좌주를 모셔라.(直等隱心音矣命叱使以惡只 彌勒座主陪立羅良)'라 한 명령을 내리는 것으로 보아 충분히 알 수 있다. 김종우도 「도솔가와 산화가」라는 논문에서

> 월명은 재식을 행함에 있어서 하나의 형식상의 연승에 불과하고, 산화의식과 더불어 실제로 <산화가>를 창한 것은 다른 인도승(引導僧)이었던 것이다. 그리고 월명은 그러한 의식이 집행되는 광경을 보고 여기 그것을 노래의 소재로 해서 읊은 것이 곧 <도솔가>인 향가이었다.[23]

라 하여 필자와 거의 같은 견해를 일찍이 논급하였다.

한편, 서수생은 '문다부재'의 <산화가>와 <도솔가>에 대하여

> 산화의식 때, 산화락을 삼창영하고 석가산화 · 미타산화 · 대일산화 · 약사

22) 七僧의 하나, 七僧에는 呪願師 · 導師 · 唄師 · 散花師 · 梵音師 · 錫杖師 · 堂達, 또는 講師 · 讀師 · 呪願師 · 三禮師 · 唄師 · 散花師 · 堂達이 있음.
23) 김종우, 『향가문학론』, 연학문화사, 1971, 41면.

> 산화 등 갖가지 산화게를 불렀던 것이기에 이렇게 (일연이 '今俗謂此爲散花歌 誤矣 宜云兜率歌 別有散花歌 文多不載'함) 말하였으리라. 다시 말하면, <산화가>는 첫머리에 산화락을 삼창영한 게송이므로 산화가영이라 하였던 것이다. 그리고 '문다부재'란 그 산화가영의 게송이 많았으므로 이렇게 말하였다고 본다.
>
> <도솔가>도 수구에 "散花唱良"라고 했으니 산화락이라고 삼창영하고는 우리말로, 즉 향가로 불렀던 것이다. 첫머리에 산화락이라 삼창영하고는 향가로 불렀기에 전기(前記) 산화락 삼창게송과 구별하기 위해 일연이 이 노래를 <도솔가>라고 명명하였던 것이다. 이를 도시하면,
>
> ┌ 산화락(삼설) 가영하고 창게송→<산화가>
> └ 산화락(삼설) 가영하고 창향가→<도솔가>
>
> 그러므로 산화락(삼설) 가영을 위주로 하면, 모두 <산화가>나 <도솔가>가 동일한 <산화가>로 귀일되지만 그 노래 형식과 내용을 위주로 다루면, 일연이 말하듯이 <산화가>와 <도솔가>로 구분된다. <산화가>를 내용위주로 다루면 갖가지 내용의 산화가타(散花伽陀)가 되는 것이요, 월명사가 향가로 부른 것은 형식과 내용으로 보아 이를 <도솔가>라 할 수 있다.[24)]

라 하였는데, 첫째 '散花唱良'의 '산화'를 '산화락'으로 보고, <산화가>를 부를 때 먼저 '산화락(삼설)'이라는 가영이 있었는가? 둘째 '산화락'이라는 용어는 적합한 용어인가가 문제이다.

신라시대에도 현행처럼 '산화락'을 세 번 창영했을까? 엔닌이 적산 법화원에서 본 신라 일일강의식에 '창경할 때 대중들은 세 번 꽃을 뿌리는데, 꽃을 뿌릴 때마다 저마다 기림(頌)이 있다.(唱經之會 大衆三遍散花 每散花時 各有所頌)'라고 했고, 또 Pelliot의 장래본 돈황문서 제3216호의 「정토오회념불송경관행의」 가운데,

---

24) 서수생, 「도솔가의 성격과 사뇌가」, 『국문학논문선』 1, 민중서관, 1977, 175면.

먼저 모름지기 향을 사르고, 서쪽을 향해 예하고, 다음에 산화를 짓고, 부처가 도량에 와서 들기를 청하고, 그러면 아미타불을 염하고, ……범음을 짓고, 대중들은 높은 소리로 함께 아미타불을 염하고, 이백구가 와서 타정하고, 곧이어 산화악을 짓고, 한 사람이 청을 창하면 대중들은 화답하고 산화악을 세 번 창한다.(先須燒香 面西而禮 次作散花 請佛來入道場 然念阿彌陀佛……右作梵音了 大衆高聲齊念阿彌陀佛 二百口已來打淨 便作散花樂 一人唱請 大衆齊和之散花樂三唱)

奉請釋迦如來 入道場 散花樂 三唱

奉請阿彌陀如來 入道場 散花樂 三唱

奉請觀音勢至 入道場 散花樂 三唱

奉請十方諸佛 入道場 散花樂 三唱

西方極樂不思讚 散花樂 一唱

天□人間無數量 散花樂 一唱

右作散花樂了[25)]

이라 기술되어 있고, 『대정신수대장경』 제47권 중의 『전경행도원왕생정토법사찬』 권상에 들어 있는 「청관세음찬」은

奉請觀世音 散華樂 慈悲降道場 散華樂

斂容空裏現 散華樂 忿怒伏魔王 散華樂

…………………………………………………

願捨閻浮報 散華樂 發願入西方 散華樂

으로 되어 있고, 또 「행도찬범게」는

奉請彌陀世尊入道場 散華樂

25) 김문경, 『당대의 사회와 종교』, 숭전대출판부, 1984, 147면에서 재인용.

奉請釋迦如來入道場 散華樂

奉請十方如來入道場 散華樂

으로 되어 있다.

현행의 산화락 삼창행법(산화락을 대중이 삼창하며 부처 앞에 꽃을 산포하는 행법)은 원래의 '산화악' 삼창행법이 잘못 전해진 것인데, 이를 그대로 원용하여 '산화락(散花落)'이라 하였으니 '악(樂)'과 '낙(落)'에 대해서 재고해 볼 필요가 있고, 또 '산화락(삼설) 가영하고'라 한 것도 앞의 여러 문헌기록에 산화악이 들어가는 대부분의 게송은 게송 각구의 뒤에 '산화악(散花樂)'을 창한 점을 보아, 신라시대에 게송 앞에 '산화락(삼설)'을 창했다고 볼 수 없을 것 같다.

이상 논술한 바를 정리하면, 신라시대에는 산화행법을 가질 때 '산화락'이라 세 번 창하고 <산화가>나 향가를 창영한 것이 아니라, 산화사가 부처 앞에 꽃을 산포하면서 게송(또는 散花樂辭)과 산화악을 창하면, 대중은 그에 따라 게송(또는 산화악사)과 산화악을 창했거나 아니면 각기 게송을 가졌다고 추정된다.

<도솔가>도 경덕왕 19년 4월 초하루에 두 해가 나란히 나타나는 변괴를 불양하기 위해 조원전에서 단(壇)을 열고 산화공덕의 의식을 가졌을 때 산화사가 미륵보살 앞에 꽃을 산포하면서 게송(또는 산화악사)과 산화악을 창하는 광경을 월명사가 보고 가영(또는 범음)하는 위치에서 지어 부른 향가라 하겠다.

6. 도솔가

今日此矣散花唱良巴寶白乎隱花良汝隱 / 直等隱心音矣命叱使以惡只 / 彌勒座主陪立羅良

오ᄂᆞᆯ이에 散花블어
ᄲᆡᄡᆞᆯᄫᆞᆫ 고자너는
고ᄃᆞᆫᄆᆞᅀᆞᄆᆡ 命ㅅ브리옵디
彌勒座主 뫼셔롸

오늘 이에 散花(歌)를 부르며
뿌린 꽃아 너는
곧은 마음의 命을 심부름 하여
彌勒座主를 모셔라. (최학선 역해)

<도솔가>는 신라 경덕왕 19년 4월 초하루부터 하늘에 해가 두 개 나타나 열흘 동안 없어지지 않자 그 변괴를 퇴치하기 위해 일관의 주청에 따라 왕 주재 아래에 조원전에서 산화공덕의 의례를 베풀게 되자, 그 연승으로 선정된 월명사가 제단을 열고 산화공덕의 의례를 치르는 과정에서 산화사가 꽃을 뿌리며 게송(또는 산화악사)과 산화악을 창하는 것을 보고 지어 부른 3분절체 향가인데, 이 노래를 지어 부름으로 해서 변괴가 소멸되고 미륵보살의 하림(下臨)의 현징(玄徵)이 있었으니, 이 노래는 신라적 주밀신앙을 바탕에 깔고 창작된 다라니(陀羅尼)[26] 가운데 진언(眞言)적 성격을 띤 향가라 하겠다.

다라니란 범어로서 불리어지는 것만을 말하지 않는다. 한시의 형식으로서도 불리어질 수 있고 향가의 형식으로도 불리어질 수 있다. 『삼국유사』 남백월이성 노힐부득달달박박조에 관음이 낭자로 화현해서 달달박박이 거처하는 북암에 와서 기숙하기를 청한 한시를 한번 보자.

---

26) 다라니 가운데 장구로 된 것을 陀羅尼, 몇 구절로 된 짧은 것을 眞言, 한 자 두 자 등으로 된 것을 呪라 하나, 때때로 혼용한다. 그 예로 『삼국유사』 진성여대왕 거타지조의 “南無亡國 刹尼那帝 判尼判尼蘇判尼 于于三阿干 鳧伊娑婆訶.”를 다라니라 말한 것을 들 수 있다.

가다가 해 지고 산속 저물어
길 막히고 인가 멀어 사방이 끊어졌네.
오늘 밤 이 암자에서 자려 하오니,
자비로운 화상께선 성내지 마오.
行逢日落千山暮 路隔城遙絶四隣
今日欲投庵下宿 慈悲和尙莫生嗔

이 한시에 대하여 "아아 슬프다. 낭자가 중생을 따라서 다라니로 말할 줄 몰랐다면 어찌 이와 같이 할 수 있으랴. 그 글의 끝 구절에 마땅히 '맑은 바람을 한 번 일으키니, 나를 꾸짖지 마오.'이라 할 것인데 그렇게 말하지 않았음은 대개 세속의 말과 같이 하고 싶지 않았던 것이었다."[27]라 하여, 여기 칠언 한시를 다라니라 말한 것으로 보아서도 알 수 있다.

이와 같이 월명사가 산화행법에서 해의 변괴를 불양하기 위해 지어 부른 <도솔가>도 향가로 불리어졌으나, 다라니 가운데 진언적 성격을 지닌 노래인 것이다. 그런데 이 노래에 대해 현용준은 계절제의에서 사용된 청신가(請神歌)의 일부가 정착된 것이라 보았다.

> 이 의례는 정월의 신년제와 한가지로 우주의 질서를 반복갱신하고 하계의 천후조절을 꾀하여 하계 작물의 풍작을 도모하려는 계절제이니, 이는 왕궁에서 행하는 국가적 제의였을 것이다. 이 제의는 본래 전통적 의례형식(巫儀)으로 해오던 것을 경덕왕 때에 이르러 불교의식적인 형태로 개변시켜 월명사에 의해 거행된 것을 일연이 취재 기술한 것이라 본다. 따라서 기술된 <도솔가>는 이 국가적 계절제에서 창된 청신가의 일부가 정착된 것이라 아니할 수 없다.[28]

27) 嗚呼 使娘婆不解隨順衆生語言陀羅尼 其能若是乎 其末聯宜云 淸風一榻莫予嗔 然不爾云者 盖不欲同乎流俗語爾.
28) 현용준, 「월명사 도솔가 배경설화고」, 『국문학논문선』 1, 민중서관, 1977, 380면.

라 하였다. 그러나 『삼국사기』와 『고려사』의 다음의 천문에 관한 기술을 보면, <도솔가>창작의 배경과 그 노래를 단순히 계절제의에서 불려진 청신가의 일부로만 다룰 수 없음을 알게 된다.

> 혜공왕 2년 정월에 두 해가 함께 나타나므로 죄인을 크게 사면했다. (『삼국사기』 신라본기)
>
> 문성왕 7년 12 월 초하루에 세 해가 함께 나타났다. (『삼국사기』 신라본기)
>
> 인종 7년 정월 정해일에 세 해가 함께 나타났는데 서로 이어져 무지개 같았다. (『고려사』 천문 1)
>
> 의종 13년 정월 병진일에 해무리에 귀고리가 있었는데 청적백색이었고, 서북쪽에 두 배기(背氣)가 3중으로 있었는데 모두 해로부터 몇 자 떨어지지 않았다. 사람들이 이것을 바라보고 세 해가 함께 나타났다고 했다. (상동서)
>
> 공민왕 5년 정월 갑오일에 붉은 기운 사이에 해가 끼었는데 길이는 수척이 넘었으며 그 안에 또 해가 있었다. 사람들이 세 해가 함께 떴다라고 했다. (상동서)
>
> 공민왕 23년 10월 경신일에 무지개가 해를 둘러싸고 있고 해곁에 또 크고 작은 두 해가 있었다. (상동서)

위의 사료들로 보아 두 해 병현(竝現)현상과 그 불양의 의례를 현용준의 견해처럼 풍작을 도모하려는 농경계절제의로는 결코 다룰 수 없다고 본다. 그 이유는 첫째, 그것이 농경의 계절제의라면 적어도 우리의 고문헌에 한 번쯤 논급될 수 있었을 것인데도 일체 그런 의례에 대한 논급이 없었다는 점, 둘째, 농경사회에서 풍작을 위해 베풀어진 의례라면 농경사회의 보수성으로 인해 적어도 고려시대나 조선시대까지 그 의례는 민간에 유지・지속되어야 할 것인데, 그러한 흔적이 엿보이지 않는 점, 셋째, 현용준이 "이 제의는 본래 전통적 의례형식(巫儀)으로 해 오던 것을 경덕왕 때에 이르러 불교의례적인 형태로 개변시켜 월명사에 의해 거행된 것을 일연이 취재 기술한 것이라 본다."라 하였는데, 왜 하필 한화정책을 강력히 추진하던 전제왕인 경덕왕 때 이르러 고유의 전통적 풍농의례형식이 국가적 차원에서 유교적 의례의 형태로 행해지지 않고 불교적 의례의 형태로 개변하게 되었는가 하는 그 이유가 분명하지 않은 점 등이 있기 때문이다. 그래서 필자의 생각으로는 이일병현의 기사는 해에 어떤 변괴현상이 발생함으로써 생긴 기사이며, 그때의 두 해·세 해·해무리에 귀고리가 있는 것 등의 표현은 점성술적 용어가 아니었던가 여겨진다.

하여튼, 해는 인군(人君)의 상징이라 만약 인군에게 허물이 있으면, 반드시 그 은악(隱惡)을 나타낸다고 사유했거나,[29] 아니면 왕권에 도전할 세력이 앞으로 형성될 것임을 조짐해 보인다고 사유하였기 때문에 열흘 동안 불멸하는 두 해 병현의 흉조를 보고 경덕왕은 시중의 교체를 단행하게 되었고,[30] 청양루에 가행(駕行)하여 조원전에서 산화공덕의 행법을 거행하게 되었던 것이다. 두 해 병현의 변괴를 퇴치하는 의식에는 전통적 의례형식(巫俗的 祭儀)과 불교적 의례형식이 있었겠는데, 당시 일관에 의해 산화공덕의 불교의례가 채택되었던 것이다.

그리고, 두 해 병현(竝現)의 흉조를 불양하기 위해 개단작계(開壇作啓)의 연승으로서 법상종 계열인 월명사가 선임된 것은 그가 호국사찰인 사천왕사에 항상 거주하면서 미륵보살을 돈독히 숭앙하던 국선의 무리이며, 또 피리로써도 달의 떠감을 능히 멈출 수 있게 할 뿐만 아니라, 죽은 누이를 위한 재식에서는 노래를 지어 불러 지전을 서쪽으로 날려 보내는 신주력(神呪力)을 지닌 승려[31]였기 때문일 것이다.

그리하여 월명사는 <도솔가>의 가사에서 보듯 산화행법에서 산화사가 꽃을 뿌리며 게송(또는 산화악사)과 산화악을 창하는 광경을 보고, 그 뿌

29) 太史……但奏 日者 人君之象 若有瑕 必露其慝.(『고려사』 천문1, 신종 7년 정월조)

30) 十九年夏四月 侍中廉相退 伊湌金邕爲侍中.(『삼국사기』 경덕왕조)

31) 明又嘗爲亡妹營齋 作鄕歌祭之 忽有驚飈吹紙錢 飛擧向西而沒……明常居四天王寺 善吹笛 嘗月夜吹過門前大路 月馭爲之停輪 因名其路曰月明里 師亦以是著名.(『삼국유사』 월명사 도솔가조)

려지는 꽃에 "곧은 마음(直心)의 命을 받들어 미륵좌주를 모시어라"라고 명령하였다. 꽃에게 그렇게 명령한 까닭은 꽃이 악신의 장애를 물리치고 부처(여기서는 미륵보살)를 청할 수 있을 뿐 아니라, 부처가 내려와 앉을 청정한 좌대로써의 기능도 아울러 수행할 수 있기 때문인 것이다. 그리고 그 결과 꽃은 월명사의 청정·성실한 마음의 명령을 받들어 미륵 하현의 현징(玄徵)과 해의 변괴 소멸을 가져오게 하였던 것이다. 월명사가, 현재 도솔천 내원에서 천인들을 교화하고 있고 석존 입멸후 56억 7천만년을 지나 다섯 번째의 부처[32]로 염부제의 남쪽 마난국 구제취락에 사는 바라문 집안에 태어나 화림원 안의 용화수 아래에서 성도하고 부처의 유법(遺法) 제자들을 제도하되 첫 법회에서 96억인을, 두 번째 법회에서 94억인을, 세 번째 법회에서 92억인을 제도하고 성불할 당래교주(當來敎主)인 미륵보살을 일념된 직심(直心)으로 청한 것은 전제왕권을 확립하려는 경덕왕의 의지에 호응하여 신라에 소재향복(消災享福)의 청정불국토를 실현하기 위한 배려에서였고, 그 결과는 해의 변괴가 물러난 원상(原狀)의 청정한 세계를 가져오게 하였으니 <도솔가>야말로 미륵 하현을 성취시킨, 신라적 주밀신앙의 바탕 위에서 창작된 다라니 가운데 진언 양식의 노래라 아니할 수 없다.

7. 결론

이상으로서 월명사가 두 해 병현의 변괴를 불양하기 위해 지은 <도솔가>와 그 배경사상을 천착해본 바 다음과 같은 결론을 얻게 되었다.

첫째, 미륵보살은 수용 초기부터 화랑도와 결부되면서 진호국가하는 불

---

32) 二十住劫中 有五佛出世故 前五劫中無佛出世 第六劫中拘留孫陀佛出世 第七劫中拘那含牟尼佛出世 第八劫中迦葉佛出世 第九劫中釋迦牟尼佛出世 第十劫中彌勒佛出世 後十住劫中亦無佛出世.(元曉, 『彌勒上生經宗要』)

보살로 정착 · 주밀화하였고, 그 신앙은 약사여래신앙이나 관음보살신앙처럼 현세이익적인 신라적 주밀신앙으로 발전하게 되었다.

둘째, 산화공덕이란 산화의식을 베풀어 불보살의 공덕을 찬양하고 그 가지력(加持力)[33]을 얻고자 하는 불교의식으로서 4개 법요 중 하나인데, 신라시대의 그 행법의 절차는, 계청(啓請) 다음에 '산화락'을 세 번 창하면서 꽃을 뿌린 것이 아니라, 산화사가 게송(또는 산화악사)과 산화악을 창하면서 꽃을 뿌렸고, 월명사는 그 행사를 보면서 뿌려지는 꽃에게 미륵을 모시라고 <도솔가>를 지어 불렀으리라 추정된다.

셋째, 월명사의 사상은 그가 신인종의 호국사찰인 사천왕사에 늘 거주한 점과 미륵보살을 신봉하는 국선의 무리인 점 및 <제망매가>의 격구에 미타찰(彌陀刹)이 등장되는 점을 보아 법상종 계열의 사상가였을 것이며, 또 그가 국가적 차원의 재앙이 발생하였을 때 그것을 퇴치하였고 개인적 불행에 직면했을 때 그 지성심으로써 현징을 보였으니 결국 그는 신주력을 지닌 승려였을 것이다.

넷째, <도솔가>는 월명사가 정법치세(正法治世)로 전제왕권을 확립하려던 경덕왕의 의지에 호응해 미륵보살을 신라사회에 초치하여 청정불국토를 건설하고자 한 신라적 주밀신앙에 바탕을 두고 창작된 노래요, 그 노래를 부른 결과 미륵의 하현과 해의 변괴를 소멸하게 되었으니, 이 노래는 신라적 주밀신앙을 바탕으로 하여 불려진 다라니 가운데 진언적 성격을 지닌 향가라 하겠다.

다섯째, <도솔가>의 가사에 <구지가> 등 상대 주가의 구성원리인 돈호법 명령법을 차용하게 된 것은 월명사가 신라적 주밀신앙을 지녔기 때문이라 여겨진다.

(『신라향가론』, 부산대출판부, 1999)

33) 加被와 攝持의 힘. 곧 부처의 큰 자비심이 중생에게 베풀어지고, 중생의 信心이 부처의 마음에 감명되어 서로 어울리는 힘.

향가 <우적가(遇賊歌)>의 창작배경 고찰

-청도군(淸道郡) '한재〔大峴〕' 일대와 작품의 관련 양상을 중심으로 하여-

■

성호경(成昊慶)

1. 서론

『삼국유사(三國遺事)』 권5 피은(避隱) 「영재우적(永才遇賊)」조에는 신라 원성왕대(元聖王代, 785~798)에 불승(佛僧) 영재(永才)가 만년에 '남악(南岳; 智異山)'에 은거하러 가는 도중 '대현령(大峴嶺)'에서 도적 60여 명을 만났을 때, 도적들의 요구로 다음과 같은 노래를 지었다고 한다.

自矣心米 /	自矣 心米
皃史毛達只將來呑隱日	皃史 毛達只將來呑隱 日
遠鳥逸□□過出知遣 /	遠鳥逸□□ 過出知遣
今呑藪未去遣省如	今呑 藪未 去遣省如
但非乎隱焉破□主	但 非乎 隱焉 破**戒**主
次弗□史內於都還於尸**朗**也 /	次弗□史內於都 還於尸 **郎**也

此兵物叱沙過乎	此 兵物叱沙 過乎
好尸**曰**沙也內乎吞尼	好尸 **日**沙也內乎吞尼
阿耶 /	阿耶
唯只伊吾音之叱恨隱潽陵隱	唯只 伊吾音之叱恨隱 潽陵隱
安支尙宅都乎隱以多	安支 尙宅 都乎隱以多

※ 왼쪽은 원전의 표기를 시행구분한 것이며('/'는 원전에서 띄어 쓴 단위), 오른쪽은 필자가 오자(誤字)로 추정되는 글자들(굵은 글씨)을 고쳐서 의미단위로 띄어 쓴 것임(구분이 어려운 것은 띄어 쓰지 않음).

이 향가 작품 <우적가(遇賊歌)>는 작자인 영재 스님을 죽이려던 도적들을 감동케 한 뛰어난 작품이지만, 그 작품 표기에서 결자(缺字)가 네 군데나 되고(부대 기록에서도 세 군데) 몇몇 글자들이 오자일 가능성이 크다는 등의 여러 가지 사정 때문에, 그 어학적 해독과 작품세계의 이해에서 크게 지장을 받고 있다.1)

<우적가>의 작품세계를 충실히 구명하기 위해서는 그 어학적 해독의 진전이 기본적인 선결과제이겠지만, 그 작품에 관련되는 여러 배경적 사항들에 대한 정보들을 다양한 방법으로 풍부하게 획득하는 일도 필요할 것이다. 특히 그 창작이 이루어진 장소인 '대현령(大峴嶺)'의 위치를 밝히고, 그것이 작품세계나 창작동기 등과 어떠한 관련을 맺고 있는가를 살피는 일은 결정적인 도움이 될 수도 있을 것이다.

그 '대현령'이란 것은 '대현(大峴)'만으로 표기되지 않고 '대현령'으로까지 표기되었다는 점으로 보아, 그냥 '큰 재, 큰 고개'를 가리킨 보통명사이기보다는 특정한 장소의 고유명사일 가능성이 훨씬 더 높을 것인데, 이러

1) 그 작품세계에 대하여는 成昊慶, 「遇賊歌의 시세계」, 백영정병욱선생10주기추모논문집간행위원회 편, 『한국고전시가작품론』(집문당, 1992), 161~175면(수정 재수록: 成昊慶, 『韓國詩歌의 類型과 樣式 硏究』, 영남대출판부, 1995, 58~72면) 등을 참고할 것.

한 특정한 장소의 특성은 그곳에서 지어진 작품의 시상이나 표현방법 등에 적지 않은 영향을 끼칠 수 있는 것이다.

이에 필자는 이 글을 통해 <우적가>의 창작배경이 된 대현령이 어디인가를 탐색하고, 그 위치가 그 작품세계 등과 어떠한 관련을 맺고 있는가를 고찰해보고자 한다.

먼저 <우적가>의 창작장소로서의 '대현령'의 조건과 영재가 택했을 가능성이 있는 몇몇 은거 행로들을 살피고, 각종 자료들에 나오는 '대현 · 대현령'들이 그 조건에 부합하는지를 검토하여, 그 조건들을 모두 충족시키는 '청도(淸道)를 거치는 노정'에 위치한 청도군 '대현(한재)'이 <우적가>의 창작장소일 가능성이 높다는 점을 제시한 뒤에, 도적들의 활동상을 중심으로 하여 그 '대현' 일대의 역사적 · 지리적 특성을 살펴봄으로써 그 타당성을 입증하기로 한다.

그리고 <우적가>의 난해어들인 '선릉(善陵)'과 '상택(尙宅)'이 이 지역의 특성과 관련됨을 밝히는 일을 중심으로 하여 창작배경과 작품의 제반 관련 양상을 살펴보기로 하겠다.

2. 영재의 은거 행로와 '대현령'의 위치

영재의 은거 행로의 목적지는 분명히 남악(지리산)이지만, 그 출발지가 어디인가는 확인할 수 없다. 그러나 『삼국유사』의 기록에서 달리 뚜렷한 지역명 표기가 없는 경우는 대체로 금성(金城; 慶州) 일원에서 이루어진 일이 대부분이라는 점을 고려하면,[2] 그 출발지는 금성(경주)이었을 것으로

2) 다른 기록을 옮긴 경우를 제외하고는, 지역 이름을 밝히지 않은 것에서 권3의 「四佛山 · 掘佛山 · 萬佛山」조에 있는 '竹嶺(경북 문경)' · 「洛山二大聖 · 觀音 · 正趣 · 調信」조에 있는 '洛山(강원도 양양)' · 「有德寺」조의 '有德寺(황해도 수안)' · 권5의 「仙桃聖母隨喜佛事」조의 '安興寺(경북 영주)' 등 이외에는 모두 경주 또는 그 인근 지역에 소재하거나 그 일원에서 이루어진 일들이다.

추정함이 온당할 것이다. 이에 '경주→지리산'의 행로를 상정하여, 그 행로 가운데서 도적 60여 명을 만나 <우적가>를 지은 곳인 대현령이 어디인가를 탐색해보기로 한다.

먼저 부대 기록의 내용을 검토함으로써 탐색의 실마리를 찾아보자.

> 석영재는 성품이 익살맞고 사물에 얽매이지 않았으며, 향가를 잘했다. 만년에 ⓐ장차 남악에 숨고자(은거하려) 하여 ⓑ대현령에 이르렀을 때 도적 60여 명을 만났다. [도적이 그를] 죽이려 하니 영재는 칼날에 임하고서도 겁내는 기색이 없었으며 기쁘게 대하였다. 도적들이 괴이하게 여겨 그의 이름을 물으니, '영재'라고 대답했다. ⓒ도적들은 평소부터 그 이름을 들었으므로, 이에 그에게 시켜 노래를 짓게 했는데, 그 가사는 이렇다. '…(생략)….'
>
> 도적들이 그 뜻에 감동하여 ⓓ비단(綾) 2단(端)을 그에게 주니, 영재는 웃으며 사절하여, "재물이 지옥에 가는 근본이 됨을 알고 ⓔ장차 깊은 산중으로 피하여 일생을 보내려 하는데, 어떻게 감히 받겠는가?"라고 말했다. 이에 그것을 땅에 던져버렸다.
>
> 도적들은 그 말에 또 감동하여 모두 칼과 창을 버리고 머리를 깎아 영재의 제자가 되어 함께 지리산에 숨어 다시 세상에 나오지 않았다. 영재의 나이 거의 90살이었는데, 원성대왕의 시대이다.
>
> 기린다. "지팡이 짚고 산으로 들어가니 뜻이 더욱 깊어지는데, 비단과 주옥이 어찌 마음을 다스리랴? 녹림군자들이여 재물 주기를 그만두어라. 지옥은 뿌리가 없고 다만 촌금(寸金)에도 있다네."[3)]

이 '대현령'에 대해 기술자(一然)는 '어디의 대현령'이라고 그 소재 지역을

3) "釋永才 性滑稽 不累於物 善鄕歌 暮歲 將隱于南岳 至大峴嶺 遇賊六十餘人 將加害 才臨刃無懼色 怡然當之 賊怪而問其名 曰 永才 賊素聞其名 乃命□□□作歌 其辭曰 '…' 賊感其意 贈之綾二端 才笑而前謝曰 知財賄之爲地獄根本 將避於窮山 以餞一生 何敢受焉 乃投之地 賊又感其言 皆釋劒投戈 落髮爲徒 同隱智異 不復蹈世 才年僅九十矣 在元聖大王之世 讚曰 '策杖歸山意轉深 綺紈珠玉豈治心 綠林君子休相贈 地獄無根只寸金'."

밝히지 않았는데, 이는 기술자가 그 지역을 몰라서 그랬다기보다는, 굳이 그 지역을 밝히지 않아도 독자들이 알 수 있을 것으로 기술자가 생각했기 때문이라고 보는 편이 타당할 것이다. 이에 기술자가 그 소재 지역을 밝히지 않은 이유를 추정해보자면, 다음과 같은 점들을 상정할 수 있을 것이다.

> 첫째, 이 대현령은 널리 알려져 있는 저명한 장소여서, 그 소재 지역을 밝히지 않아도 다른 사람들이 잘 알 수 있을 곳으로 판단하였기 때문.
>
> 둘째, 영재의 이전까지의 거주지 및 출발지와 마찬가지로 경주 또는 경주 부근에 위치한 곳이어서, 그 소재 지역을 밝힐 필요가 없었기 때문.
>
> 셋째, 기록에서 그 바로 앞에 '남악'이란 말이 있고, 대현령은 이에 잇달아 나오는 말이기에, 따로 소재지를 밝히지 않으면 그대로 남악 부근에 위치한 장소로 받아들여질 것으로 보았기 때문.

첫째의 경우는 그 대현령이 현재 널리 알려져 있기 못하기 때문에 그 타당성 여부에 대해 판단하기 어렵기도 하고, 또 그 타당성이 인정되는 경우에도 문제에 대해 뚜렷한 해결책을 제시해 줄 수 있는 것이 아니므로, 논외로 하겠다. 그리고 둘째의 경우와 셋째의 경우는 그 결론에서 서로 거의 상반되는 가능성들이다. 둘째의 경우에는 대현령이 경주 부근에 소재하는 곳이고, 셋째의 경우에는 지리산 부근에 소재하는 곳이 될 것이다.

그런데 ⓒ에서 도적들이 평소부터 영재의 이름을 듣고 있었다고 하는데, 통신 및 교통의 수단이 발달하지 못했던 8세기 말엽의 신라에서 승려가 불도(佛道; 수행 또는 法力)의 높음 등으로써가 아니라 향가를 잘 짓는다는 점으로써 승려사회나 문인사회도 아닌 도적떼에게까지 그 이름이 잘 알려지게 되었다면, 이는 대체로 그의 거주지(금성)에서 그리 멀지 않은 지역 범위 내에서나 가능할법한 일이라고 할 것이다. 이에 그 도적들이 활동하고 있던 대현령은 금성에서 그리 멀지 않은 곳에 위치한 장소일 가능성이 높다고 할 것이다.[4)]

그리고 문헌자료를 인용한 것이 아닌 데다 사료(史料)로서의 성격도 미약한 <우적가> 관련기록과 같은 일화(逸話)의 채집은, 특별한 목적을 지니지 않는 경우에는, 기술자의 직접적인 견문이나 구전설화의 수집이 용이한 비교적 가까운 지리적 범위 내에서 이루어질 수 있는 것이다.

『삼국유사』의 찬자인 일연(一然, 1206~1289)은 22세에 선과(禪科)에 급제한 이후, 왕명으로 강화(江華) 및 개경(開京)에 가서 지낸 기간(56~59세, 77~78세)을 제외하고는, 그 활동범위가 현풍(玄風)과 청도 사이의 포산(包山; 琵瑟山) 일원(22~44세: 寶幡庵·妙門庵·無住庵, 60?~72세: 仁弘社 등), 남해(南海) 정림사(定林社)·길상암(吉祥庵; 44~56세), 영일(迎日) 오어사(吾魚寺; 59~60세?), 청도 운문사(雲門寺; 72~76세, 78~79세), 경주(76~77세), 군위(軍威) 인각사(麟角寺; 79~84세) 등을 그리 벗어나지 않은 데다가, 『삼국유사』의 주요 부분이 주로 청도 운문사에서 주석(駐錫)하던 시절인 70~76세(1275~1281; 충렬왕 1~7) 동안에 찬술되었을 가능성이 크다는 점에서,[5] 이 일화의 수집은 그가 활동하던 운문사 일대에서 그리 멀지 않는 지리적 범위 내에서 이루어졌을 가능성이 높은 것이다.

이러한 점으로 미루어보아도 그 대현령은 운문사에서 그리 멀지 않은 지역에 위치한 곳일 가능성이 높다고 할 것이다.[6]

한편, ⓑ에서 그 대현령에 도적이 60여 명이 있었다고 하는데, 이 적지

---

4) 이와 관련하여, ⓐ와 ⓔ에서의 '장차(將)'는 미래를 말할 적에 쓰이는 말인데, 처음 계획단계 또는 시작단계에서의 진술('장차 남악에 숨으려 하여')과 도중인 대현령에서의 진술('장차 깊은 산중으로 피하여')이 거의 같은 점으로 미루어보아도, 대현령에서의 그 진술은 '避隱'의 행로에서 종착지(남악)에 가까워진 단계에서의 진술이라고 보기 어려울 것이다. 만약 그 대현령이 남악 부근에 있는 곳이라면 ⓔ의 진술은 '이제 바야흐로 깊은 산중으로 피하여(方今避於窮山)' 등이 적절할 것이다.

5) 崔南善, 「三國遺事 解題」, 『新訂三國遺事』(민중서관, 1946), 48~51면 참조.

6) 역사적 사실이나 사료로서의 성격이 강한 권1~4(王曆·紀異·興法·塔像·義解)에 비해 권5(神呪·感通·避隱·孝善)는 비공식적인 일화로서의 성격을 많이 띠고 있는데, 그 수록된 일화들의 지리적 범위는 특정한 기록에 의거한 경우를 제외하고는 대체로 신라 궁중 또는 경주 및 그 부근에 집중되어 있으며, 비교적 먼 곳이라고 해도 동남으로는 梁山, 서남으로는 晉州를 벗어나지 않는다.

않은 인원의 도적떼는 조직화된 무장집단이라고 할 것이다. 그렇다면 그 대현령은 그 조직화된 다수의 인원이 주둔할 수 있는 공간 및 여건을 갖추며, 그 부근에 주요 활동범위(약탈대상지역)와 소굴(거처)을 가진 곳이라고 할 것이다.[7)]

ⓓ에서 '비단(綾)'은 여러 가지 색상의 견사(絹絲)로 짠 무늬 있는 고급 견직물로서 값이 매우 높은 물품이다.[8)] '단(端)'은 18자(尺) 또는 20자를 이르는데, 2단이 곧 1필(匹)이다. 그러니까 그 도적들이 영재에게 그 비싼 비단을 한 필이나 줄 수 있었다고 하면, 이 도적들은 수효에서 60여 명이나 되기도 하지만, 도적질로 얻게 되는 재물도 엄청난 것이다. 이에 그 도적들은 값나가는 물화(物貨)의 왕래가 빈번한 통행로 부근에서 활동하고 있었다고 보아야 할 것이고, 이에 따라 그 '대현령'은 물자의 왕래가 빈번한 통행로에서 멀지 않은 곳에 위치하고 있다고 할 것이다.

이에 '대현령'의 위치는 다음의 조건들을 충족시키는 곳에서 찾아야 할 것으로 판단된다.

A. 경주에서 지리산으로 향하는 노정에 있으면서 경주로부터 그리 멀지 않은 곳.

B. 도적 60여 명이 주둔할 만한 곳이고, 부근에 약탈대상(물자의 왕래가 빈번한 통행로 등)과 거처할 만한 장소를 가진 곳일 것.

---

7) *Encyclopaedia Britannica CD 2.0*(1995)의 "The Theory and Conduct of War: Guerrilla Warfare"항에서는 게릴라전의 地形과 은신처에 대해, '(1) 익숙한 地形, (2) 충분한 基地와 활동영역, (3) 산악 · 숲 · 밀림 등의 궁벽하고 험한 지형에 위치한 안전지역(만회를 위한 퇴각, 무기 · 피복 · 장비의 수선, 보충병력 교육을 위한 지역)' 등을 성공적인 조건으로 들었다.

8) 비단은 그 값이 같은 무게의 '金'과 맞먹는다고 해서 글자도 '錦'으로 쓰게 되었다고 한다(『두산세계대백과사전 CD판』, 동아출판사, 1996, 「비단」 참조). 고려 睿宗 10년(1115)에 개정한 折計法에서는 '大綾 1필'을 '쌀 4石'의 값으로 환산하였다(『高麗史』 권80 志 권34 食貨3 「祿俸」조).

지리산은 경주의 서남방에 있다.9) 그러므로 경주를 출발하여 지리산에 가기 위해서는, 다음의 <지도 1>에서 보듯이 크게 세 가지의 방법이 있었을 것이다. 첫째는 먼저 남쪽으로 내려가서 서쪽으로 향하는 방법이고, 둘째는 먼저 서쪽으로 가서 남쪽으로 내려가는 방법이며, 셋째는 바로 서남쪽으로 향하는 방법이다.

이에 따라, 영재가 은거 행로로 택했을 가능성이 있는 노정들로는 다음의 세 가지를 들 수 있을 것이다.

(甲) 남행→서행: '경주→언양(彦陽) - ……→지리산' 노정

(乙) 서행→남행: '경주→대구(大邱) - ……→지리산' 노정,

(丙) 서남행: '경주→청도 - ……→지리산' 노정10)

---

9) 지리산 일원은 매우 넓어서 수많은 절들이 있지만, 신라 원성왕대인 8세기말 이전에 창건된 절로는 남서쪽의 鷰谷寺(544년 창건) · 華嚴寺(544년 창건)와 동쪽의 斷俗寺(748년 또는 763년 창건, 현재 廢寺임) 등 몇 곳에 불과하다. 이 가운데서 영재를 따라 승려가 된 도적 60여 명이 거처할 수 있었을 만큼 큰 절로는 단속사와 화엄사의 두 곳을 들 수 있다(『世宗實錄』 권24의 6년 4월 5일조에 의하면, 단속사에는 당시에 100명의 居僧이 있었고, 화엄사에는 70명이 있었다고 한다).
그렇다면 영재의 무리가 향했던 노정은 '경주 - … - 산청 단성 - 단속사'거나 또는 '경주 - … - 진주 - 구례 - 화엄사'일 개연성이 높다고 할 것이다.

10) 각 노정의 유력한 도로들을 金正浩, 『大東輿地圖』(목판본, 1861) 등에서 보면, 甲노정에서는 '경주 - (90리) - 언양 - (120리) - 김해 - (60리) - 창원 - (50리) - 함안'을 이어, '함안 - (40리) - 의령 - (80리) - 산청 단성 - … - 지리산' 또는 '함안 - (80리) - 진주 - … - 지리산' 등이 있고(계 440리 남짓), 乙노정에서는 '경주 - (80리) - 영천 - (90리) - 대구 - (40리) - 달성 위천'을 이어, '달성 위천 - (30리) - 고령 - (50리) - 합천 - (50리) - 합천 삼가 - (50리) - 산청 단성 - … - 지리산' 또는 '달성 위천 - (20리) - 현풍 - (40리) - 창녕 - (40리) - 의령 신반 - (50리) - 합천 삼가 - (50리) - 산청 단성 - … - 지리산' 등이 있으며(계 410리 남짓), 丙노정에서는 '경주 - (30리) - 건천 - (110리) - 청도 - (20리) - 풍각 - (30리) - 창녕 - (40리) - 의령 신반 - (50리) - 합천 삼가 - (50리) - 산청 단성 - … - 지리산' 등이 있다(계 330리 남짓).

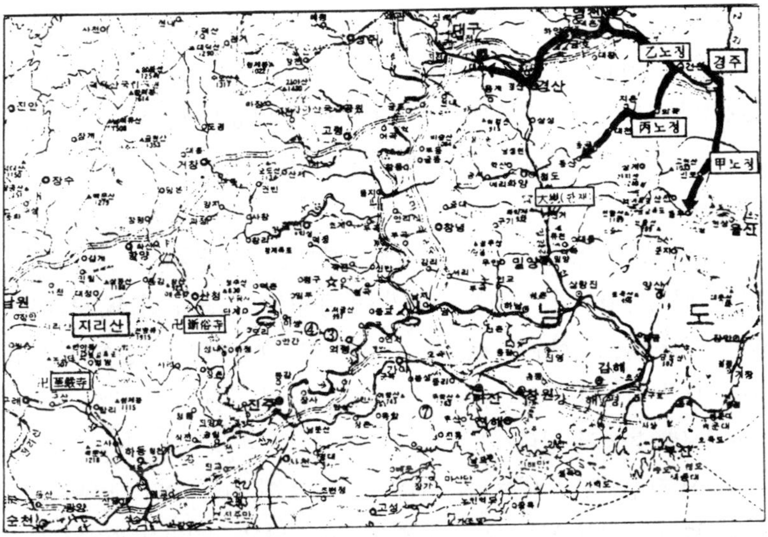

<지도 1>('경주 → 지리산'간)

그러면 옛 문헌이나 지도 등에서 '대현(大峴) · 대현령(大峴嶺)'이란 지명을 찾아보기로 하자.

『신증동국여지승람(新增東國輿地勝覽)』(1530)을 주로 참고한 최남선의 『대동지명사전(大東地名辭典)』에는 '대현(大峴)'이란 지명이 있는 곳으로,

> ① 在德山西十八里, ② 在定山西十里, ③ 宜寧屬院在西十三里, ④ 在宜寧西三十里, ⑤ 在靑陽東十五里, ⑥ 在平海西十八里, ⑦ 在咸安南二十五里

의 일곱 군데와, ⑧"서흥의 북쪽 7리에 있는 진산(在瑞興北七里鎭山)"인 '대현산(大峴山)'을 든 바 있다.[11]

경주의 이남(以南) 및 이서(以西)이면서 지리산의 이북(以北) 및 이동(以東)에 해당하는 지역, 곧 경상북도의 남부지역과, 경상남도에서 남해안 및

11) 六堂全集編纂委員會 편, 『六堂崔南善全集 8』(현암사, 1973), 237면.

동해안을 제외한 내륙지역에 위치하는 곳만이 <우적가>의 창작배경이 될 수 있다. 그러나 ①·②·⑤는 모두 충청남도에 있는 곳이고, ⑥은 경상북도에 동북부에 있는 곳(원래는 강원도에 속해 있었음)이므로, <우적가>의 '경주→지리산'의 행로와는 관련이 없는 곳들이다. 또 황해도에 있는 ⑧도 논외가 된다.

그리고 『고려사(高麗史)』 권92 열전(列傳) 권5 「왕순식(王順式)」전에 나오는 '대현'(강원도의 大關嶺)이나, 『세종실록(世宗實錄)』 권148 지리지(地理志) 「경도(京都) 한성부(漢城府)」에 나오는 '대현' 및 『문종실록(文宗實錄)』 권7의 원년 5월 5일에 나오는 황해도 곡산(谷山)의 '대현'의 경우도 마찬가지로 논외가 된다.

따라서 경상남도에 있는 ③과 ④, 그리고 ⑦이 일단 고려 대상이 될 수 있을 것이지만, 이들도 모두 앞의 조건 A에서 벗어나 지리산 쪽에 훨씬 더 가까운 곳에 위치하고 있다.

③은 의령읍(宜寧邑)의 서쪽 자굴산(闍崛山; 해발 897m) 남쪽에 있던 역원(驛院)인 '대현원(大峴院)'(『新增東國輿地勝覽』 권31 「宜寧縣」조)으로서 '재(嶺; 고개)'의 이름이 아니다.

③에서 7km 정도 더 서쪽에 있는 ④는 의령군 칠곡면(七谷面)과 대의면(大義面) 사이에 위치한 '대의고개'(또는 '한티·머릿재')이다. 이 재는 조건 A에서 벗어나기도 하지만, '의령~마쌍'간의 도로(현 20번 국도)가 바로 이곳을 통과하며, 지형상 60여 명이나 되는 많은 인원이 주둔하거나 활동할 만한 곳이 되지 못한다는 점 등에서 조건 B를 충족시키기도 어려울 것으로 보인다.

그리고 현재의 행정구역에서 마산시(馬山市) 진북면(鎭北面) 정현리(鼎峴里)의 광려산(匡廬山; 해발 720m) 서쪽에 있는 ⑦('한티·限峙·진고개'라 하며, 67번 국가지원지방도 가운데서 '마산 鎭東~함안 伽倻'의 남북간 1035번 지방도가 이곳을 통과함)은 지리산으로 가는 노정 중 남쪽의 '창원~함안~의령 또는 진주' 코스로부터 남쪽으로 25리쯤 떨어져서 남해안

쪽의 '창원~진동~진주'의 2번 국도와의 사이에 위치한다.[12] 이 점에서 조건 B는 어느 정도 충족시킬 수 있겠지만, 조건 A에서 벗어난 데다 특별한 사정이 없는 한 영재의 '경주→지리산' 행로로서 선택되기가 어려웠을 우회로 상에 위치하는 곳이다(60여 명이나 되는 도적이 '不累於物'한 영재를 약탈코자 이 코스의 길에 출현했다고 볼 수도 없는 것이다).

한편, 의령군 궁류면(宮柳面) 신계의 서쪽 평촌(坪村)에서 대현천(大峴川)을 따라 서북행하여 합천군(陜川郡) 쌍백면(雙栢面) 대현리(大峴里)로 넘어가는 성현산(城峴山; 해발 482m) 남쪽의 고갯마루도 '대현'이라고 한다('한티재'라고 함). 이 길은 조건 B의 '물자 왕래가 빈번한 통행로'와는 거리가 많이 먼 데다가, 이 재를 넘어 대현리를 거쳐 평구(平邱)에 이르러 북행하면 합천을 거쳐 가야산(伽倻山)에 이르게 되는바, 이는 지리산으로 향하는 노정에 위치한다고 보기가 어렵기도 하다.

이러고 보면, 앞에서 든 옛 문헌이나 지도 등에 나타나는 '대현'들은 모두 <우적가>의 창작장소로서의 조건을 갖추지 못하는 것이고 만다.

그런데 경주에 가까운 경상북도 청도군에도 '대현'이 있다. 청도읍 상리(上里) 쪽에 있는 '한재(大峴)'가 바로 그것이다.

> 한재 · 대현(大峴) [村] 화악산 줄기에 자리한 마을로서 옛날 유천에서 풍각 · 창녕 방면으로 넘어가는 소로의 큰 고개가 있었다. 이 고개 아래에 위치한 마을이므로 한재라 불렀다고 한다.(石永春: 男 62 外 4名).[13]

앞의 조건 A에 부합하는 이 청도군의 '대현(한재)'은, 옛날 영재가 출발지로 추정되는 경주에서 목적지인 지리산으로 가는 지름길을 택하였을 경

---

12) 『咸州誌』(1587) 권1의 「山川」조에서는 "大峴 在郡南二十五里(竝谷里) 巴山 · 生童兩山之間 中有大路 南通鎭海 古有關門石城 遺址尙存"이라고 했다. 『慶尙南道 輿地集成』(慶尙南道誌 편찬위원회, 1963), 152면.

13) 慶尙北道 教育硏究院 편, 『慶尙北道 地名由來總覽』(경상북도교육위원회, 1984), 612면.

우,[14] 서남향의 건천(乾川)·산내(山內) 방면에 들어 공암(孔巖)의 오솔길을 넘어 청도군에 들어와서(신작로가 생기기 전까지는 '경주~청도'간 통행로가 이 길뿐이었음.[15]), 동창천(東倉川; 密陽江의 지류)을 따라 대천(大川; 雲門面)·동곡(東谷; 錦川面)을 거쳐 동산(東山; 梅田面)에 이르고(조선시대에는 이 사이에 牟良驛·義谷驛·孔巖院·上東院·西芝驛·大川院·買田驛 등이 있었음), 동산에서 서남쪽으로 계속 동창천을 따라가(조선시대에는 중간에 赤巖院 또는 烏岳院 등이 있었음) 유호(楡湖; 楡川)에 이르고, 청도천(淸道川; 紫川)과 합류되는 곳에서 내를 건너,[16] 관리(館里)에서 다시 한재천(大峴川)을 따라 서쪽으로 향해 초현(初峴)과 철마산(鐵馬山; 해발 627.3m) 아래를 거쳐 평지(平陽里)의 대현초등학교 옆과 상동(上里)을 지나고, 사리(沙里; 角南面)로 넘어가 풍각(豊角) 및 경상남도 창녕군(昌寧郡) 방면을 통해 지리산으로 갔을 가능성이 높은 노정의 길목(上里와 沙里 사이)에 위치한 큰 고개이다(오늘날에는 '밤티재'라고 하며, 고지는 해발 500m임).[17]

이 재는 청도군과 밀양시의 경계에 있는 화악산(華岳山; 별칭 '屯德'; 해발 931.5m)과 북쪽의 남산(南山; 鰲山, 829m) 사이에 위치하며, 주요 교통로인 '경주~밀양' 노정 및 '청도~밀양' 노정의 교통상의 요처인 유천(楡川; 館里)과 약 8km 떨어져 있다('상동~유천'간은 약 5.5km). 게다가 이 일대는 부근의 적천사(磧川寺; 상동에서 동북쪽 산길 약 2.5km, 院里에서 서쪽 산길 약 2km 지점에 위치) 등과 함께 옛날부터 험지(險地)로서 도적들과 의병들이 관군이나 일제 관헌의 토벌을 피해 많이 숨어 지내며 활동하

14) 앞 주 10)에서 보았듯이, 경주에서 지리산에 이르는 여러 노정들 가운데서 지름길에 해당하는 것은 이 서남행의 노정이다.

15) 같은 책, 630면, 「고암·공암(孔岩)」조 참조.

16) 한편, 동산에서 서쪽으로 향하여 청도로 가서 다시 남행하는 노정도 있다(조선시대에는 중간에 蘇山院·濟生院 등이 있었음).

17) '慶山~청도'간의 省峴(南省峴)이 370m, '대구~화양'간의 八助嶺이 410m임을 볼 때, 이 대현(밤티재)은 꽤 높은 재라고 할 것이다.

던 곳이어서, 앞의 조건 B도 충족시키는 곳이라고 할 수 있다.

이처럼 조건 A와 B를 모두 충족시키는 '대현 · 대현령'을 청도 대현(한재) 이외에는 찾아볼 수 없다는 점에서, 필자는 영재의 은거 행로가 '청도를 거치는 서남행의 행로'이고 그 '대현령'은 청도의 '대현(한재)'일 가능성이 매우 높을 것으로 추정하는 바이다(게다가 뒤에서 자세히 살피겠지만, <우적가> 작품 속의 '濡陵'이란 말은 그 대현 옆에 있는 화악산의 별칭인 '屯德'과도 긴밀한 관계를 지니는 말일 것으로 추정되기도 한다).

3. 청도군 '대현(한재)' 일대의 역사적 · 지리적 특성

1) 교통로

(1) 물화 수송로

① 청도(화양)~유천~밀양

근대적 도로가 개설되던 1910년대까지의 청도군의 여러 도로들 가운데서, 간선도로는 '청도군 관아(官衙)로부터 유천을 거쳐 밀양 방면으로 이어지는 길'이었다. 이 도로는 대구에서 오동원(梧洞院)을 거쳐 팔조령(八助嶺)을 넘어 양원(陽院) · 유등리(柳等里)를 지나 지금의 화양읍(華陽邑) 소재지에 있던 청도군 관아로 이어졌다가 송북리(松北里)에 이르는 길(현재의 911번 지방도와 비슷함)과 유등리에서 눌미리(訥彌里)를 거쳐 송북리에 이르는 길(현재의 20번 국도의 해당구간과 비슷함)이 합쳐져, 냉정원(冷井院; 지금의 高樹里) · 제생원(濟生院; 지금의 院里)을 지나 유천역(楡川驛)을 거쳐(현재의 25번 국도 및 경부선 철로의 해당구간과 비슷함), 밀양부 · 김해부(金海府) · 동래부(東萊府) 등지로 연결되어 있었다.[18]

---

18) 淸道郡誌編纂委員會 편, 『淸道郡誌』(청도군, 1991), 257면 참조.

이 도로는 조선시대에 한양(漢陽)과 동래를 잇는 최단 코스인 '영남대로(嶺南大路)'의 일부에 해당하는데, 이미 삼국시대부터 있었을 것으로 추정된다.19)

② 경주~유천~밀양

19세기까지의 '경주~청도'간 도로에는 '경주 - 건천 - 의곡(義谷; 山內) - 대천 - 동곡 - 동산(梅田)'의 길(운문댐 건설에 따른 수몰로 인한 이설이 적지 않지만, 20번 국도의 해당구간과 비슷함)에다 이어지는 길로서,

(a) '동산 - 관하(館下; 원정자) - 곰티재(熊峙) - 원정리(元井里) - 여해원(如海院; 지금의 走狗山 근처에 있었음) - 청도군 관아': 20번 국도의 해당구간과 비슷하며,20) 서쪽으로 '청도군 관아 - 이길원(梨吉院; 角南面 新堂里) - 유산역(幽山驛; 豊角面 鳳岐里) - 금동(金洞; 金谷里) - 비티재…창녕'으로 이어짐.

(b) '동산 - 구촌(龜村; 烏禮山下) - 유천': 987번 지방도의 해당구간과 대체로 일치하며, 북쪽으로 '동산 - 신지(薪旨) - 동곡 - 자인(慈仁)'으로 이어짐

의 두 가지가 있었는데,21) 현재까지 (a)도로가 주요 통행로로서 알려져 있지만, 신라시대에는 (b)의 '동산(매전)~유천'간 도로도 매우 중요한 통행로

19) 현재까지 발견된 자료를 검토해보면 삼국시대의 도로 역시 조선시대의 것과 크게 다르지 않았을 것으로 판단된다고 한다(崔永俊, 『嶺南大路』, 고려대 민족문화연구소, 1990, 76면).

20) '청도~운문'간과 '청도~창녕'간의 현대 도로(신작로)는 이전의 官道를 버리고 신설한 곳이 대부분이라고 한다. 『淸道郡誌』, 615면.

21) 한편, 경주에서 청도로 통하는 길로 다음의 두 군데를 추정하기도 한다(같은 책, 604면). 제1도: 경주 - 건천 - 義谷 - 孔岩 - 東倉 - 淸道, 제2도: 경주 - 건천 - 의곡 - 三巨里峴 - 배넘이재 - 운문사 - 錦川 珀谷 - 南陽 - 밀양 深谷 - 유천 - 청도(또는 심곡에서 유천을 거치지 않고 오례산성을 통해 청도)

였을 것이다.

고려시대의 청도군내 역도(驛道)는 금주도(金州道)에 속하여, 다음의 역로가 있었다고 하는데,[22)]

김해~밀양…유천 ┬ 매전(買田; 東山里) - 서지(西之; 雲門面 西芝里)…모량(牟良) - 경주
└ 성을현(省乙峴; 華陽邑 松金里 南省峴)…압량(押梁; 慶山)

이 '밀양 - 유천 - 매전 - 서지 - 모량 - 경주' 역로는 신라시대 이래의 도로를 이용하였을 것이다.

『청도군지(淸道郡誌)』에 의하면, 지금의 화양읍 백곡리(栢谷里)를 중심으로 하여 발달한 이서고국(伊西古國)은 서기 37년(신라 儒理王 14) 또는 297년(儒禮王 14)에 신라의 금성으로 침공했다가 패퇴한 뒤 국력이 쇠잔해졌고, 반대로 더욱 강대해진 신라는 5년 뒤 거꾸로 이서고국을 침공하여 오례산성(烏禮山城) 등지에서의 격전 끝에 이서고국을 멸망시켜 신라의 서진(西進)을 위한 전진기지로 삼았다(123~129면).

신라에서는 내력산(奈歷山; 경주의 狼山) · 골화산(骨火山; 永川 동남의 金剛山) · 혈례산(穴禮山; 大城郡)의 세 산을 수호신의 주처(住處)로 존숭하여 국가 제전(祭典)의 삼사(三祀) 중의 대사(大祀)를 행하게 되었는데, 그 '혈례산'은 곧 청도의 오례산(烏禮山)이라고 한다(13면). 이처럼 청도의 혈례산(烏禮山)이 신라 삼산의 하나가 됨에 따라, 수시로 많은 사람들이 '경주~오례산(혈례산)'간을 왕래하였을 것이다(145면).[23)] 그리고 오례산 아래 동창천변은 당시의 '오구산현(烏丘山縣; 烏岳縣)'의 중심지역이기도 했다.

---

22) 『高麗史』 권82 志 권36 兵2 「站驛」조 및 『淸道郡誌』, 606면 참조.

23) 한편, 그 사이에는 신라시대 이래의 名刹인 五岬寺(567년 창건) 중의 大鵲岬寺(현 雲門寺)와 7세기 초에 圓光法師가 머물렀으며 花郞들의 수련도량이 되었던 인근의 嘉瑟岬寺(현 폐사)로 가는 길(현재의 985번 지방도와 비슷한 '大川 - 新院'으로 해서 彦陽 등지로 넘어가는 길)이 있기도 하다. 같은 책, 132~138면 참조.

그러므로 신라시대에 앞의 '경주~동산' 구간과 이어지는 (b)도로 중의 '동산~구촌(오례산 아래)' 구간은 주요한 통행로의 하나였다고 할 것이다.

한편, 밀양은 낙동강 충적평야에 땅이 비옥하고 기후 풍토가 농업에 알맞은 남부 농업지대로서, 일찍부터 농경이 크게 발달하였으며(고대의 수리시설인 守山堤가 河南邑에 있다), 경남 지역의 동부와 서부, 경남 지역과 경북 지역을 연결하는 교통의 요지였다.[24)]

본디 '변진미리미동국(弁辰彌離彌凍國)'이었으나 강성해진 신라에 흡수되어 군사요충지로서 가야정복(伽倻征服)의 전진기지가 되었고, 505년(신라 지증왕 6) 무렵에 추화군(推火郡)이 되었다가 757년(경덕왕 16)에 밀성군(密城郡)으로 개칭하였으며, 상약현(尙藥縣; 현 창녕군 남부) 및 밀진현(密津縣; 미상)과 현재 청도군 내에 위치한 오구산현(烏丘山縣)·형산현(荊山縣)·소산현(蘇山縣)의 다섯 속현(屬縣)을 거느린 큰 고을이 되었다.

당시 밀양은 경주와 행정·군사·경제 등의 여러 면에서 밀접히 연결되어 있었는데, 그 일원의 조(租)와 물자를 왕성(王城; 경주)에 수송하기 위해서는 육로로는 '밀양~유천'(조선시대에는 이 사이에 金谷驛·新院 등이 있었음)에서 '유천-구촌-동곡'을 거쳐 경주에 이르는 길을 이용하였을 것이다(漕運이 가능한 곳까지는 밀양강과 동창천 등의 수로를 이용하기도 했을 것이다).

유천(淸道邑 楡湖里)은 이 '경주~밀양' 도로와 '청도(화양)~밀양' 도로가 만나는 교통의 요지였다. 밀양에서 이곳에 오면 산서(山西)방면과 산동(山東)방면으로 하천을 따라 협곡이 둘로 갈라지는 목이 되는 곳이어서, 과거 내륙 육로가 이곳에서 갈리고 역관(驛館)이 설치되었는데, 조선시대에는 서북으로 오서역(鰲西驛), 북으로 성현역(省峴驛), 동북으로 매전역(買田驛), 남으로 밀양의 금동역(金洞驛; 省峴驛의 屬驛)과 연락하였다.[25)]

『삼국유사』 권2 「효소왕대(孝昭王代) 죽지랑(竹旨郞)」조에 나오는 바,

24) 密陽誌編纂委員會 편, 『密陽誌』(밀양문화원, 1987), 38면 등 참조.
25) 『淸道郡誌』, 608면 및 1,154면 참조.

추화군의 조(租) 30섬을 거두어 모량리(牟梁里; 건천읍)에 있는 부산성(富山城)으로 수송했다는 기사를 보아도, '경주 - 동곡 - 구촌(오례산) - 유천 - 밀양'을 잇는 도로는 신라시대의 주요한 통행로 · 물자수송로의 하나였음을 알 수 있다.

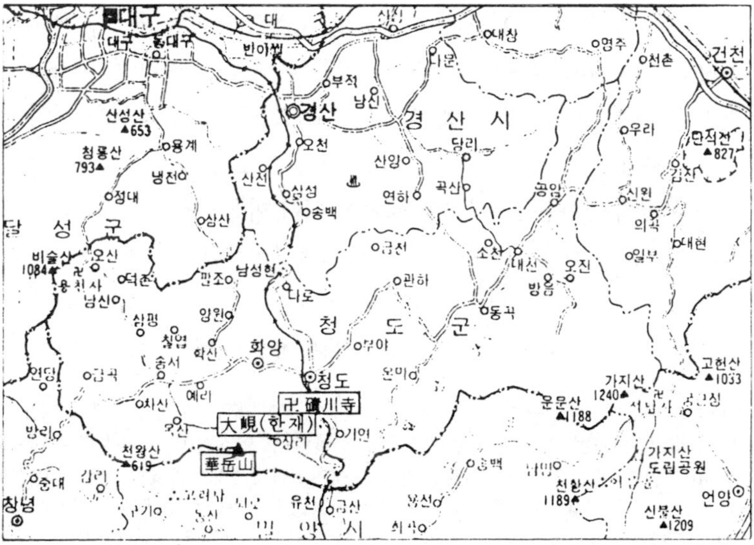

<지도 2>(청도군 일원)

(2) 영재의 은거 행로

앞에서 살펴본 바처럼, 영재는 남악에 가 은거코자 하여, 금성을 출발하여 모량리 부근에서 서남쪽으로 들어 단석산(斷石山) 서편을 지나 의곡(義谷; 山內面)을 거치고, 공암(孔巖)의 오솔길을 넘어 소산현(蘇山縣)에 들어 동창천(東倉川)을 따라 서지(西之) · 매전(買田)과 오악현(烏岳縣)의 오례산 등을 지나 유천에 이르러 내를 건너고, 이에서 밀성 쪽으로 남행하지 않고 서쪽으로 대현협곡으로 향해, 작은 내(한재천; 大峴川)를 따라[26] 초현(初峴)[27]과 철마산(鐵馬山) 밑을 지나 화악산(華岳山; 둔덕산)과 오산(鰲山; 남산)의 사이에 있는 '대현령(大峴嶺; 밤티재)'에 이르러 도적(산적) 60여 명을 만났을 것으로 추정된다.

그리고는 그의 노래 <우적가>와 그의 인품에 감동하여 머리를 깎고 제자가 된 그 무리들과 함께 싸리골(角南面 沙里)[28]로 넘어가서, 상화촌현(上火村縣; 豊角縣) 관내에 들어 이길원(梨吉院; 각남면 新堂2리) 부근에서 '청도(화양)~창녕'의 길과 만나, 서쪽으로 '유산역(幽山驛; 풍각면 鳳岐里) - 금동(金谷里) - 비티재 - 방리(芳里; 창녕군 城山面)' 도로[29]를 따라 화왕군(火王郡; 창녕군) 방면을 통해 지리산으로 갔을 가능성이 높을 것이다.

대현과 사리를 지나, 이길원 부근에서 서쪽으로 향하여 창녕 방면으로 가는 길을 따라서 또는 그 부근에 위치한 여러 마을들에는 신라시대에 사람들이 살았던 자취가 지금까지도 적지 않게 남아 있기도 하다.[30]

---

26) 1933년 이래의 현 도로가 개통되기 전에는 냇가를 따라 왕래하였다고 한다(「大峴道路鋪裝竣工紀念碑」).

27) "대현협곡의 입구에 자리잡고 앞으로는 大峴川이 흘러 淸道川과 합류하고, 화악산 支脈의 東龍은 청도천에 닿아서 동리 전후로 산을 지고 이고 있다. …初峴里의 내력도 알 길이 없다. 부근에 寺址가 있다는 설로 미루어보건대 상당한 연륜이 되었다는 것만 추측할 수밖에 없다. …'初峴'이란 지명은 대현으로 들어가는 첫고개라는 뜻으로 붙여진 것이다. 그러나 원래는 館里洞과 분리되어 있었으나 행정구역 변경시에 合洞되었으며, '館里'라는 里名은 楡川驛館(조선시대)이 있는 마을이라 붙여진 里名이다." 같은 책, 1153~1154면, 「初峴里」.

28) "남산과 화악산의 준령고봉이 마을 앞뒤로 내리 뻗어 나가고 兩 山嶺 사이로 계곡천인 부곡川이 흐르고 있다. 부곡천을 따라 서쪽만 열려 있는 산촌으로, 청도읍 상리와 통하는 밤고개 길은 예나 지금이나 심산유곡으로 알려져 있고…. 산간마을이나, 오랜 마을 유래를 갖고 있기도 하다. 원래 이름은 싸리골이다." 같은 책, 1180면, 「沙里」.

29) 20번 국도의 해당구간과 비슷하지만, 路幅이 좁고 곡선도로가 훨씬 많았을 것이다. 앞 주 20) 참조.

30) 新堂里 앞들에는 12基의 선사시대 支石墓群이 남아 있고, 德陽2里인 加陽洞 부근에는 가야토기 파편이 산재하며, 松西1里에는 신라시대의 天井寺址와 통일신라시대의 석탑이 남아 있고, 또한 그 일대에는 신라토기·가야토기의 파편들이 산재하고 있기도 하다. 鳳岐里에는 동리와 근접한 곳에 무수한 신라·가야토기들의 파편이 뒹굴고 있고, 豊角縣 소재지이자 縣內面 소재지였던 縣里里 근처에는 신라·가야의 古墳址가 있으며, 黑石里 마을 앞의 들판에는 선사시대의 支石墓가 정연하게 줄지어 있고, 石通에도 지석묘가 있다고 한다. 같은 책, 1178면 및 1183~1194면 참조.

대현 일대는 1720년 이래 청도군 하남면(下南面)의 대현동(大峴洞)이다가, 1914년에 평양리(平陽里)와 음지리(陰地里)의 두 동리로 쪼개졌다(大城面). 1940년에 청도면, 1949년부터 청도읍에 속하여, 상리(上里) · 평양리 · 음지리의 세 동리로 되어 있는데, 『청도군지』에서는 이 일대를 다음과 같이 설명하였다.

◆ 음지리(陰地里)

임란시(壬亂時) 철마산성에서 거성(據城) 항전한 구전(口傳)이 있는데, …(중략)… 성(城)이 있고 마을이 있었던 것은 확실하나 아무 문헌이나 근거가 없다. (1153면)

◆ 평양리(平陽里)

대현지구의 중심부로, 중앙에 위치해 상리와 대동소이한 자연여건이다. 신라시대의 토기 파편이 가끔 발견되는 것으로 보아 신라 이전에 벌써 사람이 살았던 것이 틀림없다고 판단되나, 문헌이나 자료가 없어 알 길이 없다.

불당곡(佛堂谷): 신라시대인지 고려시대 절인지는 알 수 없으나 '천이사'란 사지(寺址)가 남아 있고, 지금도 '불당(佛堂)' 또는 '불댕기골'이라고 부른다는 것이다. 폐사(廢寺) 연대나 사찰 규모는 전혀 전해지지 않고 있는 절터이다. (1152~1153면)

◆ 상리(上里)

화악산 산록에 자리잡은 청도읍에서 으뜸가는 산간마을이다. 화악산 · 남산 · 철마산 등 고산준령이 삼면에 용립(聳立)해 있고 산기슭 경사지를 따라 취락이 이루어져 있다.

이곳 3개 리를 대현(한재)이라 하며, 주민이 동기(洞基)를 잡은 연대가 상당히 오래되었음은 이곳 고목들이 말해주고 있다.

밀양에서 창녕 · 풍각 · 현풍방면으로 가려면 이곳을 지나 밤티재를 넘어야

한다. 깊은 산중으로 무인지경을 지나야 하므로 대현이라 하였다 한다. (1151~1152면)

2) 도적의 활동공간

(1) 화악산 일대

청도군은 청도읍과 매전면의 경계에 있는 곰티재(熊峙)를 경계로 하여 산악지대인 산동지방과 분지인 산서지방으로 나누어진다. 산동지방은 태백산맥의 남단에 위치한 '영남알프스'의 주봉(主峰)들로 운문산(雲門山; 1,188m)·가지산(加智山; 1,239m)·문복산(文福山; 1,014m)·억산(億山; 944m) 등의 이름난 산들이 중첩해 있으며, 산서지방은 서북쪽의 비슬산(琵瑟山; 1,083m)을 위시하여 화악산·남산(鰲山)·용각산(龍角山; 697.4m)·철마산 등이 솟아 있다.

청도는 옛날에 험한 산세를 의지하여 의병(義兵)과 민란군(民亂軍) 및 도적(산적) 등이 게릴라전을 많이 펼친 지방으로 널리 알려졌는데, 이는 특히 산동지방의 운문산 일원 등에서 두드러졌다.

『고려사』를 보면, 무신란 이후 오랫동안 청도는 운문산을 중심으로 하여 동경(東京; 경주) 및 밀성 등지의 반란세력과 연대하여 조정에 저항하는 세력의 거점이 되고 있었다.

명종(明宗) 23년(1193)에 봉기한 남적(南賊)들 가운데서 가장 세력이 강했던 김사미(金沙彌)의 운문적(雲門賊; 권20 및 권128「李義旼」전), 신종(神宗) 3년(1200)에 밀성 관노(官奴) 50여 명이 운문적에 합류한 일(권21), 신종 5년에 경주 별초군(別抄軍)과 합세하여 영주(永州; 永川)를 공격한 운문적(권21)과 기계현(杞溪縣; 포항시 기계면)을 침범하다 관군의 장군 방수정(房秀精) 등에게 패하여 1천여 명이 죽고 250여 명이 포로가 된 뒤, 관군의 대정(隊正) 함연수(咸延壽)·강숙정(康淑淸)에게 우두머리 패좌(孛佐)가 모살(謀殺)되고 이듬해에 토벌된 운문산의 반란군(권100「丁彦眞」전), 원종

(元宗) 12년(1271)에 밀성군 사람 방보(方甫) 등이 삼별초군에 호응하여 일으킨 반란(권27) 등이 청도군 특히 운문산 일대에서 나타났다.

그리고 임진왜란 때는 박경전(朴慶傳) 일가(一家)가 의병 500여 명을 거느리고 운문산을 중심으로 하여 왜적의 침입을 막기도 했다.

한편, 산서지방에서도 험한 산세를 이용한 게릴라 활동이 적지 않았다. 그 두드러진 사례로 『삼국유사』 권4 「보양이목(寶壤梨木)」조에 나오는 다음의 일을 들 수 있다.

> 처음에 스님((寶壤法師)이 당나라에 갔다가 돌아와서 먼저 추화(推火)의 봉성사(奉聖寺)에 머물렀다. 마침 태조가 동쪽을 정벌하여 청도 지경에 이르렀는데, 산적이 견성(犬城; 산봉우리가 물을 임하여 뾰족하게 섰는데, 오늘날 민간에서 그 이름을 싫어하여 犬城이라고 고쳐 부른다)에 모여 교만을 부리며 항복하지 않았다. 태조가 산 밑에 이르러 스님에게 적을 쉽게 제어할 술책을 물으니, 스님이 대답하기를, "무릇 개라는 짐승은 밤만 맡고 낮은 맡지 않으며, 앞만 지키고 그 뒤는 잊고 있으니, 마땅히 낮에 그 북쪽을 쳐들어가야 할 것입니다."라고 하여, 태조가 그 말에 따랐더니 과연 적이 패하여 항복했다.[31]

이에서 '견성(犬城)'은 청도읍 북편 주구산(走狗山) 절벽 위에 있는 폐성(吠城)이다.[32]

필자가 추정하는 영재의 은거 행로에서 유천에서 대현(한재)을 거쳐 싸리골(사리)에 이르는 사이 일대도 철마산 · 철마산성과 화악산 및 대현 등의 험준한 지형을 배경으로 하여 산적떼 등의 게릴라 활동이 적지 않은 곳

---

31) "初師入唐廻 先止于推火之奉聖寺 適太祖東征至淸道境 山賊嘯聚于犬城(有山岑臨水峭立 今俗惡其名 改云犬城) 驕傲不格 太祖至于山下 問師以易制之術 師答曰 夫犬之爲物司夜而不司晝 守前而忘其後 宜以晝擊其北 太祖從之 果敗降."

32) '犬城'을 『淸道郡誌』에서는 '走狗山 吠城(옛날은 檡山城이라고도 하였다)'으로 비정했으나(148면, 936면), 『密陽誌』에서는 '지금 밀양 화악산 동쪽에 있는 한재라는 험한 고개'라고 하였다(463면).

이었다.

철마산성은 청도군 대현과 밀양 상동면(上東面) 경계의 철마산에 있는 산성이다. 이 산성을 쌓은 시기는 확실하지 않으나, 신라시대에 축성된 것으로 추측되는데, 지금은 약간의 흔적만 남아 있으나, 둘레가 약 1,000m, 높이 5자 반으로 '여첩(女堞)'과 3개의 샘, 군창(軍倉) 등이 있었다고 하며, 국난(國難)이 일어나면 인근 주민들이 이 산성으로 피난하곤 했다고 한다.[33]

화악산(華岳山; '華嶽山'으로도 씀)은 '둔덕(屯德; 둔덕산)'이라고도 하며, 청도군의 청도읍 및 각남면과 밀양시 청도면의 경계에 있는 '밀양의 진산(鎭山)'이다.[34] 전형적인 '육산(肉山; 흙산)'으로서, 그 주봉이 뚜렷한 봉우리를 형성하지 않은 채 밋밋한 능선으로 이어져 황소의 등처럼 동서로 길게 뻗어 있어서 '둔덕산'이라 부른다고 한다.[35]

화악산은 정상에서 서쪽으로 4.5km 지난 호암산(虎巖山) 요진재(439.3m)에서 천왕상(天王山; 619m)으로 이어지고, 다시 북으로 묘봉산(妙峰山; 500.3m)·비티재·수봉산(秀峰山; 592.5m) 등을 지나 비슬산과 닿는다. 동쪽으로는 4km 지점에서 철마산과 손을 잡으면서 주맥(主脈)을 형성한다.[36]

대현협곡 일대는 이처럼 서쪽과 남쪽으로는 '비슬산…천왕산…화악산 - 철마산'으로 이어진 험준한 산봉들이 용립(聳立)하고, 북쪽과 동쪽으로는 남산과 그 자락의 산봉들이 병풍처럼 둘러싸 있는 데다가, 대현(밤티재) 너머 반대쪽 방면(사리) 등이 열려 있어서, 외부로부터의 침입이 어려우며, 그 침입에 대해 항거하거나 도피·퇴각하기가 용이한 험지이다.

---

33) 청도지방 사람들은 고려시대부터 잦은 倭寇의 침입을 받으면 오례산성 또는 철마산성 등에 피난했다고 한다. 『淸道郡誌』, 936~937면 및 167면 참조.

34) "或云屯德 在府北十九里 鎭山"(『新增東國輿地勝覽』 권26 密陽都護府 「山川」조)

35) 이치성, 「密陽의 鎭山 華岳山」, 『月刊 山』 1986년 6월호(조선일보사, 1986.6), 194~201면 참조.

36) 『密陽誌』, 3~4면, 628~629면 등 참조.

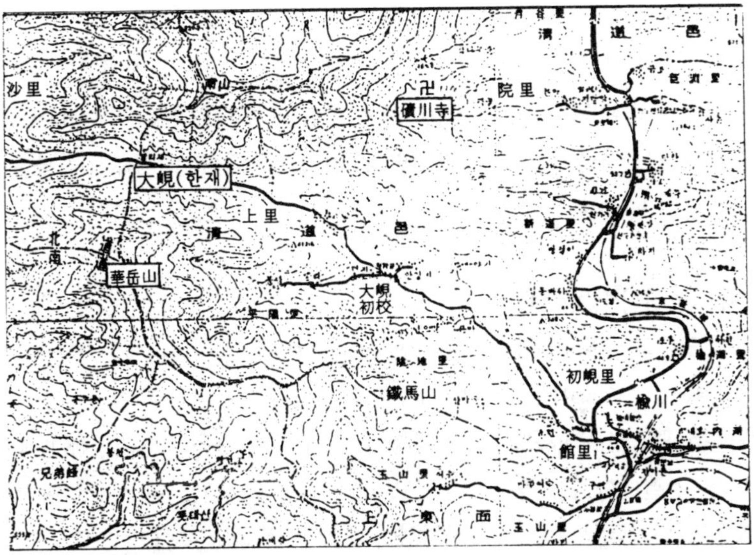

<지도 3>(大峴 일대)

대현의 고갯마루 부근 특히 그 바로 서쪽에는 비교적 평탄한 지면이 꽤 넓게 펼쳐져 있어서,[37)] 여러 사람들이 활동하거나 거처(주둔)할 수 있다. 또 그 너머 화악산 서북쪽(각남면 사리 쪽)의 깊은 계곡에는 항상 물이 흘러나와 아무리 가뭄이 심해도 마르지 않는다는 샘인 '비수덤'[38)] 등 식수원이 갖추어져 있기도 하다.

그리고 삼국시대부터의 주요 교통로들인 '대구(壽昌) 및 경산(獐山)~청도~밀양' 도로와 '경주(金城)~밀양' 도로가 만나는 교통상의 요처인 유천이 대현(밤티재)에서 약 8km 정도, 상동에서 약 5.5km 정도 떨어져 있어서, 그 도로들을 지나는 행인이나 물화를 습격, 약탈하기에도 적합하다. 또 한편으로, 옛날에는 밀양과 유천에서 풍각 · 창녕 · 현풍방면으로 가려면 이 대현(밤티재)를 넘어 깊은 산중으로 무인지경을 지나야 했는데,[39)] 이 통행

37) 현재 이곳에 염소 목장이 있음.
38) 『淸道郡誌』, 873면.

인 및 물자도 손쉬운 약탈대상이 될 수 있었을 것이다.

대현(한재) 일대는 이러한 지리적 여건 때문에, 이전에 산적떼 등의 게릴라 부대의 활동지역 및 거점(은신처)으로 적합한 곳으로서, 1949~1950년 사이에는 북한 유격대와 이 지방의 공비(共匪)들이 이 일대에서 활동하기도 했다.[40]

(2) 적천사(磧川寺)

청도읍 원리(院里) 서쪽의 456.9m 산봉 남쪽에 있는 적천사는 신라 문무왕(文武王) 4년(664)에 원효대사(元曉大師)가 토굴(土窟)로 창건하였으며, 흥덕왕(興德王) 3년(828)에 헌덕왕(憲德王)의 셋째 아들인 심지왕사(心地王師)가 이 절에서 수도하여 중창했고, 고려 명종 5년(1175)에 보조국사(普照國師)가 대가람(大伽藍)으로 중창하여 조계산(曹溪山) 수선사(修禪寺; 松廣寺)와 같이 '불립문자(不立文字)'(參禪)로 수행케 함으로써 고승성덕(高僧聖德)이 배출되었다.

보조국사가 적천사를 중창하려 할 때, 도적떼들이 이곳에 모여 살고 있으므로, 국사가 "이곳에 절을 중창하려 하니 너희들은 이곳에서 물러가라."고 하였으나, 도적의 무리들은 물러가지 않고 오히려 대항하려 했다. 이에 국사가 남산에 올라가 가랑잎에 '호(虎)'자(字)를 써서 때마침 불어오는 북풍에다 날렸더니, 신통력으로 여산대호(如山大虎)가 되어 도적들을 남김없이 몰아냈고, 국사는 그곳에 적천사를 중창하였다 한다. 지금도 절 서쪽 고개를 '다름재고개'라고 하니, 당시 도적들이 대호군(大虎群)에 쫓겨 도망쳤다 해서 붙인 이름이라고 한다.[41]

---

39) 같은 책, 1151~1152면 및 『慶尙北道 地名由來總覽』, 612면 참조.

40) 1949년부터 태백산·소백산 지구에서 편성된 북한 유격대의 一隊가 청도군의 운문산·문복산·비슬산과 더불어 화악산에도 파견되어, 이 지방 共匪들과 합세하여 오랫동안 게릴라전을 벌였다. 화악산은 공비들이 창녕의 火旺山에서 운문산으로 내왕하는 중간지점에 위치하는데, 그 서북쪽의 사리 마을에 1950년까지 여러 번 화악산의 공비가 나타나 警備團 및 국군과 교전하였다고 한다. 『淸道郡誌』, 306면, 321면 참조.

이처럼 적천사는 신라시대인 9세기 초까지는 토굴이었으며, 고려시대인 12세기 말엽까지 도적들의 소굴이 되기도 했던 곳이기도 하다.

이 적천사는 원리 큰말에서 서쪽으로 깊은 골짜기를 따라 곽골을 지나 험한 산길로 약 2km 정도 올라가는 지점에 위치하여 도적들이 관군의 토벌을 피해 숨어 지내기에 적합한 곳이며,[42] 상동에서 동북쪽 산길 약 2.5km에 위치하여 '다름재'를 통해 대현 일대의 도적들의 활동지역과 바로 왕래할 수 있는 곳이기도 하다.

이런 점들을 고려할 때, 영재가 만난 대현 일대의 도적 60여 인은 당시 토굴이던 적천사를 소굴(거처)로 하여 활동하였을 것으로 추정된다.

이상에서 살핀 바처럼, 산적떼 등의 게릴라 활동에 적합한 여러 조건들을 갖춘 데다 역사적으로 그 활동사례들도 뚜렷이 보인 청도군 '대현(한재)' 일대의 역사적 · 지리적 특성을 감안할 때, 영재가 지리산에 은거하러 가는 도중에 도적(산적) 60여 명을 만나 그들의 요구로 <우적가>를 지은 곳인 '대현령'은 바로 청도의 '대현(한재; 밤티재)'일 가능성이 매우 높다고 할 것이다.

4. 〈우적가〉의 창작배경과 작품의 관련 양상

1) 작자 및 독자와 불교사상

(1) 영재와 선불교사상

신라에는 8세기 무렵부터 교학(敎學)연구(경전공부)와 기복(祈福)이 중심을 이루던 기존의 불교와는 크게 다른 참선(參禪) 위주의 새로운 불교사

41) 같은 책, 1019~1020면 참조.

42) 그리고 舊韓末에는 韓日合邦을 통분하던 義兵들의 규합 장소가 되었다 한다('적천사 입구 안내판').

상인 선불교(禪佛敎; 禪宗)가 중국으로부터 들어오게 되었다. 달마조사(達磨祖師) 이래의 중국 선종이 신라에 들어온 것은 여러 승려들의 도당(渡唐) 구법(求法) 및 귀국에 따른 것인데, 9세기 무렵부터는 혜능(慧能; 638~713)을 이은 남종선(南宗禪)이 중심을 이루게 되었지만, 8세기 말 원성왕대(785~798)까지 당에서 선종을 배워 돌아온 승려로는 중국 선종의 제4조라는 도신(道信; 580~651)의 동산법문(東山法門) 및 이를 충실히 계승하여 한층 발전시킨 신수(神秀; 606~706)를 이은 북종선(北宗禪) 계통의 법랑(法朗)과 신행(神行; 또는 愼行·信行; 704~779)만이 드러날 뿐이다.

법랑은 일찍이 당나라에 건너가 도신에게 배워 수도하고 7세기 중엽에 귀국하여 선도(禪道)를 개종(開宗)하였다.[43)]

신행은 동경(東京; 경주) 어리(御里) 출신의 귀족으로서, 30세 무렵에 출가하여 운정율사(運精律師) 밑에서 2년간 수련했고, 다시 호거산(瑚踞山)의 법랑이 지혜등(智慧燈)을 전한다는 말을 듣고 찾아가서 심오한 뜻을 단번에 받아 7일도 지나지 않아 시문(試問)에서 "심등(心燈)의 법은 모두 너에게 있다"는 찬탄을 들었다. 부지런히 법을 구한 지 3년만에 법랑이 입적하자, 입당(入唐)하여 8개월간 구금되었다가 풀려나 신수의 법손(法孫)인 지공(指空)[44)]에게 수학하여 3년이 지나 관정수기(灌頂授記)를 받았다. 그 뒤 귀국하여 군몽(群蒙)들을 깨우치는 가르침을 널리 펴다가, 779년 10월에 남악 단속사(斷俗寺)에서 입적하였다.

그는 부처의 법등(法燈)을 전한 사람으로 당세에 크게 존경을 받았는데, 도근(道根)이 될 이에게는 '마음을 보라(看心)'는 한 마디를 가르쳤다고 한다.[45)] 그의 사상은 도신과 신수의 사상을 이어받아 청정한 자기의 본심 곧

43) 黃有福·陳景富, 權五哲(역), 『韓中佛教文化交流史』(까치, 1995), 245~248면 참조.

44) 같은 책, 251~252면에서는 神秀의 제자인 大照禪師 普寂의 문하에는 '指空'이 없고, 비슷한 이름의 제자로는 慧空(?~773)이 있어서, 神行이 이 慧空의 문하에서 禪을 익힌 것으로 보았다.

45) 金獻貞 찬, 「海東故神行禪師之碑并序」(813), 『朝鮮金石總覽 上』(朝鮮總督府, 1919), 114~116면 참조.

불성(佛性)을 자각하는 것이라고 한다.46)

<우적가>의 첫 부분(제1～4행)은 '제 마음의 모습 모르려던 날, 遠鳥逸□을(?) 지나치고, 이젠 숨어 가고 있습니다.'로서, '제 마음의 참 모습을 알지 못하던 지난날(無明 · 迷惑의 상태)에는 해탈(解脫)의 경지47)를 모른 채 지나쳤지만, 지금(心狀을 알게 된 '悟'의 상태)은 수행을 위해 은거하러 숨어 가고 있습니다.'라는 뜻으로 파악된다('과거: 無明'과 '현재: 悟'의 대조).

그 시상은 곧 신수의 『관심론(觀心論)』에서 '마음의 참 모습을 앎'의 중요성을 역설한 바("觀心一法 摠攝諸行"48))와 상통하고, 앞서 든 신행의 가르침인 '마음보기(看心)'와도 합치된다.

신행은 당에서 돌아와49) 영재가 남악에 은거하기 6～19년 전에 남악의 단속사에서 76세로 입적했으며, 나이로도 서로 큰 차가 나지 않았던 동시대의 명승이었다.50) 이러한 점에서 <우적가>의 첫부분의 시상은 신행이 전한 중국 북종선의 성요(省要; '觀心')뿐만 아니라 신행의 가르침('看心')의 영향도 직 · 간접적으로 받았을 개연성이 높을 것이다.51)

---

46) 金英美, 『新羅佛敎思想史硏究』(민족사, 1994), 353면 참조.

47) "遠鳥逸□□"의 '鳥'는 '속박에서 벗어나 자유를 찾은 새'로서, '세상과 生死로부터 벗어난 解脫의 경지'를 나타내는 말일 개연성이 크다. 成昊慶, 앞의 책, 62～63면 참조.

48) 이 말은 達磨의 말로 알려져 있지만, 이 말이 실려 있는 『觀心論』이 돈황 출토 자료 등에서 神秀의 저술로 되어 있다고 한다. 鄭性本, 『禪의 歷史와 禪思想』(삼원사, 1994), 242～243면 참조.

49) 신행의 중국체류기간에 대해 여러 사람들은 755년(52세)경～759년(56세)경으로 추정하고 있다(金英美, 앞의 책, 352면). 그러나 黃有福 · 陳景富, 앞의 책, 252면에서는 신행의 입당을 보적이 입적한 739년 이후, 귀국을 혜공이 입적한 773년 혹은 이 해와 그리 멀지 않은 때로 보았다.

50) 영재가 은거하던 원성왕대에 거의 90세였다고 하니, 그 생년은 대략 700년 무렵일 터인데, 이는 神行의 생년 704년과 비슷하다.

51) 山淸의 斷俗寺가 李純 또는 信忠이 景德王을 위해 세운 절이며, 신행의 비를 세울 때 신라 왕실과 귀족들이 후원했고(특히 執事府侍中을 지낸 金憲貞은 비문을 지음), 그 문하에 다수의 수행자들이 모였다는 점 등을 감안하면, 당시에 신행의 북종선은 경주 일대와 산청지역에서 보급되었다고 할 수 있다. 그렇다면 영재가 경주 일대에서 신행의 가르침을 접하였을 개연성은 충분하다고 할 것이다(경덕왕대 및 혜공왕대에 佛性論이 사상적 주류를 이루고 있었을 것이라는 점에 대하여는 金英美, 앞의 책, 345～

그리고 영재의 '은거'는 깨달음(悟) 이후 더 높은 과(果)를 증득(證得)코자 속세를 멀리 떠나 살며 정진 수행함을 위한 바일 것이다. 여기서의 깨달음이 어떠한 것인지는 확인하기 어려우나, 당시까지 남종선은 신라에 들어오지 않았고, 북종선만이 신행 등에 의해 들어와 있었다는 점을 감안하면, '돈오(頓悟; 단번에 깨달음)'이기보다는 '방편에 따라 점차적으로 깨달음'을 강조한 북종선의 '점오(漸悟)'에 가까울 것으로 짐작된다.52)

<우적가>의 시상에서는 불성론도 뚜렷이 나타난다.53)

제5·6행은 '다만 잘못 숨은 파계주(破戒主), (?) 돌이킬 사내(들)이여.'의 뜻으로 파악된다.

앞의 제1~4행에서 '나'는 수행을 위해 은거코자 세상을 피해 숨어 가고 있다. 그런데 세상을 피해 숨었다는 점에서는 나와 마찬가지이지만, 내 앞에 나타나 해를 끼치려는 도적들은 나의 수행을 위한 '올바른 숨음'과는 달리, '단지 잘못 숨었을 뿐인 사람들'인 것이다.

영재는 도적들을 '파계주'라고 했는데, 이는 그들도 파계하기 이전에는 계(戒)를 받았던 사람 곧 본디는 불자(佛子)였다는 뜻을 암묵적으로 지니

355면을 참고할 것).

52) 북종선의 신수는 마음에 淨心과 染心의 두 종류가 있음을 전제하고, '모든 사람이 三毒과 六賊 때문에 심신이 혼란되고 생사의 苦海에 윤회한다. 해탈을 구하려는 자가 삼독을 전환시켜 三聚淨界로 하고, 육적을 바꾸어 육바라밀로 하면, 일체의 고통을 벗어날 수 있다'라는 '轉迷開悟'의 논리를 폈으며, 그러한 觀心說에 의한 해탈의 수행방법으로 '다만 마음을 거두어 안으로 비추어 覺觀하여 항상 밝게 되면 삼독심을 끊고 영원히 소멸하게 하며, 육적의 문을 닫아 어지럽히는 일이 없도록 하면 자연히 항하사와 같은 공덕과 갖가지 장엄과 무량의 법문도 모두 성취된다'고 하는 '坐禪攝心'을 중시하였다. 이에 비해, 남종선을 발전시킨 神會(684~758)는 방편에 따라 점차로 깨달아야 한다고 강조하는 북종선의 坐禪方便과 看心看淨主義의 禪法을 '漸敎'라고 비판하고, 본래 완전무결한 自性淸淨心인 각자의 불성을 單刀直入하여 곧바로 자각하는 '頓悟見性'을 참된 깨달음이라고 하고, '自性·心無所住·無念·自然智·無所得·心卽道·空寂心' 등을 그 頓悟의 내용이라고 했다. 鄭性本, 앞의 책, 242~249면, 277~285면 참조.

53) 이 점에 대하여는 金鍾雨, 『鄕歌文學硏究』(이우출판사, 1975), 98~109면 등의 지적이 있었다.

는 것이다. 이처럼 '나'와 별 다름없이 도적들도 본디는 불자라는 점을 전제함으로써, '얼마 전까지의 나'도 그러했던 것처럼 지금 무명(미혹)에 싸여 있는 이들이 파계 이전의 상태(持戒)로 돌아가 참된 불자로서 '올바른 숨음'을 가지기를 넌지시 유도한 것이다.

"일체의 중생은 모두 불성이 있다(一切衆生 悉有佛性)"(『涅槃經』)고 하니, 이 도적들에게도 불성이 있음은 물론이다(더구나 그들도 본디는 불자였다는 점이 이미 전제되어 있다). 이들도 뜻을 돌리기만 하면, '마음의 참 모습'을 알게 될(곧 깨칠) 수 있는 것이다. 그러기에 잠깐 동안에도(?) '낭(郞; 파계주)'들도 그 무명에서부터 돌이킬 수 있다고 한 것이다.[54]

<우적가>의 전체 사상의 바탕을 이루고 있는 이러한 불성론은 도신과 신수에게서 강조된 사상인데, 신행도 이를 이어받았을 것이다.

(2) 도적과 미륵사상

신라는 삼국통일 후 제36대 혜공왕대(惠恭王代, 765~780) 무렵부터 쇠퇴기에 접어들어, 귀족의 발호와 당쟁이 심화되고 왕위쟁탈을 중심으로 음모와 반란이 그치지 않았다.[55] 반신(叛臣)들의 발호는 혜공왕 말년에 특히 심하여, 16년에는 2월에 이찬(伊湌) 김지정(金志貞)이 반란을 일으켜 반란군이 궁궐을 포위하여 범궐하게 되었고, 그 반란이 4월에 상대등(上大等) 김양상(金良相)과 이찬 김경신(金敬信)의 거병(擧兵)에 의해 평정되었지만, 왕이 후비(后妃)와 함께 반란군에게 시해되는 변이 생겼다. 왕위는 군사력을 배경으로 한 김양상(제37대 宣德王)과 김경신(제38대 元聖王)에게로 이어졌다.

---

54) 成昊慶, 앞의 책, 64~65면 참조.

55) 『三國史記』 권10 新羅本紀에는 혜공왕 3년에 一吉湌 大恭과 阿湌 大廉이 반란을 일으켜 무리를 모아 왕궁을 33일 동안이나 포위하다 토벌된 일, 6년에 大阿湌 金融이 반란을 일으켰다가 처형된 일, 11년 6월에는 전에 侍中을 지낸 伊湌 金隱居가 반란을 일으키다 처형되었고, 8월에는 이찬 廉相과 시중 正門도 모반하다 처형된 일 등이 기록되어 있다.

그런가 하면, 수도인 금성(金城)에는 환락과 사치가 만연하여 내부적으로 부패되어 갔다. 이에 신라사회는 차츰 와해되기 시작했는데, 특히 균전제(均田制)의 문란과 무거운 수탈로 인해 농촌사회는 급속히 붕괴되어 갔다.[56]

<우적가>가 지어진 원성왕대에는 가뭄과 황충해(蝗蟲害) 등으로 인해 거의 해마다 흉년이 들어 굶주린 백성이 특히 많이 생겨났는데,[57] 이들 가운데서 상당수는 도적이 되었을 것이다.[58]

한편, 원성왕 4년 무렵부터 강력한 숭문(崇文)정책을 실시하게 되자,[59] 삼국통일 이후 쇠퇴하기 시작하던 화랑단(花郞團) 등의 무사세력은 더욱 쇠퇴하게 되어, 그 잔류세력은 유랑하거나 숨어살게 되었다.

이들 상층계급의 반란세력과 잔존 무사세력, 그리고 하층계급의 도적들은 대체로 신라 하대의 혼란한 사회상과 그 모순에 대해 큰 불만을 지녔거나 또는 그 사회의 변화 및 변혁을 희구하던 사람들이겠는데, <우적가>의 '도적'들도 대체로 이러한 부류에 속했을 것이다.

이들이 (ㄱ) 영재가 '향가를 잘 함'을 평소 알고 있었고, (ㄴ) <우적가>의 뜻에 감동 받았으며, (ㄷ) 영재의 언행에 또 감복하여 머리를 깎고 그 제자가 되어 지리산에 은거했다는 점들을 통해, 그 '도적'들의 정치적 · 사회적 · 문화적 성격을 다음과 같이 추리해볼 수 있다(물론 이러한 점들은 그 60여 명의 도적들 모두에게가 아니라, 그 우두머리를 포함한 소수의 지도자들에게만 해당하는 사항일 것이다. 그러나 이들이 우두머리를 정점으로 하여 그 명령에 충실한 조직화된 무장집단이었기 때문에, 그 지도자들의 성격으로써 집단 전체의 성격을 규정해볼 수 있는 것이다).

그 지도자들은 (ㄱ) 향가에 대해 관심을 가질 수 있는 상급문화 향유층에

56) 震檀學會, 『韓國史 古代篇』(을유문화사, 1959), 713~717면 참조.

57) 특히 6년에는 큰 가뭄이 있었으며, 2년 · 12년에는 경주에서 기근과 역질이 만연했다.

58) 4년에는 "秋 國西 旱蝗 多盜賊"이라고 했다.

59) "四年春 始定讀書三品以出身… 前祇以弓箭選人 至是 改之"(『三國史記』 권10 新羅本紀 10) 참조.

속하였고, (ㄴ) <우적가>의 깊은 뜻(시상)과 고도의 비유적 표현을 이해할 수 있는 문학적 소양 및 지적 능력을 갖추었으며, (ㄷ) 의식주 등의 기본적인 생존조건의 결핍 때문이 아니라 다른 이유로 도적이 된 사람들로서, 불교에 대한 이해와 관심이 높았던 사람들이었을 것으로 추정된다. 이러한 점에서 그 '도적'들은 단순한 도둑이 아니라, 높은 문화적 · 지적 수준을 갖춘 상층(귀족 등)의 지도자들에 의해 영도된 무장집단으로서, 혼란상을 보이는 신라의 조정에 대해 불만을 가지고 왕위쟁탈 또는 정권탈취를 꾀하였거나 그 체제에 저항한 반란세력 또는 그 패잔세력이었을 것으로 추정된다.[60] 그리고 그 무리들의 하부에는 흉년으로 인한 굶주림과 조정 및 귀족층의 수탈 때문에 이 집단에 합류한 백성들이 적지 않았을 것이다.

국문학계에서는 이들을 '화랑단의 잔존세력' 등으로 보는 견해가 유력하기도 하다.[61]

화랑세력이나 신라 하대의 혼란한 사회상과 생활고에 큰불만을 가진 사람들이 불교의 미륵사상(특히 彌勒下生思想)과 긴밀히 연결됨은 널리 알려져 있다.

신라는 6세기 후반에 미륵신앙을 화랑(國仙道)에 응용하여 국가적인 사상화를 꾀했으며, 또 이로써 전륜성왕(轉輪聖王)의 이상국토를 이루고자 했다. 이러한 현세이익적인 미륵신앙은 8세기 중엽인 경덕왕대(景德王代, 742~765)에 미륵하생사상을 변용시킨 현실정토사상으로 이 땅에서 미륵불이 현신성도(現身成道)한다는 신라적인 미륵현신성불사상(彌勒現身成佛思想)을 확립시켰는데, 이는 점차 민간신앙(민중신앙)으로 확산되었으며, 8세기 말엽 이후로는 사회변화운동의 중심이념으로 나타나게 되었다.[62]

원성왕대의 계속된 흉년으로 인해 굶주리던 민중들 중 상당수가 도적이

60) 원성왕대에도 시중을 지낸 이찬 悌恭이 7년 7월에 반란을 일으켰다가 처형되는 등의 반란이 있었다.

61) 朴魯埻, 『新羅歌謠의 硏究』(열화당, 1982), 272~281면 참조.

62) 金煐泰, 「三國時代의 彌勒信仰」, 동국대 불교문화연구원(편), 『韓國彌勒思想』(한국언론자료간행회, 1997), 45~59면 등 참조.

되거나 또는 반란세력에 합류하게 된 현상은 청도 지방도 예외가 아니었을 것이다. 이들은 사치와 환락에 젖어 있던 이웃 금성의 귀족사회를 가까이에서 보면서 당시의 사회체제에 대해 큰 불만을 품고, 그 변화 및 변혁을 희구하게 되었을 것이다. 이러한 사람들에게 미륵현신성불사상은 자연스럽게 그들의 중심 이념으로 자리 잡을 수 있었을 것이다.[63)]

대현(한재) 일대와 가까운 청도군 화양읍 합천(合川)1리의 밭에 남아 있는 신라시대의 돌미륵 입상(立像)은 일반민중 속에 전개된 미륵신앙에 따른 특징인 '남향(南向)한 옥외(屋外)·석조(石造)·입불(立佛)'의 조건을 고루 갖추고 있는데,[64)] 이는 신라시대에 이 지방 사람들이 현세신앙화·민간신앙화된 미륵현신성불사상에 따라 현세의 정토를 희구한 자취인 것이다.

<우적가>의 독자인 도적의 이러한 성격에 따라, 그 작품 속에서도 미륵정토사상은 적지 않은 비중을 지니고 나타나게 되었다.

제7·8행에서 '이 병기(兵器)를사 지나면'은 '내가 그대들의 칼날 아래 죽게 되면'의 뜻이고, '좋은 날 새리러니(?)'는 죽음 뒤에 내게 열릴 좋은 세계를 기대한다는 말일 것이다. 이 왕생(往生)할 희망의 세계로는 아미타불(阿彌陀佛)의 극락(極樂; 서방정토)이나 미륵정토(彌勒淨土; 上生處인 兜

63) 미륵상생신앙의 정토인 兜率天에 대해 미륵하생신앙의 龍華世界는 석가모니불 입멸 후 56억여 년이라는 아득한 미래에 나타나게 되는 淨土다. 그 미래의 시간을 현재의 것이라 생각하게 될 때, 미래신앙인 미륵신앙은 현세의 정토를 실현하게 되는 현세적인 신앙이 된다. 그리고 현세에서 빈곤과 壓政 등으로 인해 고통 받고 있는 일반 민중들로서는 그 시간관념을 무시하여 지금이야말로 미륵하생의 시기라고 인식하고 바라게 된다. 이 때문에 미륵하생신앙은 혁명사상이 되어 미륵하생을 칭하는 반란이 많이 일어나기도 했다.

64) 金三龍, 『韓國彌勒信仰의 硏究』(동화출판공사, 1983), 232~233면, 277면 참조. 이러한 조건을 완비한 신라시대의 돌미륵은 경상북도에 5~7개 정도만 남아 있으며(청도군 화양읍 합천1리, 영주시 순흥면 석교리 보물 116호, 예천군 예천읍 동본동 보물 425호, 봉화군 재산면 동연1리, 구미시 남토동 보물 490호(10세기), 그리고 向位가 분명하지 않은 경주시 안강읍 산대1리, 현재는 佛殿에 안치된 영천군 북안면 반정1리 금물도색), 경상남도에는 남아 있는 것이 없다고 한다(같은 책, 275~281면 참조).

率天 또는 下生處인 龍華世界) 등이 있는데, 필자는 후자 쪽일 가능성이 더 높다고 판단한다.

극락에의 왕생은 단지 5계(戒)를 수지(受持)하든가 또는 아미타불의 명호(名號)를 듣고 신심환희(信心歡喜)하여 일념(一念)이라도 지심회향(至心廻向)하면 곧 이루어질 수 있다(아미타불의 48願 중의 제18원 '念佛往生願' 등에 의해 他力往生이 가능하기 때문). 이에 비해, 도솔천에의 왕생은 순전히 자력(自力)만으로 이루어야 하는데, 이에는 '지계(持戒)'가 특히 중요하다. 5계는 물론 8계 · 구족계(具足戒)를 수지하고, 심신을 정진하여 십선(十善)을 닦아야, 명종(命終) 뒤에 도솔천에 왕생할 수 있다고 한다. 그리고 이러한 수행을 한 자는 설사 도솔천에 왕생치 못한다 해도 미래세(未來世)에 용화법회(龍華法會)에 참여할 수 있게 된다고 한다.

제5행의 '파계주(破□主)'라는 말은 '계를 지킴(持戒)'을 전제로 하여 대조된 것이고, 제7행의 내용과 그것을 지칭한 제9행의 '오직 요만한 善陵'은 적선(積善)으로서 '보시(布施)'의 성격을 가지는 것이다. 이 점을 고려할 때, <우적가>에서는 해탈(到彼岸)을 위한 실천방법인 육바라밀(六波羅蜜; 持戒 · 布施 · 忍辱 · 精進 · 禪定 · 般若) 중에서 '지계'와 '보시'가 특히 강조되었다고 할 것인데,[65] 이 두 가지는 미타사상보다는 미륵사상에서 더 강조되는 내용으로서, 하생 이후의 미륵불이 용화삼회(龍華三會)에서 설법하게 되는 중심내용이기도 하다.

그리고 뒤에서 자세히 살피겠지만, 제10 · 11행의 내용 전체도 미륵정토와 관련되어 있다.

이처럼 <우적가>의 뒷부분에서는 미륵정토사상이 두드러지게 나타나고 있는 것이다.

이상에서 살핀 바와 같이, <우적가>에서 작자인 영재는 제1~4행에서는 '마음보기(觀心 · 看心)'를 강조하고, 제5 · 6행에서는 불성론을 기본 전제

---

65) 成昊慶, 앞의 책, 66면 참조.

로 하는 등, 그가 새로 받아들였던 선불교사상(북종선 중심)을 사상적 기저로 하여 시상을 펼쳤으며, 뒷부분에서는 독자인 도적들의 중심사상이던 미륵정토사상을 빌어 표현하기도 했다.

2) 화악산(華岳山)과 '澹陵'·'상택(尙宅)'

(1) '澹陵'과 '둔덕(屯德)'

<우적가> 제9~11행의 향찰식 표기 "阿耶/ 唯只伊吾音之叱恨隱澹陵隱安支尙宅都乎隱以多"에서 자전(字典)에도 없는 글자인 '澹'을 쓴 '澹陵'에 대해 살펴보자.

오구라 신페이(小倉進平) 등은 이를 그대로 '善陵'으로 보아 '선업(善業)'의 뜻으로 해석했고,[66] 양주동(梁柱東)은 '陵'을 통음약차(通音略借) 'ㄴ'으로서 '善'의 말음첨기(末音添記)인 것으로 보아, '善陵'을 '善'으로 해석하였다.[67]

그런데 홍기문(洪起文)은 '陵'을 음차(音借)로 보지 않고 그 뜻을 읽어 '두듥'으로 보아, '澹陵(善陵)'을 '션 두듥(善의 언덕)'으로 보았다.[68]

'陵'은 "大阜曰陵. 陵, 隆高也, 體隆高也; 陵, 丘也."(『大漢和辭典』[69])라 하여, 언덕 등과 같이 '몸체가 풍성하고 크며 높은 땅'을 뜻한다. 이 '陵'과 같은 말(大阜·丘·岸)을 우리 옛말에서는 '두듥·두던' 등으로 읽었고,[70] 이는 현대어의 '둔덕·두둑'에 해당한다.

'두두룩하게 솟아 있는 땅' 또는 '언덕'을 뜻하는[71] 이 '둔덕'에 유의하자.

---

66) 小倉進平, 『郷歌及び吏讀の硏究』(京城帝國大學, 1929), 235면.
67) 梁柱東, 『增訂 古歌硏究』(일조각, 1965), 668~669면.
68) 홍기문, 『향가해석』(평양: 북한 과학원, 1956), 317면.
69) 諸橋轍次, 『大漢和辭典』, 大修館書店, 1955.
70) "두듥 坡"(字會上 3), "두듥(岸)"(杜초七28 및 金삼四 5), "두듥(皐)"(杜초八58), "두듥(壟)"(譯下 8); "두던 皐"(字會上 3), "두던 丘"(類合上 3), "두던 阜"(石千 23), "두던(壟)"(小언六84) 등.
71) 한글학회, 『우리말큰사전』, 어문각, 1991.

청도군 대현 일대의 화악산에는 별칭으로 '둔덕(屯德)'이 있는데, 이 별칭 '둔덕'은 곧 '가운데가 솟아서 불룩한 땅'으로서, '우뚝 솟은 높은 산'과는 대조되는 것이다. 앞서 말한 바와 같이, 화악산은 그 주봉이 뚜렷한 봉우리를 형성하지 않은 채 동서로 길게 뻗어 있어 황소의 등을 방불케 하는 형상을 보이기 때문에, 이를 '둔덕'으로 부른다고 한다.72)

밤티재 고개 서쪽 10m 지점에서 바라본 화악산

이러고 보면, <우적가>의 '㵝陵'에서 '陵'의 '두듥 · 두던'은 바로 화악산의 별칭인 '둔덕'과 일치하는 것으로서, 그 작품 속의 '㵝陵'은 곧 그 대현 옆의 '둔덕(화악산)'을 비유적으로 표현한 것이 된다.

'善'자 옆에 물수(水)변을 쓴 이유가 무엇이든 간에,73) '㵝陵'은 '善陵'

72) "화악산 정상은 주변의 봉우리보다 높을 뿐 정상이라는 기분이 도무지 들지 않는 민둥산이었다." 이치성, 앞의 글, 199면.

73) 양주동은 '㵝'을 '善'의 戱書로 보았고(梁柱東, 앞의 책, 668면), 金完鎭과 楊熙喆은 각각 '淸'자와 '渲'자의 訛字로 보았으며(金完鎭, 『鄕歌解讀法硏究』, 서울대출판부, 1980,

곧 '선의 둔덕(언덕)'의 뜻으로 보아야 할 것이다. 이 '선의 둔덕'은 선업이 쌓인 정도이면서 또한 그 체적(體積)에 빗댄 지형물로서의 성격을 지니기도 하는데,[74] 그 둔덕이 곧 화악산의 '둔덕'과 직결되는 것이다.

그러니까 영재는 도적들이 나를 죽임으로써 내게 좋을 날을 맞을 수 있게 해 주는 선업[75]의 정도를 그들의 활동지역에 있는 둔덕(화악산)의 높이 또는 체적으로써 비유하고, 그 '선의 둔덕'(화악산)은 그 위에다 '상택(尙宅)'이란 집을 세울 수 있을 기반으로서 불충분하다고 표현함으로써, 그들의 선업 쌓음(積善)이 부족함을 지적하면서 동시에 그 장소의 문제점도 말한 것이다.

이처럼 '瀗陵'은 '善陵' 곧 '선의 언덕'으로서, '선업의 쌓임' 곧 '공덕(功德) 이룸'의 뜻으로 보아야 하는데, 이는 10세기 중엽 균여(均如) 작 <보현시원가(普賢十願歌)> 중의 <수희공덕가(隨喜功德歌)> · <보개회향가(普皆廻向歌)> · <총결무진가(總結無盡歌)>에 나오는 '善陵'들의 경우에도 마찬가지일 것이다.

153~154면 및 양희철, 『삼국유사 향가연구』, 태학사, 1997, 739~744면), 신재홍은 '洋'(또는 '芒'이나 '茫')의 誤刻으로 보았다(신재홍, 「鄕歌 難解句의 再解釋(1)」, 『古典文學硏究』 10, 韓國古典文學會, 1995, 46~47면). 그리고 金永萬은 '瀗陵'을 '菩薩'의 轉訛일 것으로 추정하고, 그 앞뒤의 글자들("叱恨隱瀗陵隱")이 모두 扁旁식 구조로 되었기에 이에 이끌린 戱書일 가능성이 있다고 했다(金永萬, 「鄕歌의 '善陵'과 '頓部叱'에 대하여」, 『東洋學』 21, 단국대 동양학연구소, 1991, 43~44면).

그런데 이 '둔덕'은 '苦海를 넘어선 저 언덕(彼岸)'에서의 언덕을 연상케 하는 것이다. 이에 洪起文은 그 '두듥'에 오르기 어려운 것을 물 건너편에 있는 것으로 비유해서 '善'자 옆에 '물水변'을 더한 것으로 풀이하기도 했다(홍기문, 앞의 책, 317면).

74) 梵語 'karma'의 漢譯인 '業'은 '몸과 입과 뜻으로 짓는 善惡의 소행'을 뜻하는데, 불교에서는 앞 生에 지은 그 소행의 쌓인 정도에 따라 뒤 生에서 응보를 받게 된다고 한다. '陵(둔덕)'은 그 業이 쌓인 정도를 구체적이고 가시적인 지형물로써 형상화한 바일 것이다.

75) 몇몇 사람들은 이 선행을 '도적의 칼에 죽어 주는 나의 선행'으로 보았지만, 시상의 전개양상으로 보아 '내게 좋을 날을 맞게 해 주는 도적들의 선행'으로 보는 것이 타당할 것이다. 成昊慶, 앞의 책, 68면 참조.

修叱賜乙隱頓部叱吾衣修叱孫丁 / 得賜伊馬落人米無叱昆
於內人衣**善陵**等沙 / 不冬喜好尸置乎理叱過 (<隨喜功德歌> 제5~8행)

皆吾衣修孫 / 一切**善陵**頓部叱廻良只
衆生叱海惡中 / 迷反群无史悟內去齊 (<普皆廻向歌> 제1~4행)

此如趣可伊羅行根 / 向乎仁所留**善陵**道也
伊波普賢行願 / 又都佛體叱事伊置耶 (<總結無盡歌> 제5~8행)

최행귀(崔行歸)의 역시(譯詩)에서는 그 '善陵'에 해당하는 말들을 대체로 '공덕'으로 옮겼던 것이다.[76]

(2) 화악산과 '상택(尙宅)'

앞에서 살폈듯이, 제9~11행은 '아아, 오직 요만한 㵋陵(善의 언덕)은 상택(尙宅)이 안 됩니다'의 뜻이 되겠는데,[77] 이에서 '상택'에 대하여 살펴보자.

'상(尙)'에는 '庶幾也, 願也; 上也; 貴也, 高也; 尊也, 崇也; 主也, 掌也' 등의 뜻이 있는데(『大漢和辭典』), 이를 '집'을 뜻하는 '택(宅)'과 이어볼 때, 그 뜻으로는 '윗집(上宅) · 높은 집(高宅) · 존귀한 집(貴宅)' 등이 적합하다고 할 것이다.

그렇다면 '상택' 곧 '윗집이나 높은 집, 또는 존귀한 집'은 무엇을 뜻하는가?

영재가 만난 도적들이 미륵사상을 중심이념으로 한 집단이라는 점과,

76) <總結無盡歌>의 경우는 譯詩에서 정확히 대응하는 말을 찾기 어렵지만, <隨喜功德歌>의 경우는 분명히 '功德'으로 옮겼고(제5행: '三明積集多功德'), <普皆廻向歌>의 경우에도 '功德을 이룬 바'(제1행: '從初至末所成功')로 옮긴 것이다(『華嚴經』 권40 「普賢行願品」에서는 이 부분을 '所有功德'이라고 하였음).

77) '㵋陵'과 '尙宅'을 제외하고는 梁柱東, 앞의 책, 669~672면에서의 해석을 따름.

'상택'이 '둔덕' 곧 화악산과 긴밀한 관련을 지니는 것이라는 점 등을 고려할 때, 필자는 이를 화악산과 관련시켜 살펴볼 수 있을 것으로 판단한다.

'화악산(華岳山; 華嶽山)'의 이름은 불교의 미륵신앙과도 관련될 수 있을 것이다.

앞에서 살핀 바와 같이 <우적가>에는 미륵정토사상이 한 중요한 축을 이루는데, 미륵사상의 중심은 도솔천으로부터 하생한 미륵보살이 부처가 되어 설법으로 중생을 제도하게 되는 용화세계(龍華三會)에 있다고 할 것이다.

> 미륵보살은…… 무상선(無常禪)을 닦으며, 출가하여 도(道)를 배우고 용화보리수(龍華菩提樹) 밑에 앉는다. 수경지엽(樹莖枝葉)의 높이 50리이다. …… 그때 미륵불은 화림원(華林園)에 계셨는데, 그 동산은 종광(縱廣)이 100유순(由旬)이고 대중이 그 안을 메운다.[78] (『佛說彌勒下生成佛經』)

'화림원(華林園)'은 동산(園) 가운데 용화수(龍華樹; 龍華菩提樹)가 있기 때문에 그 이름이 붙었다고 하는데, 이는 곧 우주수(宇宙樹; cosmic tree)로서의 용화수 및 용화세계를 상징하는 것이다.

그런데 용화수·용화세계를 상징하는 것으로는 '화림원'과 같이 그 숲 및 그 숲이 있는 정원(동산)도 있지만, 우리나라에서는 '용화산(龍華山)' 등과 같이 우주산(宇宙山; cosmic mountain)으로서의 산이 두드러진다.

'화악산(華岳山)'에서의 '화(華)'는 곧 '꽃'이다. 불교에서 흔히 등장하는 꽃은 연꽃(蓮花)인데, 미륵사상에서도 미륵보살·미륵불 및 미륵정토는 연꽃과 긴밀한 관련이 있다. 이에 상징의 의미 면에서 연꽃은 '용화(龍華)'와 서로 통하며, '화악산'이란 이름도 '용화산'과 서로 통한다고 할 수 있을 것이다.[79]

---

78) "彌勒菩薩… 修無常想 出家學道 坐於龍華菩提樹下 樹莖枝葉 高五十里… 尒時 彌勒佛於華林園 其園縱廣一百由旬 大衆滿中."

필자는 '화악산'이란 산 이름도 용화수 및 용화세계를 상징하여 붙여진 것일 가능성이 적지 않을 것으로 추정한다.

화악산이 용화수 및 용화세계를 상징한다고 할 때, 그 산정(山頂)은 미륵보살이 하생하기 전에 머물던 도솔천을 상징하는 것이라고 볼 수 있게 된다. 그렇다면 화악산 아래의 대현(대현령)은 곧 미륵보살이 하생 이후 부처가 되어 불법을 편 용화세계(미륵정토)를 상징하는 장소로서의 성격을 지닌 것이 된다.

전북 익산(益山)의 미륵사(彌勒寺) 뒤쪽의 용화산은 용화수를 상징하는 것은 물론이고, 그 높은 위치에서 도솔천까지도 상징하는 구실을 겸하였다고 볼 수 있으며, 그 위의 사자사(師子寺)는 하생 이전의 미륵보살이 앉는 도솔천 칠보대(七寶臺) 안의 마니전(摩尼殿) 위에 있는 '사자상좌(師子床座)'에서 따온 이름이다.[80)]

『불설관미륵보살상생도솔천경(佛說觀彌勒菩薩上生兜率天經)』(沮渠京聲 역) 등에 의하면, 도솔천(兜率陁天) 위의 매우 깊은 보시바라밀을 닦은 5백만억 천인(天人)들이 미륵보살을 공양코자 발원한 결과로, 각각 일곱 겹의 칠보(七寶) 담(높이 62由旬, 두께 14유순)으로 둘러싸인 5백만억 보배궁전이 이루어지고, 그 궁전의 뇌도발제(牢度跋提) 대신(大神)이 큰 서원을 발

---

79) '龍華樹'란 華枝(꽃가지)가 용머리와 같이 생겼다고 해서 이름한 것인데, '龍華'에서 중심이 되는 글자는 華枝의 모양과 관련되는 '龍'이 아니라 '華'(꽃)인 것이다.
『彌勒上生經』에서 미륵보살은 도솔천에 化生하여 七寶臺 안의 摩尼殿 위 師子床座의 연꽃 위에 앉게 된다고 하며, 『佛說彌勒大成佛經』(鳩摩羅什 역)에서도 염부주 시두말성에 하생한 미륵이 태어나서 보배연꽃(寶蓮花) 위에 앉는다고 한다. 그리고 미륵불의 형상에서 손에 연꽃을 잡고 있는 것이 가장 일반적이라고 한다(정만, 『미륵성지를 찾아서』, 우리출판사, 1994, 16~18면 참조).
중국 江蘇省에 있는 華山도 그 꼭대기의 못에 千葉蓮花가 자란다고 해서 '華山'(또는 '花山')으로 부르게 되었다고 하며, 陝西省에 있는 周代 五嶽의 西嶽인 華山도 그 세 봉우리(華嶽三峰) 중의 가운데 봉우리가 '蓮花峰'이다(諸橋轍次, 『漢和大辭典 9』, 714면).

80) 金煐泰, 「韓國彌勒信仰의 史的 展開와 그 展望」, 『彌勒思想의 現代的 照明』(法住寺, 1990), 136~137면 참조.

하여 그 이마에서 나온 5백억 마니주(摩尼珠)가 미륵보살을 위한 훌륭한 법당(法堂)으로서 마흔 아홉 겹의 미묘한 보궁(寶宮)이 되었는데, 그 궁전에는 칠보로 된 높이 4유순의 큰 사자좌(師子座)가 있어서, 미륵보살이 이 도솔천 칠보대 안에 있는 마니전 위의 사자상좌에 홀연히 화생하여 연꽃 위에 결가부좌하고 앉을 것이라고 석가모니불이 수기했다고 한다.

이 '도솔천 칠보대 안의 마니전'이야말로 수미산(須彌山) 꼭대기보다 더 높은 곳에 있는 '저 위의 높은 집'이자 미륵보살이 머무르는 '존귀한 집'인 것이다.

이에 필자는 <우적가>의 '상택'이 직접적으로 가리키는 것은 수미산 위 도솔천의 '마니전'이며, 그 내포된 뜻은 미륵보살이 화생하여 중생을 교화·제도하는 '정토(淨土)의 선법당(善法堂)'일 것으로 추정한다.

그렇다면 그 아래의 땅은 곧 미륵불의 용화세계 곧 현세정토가 되겠는데, 앞에서 말했듯이 영재는 그 도적들의 활동공간인 대현(한재)이 그런 곳이 되지 못한다고 말한 것이다(화악산은 꽤 높은 산이긴 하지만 '둔덕'에 지나지 않아, 세계의 중심에 우뚝 솟아 天界에 닿아 있는 거대한 수미산에 다 견줄 수는 없다. 그리고 그 아래 대현의 위치도 화악산의 '남쪽'이 아니라 '북쪽'이다).

이처럼, 영재는 생명이 위협받는 살벌한 분위기 속에서도 기지(機智)를 발휘하여 도적들의 활동공간(또는 소굴)인 대현(한재) 옆의 '둔덕(屯德; 화악산)'을 지칭하여, <우적가> 속에서 이 '둔덕'이 '상택(尙宅)' 곧 미륵보살을 위한 마니전(善法堂)을 세울 수 있는 기반으로서 불충분하다고 말함으로써 그 도적들의 활동공간인 대현이 용화세계 곧 현세정토(福樂土)가 될 수 없음을 지적하면서, 또 한편으로는 도적들이 내게 베푸는 '선의 둔덕' 곧 나를 죽임으로써 내게 좋은 날(淨土往生)을 맞게 해 주는 '선업(善業)의 쌓임'(積善, 공덕 이룸)이 실상은 그들에게 백해무익한 악업(살생)을 쌓음에 불과하다는 점을 일깨우기도 하는, 상징(symbolism)·反語(irony)·위트 등이 복합적으로 어우러진 절묘한 중의적(重義的) 비유의 표현방법을 사용

하였던 것이다.[81]

도적들이 그를 죽이기는커녕 오히려 그에게 그 비싼 비단(綾) 1필을 줄 정도로 <우적가>에 감동하게 된 것은 그 시상의 뛰어남 때문이기도 했지만, 이처럼 절묘한 표현법에 말미암은 바도 적지 않았을 것이다.

5. 결론

지금까지 필자는 8세기 말 신라 원성왕대에 영재 스님이 남악(지리산)에 은거하러 가는 도중에 도적을 만나 향가 <우적가>를 지은 장소인 '대현령(大峴嶺)'이 어디인가를 여러 문헌자료 및 구전자료들과 현지답사 등을 통해 탐색하여, 그 곳이 경상북도 청도군 청도읍 상리의 화악산(華岳山) 옆에 위치한 '대현(大峴; 한재)'이었을 가능성이 높다는 점을 밝혔다.

그리고 이에 따라 그 위치 등의 창작배경이 <우적가>의 작품세계 등과 어떠한 관련을 맺고 있는가도 살펴보았다.

<우적가>에서 작자인 영재는 당시 그가 새로 받아들였던 북종선 중심의 선불교사상을 사상적 기저로 하여 시상을 펼쳤는데, 뒷부분에서는 독자인 도적들의 중심사상이던 미륵정토사상을 빌어 표현하기도 했다.

'滸陵'은 '善陵(善의 언덕)'으로서 '선업(善業)의 쌓임, 공덕(功德) 이룸'을 비유적으로 표현한 것이며, 그 '陵'의 '둔덕'은 화악산의 별칭인 '둔덕(屯德; 둔덕산)'을 지칭한 바일 것이다. 그리고 '화악산'이 미륵정토사상의 용화수(龍華樹) 및 용화세계(龍華世界)를 상징하는 점과 관련되어, '상택(尙宅)'은 수미산(須彌山) 위 도솔천(兜率天)의 '마니전(摩尼殿)'을 가리키며, 미륵보살이 화생하여 중생을 교화 · 제도하는 '정토의 선법당(善法堂)'의 뜻을 지닐 것으로 추정된다.

---

81) 그리고 그 앞의 제7 · 8행의 시상[내가 그대들의 칼날 아래 죽게 되면, (내게는) 좋은 날이 새 나오리니.]과는 대조가 되기도 한다. 成昊慶, 앞의 책, 68~70면 참조.

확실성이 보장되지 않은 여러 추정들이 이 글에서의 추론들에 논거가 된 바 적지 않기 때문에, 이 결론들은 개연성의 추구에 그친다는 한계를 지닐 수밖에 없다. 그러나 지금으로부터 천년도 더 된 오랜 옛날의 일에 대한 논의인지라, 이는 불가피한 일이라고 할 것이다.

앞으로 여러 문헌자료나 구전자료들이 더 발굴·수집되고, <우적가>의 향찰식 표기에 대한 어학적 해독과 청도 및 지리산 일대 등 해당 지역의 역사지리적 특성 등의 관련된 영역들에서의 연구성과가 보다 큰 진전을 보이게 될 때, 이러한 논의도 타당성 및 확실성을 보다 뚜렷이 갖출 수 있게 될 것이다.

(『韓國學報』 제93집, 一志社, 1998.12)

향가(鄕歌), 그 현대시로의 변용

-〈헌화가(獻花歌)〉〈서동요(薯童謠)〉를 대상으로-

■

박노준(朴魯埻)

1. 머리말

향가는 그것이 존재해 있다는 그 자체만으로도 문학사적인 의의가 대단한 것이다. 우리 문학의 원류이자 뿌리라는 점을 새삼 상기하면 이점 쉽게 이해된다.

그러나 향가의 또 다른 가치와 의의는 불과 14수에 지나지 않는 이 옛 시가가 후대 문학에 졸연치 않은 영향을 끼쳤다는 사실에 놓여있다. 향가는 박물관 진열장에 갇혀 있는 유물과 같은 것이 아니다. 신라 이후에도 천년 세월을 꾸준히 움직이면서 새로운 장르를 접할 때 자주 그 끈질긴 생명력을 발휘해온 그런 노래다.

현대시와의 관계도 예외는 아니다. 이 점에 관해서 필자는 몇 년전에 향가의 서정성, 비유법, 교술성 등이 현대시의 저변에 관류하고 있음을 거시적인 시각에서 짚어본 바 있다.[1]) 시의 정신면과 기법 등에 걸쳐서 향가와 현대시는 결코 무관한 사이가 아니고, 전통의 계승에 차원에서 맥락 연결이 불가피한 관계임을 재확인할 필요가 있다.

양자 사이의 이런 동근성(同根性)과 친연성 때문에 진작부터 향가는 이 시대의 일부 시인들의 관심의 대상이 되었고 그러한 관심은 마침내 '향가의 현대적 재창작'이라는 새로운 지평을 열기에 이르렀다. 문학적인 성취도를 따지기 전에, 어쨌거나 현대 시인들이 일궈낸 이러한 작업은 향가로 하여금 우리 시대에 새로운 모습으로 다시 태어나게 하였다는 점에서 특기해도 좋을 만한 일이라 하겠다.

그러나 아쉬운 점은 그들이 생산해낸 '신(新) 향가'가 아직까지 학문 연구의 대상으로 크게 주목을 받지 못하고 있다는 사실이다. 산이 있으면 의당 그 곳에 오르게 마련이듯, 문학 연구에서도 텍스트가 존재해 있는 이상 그것은 당연히 분석되고 논의되어야 마땅한 일이다. 본고는 이런 점에 유의하면서 그동안 학계의 주목을 받지 못했던 예의 작품들을 고전문학 전공자의 입장에서 성찰하는데 목적을 둔다. 크게 욕심을 내어서 깊이 천착하기보다는 작품읽기를 통한 이해 위주에 무게를 두는 방법을 택하기로 하겠다. 14편의 향가가 모두 현대시로 재창작 되었으나 본고에서 이를 전부 다룬다는 것은 지극히 어려운 일이고 따라서 우선 <헌화가(獻花歌)> <서동요(薯童謠)>, 이 두 편에 대해서 살피기로 하겠다.

현대시로 재창작된 것이지만 그것이 원래의 작품을 어떻게 수용, 또는 변용시켰는지를 알기 위해서는 그 전단계로서 신라 향가에 대한 학술적인 이해가 선행되어야 함은 물론이다. 따라서 필자는 본고가 필요로 하는 만큼의 간략한 원전 해석을 마친 뒤, 그런 바탕에서 '현대시 헌화가 · 서동요'의 색다른 세계를 조명키로 하겠다.[2]

---

1) 朴魯埻, 「향가의 문학세계」, 『現代詩學』, 1995년 4월호, 現代詩學社, 135~136면.

2) 본론에 들어가기에 앞서 한 가지 밝혀둘 것이 있다. 필자가 이 논문을 준비하고 있던 중 작년(1998) 가을에 창간된 季刊 『詩眼』誌로부터 「헌화가의 현대적 변용」이라는 제목의 글을 써달라는 청탁을 받고 급히 이에 응하였다. 본고의 Ⅱ장은 그때에 발표한 글을 논문의 격식으로 바꾸는 한편 당시 생각하지 못한 부분과 지면관계로 빠뜨린 몇

2. 〈헌화가(獻花歌)〉의 경우

1) 향가 〈헌화가〉의 본 뜻

<헌화가>는 신라 제33대 성덕왕(聖德王) 때에 이름을 알 수 없는 견우노옹(牽牛老翁)이 지은 즉흥의 노래다. 산과 바다가 그림처럼 펼쳐져 있는 동해변을 무대로 하여 아름답기 이를 데 없는 수로부인(水路夫人)과 견우노옹이 우연히 만나 잠시 수작한 끝에 지어진 <헌화가>는, 예사롭지 않은 메시지를 깔끔하게 담아냈다는 점에서 진작부터 널리 알려져 있는 서정시 계열의 향가다.

요새 말로 쉽게 풀이하면 다음과 같다.

> 자주빛 바위 끝에
> 잡으온 암소 놓게 하시고
> 나를 아니 부끄러워하시면
> 꽃을 꺾어 바치오리다

기록에 의하면 화자는 <암소 고삐를 잡고 있는 노인-不知何許人-건장한 종자(從者)들도 감당하지 못한 절화(折花)의 어려운 일을 능히 해낸 인물>로 그려져 있다. 이렇듯 불가해(不可解)한 인물 묘사는 <헌화가>가 과연 어떤 성격의 노래인지를 명쾌하게 규정짓는 일에 걸림돌로 작용해 왔다. 선승(禪僧)이 부른 이타(利他)의 노래, 도가(道家)의 신선, 또는 농신(農神)이 지은 노래라는 학설들이[3] 나오게 된 것도 실인즉 예의 아리송한 견우노옹의 정체와 직접 관련이 있음은 물론이다.

시인의 작품론도 새로 보태서 구성한 것이다. 경위를 진술한다는 뜻에서 이를 명기해 둔다.

3) 金鍾雨는 禪僧으로(『鄕歌文學硏究』, 二友出版社, 1980, 31면), 金善琪는 신선으로(<곶받틴노래>, 『現代文學』 153호) 黃在南은 農神으로(「삼국유사 水路夫人條 散文記錄의 분석」, 『語文學報』 4집, 江原大 국어교육과, 1979, 33~37면.)

그러나 필자는 이 노옹을 그렇게 성스럽고 신비스런 존재로 보지 않는다. 수로부인의 행차가 잠시 멈췄던, 그 부근 어느 곳에서 농사나 지으며 살고 있는 평범하고 순박한 농부였다고 생각한다. '암소'를 불교나 도교와 연결시키는 일은 무리한 짝짓기이다. 농부가 소를 끌고 있는 장면은 결코 기이한 일이 아니다. 굳이 종교적으로 해석할 필요가 없다.[4] 또 어려운 일을 능히 해냈다는 사실에 사뭇 경악하고 있으나, 그 또한 과잉 반응일 따름이다. 그 근처에 사는 농부라면 비록 늙은 영감일지라도 인근 지형과 높고 험준한 산길에 매우 밝았을 터이다. 외지에서 온 젊은 종자들이 못 해낸 일도 그는 쉽게 해낼 수 있었다고 믿어야 한다.[5] 무미건조한 해석에서 벗어난다는 취지에 따라 어렵게 해독하는 것만이 고전연구의 능사가 아니다.

따라서 <헌화가>는 성스럽거나 신격인 존재와, 인간인 수로부인과의 관계에서 생산된 노래가 아니다. 무명의 촌로와 귀부인과의 만남에서 분비된 '사람과 사람사이의 노래'라고 규정함이 옳다.

산 밑에서 주선(晝饍)을 마친 순정공(純貞公)의 행차가 다시 강릉으로 향할 때 해룡(海龍)이 나타나서 수로부인을 납치해간 사건이 발생하였다. '해룡'은 무엇인가? 그것도 '사람'을 상징한 것으로 풀이하여야 온당하다.[6] 옛 문헌에 번다하게 등장하는 용을 그때마다 비인간적인 존재로 확대해석하면 우리의 과거는 온통 기이한 설화 속의 옛날로 변해버리고 만다. 특별한 경우를 제외하고 '용'은 어떤 신분이든 '사람'을 빗대어서 표현한 것에 지나지 않는다.

---

4) 尹榮玉 교수도 암소를 문자 그대로 자우(牸牛: 암소)로 보아야 한다고 주장하였다(尹榮玉, 『신라시가의 연구』, 170면).

5) 朴魯埻, 『新羅歌謠의 硏究』, 열화당, 1982, 201~203면.

6) 강릉지방의 토호를 상징하는 것이라는 학설 등이 있다. 그런가 하면 李都欽은 "해양타계관 내에서 재래신앙을 견지하고 있던 사람이나 세력을 지시하는 약호가 '용'이었다. 이 재래신앙을 뜻하는 용이 불교를 수용하면서 護法龍이나 護國龍으로 변모한다. 반면에 아직까지 불교를 수용하지 않은 세력은 毒龍이나 惡龍등으로 표현된다. 수로부인조의 용 또한 사람에게 해를 끼치는 용이니 재래신앙(세력)을 나타낸다"고 하였다(「新羅鄕歌의 文化記號學的 硏究」, 漢陽大 博士學位論文, 1993, 160면).

<헌화가>의 성격을 밝힘에 있어서 두 번째로 유의하여야 할 점은, 이를테면 철쭉꽃을 매개로 하여 수로부인과 노옹이 서로 애정심을 나누었다는 식으로 풀이해서는 안 된다는 점이다. 단언커니와 <헌화가>는 노옹 일방의 '짝사랑의 헌시(獻詩)'다. 그것도 사랑의 고백이 직접 노출되지 않고, 그 심서(心緖)만이 작품 밑바닥에 조용히 관류하면서 암시되어 있는 그런 노래다. 이 점 관련기록을 훑어보면 쉬이 알 수 있다. 수로부인과 노옹은 신분상으로 보나, 서로의 나이, 우연히 만나게 된 상황, 부군인 순정공이 그 옆에 있었다는 사실 등에 비추어 볼 때 서로 사랑의 불길을 태울 그런 형편이 전혀 아니었다. 단지 수로부인의 아름다움에 도취한 시골의 늙은 영감이 그 자신의 여러 처지도 잠시 잊고 상대방 귀부인을 마음속으로 짝사랑하면서 부른 가요일 따름이다.

<헌화가>의 원전 해석은 대략 이와 같다. 이 경계를 넘으면 곤란하다는 것이 필자의 지론이다. 그러나 이 아름다운 노래를 현대시로 재창작할 경우, 얘기는 전혀 달라진다. 줄거리를 크게 바꾸지 않는 범위 안에서 오늘날의 정서와 언어 감각을 살려 재현시켜 놓는 일은 물론이고, 시인의 상상에 따라 원전의 일부를 바꿔서 변용시켜 놓는 작업도 가능하다. 어느 길을 택하든 고전의 현대화, 전통의 계승과 재해석을 시도하였다는 점에서 일단 평가하고 환영해 마지 않을 일이기 때문이다. 다만 그러한 작업의 결과가 얼마나 설득력을 확보하였는지, 또는 과거와 현대를 잇는다는 명분에 지나치게 사로잡혀서 과도한 발상에 견인되지는 않았는지 등은 별도로 검토해 볼 일이다.

2) 수로의 미색, 그리고 노옹의 연가(戀歌)

<헌화가>가 현대시인들에게 관심의 대상이 된 중요한 이유 중의 하나는 그것이 지니고 있는 매력 때문이리라. 함의(含意)를 내포하고 있는 노래와 거기에 얽힌 이야기부터가 눈길을 끌기에 족하다. 무엇보다도 노옹은 물론이고, 동해의 용마저 혼절시킨 '자용절대(姿容絶代)'의 주인공 수로부인의

미색과 언행은 매력을 끌기에 충분하다. 신라와 관련된 어느 문헌기록을 보아도 그녀의 아름다움을 능가할만한 여인은 없다. 그러니 수로부인이야말로 '신라 제일의 미녀'요, '만인의 애인'이라 할 수 있다.

그런 수로부인에게 가장 일찍이 매료된 시인은 서정주(徐廷柱)다. 그는 산문(「하늘도 탐낸 美人 水路」)으로도 찬양했고, 시를 통해서는 무려 세 번이나 즐겨 연창하였다. <老人獻花歌>(『新羅抄』 수록, 1960), <水路夫人의 얼굴>(『冬天』 수록, 1968), <水路夫人은 얼마나 이뻤는가?>(『鶴이 울고 간 날들의 詩』 수록, 1982) 등의 시에서 우리는 미당(未堂)이 그려 낸 수로부인의 빼어난 미모를 접할 수 있다. 그 중의 하나.

> 암소를 끌고 가던 / 수염이 흰 할아버지가 / 그 손의 고삐를 / 아주 그만 놓아 버리게 할 만큼 // 소 고삐 놓아 두고 / 높은 낭떠러지기를 / 다람쥐 새끼같이 뽀르르 기어 오르게 할 만큼 // (…) 亭子에서 점심 먹고 있는 것 / 엿보고 / 바닷속에서 龍이란 놈이 나와 / 가로채 업고 / 천 길 물 속 깊이 들어가 버리게 할 만큼 (…) - <水路夫人의 얼굴> 일부

이 시에서뿐만 아니라 다른 작품에서도 미당은 원전의 테두리 안에서 수로부인의 아름다움과, 견우노옹이나 동해 용과의 관계를 진술하고 있다. 이런 점에서 그의 시는 <헌화가>의 충실한 수용으로 일관하였음을 알게 한다. '미인을 찬양하는 신라적(新羅的) 어법(語法)'이라는 부제가 이를 재확인해 준다.

미당은 <헌화가>조에 기록된 여러 서사와 사건을 주로 수로부인의 미색을 드러내는 인자들로 해석하였다. "…… 할 만큼"의 대목이 반복되고, 또한 끊어짐에 따라 간결하고 산뜻한 미인도(美人圖)를 연상케 하는 위의 시는, 원전을 쉽게 풀어낸 '미당의 헌화가'라고 지칭하여도 좋으리라.

원래의 텍스트에서 완전히 벗어나 수로부인의 완미한 아름다움을 우회적으로 형상화시킨 것으로는 문효치(文孝治)의 변용된 시가 있다.

> 벼랑은 높았다 / 내가 벼랑밑에 다달아 / 네게 손짓을 보냈을 때 / 그러나, 정말 놀랍게도 / 너는 넌지시 / 사다리를 내려 보냈다 // 나는 혼신의 힘으로 너를 향해 기어 올랐다. - <나의 水路> 5 · 6연

시인은 시적 화자를 절대 미를 추구하는 화가로 변신시킨다. 이 시에서 벼랑 끝의 꽃은 꽃이면서 또한 수로다. 무수한 행인들이 그 자태에 매료되어서 오르려 했지만 석벽 위의 꽃은 그들을 거부하고, 미를 표현할 줄 아는 화가를 보고는 그제야 그를 가까이 오도록 하기 위해서 "넌즈시 사다리를 내려 보냈다." 수로는 "아무런 빛깔이라도 스며들 수 있는 / 비어 있는 화선지로 펼쳐 있었다."(9연) 이를 보고 아름다운 세계를 그리고자 하는 화가는, "마침내 붓을 들고 / 되도록 진한 먹물을 / 흥근하게 먹여서 / 아, 힘을 주어 / 직 - / 일필"을(9聯) 휘두른다.

> 네 몸뚱이는 순간 바람이 들어 / 공중에 둥실 떠오르는 / 샤갈의 그림이 되었다. / 공중을 쳐다보던 나는 / 아찔한 현기증으로 / 풍선이 되어 사라지는 / 네 모습을 보았다. - 같은 시, 10연

이미 예술의 높은 경지를 이룬 화가의 손에 의해서 수로부인은 뜻밖에도 '샤갈의 그림'으로 돌변해 버린다. 「신수로부인도(新水路夫人圖)」가 완성된 것이다. 그러나 그것은 수로의 아름다움을 그 모습 그대로 표현해낸 것은 아니다. 그녀는 화가의 곁을 떠난다. 수로를 그려냄으로써 절대 미의 경지와 예술의 완성을 꾀하려던 화가의 시도는 무참하게 무너지고 만 것이다. 수로의 미를 재현시킨다는 것이 얼마나 어려운 일인지를 절감한 화가는 벼랑을 내려오면서 이렇게 중얼거린다.

> 나는 어쩔 수 없이 / 더듬 더듬 벼랑을 내려왔다. / 다시 언젠가는 / 적막한 저 벼랑 위에 / 빈 화선지로 피어날 / 나의 水路를 기다리며 - 같은 시, 끝 연

이렇듯 실패할 줄 미리 알았더라면 시인은 미당의 고지식한 형상법을 택하였으리라. 그렇다고 문효치의 <나의 水路>를 평가절하해서는 곤란하다. 화가의 실패를 통해서 시인은 수로의 빼어난 미모를 역설적으로 부각시켰기 때문이다.

'아름다움'은 그 속성상 찬양의 대상으로만 끝나지 않는다. 그로 하여 마침내 일이 벌어지면서 새로운 화두로 전이되기 마련이다. 박희진(朴喜璡)(신향가집『산화가(散花歌)』수록, 작품 <헌화가>, 1988)은 철쭉꽃을 '紅玉떨기'로, 수로부인을 '홍조가 떠'오른 여인으로, 백발의 견우노옹을 '홍안에 미소'를 머금고 있는 인물로 그려 놓았다. 꽃이며 인물들이 모두가 '붉은 색'으로 채색되어 있는 것이다. '붉다'는 것은 무엇인가? 젊음이요 정열이요 수줍음이다. 이렇게 되면 그가 읊은 시에서는 견우노옹의 짝사랑은 더욱 고양되고, 이를 눈치 챈 수로부인도 지체와 주변 환경도 잠시 아랑곳하지 않고 야릇한 심정을 내비치면서 그에게 화답하는 모습을 취한다.

> 부인의 비취 팔찌가 무색하게 / 지금 그녀의 손에는 한아름 / 활활 철쭉꽃이 불타고 있다 / 꽃을 바쳤을 때의 노인의 눈빛처럼 - <헌화가(獻花歌)> 끝 연

까발리지 않고 넌즈시 암시해 주는 것이 시의 묘미요 미덕이라면 위의 대목은 거기에 꼭 합당한 것이리라. '노인의 눈빛'에 동화된 수로의 심사가 어떤 것인지를 굳이 설명할 필요가 있을까 ? <헌화가>가 더 이상 '짝사랑의 헌시'가 아님을 박희진은 미세한 변용을 통해서 슬며시 말해주고 있다.

이런 식의 굴절은 원작에 충실한 미당의 다른 시에서도 볼 수 있다.

> 한없이 / 맑은 / 空氣가 / 요샛말로 하면 - 그 空氣가 / 그들의 입과 귀와 눈을 적시면서 / 그들의 말씀과 수작을 적시면서 / 한없이 親한 것이 되어가는 것을 / 알고 또 느낄 수 있을 따름이었다. - <老人 獻花歌>, 끝 연

느낌으로도 혹은 문리(文理)로 보아서도 두 남녀의 마음이 하나의 꼭지점에서 만나, 서로 친화의 경지에 이르렀음을 암시해 주는 대목임을 우리는 어렵지 않게 읽을 수 있다. 미당도 아름다움의 찬양만으로는 만족할 수 없어서 이렇듯 변용의 어법을 통해서 두 남녀가 함께 나누는 애정의 시를 만들어 냈다. 그러나 그도 박희진과 마찬가지로 드러내놓고 진술하는 식으로는 읊지 않았다. 독자에게 눈치로 암시하듯, 그렇게 여운을 남기면서 노옹과 수로가 순간적으로 품었던 정감의 세계를 포착해 내는 기법을 원용하였다.

앞에서 소개한 문효치와 그 일원인 <진단시동인(震檀詩同人)>(권천학(權千鶴) · 김규화(金圭和) · 유승우 · 박진환(朴鎭煥) · 신규호(申奎浩) · 임보(林步) · 정의홍(鄭義泓) · 홍해리(洪海里))들의 일련의 작품들은 고전을 동일 테마로 하여 각기 다양한 내용으로 재창작하였다는 점에서 일단 주목의 대상이 되기에 충분하다(진단시 동인 테마시집 『서동에서 등잔까지』, 1991). 이제부터의 성찰은 주로 이들의 군창(群唱)에 모아진다.

'자용절대'의 미모를 갖춘 여인이고 보면 뭇 남정네들의 마음을 설레게 하였음은 지극히 당연한 일이다. 『삼국유사』에서는 젊은 장정이 아닌 '노옹'을 등장시켜서 그로 하여금 신라 최고의 미인에게 혹하도록 서술하고 있다. 그 숨은 의도는 아마도 늙은 영감마저 저토록 미혹할 정도이니 장정들이야 오죽했겠느냐는 뜻일지도 모른다. <헌화가>가 마침내 '모수로부인가(慕水路夫人歌)'류로 그 본색을 더욱 선명하게 드러낸 데는 이런 국면을 적극적으로 해석하여 변용을 시도한 일군의 시인들의 작업이 있었기에 가능하였다.

먼저 유승우의 노래를 읽기로 하자.

> 그리움을 씨 뿌리고 싹틔워 푸르게 가꿔야 할 내 가슴속 언덕에 오오랜 가뭄이 들어, 쇳소리 같은 먼지만 풀썩이고 메마른 바람이 내 사내로서의 뿌리를 말리며 언덕을 기어오르고, 하얗게 눈이 먼 그리움들이 바람의 펄럭

이는 손 끝에서 마른 가랑잎처럼 아프게 그대를 부른다. 그대를 부른다. // 물길 트이듯, 물길 트이듯 그대 내게로 오라, 내게로 오라. (…) -「수로부인 연가」 일부

화자는 사랑과 욕정에 목말라 하는 남자의 단내나는 목소리로 수로를 애타게 부르고 있다. 남자는 수로의 사랑을 차지하기 위해서, "내 사내로서의 뿌리를 말리며" 혼신의 힘을 기울이면서 언덕을 기어오른다. 언덕에 피어 있는 철쭉꽃, 그것을 남자는 수로부인의 풍만한 육체로 치부한다. 그리하여 겹겹이 쌓여있던 "하얗게 눈이 먼 그리움들이" 맹렬하게 움직이면서 "아프게 그대를 부른다." 반복해서 부르는 소리는 물길[水路]이 시원스레 트이듯, 그렇게 "그대 내게로 오라"는 뜨거운 하소연이다.

이에 이르러 신라의 <헌화가>는 함의의 베일을 벗고 화자의 속내를 적극적으로 밝힌 '연가(戀歌)'로 탈바꿈한다. 단순한 수용이 아닌 완벽한 변용인 것이다. 앞에서 예시한 시들과도 전혀 다른 언술이다.

김규화(金圭和)의 <수로부인(水路夫人)>은 <꽃길> <물길>의 2부로 짜여져 있다. 그 중 전자는 화자인 견우노옹의 사모와 연정의 심경을 옮겨 놓은 것이다.

> 나 이 꽃을 따 / 水路夫人, 그대 손에 쥐어주면 / 바위 / 절벽으로 이어진 철쭉꽃 등성이 / 바다 / 그 사이에 난 허연 行旅길 / 걸어가는 그대 / 흰 이마 칠흑머리 / 그대 원한다면 / 절벽에 떨어져 죽어도 / 그대 손에 꽃 쥐어주면 / 나의 行旅는 이루어졌네 / 다 꼭 알맞게 부풀은 事物이 / 耳順을 놓고 바라던 / 나의 완성이네 / 웃는 꽃이네 - <水路夫人> 1. <꽃길> 중간부분 이하

<헌화가>의 가사는 빠지고 그와 관련된 기록만을 시로서 형상화해 놓은 것이다. 그러나 기록의 복사가 아니라 시인이 간파한 견우노옹의 심정을 새로이 첨가시켜 놓았다는 점에서, 이 시는 새로운 생명력을 획득한다. 수

로부인이 원하는 꽃을 그녀의 손에 쥐어주면 자신의 인생 행려는 완성된 것이라고 진술하는 이 대목에서, 우리는 화자의 생명과 생애를 건 연모의 심경을 읽어낼 수 있다. 그러므로 이 시는 인간에게 있어서 사랑이 얼마나 소중하며 절대적인지를 새삼 일깨워 준다.

권천학(權千鶴)도 수로에게 넋을 잃고 있음에서는 위의 시인들과 다를 바 없다. 그러면서도 그는 다소 특이한 국면을 새로이 드러내려고 하였다.

> 누가 알랴 / 황홀을 꿈꾸는 내 순수의 기다림을 // (…) // 두견이 몇 마리 날아와 / 헛울음 토해쌓는 꽃그늘 속에 / 길 잘못든 짐승들을 달래어가며 / 진다홍 얼룩을 지우다보면 / 설핏 저무는 봄 / 그 섧은 빛깔 속에 감추어진 내 기다림을 / 누가 알랴 // 분홍빛 그리움으로 / 꽃국 끓여대는 봄기슭 / 내, 속깊이 타오르는 봄을 누가 알랴. - <水路夫人> 1. 첫 부분과 중간 부분 이하

시인은 <헌화가>를 부르며 절화(折花)의 길에 오르기 이전의 견우노옹의 심리를 그리고자 하였다. 그런 심리를 그는 순수한 기다림으로 설정해 놓았다. 앞에서 읽은 시들과 다른 점은 바로 이것이다. 외부로 토해내는 열정이 아니라 안으로 끌어안으려는 내연(內燃)의 연정이라고 이해하면 된다. 봄이란 모든 것이 소생하는 계절이며 만물이 제 짝을 찾아 환희를 즐기는 계절이다. 이 계절에 노옹은 수로와 만나는 황홀한 꿈을 꾸며 "설핏 저무는 봄 / 그 섧은 빛깔 속에" 순수한 기다림을 감추고 있다. 끝 연에 이르러 화자는 봄을 맞아 깊은 내면에서 타오르는 소리없는 열정을 자신 이외 그 누가 있어 짐작이나 하겠는가라고 애를 태운다. <향가 헌화가>는 우리 시대에 이르러 이런 유형의 내성적인 시로도 바뀌었다.

3) 자녀(恣女) 수로부인의 세상 휘집어 놓기

<헌화가>의 기록에 따르면 그때 수로부인은 미의 화신으로 시종 의연한 자세를 견지하고 있었을 뿐, 거의 아무 말도 하지 않았다. 단지 좌우의 종

자들을 향해 "저 꽃을 꺾어다 줄 사람은 누구일까?" 라고 짧게 물은 것과, 동해 용에게 납치되어서 풀려 나온 뒤 바다 속의 산해진미가 인간이 살고 있는 세상의 음식맛과는 전혀 딴판이라고 전해준 것이 고작이다. 따라서 사랑에 관한 한 그녀의 속내를 알아낼 단서는 전혀 없다.7)

그러나 현대에 다시 태어난 수로는 신라시대의 그녀가 아니다. 시인들에 의해서 여러 모양으로 재생되고 변용된다. 이를테면 견우노옹 이상으로 그녀도 사랑의 문제를 놓고 심각하게 고민하고 외치거나, 심지어는 추한 모습으로 타락하는 존재로 바뀐다. 앞의 장에서 살펴본 미의 찬양과 연가류는 그것이 설사 변용된 것일지라도 원전에 따른 것이기 때문에 으레 그러려니 하는 느낌이 주류를 이루지만, 이 장에서 듣게 될 수로부인의 생각과 언술은 예상을 훨씬 뛰어넘는 것이라서 일단 시적 긴장과 더불어 그 타당성에 대해서 생각해 볼 기회를 갖게 한다.

먼저 박제천(朴堤千)의 시(『달은 즈믄 가람에』 수록, 1984)부터 읽기로 하자.

> 하늘에서 떨어져 흩날리는 꽃잎들 사이로/그림자처럼 스쳐 지나가는 덫을 보았다/덫에 갇힌 꿈의 얼굴이 눈물에 젖어 번쩍이고 있었다/아득한 벼랑 위에 한 무더기 꽃으로 피어나 있었다/돌아와 다오 소리쳐도 그 소리마저 돌아오지 않았다/뿌리째 뽑힌 한 아름의 붉은 철쭉꽃이/풀려날 길 없는 덫을 이끌고 水路夫人의 철쭉꽃이 온하늘을 떠돌아 다니고 있었다. - <水路> 전문

시인은 수로와 관련된 기록을 '이루지 못한 사랑'으로 해석하고 그런 바탕 위에서 꿈과 현실의 갈등, 또는 현실의 억압을 제 삼자의 입장에서 읽

7) 혹자는 "바다 속의 산해진미가 ……" 운운한 대목을 性的 측면에서 해석하고자 하나 무리한 견해다. 그런 식의 노골적인 말을 어떻게 할 수 있었을까? 비유적인 표현이라고 해도 그렇다.

어낸다. '덫'은 신분의 덫이자 윤리의 덫이다. "아득한 벼랑 위에 한 무더기 꽃으로 피어나" 있던 수로의 꿈은 그 덫에 갇히고, 그로 인하여 그녀의 얼굴은 눈물로 젖는다. 신분의 덫, 윤리의 덫은 "풀려날 길 없는 덫"이기에 꽃으로 상징되는 수로의 꿈은 뿌리째 뽑힌다. 결국 수로부인의 꽃-꿈은 온 하늘을 떠돌아다니면서 슬픔에 잠긴다. 덫에 걸린 이상(理想)으로서의 사랑은 마침내 붕괴되고, 그것을 향한 꿈만 계속 허공을 맴돌고 있는 것이다.

이 시에서 시인이 일궈낸 성과는, 지금까지 짝사랑의 우상으로만 대접을 받았던 수로부인으로 하여금 그녀 역시 사랑의 고뇌에 빠지도록 하였다는 점이다. 이런 수준의 변용은 충분히 납득이 된다.

그러나 다음의 것들이 문제다. 다시 <진단시> 동인의 작품으로 이어진다. 신규호(申奎浩)에 의해서 수로는 남정네의 성적 욕망을 자극하는 음녀(淫女)로 변신된다. 고뇌의 덫, 윤리적인 정숙의 덫에서 탈출한 그녀는 이제 무슨 말이든 거침없이 토해 내는 그런 여인으로 변한다. 놀라운 일이 아닐 수 없다.

> 까짓것 맘 몽땅 주어 한 번 사랑할라치면 / 살살이, 조무래기, 겁쟁이, 얌체 / 졸개 나부래기 가지고야 어디 될 법이나 하랴 - 「당돌한 실수」 첫 연

이렇게 시작되는 신규호의 시에서 수로는 "하늘나라 꼭대기의 꽃이나 짐짓 탐내는 / 당돌한 실수를"(5연) 저지른다. 그 까닭은 "바다나 태산같은 호걸들이 순정을 몽땅 바친다는 걸 / 천년 전에 벌써 잘 알아차렸던 수로"(10연)였기 때문이다. 이른바 '탐화봉접(探花蜂蝶)'은 여자를 탐내어 찾아가는 남자를 일컫는 말이다. 이 말을 시인은 뒤집어 해석해서, '耽(貪)花'의 수로를 끝내 '耽(好)色'의 여인으로 둔갑시켜 놓았다.

> 까짓거 사내가 사랑이란 걸 한번 하려거든 / 제일 멋진 산이나 바다의 마음을 사로잡아 넋빼놓을 / 그런 위대한 실수를 터억 저질러 보라고 - 같은 시,

끝 연

이 대목을, "내 수컷을 끊임없이 충동질 하고"(11연) 운운한 색정과 연결시키는데 아무 지장을 느끼지 않는다. 따라서 당돌한 실수란 남정네의 성욕을 자극하기 위한 유혹임이 쉽게 판명된다. 그리고 위대한 실수란, 그녀가 저지른 당돌한 실수의 유혹에 넘어가 순정을 몽땅 바치는 남정네의 불륜의 사랑이다. 그러기에 수로는, "목숨 건 천하 한량이나 차지할 수 있는 / 폭죽 같은 위험한 정열을 / 싸늘한 미소 뒤에 감춘 도도한 미인"(7聯)으로 변모되어서 오늘날의 그 어느 음란한 여인에게도 뒤지지 않는 존재로 다시 태어난 것이다. 역사와 설화에 등장하는 여인의 미색은 대개 고즈넉한 정절로 일관할 수 없다는 사례를, 이 시인은 변용된 시로서 증험해 주려고 한 것은 아닐까 ?

정의홍(鄭義泓)의 시에서도 수로는 놀라운 모습을 하고 우리 앞에 나타나서 요즘 세상을 날카롭게 비꼬는 얘기를 쏟아낸다.

> 파도여, 너도 바람이 났느냐 / 서로의 혓바닥을 핥고, 몸을 뒤틀며 / 무서운 힘으로 나를 강간하곤 / 하이얀 머리카락을 풀어헤친 채 / 그냥 쓰러진 파도여 / 너의 성난 몸짓을 보면 / 웬일인지 나는 바람이 난다. – <수로부인의 고백> 첫째 연

시작부터가 심상치 않음을 어렵지 않게 감지할 수 있다. 그녀를 강간한 '파도'는 무엇인가 ? "…… 가난한 풀잎들을 / 짓밟고 일어선 거룩한 사내들을 / 내 맘 속에 오래오래 걸어두고 싶다 / (…) / 바다보다 더 타락한 힘있는 자들의 / 걸음걸이를 바라보면 / 웬일인지 나는 바람이난다"(끝 연)라고, 표독하게 쏘아대는 것을 보면 파도는 권력을 거머쥔 자의 표상일 터이다. 그런 권력에게 정조를 빼앗긴 수로는 자학의 길로 접어들면서 바람난 여인으로 돌변한 것이다.

그러나 수로는 자학하는 여인으로만 끝나지 않는다. 이미 강간에 의해서 욕정과 함께 권력의 횡포까지도 알아버린 수로는, "내 비록 귀족이라 하지만/ 요즘 사람처럼 죄지은 일이 없다"(3연)라고 천명하면서 현대인의 부정과 부조리, 권력과 성욕 앞에서 힘 없이 무너지는 여성을 풍자하고 꼬집는다.

> 너의 육체처럼 부풀어오른/ 권력의 깃발을 흔들고 싶기도 하고/ 힘께나 쓰는 남정네를 만나면/ 침실 속의 동물로 돌아가고 싶어진다// (…)// 이 땅에 일어서는 거짓같은 부정을/ 말하자면 도둑지키는 경비원 모집에도/ 몇 십만 원짜리 수표에/ 피눈물을 얹어보내야 하는 오늘의 몸짓을/ 파도여 너도 들었느냐// (…) 사내의 그것마냥 버릇없이 솟은 바위/ 벼랑 끝 핏자국처럼 핀 꽃들을 위해/ 내 음탕한 맘을 불사르고 싶다 …… - 같은 시, 2 · 4 · 5연

한 번 짓밟힌 그녀는 일견 제 정신이 아닌 듯하다. 창녀로 추락한 그녀는 "힘께나 쓰는 남정네를 만나" 색욕에 빠지고 싶어하면서 지금 이 땅에서 일어나는 치사하도록 더러운 부정을 자신이 당한 상처와 연결시키면서 폭로하고 비난한다. 격정과 격분을 이기지 못하는 푼수로 보아서는 제 정신이 아닌 것처럼 비춰졌으나 실은 그것이 아님을 그녀가 토해내는 독설의 진실을 듣고서 곧 깨닫게 된다. 정의홍이 만들어낸 수로는 이렇듯 일견 제 정신을 잃은 듯하지만 그렇지 않은 타락한 여인, 어쩔 수 없이 세태 풍자에 뛰어든 자학적인 여성 운동가(?)라고 할 수 있다.

'창녀 수로'는 홍해리(洪海里)에 의해서도 출생된다. 그는 7부 연작시를 통해 인간의 내면세계에 잠복해 있는 성적 욕망을 철저하게 파헤쳐 낸다.

> (…) 온 몸에 불이 달아/ 싸돌던 여인// 젊은이/ 늙은이// 낮은 사내/ 높은 사내// 제 서방/ 남의 서방// 사내란 사내는 모두/ 수컷으로 만든// 창녀중의 창녀/ 천사창녀여! -「水路여 水路여」 하나, <자화상 또는 타화상> 일부

수로의 '자화상'이라고 했지만 실인즉 신라 때의 자화상일 수는 없는 노릇이고, 요컨대 그 시대의 미색이 세월을 뛰어 넘어 추락하고 굴절되어서 현대 여성에게 투사된 자화상이자, 뭇 사람들도 그렇게 인지하고 있는 '타화상'이다. 어쨌거나 이 시대의 수로는 "사내란 사내는 모두/수컷으로 만든" 골수 창녀가 되어버리고 말았다. 위에서 이미 언명한 바이지만, 여성의 뛰어난 미모는 늘 타락할 위험 요소가 있는 것이고 그래서 이 시인도 이런 국면을 간과하지 않았다고 헤아려진다.

> 수로여/서울 수로여/(…)/종로 뒷골목/강남 새 거리/어둡고 깊은 이 거리마다/(…)/눈멀고 귀먹은 사내들/바보 바보 또 바보들/(…)/정신 못차리네/쪽을 못쓰네/죽네 죽네/죽을 뿐이네. – 같은 시, 셋, <서울 수로>

창녀 수로가 마침내 서울에 나타났다. 서울이 어떤 곳인가? 종로 뒷골목과 신도시 강남이 과연 어떤 장소인가? 환락 · 퇴폐 · 유흥 · 섹스가 난무하는 썩은 도시, 광란의 장소가 아닌가? 유감스럽게도 '國將亡'(<處容歌> 관련 기록의 한 구절)의 불길한 예감을 떠올리게 하는 그런 곳이 아닌가. 이렇듯 가뜩이나 어둡기 짝이 없는 여기에 창녀 중의 창녀인 수로가, 마귀와 멸망의 화신과도 같은 수로가, 마치 여왕처럼 나타나서 제딴엔 이 세상에서 제일이라고 뽐내고 있는 바보, 병신같은 우리 시대의 어리석은 머저리들을 섹스로 족쳐대고 있는 것이다. "쪽을 못 쓰네/죽네 죽네/죽을 뿐이네"라는 비속한 소감을 피력할 정도로 저들의 지위와 허위의식에 가득찬 인격과 교양을 수로는 파괴시키고 있는 것이다.

지금까지 읽은 것만으로도 그의 시 전체를 헤아리기에 부족함이 없다. 그러나 끝 부분만은, 제6부까지 이어지는 추악한 현실의 들춰냄에서 탈출하여 마무리 삼아 미래를 준비하기 위한 시인의 메시지가 수용되어 있는 것이므로 일별하기로 한다.

> 사랑 하나면/ 세상도 버리기 위하여// (…) // 온 천지를 돌아/ 피는 꽃 다 모으기 위하여// 모래밭에 맨발로/ 학춤을 추기 위하여// (…) // 세상이 천이라도/ 사랑을 버리기 위하여 - 같은 시, 일곱, <포기연습>

사랑이라면 오직 그 하나를 위해서 세상도 쉽게 버리는, 이 시대의 어지러운 풍속을 청산하고 오히려 사랑을 버리고 천의 세상을 얻으라고 강조한다. 그때를 위하여 겉으론 자못 아름답고 고고하게 느껴지는 사랑일지라도 포기하는 연습을 미리 해둬야, 역설적이게도 진정 아름답고 숭고하며 영원한 사랑을 얻을 수 있다는 내용으로 이해된다.

결국 홍해리는 '창녀 수로'의 방탕함을 끈질기게 물고 늘어지면서 요즘 여인네와 사내들의 성문란을 빗대어 고발하더니, 끝단계에 이르러서는 교술성이 강한 언술로 마무리 짓고 있다. 거침없는 폭로와 은근한 충고, 이 두 가지가 교직되어서 그의 시는 흥미와 충격, 그리고 엄숙한 자성을 독자에게 전한다.[8)]

따지고 보면 앞의 신규호와 정의홍의 시도, 단순히 수로의 음란성을 드러내어서 황폐화된 지 오래인 현대 여성의 성적인 타락상을 꼬집고 풍자하는 것으로 자족하였다고는 풀이되지 않는다. 홍해리처럼 끝 부분에서 명시적으로 진술하고는 있지 않으나 그 밑바탕에는 교훈성이 깔려 있다고 본다. 그것을 읽어내는 일은 독자의 몫이다. 이런 측면에서 성찰한다면, 고전의 현대화는 어느 것이나 의도성이 없이 그냥 재창작되는 것이 아님을 새삼 깨달을 수 있다.

---

8) 張伯逸, 「매저키즘的 사랑과 反抗」, 『現代詩와 傳統意識』, 문학예술, 1991, 286~287면. 정의홍이 형상화해 놓은 수로(앞에서 인용한 시 <수로부인의 고백>)를 매저키즘적 저항에의 섹스의 화신으로 본 그는 홍해리의 시에 등장하는 수로를 아이러니 기법으로서 섹스에 눈이 먼 뭇 사내들의 자성을 촉구하는 '천사창녀'로 해석함으로써 매저키즘적 쾌락본능의 섹스를 그녀에게서 읽을 수 있다고 하였다.

4) 이야기 형태의 〈헌화가〉

지금까지 살펴본 '현대시 헌화가'들은 그 대부분이 비록 변용되고 각색되었을지라도 화자의 정감을 서정시로 표출하고 있다는 점에서 공통점을 가지고 있다. 그런데 이제부터 읽고자 하는 2편의 작품은 형식상으론 서정시의 모습을 갖추고 있으나 진술 방법이 '이야기'식으로 진행되고 있어서 전자와 구별되는 특색을 지니고 있다.

박진환(朴鎭煥)의 <헌화가 산조(獻花歌 散調)>는 이를테면 마당놀이의 대본을 연상케 하는 작품인데 7부작으로 짜여져 있다.

시인은 수로를 신라의 마돈나로, 실명(失名: 견우)노인을 '실명노인(失明老人)'으로 대체시켜 놓고 이야기를 풀어간다. '名'을 '明'으로 치환시킨 것을 보면 앞으로 일어날 일이 예사롭지 않음을 암시한다. 실명노인은 소싯적에 수로의 머슴이었다. 그는 수로의 남편이 될 화랑인 순정공(純貞公)보다 더 고운 순정을 그녀에게 바친다. 이 경우에도 '순정(純貞)'과 음이 같되 뜻이 다른 '순정(純情)'이라는 단어로 치환시켜놓고 젊었을 때 수로를 향한 실명노인의 청순한 연정이 누구보다도 우월하였다는 점을 강조한다. 결혼을 앞두고 이 소문을 들은 순정공은 칼을 뽑아들면서 결투를 청한다. 그러나 화랑의 계율을 어길 수 없어 젊은 머슴의 목숨 대신 두 눈을 도려낸다. '실명(失明)'은 이렇게 해서 생긴 이름이다. 눈 먼 머슴은 쫓겨나서 노인이 되도록 까지 세상을 떠돌다가 수로가 태수의 부인으로 강릉에 온다는 소식을 바람결에 듣고 길목을 지킨다. 아주 먼 옛날에 품었던 짝사랑의 열정은 조금도 변질되지 않았던 것이다. 철쭉꽃과 얽힌 그 뒤의 일은 옛 문헌에 나오는 그대로 진행된다.

> 玉같이 굴리는 水路의 음성 / 귀로 듣고 눈으로 본듯도 하여 / 나이도 신분도 그만 다 잊고 / 찌른 벼랑 기어 올라 / 꽃을 꺾었지 // (…) // 미움도 한많음도 / 꽃에 아물고 / 사랑도 슬픔도 꽃에 아무니 / 꽃다발은 純貞아닌 / 純情의 증표
> – <獻花歌 散調> 6부의 일부

시인은 그의 사설을 여기서 끝내지 않는다. 마지막 7부에서 그는 같은 시절 서양의 미의 여신인 제우스의 헤라를 둘러싸고 일어난 트로이 전쟁의 혈전을 상기시키면서 아래와 같이 읊는 것으로 그의 시를 마무리 짓는다.

> 허나 신라인이여 / 사랑 위해 스스로를 줄 줄 알고 / 칼 대신 꽃을 꺾어 바칠 줄 알던 / 오오 신라 남정네여 // (…) // 失明老人이여 / 純貞아닌 純情의 꽃다발을 꺾어서 바친 / 영원한 戀歌 / 老人 獻花歌여 - 같은 시, 끝부분

이 시에서 말하고자 하는 시인의 의도는 무엇일까? 신분 질서의 압박으로 패배한 사랑의 비극이지만 그런 질서에 대하여 복수심을 품지 않고 끝내 영원한 사랑으로 승화시킨 신라 늙은이의 넉넉한 순정을 드러내고자함이었을 터이다. 나아가 피와 살육으로 점철된 서양의 문화에 대응되는 화해와 관용의 신라 정신을 부각시키려는 뜻을 담아내려는 속셈이었을 것이다.

임보(林步)의 <수로부인(水路夫人)의 연사(戀史)>는 제목이 말해주는 바와 같이 수로의 사랑 편력을 서술해 놓은 시다. 앞의 절에서의 그녀는 현대의 창녀로 태어나서 막말을 토해 내지만 여기서는 무대를 신라 당년으로 설정해 놓고 고상한 연정에 빠진다는 점에서 전자와 다르다.

다른 것은 이것만이 아니다. 새로운 인물을 창조해 내고 수로뿐만이 아니라 견우노옹까지도 원래의 텍스트에서와는 전혀 다른 역할을 담당케 하고 있어서 이도 또한 새로 꾸며낸 이야기류의 <헌화가>임을 분명히 하고 있다. 그 서두를 보기로 하자.

> 三國外史에 依하면 水路는 平素 方丈山 雲虛寺에 자주 드나들었는데 이는 紫巖尊師의 說法을 즐겨 들으려 함이더라. 水路가 夫君 純貞公을 따라 任地로 가던 중, 方丈山麓을 지나며 紫巖을 못잊어 詩 한 수를 지어 이를 전하려

고 使者를 구했으나 아무도 나서지 않거늘 지나가는 牽牛老人을 붙들어 은밀히 청하더라. – <水路夫人의 戀史> 첫 연

이와 같은 산문기록이 세 번이나 거듭되고 그 어간에 수로와 노옹의 시가 나온다. 『삼국유사』의 전승형태를 그대로 밟고 있다는 점도 다른 시인의 기법과 구별된다. 실재하지도 않은 『삼국외사(三國外史)』를 창안해낸 것부터가 허구다. 허구는 <운허사(雲虛寺)의 자암존사(紫巖尊師)>에 이르러 본격적으로 시작된다. <헌화가>의 첫 구인 '紫布巖乎迋希'에서 축자된 '자암(紫巖)'은 '자주빛 바위'가 아니라 의인화의 기법에 따라 새로 창조해낸 인물이다. 그가 거처한 '운허사(雲虛寺)'는 아예 문헌기록에는 있지도 않은 시인이 만들어낸 절집이다. 이 허구적인 존사(尊師)가 곧 수로의 연정의 대상이고 <헌화가>를 지어서 오늘날까지도 이름을 떨치고 있는 견우노옹은 신분이 더욱 하락하여 우편배달부가 되어서 방장산(方丈山)을 오르내리는 인물로 등장한다. 모두가 다 거짓말이다.

온 산과 들히 / 가람되어 / 나를 따르는데 / 그대 붉은 바위 / 홀로 올올함은 // 前世에 / 심은 恨 / 사랑으로 / 태움인가? // 아소, 님하. / 이승에 못 닿을 사랑이면 / 만 길 바닷물결 끌어다 / 이 가슴 / 메우고져 – 『水路夫人의 戀史』 중 <수로의 詩>, 2 · 3 · 4聯

변죽만 울렸다고 볼 수 있는 견우노옹의 <헌화가>는 수로부인의 '모자암존사가(慕紫巖尊師歌)'에 이르러서 이렇듯 간절한 연정시로 면모를 일신한다. 평소 자암과 교유하여 서로 잘 알고 지내던 사이인 견우노옹은 기꺼이 사자(使者)가 되어 수로의 시를 자암에게 전했으나 그로부터 화답을 받아내지 못하자 그는 "멋적어 철쭉 한 가지를 꺾어 그녀에게 바치며" 노래를 부른다.

紫巖 곁에 / 모시던 손 // 이제 암소 먹이는 일도 / 다 그만 두고 // 날 두렵게 여기지 않으신다면 // 곶 것거 / 받드리이다 - 「水路夫人의 戀史」 중 <노옹의 시> 전문

시인은 이어지는 산문기록의 허두에서 "이를 後世 사람들은 獻花歌라 이르더라" 운운하고 있다. '신헌화가(新獻花歌)'가 임보에 의해서 새로 창작된 것이다. 그러나 사의(詞意)는 전혀 다르다.

시인의 상상력과 말솜씨는 『삼국유사』의 기록 전문을 현대시로 옮기고자하는 욕망을 억제하지 못한다. 그는 수로가 해룡(海龍)에 의해서 납치된 사건을 다시 패러디하는 작업에 손을 댄다. 산문식으로 서술된 내용의 줄거리인즉 끌던 소도 버리고 수로의 일행 중 한 사람으로 계속 남아서 길을 재촉하던 노옹이 시종(侍從)들이 잠든 사이 밤에 몰래 부인을 업고 운허사를 향해 달려가고 이때 "마침 그믐달빛에 눈을 씻던 紫巖이 문득 그 氣를 잡자 長衫으로 산등성이를 내리치며 날아와서 水路를 앗아 黑龍洞 巖窟 속으로" 사라진다.

이쯤에서 작품의 해설은 끝내기로 하자. 그러면 이 시인은 왜 이런 식으로 원(原) 텍스트를 완전히 바꿔서 각색된 작품을 지어냈는지, 이 문제에 대하여 생각할 차례가 되었다. 해답은 간단하다. 즉 인간에게 내재해 있는 이성에 대한 열애와 성적 욕망, 현실과 성욕 사이의 갈등과 그 해소를 통해 본능의 순수성을 부각시키려고 하였다는 점이다. 이 점을 극대화하기 위하여 시인은 고승대덕인 자암이라는 새로운 인물을 창조해 내어서 그로 하여금 마침내 여색에 빠지도록 처리하였다. 자암존사가 그렇다면 미색을 갖춘 속인인 수로야 더 말할 나위조차 없다는 시인의 사고가 그의 작품 밑바탕에 깔려 있다고 보는 것이 타당하다.

5) '현대시 헌화가'에 대한 논평

현대시로 재창작된 <헌화가>는 과연 어떤 의미가 있는가? 이제 이 물음

에 해답을 내놓을 차례가 되었다.

우리는 '현대시 헌화가'의 시작을 수로부인의 미색이 어떻게 형상화되었는지를 살피는 일에서부터 출발하였다. 당연한 절차라고 생각한다.

원전에 충실한 미당의 시와 변용과 역설의 기법에 의한 문효치의 시는 각기 나름대로의 시적 성취를 일궈냈다고 평가하고 싶다. 원래의 텍스트나 컨텍스트에 전적으로 매달리다 보면 시적인 긴장감이나 별미를 상실하기가 십상이다. 그럼에도 미당은 깔끔한 구성과 언어감각을 살려서 마침내 '현대시 헌화가'의 '고전(古典)'을 창조해냈다. 노옹 일방의 짝사랑의 노래에 수로부인도 슬쩍 편승케 한 '노인 헌화가' 또한 옛 시가(詩歌)가 현대의 시간대에서 어떻게 고전으로 남게 되는지를 밝히 보여준 작품으로 평가할 수 있다. 문효치의 것은 미당과 전혀 다른 방법을 택했다는 점에서 의의를 찾을 수 있다. 그는 수로의 아름다움을 구상화시키지 못하였다. '탈(脫) 텍스트의 미완성 미인도'라는 점에서 그의 시는 고전을 만들어내는 데는 실패했지만 미당과 대척적인 위치에 놓여질 수 있다. 천하의 명산을 보고서도 시 한줄 짓지 못하고 하산한 옛 시대의 시인묵객을 연상하면 이점 쉽게 이해된다.

박희진의 <헌화가>는 원래 향가작품을 국문학자들의 건조하고 난삽한 해석에서 해방시켜 문학성도 가미된 쉬운 현대말로 풀어서 대중화시키자는데 창작의도가 있는 것이다.[9] 따라서 그도 미당과 마찬가지로 원전을 토대로 번안하는 방식을 택하였다. 다만 미당과 다른 점은 언술이 상대적으로 느슨한 것이고 그가 일궈낸 결실은 이미 천명한 바 "학자들의 노력에 더하기 <알파>"요 그리고 수로부인으로 하여금 남성의 연정을 설핏 느끼게 한 그 청순한 변용이다.

짝사랑의 대상인 수로를 향해 목이 마르도록 부르면서 사랑을 고백하거나 불타는 속내를 드러내고 있는 점에서 유승우 · 김규화 · 권천학의 시는

9) 朴喜璡, 「나는 왜 신향가집을 썼는가」, 『散花歌-신향가집』, 불일출판사, 1988, 151~152면.

모두 수평선상에 놓인다. 짝사랑의 가슴앓이를 마침내 밖으로 토해내도록 했다는 사실만으로도 이들의 시는 향가의 진전된 현대적 변용으로 이해함이 마땅하다. 격정에 넘치는 언술도 탓할 것이 못 되며, 이런 수준의 변용이 일정한 선을 넘었다고 보아도 곤란하다. 예사로운 육성의 밋밋한 느낌을 상정하면 쉽게 짐작될 수 있다. 세 시인에 대한 논평은 이 정도에서 끝내는 것으로 충분하다.

미당의 <노인 헌화가>와 박희진의 <헌화가>에서 은근하게 피어난 수로의 분홍빛 연정이 박제천의 <수로>에 이르러서 결국 성사될 수 없는 이상으로서의 사랑으로 마무리된 것은 매우 합리적인 처리라 하겠다. 시의 일부, 또는 전체로서 형상화시켜 놓은 수로의 사랑은 이 세 시인이 부른 노래가 가장 적절한 변용이 아닌가 싶다. 그녀의 사랑을 무리하게 확장시키면 공감과 함께 비판이 뒤따르기 마련이기 때문이다.

이쯤에서 우리는 고전의 현대화에서 전통적 이미지와 창조적 이미지의 기능에 대하여 잠시 생각해볼 필요가 있다. 전자가 특정한 시대의 사회와 역사적 상황에서 나온 것이라면 후자는 그러한 역사성과 사회성을 뒤집는 개인적 상상력에서 비롯된 것이다. 우리가 바라는 고전의 현대화는 이 두 가지를 조화시켜서 새로운 시의 경지를 창조해 내는 것이고, 그것이 불가능하다면 둘 중의 어느 하나를 택하여 독자의 공감을 이끌어내는 일일 것이다. 어느 경우든 반드시 유념해야할 점은 전통에 대한 정확한 이해와 개인적 차원의 창조적인 상상력의 방향이 바르게 설정되어야 한다는 점이다. 이것이 선행되지 않고서는 고전의 현대적 수용이나 변용은 어려워진다.

이런 점을 상기하면서 위에서 예시한 작품들을 다시 읽어보면 후하게 평가를 내린 시들도 안타까운 일이나 '전통+창조'에 귀속시킬 수 있는 노래는 아니라는 사실을 쉽게 알 수 있다. 모두가 두 가지 중 어느 하나에 치중하는 것으로 자족하면서 그중에는 독자의 흥미를 돋우는 데는 성공하였으나 전통의 복제, 또는 창조적 이미지의 과잉현상으로 흐르고 말았다는 점을 지적치 않을 수 없다. 그러나 이 정도는 요컨대 양호한 편이다. 그 외의 시들이 문제요 애기는 이제부터 시작된다.

수로를 자녀(恣女)로 변신케 한 뒤 온갖 음란한 성행위를 자행토록 한 일련의 시들에 대해서 생각해보기로 한다. 신라의 헌화가를 요즘의 방탕한 사회적인 상황과 연결시켜서 풍자하고 경종을 울리고자 한 시인들의 사려 깊은 창작의도를 우리는 모르지 않는다. 이런 점만을 생각한다면 그들이 재창작해낸 작품에 대해서 시비를 걸 이유를 찾지 못한다. 수로가 창녀 중의 창녀로 다시 태어날 줄 누가 알았는가? 환락가를 휘집고 다니며 호색의 남성들을 농락할 줄 누가 예상이나 했는가? 우리가 몸담고 있는 이 시대의 성적인 타락상을 새삼 떠올리면 그러한 변용은 가능한 것이다. 그리고 통쾌한 패러디인 것이다. 섹스에 눈이 먼 탕아, 탕녀들이 미친 듯 날 뛰는 거리에 수로가 배꼽 티를 입고 암내를 풍기면서 화려하게 등장한 것이 얼마나 상쾌한 일인가? 그녀가 쏘아대는 비난과 풍자, 그리고 비수와도 같은 함축된 교훈의 소리를 듣는 우리는 그나마 얼마나 행복한 그녀의 후손들인가 우리 시대의 <헌화가>는 이런 점에서 특별한 의미를 지니고 있다.

그러나 변용된 <헌화가>가 모두 바람직하게 창작되었다고 논단할 수 있을지에 대해서는 재고를 요한다. 신라의 최고 미녀를 그 지경까지 추락시킬 필요가 과연 있었는지를 묻지 않을 수 없다. 옛 시대의 아름다움을 고이 지키지 못하고 이를 파괴시킨다는 것은 요컨대 우리 스스로가 귀중한 문화재를 깨뜨리는 행위와 마찬가지다. 그녀를 통해서 꼭 우리사회의 타락한 성윤리를 비판하고 질타할 양이면 굳이 그를 '창녀'로 태어나게 해서 가뜩이나 추잡한 이 세상을 휘집고 다니게 할 필요는 없을 것이다. 오히려 미색뿐만 아니라 품위와 정숙함도 함께 갖춘 여인으로 놓아둔 상태에서 예의 역할과 기능을 감당케 하는 것이 더욱 효과적이었으리라 믿는다. 시인들의 과감한 변용을 이해하면서도 또한 아쉬워하는 이유가 그들의 의도성과 목적의식이 너무 지나치지 않았는가 하는 생각 때문이다.

이런 성향의 시들을 장백일(張伯逸)은 매저키즘의 관점에서 이해하였다.

이러한 그의 주장은 작품 읽기의 결론이면서 또한 그 전제이기도 하다. 뭇 사내에게 서슴없이 꽃을 꺾어 달라고 요구하고 그렇게 해서 꺾어온 꽃을 부끄러워하지 않고 받은 행위를 놓고 볼 때 그녀에겐 처음부터 요부적, 애정도착증의 징후가 이미 보인다고 하였다.[10] 재창작된 작품을 매저키즘의 시각으로 읽어낸 그의 해석에 우리는 동의한다. 그러나 『삼국유사』의 기록에서 접하게 되는 수로부인의 예의 언행을 그녀의 색정도착으로 연결시킨 그의 논리에 대해서는 동의할 수 없다. 다만 그러한 언명이 '전제로서의 논거'가 아니라 '작품읽기의 결론'으로 끝난다면 방금 언급한 바와 같이 존중해도 무방하리라 판단된다.

다음으로 지적코자 하는 것은 이야기식의 재창작이다. 산문기록을 거느리고 있는 향가이므로 이러한 창작방식을 철저하게 차단할 이유는 없다. 특히 <헌화가 산조> 끝 부분에서 읽게 되는 신라정신의 우월성, <수로부인의 연사>가 보여주고 있는 원 텍스트 형식의 계승 및 격조 높은 수로의 시와 여운을 남기고 있는 노옹의 시는 우리에게 깊은 인상을 심어주기에 충분하다.

그런데 여기에도 문제점은 있다. 시와 그 관련 컨텍스트를 이렇듯 '소설짓기'에 편입시켜도 되는지 묻지 않을 수 없다. 이 말은 곧 그들의 시는 시의 형식을 취했을지라도 이미 시가 아닐 수도 있다는 견해와 일치한다. 가령 적층문학인 「춘향전」을 예로 들자면 이를 현대소설로 재창작하는데 아무 무리가 없다. 한양에 올라간 이도령으로 하여금 백수건달의 신세가 되게 하거나, 변학도의 강압에 못 이겨 춘향으로 하여금 그의 첩이 되게 하는 일 등 얼마든지 가능하다.

그러나 <헌화가>의 경우는 그와는 다르다. 관계기록을 수반하고 있지만 그것은 폐일언컨대 시다. 순정공을 화랑으로, 견우노옹을 수로의 소시적 머슴으로 바꿔놓고 그들로 하여금 투쟁케 하여서 한 쪽을 실명시킨 뒤 평

10) 張伯逸, 앞의 글, 282~283면.

생을 유랑케 한다든가, 견우노옹은 뒷전으로 물러나게 하고 자암존사라는 새로운 인물을 등장케 하여서 수로와 통정케 할 수 있는 그런 장르가 아니다. 그렇게 만들어 낼 절실하고 절박한 사정도 실은 없다고 풀이된다. 신라정신의 우월성이나 인간의 본능문제를 부각시키자는 의도라면 다른 기법과 발상도 얼마든지 가능하다.

'자녀(姿女) 수로'와 '소설류의 헌화가'가 나오게 된 경위를 밝히자면 위에서 언급한 바 고전에 담긴 전통적인 이미지에 대한 몰이해와 방향설정을 잘못한 창조성의 실패를 들어야 할 것이다. 흥미·풍자·교훈의 긍정적인 측면도 이런 원론 앞에서는 무력해질 수밖에 없다.

대충 이런 점들이 '현대시 헌화가'에서 시비거리가 될 만한 것들이다. 그리고 이는 결국 고전의 현대적 변용의 한계와 연결된 것이다. 이에 관해서는 Ⅳ장 마무리에서 다시 첨언할 기회를 갖기로 하겠다.

3. 〈서동요(薯童謠)〉의 경우

1) 향가 〈서동요〉의 본뜻

<서동요>는 <헌화가>와 다른 국면이 몇 있다. '맛둥방'과 '善花(또는 化)公主'와의 관계를 제삼의 관찰자가 폭로하는 형식으로 되어 있다는 점, 두 남녀의 결합이 문면(文面)에 그대로 드러나 있다는 점, 창작가요가 아니라 궤계(詭計)에 차용된 민요라는 점 등이 그것이다.

요샛말로 쉽게 풀어서 읽으면 다음과 같다.

> 선화공주님은
> 남 몰래 밀어두고(밀통하고)
> 서동을
> 밤에 몰래 안고 간다.

양주동(梁柱東)의 이와 같은 해석은 오랜 동안 보편화되어서 널리 읽혀져 오고 있다. 그러나 여자인 공주가 서동이라는 남자를 안고 간다는 것은 상식적으로 성립될 수 없다라는 주장이 진작부터 대두되어서 새롭게 해독하려는 움직임이 나타났다. 즉, 3~4행을 선화공주의 님, 곧 서동이 그의 "방으로 (선화공주를) 밤에 몰래 안고 간다"[11]로 풀이한 것이 있는가 하면, 전편의 어석(語釋)을 다시 시도한 끝에 "선화 공주님은 / 남 모르게 어린 아이(시집가) 두고 / 서동방으로 / 밤의(에) 알을(아이를, 배를) 안고가다"[12]로 해독하는 학설도 나오기에 이르렀다. 문법적인 까다로운 문제가 가로 놓여 있어서 어떻다고 단정을 내리기는 곤란하나 이치상으로 보아 신설(新說)에도 경청할 필요가 있다.

가사의 풀이도 간단치 않지만 <서동요>의 작자와 서사 성격의 규명은 더욱 어렵다. 중요 학설을 정리하면 이렇다. 서동에 관한 『삼국유사』의 모든 기록을 의장(擬裝)된 역사 전설로, 서동 역시 설화상의 가공인물로 파악하면서 '서동'이라는 이름을 보통명사화시킨 뒤, 서동은 실제로 마[薯蕷]를 캐다 생업으로 삼던 가난한 서동들이 그들을 집약 · 상징하고 대표하는 전형으로서 상정해낸 이상적이면서 영웅적인 인간상인데, 그러한 꾸며낸 인간의 행적이 역사상의 특정 군주 및 실존하지 않은 공주와 유추적으로 결부되어 의장된 역사적 전설로 정착된 것이 바로 무왕에 관한 기록이라는 주장이 그 하나다.[13] 이렇게 되면 <서동요>는 원래 민요였는데 나중에 향가에 편입된 것이 된다.

둘째, 무왕에 관한 기록을 백제 제24대 동성왕(東城王) 때에 있었던 역사적 사실의 착오로 보고 논리를 전개시키는 견해가 있다. 이 학설의 요지는 동성왕이 그의 재위 15년 3월(이때는 신라 21대 소지마립간(炤知麻立

11) 高正儀, 「薯童謠의 '主隱'과 '卯乙'에 대하여」, 『國語史와 借字表記』, 太學社, 1995.
12) 양희철, 『삼국유사 향가연구』, 태학사, 1997, 38면.
13) 史在東, 「薯童說話硏究」, 『藏菴池憲英先生 華甲記念論叢』; 「武康王傳說의 硏究」, 『百濟硏究』 5집

干) 15년 3월에 해당함)에 신라의 귀공녀인 비지(比智)의 딸을 맞이한 사건이 있는데, 이처럼 실제로 있었던 양국간의 국혼(國婚) 사실이 마치 무왕이 신라에 잠입하여 왕의 공주를 취(娶)한 것인 양 잘못 부회(附會)되면서 <서동요>로 삽입되어 로맨틱하게 설화화되었다는 것이다. 따라서 '서동'은 동성왕 바로 그 사람이요, 무왕의 아명이 아니라는 것이다.[14)]

위의 두 대표적인 학설 중 어느 것을 취하든 <서동요>는 신라 이른 시기부터 전승되어 오던 민요, 곧 동요다. 그 원래의 모습은 '善花公主主' 및 '薯童房'이라는 두 인칭명사가 빠진 미지의 다른 이름들이 자유롭게 들어갈 수 있는 형태였으리라 추정한다. 이런 맥락에서 상고해 볼 때 필자의 비견으론 현전의 텍스트는 제1행의 '善花公主主'와 3행의 '薯童房乙'이 구비문학에서 흔히 볼 수 있는 착오로 인하여 서로 뒤바뀌어서 놓여지거나 기록된 것으로 볼 수도 있다. 만약 이런 가설이 승인될 수 있다면 양주동의 기본적인 어석의 틀에 따르더라도 전혀 무리가 없다. 이를 뒷받침할 수 있는 결정적인 자료가 없어서 확언하기는 어려우나 고려해볼만한 주장이라고 필자는 생각한다.

요컨대 <서동요>는 요즘까지도 아이들에 의해서 널리 불려지고 있는 전통적인 동요인 <얼래꼴래 / 누구누구는 누구누구와 / 어디어디서 / 무엇했대요>의 원초적인 형태의 동요라 할 수 있다.[15)]

이렇듯 <서동요>는 노래 자체가 민요이고, 관계 기록 또한 그것이 설화든, 역사적 사실이든 간에 당초부터 적층문학적인 성격이 강한 것이기 때문에 <헌화가>보다는 현대시로 재창작하는데 훨씬 자유스러울 수 있는 향가다.

이런 점에 유의하면서 '현대시 서동요'의 세계를 조명키로 하겠거니와 이번에는 윤석산(尹錫山)(『처용(處容)의 노래』에 수록, 1992)의 시를 하나의 독립된 절(節)에서 성찰한 뒤 「진단시」 동인의 작품(『진단시(震檀詩)』

---

14) 李丙燾, 「薯童說話에 대한 新考察」, 『歷史學報』 1집, 57~58면.
15) 朴魯埻, 앞의 책, 292~293면.

창간호, 1982)을 내용에 따라 두개의 절로 나누어서 성찰키로 하겠다. 그렇게 살피고자 하는 까닭은 <서동요>의 현대적 변용은 이들에 의해서 주로 시도되었고 특히 윤석산은 <서동요> 하나를 놓고 여러 편의 연작시를 지었기 때문에 이런 사정을 고려하여 따로 독립시켜서 분석하는 것이 마땅하다고 생각했기 때문이다.

2) 빈민 서동의 삶과 그 실상

윤석산은 모두 일곱 번에 걸쳐서 <서동요>를 현대시로 재창작했다. 한 편의 고전시가를 소재로 하여 이렇듯 여러 번 되뇌이는 일은 흔치 않다. 향가뿐만 아니라 다른 장르의 경우에서도 그렇다. 이처럼 거듭해서 연창했다는 것은 <서동요>에 대한 그의 관심이 단순한 호기심의 차원을 뛰어 넘어서 이를 통해 하고 싶은 얘기가 그만큼 많았다는 것을 의미한다.

앞의 절에서 요약해 놓은 학설도 참고하여 『삼국유사』 무왕조(武王條)의 큰 줄거리를 잡는다면 요컨대 그것은 '서동의 성공담(成功譚)'으로 귀결된다. 가난하고 천한 신분으로서 타국의 공주를 취(娶)한 사랑의 성공, 귀국한 뒤 황금을 캐내어서 일약 재부를 쌓음으로써 얻은 경제적 성공, 이어서 득인심(得人心)하여 왕위에 오른 정치적 성공, 이렇게 만사형통의 성공담으로 짜여져 있는 것이 이 서사의 주지(主旨)라는 뜻이다.

그런데 윤석산이 노래한 일련의 '현대시 서동요'는 그와 같은 세 갈래의 성공 중 하나인 사랑의 성취에만 국한되어 있다. 그리고 상황설정과 시적 화자를 현대의 시간대에 올려놓고 성공에 이르기까지 화자가 겪은 가난한 삶과 온갖 시련을 주로 담아내는 것에 주안점을 두고 있다. 이것이 그의 시의 골자요 특성이다. 그는 결과로서의 '성공' 그 자체보다는 거기에 도달하기까지 밑바닥 인생이 어려움을 어떻게 극복해나가는지를 더욱 중시한다. 인생을 보는 관점을 이렇게 설정해 놓고 보면 우리가 생각하지 못했던 가난뱅이 떠꺼머리 총각의 다양한 삶의 실상이 여러 각도에서 밀도있게 부각된다.

먼저 시적 화자의 한미한 출신성분과 가난에 대해서 시인은 이렇게 노래한다.

> 날마다 나는 골목에서/아이들에게 감자떡을 먹인다/내 무지와/비천함 당당히 섞어 빚은/(…) - <맛둥의 노래> 1연의 일부

이 시대에 다시 태어난 서동은 길거리의 장사꾼이다. 신라시대의 서동도 최하층의 빈민이었다. 이 점에 있어서 옛날과 오늘의 서동은 다를 바 없다. 그러면 골목에서 감자떡을 구워 파는 현대의 서동은 과연 얼마나 가난한가? "으깨어지는 감자의 살만큼이나/뭉개진/나의 무지와 비분"(3연의 앞부분)이라고 노래할 정도로 화자는 무지로 천대받고 코흘리개 아이들의 동전에 생존을 건 가장 소외된 그런 빈민층이다. 그런 그가 옛날의 서동을 흉내내어서 흥얼흥얼 노래를 불러보지만 "이 세상 가장 빛나는 노래가/되지 못하는/누릇누릇 눌어버리는, 나의 가난과 오기"(3연 뒷부분)라고 할 정도로 가난은 깊으며 빈부격차의 사회적 구조는 탈출구를 열어두지 않고 있다. '누릇누릇 구워지는' 신세, 이 말을 통해서 우리는 이 시대의 하층민 서동의 참혹한 형편과 좌절을 읽을 수 있다.

이로부터 시적 화자는 자신의 정체성에 대해서 자의식을 느끼기도 하고 감내할 수 없는 생활의 상처를 어루만지면서 참담하고 울울한 심경에 사로잡히기도 한다.

> 종이 위에 無名이라고 써본다. 이름이 없다는 것은 편한 일이기도 하다. 그러나 과연 이름이 없을 수 있는 것인가 생각해 보았다. 아무래도 이름이 없을 수는 없다는 생각이 들었다. -「無名인 나에게」 첫 연

이렇게 시작되는 이 시는 '서동'이라는 이름이 고유인칭명사가 아니라 보통명사이고 따라서 선화공주를 취(娶)한 그 남자의 성명이 무엇인지를

알 수 없다는 점을 전제로 해서 쓰여진 것이다.

'무명'은 세상에 태어났으되 아무런 흔적도 없이 사라지는 비천한 존재다. 이를 시인은 "비를 맞으며, 또 다른 발들에 밟히며 / 흙탕물 속으로 쓸쓸히 묻혀질"(3연 일부) 흔적이라고 말한다. 그런 허망함에서 벗어나고자 '무명'들은 "이제는 어디에서고 불리워지지 / 않는 이름을 / 종이 위에"(3연 끝부분) 써보지만 그들의 정체성은 확립될 기미조차 보이지 않는다. 그러기에 시인은 "언덕 만큼이나 등이 굽은 사내 / 하나 / 지워지고 있었다"라는 말로 그의 시를 끝맺는다. 무수히 많은 오늘날의 서동이 모두 이런 허무한 운명위에 놓여 있다는 점을 시인은 밝히고 있는 것이다.

마[薯]를 캐며 연명하는 '무명'의 존재인지라 그의 삶이 마치 구덕살 같은 것이 될 수밖에 없음은 지극히 당연하다.

> 내 손바닥에는 못이 박혀 있다 / 아주 오랫동안 / 삶의 축적이 / 형성시킨 또 하나의 살 - <살 또는 삶> 첫 연

'살'과 '삶'은 내용면에서 유기성을 갖는다. 그런 바탕에서 삶의 본질을 조명한 것이 이 시다. 힘든 일을 오래 반복하면 손바닥에 못이 박힌다. 구덕살은 오랜 고통이 집적된 표상이다. 그것은 "간지럽지도, 또 / 아프지도 않은 / 내 움크린 지난 날의 옹이 같은 / 천덕꾸러기"(2연)이다. 그러기에 그것은 "살갗 깊이 뿌리 내려 / 박혀있는 살"(2연)이다. "天空 반짝이는 별의 / 빛나는 / 눈물이 되고 싶은 내 열망"이 그 꿈을 이루지 못하고 "죽어 쌓여진, 그리운 살점"(3연)이다. 구덕살이기 때문에 아픔도 간지러움도 느끼지 못한다. 그러는 사이 어느덧 '무명'들은 서로에게 필요 없는 구덕살이 되어간다. "오늘 우리는 이 세상의 군더더기 / 구덕살이 되어 / 살아가고 있는 것은 아닌가"(4연 일부)라는 물음에서 정체성조차 없는 '무명'들의 감내하기 어려운 고독도 함께 느낀다.

'무명'은 또한 '무지'와 통하기 십상이다. 소외당하며 사는 세상살이이

니 물정에 어둡고 귀천의 구별에도 둔감하다. <돌 또는 금>은 바로 그런 세계를 담아낸 것이다.

> 마(薯)를 캐다가 우연히 너를 / 줏어 들었다 / 나는 너를 그냥 돌이라고 했다. / 아니 귀찮은 돌 / 마를 캐는데 자꾸 걸기적거리는 / 돌 / (…) – <돌, 또는 금>의 앞 부분

금을 금으로 알지 못하고 돌로 인식하는 이 무지의 순수, 서동은 그런 인물이다. 자신에게 굴러 들어온 복을 세상 사람들 모두가 복이라고 부러워하는데도 그 자신만은 재수없는 일이라고 단정을 내린다. 그리고는 "그 날밤 나는 일기에다 이렇게 썼다 / – 알다가도 모를 일이 세상일이라고." (끝부분) 서동이 직접 겪은 체험이 오늘에 와서 물신화(物神化)를 풍자하는 시로 변용되고 있음을 쉽게 감지 할 수 있다.

<맛둥의 노래>에서 방금 읽은 <돌 또는 금>에 이르기까지 네 편의 시에 투영된 이 시대의 서동의 모습에서 우리는 도무지 생동감 넘치는 활기를 찾을 수 없고 하루하루를 지탱해 나가기도 힘겨운 잡초같은 인생의 피곤한 삶을 읽게 된다.

그러나 국면의 전환은 이제부터 서서히 시작된다. 서동은 가난과 낮은 신분 때문에 사랑마저 포기할 그런 졸장부는 아니다. 예전에도 그랬듯이, 윤석산이 재창조해낸 오늘의 서동도 예외는 아니다. 사랑의 메시지를 신라시대의 서동은 짤막한 민요에 얹혀서 소문을 내는 사술(詐(邪)術)을 취했지만 오늘의 서동은 골방에 틀어 박혀서 만들어낸 한 편의 시를 통해 전하는 정직한 정공법을 선택한다. 그의 시에서 우리는 여인으로부터 환심을 사기 위해서 항용 상용되는 연서(戀書)류와는 전혀 다른 진실성을 읽는다. '향가 서동요'에 담겨 있는 술수는 전혀 없다. 이런 점에서 현대시로 변용된 사랑의 시 서동요는 독자에게 신선한 감동을 주기에 충분하다.

> 내 사랑이 울퉁불퉁 감자라면 / 그대 사랑 / 꽃술 속에 숨어 잠드는 작은 꿈 / 내 사랑이 비릿비릿 생선 냄새, 튀김 냄새, 또 찐빵 내음이라면 / 그대 사랑, 玉盒 / 그윽히 풍겨나는 분내음, 향내음 - <맛둥의 사랑> 1연

이 비교에 나타난 것처럼 맛둥과 그가 사랑하고 있는 여인은 비교가 되지 않으며 어울릴 수도, 서로 결합할 수도 없는 관계다. "낮술에 취하여 흥얼거리는 바람 / 풀섶마다 떨어지는 반짝이는 별빛"(2연) "담쟁이의 억센 팔뚝 / 九重宮闕의 촛불"(3연)의 대칭적 표현도 첫 연의 사정을 뒷받침하기 위해서 되풀이 해 놓은 것이다.

이렇듯 화자는 자신의 처지를 몇 번씩이나 진술하면서 자탄하지만 그러나 그것은 사랑을 쟁취하기 위한 예비적인 언술임이 곧 드러난다. "아, 아 그러나 내 사랑 / 남루 속에 감추어진"(끝 연) 것이되 "살아 불뚝이는 男根, 남근이라면"(같은 연)에서 우리는 화자의 강인한 의지와 자신감을 함께 건져 올릴 수 있다. '불뚝이는 男根'은 <맛둥의 노래>에서 읽은 "누릇누릇 눌어버리는, 나의 가난과 오기"를 되살려 낼 수 있는 자존이요 자긍이다.

이제 서동은 '불뚝이는 男根'을 내밀면서 여인에게 접근한다. 그녀와의 결합여부는 일단 묻어두고 '남성' 하나만을 믿고서 용기를 내어 접촉을 시도한다.

> 전화를 건다 / 뚜 뚜 뚜 / 어둠의 저쪽에서 들려오는 이 막막함 // 전화를 건다 / 뚜 뚜 뚜 / 宮禁 높디 높은 담 저쪽 / 해독 못한 모르스 부호 / 부호의 암담함처럼 / 무수히 머릴 부딪고 떨어져 흩어지는 / 내 젊음의 잔해 - <善花에게> 1 · 3연

서동의 꿈은 일단 무너지고 만다. '낭패'란 이런 경우를 두고 이르는 말일 것이다. '향가 서동요'에서는 서동과 선화공주와의 사랑이 별로 어렵지 않게 이루어지는 것으로 되어 있다. 그러나 따지고 보면 그러한 결합은 요

컨대 불가능한 것이다. 공주와 가난뱅이 선머슴과의 결연이 어떻게 이루어질 수 있는가?

윤석산은 이 시에서 사람과 사회에 엄존하는 '벽'을 드러내고자 하였다. 그리하여 애초부터 성사될 수 없는 사랑을 무리하게 짝짓기 하지 않고 순리에 따라 마무리 짓도록 하였다. "어둠의 저쪽에서 들려오는/이 막막함" "해독 못한 모르스 부호/내 젊음의 잔해"에서 선화와의 사랑은 커녕, 의사전달조차 거부당한 이 시대의 실패한 젊은 남정의 파리한 몰골을 본다.

지금까지 살펴본 여러 편의 변용된 시에서 시인이 추구하고자 한 세계는 무엇인가? 요컨대 원작에서 엉성하게 처리해 놓은 서동의 삶을 구체적으로 패러디한 것이요, 비현실적인 사랑의 진행과정을 합리적으로 재구성해 놓은 것이다. <맛둥의 노래> <맛둥의 사랑> <무명(無名)인 나에게> <살, 또는 삶> <돌, 또는 금>에서 전자의 경향이 포착된다. <선화(善花)에게>서도 이런 국면은 다시 잡힌다. 자신의 사랑과 선화의 사랑을 이분법으로 설정해 놓고 상세한 예증과 비유를 가해 놓은 것, 그것 또한 현상의 구체화에 해당된다. 선화와 서동이 어떻게 한 쌍의 부부로 결합될 수 있는가? 그와 같은 비현실의 억지스런 사건을 뒤집어버리고 합리적인 길을 택했다는 점에서 <선화(善花)에게>는 후자의 성향도 함께 공유한다. 또 그런 점에서 <선화(善花)에게>는 앞의 여러 노래들을 능가한다.

그러나 시인은 고전의 핵심되는 부분을 불신하거나 무시하지는 않는다. 이 점이 또한 '윤석산의 서동요'가 보여주는 양면성의 특징이다. 비합리적인 원전을 그대로 살려서 거기에다 구체성을 가미시킴으로써 <선화(善花)에게>의 세계를 다시 반전시키는 노래를 새로 내놓는다.

> 밤마다 나는 당신을 만난다/궁궐, 닫혀진 모든 방들을 지나/방안 가득히 묻어나는/사내 내음으로 다가오는/그리하여 첫새벽 닭 울기전/홀연히 떠나는/그대 낭낭한 옷깃//(…)//그대 노래 부르며 떠도는/거리 거리마다/내 이팔의 희디흰 순결/숨어 보이잖게 숨쉬고 있나니 - <善花公主의 말> 1·3연

<선화(善花)에게>서 그녀와의 통화에 실패한 서동은 뜻밖에도 <선화공주(善花公主)의 말>에서 행운을 잡는다. 『삼국유사』에 적혀있는 여러 성공 중에서 그 하나가 실현되려는 순간이다. 앞서의 실패는 실인즉 선화의 거부가 있었기 때문이 아니라 "아버지 또 궁중의 모든 대신들 / 믿으려 하지"(2연 일부) 않으려는 강고한 환경의 작용이 있었기 때문이다. 그 두터운 벽을 깨뜨리고 마침내 선화공주는 "저자의 떠도는 노래가 / 조금도 거짓이 아님을 나는 / 너무나도 잘 안다"(2연 일부)고 하면서 서동을 향해 사랑의 화답을 보낸다.

남녀의 사랑이 신분의 격차에 따라 좌절되는 경우가 허다하지만 또한 당사자들이나 그 중의 어느 한쪽이 결심하기에 따라서는 어렵게나마 성취될 수도 있다는 소중한 사례를 『삼국유사』는 증험해 주었고 오늘의 시인은 이를 다시 정감 어린 화자의 목소리를 통해 재확인하고 있는 것이다. 그러한 사랑이 얼마나 값지고 변질될 수 없는지를 여성화자는 "세상의 더러워진 손들로부터 / 오늘도 나는 무수히 돌팔매를 맞"고 있지만 "그대 곁 / 가장 소중한 물소리로 흘러 흘러 / 머나먼 바다에 이르고 있나니"(이상 끝연)라고 고백하는 것으로 서동에게 응답한다.

이렇게 되고 보면 윤석산의 애정시(<맛둥의 사랑>, <선화(善花)에게>, <선화공주(善花公主)의 말>)는 본래의 기록을 존중하여 한 번의 좌절(<선화(善花)에게>, 원전에서는 '百官極諫 竄流公主於遠方')을 극복한 뒤 성취하는 과정을 그린 것이라고 하겠다. 역경 속에서 피어나는 사랑의 소중한 종자를 살려내고자 하는 시인의 노력에서 우리는 인간의 삶이 노상 고달프지만은 않다는 점을 새삼 깨닫게 된다.

3) 서동의 사랑과 우리시대의 사회상

고전을 읽다보면 우리가 살고 있는 오늘의 현실을 되돌아보며 부끄러움에 빠지는 경우가 가끔 있다. <서동요>도 그런 계기를 마련해주는 작품의 하나다. 서동과 선화공주가 한 쌍의 부부가 되는 이 희귀한 사건이 흥미와 함께 비상한 관심을 끄는 까닭은 바로 그것이 '국경을 초월한' 사랑의 성취이기 때문이다. 이 대목에 이르러 우리는 동족이면서도 남북으로 갈라져서 서로 싸우고 적대시하고 있는 오늘의 비극을 자연스럽게 떠올리게 된다. 그리고 삼국이 정립하던 시대로 거슬러 올라가서 그때에도 세 나라가 싸움질로 세월을 보냈지만 비록 단 한 번일지라도 신라와 백제 사이에 국경을 초월한 국혼(國婚)이 성사되었음을 새삼 떠올리면서 지금 우리가 저지르고 있는 민족적이고도 범세계적인 범죄에 대하여 통한의 자책과 반성을 하게 된다.

박진환(朴鎭煥)이 토해낸 아픔의 시는 이렇다.

> 서슬 푸른 칼날과 창끝이 쟁패하던 / 分爭의 三國時代 / 新羅公主와 百濟王子의 密愛는 / 國籍 넘은 로맨스였지 // 有史以來 國際結婚 第一號 / 善花公主님과 薯童王子의 사랑은 / 간택도 정략도 和親도 아닌 / 宮城돌담을 끼고 돌며 부르던 / 어린 新羅녀석들의 노래가 인연이었지 - <서동(薯童)> 2·3연

옛 기록 그대로를 수용하여 시로 옮겨 놓은 것이지만 '國籍 넘은 로맨스'니 '國際結婚 第一號'니 '간택도 정략도 和親도 아닌'이니 하는 구절을 대할 때 우리는 문득 자격지심이며 자기비애에 젖고 만다. 그것은 오늘의 현실이 옛 시대의 아름다운 사건에 짓눌려서 운신조차 할 수 없을 지경에까지 몰리고 있기 때문이다.

끝 연 서두를 "그러니까 천오백여년 전의 로맨스 / 예나 지금이나 사랑은 하나"라고 강조하는 것으로 운을 뗀 시인은 마침내

> 分斷의 아픔으로 우는 사랑은 / 西曆 이천년에도 이루어지지 못할 / 오늘의 아픔일레 / 노래 아닌 울음일레 - 같은 시, 끝 연 말미

라고 탄식하면서 옛 시대에 있었던 쾌사(快事)와의 대비를 통해 현재의 야

만적인 분단상황에 울음을 터뜨린다. 박진환의 이 시는 인용에서 빠진 부분까지 합쳐서 읽으면 실인즉 옛 기록을 고지식하게 옮겨놓은 것에 불과하다. 그럼에도 우리로 하여금 시적 긴장감을 느끼게 하는 까닭은 바로 이 시대의 현실과 대조가 되는 대목이 있기 때문이다.

홍해리(洪海里) 또한 국경과 총칼도 이겨낸 꽃처럼 아름다운 사랑을 노래하고 있지만 그보다는 사랑의 순수성이 존재했던 시대와 그렇지 못한 현대의 애정 풍속도를 견주는데 초점을 맞추고 있다. 그러니까 옛시대와 현대와의 대비라는 방법론상의 본질적인 접근법은 박진환과 다를 바 없다.

> 6월이 오면 / 밤꽃이 흐드러지게 피지만 / 시멘트 철근의 숲은 / 개스에 젖어 있고 / 눈먼 하늘 아래 / 아래만 살아 남은 뜨거운 사랑 / 순간 접착제 / 뻥 튀긴 강정 / 불꽃만 요란하고 / 식은 잿더미가 골목마다 쌓인다 / 별이 뜨지 않는 / 서울의 거리 / 이제 사랑도 별볼일 없어라 / 찍어 바르고 / 문지르고 두드려 / 저마다 몇 개의 탈을 쓰고 / 거리마다 서성댄다 / 소리의 집만 무성한 잡초덤불 / 깨어진 거울 조각이 / 시대의 흙 속에 묻힌다. – <서동요> <3, 서울> 전문

서동의 사랑은 "천의 아이들 입마다 / 불을 밝혀서"(<1, 사랑>의 첫 연) 부르게 한 노래 가락 하나로 이루어졌다. 그만큼 순진하고 순수했던 사랑이었다. 그로부터 천오백여 년이 지난 서울거리의 사랑은 과연 어떤 모습을 하고 있는가? 시인이 밝히고자 하는 요지는 바로 여기에 놓여 있다.

요컨대 그것은 '사랑'이라는 말로 표현될 수 없는, 아니 '사랑' 그 자체를 모독하는 지저분함이다. 위장과 가식의 과시요 거래일 뿐이다. 사랑을 주고 받는 공간부터가 삭막하고 척박하기 짝이 없다. 그런 공간의 하늘마저 눈이 멀었다. 눈 먼 하늘 아래의 사람들이니 윤리적인 질서며 죄의식을 가질 이유가 없다. 무슨 짓인들 못하랴. "아래만 살아남은 뜨거운 사랑"을 기점으로 하여 그 이하의 서울거리에서 횡행하는 추잡하고 껍데기뿐인 우리시대의 사랑이라는 것이 조각조각 나열되어 있다. 서동과 선화공주의 사

랑은 땅속에 묻히지 않고 세월을 뛰어넘어 전승되어 오지만 악취가 풍기는 오늘의 사랑은 금세 흙속에 묻히는 단명으로 마감된다.

신규호(申奎浩)도 한탄의 소리를 내지른다. 그러나 위의 두 사람과는 달리 울음과 체념으로 끝나지 않고 아름답고 순수한 사랑을 꿈꾸는 원만(願望)의 노래를 부르고 있다는 점에서 이목을 끌고 있다.

> 메마른 서울의 골짜기에서 / 내가 오늘 캘 수 있는 건 무어냐 // 예까지 흘러와 / 무엇을 손에 찾아 들고 / 그대에게 달려갈 수 있느냐 // (…) // 등뒤를 따르며 노래부르던 / 아이들도 떠나고 // 굴렁쇠를 버리고 저자거리로 / 모두 떠나버리고 // 아스팔트 위에 혼자 남아 낡은 스프링처럼 구겨지는데 // (…) – <新薯童謠> 1·2·6·7·8연

인용된 부분만을 놓고 보면 우리가 살고 있는 이 세상은 사랑이 존재하지 않는 불모지와 같은 그런 사회다. 사랑을 숙성시킬 조건은 아무 것도 없다. 그러니 사람과 사람끼리의 관계를 끊어버려도 아무도 탓할 수 없다.

그러나 화자는 포기와 체념에만 머물지 않고 서동이 시도하여 성취시켰던 아름답고 순수한 사랑, 일체의 벽과 한계를 극복한 튼튼하고 청순한 사랑을 꿈꾼다.

> 연인아 / 세상에서 제일 예쁜 연인아 // 사람들 마음 밑바닥까지 박혀 있어 / 뽑아 흔들면 모두 울어버릴 // 마뿌리 같은 것 / 그런 것은 없을까 // 내 한 번 뽑아 부르면 / 그대서껀 모두 무너져 내릴 // 번쩍이는 무슨 노랫말은 / 없을까. 그대여 – 같은 시, 10~14연

화자는 마뿌리처럼 메마른 모든 현대인의 가슴을 적실 감동과 열정과 순수와 비옥함이 담긴 노래, 서동이 아이들에게 부르게 하여 저 높은 신라의 궁궐 성벽도 허물어버렸듯 연인의 마음은 물론 현대사회의 모든 단절

의 벽까지도 무너뜨릴 그런 노래를 꿈꾼다. "번쩍이는 무슨 노랫말"을 찾으려는 궁리는 <서동요>시대로의 회귀를 꾀하는 시도라고 풀이할 수 있다. 그렇다면 결국 그도 박진환이나 홍해리와 마찬가지로 마음의 밑자락에는 늘 원형적인 것, 본원적인 것에 대한 그리움을 깔아 놓고 반추하였다고 보아야 할 것이다.

정의홍(鄭義泓)의 변용은 사랑을 거부하는 진술로 시작된다. "公主여/그대의 암내에 눈을 베이고도/사랑질 모르는 것을 용서하라." 마무리 연에서도 똑같은 말을 반복한다. 처음과 끝 연만을 놓고 보면 화자는 공주와의 사랑을 사양하고 있음이 분명하다. 왜 그랬을까? 낮은 신분과 찌든 가난에서 비롯된 자의식이 작용되어 스스로 물러나면서 사랑을 반납한 것은 아닐까? 그렇지 않다.

> (…) 지금은 봄이 와도 봄일 수 없어/가장 인간적인 것이/그리운 때 – <薯童의 말> 2연 끝 부분

그도 역시 시대와 사회 환경을 거론하고 있다. 그런 문맥 위에다 서동의 때묻지 않은 사랑을 놓고 보면 그 사랑은 금방 쓰러지고 만다. 이쯤되면 순수함을 견지하고 있는 화자가 공주가 내미는 사랑의 손길을 단호하게 뿌리치는 의도를 짐작할 수 있다. 봄이 봄같지 않은 원인을 시인은 무절제, 무질서, 과욕, 타락 등 현실의 여러 그늘진 곳에서 찾는다.

> 개가 짖는다 한낮에도/도둑이 싫어서 그것이 싫어서/우간다의 某氏같이 목적을 위해/또 누구같이 그것을 위해/선량한 戀敵을 짓밟아버리고도/부끄럼 모르는 권력처럼 서서/그대를 앗을 수도 있지만 – <薯童의 말> 3연

우리 시대의 서동이 정말 체질적으로 사랑을 싫어하는 비정상인일까? 그렇지 않다. "그대를 앗을 수도" 있는 그런 열정을 그는 지니고 있다. 그

럼에도 그는 "(추잡한) 사랑질 모르는 것을/ 용서하라, 용서하라"고 되뇌인다. 외교(우간다의 모씨)라는 이름으로 성을 농락하고 짓밟는 가증스런 폭력, 성이 권력과 교묘하게 결탁하여서 정치와 경제 등을 모두 장악하고 변질시키고 있는 현대 사회에 화자는 질색을 하고 실망의 늪에 빠진다. 정상적인 사랑이 점점 붕괴되어 가는 현실을 직접 목도하며 살아가는 화자가 사랑을 외면하게 된 경위가 이렇듯 선명하게 드러난다. 건강하고 정상적인 남정이 이렇듯 여인의 사랑을 거부하는 우리의 현실은 불행한 세상일 수밖에 없다. 고백하는 형식을 취하였으나 실인즉 현대사회의 문란한 성의 실상을 신랄하게 비판하는데 무게를 두고 있음은 일독(一讀)만으로도 용이하게 파악된다.

'사랑' 그것은 국경과 시대를 초월한다. 그러나 그 기교와 방식은 시대에 따라 변질되고 구별된다. 위에서 인용한 시들은 그런 점을 포착하여 오늘의 경색되고 추락된 사랑에 비애를 느끼고 있다는 점에 인식을 같이하고 있다.

4) 서동과 동행하기

앞 절에서 읽은 네 사람의 시에는 말하자면 시적 화자의 불편한 심기와 불만, 거창하게 지적한다면 삐딱한 심리가 잠복해 있다. 그것은 질박한 신라사회의 어리숙함(?)에 대한 부러움이 작용하였기 때문이다.

사정이 그렇다면 마치 비수를 감추고 상대방을 대하는 식의 불편한 심기나 비꼬기 등의 간접화법이 아닌, 직접 드러내 놓고 풋풋한 신라의 인성(人性)을 노래한 현대시는 없는지 자못 궁금해진다. 다행히 있다. 그것을 끄집어내어서 고전을 고전 그대로 간직하려는 순박한 마음을 읽기로 하자.

> 천오백 년도 넘은 그 날/ 나는 미꾸라지처럼 물을 타고 올라가/ 까마득한 세월의 어둠속/ 저녁 무렵의 서동을 만난다. – <薯童이여> 첫째 연

이렇게 시작되는 김규화(金圭和)의 시적 화자는 시인 자신이고 서동은 시의 주인공으로 등장한다. 이러한 구도이기 때문에 시인은 신라의 서동을 객관적으로 관찰할 수 있는 입지를 확보할 수 있다.

세월을 거슬러 올라가서 만나 본 서동은 무엇을 하고 있었을까?

> 까마득한 세월의 그쪽이니 / 고구마나 구워서, 사위스런 노래나 지어서 / 求婚한 서동이여 // (…) // 기껏 그 방법, 옆구리를 건드리는 / 방법도 서툰 우리 선조여 // 아이들의 노래가 번져나오는 / 당산나무께, 돌방석도 있는 곳에 / 벌써 어스름 밤이 찾아들고 / 바람도 소슬하게 부는구나 // 우직하게 쓰는 그 손 때문에 / 선량하게 늙어가는 우리 선조여 – 같은 시, 5 · 7 · 8 · 9연

시인은 서동을 "숯검정도 묻은 고구마 같은, 깜깜한 우리의 선조"(6연)라고 말한다. 못생기고 꾸밈이 없는, 투박하면서 우직한 그런 인물, 글 할 줄도 모르고 재간도 부릴 줄 모르는 범상하기 짝이 없는 총각, 그런 겉모습과 인성에 시인은 홀딱 반해버린다. 그뿐만 아니라 구애의 방식이 겨우 "고구마나 구워서, 사위스런 노래나 지어서" 아이들에게 부르도록 하고 "기껏 그 방법, 옆구리를 건드리는 방법도 서툰 (…) 우직하게 쓰는 그 손"이 너무도 투박하고 선량스럽게 느껴져서 시인은 곱게 늙어가는 우리의 선조에게 더욱 매료된다.

서동을 관찰한 김규화의 소감은 이것이 전부다. 전승되어오는 서사를 존중하면서 약간의 패러디를 가한 것이 오히려 시적인 흥미를 유발하고 있고 무엇보다도 현대와는 전혀 연관짓지 않고 당대의 서동을 그려내어서 독자로 하여금 언외(言外)의 함의를 느끼도록 슬며시 유도하고 있다는 점이 돋보이는 점이라고 할 수 있다.[16]

---

16) 朴喆熙, 「薯童전승의 詩的 受容」, 『現代詩의 傳統意識』, 문학예술, 1991, 178면. "시인은 이 선량하게 늙어가는 우리의 선조에서 자기 연민을 느끼고 (…)" 운운.

합금(合金)은 그것대로 쓸모가 있고 순금(純金)은 이물질이 섞이지 않아서 또한 값진 것이다. 이분법에 따라서 어느 한쪽에 치우치는 것은 바람직하지 않다. 왜 이런 말을 하느냐하면 '신라+현대'에 속하는 작품과 '신라'만을 고집한 시를 놓고 그 우열을 가려서는 안 된다는 생각이 들어서이기 때문이다.

다만 김규화의 시가 문학적인 수월성 여부를 떠나 우리에게 편안함과 친근감을 주는 까닭은 거기에 싱그럽고 질박한 신라정신이 담겨 있어서 향수를 느끼게 하고 '신라+현대'의 시들을 읽어오면서 겹겹이 쌓여진 피곤함과 현대인이 평소 품고 있는 자아 모멸감의 상당 부분을 덜어주고 있기 때문이다.17)

서동이 시도한 사랑의 방식도 사술(詐術)이나 궤계(詭計)가 아니라 어리숙한 지혜로 간주하고 이를 기리면서 본받고자 하는 시가 있어서 그는 원형 상징의 '인간 문화재'로 추앙받는다. 천진한 사랑의 기법을 처음으로 찾아내어서 오늘의 우리에게 넌즈시 전승해주는 현량한 선조로서 다시 환생한다.

> 이제금 千年 도도히 흐르는/江물 위 마르지 않는/오라비의 뜨거운 피// 왼 사랑의 尺度를 얼버무리시고/온갖 사랑의 虛飾을 빼어던지시고/감자(마) 서너말로 꾀이시던 솜씨/지금껏 여전하요이다//오라비여/서동 오라비여 (…) - <薯童 오라비여>, 3·4·5연

임영희(林英姬)의 서동을 기리는 시다. 천년의 긴 세월 동안 응고되지 않고 순환을 거듭해온 '오라비의 뜨거운 피'를 시인은 그 자신의 체내(體

---

17) 요컨대 김규화의 <薯童이여>는 원래의 컨텍스트에서 이탈하지 않은 노래다. 이런 점에 있어서는 權千鶴의 <薯童이랑 善化랑>과 文孝治의 <薯童의 기쁨>도 성향이 같다. 다만 후자 두 편이 서사전승의 큰 흐름에 따라 詩想을 풀어나간 반면 김규화는 서동이라는 인물성격에 특히 초점을 맞춰서 시적인 형상화에 임했다는 점이 다르다.

內)에다 끌어들이려 한다. 그 '피'속에는 "이 세상 어여쁜 것의 / 이 세상 思慕하는 것의 / 外面치 못"(2연)하는 미의식이 가득 차 있고 "온갖 사랑의 虛飾을 빼어 던"진 직설의 진실이 있으며 "한 목숨 죄다 바치어 사그리는 촛불"(6연)과 같은 뜨거운 사랑이 넘치고 있기 때문이다. 이 소중한 정신적 자산을 시인은 그냥 기리는 것으로 자족하지 않는다. 자신의 것으로 만들고 서동과 내적인 융화를 이루는 선에까지 이르렀을 때 비로소 희열과 포만감을 느낄 수 있으리라고 믿는다. 부름의 소리, 곧 "오라비여 / 서동 오라비여"에서 그 뜨거운 열망을 읽을 수 있다.[18)]

서동과의 일체를 주지(主旨)로 하였다는 점에서 박경석(朴倞錫)도 임영희와 성향을 같이 한다. 다만 임영희가 서동이 보여준 사랑의 기법을 자신의 것으로 육화하려고 노력하였다면 박경석은 이미 그것과 일체화된 상태에서 다시금 그 본향과도 같은 것에 향수를 느끼고 있다는 점이 미세하게 서로 다른 부분이다.

시인은 싸움질로 얻는 사랑, 목숨걸고 승부를 겨루는 식의 사랑에 대해서 질타한다. 그런 짓은 말탄 칼잡이나 하는 것이라고 무시한다. "西洋이 자랑삼는 신성한 연애 / 선수치고 풍류잡힌"(끝 연의 일부) 수준쯤은 되어야 한다고 강조한다. 그리고는 이렇게 말한다.

> 우리식으로 은근하게, 조금은 으뭉하게 / 노래와 슬기로 하는 법이야 - <내 열아홉 薯童> 3연

이런 서동식(薯童式)의 사랑이기에 효력도 있는 법이라서 "문턱 높은 대궐도 / 想思謠 뚝심만은 막을 수"(4연) 없었노라고 한다. 요즘 말로 하면 촌스럽고 무모한 방식이지만 메주같기도 하고 투박한 질그릇 같기도 한 이 향토색 짙은 연애방법론에 시인은 그것이 신라 때의 것이면서 또한 그 자

---

18) 朴喆熙, 앞의 글, 176면.

신의 "열 아홉 내 모습 일쎄"(끝 연)라고 실토한다. 하나의 정점에서 서동과 시인은 이렇게 감격스런 만남을 실현한다. "열아홉 서동은 결국 열아홉 시인의 모습이며 그러기에 전통 속에서의 '서동'처럼 우리식의 사랑을 추구해 오고 있는 시인의 주지를 보게 된다."19)라는 설명은 이래서 공감을 얻는다. 다시 읽거니와 서양의 신사도가 자랑하는 그런 연애도 따돌리고 '풍류잡힌' 우리식 연애에 시인은 엄청난 자긍심을 느끼고 있다.

이상 살펴본 바와 같이 세 시인은 모두 서동의 궤계(詭計)에 의한 사랑의 방식을 가장 순박한 것, 토속적인 것, 잔꾀가 없는 진실된 것 등으로 미화시키면서 최대의 찬사를 아끼지 않았다. 그러나 따지고 보면 군동(群童)으로 하여금 사실 무근의 노래를 부르게 하여서 궁궐을 뒤흔들어 놓고 공주로 하여금 궁지에 몰아넣어서 마침내 그녀를 취한 서동의 행위가 과연 찬양의 대상이 되는지, 그런 바람몰이 사술(詐術)이 길이 보존되고 후손들에까지 전승될 가치가 있는 것인지는 의문이다.

이런 식의 의문이 있음에도 불구하고 서동이 취한 구애의 방식이 최상의 호응을 얻게 된 까닭은 역설적이지만 합리성의 결여, 이를테면 우악스러우리만큼의 무모함, 앞 뒤 가리지 않고 일을 저질러 놓고 보는 만용, 자로 잰 듯이 빈틈없게 계획을 세워놓고 덤벼드는 것이 아닌 엉성하고 어리숙한 시도 등이 복합적으로 작용하여 우리식의 해학성을 띄고 있기 때문이다. 이런 국면에서 시인들이 애정을 느꼈다고 보면 과히 틀린 말은 아닐 것이다.

5) '현대시 서동요'에 대한 논평

우리가 읽은 '현대시 서동요'는 각기 나름대로의 창작의도와 더불어 시적인 텐션과 수준도 함께 갖추고 있다. 전통적인 이미지를 포착하는 첫단계에서부터 이를 개인적인 창조적 이미지로 전환시키는 일에 이르기까지

19) 朴喆熙, 앞의 글, 175면.

큰 무리를 발견할 수 없는 점도 다행이라 하겠다.

빈민층의 삶의 실태를 심도있게 다룬 윤석산의 연작시(連作詩)는 그 발상이 돋보이고 여러 각도에서 서동의 삶을 구체화 · 합리화한 점에 우리는 후한 평가를 내려도 좋으리라. 박진환 · 홍해리 · 신규호 · 정의홍 등이 우리 시대의 실상과 연결시켜서 부른 노래들은 서정성과 함께 교훈성도 제시하고 있어서 인상적이며 고전의 가변성을 증험해 주었다는데서 의의를 찾을 수 있다. 김규화 · 임영희 · 박경석이 형상화한 찬양과 전승 위주의 노래들은 순박한 신라정신의 고수와 그것과의 동행을 시사함으로써 잊혀져 가는 전통에 대하여 새롭게 향수를 느끼게 하는데 기여하였다는 점에서 그들에게도 좋은 평가가 내려져야 할 것이다. 이 이상의 논평은 이들의 작품을 읽으면서 자연스럽게 드러났기 때문에 줄이기로 한다. 오히려 그 반대항의 입장에서 비판을 가하는 것이 노작(勞作)에 대한 예우라고 생각한다.

'현대시 서동요'가 보여준 세계는 다음과 같은 몇 가지의 한계점을 드러내고 있다. 인간의 한 평생은 여러 종류의 삶의 조각들로 형성되어 있다. 멀리서 예를 구할 것도 없이 바로 서동의 생애를 되새겨 보면 알 일이다. '사랑'은 그러한 여러 조각 중의 하나다. 그런데 '현대시 서동요'의 모든 노래들은 서동이 성취해낸 사랑에만 집중적인 관심을 기울이고 있다. 그의 제 성공, 그리고 미륵사(彌勒寺) 창건에 관한 위업은 전혀 외면하고 있다. 향가 서동요가 헌화가와 다른 점은 이미 지적한 바와 같이 담론거리, 시의 질료가 될 만한 화소(話素)가 상대적으로 풍부하다는 점이다. 그럼에도 시인들은 사랑 하나에만 집착하였다. 몇 년 전 「사랑이 뭐길래」라는 TV연속극이 방영되어 전국의 시청자의 인기를 독차지한 사건을 우리는 아직도 기억하고 있다. '현대시 서동요'의 경우에도 인생의 긴 역정에서 사랑이 차지하는 입지가 도대체 얼마나 넓기에 그것 하나만 가지고 그 야단들이냐라고 묻고 싶을 정도다.

우리는 일단 너그러운 마음으로 이 점을 이해하고자 한다. 인간사(人間

事) 중에서 사랑만큼 아름답고 유쾌한 것이 없고, 그 중에서도 서동의 사랑과 성취는 마력, 괴력(怪力)의 힘을 연상케 하며 흥미를 북돋우고 있어서 더욱 그러하다. 그럼에도 계속 아쉬움이 남는 것은 서동의 다른 행적들에 대해서 너무 무심하였다는 사실이다. 한정된 시야(視野), 이것은 본고에서 다룬 모든 시인들에게 해당되는 약점이다.

또 다음과 같은 점도 시빗거리가 될 수 있다. 서동이 구혼을 하고 선화공주가 백관(百官)의 극간(極諫)에 밀려나 서동과 결연하게 된다는 것이 컨텍스트의 주지다. 그렇다면 서동만이 주인공이 아니라 선화도 그에 못지않는 중요인물이다. <헌화가>의 수로부인과 견줄 수 없으리만큼 그녀의 역할은 지대하였다. 그럼에도 대부분의 시인들은 선화에게 시선을 꽂지 않았다. 그나마 윤석산이 <선화공주(善花公主)의 말>에서 그녀의 심경을 대변해 주었고, 권천학이 3부작 <서동(薯童)이랑 선화(善花)랑> 중 제2부 <아름다운 집-선화(善花)의 일기>에서 "그리움은 자라 아픔이 되고/아픔은 단단한 벽돌이 되어/아무도 모르게/아름다운 집을 짓다"라는 말로 서동에게 화답한 것이 있어서 갈증을 겨우 풀어주고 있는 정도다.

그러나 이런 정도로는 미흡하다. 동어반복이지만 선화의 운신의 폭은 수로부인과는 상대가 되지 않는다. 미지의 총각에게 선뜻 몸을 맡긴 사실만 보아서도 그녀를 질료로 한 여러 편의 애정시는 얼마든지 가능하였고 그리하여 서동의 노래와 등가(等價)의 수평선상에서 짝을 이루게 하였다면 서동 전승의 현대적 변용은 더욱 풍요로운 효과를 거두었으리라고 믿고 싶다.

그렇지 못 했기 때문에 반사적으로 얻은 이점도 있다는 사실이 그나마 우리를 안도케 한다. 만약 선화를 시적 화자로 한 작품들이 속출하였다면 자칫 그녀도 자녀(恣女)로 둔갑될 수 있는 확률이 높았으리라 예상된다. 문헌기록을 토대로 하여 미루어 헤아릴 때 그녀는 이성(異性)에 대해서 직정적인 여인이었다. 그런 여성이 현대에 태어났다면 부정(不貞)하고 음란한 성행위도 마다하지 않을 수도 있었을 터이고 수로부인처럼 창녀로 추락하는 신세가 되었을지도 모른다. 선화의 노래가 한두 편으로 끝났기 때문에 그런 흉칙한 장면과 만나지 않았다면 오히려 다행한 일로 치부해도 좋다.

고전의 수용과 변용은 말처럼 쉬운 작업이 아니다. 동어반복이지만 원전에 대한 완전한 이해가 선행되어야 하고 그런 바탕에서 현대적인 변용을 시도하여야 한다. 방금 필자는 “원전에 대한 완전한 이해” 운운 하였다. 이 말은 고전을 있는 그대로 해독하라는 뜻만은 아니다. 비판의 관점에서 읽고 재해석하라는 주문도 포함된다.

이런 맥락에서 조명할 때 학문적인 시각에서 벗어나 상식적인 안목으로 보아서도 관계기록에는 많은 부분에 불합리성이 내재해 있고 특히 서동의 궤계와 그 성취는 문제점으로 부각시키기에 부족함이 없다. 물론 시인들과 함께 필자도 이 부분에 상당한 호감과 애착심을 표시하고 있다. 왜 그런지는 4절의 작품읽기에서 이미 언명한 바 있다.

그럼에도 이 대목이 문제점으로 대두되어야 하는 까닭은 그 불합리성도 그렇거니와 호의적인 반응에서 벗어나서 숙고할 때 목적을 위해서는 어떠한 계략도 불사한 서동의 사술(詐術)이 노상 찬양의 대상만은 아니기 때문이다. 서사의 결말은 아름답게 마무리되었으나 그로 하여 한때 신라의 궁궐이 혼란에 빠진 점을 감안한다면 서동의 계책은 언필칭 악의적인 것일 수도 있다.

학문적인 측면에서의 해석과는 무관한 상태에서 고전의 재창작을 시도하는 입장에서는 이런 점도 예리하게 관찰하여 서동의 행위를 꼬집는 작품도 있었으면 한결 좋았을 터이다. 재생산의 다양성을 바라는 심정에서 지적하는 것이다. 지엽적인 것이지만 ‘薯茹’를 ‘고구마’로 바꿔놓은 것도 짚고 넘어가기로 한다. ‘고구마’는 조선시대에 들어와서 전래된 식물이지 신라 때의 것은 아니다. 원전 읽기의 엄격함은 이런 실책도 간과하지 않는다.

4. 마무리

옛 시대의 문학을 재창작해 내는 작업은 우선 고전문학을 전공하는 연구자들을 기쁘게 해준다. 옛 것을 박제된 유물로 방치하지 않고 거기에 새로운 생명력을 부여해서 오늘에 되살려내는 일이니 어찌 즐겁지 않겠는가. 그런 면에서 우리는 시인들에게 고마움과 경의를 표하기로 한다. 본론의 각 장 말미 절에서 문제성이 있는 작품을 평할 때 좀더 가혹하게 비판을 가해야 마땅함에도 이를 피한 까닭도 실은 그들의 시도 그 자체에 의의를 부여하고 싶었기 때문이다. 한편 그러한 작업은 창작에 종사하는 시인들에게도 값지고 의미있는 일이 될 수 있으리라고 확신한다. 고전을 심도있게 이해하고 이를 현대에 연결시킴으로써 전통의 계승이라는 업적을 일궈냈으니 그들에게 왜 뿌듯한 성취감이 없겠는가.

이런 식으로 얘기하는 것은 요컨대 편협한 변설일 수 있다. 고전이 어째서 그것을 전공하는 학자나 또는 현대 시인만의 것인가? 오늘을 살고 있는 이 시대의 모든 사람이 향유하여야 할 문화유산이 아닌가? 그렇다면 고전시가의 현대적 변용은 소수의 전공학자나 창작자만이 관심을 가지고 한쪽 귀퉁이에 모여서 그들만이 외롭게 즐길 일은 아닐 것이다. 모두 함께 어울려서 흥겨워야할 잔치판의 풍류가락이라는데 우리는 동의하지 않을 수 없다.

향가 헌화가와 서동요의 현대적 변용은 그것의 문학적 성취도와 수월성의 여부를 떠나 이런 면에서 높이 평가해도 무방한 작업이다. 고전은 물론 과거의 것이다. 그 중에는 고정 불변의 것, 현대화할 수 없는 장르와 작품들도 있다. 그런가하면 가변적이고 유동적인 장르와 작품들도 있어서 이런 것을 오늘의 시각과 가치관으로 수용하고 재조명해서 되살려낼 수 있는 것도 있다. <헌화가>와 <서동요>가 바로 여기에 해당된다. 몇 수 안 되는 향가 작품 중에서 이 두 편의 노래가 현대시인들에게 그렇듯 주목의 대상이 된 데에는 이런 점이 작용하였다고 본다. 이와 관련하여 우리는 그런 성격과는 다른 각도에서 좀더 부연하여 설명할 필요성을 느낀다.

우리는 자주 민족적인 정서니, 혹은 전통문화의 원천이니 하면서 이를 강조하고 소중히 간수하려 한다. 마땅한 인식이요 자세라 아니할 수 없다. 그러나 현대적인 수용이나 변용이 가능한 문화유산일지라도 모두 작품화되는 것도 아니고 또 그렇게 될 수도 없다. 문학적인 성취도가 높다고 해서 반드시 계승되는 것도 아니며, 그 반대의 것이라고 해서 꼭 단절 · 탈락되는 것도 아니다. 고전으로서의 일정한 격을 갖추고 있으되 시대를 초월하여 후대인들로부터 '사랑을 받을 수 있는 것', 이런 작품들만이 문학사의 맥을 짚으면서 옛 것을 되살려 내려고 고심하는 시인들의 이목을 끌게 된다. <헌화가>나 <서동요>야 말로 바로 민족 정서와 전통문화의 정수를 아우르고 있으면서, 우리 시대 누구에게나 사랑받는 원형의 표상이라 하겠다. 이를 현대시로 바꿔 놓았다는 것은 곧 현대시인이 고전을 선별하는데 있어서 밝은 눈을 지니고 있었다는 얘기가 되며, 그런 면에서 통시사적(通詩史的) 의의를 찾을 수 있다.

'아름다움'은 세월이 아무리 흘러도 변질되지 않고 유지되기 마련이다. 그것이 태어난 당대는 물론 후대에 내려와서도 변함없는 찬미와 관심의 대상이 된다. <헌화가>와 <서동요>는 요컨대 '아름다움의 총화'라 이를만한 노래다. 수로부인의 아름다움이야 더 말할 나위가 없고, 짝사랑에 흠뻑 빠진 노옹의 애정심도 여간 아름다운 것이 아니다. 그가 부른 은근한 노래 또한 서양의 구애가와는 차원을 달리하는, 우리의 옛 정서에 꼭 부합되는 아름다움의 상징이다. 또 이론의 여지가 있지만 어쨌거나 서동의 구애가는 그 투박스럽고 우직함에 있어서 그것대로의 질박한 미의식이 있으며 뿐만 아니라 선화공주의 대응은 예상을 일거에 뒤집어 놓은 경이로움의 아름다움이 있다. 이런 최상의 미를 현대의 어법에 맞춰서 찬양하고 연가로 재생시켜 놓았다는 점에서 <헌화가>와 <서동요>의 현대시적 재창작은 결코 가볍게 평가될 성질의 것이 아니다.

<헌화가> 및 <서동요>와 그 관련 문맥이 원래의 모습 그대로 재현되었

다면, 즉 향찰의 현대어 풀이에 몇 마디 수식어를 보탠 수준의 것이라면 그것처럼 밋밋하고 무의미한 것도 없으리라. 도대체 무슨 재미로 읽겠는가? '멋'은 어떤 상태에서 형성되는가? 정상에서 얼마쯤 벗어났을 때, 파격의 흥청거림이 유발될 때 그것은 잉태된다. 텍스트와 컨텍스트가 서로 뒤엉켜서 새로운 것이 생산될 때 고전의 신선미도 창출된다. 그런 점에서 현대시로 재창작된 다수의 작품들에서, 우리는 의미 있는 재미를 느낄 수 있고 또한 멋도 맛볼 수 있다. 고전의 자유스런 재해석을 통해서 부분으로나 전체적으로나 새롭게 태어난 <헌화가>와 <서동요>에서 우리는 고전의 현대화가 어떤 것인지, 그 의의는 무엇인지를 다시금 깨달을 수 있다.

다만 지나친 변용은 고전의 품격과 그 원형의 훼손을 방지하기 위해서도 재고 할 필요가 있다. 소재적 차원에서 창작자의 임의에 따라 재생해 내는 것이 무슨 문제냐는 식의 반론이 있을 수 있으나 텍스트와 컨텍스트가 말하고자 하는 주제에서 너무 일탈한 창작은 아무래도 문제가 된다. 그럼에도 뜻을 굽힐 수 없다면 그것은 시인의 창작의 자유에 속하는 일이기 때문에 반복해서 용훼해서는 안 된다. 그러나 평가는 의연 독자에게 맡겨야 한다.

(『한국시가연구』 제5집, 한국시가학회, 1999.8)

<용비어천가> 연구[*]

■

조규익(曺圭益)

1. 논의의 단서

<용비어천가>[1)]의 창작에 전제된 목적이 무엇이었든, 그것은 악장으로만 쓰였다. 악장은 본질상 문학적인 것과 음악적인 것을 포괄하기 때문에, <용가>를 적절히만 분석한다면 음악과 문학에 내재되어 있던 당대 예악문화의 보편적 관습을 얼마간 찾아낼 수 있다고 본다.

<용가>는 그 이전 혹은 동시대 악장들의 집대성이자 결정판이다.[2)] 선초

---

* 「<龍飛御天歌>의 장르적 성격」(『국어국문학』 103호, 국어국문학회, 1990)을 수정・보완하여 저서 『조선조 악장의 문예미학』(민속원, 2005)에 '왕조의 꿈, 그 과거・현재・미래'라는 제목으로 재수록한 것을 다시 수정・보완한 것이 바로 이 논문이다. 도남학회의 요청으로 이 논문을 재수록 한다.

1) 이하 <용가>로 약칭.

2) <용가>가 악장(문학)사에서 결정판인 점은 학계의 공인된 사실이다. 그러나 <용가> 자체의 논의에 주목하면 사정이 간단치 않다. 주지하다시피 <용가>의 초간본은 활자본이고, 현존하는 텍스트는 모두 중간 이후의 목판본들이다. 1・2권이 남아있는 가람본,

혹은 그 이전부터 <용가>에까지 이어지는 악장의 큰 줄기들이 있었으며 그것들은 <용가>에 이르러 새로운 장르 형성의 계기 역할을 했다. <용가> 이전 조선조 악장의 소원(溯源)을 크게 외래적인 것과 재래적인 것 등 두 갈래로 나눌 수 있다면, 전자에는 『시경』이나 중국 왕조들의 악장이 포함되고 후자에는 고유시가 혹은 그 변이형이 포함될 수 있다. 이렇게 상이한 갈래의 소원들을 동시에 추적할 만한 근거들이 그 단일 작품 내에 모두 포괄되어 있다고 보기 때문에, '악장문학의 집대성이나 결정판'이라는 <용가>의 의미가 보다 구체화될 수 있는 것이다.

본고의 대상은 '악장문학으로서의 <용가>'인데, 실용적 국면에서 창작・향수되던 악장을 통해 <용가>의 본질을 밝혀보고자 하는 것이 필자의 의도이다. 사실 악장에 초점을 맞추건 문학에 초점을 맞추건 전통적 요소나 그로부터 변이된 새로운 요소는 <용가> 자체 내에 포괄되어 있다고 보는 것이 타당하다.

선초에 고려악장을 습용한 사실은 『시경』이나 중국의 악장을 간접적으로 받아들였음을 의미한다. 뿐만 아니라 경우에 따라서는 그것들을 직접 도입하여 악장으로 사용하거나 새로이 등장한 개인 작자들이 활발하게 악장을 창작함으로써 양적으로 풍부한 양상을 보였는데, 어느 경우이든 전통으로부터 자유로울 수는 없었다.

<용가>가 그 이전에나 그 이후에나 거의 볼 수 없는 형식이라는 견해[3]는 국악계의 반론[4]에 의해 적어도 음악적 측면 혹은 그와 관련된 악사의

그와 유사한 규장각본, 만력본, 순치본, 건륭본 등이 현재까지 확인된 <용가> 텍스트의 전부다. 사실 텍스트 비평이나 작자 논의가 전무할 정도로 현존 관찬본 <용가>는 텍스트로서 독보적 지위를 인정받고 있다. 그러나 최근 박찬수(2007)는 이런 학계의 고정관념에 경종을 울린 바 있다. 그는 운정 이숙번의 <용가>가 정인지・안지・권제 등이 지은 현존 관찬본의 先本이라는 점을 주장하고 있는데, 앞으로 이 주장이 수용된다면 <용가>에 대한 기존의 논의들은 대폭 수정되어야 할 것이다. 이 문제에 대해서는 다른 자리에서 새롭게 논하고자 한다.

3) 조윤제(1937), 174면.

4) 이혜구(1975), 183～209면.

구성적 측면에서 이미 극복되었거나 거의 극복되어 가고 있는 중이다. 물론 복수 작자인 당대의 지도적 관료들이 왕의 명령을 받아 창작했다고는 하나 소재 자체가 역사적 사실들5)이고 민속의 칭송하는 노래를 캐어 모아 국어로 만든 것인 만큼,6) 전 · 후의 맥락과 단절된 채 전혀 새로운 형태가 이루어질 수는 없는 일이다.

이 글에서는 <용가>가 악장임을 전제로 연구사와 제작 동기를 간략히 살펴본 다음 장르적 성격을 중점적으로 논하고자 한다.

2. 연구 경향

문학 부문에만 국한시킬 경우, <용가>에 관한 대표적인 기존 학설들은 형태적 측면과 장르적인 측면으로 나뉜다.

우선 전자에는 <용가> 자체의 형태 분석에 관한 업적들뿐만 아니라 그러한 분석을 바탕으로 여타 장르들과의 통시적 관련성을 모색한 것들까지 비교적 다양하게 포함되어 있다. <용가>의 형태적 소원이 외래적인 데 있다고 본 것은 조윤제(1963:92)의 '중국 고시체 모방설'이 대표적이고, 재래적인 데 있다고 본 것들로는 이병기(1965:118)의 '4구 2절형의 우리 민요체설'이나 안확(1984:148) · 정병욱(1976:125) 등의 '신시형설' 등을 들 수 있다. 또한 <용가>를 상 · 하 2구로 본 김사엽(1956:158~159)은 상구를 가사체의 형식으로 하구를 고려가요의 보편형으로 파악했으며, '용비어천가의 형식 구조에 대하여'나 '용비어천가의 결미법에 대하여' 등의 논문들을 통해 <용가>의 통사론적 구조 · 율격 구조 및 각 행 종결어미의 어법적 특징 등을 본격적으로 분석한 정병욱(1985)은 <용가>의 통사론적 구조가 셋으

---

5) 세종실록 095 24/03/01. 이하 조선왕조실록의 기사는 국사편찬위원회의 朝鮮王朝實錄 웹사이트(http://sillok.history.go.kr)에서 인용함.

6) 세종실록 108 27/04/05.

로 파악되고 율격구조는 넷으로 파악된다고 했다. 다시 말하여 <용가>와 시조가 같은 형태를 취하고 있다는 것이 정병욱 주장의 핵심인 것이다. 이와 유사한 방향에서 조흥욱(1979)은 <용가>에 "2 · 3 · 4음보의 세 가지 음보율이 나타난다는 점, '강 · 약/약 · 강 · 약/약 · 약강 · 약' 중 하나의 리듬 구조를 갖고 있다는 점, 3음보에서 4음보로 변형되는 과정이 나타난다는 점" 등을 밝혔고, 김대행(1989:153~174)은 통사구조 · 의미구조 · 율격구조 등을 중심으로 <용가>를 분석할 때 그것의 형식적 구성 원리가 형식적 확대를 거쳐 정형화하면 시조의 형식에 이른다고 보기도 했다.

장르 논의로 대표적인 업적은 <용가>를 서사시적 측면에서 본격적으로 분석하기 시작한 장덕순(1970:350~359) · 성기옥(1984) · 김선아(1985) 등의 논문들이 있고, 이들의 견해와 상반되는 입장에서 <용가>를 서정시로 보아야 한다는 김학성(2000)의 주장은 입론의 전제가 다소 파격적이다. 장덕순은 <용가>가 비서사적 성격을 지니고 있어 기형적이긴 하지만 서사시로 파악되어야 한다고 보았다. 장덕순의 주장을 논의의 출발로 삼고 있는 성기옥(1984)은 <용가>의 서사적 짜임을 본격적으로 분석하고 그것을 영웅서사시의 범주에 포함시켰으며 김선아(1985)는 3장~124장까지의 서사부를 집중적으로 분석하고, <용가>가 서사시로서 조선왕조의 신화이며 한국인 최후의 건국시조 신화이자 영웅신화임을 주장했다. 이들과 약간 다른 관점에서 조동일(1983:269)은 <용가>가 단편적인 영웅시의 집합으로 생각되며 순수서사시라기보다는 교술적인 서사시로서 왕조서사시라고 하여 <용가>의 교술 장르적 성격을 처음으로 제기했다.

본질적으로 서사시라는 점이 지금까지 <용가> 장르론의 주된 흐름이며, 성기옥(1984)과 김선아(1985) 등은 그 서사론의 핵심을 차지한다. 성기옥(1984:317~322)은 주기적 순환의 원리(4조 · 태조→4조 · 태조 · 태종→4조 · 태조 · 태종)와 순차적 진행의 원리(4조→태조/4조→태조→태종/4조→태조→태종)를 <용가>(3장부터 124장까지)에 내재되어 있는 서사성으로 보았다. 그러나 성기옥은 <용가>에서 장르적 성격 규명에 큰 의미를 지닐 수 있는 부분들(3장~14장/125장)을 누락시켰다거나 사건들을 연결해주는 맥락보다는 각 에피소드의 주인공들 사이에 존재하는 소목(昭穆) 차서(次序)만을 기준으로 삼았고, 실제 서사적 맥락으로 이어져 있지 않은 원사들의 존재나 성격을 논의의 중요한 변수로 고려하지 아니한 채 주해 및 배경적 사실만을 분석의 대상이나 논거로 들었다. 그러나 이러한 점들은 그가 분석해낸 서사성 자체의 근거가 미약하거나 처음부터 <용가>가 서사시를 상정하고 만들어진 작품이 아님을 보여주는 증거들일 수 있다.

김선아(1985:106~107)는 <용가>의 1 · 2장을 서사(序詞), 3~124장을 서사부(敍事部), 125장을 결사로 보았다. 그 서사부는 다시 3~16장(상부-개왕업부(開王業部) : 건국의 당위성인 천명성(天命性)의 발현에 중점)/17~109장(중부-성인신력부(聖人神力部) : 주인공 이태조의 영웅성 부각)/110~124장(하부-원무망부(願毋忘部) : 후왕들에 대한 경계에 중점) 등으로 나뉘는데, 각각은 건국과정을 서술한 건국의 서사시, 주인공 이태조의 영웅상을 신화적으로 서술한 영웅 서사시, 후왕에 대한 규계와 교훈 및 염원을 전행의 서사성을 이어 노래하고 있는 서사시적 교훈시로서의 특성을 나타낸다고 보았다. 이들 각 부분이 각각 서사와 결사를 취하면 모두 독자적인 한 편의 악장, 한 편의 시가로 존재할 수 있는 특징을 지니면서 전체적으로 한 편의 시가체를 형성한다고 본 것은 기존의 주장들에 비해 특이한 점이다.

그러나 그 역시 <용가> 전체를 '건국의 서사시/영웅 서사시/서사시적 교훈시' 등 다소 이질적인 몇 개의 범주로 나누어 설명할 수밖에 없는 현실적 한계를 드러냈는데, 일관성을 내세울 수 없다는 사실 그 자체가 서사시로서의 결격사유임은 분명하다. 특히 그가 찾아낸 '후왕에 대한 규계와 교훈', '서사시적 교훈' 등은 교술장르와 서사장르의 이질적 범주들이 한 작품 안에서 혼효되고 있음을 드러낸 결과로 보이며, 작자들의 의도를 읽어내기에 따라서는 작품 전체의 장르적 성격이 전혀 판이하게 규정될 수 있다는 점을 암시하기도 한다. 이런 점에서 김선아(1985)의 설명 또한 기존 서사론의 한계를 벗어날 수 없음은 분명해진다.

이들과 대척점에 서는 것이 서정 장르론을 주장한 김학성(2000)이다. 그는 인물들의 사적을 이야기성에 의한 확장발화로 노래하거나 그것을 교시적으로 알리거나 설명하지 않고 억제발화에 의한 의미 생산적 율동화로 표현했기 때문에 <용가>는 서정시라 했다.[7] 즉 <용가>에 대한 기존 논의들이 분석해낸 서사성이나 교술성은 작품의 미적 가치를 드높이거나 독특한 문채로 기능하는 진술기법에 불과할 뿐, 그것들이 장르양식을 규정짓게 하는 본질적 진술방법은 아니라고 했다. 김학성(2000:190)은 더 나아가 <용가>와 함께 지금까지 서사시로 인식되어온 <동명왕편>·<제왕운기>·<월인천강지곡> 등도 소재를 신화나 역사에서 끌어왔을 뿐 진술방식에 있어서는 한결같이 억제발화에 의한 노래하기의 진술양식을 취하고 있으므로 서정시의 장르적 본질에서 벗어나지 않는다고 했다.

그러나 서사적 요소나 기법이 작품의 미적 가치나 문채의 형성에만 기여하고 장르적 본질에 영향을 주지 않는다고 볼 수는 없다. 작품을 형성하는 어휘, 문체, 작자의 시각이나 세계관, 진술방법 등은 모두 장르적 성격이나 본질에 관여하는 요소들이기 때문이다. 김학성(2000)이 읽어낸 '서정성' 역시 병행되는 <용가>의 복합장르적 성향들 가운데 하나일 뿐 서사성이나 교술성을 사상(捨象)시킬 만큼의 압도적 위치에 있는 것은 아니다. 대부분의 경우 서사문학은 모두 서정성을 내포하며 모든 극문학도 서사성과 서정성을 함유하기 때문에 명확히 한계 지을 수 없다는 점을 감안하면,[8] 그 경우의 서정성은 서사문학에 포함된 성격적 요소의 한 부분에 지나지 않는 것이다. 뿐만 아니라 순수하게 서정적이거나 서사적 혹은 극적인 문학작품이 어디엔가 꼭 있을 것이라는 판단은 처음부터 약속되지 않았으며, 오히려 모든 참된 문학작품은 정도와 방법의 차이는 있을지언정 모든 문예장르에 관여한다는 견해[9] 또한 <용가>의 장르적 복합성과 함께, 작자계

7) 김학성(2000), 189면.
8) Wolfgang Kayser(1982), 675면.
9) E. 슈타이거(1978), 14～15면,

층의 현실적 의도가 그러한 장르적 성격들 사이에서 우열을 결정한다는 점을 암시한다. 말하자면 장대한 스케일의 이야기를 통해 숭엄의 미학을 드러내려고 했는가, 아니면 교육적 목적의식을 드러냈는가에 따라 '압도적 장르'는 결정된다고 보는 것이다. 지금까지의 장르론과는 다른 관점에서 <용가>를 분석하고 이해해야 할 당위성 또한 이 점에 있다고 본다. <용가>의 장르론이 현실적 맥락을 바탕으로 이루어져야 하는 것도 그 때문이다. 현실이 복합적이듯, 그로부터 만들어진 <용가> 또한 복합적일 것은 당연하다. 장르를 어느 한 쪽으로 한정하는 것은 <용가>가 지닌 미적 다양성을 사상시키는 일이라 할 수 있다. 이런 이유로 <용가>의 연구는 아직 장르론에 머물러 있다고 할 수밖에 없다.

이상과 같은 연구 성과들 중 비교적 근년의 것들은 문학 · 어학 · 서지학 · 음악 등 각 분야를 종합한 동아문화연구소의 심포지엄(1963)이 그 촉진제 역할을 했다고 본다. 심포지엄의 발표 논문 가운데 이미 언급했거나 뒤에 언급할 장덕순(1963) · 이혜구(1963) · 김열규(1963) · 이능우(1963) · 정병욱(1963) 등은 적어도 그 이전의 업적들에서 볼 수 없던 접근 방법들을 보여 주었다. 즉 그들은 <용가>를 하나의 독립된 문학작품으로 간주하고 그것을 문예학적으로 분석하려는 본질적 입장을 보여 준 것이다.

이혜구(1975)는 이상에서 제시한 선행 업적들의 범주를 얼마간 벗어나긴 하지만, 결과적으로 기존 연구 성과들의 타당성 여부를 음악적으로 변증한 점에서 중요한 연구사적 의미를 갖는다. 이 논문의 핵심 내용 두 가지는 <용가>에 쓰인 음악의 형식과 각 장의 국문시 및 한문 해시(解詩)의 형식에 관한 것들이다. <용가>에 쓰인 음악은 '전강 · 중강 · 후강 · 대엽 · 이엽 · 삼엽 · 사엽 · 오엽'의 확대 발전형으로서, 그 원형을 <진작>과 <북전>에서 찾아 볼 수 있다고 한다. 그리고 3구로 구분된 각 장의 국문시 및 한문시는 가곡의 창사 구조와 부합한다는 것이다. 만약 이혜구의 주장이 공인된다면 그것은 <북전> 등의 현토체 시가와 <용가> 및 시조 등이 같은 기반 위에 놓인다는 점을 문학적 측면은 물론 음악적 측면에서도 입증하는 의미를 갖게 된다.

이상에서 드러난 것처럼 기존 연구들이 여러 방면에 걸쳐 이루어지긴 했으나 형태 및 장르적 본질만을 중점적으로 추구해 온 것이 사실이며, 이런 경향은 결과적으로 <용가>가 지닌 생산적 가치를 강조했다는 긍정적 측면을 보여주면서도 악장이라는 1차적인 본질을 소홀히 했다는 단점 또한 부정할 수 없다. '악장'이라는 현실적 국면을 제대로 파악해야 비로소 <용가>의 장르적 본질이 드러날 수 있다고 보는 것도 그 때문이다.

3. 제작 동기

<용가>의 제작 동기는 이 작품의 악장문학사적 위상을 파악하기 위해 먼저 밝혀야 할 사항이다. <용가>가 몇몇 신하들의 공동 제작으로 이루어지긴 했으나, 임금의 명에 의한 응제였으며 아울러 그들은 왕 자신이 이념면에서 동질적이라고 여기던 사람들이었으므로 그로부터 이루어진 작품의 구조나 내용 모두는 왕 자신의 것이기도 하였다. 더구나 왕 자신이 <용가>를 짓기 위해 사전에 치밀한 계획을 세웠으며,[10] 음악적인 측면에 대하여도 장고의 과정을 거쳤음을 볼 때,[11] <용가>의 제작은 왕 자신의 생각이 전적으로 반영된 작업이었음은 분명하다. 그렇다면 <용가>의 제작에 반영된 세종의 관점은 무엇이었는가.

① 이제 회례 때의 문·무무 등 두 가지 춤에 연주할 악장에 대하여 박연이 말하기를, '마땅히 지금의 일을 가영하여야 합니다'고 하였으나 내가 생각해보니, 대체로 가사라는 것은 성공을 상징하여 성대한 덕을 송찬하는 것이다. 내가 살피건대 주무왕은 무로써 천하를 평정하였는데

10) 세종 108 27/04/05.
11) 세종 109 27/09/13, 세종 116 29/05/05.

성왕 때에 이르러 주공이 대무를 지었다. 역대에 다 그렇게 하였으니 지금 세상의 일을 가지고 가영하게 할 수는 없는 것이다. 하물며 나는 다만 왕위를 이었을 뿐인데 무슨 가송할 만한 공덕이 있겠는가. …(중략)… 만약 반드시 그때그때의 세상일로 노래를 지어야 한다면 왕위를 계승하는 임금은 모두 다 (그를 위한) 악장이 있어야 할 것이니, 어찌 그들의 공덕이 다 가영할만한 것이겠는가.[12)]

② 국조 고취악으로 수보록 몽금척 근천정 수명명 등은 모두 각각 한 가지 일만을 주로 나타냈으므로 조종 공덕의 성대함과 체조의 어려움을 그려내기에 족하지 못하다. 세종이 고취악과 향악을 바탕으로 새로운 음악을 만들어 정대업 보태평 발상 봉래의라고 했는데 지금 삼가 그것을 기록한다.[13)]

③ 태조 강헌대왕께서는 빼어나신 상성의 자질로서 천년의 운수에 응하시고 신령하신 창을 휘두르시며 위무를 떨쳐 재빨리 오랑캐를 소탕하셨습니다. 보록을 받고 관대함과 어짐을 펴서 백성들을 화목하고 편안하게 하셨습니다. 태종공정대왕께서는 영명하심이 고왕들보다 뛰어나시고 용맹과 지략이 비길 데 없으셨습니다. 기미를 먼저 밝게 하시어 나라를 세우시니 공이 억년에 높으셨습니다. 화란을 평정하고 사직을 안정시키니 덕이 백왕의 으뜸이셨습니다. 위대한 여러 대의 경사가 전성과 더불어 아름다움을 같이하니 어찌 노래로 나타내어 내세에 밝게 보이지 않을 수 있겠습니까? …(중략)… 신 등은 모두 자구나 꾸미는 하찮은 재주로서 외람되이 문한의 임무를 차지하고 삼가 민속의 칭송하는 노래를 캐 모았사오나 감히 조묘의 악가에 비기겠습니까?[14)]

---

12) 세종 056 14/05/07.
13) 세종 138 · 악보, 정대업지무악보 참조.
14) 세종 108 27/04/05.

<용가>의 창작 동기를 밝히기 위해서는 악장에 대한 세종의 견해를 먼저 살펴볼 필요가 있다. 인용문 ①은 세종의 악장관에 대한 결정적 단서이다. 그가 제기한 기존 악장들의 통폐는 '가송 대상의 현재성'이었다. 즉 악장이 왕의 공적을 찬양하기 위해 지어지는 것이라 해도, 어떤 왕이나 모두 가송할 만한 공이 있는 것은 아니며, 설령 있다고 하더라도 현재 이루어지고 있는 왕의 공적을 당대에 가송하는 것은 불합리하다는 견해이다. 이와 같은 세종의 생각은 그 때까지 지속되고 있던 개인 제작 및 헌상의 악장 제작 관행에 대한 직접적 비판일 수 있다. 세종이 치밀한 계획 아래 <용가>라는 새로운 악장의 제작에 착수한 것도 기존의 악장에 대한 비판적 견해를 전제로 한 일이었다.

기존 악장에 대한 비판인 점은 ②도 마찬가지다. '조종 공덕의 성대함'과 '체조의 어려움'은 악장이 표현해야 하는 필수적인 내용으로서 왕업에 포괄되는 내용들이기도 하다. 그러나 '현금의 일을 가영하여야 한다'는 초기 악장의 관행에 비춘다면 몇 가지 개별적 사안들만을 드러낼 뿐 악장이 지녀야 할 내용적 포괄성은 기할 수 없게 되고 만다. 이런 점에서 선왕들의 공적을 가송해야 한다는 세종의 견해가 타당성을 획득하는 것이고, <용가>와 같은 성격의 악장이 제작될 수 밖에 없었던 것이다.

물론 이 부분에서 언급된 '정대업 · 보태평 · 발상 · 봉래의' 등이 <용가>의 가사를 사용한 '치화평 · 취풍형 · 여민락'보다 시기적으로 뒤에 지어졌다고는 하지만[15] 정대업 등의 가사가 내용적으로 전왕들의 왕업을 포괄적으로 가송한 것들이라는 사실을 염두에 둘 때 이러한 점은 분명해진다.[16] ③은 제도나 본질적인 측면을 떠난 입장에서, <용가> 제작의 당위성을 강조한 내용이다. 즉 <용가>는 작위적인 노래가 아니고, 대상으로서의 왕업이 가송되지 않으면 안 될 중요한 가치를 지니고 있기 때문에 자연스럽게 불린 노래라는 뜻이다. 뒷부분 '민속의 칭송하는 노래'는 노래의 소재들을

15) 『세종장헌대왕실록 22 · 악보 I』(이혜구 역주), 72면.
16) 조규익(2003), 132~133면.

민간으로부터 채집하였다는 의미의 말이겠으나, 그 이면에는 <용가> 제작의 자발성을 강조하려는 작자들의 의도가 숨겨져 있다. 더구나 '조묘의 악가에 비길 수 없다'는 지적을 단순히 자신들의 작품에 대한 겸사로만 볼 수는 없다. 오히려 <용가>의 내용이 지닌 제도적 측면의 의례성을 부정함으로써 <용가> 내용의 진실성과 자연스러움을 역으로 강조하려는 작자들의 깊은 배려가 작용한 것일 수 있다.

이상에서 언급한 것들은 제작 동기의 외적 요소들이라고 할 수 있다. 그렇다면 제작 주체인 세종의 입장에서 <용가>를 짓지 않으면 안 되었던 절박한 이유는 무엇이었을까. 조규익(1986:270)은 선초 아송문학의 출현 동인으로 두 가지를 제시한 바 있다. 여말에 등장하여 건국 주체 세력으로 부상한 사대부 계층의 현실인식, 왕조 창업에 대한 철학적 기반의 구축과 왕통체계에 대한 권위 부여의 시급성 등이 그것들이다. 두 가지 모두 '왕조 영속의 당위성 고양'이라는 악장문학의 주제의식에 포괄되는 개념들이기는 하지만, 사실상 전자는 절실한 문제로 공감은 하면서도 공개적으로 표방할 수는 없었다고 보아야 한다. 다시 말하여 '기득권을 수호해야 한다'는 표어는 자기 계층 내부의 절대 명제이었을 뿐, 치자 계급의 도덕적 명분상 대외적으로 표방할 수 있는 내용은 아니었다. 세종을 비롯한 <용가>의 제작에 참여했던 당대 지성들의 의식구조 역시 이러한 맥락에서 파악될 수 있다.

후왕들로 하여금 오늘과 같은 흥륭의 근본을 추구하고 '계서불망지념(繼序不忘之念)'과 '보수지규(保守之規)'를 일으키도록 하며 백성들로 하여금 그들이 누리는 편안함의 근원을 추구하고 '몰세난망지심(沒世難忘之心)'과 '애모지성(愛慕之誠)'을 갖도록 하는 것[17] 등은 <용가>를 비롯한 악장문학이 갖추어야 할 내용상의 원론적 요건이었다. 이와 아울러 드러내놓고 말은 못하였지만 <용가>를 짓지 않을 수 없었던 세종의 현실인식 또한

---

17) 「용비어천가발」, 『용비어천가』(1972), 1053면의 "後嗣而觀此 則追本今日之所由興 益有以起其繼序不忘之念 而保守之規 自有所不敢易 國人而觀此 則推原今日之所由安 益有以其沒世難忘之心 而愛慕之誠 自有所不能已者" 참조.

그 이해의 핵심적 요건이다.

최두식(1987:212~213)은 이 문제와 관련 <용가> 창작의 배경을 다음과 같이 설명했다.

> 세종은 그의 부왕 태종 방원이 태조의 제5자로서 왕자의 난 때 주동인물임을 잘 알고 있었을 것이다. 다행히 부왕이 국기를 잘 닦아 놓아 세종은 문치에 전념할 수 있었다고 하나 그도 역시 태종의 제3자로서 위로 양녕대군, 효령대군 등 형이 있었고 아래로 동생 성령대군이 있었으니 인륜 상 왕위 계승의 명분이 없었던 것이 사실이다. 특히 조선조는 국시가 배불숭유였고 사대교린주의의 외교정책을 택한 선초에 태조 이성계의 역성혁명은 태조 자신과 이방원 그리고 그들 직계선조 목조, 익조, 도조, 환조의 공업만으로는 혁명을 정당화시킬 수 없었다. 태조 태종의 공업에 4조를 추가하지만 사실 4조의 사적이란 미미한 것에 불과하였다. 특히 온당하지 못한 왕위계승으로 자못 흔들리기 쉬운 국운을 바로잡기 위하여 개국의 정당성과 왕통확립의 필요성이 절실하게 요청되었을 것이다.

최두식의 지적은 세종이 지니고 있었음직한 현실적 위기의식을 적절하게 설명해주고 있다. 비록 그것이 대외적으로 공표할 만한 <용가> 제작의 대의명분은 될 수 없었을지언정 세종을 포함한 당대 집권세력의 현실 문제로 심각하게 인식되고 있었음은 부정할 수 없다. 세종이 지니고 있던 위기의식은 단순히 현실 문제로만 국한되는 것은 아니었다. 최고 통치자로서 항상 염두에 두어야 했던 것이 바로 국가의 이념에 관한 문제였다. 표방한 이념에 혼란이 생길 경우 왕조의 영속이라는 지상 과제는 위협받을 수밖에 없었기 때문이다. 조선조 건국의 주체세력은 주자성리학으로 무장하고 있던 신흥사대부들이었다. 그들이 도모한 왕조 교체 및 이성계의 즉위는 선양의 형식을 빌긴 했으나 무력을 앞세운 것으로서, 주자가 말한 '윤통(閏統)'[18]일 수밖에 없었다. 더구나 세종 자신의 부왕이었던 태종 역시 윤통임은 태조와 마찬가지였다. 정도전 · 권근을 비롯한 건국 초기의 사상가들이 악장을 지어 올리는 등 그러한 약점을 가리기 위한 정권적 차원의 노력을 하기는 했으나 그것만으로는 충분할 수 없었다. 세종대에 이르기까지 해결을 보지 못한 '태조의 비정통성'에 '태종의 비정통성'이라는 부담이 가중되었을 뿐 아니라 세종 자신 또한 적장(嫡長)이 아니라는 결정적 흠을 지녀, 그들의 이념과 배치되는 현실이 건국 이래 하나의 관습으로 굳어짐으로써 모순과 역리의 현상으로 고착될 우려가 컸다. 그 결과 자칫하면 '왕조 영속'이라는 지상과제가 중대한 도전에 직면할 수도 있었던 것이다.

세종으로서는 건국 이래 3대에 걸쳐 반복된 '윤통'의 모순적 현실을 한꺼번에 해결할 방안이 필요했다. '당대 임금의 일을 악장으로 가송할 수 없다'는 스스로의 원칙에 따라 자신의 일까지 <용가>에 언급할 수는 없었지만, 세종으로서는 태조 · 태종만이라도 이러한 시비의 가능성으로부터 보호해야 할 현실적 필요성을 느꼈던 듯하다. 세종 자신은 스스로가 무력이나 술수에 의해서가 아니라 부왕의 선택으로 왕위에 올랐기 때문에, 태조 · 태종에 대한 윤통 시비의 가능성만 해소된다면 큰 부담 없이 왕조를 지속시킬 수 있다고 보았을 것이기 때문이다. 양적 · 질적 측면에서 목조~환조까지 4조의 활약상이 태조 · 태종에 비해 미미하게 언급되어 있는 점으로도 <용가>의 중심은 태조 · 태종에 있음이 분명하다.

관점에 따라 달리 볼 수도 있겠지만, 주인공인 이태조의 성격이 혁명적 영웅으로는 불통일로 일관하고 오히려 부주인공격인 태종이 훨씬 혁명적으로 부조되어 있다는 장덕순(1963:244)의 견해를 고려한다면 태종의 왕자적(王者的) 영웅상을 강조함으로써 태종에 대해서는 물론 세종 자신에게 야기될지도 모르는 윤통 시비를 사전에 봉쇄하는 효과가 <용가>에 상정되어 있었던 것으로 보인다. 그러한 효과를 전제로 할 때 비로소 조선왕조의 영속이라는 지상 과제는 실현될 가능성을 보여 주었다.

---

18) 수본순일랑(1985), 109~110면.

4. 장르적 성격 및 주제의식

특정 작품의 장르적 성격에 따라 짜임새 및 주제의식도 달리 파악될 수 있으므로 이것들은 상호 불가분의 관련을 갖는다. 이 부분에서는 이 점을 중시하여 그러한 측면들을 포괄적으로 논의하고자 한다.

1) 〈용가〉 텍스트의 본질적 성격

장르적 성격이 무엇이든 <용가>는 본질적으로 소통구조로 분석되어야 할 '텍스트'다. 서사물의 경우 소통되는 것은 형식적 · 내용적 요소이며, 그것은 담화 즉 형식적 표현요소에 의해 소통된다.[19] 채트먼은 이야기 속의 담화를 과정(process)진술과 정태(stasis)진술로 나누었는데, 전자는 추상적 표현 범주로서 행위 혹은 사건의 양식에 존재하며 후자는 일련의 사물들만을 진술하는 텍스트로서 단지 어떤 서사를 함축할 수 있을 뿐이라고 했다. 이와 같이 과정진술이나 정태진술이 조합되어 하나의 서사적 텍스트는 형성되지만, 실제 작자의 의도는 그 텍스트에 내재하는 서술자의 해석을 통해서 비로소 구체화된다고 할 수 있다.[20]

채트먼(1990:183)은 서사소통의 관계를 다음과 같이 도시했다.

서사적 텍스트

실제작가 ···→ | 내포작가→(서술자)→(피화자)→내포독자 | ···→ 실제독자

실제 작가와 실제 독자는 텍스트 바깥에 위치한다. 내포작가와 내포독자는 실제 작가 및 독자와 구분되는, 텍스트내의 가상적 존재들이다. 내포

---

19) 시모어 채트먼(1990), 35면.

20) 이런 점에서 교훈이나 교술을 장르의 1차적 속성이나 효용이라고 할 수는 없다. 서정 · 서사 · 극이 장르적 속성으로서의 1차적 범주들이라면, 교술은 그것들로부터 생성되는 2차적 범주나 속성일 수 있기 때문이다.

작가는 독자에 의해 서사적 텍스트로부터 재구된 존재이며, 텍스트에서 다양한 말과 이미지로 서술자를 부조해내는 존재이기도 하다. 내포독자가 실제 독자와 구별되는 것은 서술자와 내포작가, 실제작가가 구별되는 것과 같다. 따라서 명시적인 피화자들이 없는 서사 텍스트에서 내포독자의 위치는 일상적으로 문화적이고 도덕적인 견지에서 다만 유추될 뿐이다.21) 다음의 예들을 살펴보기로 하자.

(1) 狄人ㅅ서리예가샤◦狄人이◦골외어늘。岐山올ᄆ샴도◦하ᄂᇗ뜨디시니
野人ㅅ서리예가샤◦野人이◦골외어늘。德源올ᄆ샴도◦하ᄂᇗ뜨디시니

<제4장>

(2) 四祖ㅣ便安히몯겨샤◦현고ᄃᆞᆯ올마시뇨。몃間ㄷ지븨◦사ᄅᆞ시리잇고
九重에드르샤◦太平을누리싫제。이ᄠᅳ들◦닛디마ᄅᆞ쇼셔

<110장>

(3) 驪山役徒ᄅᆞᆯ일ᄒᆞ샤◦지ᄇᆡ로도라오싫제。열희ᄆᆞᅀᆞᄆᆞᆯ◦하ᄂᆞᆯ히달애시니
셔ᄫᅳᆳ使者ᄅᆞᆯ써리샤◦바ᄅᆞᄅᆞᆯ◦건너싫제。二百戶ᄅᆞᆯ◦어느뉘請ᄒᆞ니

<18장>

야인들이 날로 위덕이 성해지는 주인공 익조를 죽이려 하자 경흥부 동쪽 60여 리에 있는 적도로 피하여 그 곳에 움을 묻고 살았다는 것, 뒤에 덕원으로 돌아와 살게 되자 경흥 백성 가운데 따라 옮기는 자들이 많아서 시장과 같았는데 이 모두가 하늘의 뜻이라는 점 등을 노래한 것이 (1)이다. (1)의 주제는 '하늘의 뜻' 즉 천명이고, 그 근거로 제시한 것이 익조 관련 사건이다. 말하자면 이 텍스트 안의 사건은 제시하고자 하는 주제의 합목

21) 시모어 채트먼(1990), 181~182면.

적성을 강조하기 위해 동원되었고, 주제의 초점 또한 그 사건의 핵심에 맞추어져 있다. 다른 방법으로는 쉽게 알 수 없는 사실들을 독자에게 알려준다는 점에서 이것은 일종의 '논평'이라 할 수 있는데,[22] 서사주체가 어떤 의도를 가지고 자신의 시각과 목소리를 드러내며 개입하는 방식이기도 하다.[23] '야인들이 사는 곳으로 옮긴 익조를 야인들이 침범하자 다시 덕원으로 옮긴 것'은 이 부분에 서술된 서사적 사건이다. 그러나 사건이나 장면 밖의 목소리에 의해 그 결과는 '하늘의 뜻'으로 규정된다. 매력 없는 도덕적 설명이나 해설과 마찬가지로,[24] 이 부분 또한 한 사건이나 행동의 의미를 독자나 청자들에게 설명하고자 한 것이다.[25]

이보다 좀 더 권위적인 화자가 등장하여 사건을 서술하고, 그로부터 논평적 성격이 저변에 보다 짙게 깔린 교훈을 제시한 것이 (2)이다. 4조가 여러 곳을 옮겨 다니는 괴로움 속에서 왕업을 이룩했고, 그것을 바탕으로 현재의 태평을 누리게 되었으므로 조상들이 겪은 고생의 참뜻을 잃지 말라는 교훈적 주제를 제시한 것이 바로 그 내용이다. 말하자면 사건 서술이나 논평의 강도는 약화된 반면 교훈적 주제의 제시는 극도로 강화된 경우가 (2)로서, 이 텍스트에서 온전한 서사성을 읽어내기란 쉽지 않다. 교술이나 교훈적 화자의 존재만이 뚜렷이 부각되어 있기 때문이다. 물론 대부분의 텍스트에 서술이나 묘사, 혹은 논평 등이 복합적으로 나타나는 것은 사실이므로 주제적 언술의 비중이 크다 하여 텍스트 전체의 서사성을 부정할 수는 없을 것이다. 그러나 텍스트의 서사성을 강조하려는 의도가 지나칠 경우 여타의 장르적 성격들을 간과할 수 있고, 그것은 결과적으로 <용가>라는 텍스트의 본질을 호도하는 부작용 또한 피할 수 없게 되는 것이다.

(3)은 목조의 고사로서, 이주 당시 강원도 백성 200여 가구가 따랐다는

22) Wayne C. Booth(1961), 169면.
23) 박유희(2002), 107면.
24) 시모어 채트먼(1990), 302면.
25) Wayne C. Booth(1961), 169면.

사건 및 사실을 핵심 내용으로 하는 텍스트다. 이 텍스트의 경우도 '어느 뉘 청請ᄒᆞ니'라는 설의적 제시를 통해 특정 주제로 독자(내포독자이든 실제독자이든)들을 몰고 가려는 의도를 드러내고는 있으나, 뒤에 인용하는 여타 장들의 화자에 비해서는 서사적 성향이 보다 짙다는 점을 알 수 있다.

이처럼 <용가>라는 텍스트의 장르적 성향은 서술 혹은 묘사에 참여한 화자들의 성향이나, 그들이 이룩한 텍스트의 의미 내용에 따라 결정될 수밖에 없다. 본질적으로 <용가> 텍스트의 외부에 존재하는 실제작자는 '역사가 · 문학가 · 정치가'의 역할을 혼합해 지니고 있는 당대의 지배계층이고, 실제독자는 현 임금을 포함하여 앞으로 등장할 후대 임금들과 백성들이다. 그러나 실제 작자들이 설정한 내포작자는 보다 복합적인 성향을 보여준다. 즉 1차적으로 그 본질은 사전적(史傳的) 화자이고, 2차적으로는 서사화자 · 교술화자 등이다. 자연스럽게 <용가> 텍스트는 역사적 · 교술적 의미가 강한 서술 텍스트로 규정된다. <용가>가 사전적 서술물임은 부정할 수 없으나, 이면적으로 서사 텍스트인지 교술 텍스트인지는 화자의 정체에 대한 해명 결과에 따라 달라질 수 있다고 보는 것도 그 때문이다.

2) 작품내적 자아와 장르적 성격

작품의 장르적 성격은 1차적으로 작품내적 자아 즉 화자의 존재양상에 달려 있다고 본다. 작자가 어떤 성격의 화자를 설정하느냐에 따라 작품의 본질적 색채가 결정될 것이기 때문이다. 따라서 작품의 장르적 성격에 대한 파악은 작자의 본래 의도와, 그 의도에 의해 설정된 작품내적 자아의 탐색을 전제로 하는 일이다. 작자가 자신의 생각을 독자에게 효율적으로 전달하기 위해 적절한 화자의 설정이 필요하다면, 문학에 있어서의 전달은 문학의 가치 및 짜임새와 함께 유기적인 관련을 맺는다. 그러면서도 작품의 어조는 작자의 어조가 아니라 화자의 어조이며, 이 어조를 결정하는 태도는 작자의 태도가 아니라 화자의 태도[26]라 할 만큼 작자와 화자는 별개의 존재인 것이다. 그러나 경우에 따라서는 작자 자신이 화자일 수도 있는데, 그 때의 화자는 작자의 충실한 대변자로 만족하게 된다.

대부분의 화자는 작자가 의도적으로 설정하여 작품에 등장시키는 존재이다. 하나의 시작품에서 추구해야 하는 것은 작자인 시인의 개성과 화자를 어떤 점에서 어느 정도까지 동질적인 존재로 파악해야 하며 이야기의 흐름에 따라 화자의 모습은 어떻게 변하는가, 또한 시인과 화자가 동질 혹은 이질적인 존재로 될 수밖에 없었던 까닭은 무엇인가 등을 밝히는 일이다. 시인이 자신을 '나'로 작품에 등장시켰다 해도 그것은 결국 허구적인 존재가 되어 버린다. 청자 혹은 독자가 처하는 상황에 따라 작품 속의 화자는 수용자 자신들의 상황으로 전이될 수 있기 때문에 화자와 시인을 동일시할 수는 없다는 말이다.

시에서의 화자는 대개 서사물에서의 일인칭 서술자에 해당한다. 이재선(1975:61)은 문학에서 일인칭 언술 내지 언술 주체를 서정적 자아 · 서사적 자아 · 역사적 자아로 대분하고 있다. 서정적 자아가 직접적인 것이라면 서사적 자아는 보다 중재적이다. 역사적 자아가 사실적인 현실성의 기록과 그것에 관해 말하고자 하는 데 비해 서사적 자아는 서사적이고 허구적인 현실성과 관련되는 점이 그 현상학적 차이이다. 즉 역사적 자아는 바로 언술 주체인 실재 인간과 일치하지만 서사적 자아는 실제 서사 작가의 위임을 받은 중개자이며 가공적인 존재다. 또한 서정적 자아의 언술대상은 언제나 현재적이고 주관적인 감정의 상태와 그 직접적인 표출로 드러나는 데 비해 역사적 자아는 외적인 실재의 기록이나 내면적 사실의 기록과 직접적으로 결부되어 있다. 그러나 서사적 자아는 작가의 현실적 개성과 독자, 그리고 서술 대상 간 이중 중개자로서의 허구적 개성 가치를 갖고 있기 때문에 '보고 대리인'이라 한다. 다시 말해 역사적 자아는 경험적 자아, 서사적 자아는 허구적 자아라고 할 수 있다는 것이다.

---

26) C. Brooks & R. P. Warren(1961), 181면.

작가의 현실적 개성 혹은 독자와 서술 대상간의 이중 중개자로서 허구적 개성 가치를 갖는다는 점은 서정적 자아도 마찬가지다. '서정 · 서사 · 역사'라는 자아의 성향 구분은, 그것이 설정된 작품의 장르적 속성에 의해 결정되는 사항이 아니다. 오히려 작품 중에 설정된 화자의 역할과 그 양상에 의해 구분되는 특질들이다.

조규익(1985)은 조선조 시가문학에 나타난 화자-청자의 역할을 네 가지로 구분했다. 그 중 '이념적 고착 및 탈 이념화', '존재와 당위의 구분' 등은 <용가>를 비롯한 악장에 대해서도 시사하는 바가 크다. 악장의 화자는 특정 이념을 반영한다는 점에서 전자에 속한다. 당대의 사회 체제나 공통적 사고 유형이 어떤 모습으로 형상화되어 있으며 화자는 어떤 태도를 취하고 있는가에 밝혀야 할 핵심이 있기 때문이다. 후자는 전자에 비해 내면적 · 본질적 인식 문제의 성격을 짙게 띤다. 존재의 세계에 관심을 두는 장르 구조는 즉물적이며 개방적인 성향을, 당위의 세계에 관심을 두는 장르 구조는 관념적이며 폐쇄적인 성향을 바탕으로 한다.

악장은 당위적 세계의 형상화에 그 표현적 특질이 있다. 물론 작품에 따라서는 작품 안으로 도입된 작품 외적 현실 자체를 자족적이고 이상적인 것으로 받아들여 찬양하는 경우도 있다. 그러나 작품 외적 세계의 현실적 양상이 너무 빤하기 때문에 그것이 작품 내적 세계와 일치될 수 없다는 사실은 금방 드러나기 마련이다. 이 경우 후자 역시 전자와 마찬가지로 지향해야 할 당위적 세계로 형상화된 것임은 물론이다. 화자는 모든 작품 구성 작업의 요인이다. 따라서 작품 내에서 가치판단의 원리를 구현하는 것도 인물들의 생각을 숨기거나 드러내 주는 것도 시간 구현의 방법을 선택하는 것도 화자의 역할인 만큼 화자 없는 작품이란 있을 수 없다.27)

<용가> 구성에 영향을 준 장르나 문체의 모범적 선례로 볼 만한 비명류28)에도 서사적 자아 · 역사적 자아로서의 시인 자신이 화자가 되어 이념

27) 츠베탕 토도로브(1980), 79면.
28) 조규익(1986), 231~232면.

을 기반으로 하는 의지는 표출되어 있다. 이들 작품에서 표현하고 있는바 후손들이 이룩한 새 왕조는 수성되어야 할 당위적 존재이며, 이러한 당위성을 보장해 줄 수 있는 위대한 힘은 조고들로부터 나오게 된다. 역사적 화자는 교술적 화자와 밀접한 관련을 맺는다. 서정적 화자나 서사적 화자도 주정적 표출이나 사건의 서술을 통해 교훈적 메시지를 전달할 수는 있지만, 작자가 의도하는바 체계적인 이치를 전달하는 데는 한계가 있다. 이 점에 비문학화의 위험성을 무릅쓰면서도 교술[29]적 화자를 등장시키지 않을 수 없는 작자 계층의 고민이 있었던 것이다. 기껏 서정 혹은 서사적 화자를 설정하여 많은 진술을 늘어놓고도 끝에 가서 '아명불유(我銘不諛)'[「桓王神道碑銘」]나 '아언불유(我言不諛)'[「惟天有命詩」] 등의 표현을 삽입하여 앞부분에 제시된 내용의 진실 여부를 재확인할 필요가 있었던 것이다.

사실 작자의 세계관은 여러 양상의 화자들에게 반영된다. 작자는 제2 혹은 제3의 자아를 설정하여 작품의 전체 구조 안에서 자신을 여러 모로 대행시킨다. 실제 작자가 불변적 1인이라면 함축적 작자는 작자의 의도에 따라 많은 역을 수행하는 다수의 존재들이다. 실제 작자가 자의로 설정한 것이 함축적 작자라면, 실제 독자 측에서는 자의건 타의건 시의 텍스트를 수용하는 과정에서 함축적 독자의 형성에 참여하게 된다. 함축적 작자와 마찬가지로 함축적 독자도 항상 존재하는데 이 때 피화자는 내포작자가 실제 독자에게 내포독자로 행동하는 법을 가르쳐 주기 위해 설정한 유일한 장치이다.

이처럼 작자와 독자 사이에 많은 단계를 설정한 뒤에야 비로소 전달될 수 있다는 것은 악장 자체가 인간적 본질 혹은 자성(自性)을 바탕으로 하기보다는 복잡한 현실세계를 기반으로 이룩되었다는 점을 반증한다. 이치

29) 교술의 개념에 대해서는 조동일의 장르론들('판소리의 장르 규정/가사의 장르 규정/경기체가의 장르적 성격)과 헤르나디(1983)의 장르론에 소개된 자이들러 등의 'Didactic' 관련 설명을 두루 참조하였음.

의 소이연을 전달하는 과정에서 많은 논리와 전달 체계가 필요하게 되므로 악장에는 주정적 영탄의 세계보다는 특정 이념의 지배를 받는 교술적 세계가 압도적이다. 서정적 자아 · 서사적 자아가 함께 등장하여 주정적 세계 · 허구적 세계를 형성하면서도 그것들이 결국 역사적 자아 혹은 교술적 자아의 재투사에 의해 변질되므로 애당초의 서정 · 서사는 그것대로의 본모습을 주장할 수 없게 되는 것이다.

이렇게 동일 구조 내에서 상이한 화자들이 혼재된 대표적인 경우로 <용가>를 들 수 있다. 음악적으로든 문학적으로든 <용가> 전체가 3단으로 구성되었다는 것은 공인된 사실이다.[30] <용가>가 3단으로 구성되었다는 사실과 각 단의 내용이 각각의 앞 단에 의해 짐작될 수 없는 성격의 것들이라는 점[31]은 화자들 또한 각 부분마다 상이한 양상으로 설정되었음을 보여준다. 1, 2장은 특별한 사실과 결부되지 않은 내용으로서 조선 건국의 심원성(深遠性)과 천부적 당위성을 비유적으로 제시한 부분이다.

1장의 주에 인용하고 있는 『주역』 건괘의 내용들은 화자의 성격을 단적으로 제시한다. 즉 '비룡재천(飛龍在天) 이견대인(利見大人)'은 건괘 9 5의 설명으로, 9 5가 강건중정하여 높은 자리에 거한 것은 성인의 덕으로써 성인의 자리에 거한 것과 같기 때문에 이렇게 본떴다는 것이다.[32] 또 '시승육룡(時乘六龍) 이어천야(以御天也)'는 '운행우시(雲行雨施) 천하평야(天下平也)'[33]의 전제로서 성인이 때로 육룡을 타고 하늘을 다스린 즉 하늘의 구름이 행하고 비가 내려 천하가 태평해진 것과 같다는 말이다.[34]

이상에서 언급한 용은 영변불측(靈變不測)한 물건이므로 성인의 진퇴를

---

30) 조윤제(1954:178) · 김사엽(1956:182) · 이혜구(1975:195) · 성기옥(1984:162) 등의 견해 참조.

31) 최정여(1981:91～92) · 조동일(1983:268) · 최철(1985:33～37) 등 참조.

32) 『원본집주 주역(전)』(1984), 3면 '九五 註'의 "剛健中正以居尊位 如以聖人之德 居聖人之位 故其象如此" 참조.

33) 같은 책, 17면.

34) 같은 책, 3면의 "言聖人時乘六龍以御天 則如天之雲行雨施 而天下平也" 참조.

나타내며 조선조에서도 목조 이하 태종까지 6성을 일컫기 위해 육룡이란 말을 차용했다고 한다.[35] 건은 원형이정(元亨利貞)하며, 양으로서 지극히 순하고 건한 것이다. 그것은 또한 하늘의 모습을 본뜬 이름으로, 바꿀 수 없는 것이기도 하다. 문왕이 일컫기를 건도가 크게 통하여 지극히 올바른 고로 점[筮]에 이 괘를 얻으면 6효가 다 불변한다는 것은 그 점이 마땅히 대통을 얻어 반드시 이롭고 정고함이 있은 연후에 가히 그 마침을 보존할 수 있다고 했다. 따라서 이 건괘는 성인이 역을 지어 복서로서 개물성무(開物成務)의 정성스런 뜻을 사람들에게 가르치려는 목적에서 낸 것이라 한다.[36]

2장은 '근심(根深)' · '원원(源遠)'장으로 땅의 원리를 나타내고 있다. 왕업 적루(積累)의 심원함을 노래한 부분이지만[37] 근본 뜻은 풍요와 생생력이다. 곤은 하늘을 따르는 것이며 음의 성이다. 음이 형체를 만든 것으로 땅보다 큰 것이 없는데 곤괘 3획이 모두 짝이 맞는 까닭에 곤이라 이름했는 바, 그것은 땅의 겹침을 본뜬 것이다. 곤은 순순(純順)의 지극한 것이므로 그 이름과 모양이 모두 바뀌지 않는다.[38] 곤괘의 단사(彖辭)에 언급되었듯이 곤원은 지극하여 만물이 자생(資生)하고 하늘을 순승(順承)한다고 볼 때,[39] 제1장의 하늘에 이어 2장에서 땅을 노래하고 있는 <용가>가 천지 · 음양의 배합이라는 우주적 원리로부터 시작된다는 사실은 분명해진다.

이렇게 역의 원리를 <용가> 구성의 기본 원리로 차용하고 있는 점은 가볍게 보아 넘길 일이 아니다. 건에 의지하여 만물이 비롯되고 곤에 의지하여 생했으므로 부모의 도[40]라는 생각은 성리학의 근간인 질서 개념과 직

---

35) <용가> 1장의 주, 「용비어천가」(1972), 19면의 "易曰 時乘六龍以御天 又曰 飛龍在天 利見大人 龍之爲物 靈變不測 故以象聖人進退也 我朝自穆祖室太宗 凡六聖故借用六龍之語也" 참조.
36) 『원본집주 주역(전)』(1984), 1~2면 '乾元亨利貞'의 주 참조.
37) <용가> 2장 주, 『용비어천가』(1972), 21면의 "此章托物爲喩 以詠王業積累之深遠也" 참조.
38) 『원본집주 주역(전)』(1984), 21면 참조.
39) 같은 책, 22면 참조.

결되는 존비의 분변 의식을 파생시킨다. 애당초 <용가> 작자들은 몇 가지 효용성을 계산에 넣었던 셈이다. 조선왕조의 건국이 천명에 의한 것이라는 점, 따라서 그것이 '천도지종(天導地從)→천지합일(天地合一)'이라는 우주적 질서의 원리에 부합하는 일이라는 점, 이렇게 원대한 공업은 후손들이 잘 보존하여 영속화시켜야 한다는 점 등을 중심으로 하여 천지에 내재해 있는 질서가 인간세계에도 그대로 품수되어 천추 불변의 질서 관념이 상존한다는 사실을 후왕 및 백성들에게 가르치려는 데 그 목적이 있었던 것이다. 이렇게 인간의 사사로운 감정 개입을 허용하지 않는 절대적이고 초월적인 이념을 제시하는 화자와 인간적 차원의 일들을 언급한 여타 부분에 등장하는 화자가 같은 존재일 수는 없다.

이것과는 다른 각도에서 <용가>의 화자 및 청자를 탐색한 연구도 있다. 고영근(1981:8)은 기존 중세어 존비법 체계인 'ᄒᆞ소셔체 · ᄒᆞ야쎠체 · ᄒᆞᄅᆞ체'의 3등분에 특수한 등분을 더 설정할 수 있다고 했다. 즉 <용가>와 <월인곡> 및 소수의 산문 자료에는 현대어 '하게체'의 원칙법 어형 '하느니', 추측법 어형 '하리' 등의 '-(으)니 · -(으)리'와 같이 어말 어미가 밖으로 드러나지 않는 일련의 어형[ᄒᆞᄂᆡ · ᄒᆞᄂᆞ니 · 이니/ᄒᆞᄂᆞ니 · 하시니 · 하더시니 · ᄒᆞ리 · ᄒᆞ요리]이 나타난다는 것이다. 그는 이것들을 화자와 청자 사이의 사회적 관계에서 사용되는 반말의 범주에 넣고 있다.

<용가>의 어미는 [i] 계통과 'ᄒᆞ쇼셔체'로 되어 있는데, 전자는 청자가 보통백성일 때 후자는 왕손일 때 쓰이고 있다는 것이다. 중세어의 [i] 계통의 어미는 화자가 청자를 아주 낮출 수도 없고 그렇다고 썩 높일 수도 없는 처지일 때 쓰이므로 'ᄒᆞ야쎠체'와 비슷한 점이 많으나 그것과는 형태적 특성이 다른 바가 많고 외현되지 않은 어미 [i]의 석출 가능성을 고려하면 'ᄒᆞ라체'와 'ᄒᆞ야쎠체'의 중간을 왕래하는 반말 정도의 가치를 띤 것이 아닌가 추정하고 있다.41)

---

40) 같은 책, 22면 '坤厚載物~'의 주 참조.

41) 고영근(1981), 9면.

그러나 허웅(1975:493~494)은 '(으)리·(으)니'가 모두 '-이다'의 생략형이며 노래의 문체에서 흔히 볼 수 있는 현상이라고 했다. 즉 '(으)리'는 미정적인 사실을 나타내는 안맺음씨끝인데 맺음씨끝이 줄어지면 이것으로 월을 끝맺는 일이 있으며, '(으)니'는 기정적인 사실을 나타내는 안맺음씨끝인데 맺음씨끝이 줄어지면 이것으로 월을 끝맺는 일이 있다고 한다. 김사엽(1956:186~187)은 '-니·-리'가 연결토라고 본 김형규의 견해에 찬동하면서, 시상의 연면과 함께 왕실의 전도 양양함·이씨 조종의 천명성 부각·음조상의 해조에 대한 배려 등에 그 사용 목적이 있다고 보았다. 정병욱(1985:166~175)도 허웅이나 김사엽과 같은 범주의 의견을 제시했는 바, '-니'는 '-니이다·-니잇가'의 생략으로 '-리'는 '-리이다·-리잇가'의 생략으로 각각 보았다. 그는 그러한 결론의 논거로 권점의 위치에 의해 마지막 부분을 5~7음절로 조절하려는 내부적 요인과 등장인물·사건·의미의 단락에 관련된 외부적 요인 등을 제시하고 있다. 그 결과 '-니'와 '-니이다·-니잇가' 사이와 '-리'와 '-리잇가' 사이에는 문맥상으로 아무런 차이가 없으며, 인물·사건·의미의 단락과도 아무런 상관이 없고, 다만 시행에서 제 3권점 이하의 음절수를 5~7개로 조절하려는 '음절수 조절'의 원칙에 따르는 것임을 밝혔다.

이상 여러 학자들의 견해를 참조하고 실제 작품을 문학적 입장에서 볼 때, 결미법을 화자·청자의 사회적 신분 관계로 해석하려는 고영근의 견해는 타당치 못하다고 본다. 그는 작자와 화자가 일치되는 것으로 간주하고 시종일관 화자와 청자 문제를 언급하고 있으나 어학적 입장에서는 타당할지 모르나 문학적 입장에서 심층 분석을 해보면 대개의 경우 작자와 화자는 일치되지 않는다. [i] 계통 어미를 채용한 시장(詩章)이 보통 백성을 청자로 상정한 내용이고 'ᄒᆞ쇼셔'체로 되어 있는 시장이 왕손을 청자로 상정한 내용이라는 구분은 내용적으로도 전체 구조면으로도 쉽게 수긍되지 않는 점이다. <용가>가 내용 구성상 장별 독자성을 지닌 작품임은 이미 앞에서 밝힌 바 있다. 그러나 <용가>라는 단일한 제목의, 단일한 구조 내에

서 상이한 청자들을 상정하고 창작했다는 것은 인정하기 어렵다.[42]

문면에 그 대상을 지칭한 것도 아니고, 특수 계층에만 관련되는 내용이 지정된 것도 아닌 이상 더욱 그렇다고 본다. 더구나 최근의 연구들에서 나타나는 바, 전체가 정연한 서사 전개의 원리로 일관성을 보여주고 있다는 사실을 염두에 둔다면 이상에서 제시한 여러 논의들의 당 · 부당 여부는 자명해진다. 분명한 것은 작자가 자신이 아닌 다른 모습의 화자들을 작품에 내세워 자신을 대행시키고 있다는 점이다. 이런 사실은 이 작품의 작자가 단일 인물이 아니고 복수라는 점에서 어느 한 인물을 내세울 수도 없었으므로 집단적 이념을 효과적으로 표출할 수 있는 화자들을 별도로 허구했으리라는 추정을 가능케 한다.

1장과 2장은 천지 우주의 생성과 변합의 원리에 맞추어 조선이 건국되었다는, '지극한 원리'를 제시한 부분이다. 3장부터 109장까지는 그러한 원리의 통제를 받아 이루어진 조종의 행적을 제시한 서사적 부분이다. 110장부터 124장까지는 서사적 부분으로부터 도출된 교훈들을 반복적으로 제시한 교술 부분이다. 그리고 마지막 장은 이미 제시한 세 부분의 내용을 요약 · 반복 제시하는 동시에, 강한 설의적 논조로 다시 한 번 후왕에 대한 경계를 강조한 부분이다. 1, 2장 및 110~125장의 화자는 '군-신-민'이라는 현실적 질서 차원을 벗어난 초월적 존재다. 그렇기 때문에 천명과 천지조화의 원리 및 그에 입각한 군주의 행위 규범과 치도를 정언적 명법으로 제시할 수 있었던 것이다.

이와 달리 3~109장까지는 서사적 화자가 등장하여 비교적 부담 없이 사실(史實)들을 나열하고 있다. 이 내용 중 상당 부분이 태조실록에 실려 있는 데[물론 <용가> 제작을 위해 각 지방에 전승되던 민속칭송지사를 수집했으며 실록의 보수도 추후에 이루어진 것이기는 하다], 역사 기록과 같

---

42) 이 문제는 화자의 양상과는 다른 문제다. 즉 메시지의 내용을 풍부하면서도 효과적으로 전달하기 위해 <용가>라는 한 작품 안에 얼마든지 다양한 화자들을 설정할 수 있으나, 현실적으로 메시지의 전달 대상인 청자는 제한되어 있기 때문이다.

은 차원의 계획이나 사명감으로 이 작품의 창작에 임했을 것임은 쉽게 추측할 수 있다. 여하튼 이 부분의 화자는 사전적 서사 화자의 태도를 취하고 있다.

110~124장에서는 앞에 나열한 사적을 기반으로 교훈적 요목들을 추출하고 '닛디마ᄅ쇼셔'라는 전형적 교술 표현을 반복한다. 이 화자가 교술적 화자임은 물론이다. 125장이 전체를 요약·반복하여 결말을 지은 부분이라 해도, 화자는 124장에 이어 변함없이 교술적인 양상을 보여준다. 전체적으로 화자가 전환된 것에 맞추어 전체적인 내용을 요약·제시한 마지막 장에서 화자까지 전환시키고자 했을지도 모르나, 그렇게 되면 3개의 의미 단락만으로는 벅찬 일일 수밖에 없었을 것이다. 그리하여 교술적 화자를 계속 등장시켜 마무리 지었으며, 그 결과 이 작품의 전체 구조를 교술적 분위기로 몰아간 것이라고 볼 수 있다. 화자의 전환과 각 부분간의 관계를 도시하면 다음과 같다.

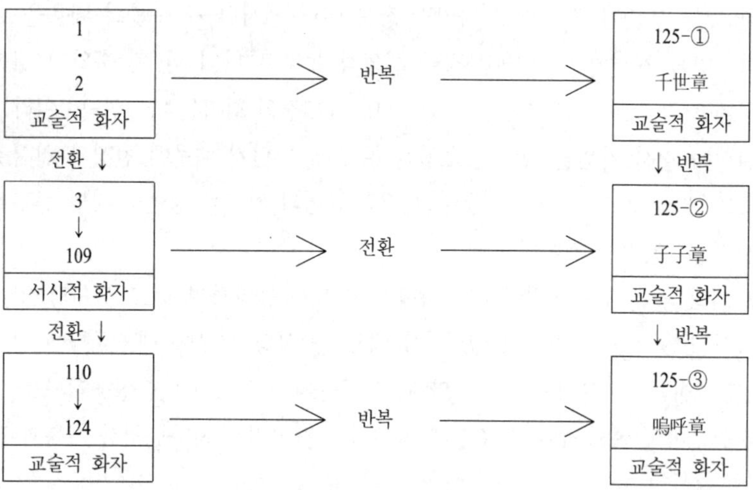

* 반복·전환은 화자에만 국한되는 용어다.
* '↓'는 화자 양상의 변화와 더불어 시적 의미의 전개 방향을 나타낸 표시이고, '→'는

화자 양상의 변화와 더불어 내용적 상관성을 나타낸다. 예컨대, 졸장의 '천세장'은 1, 2장 내용의 요약 · 제시라는 뜻이다.

화자가 비교적 여러 모습을 보이는 것과 달리 청자가 함축적이든 현상적이든 단일한 까닭은 악장의 표현적 특질 때문이다. 1~109장에서 모습이 드러난 청자의 모습은 찾아볼 수 없다. 그러다가 물망장인 110~124장에 와서야 겨우 '닛디 마ᄅ쇼셔'라는 화자의 말에 의해 청자가 암시될 뿐이다. 그러다가 125장에 이르러 '님금하'가 발화되면서 이 노래의 청자는 비로소 노출된다. 현상적 청자를 졸장의 맨 끝에 설정해 놓은 것도 작자들의 배려로 볼 수 있다. 125장이나 되는 많은 양의 가사에 일일이 청자를 밝힐 수는 없다. 현상적 청자를 돈호의 방법으로 반복하는 데서 오는 시적 압축과 긴장미의 이완을 치명적인 결함으로 보는 작자들의 미의식이 작용한 결과일 것이다. 정서적 긴장을 유지하면서도 가장 핵심적인 부분에서 강렬한 인상을 줄 수 있다는 효용성을 전제로 현상적 청자가 졸장의 '오호장'에서 돈호의 방법으로 등장된 것이다. 청자에 대한 이런 호출을, <용가>의 교술성을 시사하는 중요한 단서 중의 하나로 볼 수 있다.[43] 이렇게 성격이 다른 화자들과 현상적 청자에 의해 이루어진 교술적 분위기가 자연 발생적인 것이 아니고 작자들의 창작 의도로부터 나온 것임은 물론이다.

'천명에 의한 건국의 당위성'과 그로부터 파생되어 나온 '체제 및 왕실에 대한 찬양과 권계'라는 주제의식을 최상의 이념으로 설정하고 있는 악장이 교술적 결구를 지니는 것은 자연스러운 일이다. 이야기의 교술적 전개를 담당하는 것은 교술적 화자다. 그러나 시종일관 교술 만으로 이루어지는 것은 아니다. 작자의 미의식 표출이나 표현상의 효율성을 기하기 위해서 서정적 화자나 서사적 화자 또한 자주 설정된다. 그러나 작품에 초월적 이(理)가 설정되는 한 서정이나 서사만으로 종결될 수는 없다. 어떤 성격의 화자가 등장하든지 교술적 화자로 전환되어 끝맺음을 하는데, 이것은

43) cf. 조규익(1985), 141면.

악장에 대한 이념적·현실적 요구 때문이다. 그렇게 절실한 교술의 필요성에도 불구하고 교술로만 일관하는 작품이 드물다는 것은 문학의 본질에 대한 작자 계층의 집착과 안목이 현실적 요구 못지않게 강했다는 점을 시사한다. 이것이 바로 '표현형식의 기술적인 문제'[44]이며, <용가>의 장르적 성격과 짜임새를 결정하는 요건인 것이다.

3) 서사론 변증

비서사시적 요소들에도 불구하고 <용가>를 서사시라고 본 장덕순(1970)을 시초로 <용가>에 대한 서사시 장르론은 본격화하였다. 성기옥(1984)은 장덕순의 이러한 견해를 바탕으로 하여 <용가>의 서사시적 짜임을 밝혔으며, 김선아(1985)는 이들의 견해를 기초로 하여 <용가>가 서사시로서 조선 왕조의 신화이고 한국 최후의 건국신화이자 영웅신화임을 주장했다.

> ① 주인공 태조의 영웅적 일생을 순차적 진행의 원리와 '역사+일화'식 구조화 방법에 따라 (1)고귀한 혈통(제17～26장), (2)비범한 성장(제27～32장), (3)탁월한 능력(제33～66장), (4)투쟁에서의 승리(제67～89장)로 전개되는 4단 구조를 이루고 있는 것이다. 이러한 서사적 짜임은 영웅이야기가 가지는 일반적 서사 단계를 거의 벗어남이 없는 전형성을 반영하고 있으며, 동시에 <용비어천가>가 서사적 맥락을 가지고 있음을 확신하게 해주는 실증적 근거다.[45]

> ② 용가는 악장으로, 서사시로 '한 작품'으로서의 유기성과 부분의 독자성을 갖출 수 있도록 구성되어 있었고, 왕조창업의 당위성을 주국 창업의 천명성에서 찾으며, 영웅신화, 건국시조신화로서 많은 전승적인 이야기들을 수용함으로써 용가는 우리 문학사에서 현전하는 드문 서사시-곧

44) Wolfgang Kayser(1982), 293면.
45) 성기옥(1984), 172면.

> 이규보의 동명왕편과 이승휴의 제왕운기를 이은 왕조서사시였음을 알 수 있었다. 그리고 풍부한 전승설화와 민속소의 수용으로 우리 문학사상 마지막 영웅신화, 건국시조신화로서의 가치를 지니고 있어서, 이런 견지에서 용가의 문학적 가치와 문학사적 위치는 재고되어야 마땅하다고 생각한다.[46]

실제 이야기이든 꾸민 이야기이든 인물들의 행적을 내용의 중심으로 하고 있으므로 작품이 원래 지니게 된 서사적 성격을 무시할 수는 없을 것이다. 그러나 <용가>에 전경화되어 있는 것이 과연 본질적 측면에서의 서사성인가에 대해서는 재고해 보아야 한다. 즉 부분들 간의 유기적이거나 계기적(혹은 인과적)인 접속의 관계를 결여하고 있는 시간 순차가 서사성의 구현에 얼마나 충실할 수 있는가의 문제가 제기되는 것이다.

<용가>의 각 장들은 내용면에서 거의 모두 독자성을 지니고 있다는 것이 대부분의 견해다. 서사적 일관성을 주장하는 사람들이 내세우는 것은 등장인물들의 활약 시기가 순서에 맞게 배열되어 있다는 점과, 그러한 개별적 활약상들이 모여 궁극적으로 표상되는 것이 등장인물들의 영웅성이나 신성성과 같은 단일한 주제의식이라는 점이다. 그러나 먼저 생각해야 할 것은 작자들이 <용가>를 통하여 등장인물들이나 주인공을 작자의 미의식에 따라 허구적으로 창조하려 한 것이 아니고 실재했던 인물들의 가계를 자연스럽게 서술하려 했다는 점이다. 따라서 특별한 이유가 없는 이상 그러한 가계의 순서를 바꿀 이유 또한 없었던 것이다.

스토리텔러(story teller)로서 작자의 미의식이 작용하지 않은 순차적 가계의 서술을 서사의 본질인 시간순차와 동일시한다는 것은 불합리하다. 물론 가계의 순서대로 일어난 사건을 최소한 인과법칙이나 계기적 접속의 원리에 의거하여 기록하였다면 얼마간 서사적 시간순차와 부합할 수도 있었겠으나 각 부분들이 내용적으로 독립되어 있는 <용가>의 짜임을 서사적

46) 김선아(1985), 108면.

시간순차로 설명할 수는 없을 것이다.

같은 관점에서 그런 성격의 서술이 시간순차라면 시간순차 자체가 서사물 전유의 것이라고 할 근거도 없다. 서사시[epic] 혹은 서술시[narrative verse]에서 시인은 '시간의 흐름'을 그 구조원리로 사용하는데, 이러한 시간적 접속은 서정시에서도 마찬가지로 발견된다.47) 예컨대 '아침-점심-저녁-밤'의 정서를 병렬적으로 읊어낸 서정시에도 순차적 시간 진행의 원리는 내재한다. 편년체로 기술한 역사 기록 또한 순차적 시간 진행의 원리에 기반을 두고 있는 것은 마찬가지다. 따라서 시간 순차가 서사물 전유의 전개 원리는 아니며, 또 그것이 서사시가 되기 위한 필요조건은 될지언정 충분조건은 될 수 없는 것이다.

그렇다면 서사적으로 의미 있는 시간의 성격은 무엇인가. 최소한 시간 t에 하나가 일어나고, t 이후의 시간 t1에 또 하나가 일어나는, 서로 모순되지 않는 사건의 표현이면 무엇이거나 하나의 서사물이 될 수 있다48)고 볼 때 서사적 시간은 서사 대상인 사건들의 질적 변화의 과정에서 자연스럽게 인식되는 것임에 틀림없다. 서사물이란 어떤 종류의 갈등을 내포한 상태나 행동들의 시간적 연속 이상의 것을 제시하는 데 그것은 하나의 인간적 계획 또는 하나의 인간화된 세계라는 견지에서만 의미를 가질 수 있는 상태와 행동들의 시간적 연속을 제시한다는 것이다.49)

몇 개의 서사 사건을 포함하고 있는 하나의 연속으로서 특정한 스토리는 사건들의 자연시간에 따른 순서적 배열보다 고도의 서사성을 가지는 것은 당연하다. 어떤 서사물은 여러 개의 사건들이 시간적으로 관계되는 것을 보여주는 데 그치지만 서사물의 기능은 그것만이 아니고 어떤 사건들이 보다 더 큰 사건으로 결합되는 것을 보여줄 수도 있다. 행동이나 상태를 시간 순서에 의해 배열하는 것만으로는 고도의 서사성이 생겨나지

47) B. H. Smith(1968), 117면.
48) 제랄드 프랭스(1988), 218면.
49) J. Culler(1976), 143면.

않는다. 그런 점에서 서사물은 대체로 사건들의 단순한 시간적 연쇄가 아니라 계층구조적 연쇄인 것이다. 즉 서사물은 유사한 사건들이 결합하여 유사한 사건이 되기도 하지만, 유사한 사건들이 결합하여 좀 더 크고 상이한 사건을 형성하는 것이 그보다 더 의미 있다는 것이다. 좀 더 크고 상이한 사건을 형성한다는 것은 서사물에서 기술되는 사건의 변화를 지칭한다. 그리고 그 기술된 변화란 단순히 하나의 우연한 상태로부터 또 하나의 우연한 상태로의 변화가 아니라, 하나의 본질적인 상태로부터 또 하나의 본질적인 상태로의 변화인 것이다. 고도의 서사성을 가진 서사물은 어떤 상태의 본질적인 변화와 그 결과들을 기술한다는 말은 이런 점에서 타당하다.

서사물은 전통적으로 실제 인생에 있어 흔히 볼 수 있는 시점과 종점[출생과 사망/유년과 노년/잠깨는 것과 잠드는 것] 사이에서 전개되는데, 앞서 말한 변화를 단순히 제시하기도 하지만 그 변화를 설명하기도 한다. 즉 서사물 내에서 하나의 사건이나 일련의 사건은 최초의 상황을 최종적 상황으로 수정하는 것이다.[50] 다시 말하여 서사적 시간의 흐름은 서술되는 사건의 본질적 변화에 의해 감지되는데, 이 경우 서사성은 제시된 사건들이 하나의 완전체[처음과 중간과 끝이 있는 하나의 완전한 구조물]를 이루고 있는 정도에 의존한다고 한다.[51] 이런 점들을 고려할 때 <용가>가 상당한 정도 서사적 결구로 이루어진 부분들을 포함한 작품이긴 하지만 전체적으로 완전한 서사시일 수는 없는데, 그러한 서사의 불완전성을 밝히는 일은 이 작품이 지닌 악장문학으로서의 위상을 정립하는 관건이기도 하다.

지금까지 언급한 내용은 논자들이 들고 있는 바 서사성의 근간인 시간순차가 서사물 본질의 그것과 상당한 거리가 있을 수 있다는 점을 보여주기 위한 것이었다. 장으로 구분되어 있는 개별적 사건[52]들이나 삽화[53]들

---

50) 이상의 설명은 제랄드 프랭스(1988)의 5장 참조.

51) 제랄드 프랭스(1988), 226면.

52) 여기서 '사건'의 개념은 앞에 인용한 프랭스(1988:100)의 견해를 따른다. 즉 사건은 '상

자체가 본질적으로 변화되어감으로써 시간의 경과를 드러낸다. 동시에 그들 간의 관계의 유기성을 획득하는 것이 아니고 등장인물들의 현실적 소목(昭穆) 차서에 의거하여 나열되었을 뿐 사건들 사이의 유기적 상관관계에 의해 배열된 것은 아니다. 즉 등장인물이나 사건이 삽화들의 중심이며 등장인물들이 생몰년대상 순차적으로 배열되었다 하더라도 그 삽화들이 장별 구분에 의해 별도의 것들로 나누어져 있으며 사건들이 인과 관계로 연결되지 않는다는 것이다. 이처럼 등장인물의 배열에서 가계상의 순차를 제외한 어떤 미학적 연결 원리도 발견할 수 없는 이상, <용가>를 완전한 서사적 짜임의 원리 위에서 파악할 수는 없다. 물론 각 삽화별 주제를 추출하여 뭉뚱그릴 경우 서사론자들이 즐겨 드는 '영웅의 일생'을 재구해낼 수도 있겠으나, 그것 역시 앞서 말한 물리적 차원의 시간순차일 뿐이어서 삽화들 간의 유기적이거나 인과적 접속을 보장할 수 있는 조건은 되지 못한다.

여기서 생각해 보아야 할 것은, ① 왜 제작자들이 육조의 사적을 조기(肇基)의 시점에서부터 건국까지 극적 긴장을 수반하면서도 장대한 스케일의 대하 서사시로 꾸미지 않고 별개의 사건들로 도막도막 끊어서 나열했겠는가 하는 점, ② 서사적 성격의 장들 대부분에 해당 사건으로부터 추출되는 주제적 덕목들이 한 두 개의 어휘로 나타나 있거나 암시되고 있는데, 이것들이 불완전한 서사성의 직접적 원인일 수 있다는 점, ③ 등장인물들의 생존 시간인 물리적이고 역사적인 시간 순차가 부분들 간의 유일한 연

태적인 것'과 '행동적인 것'으로 한정되며 하나의 서사물 내에서 행동적 사건과 상태적 사건의 비율은 그 서사물의 중요한 특징의 하나가 된다는 것이다. 본장에서는 서사물 형성 단위로서의 '사건'이란 개념만을 필요로 할 뿐 그것으로 인해 이루어지는 서사물의 성격적 특질은 논제의 범위에서 벗어나므로 언급하지 않는다.

53) 프랭스(1988:101)는, 주어진 하나의 서사물 내에서 이야기될 수 있는 사건의 수에는 상한이 없는 대신 하한은 있다고 한다. 즉, 서사물이란 그 어느 한쪽도 다른 한쪽의 필수 전제도 아니고 당연한 귀결도 아닌 최소한 두 개의 사건을 다루기 때문이라는 것이다. <용가>의 각 장들은 모두 하나 혹은 그 이상의 사건들로 이루어져 있다. 따라서 각 장들의 규모는 완전 서사체의 하위 단계인 '삽화'로 보는 것이 타당하다.

결고리 역할을 하고 있는데, 그것이 '플롯시간'으로 대치될 수는 없다는 점 등이다.

<용가>에서 서사적 성격을 띤 장들은 하나 혹은 하나 이상의 사건들이 모여 이루어진 삽화 차원의 것들이다. 그러한 삽화들이 등장인물들의 생존 시간이라는 물리적 시간개념에 의해 배열되어 있으며 각각의 삽화는 <용가> 전체의 이념적 영역 안에서 그 나름의 주제를 구현하는 데 초점이 맞추어져 있다. 작자들의 의도는 각각의 삽화들을 통하여 예정된 주제를 제시하고 삽화들 전체의 주제로부터 <용가> 전체의 주제를 부조해 내는 데 있었을 뿐 그것들을 스토리나 플롯의 단계로 구조화시키는 데 있지는 않았던 것이다. 다시 말하면 민담의 지배적 구조 원리인 '시간적 · 인과적 계기'[54]를 <용가>의 제작 원리로 차용할 필요성은 애당초부터 없었다고 볼 수 있다.

이 사실을 밝히기 위해 서사론자들이 거론한 장들을 분석하면 다음과 같다.

장	인물	사건 혹은 삽화	주제
17	목조	관기 때문에 노함/북방으로 이주함	조기의 간난함
18	목조	서울 사자를 꺼려 바다를 건넘/2백호가 따름	인망의 거룩함
19	익조	꾀 많은 도적을 보려 함/하늘이 노파 보내 알려줌	천우의 도타움
20	익조	바닷물을 얕게 했다 깊게 함	천우의 도타움
21	익조	하늘이 해동의 여민(黎民)을 선택함	천우의 도타움
22	도조	흑룡을 죽이고 백룡을 살림	자손지경의 예조
23	도조	쌍학을 한 살에 떨어뜨림	재능의 기이함
24	환조	환조가 환국함/쌍성에서 역적을 평정함	무공의 혁혁함
25	태조	백성이 태조에게 곤복을 입힘	인망의 거룩함
26	환조	온갖 반대를 물리치고 북도에 병마사로 부임	천명의 뚜렷함
27	환조 · 태조	환조가 태조의 화살을 버림/태조의 뛰어난 재주를 기뻐함	재능의 기이함

54) 김열규(1978), 35면.

28	태조	이달충이 조선의 건국을 예언함	예언의 확실함
29	태조	세란을 구하러 태어나심/천자가 기위(奇偉)하심/대이상(大耳相)을 조사가 일컬음	천명의 뚜렷함
30	태조	모진 짐승에 쫓김/깊은 못의 얼음을 하늘이 굳힘	천우의 도타움
31	태조	백여 길 절벽에 떨어짐을 모면함	재능의 기이함
32	태조	하늘이 백성 구하려 이성계 내려줌/숲속의 담비에 스무개의 화살을 맞힘	천명 · 재능의 기이함
33	태조	태조가 적을 쳐서 공민왕을 환궁시킴	무공의 혁혁함
34	태조	하늘의 도움으로 태조가 성을 뛰어넘음	천우의 도타움
35	태조	태조 혼자 모진 도적을 잡음	무공의 혁혁함
36	태조	쫓아오는 세 도적을 세 살로 떨어뜨림	무공의 혁혁함
37	태조	태조가 진흙탕에 빠졌으나 하늘이 무른 흙을 굳힘	천우의 도타움
38	태조	용병을 잘해 이기니 동쪽 변방 백성들이 태조를 기다림	무공의 혁혁함
39	태조	압강에 장군기가 나타남	예조의 뚜렷함
40	태조	성 위에 일흔개의 살을 쏘아 모두 맞힘	재능의 기이함
41	태조	태조가 서정(西征)의 소획을 모두 주니 사람들이 기뻐함	무공 · 인망의 거룩함
42	태조	동녕을 빼앗음/구름이 비춤	무공 · 예조의 뚜렷함
43	태조	졸애산의 두 마리 노루를 한 살에 뀀	재능의 기이함
44	태조	임금의 명에 의한 공을 엇막음	재능의 기이함
45	태조	무덕으로 백성을 구함	무공의 혁혁함
46	태조	임금이 놓은 은경에 백발백중함	재능의 기이함
47	태조	편전 한 낱에 왜구 쳐부숨	무공의 혁혁함
48	태조	석벽에 말 타고 올라 도적을 다 잡음	무공의 혁혁함
49	태조	서울에 든 도적을 잡아 두 장수 몫의 공을 혼자 세움	무공의 혁혁함
50	태조	백성을 불쌍히 여겨 장단을 건널 때 흰 무지개가 해를 꿰뚫음	상서의 분명함
51	태조	치진(置陣)이 남과 달라 싸움에 이김	무공의 혁혁함
52	태조	왜적의 투구를 벗겨 소민을 살림	무공의 혁혁함
53	태조	4경을 개척하여 도적이 사라짐	무공 · 인망의 거룩함
54	태조	적장의 재용을 아껴 금환(金丸)을 쓰지 않으니 북적이 항복함	무공 · 인망의 거룩함
55	태조	잠룡미비에 북인이 복사함/북인이 궁검 차고 좌우를	인망의 거룩함

		따름	
56	태조	위혜 넓어 야만인도 관대를 함	인망의 거룩함
57	태조	한 살로 두 마리의 새를 쏨	재능의 기이함
58	태조	산 밑에 군사를 두고 백 사람의 말 안장을 벗김	무공의 혁혁함
59	태조	태조의 지용으로 동해의 도적을 놀라게 함	지용의 뛰어남
60	태조	변화 무궁하여 도적 사이를 지나도 도적이 그 뜻을 모름	재능의 기이함
61	태조	태조의 이름을 두려워 함/태조 혼자 뒤에 나시어 백 척의 적을 죽이고 잡음	무공의 혁혁함
62	태조	도적이 태조의 이름을 듣고 두려워 함	무공의 혁혁함
63	태조	백 보 밖의 열매를 쏘아 떨어뜨림	재능의 기이함
64	태조	세상호걸들이 태조를 못 따라감/태조는 남보다 앞서고자 하지 않음	인망의 거룩함
65	태조	준판에서 노루를 쏘아 잡음	개세기상의 거룩함
66	태조	예로써 군사를 대접하여 사람들의 마음이 모임	인망의 거룩함
67	태조	섬 안에서 자던 중 큰 비가 내렸으나 떠나고 난 뒤 잠김	천우의 도타움
68	태조	하늘이 큰 비를 그치지 않음/홍수를 들게 함	천조의 믿음직함
69	태조	십팔자가 나라를 구한다 함	예언의 확실함
70	태조	하늘이 용지를 내려 나라를 안정시킴/팔준이 때맞추어 남	천우의 도타움
71	태조	거짓 임금 굳게 하려 친조를 명함/명제는 천명을 알고 있었음	천명의 뚜렷함
72	태조	하늘이 창왕을 버림/한인이 태조의 공덕을 말함	천명 · 인망의 거룩함
73	태조	전제를 고쳐 위씨 축출 후 중흥을 기함	위민책의 위대함
74	태조	소인이 천의를 거슬러 친왕병을 청함/명제가 태조의 충성을 알고 있었음	천명의 뚜렷함
75	태조	위령이 멀리 미쳐 여진이 내정함/쟁장지언을 거스르지 아니함	인망의 거룩함
76	태조	형제에게 지정함/모진 꾀를 잊음/오늘날에 인속(仁俗)을 이룩함	인망의 거룩함
77	태조	남들이 죽이고자 하나 다시 살리고 벼슬을 줌	인망의 거룩함
78	태조	참된 마음을 변치 아니함	인망의 거룩함
79	태조	태조가 시종일관하니 공신이 성심을 다함	전조만세의 당연함

80	태조	무업 수행 중에도 선비를 사랑함	태평지업의 빛남
81	태조	겸허하게 학문을 깊이 함/창업규모가 원대함	인망의 거룩함
82	태조	늙은 선비를 예로 대접함	우문지덕의 융성함
83	태조	하늘에서 금척을 내려 주심	천명의 뚜렷함
84	태조	고려의 천명이 끝나감	천명의 뚜렷함
85	태조	천자가 나라 이름을 조선이라 함	천명의 뚜렷함
86	태조	여섯 노루를 쏘아 떨어뜨림/다섯 까마귀를 쏘아 떨어뜨림/기울어진 나무를 뛰어넘음/석벽에서 이서를 얻음	천명 · 재능의 기이함
87	태조	말 위에서 큰 범을 한 손으로 침/싸우는 소 두 마리를 두 손으로 잡음/다리에서 떨어지는 말을 넌지시 잡아 올림	성인신력의 거룩함
88	태조	마흔 마리 사슴의 등을 쏘아 맞힘/도적의 입과 눈을 쏘아 맞힘/꿩을 날리고 쏘아 맞힘	성인신무의 거룩함
89	태조	백 보 밖의 소나무를 쏘아 꺾음	성인신공의 거룩함

이상과 같이 17장~89장까지만 분석한 것은, 이 부분이 <용가> 가운데 서사적 성격을 가장 짙게 띠고 있긴 하지만, 그렇다고 이 부분이 과연 4단구조로 짜여져 '영웅의 일생'을 구현하는지[55]를 재고해보기 위해서다. 성기옥은 앞의 인용문에서 이 부분을 ① 고귀한 혈통(제17~26장), ② 비범한 성장(제27 ~32장), ③ 탁월한 능력(제33~66장), ④ 투쟁에서의 승리(제67~89장) 등 영웅적 일생의 4단구조로 나누었다.

우선 ①에 해당하는 부분을 보기로 한다. 각 에피소드들의 주제는 각각 조기의 간난함(17장), 인망의 거룩함(18 · 25장), 천우의 도타움(19 · 20 · 21장), 자손지경의 예조(22장), 재능의 기이함(23장), 무공의 혁혁함(24장), 천명의 뚜렷함(26장) 등으로 집약되어 혈통 자체의 고귀성을 드러내기보다는 창업의 기반을 형성하는 과정에서 선조들이 겪었던 고난과 영광을 형상화하는 데 주력했음을 알 수 있다. 물론 갖가지 시련을 극복해나간 선조들을 제시함으로써 고귀한 혈통을 간접적으로 암시했다고 할 수도 있겠으나, 분

55) 성기옥(1984), 172면.

명한 것은 이러한 내용들이 서구의 민담이나 한국의 민담에 흔히 등장하는 '고귀로운 혈윤(血胤)'[56]과는 질적으로 다르다는 점이다. 더구나 고귀로운 혈통을 서술하는 부분에 태조 자신의 등극 삽화(25장)가 끼어 있다는 것은 시간적·인과적 계기를 전개 원리로 하고 있는 서사물의 구조상 부정확한 경우가 될 것이다.

②의 경우를 살펴보자. 재능의 기이함(27 · 31 · 32장), 예언의 확실함(28장), 천명의 뚜렷함(29 · 32장), 천우의 도타움(30장) 등으로 각각의 주제들을 뭉뚱그릴 수 있다. 굳이 성장 과정에 대한 암시 부분을 찾는다면, 태조가 부친인 환조와 함께 등장하는 27 · 28장을 들 수 있을 것이다. 그러나 그것도 활솜씨나 관상 등 극히 부분적인 일면의 지적에 그치고 있으므로, 그 역시 주인공의 비범한 성장이라는 일반화된 도식에 소속시킬 사항은 아니라고 본다. 이 부분에 제시된 '무술의 뛰어남'이라든가 재능, 하늘의 도움 등은 <용가> 전체에 두루 출현하는 모티프들이며, 이 부분(27~32장)이 특별히 태조의 성장기에 해당한다는 내용적 표지가 어느 곳에도 암시되어 있지 않은 이상 이 부분을 영웅적 일생의 '비범한 성장'으로 볼 수는 없다.

③의 경우를 살펴보자. 이 부분의 주제들은 무공의 혁혁함(33 · 35 · 36 · 35 · 41 · 42 · 45, 47~49, 51~54, 58 · 61 · 62), 천우의 도타움(34 · 37), 예조의 뚜렷함(39 · 42), 인망의 거룩함(41 · 53~56 · 64, 66), 재능의 기이함(40 · 43 · 44 · 45 · 46 · 57 · 60 · 63), 상서의 분명함(50), 지용의 뛰어남(59) · 개세기상의 위대함(65) 등이다. 그런데 이것들이 '탁월한 능력'만으로 한정될 수 없는 내용들임은 전자들과 마찬가지다. 물론 이 부분에서는 무엇보다 혁혁한 무공을 강조한 점이 눈에 뜨이기는 한다. 그러나 태조의 무공에 대한 강조는 어느 부분에서도 쉽게 찾아 볼 수 있는 주제적 특질인 만큼 그것만으로 '탁월한 능력'의 모티프를 독립시킬 근거는 될 수 없다. 따

56) 김열규(1978), 54~62면 참조.

라서 이 부분들을 영웅적 일생 가운데 '탁월한 능력'으로 해석하는 것이 불합리함은 자명해진다.

④의 경우를 살펴보자. 이 부분의 주제는 천우의 도타움(67 · 70), 천조의 믿음직함(68), 예언[참언]의 확실함(69), 천명의 뚜렷함(71 · 72 · 74 · 83~86), 인망의 거룩함(72 · 75~78 · 81), 전조만세의 당연함(79), 태평지업의 빛남(80), 우문지덕의 융성함(82), 재능의 기이함(86), 성인신공의 거룩함(87~89), 위민책의 원대함(73) 등이다. 이 부분을 '투쟁에서의 승리'라는 단계와 결부시켰는데, 투쟁의 사건들 역시 <용가>의 서사적 부분들에 편재되어 있고 그 대부분은 승리로 귀결되고 있는 만큼 유독 이 부분에만 그런 명명의 당위성을 인정하기 어렵다. 더구나 이 부분에서도 투쟁보다는 오히려 인망과 천명을 강조한 것이 각 삽화별 주제의 주류임을 감안한다면, 이 역시 <용가> 전체의 주제 분포를 성실히 보여주고 있을 뿐이다. 각 단계별 주제들 중 상위에 속하는 세 항목의 빈도를 백분율로 나타내 보이면 다음과 같다.

일생의 단계	주 제	%
① 고귀한 혈통	천우의 도타움	30
	인망의 거룩함	20
	재능의 기이함	10
② 비범한 성장	재능의 기이함	43
	천명의 뚜렷함	29
	천우의 도타움	14
③ 탁월한 능력	무공의 혁혁함	45
	재능의 기이함	18
	인망의 거룩함	18
④ 투쟁에서의 승리	천명의 뚜렷함	28
	인망의 거룩함	24
	성인신력의 거룩함	12

이상에서 보듯이 영웅의 일생에 따른 각 단계별 주제들 사이에 내세울 만한 변별적 요인들은 없는 셈이다. 단계별로 배치된 주제들의 순위와 백분율 면에서 약간씩의 차이를 보이고 있긴 하지만 전편에 걸쳐 고르게 분포되어 있다는 것은 적어도 제작자들이 사건이나 삽화들 간의 유기적 관계 설정을 통하여 전체적인 스토리나 플롯 차원의 서사적 결구를 목표로 하지 않았음을 입증하는 점이다.

이 부분(17~89장)에 나타나는 주제들의 빈도를 백분율로 표시해보면, 무공의 혁혁함(23) · 인망의 거룩함(19) · 재능의 기이함(15) · 천명의 뚜렷함(13) · 천우의 도타움(10) · 성인신력의 거룩함(4) · 예언의 확실함(3) · 예조의 뚜렷함(3) · 조기의 간난함(1) · 지용의 뛰어남(1) · 개세기상의 위대함(1) · 상서의 분명함(1) · 천조의 믿음직함(1) · 전조만세의 당연함(1) · 태평지업의 빛남(1) · 우문지덕의 융성함(1) · 위민책의 원대함(1) 등으로 나타난다.

작품의 각 부분은 각각의 주제를 갖고 있으며 작품 전체는 통일된 하나의 주제를 갖는 동시에 작품의 전개 과정은 단일한 주제로 통일되는 다양화 과정으로 볼 수 있다면,[57] <용가>의 경우도 서장과 2장에서 제시된 구도에 따라 등장한 서사적 부분들의 다양한 소주제들이 교술 부분인 물망장들을 거쳐 졸장에서 단일한 주제로 통합되는 짜임을 보여준다. 따라서 <용가>를 영웅 서사시의 짜임으로 파악하는 일이 부분적으로는 타당할지 모르나 전체적으로 작자들이 의도하지 않았던 사항이고 결과적으로도 그러한 서사성은 구현되지 않았다고 할 수 있다.

아울러 생각해야 할 사항은 6조의 사적과 부합하는 중국 역대 왕의 사적들을 중국의 단대 24사에서 찾아 각 장의 전반부에 나란히 제시하고 있다는 사실이다. 최항이 <용가>의 발문에서 지적한 바, '모두 실제 사적에 의거하여 사를 지었고, 옛것을 주워 모아 지금에 비의하였으며, 반복 · 부

57) 보리스 토마셰프스키(1980), 104면.

연·진술하여 규계지의로 끝맺고 있다'58)는 점은 중요한 단서로 이용될 만하다. 즉 최항의 언급 중 '옛것[古]'은 중국의 사적이다. 6조의 사적을 독자적으로 제시하지 못하고 거의 대부분 중국 측 사적과 부합시키려고 한 점에 <용가>의 비서사성 혹은 불완전한 서사성의 근본적인 원인이 있었던 것이다. 조선조 창업에 확실한 권위를 부여하기 위해서라도 중국 측 사적을 바탕으로 <용가>의 증거능력을 높일 필요가 있었다. 따라서 중국 측 사적의 힘을 빌려 6조 사적의 신빙성을 보강하고자 '옛것을 주워 모아 지금에 비의하는[摭古擬今]' 방법을 쓸 수밖에 없었을 것이다.

<용가>의 전체 장들 가운데 우리나라의 사적만 등장하는 부분은 22개 장이며, 그것들을 제외한 103개 장에 중국의 사적은 등장한다. 그것들은 '고성(삼대이전), 하(태강), 은(성탕), 주(태왕·계력·문왕·무왕·성왕), 진(시황), 전한(고조·문제·선제), 후한(광무제), 촉한(유비), 동진(목제), 당(고조·태종·현종·선종), 후당(태조), 후주(세종), 송(태조·인종·고종), 요(태조), 금(태조), 원(태조·세조)' 등이다. 이들을 기간으로 보면 삼대에서 원대까지 2천년을 훨씬 상회하고 있는 반면, 그 수는 27명으로 대부분 창업 혹은 중흥주들이다. 따라서 그들 상호간에 케이스별 유사성을 제외한 어떤 종적 연관도 있을 수 없으므로, 하나의 일관된 스토리나 플롯이 구성될 가능성은 전혀 없다.

다시 말하면 가송할 6조의 사적을 정해 놓고 그와 부합하거나 유사한 중국 측의 사적들을 역사상에서 찾아 대응시킨 것이므로, 그것들 간의 접속 관계는 사전에 고려될 수 없었던 것이다. 여기서 확인할 수 있는 두 가지 사실은, 첫째 중국측 사적과 6조의 사적이 1대 1로 대응한다는 점, 둘째 중국측 사적이 상호간에 연결될 수 없듯 이와 대응하는 6조의 사적 역시 원활하게 연결될 수 없으리라는 점 등이다. 중국 측 사적을 <용가> 구성의 가장 큰 뼈대로 상정하고 있었기 때문에 처음부터 일관된 스토리의 구성

---

58) 최항, 「용비어천가발」, 『용비어천가』(1973), 1051~1052면의 "皆據事撰詞 摭古擬今反覆敷陳 而終之以規戒之義焉" 참조.

은 생각할 수 없었고, 삽화의 차원에서나마 중국 측 사적과 결부시키고 그것으로부터 일정한 주제를 추출하는 것만으로 만족할 수밖에 없었던 것이다. <용가>의 비서사성이나 서사의 '불완전성'은 이 점으로도 입증할 수 있다.

그러나 이 글에서 필자는 서사론자들의 생각이 전혀 터무니없다고 주장하는 것은 아니다. 오히려 <용가>와 같이 일견 무질서해 보이는 작품에 어떤 구체적 질서를 부여하여 새롭게 읽어내려는 생각은 어떤 면에서 탁월한 발상일 수 있기 때문이다. 그러나 실제로 그렇다고 하더라도 <용가> 텍스트로부터 영웅서사시의 구조를 추출해내고자 하는 현재 학계 일각의 작업은 자칫 그러한 의도와는 전혀 무관하게 만들어졌을지도 모르는 작품을 이미 만들어진 틀에 억지로 맞추고자 한다는 오해를 불러일으킬 만큼 지나치게 단정적이고 확신에 차 있다.

그렇다면 <용가>의 장르적 속성을 어떻게 규정할 것인가. 조동일(1979: 153~154)의 다음과 같은 견해는 그 장르적 성격을 적절히 해명해준다.

> 『고려사』「세계」에서 발견되는 고려의 건국신화나, <용비어천가>에 나타나 있는 조선의 건국신화는 고려 또는 조선이라는 국가의 신화적 질서를 역설하는 점에서 고대의 건국신화와 다르지 않으나, …… 조선의 경우에는 목조 · 익조 · 도조 · 환조 · 태조 · 태종이 등장하여 내용이 잡다하다. 이들 각 인물에 관한, 성격상 아주 다양하고 서로 깊은 관련이 없는 이야기의 집합이다. 이야기는 어느 것이나 건국이라는 결과와 연결되어 있고 건국의 필연성을 입증하나, 연결은 작위적이고 입증은 자연스럽지 않다. 신화적 질서를 포괄적으로 설정하여 개별적인 사실들을 그것에 입각하여 설명하는 방식을 취하지 않고 개별적인 사실들을 하나씩 다루는 데 머무르며, 합리적인 사고를 의식하면서 넘어서려고 하니 입증이 자연스럽지 않게 된다. …… 둘 다 조작된 신화이므로 신화 본래의 성격을 상실했는데 조작의 정도는 조선의 경우에는 더 심하다. <용비어천가>는 전설적인 성격을 지니는 데 그치지 않

고 교술적인 성격까지 농후하게 지녀 전편을 교술시라고 하는 편이 적절한 규정일 것 같다.

이처럼 서사적 불완전성 때문에 <용가>의 장르적 속성은 애매해 질 수밖에 없으며, 구성이나 표현수법 역시 제작의도 · 작품 자체 · 시대적 요청 등을 감안할 경우, <용가>를 교술시로 보고자 한 그의 견해는 타당하다.

<용가>의 창작에 참여했던 권제 · 안지 · 정인지 등은 집현전 출신의 사대부들이었고, 이 작품 제작 1년 후에 반포한 훈민정음 창제에도 신숙주 · 성삼문과 함께 정인지 등이 참여하고 있다. 그런데 무엇 때문에 국가가 주도하여 관찬으로 <용가>의 제작을 진행시켰을까. 앞에서 언급한 바와 같이 이 시기는 왕조 창업의 타당성 선양을 중심으로 한 훈민과 교화에 주력하던 때였다. 따라서 『주자가례』의 보급과 함께 훈민정음, <용가> 등의 창제도 같은 차원에서 다루어져야 한다.

<용가>에서 서장과 2장 및 졸장을 제외한 대부분은 삽화들의 나열로 이루어져 있다. 작품이 병렬적 경향을 띠는 경우는 반복이 주제 생성의 원리로 채용되는 경우이다. 6조의 사적을 반복하여 읊어냄으로써 그 사적의 교훈적 가치가 강화된다는, 교술상의 효용성을 추구한 것이다. 그러한 효용성을 의식했기 때문에 스물다섯장의 물망장들까지 설정하여 같은 내용을 반복하게 된 것이다. 서두에서 제시된 주제 즉 '천명에 비추어 본 조선 건국의 당위성'과 '왕조 영속의 당위성'이 6조의 사적을 통해 변화있게 반복 · 확인되고 또 다시 물망장들을 거쳐 졸장에서 반복 · 제시된 점을 <용가> 짜임의 대강이라고 말할 수 있다. <용가>는 훈민과 후왕에 대한 권계의 필요성에서 나온 교술적 작품이다. 작품 내의 서사적 부분들은 경계의 자료로 조종의 사적을 들 수밖에 없었던 불가피함 때문에 도입된 것으로 보인다. 물망장들을 거쳐 졸장에 이르면서 그러한 창작 의도는 극도로 명확해진다.

한수 북에 나라를 세운 것은 이미 '천세우희' 천명으로 정해진 일이었

다. 그 천명이 개국으로 현실화된 직접적 요인은 '누인'이었다. '복년이 ᄀᆞᇫ업다'는 말은 왕조가 영속되어야 한다는 당위성의 단적인 표현으로서 '누인'을 전제로 한다. 그 누인은 그 다음 행의 '경천근민'으로 이어진다. '경천근민'은 <용가> 전체의 핵심적 주제다.

서장부터 110장까지는 조종의 사적을 들어 놓은 부분이므로 특정 대상을 상정하지는 않고 있다. 그러나 111장부터는 후왕들을 구체적 대상으로 지칭하여 경계하는 내용이다. 임금에 대한 교훈은 집권 사대부 계층의 중대한 관심사였다. 체제 유지의 열쇠는 지배 계층의 핵인 임금의 태도 여하에 달려 있다고 보았기 때문이다. 예컨대 정도전은 『경제문감』·『조선경국전』 등에서 군도를 밝혔으며 『고려국사』에서 '계일예(戒逸豫)'를 편찬요강의 하나로 넣어 군주의 일예를 경계했고, 권근은 『입학도설』 중 '무일지도(無逸之圖)'를 도설하여 임금의 길을 제시했다.

「무일지도」는 임금의 일락과 게으름을 경계한 내용인데, 바로 <용가> 졸장의 주제와 일치한다. 자고로 천하에 국가를 가진 자 모두가 조종의 근검함으로 인하여 흥했다가 그 자손의 일태함으로 인하여 망하게 되는 법[59]이라고 전제한 후, 주공이 성왕에게 경계한 내용을 제시하기도 했다. 위로는 천명을 경외하고 아래로 백성을 보우하며 널리는 전고의 흥망을 거울삼고 가까이는 조종의 근검함을 배우는 것은 사왕이 마땅히 체념해야 될 일[60]이며, 경이란 하늘을 경외하고 백성을 보호하며 일락함이 없는 참된 마음[61]이라는 것이다.

이러한 권근의 「무일지도」에 표현된 사상은 <용가> 졸장에서 그대로 재현되고 있으며, 여기에 도설된 주제가 바로 <용가>의 주제와 일치하고 있음을 알 수 있다. 옛 성인이 시로써 가르침을 삼고 성률에 올려 향국에 힘

59) 권근(1981), 125면의 "自古有天下國家者 莫不由祖宗勤儉以興盛 由子孫逸怠以覆亡" 참조.

60) 같은 책, 같은 곳의 "上畏天命 下保小民 遠鑑前古之興亡 近法祖宗之勤儉 以嗣王之所當體念也" 참조.

61) 같은 책, 같은 곳의 "敬者畏天保民 鑑古法祖之要) 而旡逸之實心也" 참조.

쓰고 천하를 화성하여 천년이 지난 지금에도 사람을 감발 흥기시키는[62] 효용성이 <용가> 제작의 목적이었다. 그 결과 후왕으로 하여금 금일의 흥한 까닭을 깨닫게 하여 계서불망의 생각과 보수지규를 갖추어 스스로 감히 바꿀 수 없도록 하고 국인들로 하여금 지금의 편안한 까닭을 알게 하여 평생 잊기 어려운 마음을 갖도록 하겠다는 교훈적 의도를 피력하고 있는 것이다. 이와 같이 <용가>는 부분적으로 서사적 성향을 띠고 있으나, 전체적으로는 교훈적 내용과 주제로 마무리된 교술 장르로서의 악장이다.[63]

5. 〈용가〉 미학의 현실성

<용가>가 선초 악장의 결정판임은 부정할 수 없는 사실인데, 국가 기관에서 왕명으로 다수의 학자들이 참여하여 지었다는 점, 규모가 방대하며 대부분 악곡에 올려져 공사 연향에 쓰였다는 점, 기존의 악장과 달리 현왕을 대상에서 제외시키고 선대 조종만을 대상으로 하였다는 점, 작품의 자료들을 각 지방으로부터 광범위하게 수집하여 상징적으로나마 전체 백성들까지 제작에 참여시켰다는 점 등을 그 중요한 이유로 들 수 있다. <용가> 이후에는 이와 필적할 만한 규모의 악장이 더 이상 나오지 않았으며, 특히 <용가> 이전에 왕성하게 현상되던 개인 제작 악장들도 거의 자취를 감추고 말았다. 따라서 개인 제작 악장으로 인하여 생겨날 수밖에 없었던 '악장=아유문학'이라는 오해를, <용가>를 통하여 불식시킬 수 있었다. 그것은 악장의 가송 대상에 현왕을 포함시키지 말 것을 평소에 강하게 주장한 세종의 뜻이 반영된 결과이기도 하였다.

성리학의 명분론에 비추어 절대로 합리화 될 수 없었던 태조의 역성혁명, 적장 아닌 태종 및 세종 자신의 즉위 등 모두가 왕조의 순탄한 행로에

62) 「용비어천가 발」, 『용비어천가』(1973), 1053면의 "於乎 昔之聖人 以詩爲敎 叶之聲律 用之鄕國 以化成天下 至今千載之下 尙能使人感發而興起 況於當代之事乎)" 참조.
63) 조규익(1986), 220～222면.

장애가 될만한 요인들이었다. 언제고 일어날 수 있는 '왕조의 윤통 시비'를 미연에 막을 만한 방도로 가장 좋은 것은 '혁명에 의한 건국의 당위성'과 '왕조 영속의 당위성'을 백성들에게 자연스런 방법으로 주입시키는 일이었다. 이런 일은 건국 초기 훈민과 교화의 분위기에 편승함으로써 훨씬 더 큰 효과를 본 셈이었다. <용가>의 제작 동기 내지 주제의식이 표면적인 것과 이면적인 것 등 이원적으로 파악되는 것도 이와 같은 현실적 상황에서 그 원인을 찾아 볼 수 있다.

<용가>의 장르적 성격을, 작품 내에 설정된 화자의 양상과 모티프 및 에피소드와 주제 배열의 양상을 통해서 살폈다. 1·2장 및 110~125장에는 초월적 존재로서의 교술적 화자가 등장한다. 그렇기 때문에 천명과 천지조화의 원리 혹은 그에 입각한 군주의 행위 규범과 치도를 정언적 명법으로 제시할 수 있었던 것이다. 3~109장까지는 서사적 화자가 등장하여 사실들을 나열하는 사전적 서사화자의 태도를 취하고 있으며, 110~124장에서는 앞에 나열한 사적을 기반으로 교훈적 요목들을 추출하여 제시하고 '-닛디 마ᄅᆞ쇼셔'라는 전형적 교술 표현을 반복했다. 125장이 전체를 요약·반복하여 결말을 지은 부분이라 해도, 화자의 성향은 124장에 이어 변함없이 교술적이다. 전체적으로 화자의 전환에 맞추어 앞부분의 내용을 요약하고 있는 졸장에서 화자까지 전환시키고자 했을 지도 모르나, 그렇게 되면 3개의 의미단락만으로는 벅찬 일이었을 것이다. 따라서 교술적 화자를 계속 설정하여 마무리 지었으며, 그 결과 이 작품 전체의 구조를 교술적 결구로 몰아간 것이라고 생각된다.

이와 관련하여 <용가>가 영웅서사시라는 견해는 <용가> 장르론의 새로운 발상이면서 근래 정착되어가고 있는 지배적인 견해이기도 하다. 그러나 6조의 행적은 개별적 사건이나 삽화 자체 혹은 그것으로부터 도출해내는 주제적 측면의 부각에만 의미가 있었을 뿐이다. 제작자들은 그것들을 인과법칙에 의해 계기적으로 접속시켜 흥미 있는 서사시로 승화시키는 데 그다지 관심을 보이지 않은 듯하다. 혹자는 6조의 생몰연대로부터 이루어지

는 물리적 시간순차를 서사적 시간순차로 전용하여 서사시적 짜임을 설명했고, 특히 중심인물인 태조에 관한 서술들이 '영웅적 일생'의 단계에 부합한다는 점을 들어 <용가>가 영웅서사시임을 강조하기도 했다. 그러나 사건들(혹은 삽화들)과 그 각각의 주제들을 추출하여 비교한 결과 결코 그것들이 '영웅적 일생'의 단계에 부합되지 않는다는 점이 드러났다. 각각의 독립된 삽화들 간에 불완전한 물리적 시간순차 이외의 어떠한 접속 원리도 발견할 수 없었던 것이다.

사건이나 삽화가 스토리나 플롯을 형성하기 위해 계기적 접속이나 시간순차의 방법을 채용할 경우, 이것들에는 미학적 원리가 그 기반으로 작용해야 할 것이다. <용가>에는 이러한 것이 전혀 고려되지 아니한 채 교술적 목적의식만 강하게 노출되고 있다. 다시 말하면 <용가>의 제작자들은 일정한 주제를 도출할 수 있는 사건이나 삽화 수준의 사적만 필요로 했을 뿐 그것들을 굳이 연결시킬 필요성은 느끼지 못했던 것이다. 더구나 개개 사적들은 대부분의 경우 중국의 것들과 병렬적으로 비교·제시되어 있다. 만약 6조의 사적을 일정한 접속의 원리로 연결시켜 완전한 서사시로 만들고자 했다면, 가까스로 주워 모은 중국의 사적들을 적절하게 연결시킬 방도를 찾지는 못했을 것이다. 중국의 사적들은 실제로 시대를 달리하는 여러 왕조의 것들이 등장하는데 그것들을 서사적으로 접속시키는 일은 허구의 세계라 할지라도 불가능한 일이다.

이런 여러 이유로 미루어 볼 때 <용가>의 제작자들은 애당초부터 그것을 서사시로 꾸밀 생각이 없었다고 생각되며 실제 작품에서도 그 점은 입증된다. 또한 <용가>의 서사론을 극복하는 입장에서 근래 등장한 서정시론 역시 아직은 설명의 근거가 충분히 확보되었다고 할 수 없다. 따라서 작품의 규모나 제작진, 혹은 형태적 측면에서만이 아니라 장르 내적 특질의 측면에서도 <용가>를 교술시로 규정하는 것이 타당하고, '선초 악장의 결정판'이란 평가 역시 그런 장르적 성향을 바탕으로 할 때 비로소 가능하다고 보아야 할 것이다.

참고 문헌

고영근, 「중세국어의 시상과 敍法에 대한 연구」, 서울대 박사학위논문, 1981.

권 근, 권덕주 역, 『入學圖說』, 을유문고 131, 1981.

김대행, 「<龍飛御天歌>의 형식」, 『우리 詩의 틀』, 문학과 비평사, 1989.

김사엽, 『李朝時代의 歌謠硏究』, 학원사, 1956.

김선아, 「龍飛御天歌 硏究-敍事詩的 構造 分析과 神話的 性格」, 숙명여대 박사학위논문, 1985.

김열규 등, 「龍飛御天歌에 대한 綜合的 考察」, 『동아문화』 2, 서울대 동아문화연구소, 1964.

김열규, 『한국민속과 문학연구』, 일조각, 1978.

김학성, 「<용비어천가>의 짜임새와 시적 묘미-<용비어천가> 제대로 읽기」, 『국어국문학』 126, 국어국문학회, 2000.

동아문화연구소, 「용비어천가에 대한 종합적 고찰」, 『東亞文化』 2, 서울대 동아문화연구소, 1964.

박유희, 「논평이란 무엇인가」, 『내러티브』 6, 도서출판 한국문화사, 2002.

박찬수, 「芸亭本 <龍飛御天歌> 硏究」, 충남대 박사학위논문, 2007.

보리스 토마세프스키, 「주제론」, 쉬클로프스키 외 지음 · 한기찬 역, 『러시아 형식주의 문학이론』, 월인재, 1980.

볼프강 카이저, 김윤섭 역, 『언어예술작품론』, 대방출판사, 1982.

성기옥, 「용비어천가의 구조와 서사성」, 『한국 판소리 · 고전문학연구』, 아세아문화사, 1981.

守本順一郞, 김수길 역, 『동양정치사상사 연구』, 동녘, 1985.

시모어 채트먼, 김경수 옮김, 『영화와 소설의 서사구조』, 민음사, 1990.

안 확, 최원식 역, 『조선문학사』, 을유문화사, 1984.

에밀 슈타이거, 이유영 · 오현일 역, 『시학의 근본개념』, 삼중당, 1978.

『용비어천가』, 아세아문화사 영인, 1972.

『원본집주 주역(전)』, 명문당, 1984.

이능우, 「용비어천가의 Rythm<형태고>」, 『동아문화』 2, 서울대 동아문화연구소, 1963.

이병기, 백철, 『국문학전사』, 신구문화사, 1965.

이혜구, 「용비어천가의 형식」, 『동아문화』 2, 서울대 동아문화연구소, 1963.

______, 「세종조의 종묘제례악」, 『韓國音樂序說』, 서울대출판부, 1975.

장덕순, 「용비어천가의 Genre」, 『동아문화』 2, 서울대 동아문화연구소, 1963.

_____, 「용비어천가의 서사시적 고찰」, 『韓國說話文學研究』, 서울대출판부, 1970.

정병욱, 「용비어천가의 문학적 가치 평가」, 『동아문화』 2, 서울대 동아문화연구소, 1963.

정병욱, 『한국고전시가론』, 신구문화사, 1976.

정병욱, 「용비어천가의 결미법에 대하여」, 『증보판 한국고전시가론』, 신구문화사, 1985.

제랄드 프랭스, 최상규 역, 『서사학-서사물의 형식과 기능』, 문학과지성사, 1988.

조규익, 「단시조·장시조·가사의 일원적 질서 모색(Ⅰ)-화자와 청자의 존재양상 및 그 역할을 중심으로」, 『가라문화』 3, 경남대 가라문화연구소, 1985.

조규익, 『조선 초기 아송문학 연구』, 태학사, 1986.

_____, 「계층화의 명분과 기득권 수호 의지-鮮初樂章의 이중성」, 『고전문학연구』 23, 한국고전문학회, 2003.

조동일, 『韓國小說의 理論』, 지식산업사, 1979.

_____, 『한국문학통사 2』, 지식산업사, 1983.

조윤제, 『朝鮮詩歌史綱』, 을유문화사, 1937.

_____, 『한국문학사』, 동국문화사, 1963.

_____, 『訂正版 朝鮮詩歌史綱』, 을유문화사, 1954.

조흥욱, 「용비어천가의 율격 연구」, 서울대 석사학위논문, 1979.

최두식, 『韓國詠史文學研究』, 태학사, 1987.

최정여, 『朝鮮初期 禮樂의 硏究』, 계명대출판부, 1981.

최 철, 『세종시대의 문학』, 세종대왕기념사업회, 1985.

츠베탕 토도로브, 곽광수 역, 『구조시학』, 문학과 지성사, 1980.

헤르나디, 김준오 역, 『장르론-문학분류의 새 방법』, 문장사, 1983.

B. H. Smith, *Poetic Closure*, Chicago Univ. Press, 1968.

C. Brooks & R. P. Warren, *Understanding Poetry*, Halt Reinhart Winston, 1960.

J. Culler, *Structuralist Poetics*, Cornell Univ. Press, 1976.

Wayne C. Booth, *The Rhetoric of Fiction*, The Univ. of Chicago Press, 1961.

장육당(藏六堂)의 육가(六歌)와 완세불공(玩世不恭)

윤영옥(尹榮玉)

1.

장육당 이별(李鼈)의 <육가>에 대한 논의는 최재남(崔載南) 교수로부터 시작되어 지금까지 이어져 오고 있다. 그러나 이 <육가>는 세상에 널리 전해졌던 것으로 일찍이 퇴계(退溪)의 귀에도 들어 "완세불공(玩世不恭)하여 온유돈후(溫柔敦厚)한 내실(內實)이 적다"는 평을 받게 되었다. 그래서인지는 알 수가 없으나, 장육당의 종손자 이광윤(李光胤, 1564~?)이 이 <육가>를 한시체(漢詩体)로 번역할 때는 이미 2수가 없어졌다. 노래 불리지 않으니 잊혀졌던 것이다. 기억된 4수만 번역되어 <장육당육가>로 남게 되었다. 이 뒤에 허목(許穆, 1596~1682)이 <육가지(六歌識)>를 쓰기는 하였으나 작품의 실체는 보여주지 않았다. 작품의 실체가 없으니, 더욱 궁금하기만 할 뿐, 퇴계가 비평한 내용을 얼마나, 또 어떻게 받아들여야 할지 분명히 밝히기도 어렵다.

그래서 장육당 이별에 관계되는 기록들을 다시 읽고, 퇴계의 “완세불공(玩世不恭)”의 의미를 살펴, <장육당육가>를 분석하여 그 뜻을 이해해 보고자 한다.

2.

장육당의 아버지 이공린(李公麟)의 묘갈명을 신용개(申用漑, 1463~1519)는 다음과 같은 내용으로 썼다. 번역해 본 것이다.

> 공의 이름은 공린(公麟)으로 경주(慶州)의 이름난 성씨이다. 그의 6세조 제현(齊賢)은 호가 익재(益齋)인데, 신분이 높고 세상에 알려졌다. 고려조정의 벼슬이 시중(侍中)이었으며, 문장(文章)과 덕업(德業)이 일대에 높았다. 이 뒤로 고관들이 이어져 세상에 이름난 가문이 되었다.
>
> 관찰사 이윤인(李尹仁)이 만호 홍중량(洪仲良)의 딸에게 장가들어 공을 낳았다. 홍중량의 가문도 세상에서 알아주었다.
>
> 공은 성품이 맑고 아름다워 아름다운 바탕에 원대한 기력을 가졌다. 그러나 젊어서 장인 박팽년(朴彭年)의 죄에 연좌되어 벼슬길에 오를 수가 없었다. 그러다가 어느 해 비로소 무관직에 이름이 다시 천거되어 통례원(通禮院)의 인의(引儀) 겸 한성부(漢城府)의 참군(參軍)이 되었다. 함열(咸悅)과 창평(昌平)의 현령으로 나가 선정하여, 아전들은 두려워했으나 백성들은 편안해 하였다.
>
> 여덟 아들 오(鼇), 구(龜), 원(黿), 타(鼉), 별(鼈), 벽(鼊), 경(鯁), 곤(鯤)을 두었는데, 모두가 재자(才子)들이었다. 별(鼈)은 진사과에 장원으로 급제하고, 구(龜) 원(黿)과 더불어 문과에 급제하였다. 오(鼇)는 좌랑(佐郎)이 되었고, 구(龜)는 면천군수(沔川郡守)가 되었으며, 원(黿)은 예조좌랑(禮曹佐郎)이 되었다. 타(鼉), 별(鼈), 벽(鼊)도 사마시에 합격하였고, 경(鯁), 곤(鯤)도 또한 학업

을 이루었다.

원(黿)이 무오옥(戊午獄)에 걸려 귀양갔다가 갑자년(甲子年)의 학정으로 죄를 더하게 되어 사형에 처해졌다. 허물없이 이에 연좌되어 아버지와 형제 모두가 멀리 유배되었다. 공은 이로 말미암아 창평(昌平)에서 파직되어 해남(海南)에 귀양 가 3년을 지내고 성주(聖主-중종)의 등극을 맞이했다.

왕위에 오른 중종은 원통히 죽은 자를 슬퍼하여 벼슬을 추증하고, 귀양살이에서 풀려난 사람들에게는 복직을 시켰다.

공은 여러 번 화를 겪고 나이 많고 또 늙어 조정에 벼슬하고자 아니하여 청주(淸州)의 집으로 물러나 한가히 지내다가 병으로 세상을 떠났다.

여러 아들이 의논하여 비를 세우고자 공의 덕과 계파 자손들을 밝혀 용개(用漑)에게 주면서 명(銘)을 지으라 하였다. 용개는 귀 원과 마음을 허락하고 형제 되기를 약속하여 공의 당하에서 절하고 가장 믿고 지낸지가 오래되어 명으로 사실을 기록함을 감히 사양할 수 없었다. 명하여 기록한다.

嗇於己而豊於後
有慶蘭玉之藪
門之大歿而不亡宅
于斯永保吉康

이 묘갈명을 지은 신용개는 신숙주(申叔舟)의 손자로서 이공린의 아들들과 형제처럼 지내던 사람이었다. 그러므로 호의적으로 생각했을 수도 있다. 그러나 당시의 사정으로 보아서 그렇게 편벽되게 쓸 수는 없었을 것이다. 연산조를 학정(虐政)으로 중종을 성주(聖主)로 나타내긴 하였으나 사실에 어긋나는 것은 아니다.

이 글에 비쳐진 것은 고려의 상신(相臣) 이제현을 언급하여 경주(慶州) 이씨(李氏)가 명문임을 드러내고, 한 임금을 위해 목숨을 바친 사육신(死六臣) 박팽년(朴彭年)의 사위요 외손들임을 밝혀 절의(節義)를 숭상하는 집안임을 은연중에 말하고자 하였다.

이러한 명문가의 이공린에게는 아들이 여덟이나 있었다. 이들은 모두 재자(才子)들이었다.

정희량(鄭希良, 1469~?)은 그의 문집 『허암유집(虛庵遺集)』에 다음과 같은 글을 남겨 놓았다.

> 이원(李黿)은 자가 낭옹(浪翁)이고 경주 이씨이다. 호는 재사당(再思堂)이요 익재의 후손이고 박팽년의 외손자이다. 기유년(己酉年)에 급제하여 벼슬이 좌랑이었다. 무오사화에 매를 맞고 나주(羅州)에 귀양갔다. 갑자사화에 화를 당했다. 중종 초년에 도승지로 추증되었다.
>
> 형제가 여덟인데, 사람들은 후한(後漢) 순숙(荀淑)의 여덟 아들에 비했다. 그리고 공을 지목하여 순숙의 어린 아들 가운데 가장 뛰어난 자명(慈明) 순상(荀爽)이라 하였다.
>
> 아버지 이공린이 박팽년의 딸에게 장가들었는데, 결혼하던 날 꿈에 노옹 여덟이 찾아와 절하고 청하기를 "우리들은 곧 죽게 되었습니다. 죽을 명에서 살려 주신다면 후하게 보답하겠습니다."하여, 놀라 일어나 물었더니, 요리하는 사람이 자라 여덟 마리로 국을 끓이려고 하여, 즉시 강에 풀어주라고 명령하였다. 그런데 한 마리가 옆길로 가기에 어린 종놈이 삽을 가지고 잡으려 하다가 잘못하여 그 목을 잘라 죽게 하였다. 그날 밤에 또 꿈을 꾸었는데, 일곱 사람이 와서 사례하였다. 그 뒤에 여덟 아들을 낳았는데, 구(龜), 오(鼇), 별(鱉), 타(鼉), 원(黿), 곤(鯤), 전(鱣), 용(龍)이라 이름하여 그 상서로움을 나타내었다. 모두가 재명(才名)이 있었다.
>
> 낭옹(浪翁)의 문장(文章)과 행의(行義)는 사람들의 추앙을 받았다. 갑자사화에 죽었으니 그 징험이 이와 같았다.
>
> 지금까지 이씨들은 자라를 먹지 않는다고 한다.
>
> 공의 아우 별은 교외에서 울며 공과 헤어지고는 다시는 과거시험에 나아가지 않고, 늘 소를 타고 술을 싣고 향사의 기로(耆老)들을 데리고 물고기를

낚거나 사냥을 하였다. 술을 마실 때마다 눈물을 흘리며 울어 슬퍼하였다. 일찍이 시를 지어,

我欲殺鳴鷄 恐有舜之聖
雖欲不殺之 亦有跖之橫
風雨鳴不已 舜跖同一聽
善惡各孜孜 不鳴非鷄性

우는 닭 죽이려니 순임금의 성스러움 있음이 두렵고
죽이지 않으려니 도척의 횡포 있음이 두렵구나.
비바람에도 울음 그치지 않으니 순임금과 도척이 같이 듣겠구나.
선인(善人)과 악인(惡人)이 제가끔 애쓰니 울지 않으면 닭이 아니니라.

익재의 6세손이요 사육신(死六臣) 박팽년의 사위인 이공린은 결혼하던 날 밤 꿈의 서조(瑞兆)로 여덟 아들을 얻었는데, 이들은 후한(後漢) 순숙(荀淑)의 여덟 아들처럼 다 훌륭하였다. 그 가운데서도 원이 더욱 뛰어나서 자명(慈明) 순상(荀爽)과 비견된다고 하였다. 세상 사람들이 추앙하는 문장(文章)과 행의(行義)가 있었지만 갑자사화에 죽임을 당했다고 말했다. 그 말 속에 애석해하는 마음이 감추어져 있음을 알 수 있다.

이러한 이원의 아우로 특히 별에 대해 그 삶을 말해주고 있다. 별은 귀양가는 형 원을 교외에서 눈물로 이별하고, 황해도(黃海道) 평산(平山)으로 숨어들어 울음으로 슬퍼하다가 병으로 죽고 마는데, 그 사이에 지었다는 시가 <방언(放言)>이란 제명으로 신용개에 의해 『속동문선(續東文選)』에도 실려있다.

공의 이름은 원(黿)이요 자는 낭옹(浪翁)으로 경주 이씨이다. 고려의 재상 이제현의 7세손이다. 달관과 귀인이 많아서 대족(大族)으로 일컬어졌다. 증조

부는 참판 계번(繼番)이고, 조부는 관찰사 윤인(尹仁)이요, 아버지는 현령 공린(公麟)으로 사육신(死六臣) 가운데 집현전 학사 박팽년의 사위이다.

공은 명신(名臣)의 세교(世交)로 탁월하게도 몸을 깨끗이 하고 고상하게 행동하였다. 점필재의 문하에 노닐며 배우기를 즐겨하였다. 성인의 글이 아니면 읽지 아니하여 크게 대절(大節)을 지녔다. 추강(秋江) 남효온(南孝溫)은 그를 칭찬하여 "유소(幼少)한 임금을 가히 부탁할 수 있는 사람이다."라고 하였다. 일찍이 대학(大學)에 올랐다.

성종 20년에 급제하여 승문원(承文院)의 정자(正字)를 거쳐 박사(博士)겸 태상(太常)에 이르렀으나, 꾸짖어 파면함에 이름난 산수(山水)에 자취를 숨겼다. 풍악에 노닐매 마하연(摩訶衍)의 중이 공을 보고 묻기를 "눈으로 만물을 봅니까? 만물이 마음에 듭니까?" 하여 답하기를 "눈으로 만물을 보고, 만물 또한 눈에 든다"고 하였다. 그래서 격물물격설(格物物格說)을 지었다.

뒤에 예조의 좌랑으로 서용되었으나 무오사화의 큰 화란이 일매, 점필재의 문인이었기에 그의 당인(党人)으로 지목되어 곽산(郭山)으로 유배되었다. 3년을 지내고 나주(羅州)로 옮겨졌다. 갑자사화에 여러 당인에게 죄를 더함에 공도 마땅히 사형당할 것이라 하였다. 집의 종이 죄없이 죽음을 민망히 여겨 몰래 공에게 이르기를 "죄라 하나 죄 아니며, 임금이라 하나 임금 아니니, 어찌 좋은 방책을 강구하지 않겠습니까?" 하고, 이장곤(李長坤)의 예(1504년 교리로 갑자사화에 연루되어 거제도에 유배되었는데, 연산군은 무예와 용맹이 있는 이장곤이 변을 일으킬까 두려워하여 서울에 잡아 올려 처형하려 하자, 이를 눈치채고 함흥으로 달아나 양수척(揚水尺)의 무리에 섞여 숨어 살았다. 이해 중종반정으로 자유의 몸이 된 뒤 사가독서하고, 1508년 박원종(朴元宗)의 추천으로 다시 기용되어 홍문관의 교리, 사헌부의 장령을 거쳐 이듬해 동부승지가 되었다-필자 주)를 들었다. 그러나 공은 오랫동안 근심하는 빛을 보이다가 "임금의 명은 도망할 수 없느니라." 하였다.

형벌을 당함에도 또한 태연자약하다는 말을 듣고 폐왕(연산군)은 더욱 노여워하여 사형에 처하라 하였다. 또한 복죄(服罪)하지 않으니 집을 적몰(籍

沒)하게 하여 부자와 형제가 다 연좌되어 타와 별은 이로 말미암아 세상에서 숨어 나오지 않았다.

중종 원년에 그 당인들을 풀어주어 다 그 관직을 되돌려주고, 공에게는 승정원의 도승지를 추증하고, 그 자손들을 채용하게 하였다.

부인 최씨는 증참판 철손(鐵孫)의 딸인데 현부인(賢夫人)의 행실이 있다고 칭찬 받았다. 공이 화를 입은 것이 갑자년 10월 24일인데, 부인은 그 해 8월 17일에 죽어 양주(楊洲) 동천계(東泉溪)에 최씨들이 장례하였다.

공이 화를 당함에 부인의 아우 승문원 정자인 명창(命昌)이 즉시 관직을 버리고 나주(羅州)로 가서 운구해 와서 장사를 지냈다. ……

공의 별호는 재사당(再思堂)인데, 문장(文章) 또한 한때 기리는 바였으나 크게 전하지는 못해 『동문선(東文選)』과 『대동시림(大東詩林)』에 수십 편이 실려 있고, <유금강록(遊金剛錄)> 1권이 자손들에 전한다(『미수기언(眉叟記言)』).

탁락결신고행(卓犖潔身高行), 그리고 대절(大節)을 지닌 자가 단지 점필재의 문도였다는 사실 하나로 점필재의 당인으로 지목되어 곽산(郭山)으로 유배되었다가 3년을 지내고 다시 나주(羅州)로 옮겨져 끝내는 죽음을 당하는 이원의 원억(寃抑)함을 읽을 수 있다. 여기에 연좌된 그의 아우 별은 그러한 형을 교외에서 눈물로 이별하고 황해도 평산(平山)으로 자취를 감추어 비탄해 하며 술로 세월을 보내게 된다. 이러한 이별에 대해 어숙권(魚叔權)(생몰의 연대가 밝혀져 있지 않으나 16세기의 인물이다)은 『패관잡기(稗官雜記)』 권2에서 다음과 같이 말해주고 있다.

진사 이별의 자는 낭선(浪仙)이다. 연산군 무오사화에 형 원이 점필재의 문제(門弟)로 나주에 귀양감에 교외에서 서로 눈물로 이별하였다. 이로부터 다시는 과거시험에 응하지 않았다. 황해도의 평산에 집을 짓고, 그 집의 이름을 장육당(藏六堂)이라 하였다. 늘 소를 타고 술을 싣고 향사의 기로(耆老)들

> 을 이끌고 낚시를 하기도 하고, 혹은 사냥도 하였다. 시를 읊고 술을 마시며 해가 저물어도 돌아가기를 잊었다. 술을 마실 때마다 취하고, 취하면 노래하고, 혹 눈물을 흘리며 울어 슬퍼하였다. 비록 아내나 종들이라 하더라도 또한 그 까닭을 모르고 이상하게 여겼다. 병 들매 유언하여 "땅을 고르지 말고 산 기슭에 묻어라"고 시켰다. 일찍이 <방언시(放言詩)>를 지어, ……라 하였다. 그의 시고 약간 권과 지은 가사 6장이 세상에 전한다.

이별이 세속(世俗)을 등지고 평산에 은둔하여 비탄해 함은 그의 형에 말미암은 것이기는 하나, 그로 인하여 세속에 대한 그의 태도가 달라졌다. 그러나 그러한 태도를 그의 가족들마저도 잘 이해하지 못했던 것 같다.

우선 그는 그의 집을 장육당(藏六堂)이라 이름하였다. 이 장육당에 대해서 『평산군지(平山郡志)』에서는 다음과 같이 설명하였다.

> 장육당은 西峰面 玉溪山 아래에 있다. 연산조 진사 이별이 이곳에 터를 잡아 집을 지었다. 은둔하려는 뜻이 있었다. 자라가 머리와 꼬리 그리고 네 발을 감추는 뜻을 취하여 스스로 '藏六'이라 호하였다. 그래서 그것이 마을의 이름이 되었다. (古跡)

이 '장육'은 불가(佛家)에서 쓰여진 비유의 말이다. 『잡아함경(雜阿含經)』에

> 거북이 있었는데 야간(野干)이란 짐승에게 잡히었다. 머리와 꼬리 그리고 네 발을 껍질 속에 감추고 내놓지 않으니 야간(野干)이 성을 내다가 버렸다. 부처님이 여러 비구니들에게 말하기를 '너희들은 마땅히 거북이 머리와 꼬리 그리고 네 발을 감추듯이 스스로 육근(六根)(죄를 짓는 근본인 안(眼), 비(鼻), 이(耳), 설(舌), 신(身), 의(意)의 여섯을 뜻한다)을 감추고 있으면 마귀가 함부로 할 수가 없다'고 하였다.

라는 이야기가 있다.

거북이 머리와 꼬리 그리고 네 발을 껍질 속에 감춤은 목숨을 빼앗길 화(禍)를 야간으로부터 모면함이고, 비구들이 육근을 감춤은 마귀의 유혹으로부터 벗어나 죄를 짓지 않음을 뜻하는 것이다. 이별이 이러한 뜻을 지닌 '장육(藏六)'을 당호(堂號)로 정함은 거북의 장육을 함축하고 있는 것이겠다. 그는 그만큼 세속(世俗)으로부터의 위협을 느꼈던 모양이다. 숨어서 술로 잊으려고 하였으나, 그 위협에의 반감은 술로 하여 폭발하니 그것이 비탄(悲嘆)이었을 것이다. 그래서 취하면 노래하였던 것이다. 그는 혹 외조부가 불렀다는,

> 가마귀 눈비 마자 희는듯 검노미라
> 夜光明月이 밤인들 어두오랴
> 님向혼 一片丹心이야 고칠줄이 이시랴.

는 노래를 기억하고 있었을지도 모를 일이다. 그러므로 취하면 노래하였던 것이 '육가(六歌)로 불려진 것이 아닐까? 그러한 감정을 누그리기 위해 지은 시가 <방언(放言)>이기도 할 것이다.

왜 이별은 우는 닭을 죽이고자 했을까? 죽이고자 하다가 죽이지 못한 이유는 무엇일까? 닭은 대낮에도 울지만, 새벽을 알리기 위해서 운다고 한다.(鷄鳴樂師擊鼓以告旦 - 列女傳·賢名傳) 이렇게 닭이 울면 순 임금과 같은 성인은 일어나 열심히 선한 일을 하고 도척과 같은 도둑놈은 열심히 탐욕해서 악한 일을 한다.(鷄鳴而起 孳孳爲善者 舜之徒也 鷄鳴而起 孳孳爲利者 跖之徒也 - 孟子 盡心 上)그러니 닭이 울지 못하도록 죽일 수도, 죽이지 않을 수도 없다. 그런데 닭은 언제나 새벽을 알리기 위해서 운다. 비바람이 불어도 울음을 그치지 않는다.(風雨凄凄鷄鳴喈喈 - 詩 鄭風 風雨) 그러니 순임금과 같은 무리도 도척과 같은 무리도 다 함께 듣는다. 선한 자도 악한 자도 저마다 애를 쓴다. 그러니 닭도 울지 않으면 닭이 아니다.

참 묘하다. 이 세상에는 선(善)과 악(惡)이 공존한다. 선은 선대로 가치가 있고 악(惡)은 악대로 의미가 있는 것일까? 선행(善行)은 추장하면서도, 악을 조장하는 그 근원을 죽여 없앨 수는 없을까? 이러한 생각이 <방언시(放言詩)>의 내용일 것이다.

3.

허목(許穆)은 『미수기언(眉叟記言)』 별집 권10에 <장육당육가지>를 다음과 같이 썼다.

> 장육옹(藏六翁)은 재사당(再思堂)의 아우요, 단종의 사육신(死六臣)인 집현전 학자 박팽년(朴彭年)의 외손자이다. 연산조의 갑자사화를 당하여 재사당이 화를 입음에 형제들도 그에 연좌되었다. 연산군이 폐위된 뒤에도 세상에서 숨어 나오지 않았다. 장육당육가(藏六堂六歌)가 있어 세상에 전한다. 퇴도(退陶) 이 선생(李先生)이 "매우 오만하게도 세상을 버리고 자취를 숨겼다.(爲太傲然 遺世放跡)"고 하였는데, 그 말은 진실로 그럴듯하다.(其言固然) 혼탁한 세상을 만나 몸을 깨끗이 하여 멀리 떠나와서 세상의 번루한 일을 잊어버렸다. 그렇다면 매우 걸출하며 우뚝히 세속에서 벗어나 시원하게도 기산(箕山) 영수(潁水)에 들어가 산 소부(巢父)와 허유(許由)의 풍모가 있음을 족히 상상해 볼 수 있을 것이다.

이 기록에서 중요한 것은 중종반정이 있고 난 뒤에도 이별이 세속에 자취를 드러내지 않았다는 것이다. 그가 사마시에 합격하여 진사가 됨은 관직에 나아가고자 하는 뜻이 있었기 때문이다. 중종이 등극하고는 원사자(寃死者)에게는 벼슬을 추증하고, 귀양살이에서 풀려난 자들에게는 복직을 시켜주었다. 신진사류들에게 등용의 길이 열렸음에도 이별은 환해(宦海)속으로 발을 들여놓지 않았다. 그가 지었다는 <육가(六歌)>는 이러한 삶의 분위기에서 이해되어야 할 것이다.

앞에서 인용한 어숙권(魚叔權)의 글에서 "술이 취하면 노래하고, 혹 눈물을 흘리며 슬퍼하였다.(醉而歌 或涕泣以悲)"거나, "비록 아내나 종들이라 하더라도 또한 그 까닭을 모르고 이상하게 여겼다."라고 함에서 무엇인가 낌새를 알아차려야 할 것 같다. 어숙권은 좌의정을 지낸 어세겸(魚世謙)의 서손(庶孫)이라 한다. 생몰년이 미상이나 대체로 1530~40년대에 활동한 것으로 보인다. 그는 외국어에 능통하여 외교에 많은 공헌을 하였으며, 박학하고 문장이 뛰어나 시평과 시론에 일가를 이루어 율곡(栗谷) 이이(李珥)를 가르칠 정도였으나, 미천한 출신이어서 끝내 현달하지 못하고 말았다고 하는데, 이러한 사람의 동정을 받아 비록 '패관잡기(稗官雜記)'이기는 하나, 이별은 그 속에 흔적을 남기게 되었다.

<장육당육가지>를 쓴 허목은 대단한 학식과 정견을 가졌던 사람이다. 그는 이별의 형 이원의 묘갈명을 쓰기도 하였다. 그러한 그의 <육가지>는 비록 후대에 쓰여지긴 하였으나 믿을 만한 것이다. 퇴계의 비판까지도 수용했다. 퇴계는 평하여, "매우 오만하게도 세상을 버리고 자취를 숨겼다"고 하였다면서, 그 평에 동의하여 "그 말은 진실로 그러하다(其言固然)"고 받아들이고는, 자기의 판단으로, 혼탁한 세상을 만나 몸을 깨끗이 하여 멀리 떠나와 세속의 번루한 일을 잊어버렸다면, "매우 걸출하여 우뚝이 세속에서 벗어나 시원하게도, 기산 영수에 들어가 산 소부(巢父)와 허유(許由)의 풍모가 있음을 족히 상상해 볼 수 있을 것이다.(亦足以想見 魁梧傑出 高蹈拔俗 冷然有箕穎之風)"고 하였다. 이러한 소부와 허유의 태도가 바로 완세(玩世)하고 불공(不恭)한 것일 터이다.

이러한 분위기와 이별의 의식과 감정이 노래로 결정(結晶)되었다고 생각할 수 있다. 그런데 허목은 실제로 <육가>를 전해 주지는 않았다. 이별의 종손자(從孫子)인 이광윤(李光胤, 1564~?)이 한문(漢文)으로 역시(譯詩)할 때에도 벌써 2수가 없어져 4수만 남았으니, 이 <육가지>를 쓸 때는 <육

가>의 가사는 다 잊혀졌던 것이 아닌가 한다.

그러나 퇴계가 <도산십이곡>을 짓고 그 발문을 쓸 때(1565)까지는 <육가>가 성전(盛傳)되었다고 하였다.

퇴계는 <도산십이곡>의 발문에서 다음과 같이 말했다. 정(情)과 성(性)에 어떤 느낌이 있으면 그 느낌을 시로 표현하였다. 그렇게 표현된 시는 읊을 수 있으나[可詠] 노래 부를 수는 없기에[不可歌], 노래 부르고자 하면 정(情)과 성(性)에 느껴진 것[感於情性者]을 반드시 우리의 말로 문장화해야 한다고 했다.[必綴於以里俗之語] 그렇지 않고는 한시문(漢詩文)으로 노래한다 하더라도 듣는 사람은 지루해서 조은다[倦而思睡-농암의 <어부가> 발문]고 하였다. 그래서 노래부르기(부르도록 하기) 위하여 우리의 말로 가사(歌詞)를 짓고자 했던 것이다. 그러나 전래하는 우리의 가곡이란 대체로 그 말이 음왜(淫哇)하기 때문에 말할 것이 못되었다.[吾東方歌曲 大抵語多淫哇 不足言]

퇴계가 말한 우리말의 노래란 <쌍화점>과 같은 비문인(非文人)들의 가사(歌詞)를 가리킨 것이다. 그래서 문인들이 지은 가사 <한림별곡>을 거론하게 되었는데, 그것마저도 긍호방탕(矜豪放蕩)하고 설만희압(褻慢戲狎)하여 군자들이 마땅히 숭상할(귀하게 여길) 바가 못 된다(尤非君子所宜尙)고 거부하였다. 이때 눈에 띈 것이 이별의 <육가>였다. 이별도 문인이기에 그의 <육가>를 한림들의 <한림별곡>과 비교해 볼 수 있었다. 긍호방탕하고 설만희압한 <한림별곡>보다는 <육가>가 더 낫다고(猶爲彼善於此)고 판단하였다. 판단의 기준으로는 내용과 형식이 다 고려되었을 것이다. <육가>가 이런 기준으로 보면 더 낫기는 하지만, 아깝게도 완세불공(玩世不恭)의 뜻이 있고 온유돈후(溫柔敦厚)의 내실(內實)이 적다는 흠결(欠缺)을 발견하였다.

그러나 퇴계는 <한림별곡>류가 아닌 <육가>를 약방(略倣)하여 <도산육곡(陶山六曲)> 두 편을 지었다. 이것이 <도산십이곡(陶山十二曲)>이다. 이렇게 지어 놓고도, 이것이 '요단(鬧端)'을 일으킬지 모른다.(或因惹起鬧端

未可知也)고 걱정하였다.

그는 노래의 말을 만들면서도 시교(詩敎)의 이상(理想)인 '온유돈후(溫柔敦厚)'를 실현하려 하였다. 이 '온유돈후'라는 시교는 이미 한대(漢代)의 『예(禮)』에서 표방되어, 『예(禮)』의 경해(經解)에서 "온유돈후 시교야(溫柔敦厚 詩敎也)"라 못 박고, 주소(注疏)하여 "溫 爲顔色溫潤 柔 爲精性和柔, 詩依違諷諫 不指切事情 故云 溫柔敦厚是詩敎也"라고 해명하였다. '온(溫)'이 외면적인 따스함을 나타내는 것이라면 '유(柔)'는 내면적인 정(情)과 성(性)의 부드러움을 나타내는 것이다. 외면적인 따스함과 내면적인 부드러움을 지닌다면 인간관계나 사물관계에 흐르는 느낌이 소원(疎遠)함이 아니라 돈후(敦厚)할 수 밖에 없을 것이다. 이러한 느낌을 시화(詩化)하였을 때 그것은 풍간(諷諫)이 될 수 없고, 또 사정(事情)을 매몰차게 지적하여 논평할 수 없을 것이다. 그러므로 '온유돈후(溫柔敦厚)'를 시교(詩敎)로 삼아야 한다고 했던 것이다.

그래서 퇴계는 먼저,

> 이런들 엇다ᄒᆞ며 뎌런들엇다ᄒᆞ료
> 草野愚生이 이러타 엇다ᄒᆞ료
> ᄒᆞ믈며 泉石膏肓을 고텨 므슴ᄒᆞ료.

라고 하였다. 언지(言志)의 제1장이다. 얼굴에는 따뜻함(온윤(溫潤))이, 속에는 부드러움(화유(和柔))이 있음을 알겠다. 분별함이 없이 받아들이니 그러하다. 갈등함이 없다. 수분(守分)함에서다. 거기에다 지닌 것이 천석고황(泉石膏肓)이니 초야(草野)가 제격이겠다. 그러니 늘 긍정적이다.

> 淳風이 죽다ᄒᆞ니 眞實로 거즈마리
> 人性이 어디다ᄒᆞ니 眞實로 올ᄒᆞᆫ마리
> 天下에 許多 英才를 소겨 말ᄉᆞᆷᄒᆞᆯ가.

남들 같으면 풍(諷)하고 간(諫)했을 세속과 인생에 대해서, 드러난 부정적 외면만 보지 않고, 그들의 밑바탕에 살아있다고 생각하는 맑음과 어짊을 드러내어 그것을 실현토록 노래했다. 그러므로 그는 사시(四時)의 가흥(佳興)을 함께 느끼는 만족과 자유의 경지에 들게 되는 것이다.

그는 언학(言學)의 제1장에서 풍류를 말하고, 그 제2장에서,

> 雷霆이 破山ᄒᆞ야도 聾者ᄂᆞᆫ 몯듣ᄂᆞ니
> 白日이 中天ᄒᆞ야도 瞽者ᄂᆞᆫ 몯보ᄂᆞ니
> 우리ᄂᆞᆫ 耳目聰明男子로 聾瞽ᄀᆞ디 마로리.

라고 하여 총명한 이목(耳目)을 가져 그 총명한 귀와 눈으로 듣고 보기를 바라고 있다. 이렇게 격물(格物) 치지(致知)하여 통지(通知)할 때 완세(玩世)하여 불공(不恭)하지 않을 것이다. '이순(耳順)'하면 불평불만하지 않을 것이다. 퇴계가 추구하고 누리려는 것이 그래서 만고상정(萬古常情)함이었을 것이다.

그런데 장육당의 <육가>에서는 그러한 태도를 읽을 수가 없었던 것이다. 그러나 노래 부르기 위한 음절 형태로는 <한림별곡(翰林別曲)>보다 낫고, 말에 음왜(淫哇)함도 없으니, 그래도 문인인 이별 <육가>의 틀을 본뜬 것이겠다. 그러나 그 틀이 어떠하였는지는 알 수 없어 퇴계의 <도산육곡(陶山六曲)>으로 짐작할 뿐이다. 2수를 잃은 채 이광윤(李光胤)이 번역한 것만이 그의 문집(『瀼西集』)에 아래와 같이 실려 있다.

4.

1. 我已忘白鷗　白鷗亦忘我
   二者皆相忘　不知誰某也

何時遇海翁　分辨斯二者

2. 赤葉滿山椒　空江零落時
細雨漁磯邊　一竿眞味滋
世間求利輩　何必要相知

3. 吾耳若喧亂　爾瓢當棄擲
爾耳所洗泉　不宜飮吾犢
功名作弊屣　脫出遊自適

4. 玉溪山下水　成潭是貯月
淸斯濯我纓　濁斯濯我足
如何世上子　不知有淸濁

1. 내 이미 백구 잊으니 백구도 날 잊었도다.
둘이 서로 잊었으니 아무인 줄 모를로다.
어느제 해옹만나 이 둘을 분변할거나.

2. 산마루에 단풍들고 비인 강 영락한 제
비내리는 낚시터에 고기낚는 이 재미.
세상의 求利輩들이야 친구해서 무엇하리.

3. 내 귀 시끄러울선정 네 표주박 응당 버릴것을.
네 귀 씻은 물 내 송아지 먹이지 않으리라.
功名은 헌신짝이니 벗어나 마음대로 놀리라.

4. 玉溪山 맑은물 못이루어 달 띄우네.

맑으면 갓끈 씻고 흐리거든 발 씻으리.
어찌타 세상사람 淸濁 있는 줄 모르는고.

애써 번역해 보아도 자연스럽지가 않다. 퇴계가 <도산이십곡>의 발문을 쓸 때(1565년)만 하여도 '세소성전(世所盛傳)'이라 하였는데, 후대의 가사집(歌詞集)들에서 그 흔적을 찾을 수가 없다. 혹시 퇴계가 말한 '其有玩世不恭之意而少溫潤敎厚之實'이 빌미가 된 것인지도 모를 일이다.

육당본 『청구영언』에 14수의 작품이 실렸으나 그 생몰 연대마저 불확실한 신희문(申喜文-字 明裕)은

ᄉᆞᆯ을 ᄂᆡ 아더냐 狂藥인줄 알것마는
盞잡아 우음나니 一杯一杯 復一杯라.
劉伶이 이러험으로 長醉不醒 ᄒᆞ노라.

고 노래하였다. 술이 조흥(助興)의 수단이기도 하지만 망우(忘憂), 해수(解愁)의 묘약(妙藥)이기도 하다. 그리하여 "盞 잡아 우음나니 一杯一杯 復一杯라"고 하였다. 그는 또

岩花의 春晩ᄒᆞᆫ듸 松崖에 夕陽이라.
平蕪의 ᄂᆡ거드니 遠山이 如畵ㅣ로다.
瀟灑ᄒᆞᆫ 水邊亭子의 待月吟風 ᄒᆞ리라

고 읊기도 하였는데 읽으매 귀에 익어 찾아보았더니, 율곡의 <고산구곡가> 가운데,

二曲은 어듸ᄆᆡ오 花岩에 春晩거다.

四曲은 어듸ᄆᆡ오 松岩에 ᄒᆡ넘거다.

一曲은 어듸ᄆᆡ오 冠巖에 ᄒᆡ비친다.
平蕪에 ᄂᆡ거드니 遠山이 그림이로다.

五曲은 어듸ᄆᆡ오 隱屛이 보기됴타
水邊精舍은 瀟灑홈도 ᄀᆞ이업다.
이中에 講學도 ᄒᆞ려니와 咏月吟諷 ᄒᆞ리라.

에서 그 출전(出典)을 찾을 수가 있었다. 그는 율곡의 노래 <고산구곡가>에 익숙했던 것 같다. 그러한 신희문이 유령을 빙자하여 술로써 시름을 잊고자 노래하였다. 그 시름은 어디서 오는가? 뜬 구름 같은 부귀공명을 탐함에서 오는 것이다. 그래서

塵世ᄅᆞᆯ 다ᄯᅥᆯ치고 竹杖을 흣써집고
琵琶을 두러메고 西湖로 드러가니
水中에 써잇는 白鷗ᄂᆞᆫ ᄂᆡ벗진가 ᄒᆞ노라.

고 노래하여 시름에서 놓여날 수 있었다. 영의정을 지낸 신숙주(申叔舟)의 손자 신광한(申光漢, 1484～1555)도

心如長江流水淸이오 身似浮雲無是非라
이몸이 閑暇ᄒᆞ여 ᄯᆞ로ᄂᆞ니 白鷗ㅣ로다
어즈버 世上名利說이 귀에올가 ᄒᆞ노라

고 노래하여, 세상의 명리(名利)를 피해 한가히 백구와 함께 한다고 하였으며, 좌·우의정을 거쳐 영의정에 올랐던 신흠(申欽, 1566～1628)마저도

> 是非업슨 後ㅣ라 榮辱이 다 不關타
> 琴書를 흣튼 후에 이몸이 閑暇ᄒᆞ다.
> 白鷗야 機事을 이즘은 너와 낸가 ᄒᆞ노라.

고 읊어 기사(機事)를 잊고 지내고자 하였다. 세상의 명리(名利)와 기사는 칠전팔기(七顚八起)의 변화를 일으킨다. 전(顚)과 기(起)의 반복이 특히나 환해(宦海)의 현상이다. 고(苦)와 감(甘)은 어섯겨 일어난다. 여기서 벗어남이 해수(解愁)요 자적(自適)이다. 이를 누려 은일(隱逸)이라 한 것 같고, 그러나 회보미방(懷寶迷邦)(懷藏道德 不救國之迷亂)을 공자는 "불가위인(不可謂仁)"이라 하였다. 여기에 갈등이 있어 은(隱)과 현(現)을 반복한 것 같다. 거기에서 벗어나고자

> 이몸이 되올진ᄃᆡ 무엇이 될고 ᄒᆞ니
> 崑崙山 上上峯에 落落長松 되얏다가
> 群山에 雪滿ᄒᆞ거든 혼ᄌᆞ우뚝 ᄒᆞ리라.

고 석주(石洲) 권필(權韠, 1569~1612)은 노래하였으나, 이것은 성삼문(成三問)의

> 이몸이 주거가서 무어시 될ᄭᅩ ᄒᆞ니
> 蓬萊山 第一峰에 落落長松 되야이셔
> 白雪이 滿乾坤ᄒᆞᆯ제 獨也靑靑ᄒᆞ리라.

와 동곡(同曲)이다. 그러나 "혼자 우뚝하"거나 "독야청청(獨也靑靑)함"은 너무나 두드러져 "群山에 가득한 눈"이나 "乾坤에 가득한 白雪"에 너무나 대조·대립하여 갈등하고 위협받는 처지에 놓일 수밖에 없다. 그러한 갈등과 위협[塵世]에서 벗어나고자 강호(江湖)로 들어 백구(白鷗)와 벗하고자

하였다. 유숭(兪崇, 1661~1734) 같은 이도 그리하여 다음과 같이 노래하였다.

清溪邊 白沙上에 혼즈션는 져 白鷗야
나의먹은 뜻을 넨들아니 아라시랴
風塵을 슬희여 홈이야 네오닉오 다르랴

이미 피세(避世)하여 백구와 벗하였으니 여기에 온유(溫柔)와 돈후(敦厚)함이 있을 수 없다. 시로써 가르침[詩敎]을 표방한 것이 '온유돈후'라면, 가르칠 자리가 아닌 데서야 오히려 배우고자 함이 자신의 자신인 바에야 그 노래는 시교(詩敎)가 아니다. 소리에 뜻이 담김에 그것은 완세(玩世)요, 그 태도는 불공(不恭)하다 아니할 수가 없다. 그것마저도 잊고자 함에 술의 힘을 빌게 될 것이다.

술의 힘을 빌었건, 그렇지 아니하건 간에 장육당은 황해도의 평산(平山)에 들어 백구와 벗하자고 간청하지 않았다. 백구가 백구인 것을 잊었다고 하였다. 벗하고 있는 상대(相對)를 잊음은 백구 또한 마찬가지로, 둘이 서로 잊었으니 너와 나를 분변(分辨)하지 못하는 하나가 되었다. 내가 백구인지, 백구가 나인지 분간하지 못한다. 둘이 하나가 되었다. 함께하거나 벗하는 정도가 아닌, 상합(相合)이요 일체이다. 그래서 오히려 "어느제 해옹(海翁-이 해옹은 굴원의 <어부사>가운데의 어부일 수 있다)을 만나 이 둘을 분변할거나"라고, 나와 백구를 분변하기를 소망한다. 백구의 세계는 인간이 아니다. 그 비인간(非人間)의 세계에서 자기마저 잊고 있다고 노래하였다. "내 이미 백구 잊으니"는 곧 나를 잊음[忘我]을 말한 것이다. 나와 백구가 분변할 수 없는 하나이니, "白鷗亦忘我"함은 내가 나를 잊었다는 뜻이다. 내가 나를 잊음은 남에게도 잊혀지게 됨을 뜻한다. 김광욱(金光煜, 1580~1656)은 <율리유곡(栗里遺曲)>에서

功名도 니젓노라 富貴도 니젓노라
世上 번우흔일 다주어 니젓노라.
내몸을 내ᄆᆞ자 니즈니 놈이 아니 니즈랴.

고 노래하였는데, 이러한 잊음은 번우한 일, 곧 공명(功名)과 부귀(富貴)를 잊음에서 가능한 것이다.

이러한 잊음은 다른 재미로 채워지게 된다. 산마루[山椒]에 단풍들어 붉고(잎은 곧 떨어질 것이다) 비인 강가[空江]에 풀은 이울고 나뭇잎은 떨어지[零落]더라도, 가는 비 내리는 낚시터에서 고기 낚는 재미야 있지 않은가. 산마루에 가득한 붉은 잎은 한해를 마감함을 뜻하고, 텅 빈 강가의 마른 풀과 잎 떨어진 나무들은 늙어감을 상징한다. 그래서 [초사(楚辭)·이소(離騷)]에서는 "惟草木之零落兮 恐美人之遲暮"라 읊었다. 초목이 영락(零落)하면 칩충(蟄蟲)도 개장(蓋藏)한다. 쓸쓸하다. 그러나 가는 비 내리는 낚시터에 낚대 하나 드리우고 있다. 그것에서 재미를 느낀다. 이것이면 족하다. 이러한 재미 있음에야 세상에서 이익만 추구하는 무리들이야 하필이면 친구할 것이 있겠는가? [초사·이소]에서는 또 "已矣哉 國無人兮 莫我知兮 又何懷乎故都"라고 읊었다. 어차피 떠나온 바에야 고도(故都)를 생각할 것도 없고, 거기에 가 보아야 나를 알아줄 사람도 없다. 사람이야 없을까마는 사람다운 사람이 없다는 뜻이겠다. 그러나 굴원은 <어부사>에서 어부의 입을 빌어 스스로를 비판한다. "성인(聖人)이면 사물에 집착하지[凝滯] 않아 능히 세상과 더불어 그 변화[推移]를 함께 할 것이거늘 …… 어찌하여 깊이 생각하고 속세간(俗世間)을 벗어나 스스로 추방당하게 하였는가?" 그래도 장육당은 타락한 세속의 무리들과는 함께할 수 없었다. 그는 이익만을 추구하는 무리 속에 들 수 없었기 때문이다. 청(淸)과 탁(濁)은 분리해야 한다. 흐린 경수(涇水)와 맑은 위수(渭水)가 모인다고 하더라도 그 청(淸)과 탁(濁)은 구별이 더욱 분명해진다.

장육당은 이미 진환(塵寰)의 홍진(紅塵)을 벗어나 평산(平山)에 숨어 들었다. 허유(許由)가 기산(箕山)의 영수(潁水)에서 손으로 물을 움켜 마시니 그 불편함을 딱하게 여겨 누군가가 표주박 하나를 주었다. 편리하게 물을 떠서 마시고 난 뒤에 나뭇가지에 매달아 두었다. 바람이 부니 매달린 표주박에서 시끄러운 소리가 났다. 그 소리가 귀에 거슬린다. 그래서 그 표주박을 버렸다. 편리한 표주박이나 바람 받아 내는 표주박의 소리가 시끄러워 그것마저 버렸다. 이로운 것보다 시끄러움이 더 싫었던 것이다. 장육당도 시끄러울 바에야 이익됨도 버렸다. 그는 소부(巢父) 허유(許由)의 삶을 본받고자 한 것 같다.

요(堯)가 허유(許由)에게 나라를 맡기고자 하나 허유는 그것을 거절하였다. 다시 구주(九州)의 장(長)으로 삼으려 하였으나 마다하고 그 말을 들은 귀를 영수(潁水)에서 씻었다고 한다. 그 귀 씻은 더러운 물을 송아지에게 먹일 수 없다고 하여 송아지를 위로 끌고 가서 물을 먹였다는 자가 소부(巢父)이다. 소부에 대해 『고사전(高士傳)』에서는 다음과 같이 이야기하고 있다.

> 소부는 요임금 때의 은자로, 산속에 살면서 세속의 이득을 도모하지 않았다. 늘그막에 나무에 보금자리를 만들고 그 위에서 잤기 때문에 당시의 사람들이 '소부(巢父)'라고 불렀다. 요임금이 허유에게 양위하려 하자 허유는 소부에게 그 사실을 알렸다. 이에 소부는 "그대는 어찌하여 그대의 모습을 숨기지 않고 그대의 빛남을 감추지 않는가? 그대는 내 친구가 아닐세"라고 하면서, 허유의 가슴을 밀치며 그를 내려보냈다. 허유는 실의에 빠져 시무룩하였다. 이에 소부는 청냉(淸冷)의 강으로 가서 자신의 귀를 씻고 눈을 닦으며 "방금 전 탐욕스런 말을 듣곤 내 친구를 버리게 되었구나!"하고는 마침내 떠나가서 평생 서로 만나지 않았다.

소부가 은거함은 세속의 이득을 도모하지 않았기 때문이다. 그러므로 세상에 알려지기를 싫어했다. 장육당 역시 세상의 번우(煩紆)한 일, 부귀와 공명(功名)을 마다한 것이다. 그 공명이란 헌신짝[弊屣]에 지나지 않기 때문이다. 그래서 진환(塵寰)을 탈출하여 자적(自適)히 노닐기를 바랐던 것이다. 그것이 낚시질이요, 사냥이며, 노래하는 일이었다. 후한(後漢)의 고봉(高鳳)은 잠심독행(潛心篤行)하여 누벽(屢辟)에도 불응하고 어조(漁釣)로 자적(自適)했다고 한다. 그래서 그는 명유(名儒)가 되었다.

이리하여 장육당이 진환(塵寰)을 피하여 든 황해도 평산군 서봉면에는 옥계산(玉溪山)이 있다. 『대동여지도』를 보면 평산군의 주산(主山)이라 할 수 있는 멸악산(滅惡山-816m)이 동쪽으로 흘러 서봉산(西峯山)을 조금 지나 맺힌 곳에 옥계산이 있고, 그 산자락에 장육당리(藏六堂里)가 있다. 이 이름은 장육당이 여기에 집을 짓고 살았기 때문에 붙여진 것이다. 옥계산에서 흘러내린 물이 모여 못을 이루었던 모양이다. 산의 이름이 옥계(玉溪)임은 그 산곡(山谷)에 흘러내리는 물이 맑고 아름답기 때문이었을 것이다. 가도(賈島)는 <연봉가(蓮峰歌)>에서 "欲把瑤琴過玉溪 朗然淸夜月明時"라 읊었다.

이 옥계산에서 흘러내린 맑은 물에 달이 떠 있다. 달빛이 환하다. 여기에서 촉발되어 굴원의 <어부사>가 흥얼거려졌을 것이다. '與世推移'하면 될 것을 스스로 결백함을 주장함에 어부는 빙긋이 웃고 배를 저어 가면서 "滄浪之水淸兮 可以濯吾纓 滄浪之水濁兮 可以濯吾足"이라 노래하였다. 이 노래는 『맹자(孟子)』에도 언급되어 있는데, 그 이전에 이미 공자가 제자들에게 말한 것이다. <이루장(離婁章)>에서 맹자는 다음과 같이 말했다.

> 不仁者 可與言哉? 安其危而利其菑 樂其所以亡者 不仁而可與言則 何亡國敗家之有. 有孺子歌曰 '滄浪之水淸兮 可以濯吾纓 滄浪之水濁兮 可以濯吾足' 孔子曰 '小子聽之. 淸斯濯纓 濁斯濯足矣 自取之也.' 夫人必自侮然後 人侮之. 家必自毁而後 人毁之. 國必自伐而後 人伐之. 太甲曰 '天作孼 猶可違 自作孼 不可活' 此之謂也.

여기서 맹자는 "어질지 못한[不仁] 자와 더불어 말할 수 있겠느냐?"고 반문하고, 그 어질지 못한 자는 위태함을 편하게, 재앙을 이로움으로 여기고, 망하게 될 것을 즐기는 자로 규정하고 있다. 그러므로 그들에게 신칙(申飭)해 보아도 그들이 듣지 않음을 전제하여, "어질지 못한 자와 더불어 말할 수 있다면 어이하여 망국(亡國)과 패가(敗家)가 있겠느냐?"고 또 반문하였다. 맹자는 그의 전제를 타당화하기 위해 유자(孺子)의 노래를 인유하였다. 이 노래는 굴원의 <어부사>에서 어부가 부른 노래와 같다. 공자도 이 노래를 제자들에게 언급하였음을 말했다. 공자는 "자네들 듣게. (물이) 맑으면 갓끈 씻고, 흐리면 발을 씻는다고 하니, (갓끈을 씻거나 발을 씻음은) 자기 스스로 그렇게 하는 것이다"고 하였다. 이러한 공자의 말을 인유하고는 자기의 생각을 일반화하여 "대저 사람이란 반드시 스스로 업신여긴 연후에 남이 그를 업신여기고, 가정이란 반드시 스스로 헐고 난 뒤에 남이 그 가정을 허물고, 나라란 반드시 스스로 친 뒤에 남이 친다"고 하였다. 이 말의 초점은 '必自'에 있다. 모든 행위와 그 결과는 '반드시 스스로'에서 초래됨을 강조한 것이다. 이 주장에 타당성을 부여하기 위해 『서경(書經)』 태갑편(太甲篇)의 "하늘이 내리는 재앙은 오히려 피할 수도 있지만, 스스로 만든 재앙은 되돌릴 수가 없다"는 경구가 이를 증명해 준다[此之謂也]고 말하였다.

그렇다면 옥계산의 맑은 물이 흘러 모인 못에 달이 비치고 있는 것에 촉발되어 장육당은 왜 공자가 제자들에게 예를 들어 설명하고, <어부사>에서 굴원(어부가 노래 불렀다고 하였으나, 이 어부는 굴원 자신이다)이 노래 부른 "淸斯濯纓 濁斯濯足". "滄浪之水淸兮 可以濯吾纓 滄浪之水濁兮 可以濯吾足"을 끌어 와서 스스로와 관계지워[我纓 · 我足] 노래했던가? 옥계산 아래 물이 못을 이루고, 그 물에서 달을 찾았다면[貯月] 그 물은 맑았을 것이다. 물이 맑기에 그는 갓끈을 씻을 마음이었을 것이다. 그러면서도 그는 "어이하여 세상 사람들은 청(淸)과 탁(濁)이 있음을 모르는고?" 하고 한탄한 것 같다. 그렇다면 세상 사람들이 그 "있음"을 모르는 '청탁(淸濁)'은 무엇을 의미하는가?

앞에서 인용한 공자의 말에 주석하여 "淸濁所用 尊卑若此 自取之 喩人善惡見尊賤乃如此"라고 하였으니, 청(淸)과 탁(濁)을 분리하여 청은 "선(善)과 존(尊)", 탁은 "악(惡)과 비(卑)"로 범주화한 것이다. 그 둘 가운데 어느 하나를 취함은 스스로에게 달렸다. 그래서 백거이(白居易)는 <제분옥천시(題噴玉泉詩)> "何時此岩下 來作濯纓翁"이라 읊었으나, 장육당은 이미 '濯纓翁'이 되어 있었던 것이다. 흐린 물에는 발을 담그지 않았다.

이러므로 장육당은 청(淸)과 탁(濁)이 있음을 알지 못하고, 그것의 분별을 하지 못하는 세상 사람들을 완롱(玩弄)한 것이라 하겠다. 그러므로 그는 진환(塵寰)에서 초연한 것이다. 천석고황(泉石膏肓)으로 태평성대에 사시가흥(四時佳興)을 한 가지로 하는 퇴계와는 그래서 다르다. 퇴계는 순풍(淳風)과 어진 인성(人性)을 긍정하였기에 만족하고, '古人의 녀던 길'을 부단히 행하고자 하였다. 여기에서 '완세불공(玩世不恭)'과 '온유돈후(溫柔敦厚)'가 판별되어진다.

장육당이 '완세불공(玩世不恭)'했다면 그것은 자취(自取)한 것이요, 퇴계의 '온유돈후(溫柔敦厚)'함도 스스로 취한 태도이다. 이 자취함에 시비(是非)할 일은 아니다. 그런데도 장육당이 너무 우뚝하기에 퇴계는 "爲太傲然遺世放跡"이라 비판하였다.

〈참고문헌〉

1. 李公麟의 墓碣銘

公諱公麟 字某 慶州著姓 六世祖齊賢 號益齋 貴顯 高麗朝官侍中 文章德業高一代 自後貂蟬相繼 爲世名家 至觀察使尹仁 娶萬戶洪仲良女 生公. 洪亦世族 君性淳愨 抱美質 有遠大氣 少連坐婦翁朴彭年罪 錮廢 不得仕幾年.

歲某甲始筮名武班職 復薦爲通禮院引儀兼漢城府參軍. 出宰咸悅昌平 皆有善政 吏畏民懷 有八男鼇龜黿鼉鼈鼊鯁鯤 皆才子也. 鼇魁進士 與龜黿皆中文科. 鼇爲佐郎 龜官沔川郡守 黿爲禮曹佐郎 鼉鼈鼊皆中司馬試 鯁鯤亦學成 黿罹戊午獄竄外 甲子虐政 追加其罪 置之死 非其辜幷坐 父及兄弟配諸遠外. 公以是 罷昌平 謫海南三年 遇聖主登極 哀寃死者 贈之官 放還流人 得其爵 公以累経禍患, 年且老 不欲官于朝 退閑淸州舍 至某甲病逝 享年幾 是年某月日葬于某地. 諸子相與謀竪碣 表其年德系派 昭諸後 屬用漑爲銘. 用漑與龜黿氏 心相許約爲兄弟 親拜公堂下 最信且久 銘以記實 所不敢辭 銘曰.

嗇於己而豊於後 有慶蘭玉之藪
門之大歿而不亡宅 于斯永保吉康 (申用漑)

2. 李黿에 대한 言及

李黿 字浪翁 慶州人 號再思堂 益齋之後 朴彭年之外孫 己酉登第 官佐郎 戊午杖流羅州. 甲子被禍 中廟初贈都承旨 兄弟八人 人比之荀氏八龍 而目公慈明. 父李公鱗娶朴彭年女 合巹之日 夢有老翁八人拜請曰 某等將就死 若活湯鑊命則 有以厚報 鱗驚起問之. 餐人將以八鱉調羹. 卽令放于江流 一鱉逸去 小奚持鍤而捕之 誤斷其項死焉. 其夜又夢七人來謝 其後生八子 名龜鼇鱉鼉黿鯤鯨 志其瑞也. 皆有才名. 浪翁文章行義 爲世所推 死於甲子. 其驗如此至今李氏不食鱉云. 公弟鱉 與公泣別于郊 自是不赴擧 常騎牛載酒 携鄕社耆老 或釣或獵 每飮酒涕泣而悲 嘗作詩曰

我欲殺鳴鷄 恐有舜之聖
雖欲不殺之 亦有跖之橫
風雨鳴不已 舜跖同一聽
善惡各孜孜 不鳴非鷄性 (鄭希良『虛庵遺集』속집 권3)

3. 李黿의 墓碣銘

公諱黿 字浪翁 姓李氏 本鷄林人. 高麗相齊賢七世孫也. 世有達官貴人 號大族 大王父參判繼蕃 王父觀察使尹仁. 父縣令公麟 魯陵六臣故集賢學士朴彭年之壻也. 連六臣事 不顯用於世也. 公以名臣之世好 卓犖潔身高行. 少遊佔畢齋之門. 亦嗜學. 非聖人之書不讀 偉然有大節. 秋江處士南孝溫稱之曰 可以託六尺之孤者也. 早年陞上庠. 成宗二十年 及第 由承文正字 至博士兼太常. 以讒罷 放迹名山水. 遊楓嶽 有摩阿僧見公問之曰 目覩萬物乎 萬物入目乎? 公曰 目覩萬物 萬物亦入目 作格物物格說. 後敍爲禮曹佐郎. 及戊午大禍起 公佔畢門人 目爲黨人 流郭山三年 量移羅州 甲子加罪諸黨人 公當論死 有僕隷悶其無罪死 私謂公曰 罪非罪 君不君 盍亦善爲之 亦引李長坤事言之. 公愀然久之曰 君命不可亡也. 臨刑 亦自若 廢王聞之 愈怒以爲死 且不服命 沒其家. 父子兄弟皆連坐 鼂鼈逃世不出也. 中宗元年大釋黨人 皆復其官 追爵承政院都承旨 命錄用其子孫. 夫人崔氏贈參判鐵孫之女 稱賢婦人之行. 公被禍當甲子十月二十四日. 夫人其八月十七日歿 合葬楊州治東泉溪 崔氏族葬. 當禍 夫人弟承文院正字命昌卽去官至羅州 以喪返而葬. …… 公別號曰 再思堂 爲文章亦一時所推許 今其文不大傳 東文選 大東詩林 有詩賦累十篇. 遊金剛錄一卷傳於子孫. (許穆『眉叟記言』)

4. 李鼈에 대한 言及

進士李鼈 字浪仙 燕山戊午 母兄黿 以佔畢齋門弟 竄于羅州 相與泣別于郊. 自是不復赴擧. 家于黃海之平山 名其所居堂曰 藏六, 常騎牛載酒 携鄕社耆老 或釣或獵 哦詩酌酒 日暮忘返 每飮而醉 醉而歌. 或涕泣以悲. 雖妻妾僕隷亦怪其所以. 病革遺命 不擇地 葬于前麓 嘗作放言詩曰 …… 其詩藁若干卷及所製歌詞六章行于世. (漁叔權『稗官雜記』권2)

5. 藏六堂

藏六堂 在西峯面玉溪山下. 燕山朝進士李鼈卜築於此 志在隱遁 取諸鼈藏

六之意 自號藏六 因成村名 (『平山郡志』 권1 物產古跡)

6. 藏六堂六歌識

藏六翁 再思堂之弟而 魯陵六臣集賢學士朴彭年之外孫也. 當燕山甲子之禍 再思堂旣被禍而 兄弟連坐. 燕山廢後 因逃世不出. 有藏六堂六歌傳於世. 退陶李先生 以爲太傲然 遺世放跡. 其言固然. 遭濁世 潔身遠引 忘世累則有之 亦足以想見 魁梧傑出 高蹈拔俗 泠然有箕穎之風. (許穆『眉叟記言』 별집 권10)

(『시조학논총』 25집, 한국시조학회, 2006.7)

16·17세기 강호시조(江湖時調)의 변모와 전가시조(田家時調)의 형성

김흥규(金興圭)

1. 거시적(巨視的) 조망(眺望)의 토대

본고는 16·17세기의 강호시조(江湖時調)에 시대 상황의 흐름에 따른 변화가 있었으리라는 가설적 전제에서 출발하여, 그 변모 추이를 해명하기 위한 방법론과 이에 근거한 거시적(巨視的) 조망(眺望)을 제시하고자 한다.1)

조선 시대 시가 연구의 주요 과제 중 하나는 조윤제(趙潤濟)의 『조선시가사강(朝鮮詩歌史綱)』(1937), 최진원(崔珍源)의 「강호시가 연구(江湖歌道

1) 필자는 '江湖詩調'라는 술어로써 '江湖·田園·山林에서의 청정한 삶 또는 그에 대한 동경을 노래한 시조'를 포괄적으로 지칭하고자 한다. '田家時調'란 이러한 배경 가운데서도 전원 및 農家를 공간으로 삼고, 그 속에서의 구체적 생활상과 所懷·흥취를 주된 관심사로 노래한 시조를 가리킨다. 이 두 유형은 주제와 시적 특징 면에서 매우 가깝거나 일부 중첩되지만, 詩歌史의 역사적 추이를 해명하기 위해서는 구분할 필요가 있다는 것이 본고의 기본적 입장이다.

硏究)」(1977) 등에서 이루어진 연구 성과를 계승하면서, 이로부터 한 걸음 더 나아가 강호시가의 역사성과 시대적 변천상을 구명하는 일이다. 필자는 「강호자연(江湖自然)과 정치현실(政治現實)」(1982)이라는 논문에서 이러한 과제를 거론하고, 맹사성(孟思誠)의 <강호사시가(江湖四時歌)>와 이현보(李賢輔)의 <어부가(漁父歌)>를 주자료로 하여 15, 16세기 강호시가의 차별성에 관한 부분적 검증을 시도한 적이 있다. 강조하는 뜻에서 당시의 문제제기를 다시금 들추어 보면 다음과 같다.

> 우리에게 필요한 과제는 강호가도라는 汎稱 아래 크게 한 묶음으로 포괄되어 다루어져 온 일련의 문학 현상들을 보다 구체화된 역사적 맥락 안에서 재검토하여 그 전개 양상을 정밀하게 규명하는 일이라고 생각한다. 강호가도의 초기 단계(내지 前史的 단계)가 15세기 초에 시작하여 이현보, 宋純, 李滉, 權好文 등을 거쳐 17세기 중엽의 尹善道나 그 이후까지 이어진다고 할 때, 적어도 2세기 이상에 걸친 그 흐름에는 시대 상황과 개인적 위상의 차이에 따른 변모가 있었으리라 봄이 온당할 터이기 때문이다. 이 방면의 선행 연구들이 일단 강호가도라고 지칭될 만한 일련의 현상을 확인하고 그 전반적 특질을 파악하는 데 주력해야 할 맥락에 있었다면, 그것에 동적인 時間相을 부여하면서 이해의 심화를 추구하는 일은 우리에게 남겨진 몫이 아닐 수 없다.[2]

이러한 문제제기는 다행히 여러 동학(同學)들의 관심을 촉발하는 데 일조(一助)하여, 강호시가를 초기적 개념의 전일성(全一性)보다는 시대적 변동상(變動相) 속에서 조명해 보고자 하는 연구들이 적지않이 이루어졌다.

그러나 특정 작가의 작품세계에 나타난 강호시가의 변이 양상을 논하면서 우리는 그러한 국부적 검증들이 얼마나 집적되어야 좀더 명료한 역사

---

2) 金興圭, 「江湖自然과 政治現實: 孟思誠 <江湖四時歌>와 李賢輔 <漁父歌>의 政治現實 認識」, 李相信 編, 『文學과 歷史』(民音社, 1982); 金學成 · 權斗煥 편, 『古典詩歌論』(새문사, 1984)에 재수록.

적 동태(動態)의 인식에까지 이를 수 있을지에 대한 갈증을 적지않이 느끼고는 했다. 아울러, 16・17세기 시조만을 놓고 보더라도 다수의 작가들이 있는데, 그들 모두를 포괄하여 강호시조의 변모 추이를 드러내자면 작가별 고찰의 단순 합산만으로는 충분할 수 없다는 문제 또한 내재해 있었다.

본고는 이에 관한 모색 끝에 이 시대의 강호시조를 개괄적으로 검증하는 일종의 '리트머스 시험지'를 고안하고, 이를 통해 당대의 시조사에서 어떠한 변모의 추이가 나타났던가를 검출해 보고자 한다. 이러한 시도는 다수의 작가들 사이에 나타나는 개인적 편차 때문에 거시적 추세를 놓치기 쉬운 방법론상의 한계를 보완하면서, 역으로 개별 작가론과 작품론의 진전에 새로운 시야를 열어 줄 수도 있으리라 기대된다.

우리가 시도하고자 하는 '리트머스 시험지'란 강호시조의 특정 단계를 방법론적 기준으로 삼아 그 특성들을 몇 가지 항목으로 분할하고, 이를 여타 작가들 모두에게 적용하여 부합-불일치의 정도를 측정하는 비교 지표이다.

이를 구현하기 위한 기준 국면으로 우리는 이현보-이황(李滉)-권호문(權好文)을 주축으로 하는 16세기 중반 영남 사림의 강호시조를 설정한다. 이들은 이미 강호시가 연구에서 후대의 작가 및 작품에 나타난 변모 양상들을 이해하기 위한 비교군(比較群)으로 자주 거론되어 왔을 뿐 아니라, 사화기(士禍期) 강호시가가 일종의 세계관적 지향으로까지 전형화(典型化)한 면모를 대표하기 때문이다.

이를 비교기준으로 한 특성별 검증 항목은 다음의 다섯 가지로 삼고자 한다.

- 이분법적(二分法的) 세계상(世界像): 강호와 세속적 삶(정치현실)을 단절적으로 보는 사고 구조.
- 세속에의 대립 의식: 세속적 영달(榮達)과 현실 정치에 대한 거부 또는 비판 의식.

· 전범적(典範的) 자연관: 자연 현상의 구체성보다는 그 전체상과 전범성, 상징성을 중시하는 태도.

· 감흥(感興)의 절제: 강호 생활의 심미적 화려함과 흥취 · 일락(逸樂)의 절제.

· 탈생활적 관조성(觀照性): 일상의 구체적 생활 체험으로부터 거리를 둔 관조적 태도.[3)]

이현보-이황-권호문의 강호시조에서는 이들 항목의 구현 정도가 전반적으로 높은데, 그 특성의 표출 정도를 다음과 같이 네 가지 수준으로 구분하여 보고자 한다.

매우 높은 표현 수준	◎ 표
중급 정도의 표현 수준	○ 표
비교적 낮은 표현 수준	△ 표
매우 낮거나 전혀 없음	× 표

대상 작가로는 16세기 전반부터 17세기 후반에 주요 활동 기간이 속하는 인물들 중 현전(現傳) 시조 작품이 5수 이상인 인물을 모두 취했다. 다만, 이 기준에 부합하더라도 작품 가운데 강호시조류의 소재 및 내용적 연관을 가진 것이 없거나, 작자 표시의 신뢰도에 상당한 의문이 있는 문헌(주로 18세기 중엽 이후의 가집)에 대다수 작품이 실린 경우에는 검증 대상에서 제외했다.[4)] 선택된 인물들의 작품 중 강호 · 전원에서의 삶을 노래

3) 이들을 종합하여 16세기 중반 강호시조의 典型的 특징을 기술한다면, "江湖와 세속적 삶(정치현실)을 단절적으로 보는 二分法的 世界像 위에서, 세속적 가치와 정치현실에 대한 거부 의식을 뚜렷이 지니고 田園的 삶을 긍정하되, 자연 현상을 즉물적 구체성보다는 조화로운 理法과 청정한 정신적 가치의 具現態로서 바라보며, 윤리적 自矜과 긴장을 유지하여 강호 생활의 흥취나 즐거움에 대한 지나친 몰입을 적절히 자제하고, 일상적 삶의 구체성으로부터 거리를 둔 觀照的 자세"라 집약할 수 있을 것이다.

한 작품들을 위의 다섯 항목에 따라 검증하여 기준치와 비교해 본 결과를 우선 표로 제시하면 다음과 같다.

	江湖-世俗 二分法	世俗에의 대립의식	典範的 自然觀	興趣·逸樂의 節制	脫生活的 觀照性	醉樂[5]
李賢輔(1467~1555)	◎	◎	◎	◎	◎	
李 鼈(1475?~?)	◎	◎	○	△	◎	
周世鵬(1495~1554)	○	○	◎	◎	◎	
李 滉(1501~1570)	◎	○	◎	◎	◎	
李 淨(1524?~?)	◎	○	○	○	△	1
高應陟(1531~1606)	◎	◎	○	×	△	1
權好文(1532~1587)	◎	◎	○	◎	◎	
李 珥(1536~1584)	△	○	△	△	◎	
鄭 澈(1536~1593)	△	△	×	×	○	5
張經世(1547~1615)	○	◎	○	◎	◎	
李愼儀(1551~1627)	×	×	○	△	○	1
金得硏(1555~1637)	△	×	△	×	×	5
李德一(1561~1622)	×	×	○	○	○	
朴仁老(1561~1642)	×	×	○	◎	×	
姜復中(1563~1639)	△	○	△	△	×	2
李 瀰(강복중 때)[6]	△	△	△	○	○	

4) 이에 해당하는 인물들은 다음과 같다. 金絿(1488~1534), 曺植(1501~1572), 金麟厚(1510~1560), 李淑樑(1519~1592), 許橿(1520~1592), 李後白(1520~1578), 鄭光天(1553~1594), 朴善長(1555~1617), 金尙容(1561~1637), 金尙憲(1570~1652), 金啓(1575~1657), 李明漢(1595~1645), 李聃命(1646~1701).

5) 이 列에 표시된 숫자는 해당 작가의 시조 중 醉樂의 내용을 지닌 작품 수를 가리킨다.

6) 李瀰의 생몰년은 미상이나, 姜復中의 『淸溪歌詞』에 그들이 贈答한 시조 다섯 수가 있

鄭 勳(1563~1640)	△	△	×	△	△	1
申 欽(1566~1628)	△	○	△	×	○	4
宋 타[7](宣祖 이후)	△	×	×	×	×	3
辛啓榮(1577~1669)	×	×	×	×	×	2
金光煜(1580~1656)	○	×	×	×	×	3
羅緯素(1582~1666)	×	×	×	×	×	1
尹善道(1587~1671)	◎	◎	×	×	○	6
李弘有(1588~1671)	○	△	○	○	◎	
李重慶(1598~1678)	○	×	△	△	△	1
李徽逸(1610~1672)	×	×	×	△	×	
張復謙(1617~1703)	△	×	×	×	×	8
金起泓(1635~1701)	×	×	×	×	△	
申 瀞(1641~1703)	△	△	×	×	○	2

위에 보는 바와 같이 생년순(生年順)으로 배열한 대상 작가들의 검증 결과를 대별해 보면 점선에 의해 구획된 세 단계를 식별할 수 있다. 첫째 단계는 이미 말한 바와 같이 지금까지의 연구에서 16세기 강호시조의 이념형(理念型; ideal type)처럼 거론되어 온 주요 인물이 주축이 되어 있다. 셋째 단계에는 특성 면에서 이와 극히 대조적인 성향이 집중되어 있으며, 시기적으로는 활동기가 거의 다 17세기에 속한다는 점이 주목된다. 그 사이에 놓인 둘째 단계는 시기적으로 16세기 후반과 17세기 전반에 걸치는 중간 과정일 뿐 아니라, 성격 면에서도 앞 뒤 단계의 특성들이 뒤섞인 전이적(轉移的) 양상을 드러낸다.

어서 동시대 인물로 추정된다.

7) 宣祖年間에 등과하여 持平을 지낸 宋濟民의 아들. 따라서 그의 生年은 16세기 말에서 17세기 초 또는 전반에 걸칠 것으로 추정된다.

필자는 이와 유사한 결과표를 얻고 나서 그 경향성의 추세가 너무도 뚜렷한 데 대해 스스로 놀랐다. 그리고 혹시 자신의 가설을 정당화하고자 하는 암묵적 의도가 여기에 개입하지 않았을까 하여 두 차례의 재검토와 부분 수정을 가했다. 그러한 주의에도 불구하고 우리의 검증 결과는 위의 표에 보는 바와 같이 16・17세기 동안의 흐름에 어떤 뚜렷한 경향성이 있음을 말해 준다.

이에 위의 세 단계 순으로 작품, 작가의 실상과 시대적 배경을 살펴서 그 경향성의 실질 및 의미를 논하고자 한다.

2. 16세기 전・중반의 강호시조와 도학적 근본주의

사대부층을 중심으로 한 정치사의 측면에서 볼 때 16세기 전・중반은 재지 사림(在地士林)의 정치적, 이념적 도전의 시대였다. 16세기 전기는 주지하다시피 사화기(士禍期)라고도 불리는데,[8] 이는 곧 좌절의 연속에도 불구하고 사림의 도전이 끊이지 않았음을 말해 주는 것이다. 이현보(1467～1555), 이황(1501～1570), 권호문(1532～1587)의 작품에서 특질을 선명하게 드러내는 이 시기의 강호시조 역시 그러한 역사성에 긴밀하게 연관되어 있다.

이 연관을 해명하는 데 가장 적절한 지렛점은 아마도 '도학적(道學的) 유교근본주의(儒敎根本主義)'의 속성일 것이다. 근본주의(radicalism, fundamentalism)는 도덕적 당위와 정치 이상을 하나로 관철하고자 하는 점에서 그 자체 속에 비상한 도전적 에너지를 지닌다. 조광조(趙光祖) 등이 추구한 지치주의(至治主義)의 개혁이 기묘사화(己卯士禍)라는 파국으로 좌절한 데 대해 야사류(野史類)의 논평은 조광조의 성격이 지나치리만큼 원칙에 집착

8) 戊午史禍, 1498; 甲子士禍, 1504; 己卯士禍, 1519; 乙巳士禍, 1545.

하고 비타협적이었던 점을 한 요인으로 언급하고는 하는데, 그것은 특정 개인의 기질 문제이기 전에 당시의 사림이 지녔던 도학적 근본주의의 기본 속성이었던 것이다.

도학적 근본주의는 현실정치에의 참여를 통해서만이 아니라 그로부터의 좌절과 퇴각을 수용하고 스스로를 이념적으로 재충전하는 방식에서도 나타났다. '부패한 현실과 완전한 도덕적 이상', '인심(人心)과 도심(道心)', '속세와 강호' 등의 이분법적 세계상이 그 바탕을 이룬다. 그러한 의식의 평면에서 생각할 때 "현실 정치는 지고(至高)한 도덕적 이상에 의해 철저하게 재정초(再定礎)되어야 하며, 그러지 못할 경우에는 타락한 세속을 부인하고 이와 단절된 강호의 세계로 돌아와, 밖에서 펼치지 못한 숭고한 표준을 지키고 이에 침잠해야 한다는 논리가 선다."[9)]

이 점은 필자가 이미 논한 이현보의 <어부가>에서는 물론 이황의 <도산십이곡(陶山十二曲)>, 권호문의 <독락팔곡(獨樂八曲)>과 <한거십팔곡(閑居十八曲)> 등에서도 확인된다. 물론 이들 사이에는 개인적 편차가 있다.

이황의 경우에는 도학적 근본주의의 정치 지향성이 극도로 탈색된 대신 그 에너지가 천인성명(天人性命)의 근원적 이치를 탐구하는 숭엄한 구도(求道)의 자세로 내면화되어 있다. 따라서 그의 언어는 온화하면서 경건하고, 엄숙하면서 넉넉하다. 그에게는 오직 "魚躍鳶飛 雲影天光"의 오묘한 우주적 조화(「언지(言志)」 제6수)와 청산유수(青山流水)의 만고상청(萬古常靑)하는 청정함(「언학(言學)」 제5수)만이 관심사가 된다. 그러나, 여기에도 위에 지적한 이분법적 세계인식은 존재한다. '고인(古人)'이 걸었던 참된 가치의 길과 혼탁한 세속의 길 사이의 준별(峻別)이 그것이다. 그런 점에서 「도산십이곡」은 도학적 근본주의의 기본 원칙을 견지하면서 강호의 선택에 대해 좀더 깊은 철학적, 심미적 의미를 부여한 작품이라 하겠다.

평생을 처사(處士)로 살았던 권호문은 은거구지(隱居求志)의 선택과 그

---

9) 金興圭, 위의 논문, 金學成 · 權斗煥 편, 『古典詩歌論』, 409면.

속에 담긴 자긍(自矜), 고뇌를 아울러 보여주는 점에서 각별히 주목할 만하다. 내향화(內向化)된 도학적 근본주의가 명하는 바 수기(修己)와 독선기신(獨善其身)을 삶의 행로로 삼았으면서도 때때로 유자(儒者)의 현실적 소명과 자기 실현의 욕구로 인해 번민하는 모습이 그의 작품들에 엿보인다. 모든 종류의 근본주의가 그 종도(宗徒)들에게 경건하고 확신에 찬 표정을 엄수하도록 강요한다는 점을 생각할 때 이것은 흔치 않은 자기 표출의 사례일 듯하다.

<한거십팔곡>의 처음 3수에서 권호문은 지난날의 생애를 되돌아보면서 자신의 뜻을 다음과 같이 밝혔다.

> 生平에 願ᄒᆞᄂᆞ니 다ᄆᆞᆫ 忠孝ᄲᅮᆫ이로다
> 이 두 일 말면 禽獸ㅣ나 다라리야
> ᄆᆞᄋᆞᆷ애 ᄒᆞ고져 ᄒᆞ야 十載惶惶ᄒᆞ노라
>
> 計校 이ᄅᆞ터니 功名이 느저셰라
> 負笈東南ᄒᆞ야 如恐不及ᄒᆞᄂᆞᆫ ᄠᅳᆮ을
> 歲月이 물 흘ᄋᆞ듯 ᄒᆞ니 못 이롤가 ᄒᆞ야라
>
> 비록 못 일워두 林川이 됴ᄒᆞ니라
> 無心 魚鳥ᄂᆞᆫ 自閑閑ᄒᆞ얏ᄂᆞ니
> 早晩애 世事 닛고 너를 조ᄎᆞ려 ᄒᆞ노라[10)]

앞의 두 수에 나타나는 바는 세속적 삶의 성취를 향한 욕구와 “물 흘ᄋᆞ듯” 하는 시간성 사이의 어긋남이다. 어머니 이씨의 상(喪)을 입은 33세까지의 약 10년을 지칭하는 “十載惶惶”이라는 귀절 속에 그의 아쉬움과 후회

10) 『松巖先生續集』 권6.

스러운 심경이 담겨 있다. 이러한 자성(自省)을 통해 도달한 선택이 셋째 수의 내용이다. 전원 속에서 세속의 일을 잊고 "自閑閑"하고자 하는 것, 그것은 곧 '흘러가는 세속적 시간 속의 성취 지향'으로부터 벗어나 '자연의 이법(理法) 속에 순환하는 시간' 또는 '항구적 가치와 더불어 영속하는 시간'으로 나아가려는 욕구이다. 그 목표는 이황의 작품에서도 나타난 바 있는 '무시간적(無時間的) 보편성'으로서의 도(道)이다.

聖賢의 가신 길히 萬古애 ᄒᆞᆫ가지라
隱커나 見커나 道ㅣ 엇디 다ᄅᆞ리
一道ㅣ오 다ᄅᆞ디 아니커니 아ᄆᆞ딘들 엇더리.11)

그러나 은견(隱見)에 관계 없이 존재하는 일도(一道)에 대한 그의 확신은 아직 철저하지 못한 듯하다. "아ᄆᆞ딘들 엇더리"라는 생각 자체가 세속의 세계에서 소망하던 가치를 얻지 못하고 전원으로 물러난 이의 심리적 머뭇거림을 한쪽에 간직하고 있기 때문이다. 이러한 내면적 번민의 자취는 <獨樂八曲>에도 보인다.

尊事天君ᄒᆞ고 攘除外累ᄒᆞ야
百體從令 五常不斁ᄒᆞ야
治平 事業을 다 이루려 ᄒᆞ엿더니
時也 命也인디 迄無成功 歲不我與ᄒᆞ니
白首 林川의 ᄒᆞ올 일이 다시 업다
우읍다 山之南 水之北에 斂藏蹤跡ᄒᆞ야
百年閑老景 긔 엇다ᄒᆞ니잇고.12)

11) 『松巖先生續集』 권6.
12) 『松巖先生續集』 권6.

인용된 대목 서두의 3행은 수기(修己)-치인(治人)이라는, 선후 관계로 맺어져 있는 유가적 이상의 두 축을 말하고 있다. 시대의 탓이든 개인적 명운(命運) 때문이든 간에 그 성취를 거두지 못하고 노년에 이른 데서 그의 절실한 탄식이 흘러 나온다. "우읍다"라는 말에는 이러한 자기성찰의 괴로움과 자조(自嘲)가 스며들어 있다. 그것은 16세기 강호시가의 초속적(超俗的) 의연함 속에 담겨 있던 고뇌의 일면을 짐작하게 한다.

이별(李鼈, 1475?~?)의 <장육당육가(藏六堂六歌)>는 4수의 한역시만이 남아 있으나[13] 자연의 전범성(典範性)에 대한 인식이 엷은 점을 제외하고는 나머지 항목의 특성을 대체로 공유한다. 작품의 의미를 좀더 천착해 들어가면 이 시기의 여타 강호시조와 달리 유자로서의 윤리적 긴장감보다는 소부(巢父) · 허유(許由) 등의 전고(典故)를 통한 피세은둔(避世隱遁) 의식이 짙은 듯하며, 은둔자로서의 고답적 즐거움을 자부하는 면모도 보인다. 이황이 이 작품을 가리켜 "玩世不恭之意"가 있다고 한 것은 바로 이에 대한 논평인 듯하다.[14] 그러나 이러한 차이에도 불구하고 현존하는 4수에 관한 한 <장육당육가>는 이 시기 강호시조의 주요 특성에 일치하는 면이 많다고 하겠다.

그의 조카인 이정(李淨)의 <풍계육가(楓溪六歌)>는 세속을 멀리하여 산수간에 자적하는 삶을 노래하였으되, 이별(李鼈)의 작품에 대해 이황이 비판했던 "'玩世不恭之意'는 보이지 않고[15] 이 시기 강호시조의 전형적 면모에 충실하다. 다만, "죠고만 씌집을 시ᄂᆡ 우예 이룬바 / 어제밤 숀쇼 다든 문을 늣도록 닷치엿소"(제2절)라든가 "ᄂᆞᆫ ᄂᆡ 집에 ᄂᆡ 셰근을 ᄉᆞᆯ펴보니 / 우셥다 낙씨ᄃᆡ ᄒᆞᆫᄂᆞ 외예 것칠 거시 전혀 읍세ᄅᆞ"(제4절)[16] 같은 대목이 그 속에 섞여 있어서, 강호의 조촐한 삶을 체험적 근경(近景)으로서도 표현

13) 崔載南, 「藏六堂六歌와 六歌系 時調」, 『어문교육논집』(부산대 국어교육과, 1983) 참조.
14) 어쩌면 失傳된 나머지 두 수가 그러한 특성을 더 짙게 가졌던 것이 아닐까 추정된다.
15) 林熒澤, 「17세기 전후 六歌形式의 발전과 시조문학」, 『민족문학사연구』 6(민족문학사연구소, 1994), 9~10면 참조.
16) 작품 자료는 위의 논문 부록 참조.

하는 독특한 면모가 있다.

주세붕(周世鵬, 1495~1554)의 시조에서는 강호-세속의 이분법이나 정치현실에 대한 거부 의식이 그다지 강하지 않다. 하지만 그러한 기본 관점이 확고하게 마련되어 있었음은 다음 작품에서 보다시피 의문의 여지가 없다.

> 汶上애 아니 가다 陋巷이 업스리야
> 藜藿의 됴흔 마슬 駟馬 톤 듸 슬올가
> 春風에 浴沂ᄒᆞ고 날로 三省호리.[17)]

이밖에 "富貴를 浮雲ᄀᆞ티 보고 曲肱而枕ᄒᆞ오"라고 노래한 <학이가(學而歌)>를 비롯하여 '군자, 문진(問津), 지선(至善), 정양(靜養), 동찰(動察)' 등의 도학적 탐구의식을 담은 작품들에서도 성리학적 세계관에 바탕을 둔 절제와 존심양성(存心養性)의 구도적(求道的) 자세가 뚜렷이 나타난다.

다만, 고응척(高應陟, 1531~1606)의 경우에는 강호-세속의 이분법이나 정치현실에 대한 거부 의식이 뚜렷하면서도[18)] 나머지 세 항목에서는 위의 인물들이 지닌 전형적 특성이 부분적으로 이완된 현상을 찾아볼 수 있다.

> 天地 萬物이 엇디ᄒᆞ야 삼긴 게고
> 玉堂 金馬는 어듸만 인ᄂᆞ뇨 雲山 石室이 간 듸마다 노플세고 구프려 바틀 가니 쌍이야 젹다마는 울워러 ᄇᆞ람 부니 하ᄂᆞ리 무흔하다 내 비즌 흔 말 술 번님과 취ᄒᆞ새다 二三月 春風은 푸메 ᄀᆞ득ᄒᆞ엿거늘 九十月 丹風은 ᄂᆞ치 ᄀᆞ득 오ᄅᆞᄂᆞ다
> 아마도 醉裏乾坤을 나와 너와 놀리라.[19)]

---

17) 『竹溪舊志』.

18) 다음과 같은 작품들이 그 본보기이다. "唐虞를 ᄇᆞ라다 보며 三代를 그리다 / 오랴니 건너 오라커니 이졔야 보며 오랴 / 출아리 江山主이 되여 方寸 唐虞 호리라"(「唐虞曲」). "티미러 도라 보니 딘 도텨 노피 ᄂᆞ다(鳶飛) / ᄂᆞ리미러 술펴 보니 비늘 도텨 노니ᄂᆞ다(魚躍) / 우리도 그 ᄉᆞ이 낫거니 아니 놀고 엇뎨료"(「鳶魚曲」).

종장의 "醉裏乾坤"이라는 구절이 단적으로 보여 주듯이 이 작품은 감흥의 절제보다는 일락(逸樂)으로서의 강조와 확산을 지향하며, 전범으로서의 자연보다는 "二三月 春風"과 "九十月 丹風"과 같은 감각적 직접성 쪽으로 기울어지는 태도를 보인다. "내 비즌 흔 말 술 번님과 취흐새다"라는 대목은 여기에 다소간의 일상적 생활감각을 도입하면서 종래의 관조적 경향과는 달리 '야취(野趣) 속의 고흥(高興)'을 드러내고 있다.

그러나 이러한 새로운 면모가 그의 작품세계에서 지배적인 것은 아니다. 그의 문집에 수록된 시조 28수 중 절대 다수인 25수는 『대학(大學)』 장구를 시조화한 것으로 매우 강한 도학적 관념성을 지니고 있으며, <호호가> 3수 중 앞의 2수에서도 위의 예와 같은 현상은 보이지 않는다. 그런 뜻에서 고응척의 시조는 16세기 전·중반 강호시조의 도학적 자세가 관념화하는 경향을 주로 보이는 한편, 그것이 전원생활시조(田園生活時調) 및 취락시조(醉樂時調) 쪽으로 분화되는 미세한 단초를 지녔다고 할 수 있을 듯하다. 이 중에서 후자는 위에서 구분한 둘째 단계에서 좀더 확대되고, 셋째 단계에서는 크게 부각되는 양상이라는 점을 유의해 둘 필요가 있다.[20]

3. 도학적 근본주의의 퇴색과 강호시조의 변모

위에 논한 바 사화기(士禍期) 강호시가의 전형적 특징들은 이미 검증표로써 개관한 바와 같이 둘째 그룹의 시기(대략 16세기 말~17세기 전반)에

---

19) <浩浩歌> 제3수, 『杜谷集』.

20) 許橿(1520~1592)은 전해지는 시조 7수가 대부분 父親의 流配 등 특정한 개인적 상황에 관련된 것이어서 여기에 검증의 대상으로 삼지 않았으나, 가사 <西湖別曲>이 눈여겨 볼 만한 특징을 지니고 있다. 이 작품은 강호-세속의 이분법과 處士로서의 현실비판 의식이 뚜렷하면서도 강호 생활의 逸樂을 매우 고양된 화법과 수사로써 강조하고, 자연물과 景觀의 감각적 아름다움에 주목하며, "葡萄酒 鵝黃酒 鸞鶿爵 鸚武杯 一日須傾 三百杯"라 노래하는 등 醉興의 요소를 적극적으로 드러낸다.

와서 상당한 약화 및 동요를 보인다. 그 양상은 다소 혼란스럽게 착종(錯綜)되어 있으나, 다음과 같은 경향들을 주목할 만하다.

첫째, 강호-세속의 배타적(排他的) 이분법이 이 군집에서는 심하게 쇠퇴하여, 장경세(張經世)의 경우를 제외하고는 뚜렷이 나타나지 않는다.21) 아울러, 세속적 영달(榮達)과 현실 정치에 대한 거부·비판 의식도 전반적으로 그 농도가 엷어지는 추세를 확인할 수 있다.

둘째, 자연 현상의 전범성과 도학적 상징성을 중시하는 자연관이 반수 정도의 작가에게만 조금 약화된 상태로 유지되는 가운데 감각적, 즉물적 자연인식의 시선이 정철(鄭澈), 김득연(金得硏), 신흠(申欽) 같은 이들에게서 떠오른다. 그리고 이러한 자연인식은 대개의 경우 강호 한거(閑居)의 드높은 감흥과 풍류적 즐거움을 적극적으로 표출하는 태도에 연결된다.

셋째, 탈생활적 관조성(觀照性) 또한 전반적으로 약화되어 가는 경향이 보이며 김득연·박인로(朴仁老)·정훈(鄭勳)에게서는 전원생활의 구체성이 새로운 시적 관심사로서 대두한다. 그리고 이러한 관심은 박인로를 제외하고는 감흥·일락의 적극적 표출과 동반 관계에 있다.

첫째 그룹의 시조에서는 술과 취락(醉樂)에 관한 표현이 2편에 불과했던데 비해, 둘째 그룹에 와서는 11명의 작가 중 6명, 18수의 작품이 직접적으로 그러한 표현을 보인다는 점도 위의 성향과 함께 음미해 볼 만하다.

이와 같은 변화에는 작가마다의 개성과 생활상이 작용한 바가 있을 것이다. 그러나 다수 작가와 작품들을 통해 검출되는 이 군집적 변동 현상에는 개인적 환경이나 기질의 차원을 넘어서는 시대적 요인이 있으리라고 보아 마땅하다. 그렇다면 이와 같은 변화를 조성하거나 촉진한 역사적 원인은 무엇인가. 우리는 사대부 세계의 정치 상황 변화에서 이를 해명할 수

---

21) 張經世는 李滉의 학풍을 계승한 門人이었을 뿐 아니라 시조에서도 <陶山十二曲>의 정신과 기풍을 따랐기 때문에 검증 항목 전체에서 매우 뚜렷한 근접성을 보여 준다. 그는 우리가 구분한 둘째 그룹 중 유일하게 앞 단계의 강호시조를 전면적으로 계승한 인물인 셈인데, 이러한 사실을 摘示하는 이외의 논의는 여기에서 생략하고자 한다.

있는 열쇠를 찾고자 한다.

사림 세력은 오랜 동안의 정치적, 이념적 도전 끝에 마침내 선조(宣祖. 재위 1567~1608) 초년에는 중앙의 정치 무대를 장악했다. 그리고 바로 이 때부터 그들 사이의 정치적 분파가 형성되었다. 그들은 동인(東人)-서인(西人)으로, 다시 남인(南人)-북인(北人)-서인(西人)으로 나뉘면서 정치적 부침(浮沈)을 경험하기에 이르렀다. 이 새로운 국면에서 종래의 사림이 추구하던 도학적 근본주의의 비타협적 비전은 그 도전적 의의가 탈색되고, 이분법적 세계인식의 경계선도 더 이상 예전처럼 준별(峻別)될 수 없었던 것으로 보인다. 이 시대에 와서 그들은 이제 더 이상 '의로운 국외집단(局外集團)'이 아니라 개인적 능력이나 가문, 사우(師友), 붕당(朋黨)의 환경에 따라 현실정치에의 진퇴가 다양하게 분화되는 국면에 도달했던 것이다.

이이(李珥, 1536~1584)의 <고산구곡가(高山九曲歌)>(1577, 선조 10년)는 앞에서 본 도학적 이념과 강호 취향을 상당 부분 계승하는 한편 새로운 국면의 도래를 부분적으로 함축한 작품으로 보인다. 강호-속세의 이분법적 세계상이 약화된 모습으로나마 존재하고, 임천(林泉)과 조협(釣峽)에서 어조(魚鳥)를 벗삼아 맑은 심성을 기르며 강학(講學)에 힘쓰는 삶이 드높은 자긍으로 표출되어 있는 점이 그 계승의 측면이다.

그러면서도, <고산구곡가>에서는 사화기 강호시조가 지녔던 근본주의 이념의 대립의식 및 긴장감이 별로 눈에 띄지 않는다. 그 대신 이이가 노래한 풍경은 좀더 다채로운 경물(景物), 형상, 색채를 보여 주며, 정서는 매우 낙천적으로 고양되어 있다. 분열된 세계에서의 고뇌라든가, 개세(慨世)의 시름 같은 것은 찾아 볼 수 없다. 그런 점에서 이 작품을 가리켜 "감흥이 고양되고 시상이 활달해서 주희나 이황에게는 볼 수 없던 기풍을 지닌다"[22]고 한 견해에 동감할 만하다. 이러한 특질은 <고산구곡가>가 '현실과 이상', '인심(人心)과 도심(道心)', '속세와 강호' 등의 변별의식을 아직 지

22) 조동일, 『한국문학통사』 2(초판, 지식산업사, 1983), 329면.

니고 있으되, 그 사이의 거리를 넘어설 수 없는 간극(間隙)으로까지 여기지는 않는 데서 나온 것이다.

이러한 새로운 양상은 정철(1536~1593)에게서 좀더 뚜렷하게 나타나고, 신흠(1566~1628)에 이르러 더욱 큰 차별성을 드러내게 된다.

물론 이들의 강호시조도 '혼탁한 속세-청정한 강호'라는 양분법적 세계 인식을 간직하고 있다. 그러나 관념의 틀은 같아도 그 실질은 상당히 달라졌다.

주지하다시피 정철, 신흠은 붕당정치의 갈등 속에 깊이 개입하여 각기 정치적 파란과 진퇴의 굴곡을 체험했고, 대개 중앙 정계로부터 떠나 있던 시기에 강호시가류의 작품을 창작했다. 다시 말해서, 그들의 강호시가는 사림의 정치적 승리 이후 도학적 근본주의의 도전적 선명성이 약화된 국면에서 사림 출신 세력의 분파들 사이에 벌어진 쟁투로부터 일시적으로 실세(失勢)하거나 그런 세태를 혐오한 데서 산출된 것이다.

이러한 상황의 차이는 작품의 내용과 미의식에도 나타난다. 16세기 전·중반까지의 강호시가에 뚜렷하던 윤리적 긴장감과 자긍(自矜) 그리고 심미성(審美性)의 절제는 이들의 시조에 와서 현저하게 약화되었다. 그 대신 자연 경관의 아름다움에 대한 감각적, 즉물적 인식의 확대, 호방(豪放)·불기(不羈)한 흥취와 일락(逸樂)의 고양이 두드러지게 나타난다. 항존(恒存)하는 도를 중심으로 순환하는 영원한 시간 대신 덧없이 흘러가는 시간의 문제가 중요한 관심사가 된다든가, 취락(醉樂)의 모티프가 자주 등장하는 점도 주목되는 점이다. 전체적인 느낌에서 이현보·이황·권호문의 강호가 수묵화(水墨畵) 쪽에 가깝다면, 정철·신흠의 강호는 이보다 훨씬 화려한 채색화(彩色畵)의 인상을 준다.

정철과 신흠의 작품에 자주 등장하는 '술노래'를 여기서 살펴보고자 한다. 술 노래는 대개의 경우 '세월 노래'이거나, 적어도 그것과의 간접적 연관을 가지는데, 이 두 사람의 작품에서도 예외는 아니다. 너무나 잘 알려진 <장진주사(將進酒辭)>는 잠시 접어 두고도 적지 않은 작품 중에서 다음과 같은 예를 주목할 만하다.

일뎡 百年 산들 긔 아니 草草ᄒᆞᆫ가
草草ᄒᆞᆫ 浮生이 므ᄉᆞ 일을 ᄒᆞ랴 ᄒᆞ야
내 자바 권ᄒᆞᄂᆞᆫ 잔을 덜 먹으려 ᄒᆞᄂᆞᆫ다[23)]

鶴은 어ᄃᆡ 가고 亭子ᄂᆞᆫ 뷔엿ᄂᆞ니
나ᄂᆞᆫ 이리 가면 언제만 도라올고
오거나 가거나 듕의 ᄒᆞᆫ 잔 자바 ᄒᆞ자[24)]

술 먹고 노ᄂᆞᆫ 일을 나도 왼 줄 알건마ᄂᆞᆫ
信陵君 무덤 우희 밧가ᄂᆞᆫ 줄 못보신가
百年이 亦草草ᄒᆞ니 아니 놀고 엇지ᄒᆞ리

느져 날셔이고 太古ᄶᅥᆨ을 못보완쟈
結繩을 파ᄒᆞᆫ 후에 世故도 하도할샤
출하로 酒鄕에 드러 이 셰계를 니즈리라[25)]

이 작품들은 모두 '일회적, 불가역적(不可逆的) 진행으로서의 시간'에 관한 의식을 전제한다. 삶이란 이 속에서 진행되는 조락(凋落)·소멸의 과정으로 인식된다. 두 사람이 모두 사용한 "草草"라는 구절은 그러한 덧없음을 말하는 관용어이다.

이와 같은 '소모의 시간'으로부터 구제되는 길을 술에서 찾음으로써, 위의 작품들은 세월 노래인 동시에 술노래가 된다. 그러면 술은 어떤 점에서

23) 鄭澈, 「松江歌辭」 李選本.
24) 鄭澈, 「松江歌辭」 星州本.
25) 申欽, 『珍本 靑丘永言』(朝鮮珍書刊行會, 1948), 36면.

시간의 소모성에 대응하는 수단이 되는가?

앞에서 살핀 이현보·이황·권호문의 경우 인생의 덧없는 일과성(一過性)은 그것을 커다란 순환 고리 속의 한 국면으로 인식하거나, 항구적 가치에로 나아가는 지향 안에 수용함으로써 초극된다. 위의 작품들에 투영된 정철·신흠의 태도는 이와 상반되는 방향을 보인다. 그들은 무상한 일과성으로서의 삶을 인정하고 그 중 한 국면의 심미적 가치에 몰입함으로써 고뇌를 초극하고자 하는 것이다. 다시 말해서, 인생에 허용된 시간의 양이 한정된 것이라면 그것을 연장하고자 하는 무망(無望)한 시도보다는 지금-여기에서의 삶을 최대한으로 향유하겠노라는 선택인 셈이다. 술이란 바로 이 극대화와 몰입의 촉매이다.

이와 같은 시각에서 바라볼 때 자연 경물의 의미 또한 도학적 의식 속의 그것과는 달라질 수밖에 없다. 이황에게서 전형적으로 나타나듯이 도학적 시의식에 투영된 자연은 우주 만물과 인간에 내재된 이법(理法)의 현현이요, 거대한 조화의 형상이었다. 반면에 정철과 신흠의 작품에서는 그러한 형이상학적 의미가 거의 눈에 띄지 않는다. 그 대신 감각적, 즉물적인 자연의 모습이 뚜렷하게 부각된다. 위에 인용한 작품 중 둘째 수가 그런 예이거니와, 아래의 작품에서도 마찬가지 현상을 찾아볼 수 있다.

> 아ᄒᆡ도 採薇 가고 竹林이 뷔여셰라
> 헤친 碁局을 뉘라셔 주어 주리
> 취ᄒᆞ여 松根을 지혀시니 날 새는 줄 몰래라[26)]

> 술이 몃 가지오 淸酒와 濁酒ㅣ로다
> 먹고 취할션졍 淸濁이 관계ᄒᆞ랴
> ᄃᆞᆯ 쓰고 風淸한 밤이여니 아니 ᄭᆡᆫ들 엇ᄃᆞ리[27)]

---

26) 鄭澈, 「松江歌辭」 星州本.
27) 申欽, 『珍本 靑丘永言』, 35면.

김득연(金得硏, 1555~1637)은 관직에 나아가지 않고 안동의 사족(士族)으로 생애를 보냈음에도 작품 성향은 이황 등과 현저하게 다르고, 오히려 정철 · 신흠에 근접하는 특징들이 훨씬 많아서 흥미롭다. 강호와 세속을 준별(峻別)하는 태도가 그의 시조에 남아 있기는 하나, 강호 저편의 세계에 대한 첨예한 대립의식과 윤리적 긴장감은 거의 찾아볼 수 없다. 자연 경관과 사물을 대하는 시선에서도 관조성이 희박해진 대신 표현의 구체성과 생활적 관련이 두드러진다. 그 가운데서 다음의 예와 같이 넉넉한 흥취가 때로는 취흥(醉興)을 동반하면서 적극적으로 향유된다.

> 딥 두혜 주차리 뜯고 문 알픠 물근 십 기러
> 기장밥 닉게 짓고 山菜羹 므로 술마
> 朝夕게 風味이 足흠도 내 분인가 ᄒᆞ노라.
>
> 山中에 버디 업서 風月을 벗 삼으니
> 一樽酒 百篇詩 이 내의 일이로다
> 진실로 이 벗곳 아니면 消日 엇디 ᄒᆞ리오.[28]

이러한 특성을 포함한 작품세계 전반에 대하여는 이상원이 상세하게 논한 바 있으므로[29] 여기서 재론할 필요를 느끼지 않는다. 다만 김득연의 시조에서 "풍류 자체를 즐기는 것"이 중심을 이루도록 한 요인으로서 '경제적 여유'를 주목한 것은[30] 일면 타당하지만, 위에 지적한 바와 같이 선조초년 이후의 정치상황 변화에 따라 재지 사림이 도학적 근본주의의 이념적 긴장을 잃게 되었다는 요인도 함께 고려해야 할 것이다.

---

28) 『葛峯遺稿』.
29) 이상원, 「16세기 말~17세기 초 사회동향과 김득연의 시조」, 『어문론집』 31(고려대 국어국문학연구회, 1992).
30) 이상원, 위의 논문, 168면.

박인로, 정훈의 경우는 위의 표에 나타난 특성들이 이미 작가론 단위의 연구들을 통해 확인된 바 있다.[31] 이들은 사족(士族)으로서의 존재 기반이 미약한 처지에서 불사(出仕)·입신(立身)의 욕구가 강했으며, 따라서 세속의 정치현실과 환로(宦路)를 혐오하는 이분법은 극히 희박하다. 물론 그들에게서도 다음과 같은 강호 취향이 나타나기는 한다.

어화 아히들아 후리치고 가쟈스라
田園이 뷔엇거니 엇지 아니 가로소냐
道川上 明月 淸風이 날 기드리기 오리니라.[32]

商山의 採芝ᄒᆞ러 브듸 네히 가리런가
좃츠 리 업슨듸 우리 둘히 가사이다
世上의 어즈러온 일들 듯도 보도 마사이다.[33]

그러나, 우응순과 한창훈이 이미 논한 바와 같이, 이들 작품에 보이는 '전원(田園)'과 '상산(商山)'은 한미(寒微)한 처지에 놓인 사족이 자신의 존재를 안빈낙도(安貧樂道)와 귀전원(歸田園)이라는 전거(典據)로써 버티어 보고자 하는 위안(慰安)의 수사학으로부터 나온 것이다. 그것은 그들의 적극적 의지와 가치의식에 의한 선택이 아니라, 어쩔 수 없는 상황적 조건이었다. 그들의 작품세계에 '충군우국'의 절실한 뜻과 출사에 대한 적극적 지향이 많이 보이는 것은 바로 이 때문이다. 이들의 작품에서 향촌 생활의 구체성이 부분적으로 나타나는 점도 궁경가색(躬耕稼穡)이 불가피했던 처

31) 우응순, 「朴仁老의 安貧樂道 意識과 自然」, 『韓國學報』 41(一志社, 1985); 韓昌勳, 「朴仁老·鄭勳 詩歌의 現實認識과 志向」(고려대 석사학위논문, 1993); 金容徹, 「<누항사>의 자영농 형상과 17세기 자영농 시가의 성립」, 『韓國 歌辭文學 硏究: 尙山鄭在晧博士華甲紀念論叢』(太學社, 1995) 참조.

32) 『蘆溪集』.

33) 『水南放翁遺稿』.

지와 관련이 있음은 물론이다.

이신의(李愼儀, 1551~1627), 이덕일(李德一, 1561~1622), 강복중(姜復中, 1563~1639), 이미(李瀰, 강복중과 같은 때)는 개인적 처지와 작품 경향이 한결같지 않으나, 강호-세속의 이분법이 거의 없거나 미약하다는 점에서 공통적이다. 정치현실에 대한 전면적 거부 의식 또한 희박하다.

이덕일은 임란(壬亂) 때 무과(武科)에 급제하여 종군하고 광해군 때에 향리에 돌아가서 <우국가(憂國歌)> 28수를 지었는데, 내우외환은 아랑곳없이 되풀이되는 당쟁(黨爭)에 대해 비분(悲憤)하는 것이 대부분의 내용이다. 그 마지막 수[34]에 집약된 그의 처지와 '우국상시(憂國傷時)'의 비판의식은 매우 절실하고도 침통하지만, 그 성격은 '청정한 강호'에서 세속을 바라보는 처사의 거부 의식과는 다르다.

강복중의 시조에는 광해군(光海君) 때의 계축옥사(癸丑獄事) 등에 대한 불만과 비판의식이 강하게 표출되어 있다. 그러나 이 경우의 비판의식은 사화기 사림이 현실정치에 대해 전면적인 부정의 자세를 보인 것과 달리 특정 정파를 겨냥한 선별성과 한시성(限時性)을 띤 것임을 주목해야 한다. 계해반정(癸亥反正)이 성공하자 그가 <계해반정가> 6수를 지어 이를 적극 찬양하고 "堯時도 이러ᄒᆞ고 舜時도 이러턴가 / 處處康衢의 擊壤歌 뿐이로다"라[35] 노래하여 새로운 정치상황을 전폭적으로 긍정한 것부터가 그러한 의식의 표현이거니와, 다음의 작품 역시 마찬가지 각도에서 음미할 만하다.

> 渭水陽 釣魚翁과 淸溪쇼 釣魚翁을
> 世上 公論의 누를 더타 議論ᄒᆞᆯ고
> 아ᄆᆞ리 太公望 呂尙일들 긔나 ᄂᆡ나 ᄃᆞ르랴.[36]

34) "功名을 원챤커든 富貴인들 ᄇᆡ알쏘냐 / 一間 茅屋의 苦楚히 홈자 안자 / 밤낫의 憂國傷時를 못내 셜워 ᄒᆞ노라." 『漆室遺稿』.

35) <天運循環七條歌(癸亥反正歌)> 제5수, 『淸溪公遺事』.

36) <水月亭淸興歌> 17, 『淸溪公遺事』.

"渭水陽 釣魚翁"이란 위수(渭水)에서 낚시질로 세월을 보내던 강태공(姜太公) 여상(呂尙)이다. 그러다가 강태공은 주(周) 문왕(文王)을 만나 군사(軍師)가 되었으며, 뒤에 무왕을 도와 은(殷)을 쳐 없애고 천하를 평정한 공으로 제(齊)나라에 봉함을 받았다. 강복중은 자기 자신을 "淸溪쇼 釣魚翁"이라 표현하여 그에 견주고, 비록 일시적으로 불우한 처지에 있으나 언젠가 때를 만나 치세(治世)의 공업(功業)을 이루고자 하는 욕구를 다분히 과장된 자부심으로 표현하고 있다. 그것은 정철, 신흠 등이 일시적으로 실세(失勢)하였을 때의 시조에서 발견되는 '상황적 야인의식(野人意識)'과 동질적이며, 앞시대의 '세계관적 처사의식(處士意識)'과는 질적으로 다르다.

이와 함께 강복중은 전원생활의 드높은 흥취와 도도한 운치를 추구하고, 그것을 다음의 예와 같은 구체적 생활상과 함께 엮어 노래하기도 했다.

> 淸溪水의 沐浴ᄒᆞ고 葛麻山의 취닙 ᄣᅳ더
> ᄢᅦ장의 끌혀 먹고 水月亭의 흣거르며
> 晝夜의 北風을 向ᄒᆞ야 님만 그러 우뇌다.
>
> 平生의 낙ᄃᆡ 들고 淸溪邊의 흣거르며
> 長嘯 望月ᄒᆞ고 도라올기 리젯거ᄂᆞᆯ
> 妻妾은 젼녁 粥 시거 가니 쉬이 오라 ᄇᆡ얀다.[37)]

4. 강호의 심미적 고양(高揚)과 '전가시조(田家時調)'의 성장

위에서 살펴 본 바와 같이 둘째 단계는 강호시조가 시대상황의 변화와 개인적 처지의 편차에 따라 16세기 중엽의 전형성으로부터 이탈하면서 다

37) <水月亭淸興歌> 1, 7, 『淸溪公遺事』.

양한 특성들이 혼재하게 된 시기라 하겠다.

이에 비해 활동기가 17세기 초기 이후인 인물들만이 속한 셋째 단계는 두 가지 면에서 뚜렷한 특징을 보여 준다. 그 하나는 윤선도(尹善道)에게서 가장 선명하게 나타나는 바 강호 체험의 심미적 고양(高揚)이며, 다른 하나는 '전가시조(田家時調)'(또는 전원생활시조)라 명명할 만한 경향의 본격적 성장이다.[38)]

윤선도(1587~1671)의 작품세계는 여러 모로 정철, 신흠의 그것과 비슷하면서 특성의 강도 면에서 좀더 뚜렷한 느낌을 준다. 그는 정철, 신흠과 마찬가지로 붕당정치(朋黨政治)의 역학 속에서 출(出)과 처(處)의 변화를 경험했으나, 그들보다 훨씬 오랜 동안 중앙 정계로부터 격리되어 강호 한사(閒士)의 삶을 살았다. 그러면서 그의 강호 시가(특히 대표작인 <어부사시사>)는 강호 체험의 심미적 고양이라는 면에서 좀더 섬세하고 드높은 면모를 보여 준다.

이를 해명하는 흥미로운 징표의 하나로서 필자는 <어부사시사>에 '흥(興)'이라는 어휘가 자주 보인다는 점을 주목하고 분석한 바 있다.[39)] <어부사시사> 40수 가운데에는 '흥'이 무려 9회나 등장한다.[40)]

<어부사시사>의 한 원천인 이현보의 <어부가(漁父歌)>에는 '흥'이나 그에 상응하는 표현이 없다. <어부가>에서 강호는 비록 청정한 세계라고는 하지만 사림의 도덕적 · 정치적 이상에 비추어 볼 때 전폭적으로 만족할

38) 다만 검토 대상 인물들 중 李弘有(1588~1671)만은 첫째 단계의 특징을 비교적 충실하게 견지하고 있다.

39) 金興圭, 「漁父四時詞에서의 "興"의 性格」, 『한국고전시가 작품론 2』, 집문당, 1992.

40) "濯纓歌의 興이 나니 고기도 니즐노다<春詞 5>; 나믄 興이 無窮ᄒᆞ니 갈 길흘 니젓땃다<春詞 9>; 낫대를 두러메니 기픈 興을 禁 못ᄒᆞᆯ돠<夏詞 1>; 긴 날이 져므ᄂᆞᆫ 줄 興의 미쳐 모ᄅᆞ도다<夏詞 6>; 四時興이 ᄒᆞᆫ가지나 秋江이 은듬이라<秋詞 1>; 낙시질도 ᄒᆞ려니와 取ᄒᆞᆫ 거시 이 興이라<秋詞 4>; 瞑色은 나아오ᄃᆡ 清興은 머러 읻다<秋詞 6>; 孤舟蓑笠에 興 계워 안잣노라.<冬詞 7>; ᄀᆞᄂᆞᆫ 눈 쁘린 길 불근 곳 흣터딘 ᄃᆡ 홍치며 거러가셔<冬詞 10>." 『孤山先生遺稿』 卷六 別集, 李朝名賢集 3(成均館大 大東文化研究院 影印, 1973), 806~810면.

만한 궁극적 화해의 소산은 아니었다. 따라서 그 안에서 아무 거리낌이나 근심 없이 도취의 풍성함에까지 이를 수는 없었다. 그리하여 <어부가>의 강호는 달빛이 희게 내리 비치는 산수-채색이라고는 전혀 없거나 극히 억제된 묵화적(墨畵的) 경관으로 나타난다.

<어부사시사>에서는 '흥'이 무척 강조되는 반면 <어부가>에서와 같은 '시름'이 보이지 않는다. <어부사시사>의 관심은 강호에서 누리는 나날의 넉넉함과 아름다움에로 집중되며, 바로 여기에서 고양(高揚)된 기쁨과 충족감이 흥으로 나타나는 것이다. 아울러, 그가 노래하는 흥은 단순한 관념적 정취에 머무르지 않고 아주 생생하고도 구체적인 정황 및 행위를 통해서 표출된다.[41]

<어부사시사>의 드높은 흥은 16세기 전·중반의 사림이 지녔던 정치적 이상주의의 견인력(牽引力)이 약화되는 한편, 강호 자연의 아름다움과 그 안에서의 고아(高雅)한 즐거움의 향유라는 측면이 확대된 결과다. 다시 말해서, '혼탁한 정치 현실-청정(淸淨)한 강호'라는 양분법적 의식을 공유하면서도, 윤선도의 경우는 강호 저편의 세계에 대한 근원적 책무로 인한 심리적 구속보다 자신이 몸담고 있는 강호에서의 미적 감흥이 더 강하게 작용했던 것이다.[42]

이미 지적한 바와 같이 16세기 전·중반의 상황에서 강호는 천인(天人), 성명(性命)의 이치를 탐구하고 지치(至治)의 이상을 키우는 이념적 수양의 공간이라는 의미를 주축으로 시화(詩化)되는 것이 일반적이었다. 그러나 둘째 단계를 거쳐 오는 동안 현실 정치의 혼탁함으로부터 떠나 자연의 아름다움과 넉넉한 삶을 누릴 수 있는 '심미적 충족·해방과 드높은 흥취의 공간'이라는 의미가 좀더 중요한 몫을 차지하게 된 것으로 보인다. <어부

41) 이러한 면모에 관한 상세한 분석은 金興圭, 「漁父四時詞에서의 "興"의 性格」, 『한국고전시가 작품론』 2(집문당, 1992) 참조.

42) 일반화의 가능성에 대해서는 아직 조심스러운 바가 있으나, 전자가 강할 때에는 시름(慨世·憂患 意識)의 심적 비중이, 후자가 우세할 때에는 흥취(風流·逸樂)의 심적 비중이 커지는 듯하다.

사시사>에 비상하게 자주 등장한 '흥'이라는 어휘 및 이에 동반하는 특징들은 우발적인 현상이 아니라 그러한 역사적 추이의 시적 상관물(相關物)이라 하겠다.

이중경(李重慶, 1598~1678), 김기홍(金起泓, 1635~1701), 신교(申灚, 1641~1703)는 강호시조의 통상적 배경과 소재를 노래했으나 세속 세계에 대한 거부 의식은 희박하며, 자연 인식 또한 도학적 전범성보다는 체험적 경관 쪽으로 기울어져 있다. 처사로서의 윤리적 긴장은 거의 없는 반면 전원의 화평함과 감흥이 고조되어 있다는 점도 공통된 특징이다. 다만, 이들의 시조에서는 농가 생활의 구체적 모습이나 사물들이 거의 눈에 띄지 않는다는 점에서 다음의 '전가시조(田家時調)' 계열 작품들과 일단 구별이 필요하리라 본다. 이 자리에서 상세히 논할 겨를은 없으나, 본고가 설정한 거시적 구도 속에서 이들은 일단 16세기 전·중반의 전형적 강호시조와 아래에 논할 '전가시조'의 중간 지점에서 그 성격을 파악해 볼 수 있지 않을까 한다.

그러면 '전가시조(田家時調)'란 대체 무엇인가.

본고에서 시험적으로 설정한 개념인 '전가시조'란 '전원 및 농가 생활을 주요 배경이나 소재로 하여, 그 속에서의 소회(所懷)·흥취·체험을 주된 관심사로 노래한 시조'를 가리킨다.

이 용어는 이휘일(李徽逸)의 작품 제목인 <저곡전가팔곡(楮谷田家八曲)>과 『진본 청구영언(珍本青丘永言)』의 무명씨부(無氏名部) 주제별 분류 중 하나인 '전가(田家)'에서 착상한 것으로, 좀더 알기 쉽게 하자면 '전원생활시조(田園生活時調)'라 해도 무방하다. 조동일이 사용한 '전원시조'라는 용어도 이와 비슷한 대상을 지칭하고자 한 듯한데,[43] 전원이라는 말의 의미가 지나치게 확산되지 않도록 제한하고 농가 생활이라는 요소를 분명히 하자면 '전가시조'라는 명칭이 낫다고 본다. 한편, 이 부류의 작품들과 연관될 듯한 개념으로서 최근에 '자영농(自營農) 시가'라는 용어가 제안된

43) 『한국문학통사』 3, 지식산업사, 1984, 276면.

바 있다.[44] 그러나 '자영농'이라는 경제적 개념은 작자의 처지와 작품 성향의 여러 가지 진폭을 포착하기에 어려운 점이 있다고 보아, 작품 위주의 유형 개념으로서 '전가시조'라는 용어가 좀더 유용하리라 생각한다.[45]

이렇게 전가시조(田家時調)라는 새로운 유형 개념을 설정하고 17세기 시조사의 한 특징을 포착하고자 할 때 송(宋)타, 신계영(辛啓榮, 1577～1669), 김광욱(金光煜, 1580～1656), 나위소(羅緯素, 1582～1666), 이휘일(李徽逸, 1610～1672), 장복겸(張復謙, 1617～1703)을 그런 각도에서 주목할 만하다. 이들의 작품에서 강호-세속의 이분법은 부분적으로만 미약하게 남아 있을 뿐이며, 강호시조의 16세기적 전형을 형성하던 특질은 거의 완전히 퇴화했다. 그 대신 다음의 예들과 같이 농가의 생활상과 야인적(野人的) 흥취, 그리고 질박한 삶의 자족함이 두드러진 양상으로 떠오르는 것을 확인할 수 있다.

① 白水에 벼을 갈고 靑山에 섭흘 친 후
西林 風雨에 쇼 머겨 도라오니
두어라 野人 生涯도 쟈랑홀 때 이시리라.[46]

② 봄날이 졈졈 기니 殘雪이 다 녹거다
梅花는 볼셔 디고 버들 가지 누르럿다
아히야 울 잘 고티고 菜田 갈게 ᄒᆞ야라.

---

44) 김용철, 앞의 논문 참조.

45) 단적인 예로서, '田家'라는 어휘를 스스로 사용한 이휘일의 경우를 들 수 있다. 이휘일은 <楮谷田家八曲>에 붙인 아래의 跋文을 보건대 생계를 위해 몸소 농사에 종사한 인물은 아니었으되, 향촌생활을 통해 농민들의 삶과 농삿일에 대한 체험적 이해가 깊었던 듯하다. "右田家八曲者, 楮谷病隱之所作也. 病隱非力於農者, 久伏田間, 熟知稼穡之事, 因其所見而發之於歌. 雖其聲響疎數, 未必盡合於節奏調格, 而比之里巷哇淫怠慢之音, 則爲有間矣. 於是, 使侍童輩習以歌之, 時聽而自樂之. 遂以爲山中故事云. 甲辰四月日, 楮谷病隱書."

46) 송타, <花庵九曲歌> 9, 『花庵隨錄』.

殘花 다 딘 後의 綠陰이 기퍼 간다
白日 孤村에 낫ᄃᆞᆰ의 소ᄅᆡ로다
아ᄒᆡ야 계면됴 불러라 긴 조롬 ᄭᆡ오쟈.[47]

③ 피 燒酒 무우저리 우웁다 어룬 待接
ᄂᆞᆷ은셔 닐은 말이 草草타 ᄒᆞ거마ᄂᆞᆫ
두어라 니도 내 分이니 分內事ㅣ가 ᄒᆞ노라.48)

④ 뒷 집의 술ᄡᆞᆯ을 ᄶᆞ니 거츤 보리 말 못 ᄎᆞ다
즈는 것 마고 ᄶᅵ허 쥐 비저 괴야 내니
여러 날 주렷든 입이니 ᄃᆞ나 ᄡᅳ나 어이리.

딜 가마 조히 싯고 바회 아래 심물 기러
ᄑᆞᆺ쥭 ᄃᆞᆯ게 ᄡᅮ고 저리지이 ᄭᅥ어 내니
世上에 이 두 마시야 ᄂᆞᆷ이 알가 ᄒᆞ노라.[49]

⑤ ᄀᆞ을희 곡셕 보니 됴흠도 됴흘셰고
내 힘의 닐운 거시 머거도 마시로다
이 밧긔 千駟萬鍾을 부러 무슴 ᄒᆞ리오.

밤의란 ᄉᆞ츨 ᄭᅩ고 나죄란 ᄯᅱ를 부여
草家집 자바 ᄆᆡ고 農器졈 ᄎᆞ려ᄉᆞ라
來年희 봄 온다 ᄒᆞ거든 결의 縱事 ᄒᆞ리라.[50]

47) 辛啓榮, <田園四時歌> 春 · 夏, 『仙石遺稿』.
48) 羅緯素, <江湖九歌> 8, 『羅氏家範』.
49) 金光煜, <栗里遺曲>, 『珍本 青丘永言』.
50) 李徽逸, <楮谷田家八曲> 4 · 5.

⑥ 엇그제 비즌 술이 다만 세 瓶ᄲᅳᆫ이로다
ᄒᆞᆫ 瓶은 믈의 놀고 ᄯᅩ ᄒᆞᆫ 瓶 뫼희 노셔
이 밧긔 나믄 瓶 가지고 달의 논들 엇더리.[51)]

이 가운데서 김광욱과 이휘일의 작품에 관하여는 본고가 전가시조라는 개념으로써 수렴하고자 하는 주제 및 소재적 특성에 관한 논의가 이미 이루어진 바 있다.[52)] 여기에 송타, 신계영, 나위소, 장복겸을 더하여, 위에 예시된 작품들의 특징을 종합해 볼 때 나타나는 공통 경향은 매우 흥미로운 바 있다.

위의 작품들에서 우선 주목되는 것은 농가와 전원에서의 생활 노동이라는 모티프들이다. "白水에 벼을 갈고 靑山에 섭흘" 치며 소를 먹이고, "울 잘 고티고 菜田"을 경작한다든가, 스스로 지은 농사를 가을에 거두어들이며 "밤의란 ᄉᆞ츨 ᄭᅩ고 나죄란 쒸를 부여 / 草家집 자바 ᄆᆡ고 農器졈 ᄎᆞ"리는 생활상이 곧 그것이다. 이러한 소재 요소들은 배경 공간에서도 전통적 강호시조와의 차이를 가져온다. 위의 작품들에 나타나 있거나 함축된 공간은 생활과 동떨어진 관조 영역으로서의 강산이 아니며, "魚躍鳶飛 雲影天光"의 도학적 자연관이 투영된 원경(遠景)도 아니다. 그것은 훨씬 생활에 밀착된 체험의 공간이다.

그렇다고 해서 16세기 강호시조의 자연은 관념화되어 있고 이 작품들에서의 자연은 관념화되지 않은 현실적 체험의 산물이라고 기계적으로 양분한다면 그것은 위험한 해석일 것이다. 전가(田家)에서의 조촐한 삶과 직접 노동이라는 모티프 또한 때로는 관습적 의미 질량을 가질 수 있기 때문이다. 이에 대한 정밀한 논의는 개별 작품론 및 작가론의 차원에서 별도로

---

51) 張復謙, <孤山別曲> 6, 『玉鏡軒遺稿』 卷3.
52) 조동일, 『한국문학통사』 3(지식산업사, 1984), 276～277면; 박연호, 「17세기 강호시조의 한 양상-김광욱 시조를 대상으로」, 『한국어문교육』 7집(고려대 사범대 국어교육학회, 1994.).

다루어야 하겠거니와, 본고에서는 우선 전가시조가 생활 노동이라는 모티프를 주요 특징의 하나로 삼으며, 그것은 16세기 강호시조의 전형에서는 찾아볼 수 없던 것이 17세기 초기 이후부터 두드러지게 성장한 면모라는 사실을 지적해 두고자 한다.

둘째로 주목할 점은 이들 작품에서 안빈낙도 내지 안분지족의 지향이 엄숙 · 고아(高雅)하게 단좌(端坐)하여 자수(自守)하는 태도보다는 소박한 생활의 즐거움을 적극적으로 향유하며 다분히 방일(放逸)하게 흥취를 누리는 모습으로 나타난다는 점이다. 이를 위해 "피燒酒, 무우저리, 끗쥭, 저리지이" 등의 서민적 식품이 자주 등장할 뿐 아니라, 주흥(酒興)과 취락(醉樂)의 모티프가 매우 빈번하고도 중요한 몫을 담당한다.

이 두 가지 특징이 두드러지게 나타나면서 16세기 강호시조의 주류적 특징은 현저하게 약화되거나 퇴색했다. 우리가 앞의 표를 통해 확인한 전체적 추이를 주목할 때, 이 현상은 특정 사례들의 우연한 일치가 아니라 17세기 사대부 시조에 나타난 변화의 주요 양상 중 하나를 말해 주는 것으로 이해된다. 그것을 단적으로 집약한다면, 강호시조의 16세기적 전형이 쇠퇴하고 농가 생활의 구체성에 근접한 전가시조가 오히려 주류적 분포를 차지하게 되는 변화라 할 수 있을 것이다.

5. 결론 및 과제

이상의 검증을 통해 우리는 16 · 17세기의 사대부 시조에 시대 상황의 흐름에 따른 일련의 변화가 있었다는 사실을 확인했다. 그 기본이 되는 추이는 강호시조의 16세기적 전형의 쇠퇴와 전가시조의 등장이라고 요약할 수 있다. 이이(1536~1584)의 활동기인 선조년간부터 신흠(1566~1628)에 이르는 기간은 그러한 변화의 중간 단계에 해당하며, 신계영(1577~1669) · 김광욱(1580~1656)의 활동기로부터 17세기 말까지는 새로운 양상이 오히려 우월한 분포로 나타난 시기라고 생각된다.

이러한 변화를 초래한 사회적 원인으로는 다음의 두 가지를 들 수 있다.

첫째, 선조 초기에 사림 세력이 중앙 정계를 장악한 이후 시가에서는 강호-세속의 배타적 이분법이 점차 약화되었다. 중앙의 정치 무대를 장악한 사림 세력 사이에서도 분파에 따른 정치적 부침(浮沈)과 진퇴는 존재했으나, 그 와중에서 겪게 된 정치적 방축 내지 소외의 체험은 16세기 사림의 그것과는 성격상 상당한 차이가 있었다. 이 시대에 와서 그들은 이제 더 이상 '의로운 국외집단(局外集團)'이 아니라 개인적 능력이나 소속 집단의 상황에 따라 현실정치에의 진퇴가 다양하게 분화되는 국면에 도달했던 것이다. 이 새로운 국면에서 종래의 사림이 추구하던 도학적 근본주의의 비타협적 비전은 점차 약화되고, 강호와 속세를 나누는 이분법적 세계인식의 경계선도 더 이상 예전처럼 준별(峻別)될 수 없었던 것으로 보인다.

둘째로는, 17세기를 경과하는 동안 사대부 집단 일각에서 나타난 향반화(鄕班化)의 추세가 전가시조 형성의 사회적 바탕을 제공했던 것으로 보인다. 16·17세기 동안의 정치적 부침(浮沈)에서 밀려났거나 아예 출사(出仕)의 기회를 얻지 못하고 주요 관직으로의 진출이 오랜 동안 차단된 사대부들은 17세기 이래로 점차 향반화의 행로에 접어들었던 것 같다. 박인로와 정훈이 이미 그러한 변화의 경계선에 서 있었으며, 신계영·김광욱·나위소·이휘일·장복겸 등에게서도 상당한 개인차가 있기는 하나 유사한 면모가 발견된다. 전가시조는 이와 같은 추이 속에서 이들이 스스로의 삶에 새로운 시적 의미와 형상을 부여하고자 한 데서 산출된 것이다.

이렇게 해서 형성된 전가시조는 이제까지 통용되어 온 강호시조라는 개념의 하위범주 혹은 변종이라 보아야 할 것인가? 혹은 강호시조와 인접해 있으되 변별적 성격과 모티프를 지닌 작품군이라 해야 할 것인가? 좀더 면밀한 검토가 필요하리라는 점을 전제하면서 잠정적으로 판단한다면 후자가 타당할 듯하다.

물론 이 두 유형의 작품은 한 작가의 작품세계에서 공존하기도 한다. 강호와 전가 사이의 거리가 가까운 것 만큼, 두 유형의 작품 사이에도 기계적으로 나눌 수 없는 의식의 접점 내지 공통영역이 있는 것이다. 그러나 이러한 친근성에도 불구하고 문학적 표상과 그 바탕에 있는 의식의 역사를 변별적으로 추적하기 위해서는 개념상의 구별이 필요하다. 본고의 논의는 그러한 구별과 역사적 해명의 과제를 좀더 뚜렷이 제출한 문제제기로서도 의미가 있으리라 생각한다.

(『語文論集』 35, 안암어문학회, 1996)

가사의 본질과 담론 특성

■

김학성(金學成)

1. 문제의 제기

우리의 고전시가 가운데 가사만큼 논란이 분분한 장르는 또 없을 것이다. 우선 장르적 성격의 면에서 보더라도 서정이다, 교술이다, 수필이다, 전술이다 하여 단일성 장르로 파악하는가 하면, 그와는 반대로 서정과 교술의 복합이다, 서정과 서사 및 교술의 복합이다, 혹은 그러한 여러 갈래의 혼합이다 하여 복합이나 혼합성 장르로 파악하기도 하는 등 혼란스러울 정도로 다양한 견해가 제기되어 있음은 익히 알고 있는 바와 같다.

여기에 더하여 가사의 향유방식 혹은 존재양상의 측면에서도 숙종조 이전에는 음악의 반주에 의한 가창으로 존재하다가 그 이후로는 음악이 아닌 단지 음송(吟誦)으로 변화했다거나, 혹은 가창에서 음영을 거쳐 점차 완독(玩讀)의 방식으로 변화해 갔다거나, 조선 전기에도 가창은 물론 음영의 방식에 의해서도 향유되어 복수실연(複數實演) 양상을 보인다거나 하여,

그러한 일반화를 부정하는 견해도 나와 있다.

가사의 형식이나 율격 면에서도 구를 설정하는 단위의 크기(2음보를 구로 보느냐 4음보를 구로 보느냐)에서부터, 장(章)과 절(節) 혹은 절과 사(詞)라는 중간 단위의 설정문제, 연속체 아닌 분절체의 용인 여부(<어부사시사> 같은 작품을 가사로 볼 수 있느냐) 등에서 일치된 견해를 보이지 않고 있다.

그밖에도 가사의 개념 및 장르적 정체성의 문제를 비롯하여 작자의 신빙성 문제, 이본의 처리 문제, 원본 재구(再構)의 문제, 장르 발생론의 문제 등등 산적한 문제가 너무도 많은 것이 가사 영역임은 주지하는 바다.

이러한 많은 문제 가운데서도 가장 시급히 해결해야 할 중요한 핵심 과제는 가사의 개념 혹은 정체성(正體性)에 관한 문제다. 즉 가사란 도대체 무엇이며, 다른 갈래들과 변별될 수 있는 독자성이 있기나 한 것인지에 대한 근본적인 물음에 관한 것이다. 가사의 정체성 해명을 위해 수많은 노력이 기우려져 왔음에도 불구하고 간헐적으로 여전히 다른 한 편에서는 가사의 존재론적 독자성 혹은 정체성에 대한 회의론이 제기되고 있는 실정이다.

가사의 정체성에 관한 이러한 회의론은 이능우에 의해 먼저 제기되었다. 그에 따르면 가사는 많은 복잡성이 깃든 문학이라 하고 그 가운데는 한사부(漢辭賦)를 그대로 수용한 것이 있는가 하면, 소설의 어느 대문을 압축하여 '잡가'로서 부른 것도 있으며, '소리꾼들의 민요'라는 것이 가사 비슷이 있었고, 한 수상(隨想)이며 기록들을 율문으로 구성하여 역시 가(歌)로 생각하기도 했으며, 남도소리인 단가도 한 가사문학인 바 틀림없으며, 또 만횡청(사설시조)과 가사도 넘나들고 있다고 하면서 이러한 가사를 일률적으로 정의하기는 어려울 것이며, 이 가(歌)며 사(詞)는 어쩌면 우리말로 구성지게 씌어진 문학적 작품들이면 몰아쳐 붙여졌던 당시의 한 관례일지 모른다[1]고 했다. 이러한 견해에 뒤를 이어 김병국은 과연 가사라는 것이 도대체 일종의 장르개념이기는 한 것이었던가부터 다시 물어보아야 할 것이

다라고 하면서 이능우의 견해에 동의하고 가사가 우리말의 진술방식의 가능한 모든 유형들을 실험할 수 있었던, 우리 국문학의 가장 전략적인 항목이었을지 모른다[2]고 했다.

가사의 장르개념이나 정체성에 대한 이러한 회의론적 시각은 근년에까지 지속되어 성호경에 의해 보다 세밀한 논의로 뒷받침되기에 이른다. 그에 따르면 가사의 형태적 규정으로 통념화되어 온 '4보격(혹은 4 · 4조) 연속체'라는 것이 15세기 말엽 이래 조선조 말엽에 이르기까지 대다수의 율문들에서 거의 예외 없이 나타난 시대적 · 집단적 문체(양식)이었기 때문에 가사만의 변별적 특징이라 하기 어렵다 하고, 게다가 모든 역사적 장르들은 반드시 일정한 크기를 가지는데 가사의 경우 적게는 19행의 단편(<매창월가>)에서 많게는 4천 행이 넘는 초장편(<일동장유가>)까지 있어 그것으로 변별적 공통성을 말할 수 없으므로 가사의 개념에 여러 이질적인 부류들이 있음을 인정하여 그 속에 몇 종의 장르들을 포용하는 장르복합체로 이해되어야 마땅하다[3]는 것이다.

그렇다면 과연 이러한 회의론자들의 판단대로 역사적 장르로서의 가사만이 갖는 자기동일성 곧 정체성은 찾아볼 수 없는 것인가? 이 지점에서 함의하고 있는 층위는 다르지만 초창기에 조윤제가 가사는 시가도 문필도 아니면서 동시에 시가와 문필 어느 것과도 관계가 있는 국문학의 독특한 문학유형 중 하나[4]라 감지할 수 있었던 그 독특성은 과연 없는 것일까? 이

---

1) 이능우, 『가사문학론』(일지사, 1977), 40면 및 102면 참조.

2) 김병국, 「장르론적 관심과 가사의 문학성」, 『현상과 인식』 1~4호(한국인문사회과학원, 1977), 18면 및 34면 참조.

3) 성호경, 『한국시가의 유형과 양식 연구』(영남대출판부, 1995), 410~17면 참조. 여기서 논자는 9행 길이의 <안인수가>마저 단편의 가사로 보고 있으나(이상보 등이 펴낸 대부분의 가사선집에도 가사 자료로 수록해 놓고 있음), 초 · 중 · 종장의 3장으로 뚜렷이 분장되고 종장이 시조 형식을 전형적으로 갖추면서 중장이 서술의 억제에 의해 제한적으로 늘어난 형식을 보여 전형적인 사설시조 형태를 갖추고 있으므로 사설시조로 보아야 옳을 것이다.

4) 조윤제, 『국문학개설』(동국문화사, 1955), 41~44면 참조.

러한 물음에 답하는 것이야말로 가사의 정체성을 밝혀내는 작업이며, 그것은 가사의 본질이 무엇인가를 규명하는 작업이기도 하다. 본고에서는 기존의 논의가 회의론에 빠지거나 혼란에 빠질 정도로 다양한 견해가 제출되었던 원인이 가사 자체의 혼란상이 아니라 그것을 바라보는 시각에 근본적으로 문제가 있는 것으로 본다. 따라서 여기서는 기존에 알려진 가사에 관련한 정보와 자료들을 새로운 시각에 의해 근본적으로 재검토하고자 한다. 이러한 방법적 시각의 전환 없이는 가사의 장르적 정체성과 운동성을 정확하게 파악해낼 수 없는 것으로 생각되기 때문이다.

2. 제시형식으로 본 가사의 본질

예술이나 문학 양식에 있어서 그것이 어떤 방식으로 연행되고 향유되는가 즉 텍스트가 어떤 방식에 의해 심미적 대상물로 구체화되는가 라는 문제를 '제시형식'이라는 이름으로 개념화 할 때 제시형식은 해당 양식의 정체성 곧 본질을 파악하는데 상당한 근거로 작용할 수 있다. 이런 연유로 선행연구에서도 가사의 연행이나 향유방식이 어떠했는가에 대해서는 일찍부터 주목의 대상이 되어 왔다. 그러나 그 결과는 합일된 결론에 이르지 못하고 각양각색의 혼란된 양상을 보여 왔음은 서두에서 이미 언급한 바와 같다.

이러한 혼란상 가운데서도 가사의 제시 형식은 가창과 음영 그리고 완독(율독이란 용어를 쓰기도 함)의 세 가지로 실현된다는 점에 대해서는 이의가 있을 수 없지만 그러한 제시형식이 구체적으로 어떠한 실현양상을 보여왔느냐에 대하여는 상당한 견해의 차이를 보인다. 다만 조선 전기 가사의 경우는 가창에 의해 실현되어 왔을 것이라는 기존의 연구 결과가 일부 반대의견[5]이 없는 바는 아니나 이제 의심할 여지가 없는 사실로 받아들여진다[6]는 지점까지 와 있는 형편이다. 이처럼 전기가사의 가창성이 확고부동한 사실로 자리 잡는 데는 현존 전기 가사의 작품들 가운데 상당수가 가창에 의해 향유되었음을 알려주는 자료들에 힘입은 바 크지만 그러한 입론에 보다 결정적인 기여를 한 논의로 조규익과 임재욱의 견해가 특히 주목된다. 따라서 조선 전기 가사의 가창성이 과연 의심의 여지없는 사실인가를 확인하려면 이들 두 견해의 타당성부터 검토해 보는 것이 효율적일 수 있다.

먼저 조규익은 우리의 고전 시문학을 '부르고 듣는 문학'과 '기록하고 보는 문학'의 양분체계로 나누고 전자로는 향가나 가사 같은 우리의 고유한 노래들을, 후자로는 한시를 대표적인 양식으로 들었다. 그리고 '부르는[歌]' 방법 외에도 '읊어서[吟]' 향수하는 방법도 있을 수 있으나 음(吟)이 영(詠) · 동성(動聲) · 가송(歌誦) · 가음(歌吟) 등을 의미한다면 읊는 행위도 넓은 의미의 부르는 행위의 범주에 속한다고 하면서, 음영가사도 본질적으로 부르는 가사로부터 파생된 것으로 보아 넓은 의미의 부르는 문학[7]이라는 논리를 폈다. 그리고 나아가 가사는 노래 즉 가창문학이었다는 사실을 대전제로 <상춘곡> <서호별곡> <관동별곡>을 통하여 조선조 장가(長歌) 가맥(歌脈)의 하나를 이루는 것으로 파악하고, 가사는 단가인 대엽(大葉) 혹은 가곡(歌曲)과 함께 초창기부터 가창되던 장가의 대표적 장르이며 장가나 단가 모두 조선조까지 많이 불리던 진작(眞勺)으로부터 파생된 곡조들이라[8] 보았다.

---

5) 성호경은 우리말 시가가 가창의 형태로만 존재하였다든가, 숙종대 이전까지는 시조와 가사가 모두 가창되었을 것이라고 하는 견해들은 당대의 향수양상의 일면을 나타낸 것에 지나지 않아서, 이를 그대로 일반화시켜서 전면적인 진실로 받아들이기는 어려울 것이라 하면서 복수 실연의 양상을 보였음을 주장한다. 이에 대하여는 성호경, 「16세기 국어시가의 연구」(서울대 박사학위논문, 1986), 55면 참조.

6) 고순희, 「가사문학의 구비적 성격」, 『국문학의 구비성과 기록성』(태학사, 1999), 345면 참조.

7) 조규익, 『가곡창사의 국문학적 본질』(집문당, 1994), 21면 참조.

8) 조규익, 「조선조 장가 가맥의 일단」, 『한국가사문학연구』(태학사, 1995), 213~24면 참조.

조규익이 조선 전기 가창가사의 곡조를 가곡창(진작)의 변조였을 것이라고 구체적으로 확신을 가지고 주장할 수 있었던 근거는 곡조표시가 되어 현전하는 <서호별곡>에 근거를 둔 것이고, 여기서 나아가 정철의 <사미인곡>도 5장의 가곡창으로 배열이 가능하다고 하면서 노랫말을 다음과 같이 배분해 보임으로써 논거를 강화한 바 있다.

초장 : 이몸이 삼기실제 님을 조차 삼기시니
2 장 : 한생 연분이며 하날 모랄 일이런가
3 장 : 나하나 졈어 잇고 님하나 날 괴시니
(중략)
4 장 : 님이야
5 장 : 날인줄 모라셔도 내 님 조차려 하노라

이렇게 볼 경우 중략 부분의 엄청난 노랫말 분량이 문제인데 이는 가곡 5장에서 넘치는 사설을 각(刻)으로 처리할 수 있다는 이혜구의 설명에 기대어 같은 원리로 이 장가창(長歌唱)에서 넘치는 부분(즉 중략된 부분)을 얼마든지 각으로 소화시킬 수 있다[9]고 주장한다. 그러나 이 각이라는 것이 가곡창의 언편(言編) 같은 장시조의 노랫말을 담을 때 쓰이는 기법이긴 하나 그것이 무한정 허용되는 것이 아니고 보통 한 곡에서 가곡창의 5장 가운데 제 3장(드물게는 제 5장도)에서 2번 전후해서 사용되는데 그친다고 한다.[10] 이는 아무리 장가를 각의 기법으로 많은 노랫말을 담아 노래할 수

9) 조규익, 『가곡창사의 국문학적 본질』, 210~12면 참조.
10) '각'이란 가곡의 한 장단이 16박 혹은 10박으로 되어있는데 編같은 노랫말이 긴 장형의 경우 노랫말의 글자수가 남을 때 그것을 배분하기 위해 반 장단(8박 혹은 5박)을 생략하고 반 장단으로 연주하고 다음으로 넘어갈 때 생기는 장고장단의 불완전한 반 장단을 가리키는 것으로, <장진주사> 같은 장형도 『삼죽금보』의 악보나 현행악보를 참조해보면 각이 한두 번 쓰이는 것으로 그친다고 한다(이에 대하여는 한국학중앙연구원의 국악학자인 김영운교수의 교시를 따름).

있다 하더라도 상당한 한계가 있음을 의미하며 현전하는 장시조(사설시조)에서 아무리 노랫말이 길어도 <사미인곡>에 해당하는 노랫말의 길이를 가진 작품을 찾을 수 없을 뿐 아니라 가사 가운데 가장 단형의 하나인 <매창월가>만한 길이를 가진 사설시조 작품도 찾기 어렵다는 점에서 확인된다. 따라서 각의 기법에 의한 가곡창(진작)의 변조로서 가사의 가창이 가능할지는 의문이 들지 않을 수 없다. 『역대시조전서』에 <매창월가>에 버금가는 상당히 긴 몇 편의 사설시조가 수록되어 있으나 그것은 사설시조로 오인된 <엮음 수심가>나 휘모리 잡가였음이 밝혀진[11] 이상 이러한 잡가 자료를 근거로 가곡창의 변조로서의 장편의 가사창을 상정하는 것도 부정적이 될 수밖에 없다.

다만 가곡창과 관련을 가진 악조 표시가 되어 있는 <서호별곡>이 있는 한, '각'의 기법으로서가 아니라 현재로서는 '불가해한 악조'의 조합(이혜구의 견해)이라는 기법을 보다 적극적으로 활용하여 가사의 가창 향유가 가능했을 것이라는 견해는 수긍이 간다. 홍만종(洪萬宗, 1643~1725)이 『旬五志』에서 사설시조인 <장진주>와 <맹상군가>를 <면앙정가> 등의 가사 작품과 한데 묶어 14편의 작품을 가곡이라 지칭하고 있는 것으로 보아 가곡창의 불가해한 악조의 조합에 의한 가사창의 가능성을 전혀 배제할 수 없기 때문이다.

그렇다면 가사는, 적어도 조선 전기의 가사는 모두 가창된 것일까? 이 문제를 해결하기 위해서는 가사의 가창성의 근거가 되었던 「서호사발(西湖詞跋)」을 통해 <서호별곡>과 <서호사>의 관계를 근본적으로 재검토해 볼 필요가 있다고 생각한다.

> 또한 <서호사> 6결이 있는데 봉래 양사군이 이것을 악부에 실어 3강 8엽 총 33절로 만들고 <서호별곡>이라 하였다. 뒤에 공이 많이 잘라내고 고치고

---

11) 성무경, 「역대시조전서 수록 45수에 대한 산정과 잡가」, 반교어문학회 하계학술대회, 2000.8. 발표문 참조.

더하였으므로 악부에 실린 것과는 같지 않다.[12)]

이 자료에 따르면 허강(許橿)이 지은 <서호별곡>은 ① 애초에 작품의 원작에 해당하는 <서호사> 6결이 있고, ② 이것을 양사언이 악부에 싣기 위해 3강 8엽 총 33절로 개작한 <서호별곡>이 있고, ③ 뒤에 작자 허강이 다시 개작한 <서호사>의 3가지가 있음을 알 수 있는데, 봉래소전본(蓬萊所傳本)인 ②와 가전구본(家傳舊本)인 ③의 두 작품은 전하고 있어[13)] 어떤 차이가 나는지 비교가 가능하지만 ①의 원작본이 전하지 않아 ①과 ③이 어느 정도 다른지를 알 수가 없어 궁금하다. 추정컨대 ①의 원작을 악부에 올리느라 3강 8엽의 악조에 맞게 상당한 손질을 가한 것이 ②이므로, 그래서 악부로 향유하는 것이 원작과는 상당히 달라졌으므로 작자가 악부의 것을 다시 ①의 원작과 동일하거나 그에 가깝게 다시 손질한 것이 ③일 터이다. 악부에 실림으로 해서 이미 널리 알려지고 향유하게된 ②의 존재가 있음에도 불구하고 굳이 작자가 다시 손을 보아 ③이 필요했던 것은 ②가 원작의 모습을 상당부분 상실했기 때문에[14)] 家傳本으로 소장하고 또 악부 방식의 향유가 아닌 개인이 가정에서 일반적이고 자연스런 방식으로 향유하기 위해서라 볼 수 있다.

이 대목에서 주목되는 것은 ①은 가사의 일반적이고 자연스러운 제시형식에 따라 지어진 원작이라는 것이고, 이러한 원작이 악부에 올려져 고급

---

12) 右有西湖詞六闋 蓬萊楊使君載之樂府 爲三腔八葉總三十三節 謂之西湖別曲 後公多刪改增益 與樂府所載不同(『東崖遺稿』 附錄 歌詞)

13) 김동욱, 「허강의 서호별곡과 양사언의 미인별곡」, 『한국가요의 연구(속)』(선명문화사, 1975)에 소개되어 있음. 단 이들 자료는 자구의 오탈이 많다고 하니 원본 확인을 요한다. <양봉래소전본>은 조규익, 「조선조 장가 가맥의 일단」, 『한국가사문학연구』에 교정을 보아 수록했으므로 참고할 수 있다.

14) 실재로 ②와 ③의 텍스트를 비교해 보면 상당수 행의 생략과 이동, 첨가 현상과 율격상의 변화를 보이고 있다. 윤덕진, 「향유방식을 중심으로 본 16~17세기 가사의 양상」, 『한국시가연구』 제9집(한국시가학회, 2001)에서 두 텍스트의 도입부를 비교한 바가 있다.

화된 방식으로 널리 향유되기 위하여는 악곡의 짜임에 맞추어 ②처럼 개작되어야 한다는 점이다. 이는 ①과 ②가 제시형식에서 상당한 차이가 있음을 시사해 준다. 이런 사정을 반영하듯 제목도 전자는 <서호사>로, 후자는 <서호별곡>으로 다소 차이가 나게 별도로 붙어 있고, 작품의 구조단위도 전자는 악조에 관련한 말이나 표시 없이 그저 6결이라 하고, 후자는 악조 표시가 구체적으로 지정되어 있는 33절 형식의 복잡한 구조로 되어 있는 것이다.

그러면 ①과 ②는 제시형식에서 어느 정도 차이가 나는 것일까? 선학의 연구에서는 한결같이 ①이 6결로 되어 있음에 주목하고, '결'을 음악 용어로 보아 '음악에서 한 곡이 종료되는 것을 일컫는 것으로 1결이란 1곡과 같은 개념'[15]으로, 혹은 '일정하게 되풀이되는 곡단(曲段)'[16]으로 개념화함으로써 가사의 가창성과 연결하여 이해하는 근거로 삼아왔다. 그러나 '결'이라는 용어가 음악적 단위로 쓰여지기보다 노랫말의 문학적 완결단위와 연관되어 쓰이는 경우가 일반적이라는 점을 유의할 때[17] ①의 제시형식이 반드시 가창성과 연관될 것이라는 추정은 문제가 있다. 즉, ①의 원작은 노랫말의 내용적 완결단위가 여섯 개로 분단되는 작품이라는 뜻으로

---

15) 조규익, 「조선조 장가 가맥의 일단」, 220면 참조.

16) 윤덕진, 앞의 논문, 41면 참조. 여기서 그는 <서호사>가 육결로 되어 있고, '결'이 일정하게 되풀이되는 곡단으로 이해하여 여섯 개의 같은 단위의 곡단으로 구성되었다고 보고, 이를 조선 전기 가창 형태의 한 유형으로까지 확대 해석하여 '당대의 연시조와 유사한 방식의, 반복되는 동일한 곡단의 나열에 의한 가창'이란 항목을 설정해 놓고 있다.

17) 김영운 교수에 의하면 국악에서 '결'이란 음악용어는 쓰지 않는다고 한다. 또한 전통적 용례에서도 「聾岩漁父歌跋」을 보면 "일편 십이장은 셋을 줄여 9장으로 하여 장가로 만들어 읊고, 일편 10장은 줄여 단가 5결로 만들어 엽을 붙여 노래부르게 했다(一篇十二章 去三爲九 作長歌而詠焉 一篇十章 約作短歌五闋 爲葉而唱之)."라 하여 단가 작품이 완결되는 단위로 쓰였고, 1821(순조 21)년에 필사된 것으로 추정되는 『잡가』에는 <은사가>와 <처사가>를 연이어 수록하고 "이것은 누가 지었는지 알 수 없다. 그러나 두 노래의 말뜻이 흡사한 것으로 보아 한 사람의 솜씨가 아닌가 싶다.(此不知何人之所製 而二闋詞意雷同 疑是一人之手段)"라 하여 여기서도 노랫말의 문학적 완결단위인 작품 편수를 지칭하는 예로 쓰였다.

이해될 수도 있다는 것이다. 만약 이 6결을 음악적 단위와 연결시킨다면, 필연적으로 윤덕진이 추정한 것처럼 연시조와 유사한 악곡 형태로 가창되어야 할 것인데 이는 가사의 장르 정체성이 분절체가 아닌 비련체 즉 연속체라는 점에서 연시조의 악조 짜임이나 가창방식과 연결시키는 것은 문제가 되지 않을 수 없다.[18] 이처럼 ①이 쉽게 가창성과 연결될 수 없는 데다가 그것이 가사의 일반적이고 자연스런 제시형식에 의해 지어진 원작이라는 점을 감안한다면 조선 전기라 할지라도 가사는 일단 ①의 원작의 경우처럼 가창성과 필연적 관련을 갖는 것이 아니며, 애초에 볼거리로 지어지는 것이지 들을 거리로 지어지는 것은 아니라 하겠다.

여기서 우리는 가사의 제시형식에 있어서 ①과 ③처럼 개인 혹은 그 주변의 차원에서 일반적이고 자연스런 방식으로 향유하면서 가전본으로 소장하는 방식(이 경우는 노래의 악곡보다는 노랫말이 중요성 가짐)과, ②처럼 악부에 실리어 보다 고급화된 음악으로 향유하는 또 다른 방식(이 경우는 노랫말보다 악곡이 더 중요성 가짐)의 두 가지가 가능함을 <서호사>와

18) 윤덕진은 이러한 발상의 중요한 근거로 <어부사시사>의 존재를 상당히 의식하는 것 같다. <어부사시사>는 그 시기의 단·장가를 포괄한 연행방식에 중요한 시사를 던진다고 하면서 그 형태가 단·장가의 요소를 구비하고 있다는 점에 주목하여 단가의 악조가 장가 연행의 기반이 되는 관계가 가사의 연행을 결정짓는 주요한 방식이라 보았다. 또 가사의 종결부에 종종 나타나는 삼행시조 시형은 단가의 반복확장이 장가로 진행한다는 가설을 확인케 한다고 했다. 이 과정에서 그는 <어부사시사> 全篇을 가사로 보아야 한다는 김대행의 견해를 탁견이라 했다(앞의 논문, 45면 주 17) 참조). 그러나 <어부사시사>는 작자 자신이 「漁父詞跋」에서 직접 언급한 바(用俚語作漁父詞 四時 各一篇 篇各十章……, 『고산유고』 권6)와 같이 사계절을 각 일편으로 하고 각 편이 십장으로 구성되어 있는 총 40개 장으로 분절되어 있는 연시조와 친연성을 갖는 장가로서 그러한 분절이 전혀 없는 연속체로 된 장가인 가사로 보는 것은 무리이며 따라서 연행방식도 여기서 유추하여 가사의 연행을 상정하는 것은 무리라고 본다. 또 가사의 종결부가 시조의 종장형식과 같은 형태를 보인다 하여 곧바로 두 장르 사이의 연행방식의 연관성을 말하는 단서로 삼는 것도 성급한 판단이라 할 것이다. 연행관습으로서의 종결형식이라기 보다 문학 관습으로서의 종결형식일(특히 사대부 가사의 경우에 나타나므로) 가능성이 크기 때문이다. 가사의 장르 정체성이 연속체라는 점은 다음 장에서 상론한다.

<서호별곡>의 관계를 통해 알 수 있다. 즉, <서호사>의 경우는 노랫말의 내용을 음미하면서 향유하는 '볼거리[可觀]'로서의 존재의미를 가지며, <서호별곡>의 경우는 고급음악에 실려 향유하는 '들을 거리[可聽]'로서의 존재의미를 갖는다는 것이다. 하나의 작품이 이처럼 볼거리와 들을 거리로서의 양가성(兩價性)을 동시에 갖는 양상은 이 작품만의 특수한 사례가 아니라 조선 전기 가사에 상당하게 보인다.

우선 심수경(沈守慶, 1516~1599)의 『견한잡록(遣閑雜錄)』을 보면 "근세에 이어(俚語)로 장가를 짓는 자가 많으나 …… <면앙정가>는 …… 문자를 섞어 썼는데 형상의 완전(婉轉)함이 극을 달했다. 진실로 가히 볼 만하고[可觀] 가히 들을 만하다[可聽]"라고 하여 <면앙정가>의 경우도 허강의 작품처럼 볼거리와 들을 거리로서의 양가성을 가진 작품으로 평을 해 놓은 데서 그런 사정을 엿볼 수 있다. 뿐 아니라 홍만종의 『순오지』에서도 <역대가> 등 가사 십여 편을 다루는 자리에서 "우리나라 사람이 지은 가곡은 오로지 방언만 사용하고 문자를 섞었으나 …… 그러니 그 가곡이 중국의 것과 비등하지는 못할지라도 또한 볼 만하고[可觀] 들을 만한[可聽] 것이 없지도 않다."라고 하여 가사 작품이 볼 만하고 들을 만하다[可觀而可聽]라고 똑같은 평을 해놓고 있다.

그러나 가사가 이처럼 양가성을 갖는 경우는 사대부의 풍류방에 널리 향유되어 인구에 회자되는 일부 작품(『순오지』 등의 리스트에 오른)에 국한되는 것이지 전체 현상은 아닌 것이다. 그럼에도 불구하고 대부분의 선학들은 조선 전기 가사에서 볼거리로서의 가치는 무시하고 들을 거리로서의 가치만 인정하여 그 가창성에만 초점을 맞춘 관계로 논리적 편향성을 보였던 것이다. 거기다가 이런 논리적 문제점을 극복하기 위하여 임재욱은 가능태와 실현태라는 개념을 설정하여 전기 가사의 가창성에 대한 논리를 한층 탄탄하게 강화한 바 있어 주목된다. 즉 그는 가창과 음영과 율독은 어느 시대 어떤 장르에도 있을 수 있는 세 가지 기본적 향유방식이라고 전제하고 그래서 그 세 가지 방식(가능태임)은 언제 어떤 장르에도 가능하지만, 특정시기의 특정장르가 실제로 보편적으로 향유되는 방식(실현태임)은 한 가지 밖에 없다고 하면서 가능태와 실현태를 이처럼 구분하고 그 중 실현태를 파악함으로써만이 향유방식의 역사적 변천을 살필 수 있다고 했다. 그 결과 그는 가사가 전기 가사의 가창성에서 후기 가사의 음영성으로 그리고 개화가사의 율독성으로 점차 음악과 멀어지는 방향으로 변천해 갔다고 보았다.[19)]

이렇게 강화된 논리로 전기 가사의 가창성을 말하지만 실상은 그렇지 못한 데에 문제가 있다. 16세기 이전의 가사로 보고된 작품이 모두 31편이라 하는데 그 가운데 확인된 가창가사가 11편에 불과하여 그 비율이 1/3선(35.5%)에 그치고 있어[20)] 나머지 2/3에 해당하는 작품이 모두 가창으로 실현되었는지 의문으로 남아 있다. 물론 현존 관련 자료들이 가창에 관련한 사실을 빠짐없이 보여준다는 증거가 없으므로 기록상의 한계로 돌릴 수도 있을지 모르지만 이미 앞에서 <서호사>의 경우를 살핀 바와 같이 가창으로 실현되는 경우가 가사의 자연스런 일반적 향유방식이라기 보다 오히려 악부에 올리기 위해 텍스트를 변개해야 하는 특별한 과정을 거쳐야한다는 면에서 가창이 가사의 자연스런 일반적 제시형식이라 할 수 없으므로 전기 가사의 나머지 2/3도 <서호별곡>처럼 가창되기 보다 <서호사>처럼 일반적 제시형식으로 향유되다가 기록에 남은 것이 대부분일 것이라 판단하는 것이 보다 합리적일 것이다. 만약 가창가사로 고급화되어 향유되었다면 향유의 범위가 훨씬 넓으므로 어떤 식으로든 기록에 남을 가능성이 그렇지 않을 가능성보다 더 크기 때문이다. 더욱이 <사미인곡>의 어느 특정대목을 즐겨 들었다는 자료[21)]와 육당본 『청구영언』에 <관동별곡>의 뒷부분

19) 임재욱, 「가사의 형태와 향유방식 변화의 관련양상 연구」, 서울대 석사학위논문, 1998, 14~37면 참조.

20) 임재욱, 앞의 논문, 25면 참조.

21) 김상헌(1570~1672)의 경우 "매일 심부름하는 아이로 하여금 송강의 <사미인곡>을 아침 저녁으로 노래 부르게 했는데 특히 '羅幃寂寞 繡幕空虛' 대목을 즐겨 들었다고 한다. 정철, 『송강전집』(성균관대 대동문화연구원, 1964), 408면 참조.

이 상당량 잘려서 수록되어 있음은 가사가 가창될 때 온전히 전편으로 연행되기는 사실상 어렵다는 점을 증언하는 것이고, 이는 가사의 가창성이 온전한 텍스트로 실현되기 어려움을 말해줌과 아울러 온전한 텍스트로 향유하려면 들을 거리로서 보다 볼거리로서 향유해야 자연스러움을 의미하는 것이기도 하다. 이 점은 조우인(曺友仁, 1561~1625)이 <관동속별곡>을 지을 때 가창가사로 널리 알려져 있는 정철의 <관동별곡>을 들을 거리로서가 아니라 볼거리로서 일단 받아들이고 거기서 감발하여 그 속편을 짓게 되었다고 말한[22] 것에서 뒷받침된다.

그런데 <관동속별곡>이란 텍스트가 산생된 이유는 들을 거리로서가 아니라 <관동별곡>에서 정철이 미처 보여주지 않은 금강산의 백천동, 비로봉, 구룡폭포 등을 자상하게 보여주기 위함이라는 점과, 이 <관동속별곡>이 가창되었다는 기록을 아직 발견하지 못한 데서 유추한다면, 가사는 일단 볼거리로서 지어지고 향유되며 그 볼거리로서의 가치가 높이 인정받아 널리 인구에 회자되거나 될만한 가치가 있다고 판단될 때 악조에 실려 가창 향유되는 것으로 판단된다. 이수광(李睟光)의 『지봉유설(芝峯類說)』에서 언급된 가사 작품이나 홍만종의 『순오지』에 언급된 가사 작품들은 모두 이러한 경로로 가창가사화된 것이지 처음부터 가창가사로 지어진 것은 아니라고 본다.

결국 가사는 원래 볼거리로서 지어지고 이렇게 지어진 가사 중에 걸작으로 평가된 상당수의 작품들이 가창으로 향유되면서 볼거리와 들을 거리로서의 양가성을 갖게 된 것이라 정리된다. 그런데 여기서 볼 만하고 들을 만하다[可觀而可聽]는 말은 좀더 면밀한 천착이 필요하다. 상당수의 가사 텍스트가 볼거리와 들을 거리로서의 양가성을 동시에 가질 수 있다는 것은 그 이면에 가사는 '가관'의 제시형식이 자연스런 것임과 함께 언제든 그것이 인구에 회자되기만 하면 '가청'의 텍스트로 전환될 수 있는 잠재력

22) 조우인, 『頤齋詠言』, 「續關東別曲序」에서 "偶得鄭松江關東別曲者而觀之 非但詞致俊逸……"라고 한 데서 가사가 중요한 볼거리로서 수용됨을 명백히 보여주고 있다.

을 자체에 갖고 있다는 사실을 말해주는 것이기 때문이다. 다시 말하면 가사는 가관의 제시형식으로만 고정되어 있는 것이 아니고 가청의 제시형식으로만 고정되어 있는 것도 아니어서, 상황에 따라 가관의 텍스트로, 혹은 가청의 텍스트로, 혹은 가관 겸 가청의 텍스트로 실현될 수 있다는 것이다.

가사가 이처럼 가청과 가관의 어느 쪽으로도 실현이 가능하고 양가성을 동시에 가질 수 있음은 그 제시형식의 본질이 가창과 완독(율독)의 중간단계라 할 수 있는 '음영'에 놓여 있음을 의미한다. 이 음영의 특징은 볼거리로서만 고정되어 있는 '기록하고 보는 문학'과도 변별되고, 들을 거리로만 고정되어 있는 '부르고 듣는 문학'과도 변별되는 제3의 시가문학 형태로 그 위상이 가창과 완독의 중간에 위치하고 있어 상황에 따라 양쪽 방향으로 전환이 가능한 제시형식임을 의미한다. 따라서 임재욱처럼 전기가사는 가창성으로, 후기 가사는 음영성으로, 개화가사는 율독성으로 어느 하나에 묶어놓는다면 가사의 실제 실현 양상에 맞지도 않을 뿐더러 가사의 '본질태'를 놓치는 결과를 가져온다. 우선 당장 후기 가사를 음영성으로 고정시키는 문제도 <춘면곡> <환산별곡> 등 후기 가사의 엄연한 하나의 맥을 형성하는 가창가사의 존재를 무시하고서야 가능한 것이다. 그러므로 가사의 제시형식의 실상을 이해하려면 가능태와 실현태라는 개념으로 접근할 것이 아니라 본질태와 실현태로 이해해야 할 것이다. 즉 가사의 제시형식의 본질태는 가창과 완독의 어느 쪽으로도 전환이 가능한 '음영'이고, 그것이 텍스트마다의 상황에 따라 가창이나 음영, 완독으로 나아간 것이 구체적 실현태이자 가사 장르의 운동양상이라는 것이다.

그런 점에서 조규익이 우리의 시가문학을 부르고 듣는 문학과 기록하고 보는 문학의 양분체계로 파악하고자 한 것은 가사와 같은 음영을 본질로 하는 다른 하나의 중요한 범주를 놓치는 결과를 가져오게 된다. 우리의 시가문학은 이러한 양분체계에 추가하여 그 어느 쪽과도 변별되면서 양쪽으로 전환이 가능한 음영문학이라는 또 하나의 영역을 인정해서 3분체계로 이해해야 그 전체상을 제대로 이해할 수 있는 것이다. 예를 들면 조선 시대의 시가문학을 제시형식의 3분체계에 따라 나눈다면 시조는 들을 거리로서의 가창성이 본질이고, 한시는 볼거리로서의 완독성이 본질이고, 가사는 볼거리와 들을 거리의 양가성을 가지면서 양쪽으로의 전환이 가능한 음영성이 본질인 것이다.23)

여기서 생각해야 할 문제는 가창과 음영의 변별성 정도와 음영과 완독의 변별성 정도가 음악적인 측면에서는 어느 정도일까라는 문제이다. 우리는 흔히 가창에서 음영으로, 음영에서 완독으로 갈수록 음악성과 멀어지는 것으로 이해하지만 실제에 있어서는 셋 사이의 연행에 있어서 음폭의 차이가 크게 벌어지는 것은 아니라고 한다. 즉 한시를 완독할 경우나(서당에서 한문책을 소리내어 읽는 경우와 제문(祭文)이나 고전소설조차도 선율을 넣어 읽는 문화관습도 이에 해당함), 가사를 읊조릴 경우나 시조를 창할 경우 모두 5음 음계의 영역을 넘어서는 음폭의 변화를 보이고 있어 그 실제의 음악성을 측정해서는 구분점을 찾기가 어렵다는 것이다. 다만 이 셋 사이의 변별은 향유자가 해당 텍스트의 정체성을 선율 쪽에 두는 것으로 인식하느냐 사설 쪽에 두는 것으로 인식하느냐, 그 중간에 위치해 있어 사설과 선율의 양가성을 가진 것으로 인식하느냐(이는 실제로는 음영하면서 가창한다고 인식하거나, 음영하면서 완독한다고 인식하는 양쪽의 성향을 함께 가지는 것으로 나타남)의 차이에 있다고 한다.24)

이에 따르면 시조는 그것이 어느 정도의 음악성을 가지고 실현되든 그 정체성을 가창으로 인식하므로 그 제시형식의 본질을 가창성으로, 한시는 그것이 얼마나 선율적 다양성을 가지고 읽혀지든 그 정체성을 볼거리로 인식하므로 제시형식의 본질을 완독으로, 가사는 양쪽의 성향을 절반쯤씩 가지고 있어서 양가성을 가지며 동시에 어느 쪽으로도 나아갈 수 있는 음

23) 시조는 악곡이 우선하고 그 악곡에 맞추어 노랫말을 짓는 경우에 해당하고, 한시는 악곡을 의식하지 않고 볼거리로서 지어지는데 반해, 가사는 노랫말로서의 辭가 먼저 지어지고 악곡화가 나중에 이루어진다는 차이를 생각하면 이해가 쉽다.

24) 이러한 사실은 김영운 교수가 연행 현장에서의 조사 결과를 토대로 하여 필자에게 일러준 것임.

영으로서의 정체성을 가진 것으로 인식되기에 그 제시형식의 본질을 음영성으로 규정할 수 있게 된다. 이렇게 가사는 가창과 완독으로 필요에 따라 전환이 가능한 중간지점에 위치하는 까닭에, 가창물로 아예 전환해버린 12가사 계열의 가창가사는 그 제시형식의 본질을 가창성에 두게 되어 19세기 후반 이래의 잡가 전성시대에 다른 가창물과 조합하여 향유하는 데까지 나아가게 되며(가곡, 가사, 시조, 잡가가 하나의 셋트를 이룸), 이와 반대로 볼거리로 경사해버린 기행가사 등 상당수의 후기 가사는 개화가사 같은 완독물로 이어짐으로써 가창물에서 완독물까지의 폭넓은 장르 운동 양상을 보였던 것이다.

3. 가사의 담론 특성

가사의 제시형식의 본질태가 '음영'으로 규정된다하더라도 그것이 심미대상으로 구체화 될 때는 그때그때의 상황에 따라 볼거리로서의 완독물로, 혹은 들을 거리로서의 가창물로, 혹은 볼거리와 들을 거리로서의 양가성을 동시에 갖는 음영물로 다양한 실현태를 보인다고 할 때, 가사의 관습적인 명칭으로 통용되어 왔던 가사(歌辭)・가사(歌詞)・가ᄉᆞ(ᄀᆞᄉᆞ)는 그 구체적인 실현태로서의 3가지 층위와 연관되는 것으로 보인다. 이 가운데 가사(歌詞)는 들을 거리로서의 가창(혹은 가창한다는 인식으로서의 음영을 포함)에 비중을 둘 때 연관되고, 가사(歌辭)는 볼거리로서의 완독물로 일단 지어지고 그것이 인구에 회자되기만 하면 언제든 가창으로 전환될 수 있어 가창과 완독의 양가성을 가진 '음영'에 비중을 둘 때 연관되고, 가ᄉᆞ는 가사가 다른 문화권(특히 한글을 언어표현의 중심 소통 수단으로 삼는 문화권으로 예를 들면 규방문화권이 대표적인데 이들은 가사를 '두루말이' 또는 '가ᄉᆞ'라 지칭함)에 전이되어 텍스트화될 때 연관되는 것으로 파악된다. 따라서 가사의 본질적 제시형식은 음영이므로 가사의 본질태 그대로 실현되는 경우 가사(歌辭)라는 명칭이 가장 적절하고 대표성을 띠며, 그것이 가창문화권(원래 동일문화권의 사대부 풍류방이 중심이나 19세기 후반 이래 잡가문화권으로 확대됨)으로 이끌릴 때는 '가사(歌辭)의 가사화(歌詞化)'가 일어나고,[25] 가사의 본래 문화권을 이탈하여 타문화권으로 전이될 때는 '가사(歌辭)의 가ᄉᆞ화' 현상이 일어난다고 이해할 수 있다.

가사의 이러한 텍스트 실현양상을 보다 구체적으로 체계화하여 이해하기 위해서는 가사라는 텍스트가 어떤 문화권에서 어떻게 담론화 되는가를 살피는 것이 중요하다. 가사의 담론 특성과 양상에 대하여는 선학의 연구가 있었지만 작품 내에서 화자와 청자간의 발화관계 속에 이루어지는 작품 내적 담론을 문제삼는 '담화분석'에 집중되어 있어서,[26] 가사의 구체적 장르 운동 양상을 파악하기에는 한계가 있었다. 가사의 담론 특성을 이해함에 있어 이처럼 담화방식 같은 작품 내적 담론분석에 머문다면 그것은 진정한 의미에서의 담론분석이 이루어졌다 하기 어렵다. 왜냐하면 같은 담화방식으로 이루어져 있는 텍스트라 하더라도 그것의 사회 문화적 조건이나 화자 청자의 입장 혹은 태도의 차이를 고려하지 않을 경우 순수 담화의 분석에 그치게 되기 때문이다. 작품의 진술이나 담화는 언어 그 자체로 존재하는 순수 담화가 아니라 사회적 · 제도적 실천의 의미화로서의 담화라는 점에서 더욱 그러하다. 따라서 여기서는 담론의 개념을 보다 적극화하여 담론에 참여하는 개인들이 특정한 방식으로 실천하게 만드는 실천의

25) 이를테면 송강가사의 경우 관련 자료의 기록에서 歌詞와 歌辭라는 두 가지 표기형태를 함께 보여 주는데 이는 들을 거리로서의 가창성에 비중을 두느냐 아니면, 양식적 본질태로서의 음영성 곧 노랫말에 비중을 두느냐의 차이에 따라 다른 표기로 나타난 것으로 이해할 수 있다. '歌辭의 歌詞化' 란 용어는 성무경, 「가사의 가창전승과 錯簡현상」, 『한국시가연구』 8집(한국시가학회, 2000), 262면에서 사용한 바 있다.

26) 김광조, 「조선 전기가사의 장르적 성격 연구: 시적 담화의 유형분석을 중심으로」, 서울대 석사학위논문, 1987; 조세형, 「가사 장르의 담론 특성 연구」, 서울대 박사학위논문, 1998; 정한기, 「기행가사의 진술방식 연구」 등이 모두 내적 담론에 해당하는 담화분석을 하고 있으며, 다만 송팔성, 「조선시대 향촌시가 담론의 구조 연구」(서울대 박사학위논문, 2000)에서 작품외적 담론의 양상을 살피고 있으나 가사를 전면적으로 다룬 것이 아니어서 그 윤곽을 대체적으로 파악하는 데에도 미치지 못하고 있다.

양태와 그러한 실천을 강제하는 규칙이란 개념으로 이해하여 가사의 담론 특성과 양상을 파악하고자 한다. 즉, 담론을 어떤 사상(事象)이 내포된 '언어'와 대비되는 하나의 '행위' 개념으로 받아들여, 의미를 만들고 재생산하는 사회적 과정을 포괄하는 개념으로 사용하려는 것이다.

가사의 담론특성을 제대로 이해하기 위하여는 우선 양식적 본질의 파악이 선행되어야 한다. 왜냐하면 가사의 텍스트화 곧 담론화는 이 양식적 본질을 기반으로 하면서 다양한 사회 문화적 실천행위로 구체화될 것이기 때문이다. 다행히 가사의 양식적 본질은 선행 연구에서 명쾌하게 설명된 바 있어[27] 참고할 수 있다. 이에 따르면 가사는 실존적 성향의 인격적 서술자인 '나'의 목소리로 진술되기 때문에 작가가 서술에 책임을 지며 아울러 서술의 신빙성을 확보한다. 또한 인격적 서술자(특정 서술자)에 의한 '서술의 평면적 확장'을 양식적 기반으로 삼기에 기술(記述) 행위의 사적(私的) 소유의식 곧 작자성을 확보한다. 여기서 서술의 평면적 확장은 4음 4보격을 행(行) 단위로 서술을 직조해 나가는 데서 이루어지며, 이는 4음 4보격의 율격 장치에 의해 서술을 통제(억제)함으로써 서정 양식이 되는 시조와 변별되는 전술양식(교술 혹은 주제적 양식에 해당)의 특성이라는 것이다.

가사의 이러한 진술 특성에서 특히 주목되는 것은 두 가지다. 하나는 가사가 실존적 서술자의 인격적 목소리로 진술되므로 작자성 다시 말하면 기술성을 확보한다는 것이고, 다른 하나는 4음 4보격의 연속체 율문으로 화행(話行)을 짜나감으로써 서술의 평면적 확장을 이룬다는 것이다. 가사의 장르적 정체성과 담론화 양상은 이 두 가지의 진술 특성을 고려할 때 명쾌하게 드러나게 된다.

그런데 4음 4보격 연속체 율문이라는 조건은 가사 이외에도 민요에서 가장 흔하게 발견되며,[28] 판소리에서도 삽입가요나 사설치레, 장면묘사 등

---

27) 성무경, 「가사의 존재 양식 연구」(성균관대 박사학위논문, 1997) 참조.

28) 이를테면 모내기노래의 서정민요, 길쌈노동요로 부르는 서술성 서정민요(흔히 서사민

의 곳곳에 보이고, 잡가나 단가(판소리 허두가), 사설시조 등에서도 중심 율격양식이 되고 있어, 가사 특유의 것으로 지정하기에 곤란한 점이 있어 보인다. 그런 점에서 성호경이 4보격 연속체라는 형태는 15세기이래 조선조 말엽에 이르기까지 대다수의 율문들에 거의 보편적으로 나타난 시대적 · 집단적 문체였기 때문에 가사만의 변별적 특징이라 하기 어렵다[29]고 하면서 단일성 장르로서의 가사의 정체성에 회의론을 제기했던 것이다.

그러나 같은 4음 4보격의 연속체 율문 양식이라 하더라도 가사와 다른 장르 사이에 질적인 차이가 존재한다면 그러한 회의론은 타당성이 없음을 알게 될 것이다. 이 문제의 해결을 위해 우선적으로 검토할 대상은 민요이다. 민요의 경우를 보면 온전한 의미에서의 4보격이 아니라 '2보격성 4보격'이라 지정해야 마땅한, 2보격으로 분해될 수 있는 4보격 연속체라는 점[30]이 두드러진 특징이다. 이에 반해 가사는 4보격을 단위로 통사적 완결을 이룸으로써 온전한 4보격의 안정된 율격[31]을 갖추었다는 점에서 질적으로 다르다. 이러한 차이가 드러나는 이유는 가사의 4보격 연속체는 기술성(기록문학성)을 바탕으로 하는 문학 양식(작자가 작품 전반을 통제하므로 작자의 통제에 의한 구성적 의미배열이 가능함)임에 비해, 민요는 일회

요로 칭하나 필자는 그렇게 보지 않음), <성주풀이>, <언문풀이>, <새타령>, <꽃노래>, <베틀요> 같은 교술성 서정민요 등등이 4음 4보격 연속체 율문으로 되어 있다.

29) 주 3)과 같은 곳.

30) 임동권, 『한국민요집』 I(집문당, 1993)의 작품번호 312에 실려 있는 <베틀요>를 보면 "저기가는 저선비님/ 우리선비 오시든가// 오기야 오데마는/ 칠성판에 누어오데// 웬일인가 웬일인가/ 칠성판이 웬일인가// 원수로다 원수로다/ 서울길이 원수로다// 서울길이 아니드면/ 우리낭군 살았을걸// ……"라는 식으로 서술되어 있어 2보격(반행) 단위로 의미 단위를 이루므로 온전한 4보격을 형성한다 하기 어렵고 2보격 성향을 가진 4보격이라 할 수 있는데 이런 율격적 성향은 4음 4보격으로 된 모든 민요와 무가 등 구비성 장르에 모두 해당된다.

31) 물론 가사의 경우도 조선 후기에 이르면 극히 일부 서민화 지향가사에서 온전한 4보격 양식에서 벗어나 2보격성 4보격의 양상을 보이는 경우가 나타나지만(윤미선, 「조선후기 서민화지향가사의 운율적 변주와 그 의미」, 이화여대 석사학위논문, 1996 참조) 이는 텍스트 내에서의 부분적 현상이고 주류적 현상으로까지는 가지 않는 것이 민요와 차이를 보인다 하겠다.

적 즉시성에 기대는 구비성을 바탕으로 하기 때문이다. 기술성과 구비성의 차이에서 오는 이러한 4보격 연속체의 질적 차이는 다른 구비장르인 판소리나 잡가, 무가, 판소리단가에도 마찬가지로 적용되는 사안이므로 같은 이유에서 가사와 변별될 것임은 물론이다. 다만 같은 4보격 연속체 율문의 성향을 보이는 사설시조의 경우는 고문헌에서 가사와 함께 장가라는 항목에 분류되고 둘 다 구비성이 아닌 기술성에 바탕을 두고 있기 때문에 그 변별이 쉽지 않을 것이다. <장진주사>나 <맹상군가> 같은 작품을 놓고 논자에 따라 사설시조로 혹은 가사로 달리 보는 점이 그러한 사정을 잘 말해준다.

이 문제의 해결을 위해 <장진주사>의 경우를 살펴보자. 이 작품은 성주본 「송강가사」에는 단가와 구분하여 <사미인곡> 등과 함께 가사 쪽에 편입해 놓았고, 진본 『청구영언』에는 만횡청류에서 독립시킨 것으로 보아 이를 근거로 사설시조와는 거리를 갖는, 가사창으로 불려진 텍스트로 이해하는 견해[32]가 나오기도 했다. 그러나 성주본에서 <장진주사>를 가사에 편입한 것은 그것이 가사창으로 부르는 가사 장르여서가 아니라 노랫말의 길이가 길어서 단가와 구분되는 장가이기 때문에 같은 장가인 가사와 함께 수록한 것일 뿐이다.[33] 또 진본 『청구영언』에서 만횡청류에 싣지 않은 것은 편자 김천택의 편찬 태도 때문이지 사설시조가 아니어서 독립시킨 것은 아닌 것으로 보인다. 만횡청류 서문에 드러나 있듯이 만횡청류는 군자가 본받을 바가 못되는 부류이지만 <장진주사>는 그렇지 않다는 이유 때문일 것이다. 여하튼 <장진주사>의 노랫말의 형식은 가사와는 분별되고 사설시조와는 완전히 동일하므로 사설시조로 보아야 옳을 것이다. 일부 논자를 제외하고 모두 사설시조로 보는 이유도 이 때문이다. 즉 사설시조는

32) 강명관, 『조선시대 문학예술의 생성공간』(소명출판, 1999), 199면 참조.
33) 이러한 사례는 이수광이 『지봉유설』에서 노랫말이 단가(평시조)보다 길면서 가창되는 경기체가, 악장, 사설시조, 가사에 해당하는 작품을 묶어 장가로 함께 다룬 데서 잘 드러난다.

평시조의 형식과 동일하되(초 · 중 · 종장의 3장으로 완결된다는 점과 각 장은 4개의 단위로 구성된다는 점), 다만 평시조의 경우는 각 장의 4개의 단위를 음보 단위로 서술을 엄격히 통제함에 비해 사설시조는 이런 통제를 벗어나 4개의 단위 안에서 말을 얼마든지 촘촘히 엮어 짜놓을 수 있는 차이를 보일 뿐이다. 실제 작품을 보면 이 점이 확인된다.

> ᄒᆞᆫ盞 먹새근여/ ᄯᅩᄒᆞᆫ盞 먹새근여/ 곳것거 算노코/ 無盡無盡 먹새근여//
>
> 이몸 주근後면 지게우ᄒᆡ 거적덥허 주리혀 ᄆᆡ여가나 流蘇 寶帳의 萬人이 우러네나/ 어욱새 속새 덥가나모 白楊수페 가기곳 가면/ 누른ᄒᆡ 흰ᄃᆞᆯ ᄀᆞᄂᆞᆫ비 굴근눈 쇼쇼리 ᄇᆞ람 불제/ 뉘ᄒᆞᆫ잔 먹쟈ᄒᆞᆯ고//
>
> ᄒᆞ믈며/ 무덤우ᄒᆡ ᄌᆞᆫ나비 ᄑᆞ람불제 /뉘우ᄎᆞᆫ들/ 엇디리//

이처럼 <장진주사>는 평시조 형식과 동일하되 다만 각 장의 단위가 음보 길이를 벗어나 말을 촘촘히 엮어 짜넣었을 뿐인 것이다. 더구나 초장의 경우 앞 두 단위의 길이와 뒤 두 단위의 길이가 같거나 비슷한 것은 평시조를 가곡창의 5장으로 부를 때 초장을 두 장으로 분할하여 부르는 것이 반영된 것이고, 중장은 이런 분할 없이 그대로 한 장으로 부르므로 되도록 여기에 말을 촘촘히 엮어 짜넣는 경향이 자연스럽게 나타나고, 종장의 첫 음보는 가곡창에서 제 4장으로 독립하여 부르므로 3음절을 철저히 지키는 것으로 나타나는 현상에서 이 작품이 가사창이 아니라 가곡창과 친연성이 있는 계열임을 알 수 있다. 그리고 작품 전체가 3장으로 서술이 통제되고, 거기다 각 장은 4개의 통사 의미 단위구로 서술이 다시 통제되고 있어 사설시조가 아무리 장형화된다[34] 하더라도 이러한 이중의 통제 때문에 그

---

34) 사설시조에서 말을 촘촘히 엮어 짜는 방식은 각 장이 4개의 통사 의미 단위구로 제한되는 범위내에서 2음보격을 기저단위로 하여 사설을 엮어 짜나감을 알 수 있다. 이런 현상의 확인을 위해 <장진주사>도 2음보격으로 띄어쓰기를 해서 제시한 것이다(특히 중장을 유념해 볼 것).

길이가 무한정 늘어날 수 없으며 바로 이런 연유로 가사와 변별되고 장르상으로도 교술인 가사와 달리 사설시조(물론 <장진주사>도)는 서정이 되는 것이다.[35] 이에 반해 가사는 서정처럼 서술을 억제하지 않고 4보격 연속체로 무한정 길이를 늘일 수 있다는 점에서 같은 장가인 사설시조와는 장르적 기반을 달리하는 것이다. 따라서 같은 4보격 연속체라 하더라도 가사가 이처럼 질적 차이를 갖는 독자성을 보이므로 그 정체성을 인정해야 할 것이다.

가사가 4음 4보격 무한 연속체라는 특유의 안정된 율동으로 구현되는 것은 '정감과 사유의 조화'라는 진술 특성을 배태하는 기반으로 작용한다. 즉 4음 4보격의 서술 견제 장치는 노래하기와 결부되어 '정감'을 배태하는 장치로 기능하며 연속체로서의 서술 문맥의 연계성은 '사유'의 합리성과 설득력을 배태하는 장치로 기능하게 된다. 그런데 이 두 장치의 조화가 구체적으로 실현되는 양상은 담론화 양상에 따라 다르게 나타난다. 즉 정감에 보다 비중을 둘 경우는 노래하기 쪽으로 더욱 이끌려 4음 4보격의 견제 장치마저도 철저히 준수하기보다 그것으로부터 상대적으로 자유롭게 일탈하는 율동적 다양성을 보여줌으로써 정감성을 더욱 두드러지게 하고, 사유에 보다 비중을 둘 경우는 서술연계성에 더욱 이끌려 4음 4보격을 철저히 준수하는 기계적 율동에 내맡김으로써 서술의 견제를 덜 받는 대신 서술의 연계적 확장[36]에 의해 사유의 논리나 의도를 더욱 명징화하는 효과를

35) 성호경, 「사설시조의 정체에 대한 신고찰」, 『한국시가의 유형과 양식 연구』에서 사설시조라는 것에 속한다는 작품들 사이에는 율격이나 구성면에서 일정한 공통적 요소가 존재하지 않는다고 하면서 그 정체성을 부정하고 각각의 형태에 가장 가까운 장르들에 되돌려 주어야 한다는 주장을 펴고 있으나 옳은 판단이라 하기 어렵다. 여기서 논의한 바대로 사설시조는 1)초·중·종 3장으로 완결될 것. 2)각 장은 4개의 통사·의미단위구로 구성될 것. 3)종장의 첫 구는 3음절로 실현됨이 원칙. 4)초장은 앞 두 단위구와 뒤 두 단위구의 길이가 같거나 비슷할 것. 5)각 단위구의 사설을 촘촘히 엮어 짤 때는 2보격으로 짜나갈 것 등 5가지 특유의 공통요소를 갖추고 있어 그 정체성을 인정하지 않을 수 없다. 다만 이러한 조건이 모두 (평)시조와 관계되거나 그 범위에서의 일탈이므로 (평)시조의 하위장르라 할 것이다.

36) 가사에서 서술의 연계는 크게 序-本-結의 3단 완결 구조로 이루어지며 이러한 3단 구

얻게 된다.

가사 가운데 걸작으로 알려진 송강가사를 비롯하여 <상춘곡> <면앙정가> 같은 사대부 문화권의 문학적 담론으로 산생된 작품들에서는 '정감과 사유의 **절묘한** 조화'를 볼 수 있으며, <매창월가>를 비롯하여 <강촌별곡> <환산별곡> <낙빈가> 같은 사대부 중심의 풍류방 문화권에서 향유된, 그리하여 가창으로 경사된 담론에서는 사유보다 정감에 비중을 둔 양상을 흔히 볼 수 있다. 그리고 사대부권 담론의 교훈가사나 기행가사, 규방문화권 담론의 계녀가류나 도덕가류, 종교문화권의 신앙담론인 불교가사, 동학가사, 천주교가사 등은 정감보다는 사유에 비중을 두는 경향이 대체적인 흐름이라 하겠다.

가사의 담론특성과 연관하여 또 하나 고려해야 할 사항은 작자성과 기술성에 관한 것이다. 즉 가사는 원칙적으로 실제 작자의 현실적 목소리를 함유한 작자 인격으로서의 직접 서술에 의거하기 때문에 작자가 서술에 책임을 지며 작품 전반을 통어한다는 것이다. 여기서 작자 인격으로 서술한다는 것은 단순히 작자의 실존적 존재로서의 의미만 갖는 것이 아니라 텍스트에 그 인격이 언어행위로 구현됨을 의미한다. 이는 가사의 발생론적 본질에 해당하는 것으로 발생당초의 가사인 나옹화상의 <서왕가>나 <승원가>, 신득청의 <역대전리가>에서부터 비롯된 것이라 할 수 있다. 즉 <서왕가>의 경우 "세사(世事)만 탐착(貪着)ᄒᆞ야 애욕(愛慾)의 ᄌᆞᆷ겻ᄂᆞᆫ" "염불마ᄂᆞᆫ 즁싱들"을 독자(청자)[37]로 설정하여 작자인 선승의 인격적 목소리로 고도

성내에서 本詞 부분의 자유로운 확장이 허용되는 장르라 하겠다. 따라서 이 본사 부분을 어떻게 미학적으로 조직하느냐가 관건이 된다 할 것이다. 대개의 경우 본사 부분은 <사미인곡>처럼 춘하추동의 시간적 순서로 하든가 <관동별곡>에서처럼 공간이동의 순서로 하든가 해서 몇 개의 단락으로 유기적 완결미를 갖도록 하는 방향으로 구성된다. 그런데 본사 부분은 <서왕가>를 비롯하여 전기가사의 대부분이 4 개의 단락으로 짜이는 것이 일반적이어서 서사 결사와 함께 모두 6개의 의미 완결 단위를 가지는 것이 가사 양식의 규범적 짜임새라 할 것이다. <서호사>가 6결로 구조화되어 있다함도 이와 같은 서-본-결의 구조에 본사 부분이 공간의 이동을 따라 4개의 단락을 이루면서 유기적 완결미를 갖춘 가사의 일반화된 짜임새로 이해할 수 있다.

의 합리적이고 설득적인 미학적 짜임에 의해 감화가 가능하도록 서술되어 있으며, <역대전리가>는 공민왕이라는 대면하기 가장 어려운 청자(독자)를 대상으로 왕업을 풍간(諷諫)해야 했으므로 그 목소리의 인격적 진지함과 논리적 설득력은 달리 설명할 필요가 없을 것이다.

가사는 이처럼 작자의 인격적 목소리로 발화하는 담론 특성을 가지므로 작자와 화자는 분리되지 않고 동질성을 갖는다. 즉 화자는 곧 작자라는 것이다. 그런데 가사가 발화의 중점을 어디에 두느냐에 따라 그 구체적인 담론 양상은 다르게 나타난다. 이를테면 화자 중심 발화는 화자의 의도를 드러내는 데에 주목적이 있으므로 '표현적 언어'로 '진지성'에 가치를 두는 담론 특성을 드러낸다. <상춘곡> <면앙정가> 같은 강호생활을 읊은 가사나, <사미인곡> <만분가> 같은 연군과 유배를 읊은 가사, <태평사> <용사음> 같은 전란의 현실과 비분강개를 읊은 가사 등이 이에 해당한다. 그리고 청자중심 발화는 청자를 설득하는 것이 보다 긴요하므로 '선언적 언어'로 '정당성'에 가치를 두는 담론 특성을 드러낸다. <권선지로가> <오륜가> 같은 교훈가사가 대표적인 사례가 될 것이다. 지시 대상물에 중심을 두는 발화는 대상물을 알려주거나 설명하는데 주목적이 있으므로 '지시적 언어'로 '사실성'에 가치를 두는 담론 특성을 드러낸다. <관서별곡> <일동장유가> 같은 기행가사와 역사나 지리 풍물 등을 읊은 <역대가> <한양가> 등이 이에 해당한다. 전언중심 발화는 텍스트 자체를 향유하는데 주목적이 있으므로 '시적 언어'로 '탐미성'에 가치를 두는 담론 특성을 보인다. 12가사 같은 가창가사가 이에 해당한다. 이처럼 가사는 담론화 방향에 따라 그

37) 여기서 독자는 작품의 서술 수준(화자의 종교적 수행과정을 알레고리 형식으로 드러내는 등)으로 보아 종래에 흔히 이해하듯이 불교 '포교' 대상이 되는 고려말의 서민대중(중생)이 아니라, 염불은 소홀히 하고 세속의 명리에만 눈이 먼, 그래서 '교화'의 대상이 되는 권문세족 같은 당대의 권력 지식층으로 이해된다. 당시의 일반 서민 대중은 동량승이나 탁발승 등에 의해 화청 등의 방법으로 교화와 포교가 가능했겠지만, 불교를 말폐로 끌고간 권력층을 '교화'하는 데는 화청이나 염불 게송 등 구비성 佛歌로서는 불가능했을 것이다. 이러한 사정으로 나옹화상 혜근 같은 이름 높은 禪師가 인격적 목소리로 說理하는 가사 장르의 창안이 요청되었을 것이다.

운용하는 언어적 기능과 지향하는 가치가 다르므로 각기의 텍스트 성향에 맞게 가치평가가 이루어져야 할 것이다. 이를테면 정당성을 추구하는 청자 중심 발화 텍스트(교훈가사 등)를 놓고 시적 언어에 의한 탐미성 결핍을 지적하는 것은 옳지 않다는 것이다.

이 가운데 작자가 작품에 밀착되어 텍스트 고정성을 얻는 담론은 작자의 의도를 가장 진지하게 드러내는 첫 번째 유형 곧 화자 중심 발화에 집중적으로 나타난다. 따라서 이 유형에서 제시된 작자는 실제 작자의 실명(實名)으로 보아도 문제가 없다. 나머지 유형의 경우도 전언중심 발화를 제외하고는 작자의 실명을 보이는 것이 원칙이다. 가사는 작자의 인격적 발화로 진술에 책임을 지기 때문이다. 그러나 조선 후기에 이르면 가사를 창작하거나 향유함에 있어서 여러 문화권의 다양한 접촉이 일어나게 되어 화자 곧 작자가 작품에 반드시 밀착될 필요가 없게 되자 작자를 상실하거나, 숨기거나, 빗대거나, 밝히지 않거나 함으로써 실명(失名), 익명(匿名), 의명(擬名), 무명화(無名化)되는 경우가 흔하게 나타난다. 작가의 실명화(失名化)는 가창가사에서 흔히 보듯이 작품이 작자를 떠나 향유집단에 공유될 때 일어나며, 익명화는 현실비판가사에서처럼 작자가 자신을 숨겨야 할 필요가 있을 때 의도적으로 나타나며, 의명화는 작자를 밝힐 필요성이 있음에도 불구하고 작자를 상실했을 때 그 텍스트와 관련이 있을 법한 인물로 작자를 상정하여 둘러대는 경우에 나타난다. 작자의 무명화는 종교가사나 규방가사에서처럼 가사가 타 문화권에 전이되어 양식 자체의 실제적 효용성 때문에 동질 집단에 향유되는 경우 작자를 굳이 밝힐 필요성이 거의 없게 되어 나타나는 현상으로 이해된다. 또한 시정의 불특정 다수 독자를 상대로 교훈하거나 알리거나 주장을 펴고자 할 때도 작자의 무명화가 나타난다.

가사가 작자를 떠나 향유집단의 공유물이 될 경우 세 가지 층위-작자, 제목, 텍스트-에서 착종현상을 보인다. 작자의 경우는 대부분 실명화(失名化)의 길을 가지만 작자를 굳이 밝힐 필요가 있을 때는 의명화되기도 해서 혼란을 야기한다. <춘면곡> <환산별곡> 등의 작자 혼란이 그 대표적 사례라 할 것이다. 작품 제목의 혼란은 <환산별곡>이 <귀전가> <낙빈가> <은군자가> 등으로 지칭되는 데서 잘 나타난다. 텍스트의 혼란은 <강촌별곡> <낙빈가> <환산별곡> 등 가창으로 경사된 작품에서 각각의 이본들이 보여주는 사설의 혼란상에 잘 드러난다.[38] 이러한 혼란상은 가사를 향유하는 각 문화권의 담론 특성과 관계됨은 물론이다.

4. 맺는 말

지금까지의 논의를 통해서 우리는 가사의 본질과 담론 특성에 관련하여 다음과 같은 몇 가지 사항을 새롭게 밝힐 수 있었다.

먼저 가사의 제시 형식으로서의 본질은 가창과 완독의 중간 지점에 위치한 음영에 두어져 있어서 텍스트마다의 요구되는 상황에 따라 때로는 가창으로, 때로는 음영으로, 때로는 완독으로 다양하게 실현됨을 밝혔다. 그리하여 전기가사의 제시형식을 가창으로만 고정시키거나, 가사의 역사적 전개를 가창에서 음영으로, 음영에서 완독으로 음악성과 멀어져 갔다는 도식적 이해를 시정하고자 했다. 그 과정에서 우리의 시가문학을 기록하고 보는 문학과 부르고 듣는 문학의 양분체계로 이해할 때의 문제점을 지적하고, 거기에다 볼거리와 들을 거리로서의 양가성을 가진 음영문학의 독자적 영역을 추가하여 3분체계로 이해하는 것이 실상에 맞을 것임을 제안했다. 그리하여 시조는 들을 거리로서의 가창성이 본질이고, 한시는 볼거리로서의 완독성이 본질이며, 가사는 볼거리와 들을 거리의 양가성을 가지면서 양쪽으로 전환이 가능한 음영성이 본질임을 규명코자 했다.

다음으로 가사의 텍스트 실현 양상은 가사의 본질태에 맞게 '가사(歌

---

38) 이러한 혼란상에 대하여는 성무경, 「가사의 가창전승과 착간현상」, 앞의 책에서 <환산별곡>을 중심으로 자세히 다룬 바 있어 참고가 된다.

辭)'로 실현되는 경우가 가장 중심이 되고, 그것이 가창문화권으로 이끌릴 때 '가사(歌辭)의 가사화(歌詞化)'가 이루어지고, 타문화권으로 전이될 때 '가사(歌辭)의 가스화'가 이루어져 크게 세 가지 방향으로 정리된다. 가사는 또 4음 4보격 연속체라는 특유의 안정된 율문에 의해 '정감과 사유의 조화'가 이루어지는 진술 특성을 보이는데, 송강가사 같은 걸작은 정감과 사유의 '절묘한' 조화로 실현되고, 사대부 중심의 풍류방 문화권에서 가창으로 경사되어 향유되는 작품에서는 사유보다 정감에 기울어지는 양상을 보이고, 사대부권 담론의 교훈가사나 기행가사, 규방문화권 담론의 계녀가류, 종교문화권의 신앙담론에서는 정감보다 사유에 비중을 두는 경향을 보인다. 또한 가사는 발화의 중점을 화자에 두느냐, 청자에 두느냐, 지시대상물에 두느냐, 텍스트 자체에 두느냐에 따라 그 언어적 기능과 지향하는 가치가 다름을 살필 수 있었다.

가사의 담론 양상은 그것이 실현된 문화권에 따라 좀더 면밀한 천착이 필요하나 여기서는 지면관계로 대체적인 흐름만을 지적하고 후일을 기약하기로 한다.

(『한국문학논총』 28집, 한국문학회, 2001.6)

송강 시가의 정서적 특질

■
박영주(朴英柱)

1. 논의의 목적과 방향

송강(松江) 정철(鄭澈, 1536~1593)은 다양한 성향의 작품을 지었지만, 작품의 종류를 따져 보면 한시·시조·가사로 대표되는 당대 시가문학[1] 장르에 집중되어 있다. 대대로 우리말 문학의 최고봉이라는 평가를 받아 온 4편의 가사와, 그 문학성이 가사에 결코 뒤지지 않는 80여 수의 시조, 그리고 삶과 사회와 자연에 대한 심상을 특유의 감각으로 형상화한 700여 수의 한시가 그것을 잘 말해 준다.

송강만큼 강렬한 개성과 다채로운 정서로 공감의 세계를 열어 놓은 시인도 드물다. 그의 작품들이 오랜 세월에 걸쳐 절창(絶唱)으로 일컬어져 온 이유의 일단을 여기에서 찾을 수 있다. 그러나 그 '절창'의 이유를 구체적

1) '시가'라는 용어는 한시[詩]와 차별되는 우리말 노래[歌] 일반을 가리키는 경우에 두루 사용되지만, 이 글에서는 편의상 詩·歌 문학 모두를 포괄하는 용어로서 사용한다.

으로 해명하는 작업은 여전히 미진한 실정이다. 이 점에 있어서 선인들의 평은 아무래도 인상적 · 직관적인 경향이 짙으며, 오늘의 연구에 있어서도 본격 작품론에 입각한 논의는 송강 시가의 성가에 크게 미치지 못하는 것으로 보인다.[2] 요컨대 다양한 방법론적 성찰을 통해 그 실상을 구명하는 작업이 지속적으로 요청되는 시점에 놓여 있다 하겠다.[3]

송강은 자신의 생각이나 느낌을 언어로써 양식화하는 데 남다른 감각과 자질을 가진 인물이다. 작품에 등장하는 소재나 이를 형상화하는 방식부터가 범상한 듯 범상하지 않은 경우가 대부분이다. 그리하여 언어라는 질료와 특유의 감수성이 빚어내는 시적 이미지는 풍부한 정감과 아름다움을 자아내면서 그의 시인으로서의 풍모와 개성을 자주 돋보이는 위치로 끌어올리는 것으로 보인다. 송강의 작품들이 우리를 감동케 하는 요인은 바로 이와 같은 시적 감수성과 이미지에 깃든 정서의 특질을 구명하는 데서 찾을 수 있을 것이다.

정서는 질서화된 감정이자 마음 속의 현실이다. 그렇기에 작품에 형상화된 정서에는 작자의 품성과 기질은 물론, 삶에 대한 태도와 가치의식의 단면들이 짙게 배어 있다. 작품에 형상화된 정서가 작자의 개성과 미학을 구명하는 적절한 거점 가운데 하나일 수 있는 이유가 여기에 있다. 더욱이 문학을 연구하는 목적 가운데 하나가 작품에 투영된 사유와 그 언어예술적 형상을 이해 · 향수하는 데 있다는 사실을 염두에 둘 때, 정서 형상화

2) 송강의 우리말 노래를 중심으로 한 선인들의 평과 후대적 수용양상은 최규수, 「송강 정철 시가의 미적 특질 연구-작품 수용양상을 중심으로」(이화여대 박사학위논문, 1996)에 의해 종합적으로 검토된 바 있다. 본격 작품론에 입각한 오늘날 논의의 예로는 정인보, 「정송강과 국문학」(『담원국학산고』, 문교사, 1955); 최진원, 「송강시가의 풍류」 · 「송강단가의 풍격」(『한국고전시가의 형상성』(증보판), 성균관대 대동문화연구원, 1996)을 대표적으로 꼽을 수 있다.

3) 이러한 문제의식을 배경으로 이루어진 최근 논의로는, <관동별곡>이 절창이 된 이유를 시적 형상성에 초점을 맞추어 고찰한 박영주, 「<관동별곡>의 시적 형상성」(『반교어문연구』 5집, 반교어문학회, 1994)과, 송강의 우리말 노래 전반을 대상으로 그 형상화 방식과 수용미학적 특질을 고찰한 최규수, 위의 「송강 정철 시가의 미적 특질 연구-작품 수용양상을 중심으로」를 들 수 있다.

문제는 작품이 도달한 수준과 가치를 분별하는 준거로도 간여한다 할 것이다.

이 글은 이러한 문제의식을 바탕으로, 송강 시가에 관류하는 정서적 특질을 작품에 두드러진 이미지와 형상화 방식에 초점을 맞추어 분석 · 규명함으로써, 그가 일구어 낸 고유의 시세계와 공감의 요인을 구명하는 데 목적이 있다. 그러자면 상대적으로 널리 주목받아 온 시조 · 가사 뿐만 아니라, 가장 많은 작품이 전하는 한시까지를 논의 대상으로 삼는 것이 바람직할 터다. 송강의 한시는 표현 언어나 양식상의 차이에도 불구하고, 정서 형상화 방식이나 시적 이미지 면에서 우리말 노래와 공유분모가 적지 않기 때문이다.

이와 같은 논의를 통해 송강 시가의 개성과 미학을 이해하는 안목을 심화시킬 수 있을 것이다. 아울러 오늘에 이르기까지 뛰어난 문학성을 지닌 것으로 평가되어 온 요인을 작품론적 실상에 입각하여 해명하는 하나의 논리적인 틀을 마련할 수 있으리라 본다. 논의 대상으로 삼은 자료는 『송강전집(松江全集)』[4]에 실려 있는 영인 원문이다.

2. 생생한 현실감과 인간적 체취

일상의 생활 주변에서 겪고 느끼는 일들, 그 소박한 형상들을 작품화하는 예는 송강 시가의 두드러진 양상 가운데 하나다.

> 나모도 병이 드니 亭子(뎡ᄌᆞ)라도 쉬리 없다.
> 豪華(호화)히 셔신 제는 올 이 갈 이 다 쉬더니,

4) 성균관대 대동문화연구원 편, 『松江全集』(성균관대 대동문화연구원, 1964). 자료 인용 시 시조와 가사는 띄어쓰기 · 구두점 · 행구분과 함께 한자와 병기된 한글을 괄호 속에 묶기로 하며, 한시의 경우는 번역해 옮기면서 출처를 밝혀 놓기로 한다.

> 닙디고 가지 것근 후는 새도 아니 안는다.

이런저런 사람들이 무수히 드나들며 쉬던 정자나무도, 병들어 잎이 지고 가지도 꺾이니, 사람은커녕 그 나무에 깃들던 새들도 날아와 앉지 않는다. 잎 무성하고 가지 사방으로 벋어 있을 때와는 이리도 다르다는 말인가. 참으로 각박한 세태로다.

지위가 높고 권세가 있을 때에는 찾아오는 사람도 많더니, 형편이 쇠잔해지자 찾는 사람조차 없는 세상 인심을 정자나무에 비겨 노래한 시조다. 일상 주변에서 범상하게 볼 수 있는 사물의 단면을 포착하여, 범상치 않은 감각으로 세태를 형상화하고 있다. 평이한 비유 속에 깊은 뜻이 우러나는 작품이다.

송강의 시가는 이처럼 일상사의 단면을 문제삼아 풍부한 현실감각으로 형상화하는 데 두드러진 일면이 있다. 달리 말하면, 생활의 실제와 관련된 제재들을 적극적으로 끌어들여, 이를 평이하면서도 감각적인 언어로써 형상화하고 있다는 사실이다. 이런 작품들에서 인간적 계기 혹은 인간적 체취가 물씬 풍기는 것도, 따지고 보면 그 정서의 뿌리를 생활의 실제에 두고 있기 때문이라고 할 수 있다. 다음과 같은 작품에서 이런 사실을 보다 분명하게 확인할 수 있다.

> 새원 원쥐 되여 녈손님 디내옵닉,
> 가거니 오거니 人事(인ᄉᆞ)도 하도할샤.
> 안자셔 보노라 ᄒᆞ니 슈고로와 ᄒᆞ노라.

신원(新院)의 원주(院主)가 되어 지나가는 손님들을 맞으며 지낸다. 간다거니 온다거니 하는 사람들 많기도 하구나. 앉아서 인사하러 오가는 이들을 대하노라니, 나 때문에 참으로 수고가 많구나.

작중 상황이 눈에 선하게 떠오르는 현실감과 훈훈한 정감이 절로 우러나는 시조다. 최진원은 이 작품에 대해 다음과 같이 평한 바 있다.

> 시적 세련미가 없다. 무심코 혼자서 지껄이는 말 같기도 하다. 특히 초장은 (자신을 제3자로 놓고 말하는 형식이 되어 : 인용자) 統辭가 아니다. 그렇지만 '슈고로와 하노라'의 한 마디에서, 행인의 인사를 미안히 여기는 人情이 저절로 우러나오고, 그 마음의 꾸밈새 없음이 흐뭇하기만 하다. 맨머리에 삼베옷을 걸친 院主가 허리를 꾸벅거리며 절을 받고 있는 모습이 '안자셔 보노라'에서 텁텁하게 떠오른다. 이것이 이 작품의 樸이다. 樸은 어찌 태고의 무시간성 속에서만 꾸며지리오. 주고 받는 말 한 마디, 그 속에 實存하기도 한다.5)

작품의 질박한 아름다움을 직관적 · 분석적으로 간파한 평설이다.

이 작품 역시 일상사의 단면을 제재로 하여 지극히 평이한 언어로 노래하고 있다. 그러면서도 거기에는 따스한 인간미가 배어 있다. 그 따스함은 바로 사람을 대하는 송강의 시선에서 우러나온 것이다. 그런 작자의 시선에 담긴 뜻을 텁텁하게 전하고 있는 말이 곧 '안자셔 보노라 ᄒᆞ니 슈고로와 ᄒᆞ노라.'다. 위의 평설도 여기에 초점이 맞추어져 있다.

추상적 관념이나 상징의 말을 전혀 동원하지 않고서도 이처럼 사람살이의 단면을 시적으로 형상화하기란 쉽지 않다. 자신에게 인사하기 위해 오가는 사람들의 모습과 이를 미안히 여기는 심사를 다만 사생(寫生)하듯 일상어에 가까운 표현으로 옮겨 놓았을 따름인데, 거기에서 훈훈한 정감이며 질박한 아름다움이 우러나온다. 이것이 이 작품의 미학이요, 위대한 시인의 자질이 빛나는 실례라고 할 수 있다.

이렇듯 작품에 형상화된 이미지와 정서로부터 생생한 현실감과 인간적 체취를 느낄 수 예는 송강의 한시 가운데서도 어렵지 않게 찾을 수 있다.

---

5) 최진원, 앞의 「송강시가의 풍류」, 185면.

<客館別成重任>[6) 객관에서 성중임을 이별하며

曙色依依至 새벽 빛 어릿어릿 밝아오나니,
離觴袞袞傾 이별의 술잔 줄줄이 기울이네.
我心如短燭 내 마음 사위는 저 촛불 같아서,
垂死更分明 꺼질 무렵 다시금 밝아진다오.

이별의 아쉬움을 달래노라 술잔을 기울이다 보니, 어느덧 희끄무레 새벽이 밝아온다. 이제 정녕 안타까운 이별의 시간이 다가왔나 보다. 하여 멈칫하던 술잔이 다시 빈번히 오간다. 온 밤을 새우노라, 또 술기운에 취해, 촛불이 사위듯 정신조차 몽롱하다. 하지만 오늘 이후 그대와 헤어져 있다 해도, 마음만은 항상 그대 곁에 있으리라. 그대를 향한 나의 우정은 꺼질 무렵 다시금 밝아지는 저 촛불 같아서, 잊혀질 즈음이면 문득 뭉클한 그리움으로 다시 살아나리니…….

스러질 듯 다시 밝아지는 촛불의 양태를 순간적으로 포착하여, 안타까운 이별의 심사와 우정을 노래하고 있다. 다사로운 이별의 인사말로 이처럼 선명한 현장감과 정감어린 표현은 찾아보기 어렵지 않을까 싶다. 가물거리는 촛불을 배경으로 '어릿어릿 밝아오는 새벽 빛'과 '줄줄이 오가는 술잔'을 대비한 점 역시 탁월하다. 사물의 순간적 변화와 그 형상을 포착하여 이미지화한 송강의 감성은 역시 남다른 바가 있다.

이와 같은 심성과 감각의 소유자기에, 송강은 잦은 현실의 풍파를 겪으면서 자신이 놓여 있는 처지나 그때그때의 심경을 노래하는 경우에 있어서도, 별다른 꾸밈이나 스스럼없이 자신의 내면을 진솔하게 드러낸다. 그리하여 강렬한 현실감과 함께 깊은 정감의 세계를 열어놓는다. 이런 개성이 잘 드러난 그의 대표작 한시 한 편을 들어보면 다음과 같다.

---

6) 『松江原集』 권1 : 앞의 『松江全集』, 20면.

<夜坐聞鵑>[7] 밤에 절로 두견새 소리가 들리다

掖垣南畔樹蒼蒼 궁궐 너머 남쪽이라 수목이 울창한데,
魂夢迢迢上玉堂 꿈 속 혼은 저 멀리 옥당으로 올라가네.
杜宇一聲山竹裂 두견새 울음소리 산 대나무 쪼개는 듯,
孤臣白髮此時長 외로운 신하 백발이 이 밤에 길어지네.

하마 잊지 못하는 임의 곁을 떠나, 이곳 남쪽 수목이 울창한 두메에 깃을 드리우고 있다. 그러나 꿈속에서도 혼은 멀리 임 계신 곳으로 날아가, 예전에 모시고 받들던 그 자리-옥당(玉堂)에 오른다. 바로 그 순간, 피를 토하듯 두견새 울음소리가 밤의 적막을 가른다. 그 한 소리에 산 대나무가 '쫙' 소리를 내며 쪼개진다. 비로소 몽롱한 의식에서 깨어나, 눈 앞의 현실을 실감한다. 임을 여읜 외로운 신하, 이 밤에 백발이 길어지는 것을 새삼 느낀다.

벼슬길에서 물러나 향리 창평에 낙향해 있던 어느 해에 지은 작품으로 보인다. 처절하리만큼 애틋한 연군의 정 속에, 청신하면서도 감각적인 이미지가 넘쳐 흐른다. 그 감각적 이미지로부터 밤의 적막을 가르는 두견새 소리를 들을 수 있고, 그 울음소리와 더불어 '쫙' 소리를 내며 쪼개지는 대나무를 눈으로 볼 수 있을 듯하다. 한시 전구(轉句)의 묘미가 빛을 발하는 가운데, 시상이 참으로 기발하고 선명하다.[8]

이 시에서 송강이 말하고자 하는 바는 분명하다. 애틋한 연군의 정 속에 담긴 벼슬길에 대한 미련이다. 그래서 이 시의 마지막 대목에서 울려나오는 탄식-'이렇듯 속절없이 백발만 길어가건만, 임은 어느 때나 나를 다시

7) 『松江原集』 권1 : 『松江全集』, 21면.
8) 최진원은 이 작품에 대해 "杜宇一聲에 쫙 쪼개지는 대나무, 그 틈 사이로 푸른 진액이 좌르륵 흐른다. 정말 상이 기발하다. 처절하면서도 眞率하다."(앞의 「송강단가의 풍격」, 207면)라고 했다. 이를 참조했다.

부르시려는지……'와 같은 탄식을 들을 수 있다. 그러나 이와 같은 주제적 사실은 첫째 · 둘째 구의 정황 제시에 이은 '두견새 울음소리 산 대나무 쪼개는 듯'의 셋째 구가 없다면, 그 시적 형상성이나 감동은 반감되었을 것이다. 이 시는 바로 이 셋째 구[轉句]가 지닌 청신하고도 감각적인 이미지로 인해, 인간적 고뇌가 녹아 흐르는 처절의 미학이 생생하게 전해져 오는 것이다.

송강은 출사와 낙향을 되풀이하는 일 자체가 생애적 특징을 이룰 만큼 출처(出處)에 우여곡절이 많았던 사대부다. 그러면서 그때그때의 심사를 누구보다도 충실히 작품화한 작가이기도 하다. 송강의 문학은 이처럼 자신이 처해 있는 상황에 대한 갈등의 표출이자, 그 예술적 승화인 경우가 적지 않다. 그 자신 다단한 행로의 고비에서 겪은 미묘한 감정 상태가 이렇듯 주옥같은 작품들을 낳게 한 원동력의 하나로 작용했던 것으로 보인다.

인간사의 단면을 풍부한 현실감각과 개성적 이미지를 통해 형상화하는 송강의 시각은 퍽이나 다채롭다. 그러나 그와 같은 정서 형상화의 시각으로부터 사람 · 사물을 대하는 진지한 태도와 인간적 체취를 느낄 수 있는 점은 공통적이다. 그렇기에 송강의 시가에서는 대상 그 자체일 따름인 객관적 실체로서의 자연까지도 인간적 계기 속에서 인식되고 의미화되는 것을 볼 수 있다. 말하자면, 무정(無情)한 자연의 사물이나 현상까지도 유정(有情)한 인간적 계기 속에서 감지되어 정취화(情趣化)되는 것이다. 다음과 같은 <관동별곡>의 한 대목은 그 단적인 예라 할 수 있다.

> 開心臺(ᄀᆡ심대) 고텨 올나 衆香城(듕향셩) ᄇᆞ라보며,
> 萬二千峯(만 이쳔 봉)을 歷歷(녁녁)히 혜여ᄒᆞ니,
> 봉마다 ᄆᆡᆺ쳐 잇고 긋마다 서린 긔운,
> ᄆᆞᆰ거든 조티 마나 조커든 ᄆᆞᆰ디 마나.
> 뎌 긔운 흐텨 내야 人傑(인걸)을 ᄆᆡᆼᄀᆞᆯ고쟈.
> 形容(형용)도 그지 업고 體勢(톄셰)도 하도ᄒᆞᆯ샤.

> 天地(텬디) 삼기실 졔 自然(ᄌᆞ연)이 되연마ᄂᆞᆫ,
> 이제 와 보게 되니 有情(유졍)도 有情(유졍)ᄒᆞᆯ샤.

개심대에 다시 올라 중향성 바라보며, 금강산 만 이천 봉을 역력히 헤아려 보니, 봉우리마다 맺혀 있고 끝마다 서린 기운, 맑거든 깨끗하지나 말 것을, 깨끗하거든 맑지나 말 것을. 맑고도 깨끗한 저 기운 흩어 내어 인걸을 만들고 싶구나. 생긴 모양도 한이 없고 체질 형세도 다양하구나. 천지가 생겨날 때 자연히 되었으련만, 이제 와서 보게 되니 자연도 참으로 유정하구나.

금강산의 아름다운 경물(景物)을 노래하면서도, 이처럼 송강은 그 경물이 자아내는 흥취를 인간사와 결부시켜 의미화한다. 조선조 유가 사대부들이 지향한 자연관의 특징이기도 하지만, 송강에게 있어서도 자연은 이처럼 '인간과 더불어' 존재하는 것으로 인식되어 시적 대상물화하는 것이다. '뎌 긔운 흐터 내야 인걸을 ᄆᆞᆫ둘고쟈' · '이제 와 보게 되니 유졍도 유졍ᄒᆞᆯ샤'와 같은 구절에 담겨 있는 애민의식-선정(善政)에의 의지가 그것을 잘 말해 준다.

중요한 것은, 그와 같은 의미나 의지를 형상화하는 방식이다. 이 점에 있어서 송강은 역시 예사롭지 않은 감각을 보여준다. 자연의 경물로부터 촉발된 그 의미나 의지가 생경한 관념으로 드러나 있다거나 구호처럼 전달되고 있지 않기 때문이다.

그는 갖은 자태로 우뚝우뚝 서 있는 금강산 만 이천 봉우리들을 자세히 헤아리면서 기이한 형상들에 가슴 벅찬 흥취를 느끼더니, 이로부터 사람의 형상을 떠올려 그 낱낱의 봉우리들에 서린 해맑은 정기로 세상을 이롭게 할 인걸을 만들어 내고 싶다는 생각을 펴낸다. 무어라 형언키 어려운 그 형상들은 본디 저절로 그러한 자연의 심성이련만, 너무도 오묘하여 마치 정(情)이라도 담고 있는 듯이 느껴지기 때문이다. 그래서 새삼 생각해 보니, 무정한 듯 보이는 자연의 형상들에도 조물주의 깊은 정이 깃들어 있다고 했다. 연상적 이미지에 의한 시상의 전개가 매끄럽고, 이로부터 풍부한 정감이 솟아나는 점이 돋보인다고 하겠다.

이렇듯 송강은 사대부의 현실적 이념에 충실한 태도를 보이면서도, 전달하고자 하는 의미를 정취화된 사물과 그 연상적 이미지를 통해 시적으로 형상화한다. 그가 말하고자 하는 의미가 풍부한 정감과 더불어 은근한 느낌으로 전해져 오는 것은 바로 이와 같은 정서 형상화 방식과 표현 효과 때문이라고 할 수 있다. <관동별곡>이 산수유상의 흥취만이 아니라 당대 사회 현실에서 요구되는 이념이나 가치를 노래한 것이면서도 뛰어난 문학성을 지닌 작품으로 평가되는 이유의 일단을 여기에서 찾을 수 있을 것이다.

송강의 시가 가운데는 생활의 실제에 뿌리를 둔 정서를 노래한 작품들이 적지 않다. 그와 같은 작품들에서 우러나는 생생한 현실감과 인간적 체취는 송강 시가에 형상화된 정서적 특질이자 개성의 일면임에 틀림 없다. 사람·사물을 대하는 송강의 시선과 특유의 감성이 빚어낸 결과라고 할 것이다. 이와 같은 면모들로부터 우리는 송강이 매사에 적극적이며 다정다감한 품성의 소유자임을 알 수 있다. 나아가 자신이 지향하는 삶과 가치의식에 충실한 사대부임을 헤아릴 수 있다. 송강이 위대한 시인으로 불리어지는 이유는 여러 가지겠으나, 삶의 다단한 국면에서 제기되는 심사를 이처럼 풍부한 현실 감각과 훈훈한 인간미를 자아내는 정서로써 형상화한 점은 각별한 의미를 지닌다고 하겠다.

3. 말 밖의 운치와 뜻 밖의 정취

송강의 작품들은 대부분 강렬한 인상을 준다. 바로 눈 앞에서 한 폭의 그림을 보는 듯한 생생함을 자아내기도 하고, 행이 끝나는 곳에서 잔잔한 여운을 느끼게 하는 예들을 통해 이 점을 실감할 수 있다.

그 요인은 여러 측면에서 설명이 가능하겠지만, 보다 직접적으로는 표현 언어가 빚어내는 감각적인 이미지와 청신한 형상이 우리의 감성을 자극하기 때문이라고 할 수 있다. 앞에서 살핀 <야좌문견(夜坐聞鵑)>과 같은 작품에서 이미 느낄 수 있었던 바지만, 역시 송강의 대표작 가운데 하나로 일컬어지는 <산사야음(山寺夜吟)>이라는 작품을 통해 이 문제를 구체적으로 논의하기로 하겠다.

<山寺夜吟>[9] 산사에서 밤에 읊다

蕭蕭落木聲 우수수 떨어지는 나뭇잎 소리.
錯認爲疎雨 성글은 빗방울로 잘못 알고서,
呼僧出門看 중에게 밖에 나가 보라 했더니,
月掛溪南樹 시냇가 남쪽 가지에 달 걸렸네요.

비가 오지 않아도 바람은 빗소리를 낸다. 늦가을 고즈넉한 산사의 밤, 우수수 떨어져 구르는 나뭇잎 소리가 마치 성글은 빗방울인양 소리를 낸다. 중을 시켜 정녕 빗방울이 듣는 것인지 알아보게 한다. 그런데 문밖을 둘러보고서 이르는 중의 말, '왠걸요! 시냇가 남쪽 가지에 달 걸렸네요.'

바람에 떨어져 구르는 나뭇잎 소리를 빗방울이 듣는 소리로 착각했다는 것이나, 사람을 시켜 무슨 소린지 알아보도록 한 발상 등이 얼핏 보아 송나라 구양수(歐陽修)의 <추풍부(秋風賦)>를 연상케 하는 면이 있다. 그러나 이 시는 그와는 또다른 감각적 이미지와 은근한 맛이 풍긴다. 특히 마지막 구 '시냇가 남쪽 가지에 달 걸렸네요.'에 담긴 정황의 함축성은 청신하고도 정감어린 분위기를 자아낸다. 늦가을 산사의 밤을 채색한 한 폭의 그림이 연상되기도 하고, 잔잔한 여운이 남기도 하는 작품이다.

---

9) 『松江續集』 권1 : 『松江全集』, 64면.

일찍이 장유(張維, 1587~1638)는 송강 시의 특성을 다음과 같이 평한 적이 있다.

> 시를 지을 때면, 일찍이 마음을 괴롭히거나 연마하지도 않고 대개 즉흥적으로 지은 것이 많았다. 그런데도 때때로 뛰어나고 상쾌하여 날아 움직이는 듯했으니, 말 밖의 운치와 뜻 밖의 정취가 있었다. 그리하여 시를 말하는 이들이 다 보배로 여겨, 반드시 세상에 전할 만한 것이라고 하였다.10)

송강의 시는 즉흥적으로 지어진 것이 많으면서도, '말 밖의 운치와 뜻 밖의 정취[聲外之韻 意外之趣]'가 배어 있다고 했다. 그 이유를 '뛰어나고 상쾌하여 날아 움직이는 듯[雋爽飛動]'하기 때문이라고 했다.

이같은 장유의 평은 요컨대 표현 언어가 빚어내는 이미지와 형상이 실로 감각적이며 청신하기에, 이로부터 '말 밖의 운치와 뜻 밖의 정취'가 풍겨나온다는 것으로 이해될 수 있지 않을까 생각한다. 앞에서 살핀 <山寺夜吟>에서 이런 사실을 실감할 수 있을 것이다. 이와 같은 평은 특히 송강의 한시를 염두에 두고 이루어진 것이겠지만, 우리말 노래를 위시한 송강 시가 일반에 두루 적용될 수 있는 특징이라고도 할 수 있다. 특히 '말 밖의 운치와 뜻 밖의 정취'가 배어 있다는 평은 송강 시가의 정서적 특질이자 문학성의 단면을 여실히 지적하고 있다 할 것이다.

아울러 '대개 즉흥적으로 지어진 것이 많았다.'라는 말에 주목해 보면, 송강의 작품 가운데에는 기실 이런 성격을 띤 예들이 적지 않다. 앞에서 살핀 <나모도 병이 드니…>나 <客館別成重任>·<山寺夜吟>과 같은 작품만을 놓고 보더라도, 자신의 주변에서 전개되는 현상이나 사물의 양태를 순간적으로 포착하여 형상화한 흔적이 역력하다. 중요한 것은, 이처럼 즉흥적 착상에 기인한 경우가 많았음에도 불구하고, 그 시적 이미지나 형상

10) 爲詩 未嘗刻意鍊琢 多出於對境揮灑 迭迭雋爽飛動 有聲外之韻 意外之趣 故譚禾丸者 珍之 以爲必可傳焉(「松江集 後序」):『松江全集』, 44면.

만큼은 고심해서 지은 것 못지 않게 탁월했다는 데 있다. 송강의 비범한 감수성과 시적인 자질을 말해 주는 일면이라 할 것이다.

이와 같은 특질, 즉 '말 밖의 운치와 뜻 밖의 정취'를 자아내는 감각적인 이미지와 청신한 형상은 물론 송강만이 일구어 낸 독특한 서정의 세계는 아니다. 그러나 그렇다고 해서 예사롭게 경험할 수 있는 것도 아니다. 일생을 통해 시를 지은 사람이라 할지라도, 이른바 빼어난 시적 이미지와 형상을 창출해 낸 작품은 그리 흔치 않기 때문이다. 송강의 문학적 감수성과 개성은 요컨대 이와 같은 이미지와 형상을 놀라우리만치 분방한 사고와 정서로써 형상화해 냈다는 데 있다. 그 두드러진 몇 양상을 살펴보면 다음과 같다.

<江亭>11) 강가의 정자

日夕江風起 해 질 무렵이면 강바람 일어나서,
波濤自擊撞 물결 일렁이며 저절로 부딪치네.
山翁睡初罷 산에 사는 늙은이 잠이 갓 깨어,
忽忽倚虛窓 물끄러미 빈 창에 기대어 있네.

산 너머로 해가 지면서 산산한 바람이 인다. 강 물결이 일렁이며 저절로 부딪친다. 느지막이 낮잠에 들었던 산 늙은이, 그 소리에 자리에서 부스스 일어난다. 창가로 다가간다. 창에 기대어, 아직 잠이 덜 깬 시선으로 물끄러미 강물을 바라본다.

전원생활의 흥취를 노래한 작품이다. 화려한 물상이 등장하지도, 눈에 띌 만한 상황이 전개되지도 않는다. 경물의 순간적 변화가 깃든 일상의 단면을 묘사하면서, 어느 저녁나절의 정경을 감각적 이미지로 형상화하고 있

11) 『松江原集』 권1 : 『松江全集』, 18면.

다. 그 정경 속에는 예민한 움직임이 있는가 하면 느긋한 여유가 있고, 생기가 도는가 하면 아늑함이 있다. 그리하여 정경 그 자체가 스스로 말하게 하고 있다. 애써 기운 흔적이 없다. 자연의 질서에 동화된 조화로운 생활, 그 담담한 흥취가 행 너머에서 여운처럼 번져 온다. 시상의 전개가 물 흐르듯 자연스럽고, 시어 또한 맑고 신선하다.

이처럼 관조적 시선 속에 전아한 기품과 담담한 흥취가 무르녹아 있는 양상과는 대조적으로, 다음과 같은 작품에서는 산뜻하고도 호탕한 흥취를 느낄 수 있다.

> 南山(남산)뫼 어드메만 高學士(고학ᄾ) 草堂(초당) 지어,
> 곳 두고 ᄃᆞᆯ 두고 바회 두고 믈 둔ᄂᆞᆫ이,
> 술조차 둔ᄂᆞᆫ 양ᄒᆞ야 날을 오라 ᄒᆞ거니.

남산 어디 쯤에 고학사가 초당을 지어, 꽃 두고 달 두고 바위 두고 연못 두더니, 술조차 둔 듯하고서 나를 오라 하옵네.

'고학ᄾ'는 송강의 절친한 벗이자 풍류객인 고경명인 듯하다. 그가 남산 어디 쯤엔가 초당을 지어, 꽃과 달과 바위와 연못이 어우러진 아름다운 정원으로 송강을 초대한 듯하다. 그 위치를 '남산 뫼 어드메만'이라고 표현한 데서 은근함을 느낄 수 있다. 또 경쾌한 리듬감을 자아내며 나열되는 '곳 · ᄃᆞᆯ · 바회 · 믈'은 이른바 화조월석(花鳥月夕)의 풍류를 자연스럽게 연상시킨다. 필요한 경물이 필요한 만큼만 있는 정결한 정경이다.

그러나 이와 같은 풍류에 정겨움과 흥을 불어넣는 것은 역시 종장의 '술조차 둔ᄂᆞᆫ 양ᄒᆞ야'다. 정결한 초당 풍경에 활기를 불어 넣으면서 풍류를 완성시키는 것이 바로 '술조차'의 '술'이기 때문이다. 그리하여 마치 그림 속의 정물로 존재하던 초 · 중장의 정경이 비로소 종장에 이르러 실물화하면서 살아 움직이는 듯하다. 초당을 에워싼 전체 분위기가 감각적이면서도 청신하게 다가온다. 송강의 호탕한 기질이 이처럼 정겹고 활기가 도는 분

위기, 그 탁월한 시적 이미지와 형상을 창출해 낸 것이다.[12)]

이렇듯 술은 화룡점정(畵龍點睛)하듯 송강의 풍류를 완성시킨다. 호탕하고 재기넘치는 풍류운사의 기질을 지닌 송강은 사실 술이 어우러진 풍류와 흥취를 노래하는 데 있어서 타의 추종을 불허하는 대가라고 할 수 있다. 널리 알려진 <재 너머 셩궐롱 집의…>와 같은 시조에 형상화된 생동적 이미지와 형상은 그 압권이라 할 것이며, 다시 다음과 같은 <관동별곡>의 한 대목은 활달 · 호방한 기개까지를 실감할 수 있는 예라 할 것이다.

> 松根(숑근)을 볘여 누어 픗ᄌᆞᆷ을 얼픗 드니,
> ᄭᅮᆷ애 ᄒᆞᆫ 사ᄅᆞᆷ이 날ᄃᆞ려 닐온 말이,
> 그ᄃᆡᄅᆞᆯ 내 모ᄅᆞ랴 上界(샹계)예 眞仙(진션)이라.
> 黃庭經(황뎡경) 一字(일ᄌᆞ)ᄅᆞᆯ 엇디 그ᄅᆞᆺ 닐거 두고,
> 人間(인간)의 내려와셔 우리ᄅᆞᆯ ᄯᆞᆯ오ᄂᆞᆫ다.
> 져근덧 가디 마오 이 술 ᄒᆞᆫ 잔 머거 보오.
> 北斗星(북두셩) 기우려 滄海水(창ᄒᆡ슈) 부어 내여,
> 저 먹고 날 머겨늘 서너 잔 거후로니,
> 和風(화풍)이 習習(습습)ᄒᆞ야 兩腋(냥ᄋᆡᆨ)을 추혀 드니,
> 九萬里 長空(구만 리 댱공)애 져기면 ᄂᆞᆯ리로다.
> 이 술 가져다가 四海(사ᄒᆡ)예 고로 ᄂᆞᆫ화,
> 億萬蒼生(억만창ᄉᆡᆼ)을 다 醉(취)케 ᄆᆡᆼ근 후의,
> 그제야 고텨 맛나 ᄯᅩ ᄒᆞᆫ 잔 ᄒᆞ쟛고야.

솔뿌리를 베고 누워 풋잠을 얼핏 드니, 꿈 속에 한 사람이 나에게 이르는 말이, 그대를 내 모르랴 저 하늘의 신선이라. 황정경 한 글자를 어찌하

---

12) 최진원은 송강 시조의 風格을 논하면서 그 두드러진 특색으로 '警拔'과 '淸新'을 거론하고, 다양한 작품의 실제를 통해 이를 분석적으로 조명했다(앞의 「송강단가의 풍격」, 199~213면 참조). 이 논의에 힘입은 바 크다.

여 잘못 읽어, 인간 세상에 내려와서 우리를 따르는가. 잠간 동안 가지 마오, 이 술 한 잔 먹어 보오. 북두칠성을 국자 삼아 바닷물을 길어 올려, 저 먹고 나도 먹어 서너 잔 기울이니, 조화로운 바람이 서서히 일어나 양쪽 겨드랑이를 치켜 드니, 구만 리 저 하늘을 하마면 날겠도다. 이 술 가져다가 천하에 고루 나누어, 억만 백성들을 다 취하게 만든 후에, 그제야 다시 만나 또 한 잔 하자꾸나.

취흥을 매개로 하여 현실초탈의 경지와 선정에의 의지를 노래한 대목이다. 분방한 상상력을 바탕으로 세간(世間)과 탈속(脫俗)의 경계를 자유로이 넘나드는 활달·호방함이 돋보인다. 특히 '북두셩 기우려 챵히슈 부어 내여' 주거니 받거니 술잔을 기울인다는 발상은 송강이 아니고서는 펴 내기 어려울 것이다. 감각적이면서도 청신하다. 또, 그 술을 가져다가 '사히예 고로 눈화, 억만창싱을 다 취케 밍근 후의, 그제야 고텨 맛나 또 ᄒᆞᆫ 잔 ᄒᆞ쟛고야.'라는 대목에서는, 그 풍류의 흥취를 끌고 나가는 집요함에 혀를 내두르지 않을 수 없다. 취흥으로 표상된 선정(善政)에의 의지도 의지지만, '그제야 고텨 맛나 또 ᄒᆞᆫ 잔 ᄒᆞ쟛고야.'라는 표현이야말로 송강 특유의 끈기와 집념을 그대로 드러내고 있기 때문이다.

활달·호방한 기개가 이와 같기에, 취흥이 도도해지자 조화로운 바람을 타고 우화등선(羽化登仙)-현실초탈의 경지를 체험하는 일마저도 송강에게는 그다지 어려워 보이지 않는다. 상상을 불허하는 호기와 국량이 문면에 넘쳐나는 가운데, 예의 말 밖의 운치와 뜻 밖의 정취가 풍겨난다. <관동별곡> 전체를 통해 송강의 시적 정서가 가장 고양된 대목으로서, 그가 추구하는 가치와 정서의 양면이 사대부적 풍류의 흥취를 통해 조화롭게 형상화되어 있다고 하겠다.

이렇듯이 송강의 시가에는 감각적인 이미지와 청신한 형상이 돋보인다. 그리하여 이로부터 '말 밖의 운치와 뜻 밖의 정취'를 느낄 수 있으며, 그 내밀한 흥취-정서 또한 작품에 따라 다채로운 양상을 띤다. 이와 같은 면모 역시 송강 시가에 형상화된 정서적 특질이자 개성의 일면이라 할 수 있다. 특히 어디에고 구애되거나 막힘이 없이 분방한 사고와 정서를 통해 시상을 전개해 나가는 솜씨는 예사롭게 흉내내기 어려운 송강의 독창적 면모일 듯하다. 나아가 이러한 사실들로부터 송강은 일상적 사유나 가치의식 면에서는 철저한 현실주의적 성향을 지니면서도, 타고난 감성에서 우러나오는 시적 정서와 이미지의 포착력에 있어서는 지극히 낭만적인 기질의 소유자임을 알 수 있다. 이는 그가 그만큼 예민한 감각과 풍부한 상상력을 지닌 인물임을 말해 준다 할 것이다.

4. 심회의 긴절성과 곡진한 의미

송강의 시가는 흔히 활달 · 호방한 정서로 대변되지만, 이와 대조적인 성향이라 할 수 있는 섬세 · 애절한 정서 역시 그의 문학적 감수성과 개성을 대변하는 특징으로 일컬어 손색이 없다. 전자를 남성적 호방함이라고 한다면, 후자는 여성적 정밀함이라고 할 수 있을 것이다. 그만큼 송강 시가에 형상화된 정서는 다감한 면이 있다.

여성적 정밀함의 표본이라 할 수 있는 작품 한 편을 들어보기로 하겠다.

> 내 ᄒᆞᆫ낫 산깁젹삼 ᄲᆞᆯ고 다시 ᄲᆞ라,
> 되나된 벼틔 ᄆᆞᆯ뢰고 다료이 다려,
> ᄂᆞ는 듯 ᄂᆞᆯ란 엇게예 거러 두고 보쇼셔.

내 한낱 산깁적삼. 빨고 다시 빨아, 뜨거운 햇볕에 말리고 또 말리고, 다리고 또 다리어서 드리나니, 나는 듯 날씬한 어깨에 걸어 두고 보소서. 저의 온 정성과 사모의 정을 임에게 바치나이다.

'산깁적삼'은 생명주실로 짠 비단 적삼이다. 그것을 온 정성을 다해 빨고 말리고 다리어서 임에게 바치노니, 아리따운 임의 어깨에 걸어두고 보시라는 노래다. 이렇듯 간절한 정성이 깃든 산깁적삼이 사모하는 여인의 날씬한 어깨에 걸쳐진 것을 상상만 해도 황홀하다. 더욱이 그 산깁적삼이 임에게 모든 것을 바치고자 하는 자기 자신인 바에야.

이 작품은 언어로 그린 한 편의 미인도다. 옛부터 '시는 형체 없는 그림이요, 그림은 소리 없는 시'라고 했다. 결 고운 '산깁젹삼'을 '나ᄂᆞᆫ 듯 눌란 엇게'에 걸친 여인, 그 우아한 곡선이 흐르는 미인을 눈 앞에 떠올리지 못하거나, 그녀를 다만 임금으로만 생각한다면, 이 시를 읽을 자격이 없는 사람이다. 자신을 '산깁젹삼'에 비유한 것 자체부터가 송강의 독창적이고도 강렬한 개성을 그대로 드러낸다. 토속적 제재가 불러 일으키는 참신한 미감과 더불어 간곡한 정이 묻어나는 절창이다.

특히 종장의 '나ᄂᆞᆫ 듯 눌란 엇게'라는 표현은 누구도 흉내내기 어려운 탁월한 감성의 발로다. 최진원은 이를 "전인미답(前人未踏)의 참신한 표상"[13]이라고 했으며, 특히 "'나ᄂᆞᆫ 듯'은 이 노래에 들어 예술어가 되었다."[14]라고 평했다. 우리말의 일상어에 청신한 미감이 깃들면서, 그 일상어가 차원 높은 예술어로 탈바꿈하고 있는 것을 지적한 말이다. 하늘로부터 부여받은 자질이 저절로 펴지지 않고서는 이와 같은 표현과 형상을 창출해 내기 어려울 것이다. 이로써 '시인은 언어의 마술사'라는 말을 실감할 수 있지 않을까 싶다.

송강의 시가에서 섬세·애절함에 바탕을 둔 여성적 정밀함을 실감하는 일은 색다르면서도 예사로운 경험이다. 남성 작가에게서 이런 정서를 실감하는 일 자체도 그렇지만, 그것이 매우 독특한 양상을 띠기에 색다르다고 할 수 있다. 또, 예사롭다는 것은 이같은 정서가 송강 시가 전반에 걸쳐 두드러진 양상의 하나로 부각되어 있다는 사실 때문이다.

중요한 것은 이러한 여성적 정밀함의 뿌리라 하겠는데, 이는 매사 적극적이고 집착이 강한 송강의 긴절한 심회로부터 우러나는 것이 아닌가 생

13) 최진원, 앞의 「송강시가의 풍류」, 192면.
14) 최진원, 앞의 「송강단가의 풍격」, 210면.

각한다. 그리고 이러한 심회를 형상화한 언어구조체로부터 특유의 정감이 깃든 곡진한 의미가 발현되기 때문이 아닌가 생각한다. 요컨대 이와 같은 송강 시가의 정서적 특질을 포괄적으로 '심회의 긴절성과 곡진한 의미'라 일컬을 수 있을 것이다.

송강의 시가에서 심회의 긴절성과 곡진한 의미를 실감할 수 있는 예는 어느 경우보다도 연군(戀君)의 정을 형상화한 작품들이다. 시조 · 가사 · 한시 등 송강 시가 전반에 걸쳐 나타나는 보편적 주제의식의 하나가 바로 연군의 정이기도 하다.

> 나올 적 언제러니 秋風(츄풍)의 落葉(낙엽)ᄂᆞ데.
> 어름 눈 다 녹고 봄 곳치 픠도록애,
> 님 다히 긔별을 모ᄅᆞ니 그를 셜워ᄒᆞ노라.

> 머귀닙 디거야 알와다 ᄀᆞ올힌 줄을.
> 細雨淸江(셰우쳥강)이 서ᄂᆞ럽다 밤긔운이야.
> 千里(쳔니)의 님 니별ᄒᆞ고 좀못드러 ᄒᆞ노라.

사랑하는 임 이별하고 떠나온 지 언제던가. 어느덧 가을바람에 우수수 낙엽이 지더이다. 그 시절 또 지나, 얼음 눈 다 녹고 봄꽃 다시 피어나건만, 임 계신 땅 소식을 모르니 그것을 서러워하노라.

오동잎 떨어지매, 그제서야 알았노라 가을인 줄을. 가랑비 내리는 강가에 서노라니, 서느럽게 전해 오는구나 밤 기운이여. 천 리 머나 먼 곳에 임 이별하고, 이 한밤 그리움에 잠 못들어 하노라.

인용한 두 편의 시조에서, 송강이 말하고자 하는 바는 모두 종장에 집약되어 있다. '임 계신 땅 소식을 몰라 서러워한다'는 것과 '임과의 이별이 가져다 준 고독감과 그리움으로 잠 못들어 한다'는 것이 그것이다. 그런데 이러한 작자의 심회와 이면에 내포된 의미는 초장 · 중장이 환기하는 분위기와 정감으로 인해 절실한 느낌을 준다. 초장 · 중장은 그렇듯 간절한 연군의 정을 부추기는 자연의 형상들을 특유의 섬세한 감각으로 포착 · 형상화하고 있기 때문이다. 그래서 그 심회와 의미가 긴절하고도 곡진하게 다가오는 것이다.

이처럼 강호에 물러나 있을지라도 송강의 마음은 항상 '임'에게 가 있다. 자연에 깃든 그윽한 정취도, 처사로서 누리는 담담한 생활도 '임'이 부재하는 상황에서는 어딘지 온전치 않게 느껴진다. 또, 시간이 흐르면서 계절이 바뀌고 이별의 간격이 벌어질수록, 안타깝고 초조한 심경도 그 깊이를 나날이 더해 간다. 그래서인지 연군의 정을 노래하는 송강의 심사는 때로 애절함을 넘어서서 비장하기조차 하다. 그의 투철한 현실지향적 태도와 가치의식의 발로라고 할 것이다.

따지고 보면, '연군'은 유가 사대부라면 으레 표방하는 정서다. 자신이 살아가는 사회, 그 체제의 정점에 서 있는 임금을 받들고 그리워하는 마음은 신하된 자의 당연한 감정이자 도리일 터기 때문이다. 그런데 송강의 경우는 그 정이 유별나게 깊고 간절했다는 사실이다. 특히 '외로운 신하'의 처지에서 멀리 '궁궐'에 계시는 '임'을 그리워하는 정은 무엇에도 견주기 어려울 만큼 섬세 · 애절하다. 송강은 이를 주로 사랑하는 지아비를 이별한 여인의 심경에 가탁하여 형상화했는데, 그 정서 형상화의 매개물로는 달 · 연지 · 바느질 등 지극히 여성적인 분위기와 정감을 자아내는 물상들을 두루 등장시키고 있다.

대표적인 예로서 <사미인곡>의 한 대목을 들어보기로 하겠다.

ᄭᅩᆺ 디고 새 닙 나니 綠陰(녹음)이 ᄭᆞᆯ렷ᄂᆞᆫᄃᆡ,
羅幃(나위) 寂寞(적막)ᄒᆞ고 繡幕(슈막)이 뷔여 잇다.
芙蓉(부용)을 거더노코 孔雀(공쟉)을 둘러 두니,
ᄀᆞᆺ득 시름한ᄃᆡ 날은 엇디 기돗던고.
鴛鴦錦(원앙금) 버혀 노코 五色線(오ᄉᆡᆨ션) 플텨 내여,

금자히 견화이셔 님의 옷 지어내니,
手品(슈품)은 ᄏᆞ니와 制度(졔도)도 ᄀᆞ즐시고.
珊瑚樹(산호슈) 지게 우희 白玉函(ᄇᆡᆨ옥함)의 다마 두고,
님의게 보내오려 님겨신ᄃᆡ 바라보니,
山(산)인가 구름인가 머흐도 머흘시고.
千里萬里(쳔리 만리) 길히 뉘라셔 ᄎᆞ자갈고.
니거든 여러 두고 날인가 반기실가.

꽃이 다 떨어지고 새 잎이 돋아나자 녹음이 짙게 깔린다. 그런데 임이 계시지 않는 빈 방, 아름다운 비단 휘장과 수놓은 장막만 드리워져 있을 뿐, 적막으로 가득하다. 연꽃 장막을 걷어 놓고 공작 병풍을 둘러 두니, 가뜩이나 시름겨운데 하루 해는 왜 그리도 길고 지루한지. 원앙을 수놓은 이불을 꺼내 놓고 오색실을 풀어내어, 금으로 된 자로 치수를 재어 임의 옷을 지어 놓고 보니, 솜씨는 말할 것도 없거니와 그 치수와 모양도 더할 나위 없이 갖춰졌구나. 그 옷을 백옥함에 담아 산호수로 만든 지게 위에 얹어, 임에게 보내 드리고자 임 계신 곳을 바라보니, 산 첩첩 쌓이고 구름 자욱히 가리어, 험하고도 아득하구나. 그렇듯 천만 리 머나 먼 길을 누구라서 찾아 갈 것인가. 또 그렇게 해서 가게 되면, 임은 정작 그 백옥함을 열어 보시고 날 보신 듯이 반기실 것인지.

잘 알려진 것처럼 <사미인곡>은 천생연분으로 여겼던 임과 생이별한 안타깝고 서글픈 신세를 토로하는 것으로부터 시작하여, 계절이 바뀜에 따라 새롭게 밀려드는 그리움을 노래하면서 임에게 드리고자 하는 정성을 차례로 늘어놓은 다음, 마침내 임에 대한 변치 않는 마음과 간절한 소망을 노래하는 것으로 마무리되는 작품이다. 인용한 부분은 여름날의 정경과 심회를 노래한 대목이다.

쌓이는 시름과 고통을 달래가며 긴긴 여름날 빈 방을 지키면서 임에게 비단옷을 곱게 지어 드리고자 하는 정성이 절절이 배어 있다. 임이 부재하

는 현실, 그 견디기 어려운 고독감을 배경으로, 임을 그리는 긴절한 심회와 곡진한 의미가 우러나고 있는 것이다. 그러면서도 행간 너머에서 우아한 여인의 자태와 은은한 향취가 풍겨 나온다. 그렇기에 남성 작가의 것이라고 믿기 어려울 만큼 섬세·애절한 정감이 어느 대목보다도 탁월하게 형상화되어 있다.

특히, 자신의 인격적 분신인 작중화자-여인의 목소리로부터 풍겨 나오는 우아한 아름다움은 우리에게 무한한 감흥을 불러 일으킨다. 이는 다만 연군의 정이나 남녀간 상사의 정을 노래하는 데 머무르지 않고, 이를 자연스럽게 뛰어 넘어 그 이상의 정감과 상상의 세계를 열어놓기 때문이다. 그런 면에서 이와 같은 우아한 아름다움은 송강 특유의 문학적 감수성의 발로이자, "사대부로서의 정신적 높이를 표상"15)하는 것일 수 있으리라 생각한다. 연군의 정을 노래한 송강의 작품들이 절창으로 일컬어지며 후대에까지 널리 애창된 이유의 일단을 여기에서 찾을 수 있을 것이다. 그것은 요컨대 연군의 정이 인간의 보편적 사랑, 그 애절한 연가로까지 확대될 수 있을 뿐 아니라, 우리 의식의 내면에 깊숙히 잠재해 있는 감성을 자극하여 마침내 정신을 고양시키는 미적·정서적 체험, 그 가능성까지를 열어 놓기 때문이 아닐까 생각한다.

'임'을 노래하는 송강의 목소리는 이렇듯 섬세하고 애절한 여성적 분위기를 풍기기에, 그만큼 정서적 호소력이 짙다. 그런 면에서 '지극히 여성적인 것이 우리를 감동케 한다.'라는 말을 굳이 빌리지 않더라도, 송강은 누구보다도 이 말의 의미와 깊이를 터득하고 이를 작품으로 실현한 작가였다고 할 수 있다.

한편, 송강 시가에서 심회의 긴절성과 곡진한 의미가 우러나는 예는 비단 여성적 이미지와 정감을 통해서만 실감할 수 있는 것은 아니다. 역시 섬세·애절한 정서를 바탕으로 하고 있기는 해도, 이와는 또다른 양상을

15) 성무경, 「가사의 존재양식 연구」(성균관대 박사학위논문, 1997), 67면.

띠는 경우가 적지 않기 때문이다.

<月夜作>[16] 달밤에 짓다

秋風乍起愁枯竹 가을바람 건듯 불어 마른 대나무 시름한데,
嶺月初生是美人 산마루에 달 돋으니 어져 미인이로세.
不覺依然成再拜 나도 모르게 달을 향해 두 번 절하나니,
孤臣此夜白髮新 외로운 신하 백발이 이 밤에 새로워라.

쏴아 가을바람이 일어나 시든 대나무숲을 흔든다. 스산한 댓잎소리가 한없는 시름을 자아낸다. 문득 고개를 들자 산마루에 달이 갓 돋아난다. 아아, 꿈에도 잊지 못하는 임이여! 나도 모르게 달을 향해 재배를 올린다. 그예 평안하신지, 나를 언제 다시 부르시려는지……. 임을 여읜 외로운 신하, 이 밤에 백발만 길어가는 것이 새롭다.

대나무의 심성을 가지고 있건만, 불우한 처지에 놓여 있기에 스스로를 '시름겨운 마른 대나무[愁枯竹]'에 비유했다. 그의 유일한 위안이자 희망은 '달-미인'으로 표상된 임금이다. 그렇기에 이를 대하자 '나도 모르게 두 번 절'한다. 임이 불러주기 바라는 긴절한 심회를 이렇듯 어떤 수식도 없이 드러내고 있다. 그러나 아무런 기약이 없기에, 속절없이 흘러가는 세월을 안타까워하며 만단의 수심에 싸인다. 임의 곁에 머물고 싶어 하는 송강의 곡진한 뜻이 그의 입가로 가늘게 터져 나오는 탄식과 함께 절절이 전해져 온다.

예의 연군의 정을 노래한 작품이지만, 적잖이 직설적이다. 그렇기에 여성적 정밀함보다는 애절함 그 자체, 앞에서 살폈던 <夜坐聞鵑>의 처절함과 정서 형상화 면에서 상통하는 양상을 보여 준다. 특히 둘째 · 셋째 구의

16) 『松江續集』 권1 : 『松江全集』, 69면.

'달-미인을 향해 두 번 절하는' 모습에서 유가 사대부의 체질화된 사고와 정서의 단면을 실감할 수도 있겠으나, 그 솔직한 고백으로부터 오히려 긴절함과 곡진함을 가식 없이 느낄 수 있는 것이 아닌가 생각한다.

여성적 정밀함과는 그 분위기와 정감이 다른 차원에서 심회의 긴절성과 곡진한 의미를 형상화한 예로서 빼놓을 수 없는 작품이 <장진주사>다.

> ᄒᆞᆫ 盞(잔) 먹새 그려 ᄯᅩ ᄒᆞᆫ 盞(잔) 먹새 그려.
> 곳 것거 算(산) 노코 無盡無盡(무진무진) 먹새 그려.
> 이 몸 주근 後(후)면,
> 지게 우ᄒᆡ 거적 더퍼 주리혀 ᄆᆡ여 가나,
> 流蘇寶帳(뉴소보댱)의 萬人(만인)이 우러녜나.
> 어욱새 속새 덥가나모 白楊(ᄇᆡᆨ양) 수페 가기곳 가면,
> 누른 ᄒᆡ 흰 ᄃᆞᆯ ᄀᆞᄂᆞᆫ 비 굴근 눈 쇼쇼리 ᄇᆞ람블 제,
> 뉘 ᄒᆞᆫ 盞(잔) 먹쟈홀고.
> ᄒᆞ믈며 무덤 우ᄒᆡ ᄌᆞᆫ나비 ᄑᆞ람 불 제,
> 뉘우ᄎᆞᆫᄃᆞᆯ 엇디리.

생각해 보면 허무한 인생이러니, 한 잔 또 한 잔, 꽃가지 꺾어 셈해 가며 무진무진 마셔보자꾸나. 누구도 피할 수 없는 죽음의 운명이기에, 이렇듯 살아 숨쉬고 있을 때 술잔 기울이면서, 그 허무감에서 벗어나는 것도 좋은 일 아니겠는가. 지게 위에 거적 덮어 졸라 매 지고 가는 미천한 사람이든, 화려한 상여에 만인이 울며 떠나보내는 고귀한 사람이든, 모두가 죽으면 그 뿐, 한 가지인 것을. 하여, 억새·속새·떡갈나무·백양나무 우거진 숲 무덤 속에 누워 있으면, 누른 해·흰 달·가는 비·굵은 눈·쌀쌀한 바람 부는 그 적막한 때, 누가 찾아와 한 잔 먹자고 하겠는가. 하물며 무덤 위에 원숭이 휘파람 부는 더없이 애닯고 서글픈 그 때 가서야, 못다 누린 이 이승에서의 삶을 뉘우쳐 본들 무엇하겠는가.

이 작품은 누구도 피할 수 없는 죽음의 문제를 내세우면서, 인생의 허무와 비애를 술로 풀어 달래고자 한 노래다. 인간의 의지만으로는 극복할 수 없는 죽음의 운명 앞에서, 어느 누구도 태연자약할 수 없다. 그렇기에 중요한 것은 '살아 있는 오늘'임을 역설적으로 강조한다. 술을 마심으로써 그러한 애환에서 벗어날 수 있다는 데서는 다소 향락적인 분위기를 풍기지만, 이는 오히려 오늘의 삶을 철저하게 향유함으로써 유한한 인생의 의미를 찾는 것일 수도 있다. 따라서 저자거리의 소박한 권주가와는 그 품격이 전혀 다르다.

이 노래에는 삶에 대한 깊은 성찰과 회한이 있고, 자연의 이법에 순응·귀의하는 달관이 있다.[17] 특히 '누른 ᄒᆡ 흰 ᄃᆞᆯ ᄀᆞᄂᆞᆫ 비 굴근 눈 쇼쇼리 ᄇᆞ람블 제, 뉘 ᄒᆞᆫ 잔 먹쟈ᄒᆞᆯ고.'와 같은 구절은 그 유려한 표현과 오감을 자극하는 이미지를 통해, 세월의 무상함과 인생의 유한함을 참으로 실감나게 형상화하고 있다. 그렇기에 유한한 인생의 의미를 자각한 시인은 살아있는 오늘 술을 마시며 '죽음이 주는 절망감을 담담하게 반추'하고 있는 것이다. 그런 면에서 이 노래는 '죽음의 비극성과 허무에 대한 반작용으로, 삶에 대한 강한 긍정과 애착'을 역설적으로 드러내고 있다 할 것이다.[18]

이처럼 <장진주사>에는 유한한 인생을 즐길 줄 아는 풍류운사의 애연한 흥취가 있는가 하면, 현존재의 삶을 반추하면서 느끼는 처연한 정서가 만인의 심금을 울리기도 한다. 한 마디로 술과 노래와 풍류가 한데 어우러져

---

17) 신경림은 「오늘의 시인이 읽은 송강의 시」(『송강문학연구논총』, 국학자료원, 1993)라는 글에서 이 작품의 소감을 피력하면서, "여기에는 삶에 대한 깊은 회한과 체념이 있고, 자연에의 순응과 귀의가 있다."(44면)라고 한 바 있다. 이를 참조했다.

18) 조규익은 <장진주사>에 드러난 미의식을 논하면서, "'누른ᄒᆡ · 흰ᄃᆞᆯ · 가ᄂᆞᆫ비 · 굴근눈 · 쇼쇼리ᄇᆞ람' 등 삭막한 소재가 이루는 분위기, 거기에 덧붙여 'ᄌᆞᆫ나비ᄑᆞ람'이 야기시키는 처절한 死의 비극미가 현세에서의 '生의 철저한 향유'에 의해 문면에서는 음주라는 향락의 형태로 나타나지만, 이것은 삶에 대한 강한 긍정이다. 죽음의 비극성과 허무에 대한 반작용으로 생에 대한 애착을 표현하고 있는 이 시인은 죽음이 주는 절망감을 담담하게 반추하고 있다."(『가곡창사의 국문학적 본질』, 집문당, 1994, 101면)라고 한 바 있다. 이를 참조했다.

깊은 사유와 정감의 세계를 열어놓는 데 이 작품의 매력이 있다고 할 것이다. 송강의 시가 가운데 이른바 심회의 긴절성과 곡진한 의미가 점점이 묻어나는 또다른 표본이라 하겠다.

이상에서 보듯, 송강 시가에 형상화된 정서는 남성적 호방과 대조되는 여성적 정밀함이 두드러진 특성의 하나로 부각되어 있다. 나아가 이와는 또다른 어조와 분위기를 통해 자신이 지향하는 바를 절실하게 형상화하는 양상을 띠기도 한다. 그리하여 이들 작품으로부터 작자의 긴절한 심회와 전하고자 하는 의미가 곡진하게 우러나는 것을 피부로 느낄 수 있다. 이와 같은 특질은 작품에 표방된 정서가 대부분 경험적 진실성에 토대를 두고 있기 때문인 데 말미암는 것이 아닌가 생각한다. 그리하여 우리에게 정서적 공감의 세계를 열어줌으로써, 자연스럽게 동화의 감정을 체험하게 하는 효과를 발휘하기 때문이 아닌가 생각한다. 이와 같은 면모 역시 송강 시가에 형상화된 정서적 특질이자 개성의 일면이라 할 수 있다. 이 점은 특히 여성 화자를 작품의 표면에 등장시키거나 형상화 대상에 깊숙이 몰입하는 독특한 어조와 화법을 통해, 그 묘미와 정감을 더하고 있다고 하겠다.

5. 맺음말 : 몰입과 초탈의 변증법

위대한 작가의 작품이란 여러 가지 의미를 내포하고 있겠지만, 우선은 많은 사람들에게 공감을 불러일으킨다는 의미로 이해될 수 있을 것이다. 이름하여 '공감의 리듬'을 자아내는 작품이라고 할 수 있다. 송강의 시가에는 우리의 감성을 일깨우는 신선한 '공감의 리듬'이 배어 있다. 이 리듬은 바로 표현 언어가 빚어내는 시적 이미지와 형상에서 비롯된 것이다.

공자(孔子)는 "문체의 아름다움이 결여된 표현은 오래 보존되지 못한다."[19]라고 했다. 또, 송나라 때의 문장가 소동파(蘇東坡)는 "자연스러운 사고와 언어의 흐름으로부터 자유분방하고도 풍부한 매력이 솟아난다."[20]

라고 한 적이 있다. 송강의 시가 작품들은 무엇보다도 언어가 막힘 없이 자연스럽고 아름다우며, 언어를 통해 전하고자 하는 뜻이 분방하면서도 간절하다. 그리하여 이와 같은 표현 언어의 긴밀성과 곡진한 의미로부터 풍부한 시적 형상력이 솟아난다고 할 수 있다.

송강만큼 예민한 감각과 풍부한 상상력을 지닌 이도 드물다. 그의 감각은 스치는 바람에도 민감하게 반응하는 강의 수면과도 같다. 그런가 하면 그의 풍부한 상상력과 사유의 깊이는, 속이 깊은 항아리에서 울려 나오는 소리의 밀도와도 같다. 그래서 수면 밑에서 자라는 수초들과 속이 깊은 항아리에서 익은 술에 비유될 수 있는 그의 시편들은 갖가지 맛을 느끼게 한다. 깊은 울림을 준다.

송강 문학의 생명력은 이처럼 예민하고 풍부한 감성으로부터 우러나오는 호소력과 그것을 정서적으로 형상화하는 데 관여하는 언어의 참신성에 있다고 할 수 있다. 그런 면에서 보면, 그의 작품들은 대부분 대상을 관조함으로써 얻게 되는 정감보다는, 직관적 인식을 통해 얻게 되는 정감이 두드러진다. 그래서 이성을 압도하는 감성적 시편들이 작품의 큰 줄기를 이룬다. 나아가 그의 작품들은 자신의 직접적인 경험에서 우러나는 생각이나 느낌을 노래하는 경우가 대부분이다. 그래서 그만큼 절실한 느낌을 준다.

더욱이 송강의 작품들에는 얼핏 보기에 한 시인에게서 동시에 나타나기 어려운 이질적인 면모들이 분방한 사고와 정서를 통해 표출되고 있다. 일상사적 관심과 탈속의 정서가 공존하는가 하면, 경국제민의 이념과 처사적 삶의 흥취가 분방하게 표출되기도 하고, 활달하고 호방한 품성의 이면에 지극히 섬세하고 애절한 여성적 정감이 넘쳐나기도 하는 것이 그 두드러진 단면들이다. 그리하여 작품 내부로 깊숙이 들어가 보면, 송강의 시가는

19) 仲尼曰…言之無文 行而不遠(『左傳』 襄公 25년) : 『中國美學史資料彙編 · 上』(臺灣, 明文書局, 1983), 3면.
20) 文理自然 姿態橫生(『蘇東坡集 · 後集』 권14 「答謝民師書」) : 『中國美學史資料彙編 · 下』(臺灣, 明文書局, 1983), 37면.

대부분 인정에 곡진하다는 사실을 실감한다. 우리가 살아가면서 겪게 되는 기쁘고 슬픈 곡절, 간절한 그리움과 애달픈 심사, 호쾌한 낭만과 섬세한 정감 등이 오롯이 담겨 있다. 그런 면에서 송강의 문학은 자신이 살아가면서 겪은 다단한 삶의 기록이자, 탁월한 감성으로 직조한 비단이라고 할 수 있다.

요컨대, 이와 같은 면면들이 바로 송강 문학이 지닌 개성이자 미학의 구체적 실상이 아닌가 생각한다. 그리하여 이러한 특성들을 두루 포괄하여 '몰입과 초탈의 변증법'이라고 할 수 있지 않을까 생각한다. 시적으로 형상화하고자 하는 대상에, 한 편으로는 한없는 상념으로 깊숙이 빠져드는가 하면, 다른 한 편으로는 시원스럽고 유쾌하게 벗어나는 양면이 공존하면서, 양쪽 모두에서 탁월한 개성과 서정의 세계를 열어놓고 있기 때문이다. 송강의 작품들에 내재된 다채롭고 풍부한 미학은 바로 이와 같은 '몰입과 초탈의 변증법'에서 비롯되는 것으로 보인다.

송강의 시가 작품들을 주제적 양상에 따라 크게 일상의 감회 · 연군의 정 · 풍류의 흥취를 형상화한 것의 세 부류로 나눈다고 할 때, '연군의 정'을 형상화한 작품들은 몰입의 측면을 대변하고 있는 것으로 생각되며, '풍류의 흥취'를 형상화한 작품들은 초탈의 측면을 대변하고 있는 것으로 생각된다. 그리고 '일상의 감회'를 형상화한 작품들은 대부분 몰입과 초탈의 양면을 적절히 포괄하고 있는 것으로 생각된다. 물론 이들 세 부류 사이에 어떤 우열이 있는 것은 아니며, 각기 독특한 개성을 내재한 이들의 총체, 그 다면체적 구조물이 바로 송강 시가가 아닌가 생각한다.

이처럼 다양한 감수성과 개성을 지닌 인물이기에, 송강은 그가 생존 · 활동하던 당대의 문학 양식들을 두루 활용하여 작품 창작에 임했다. 그리하여 우리에게 보편적 공감의 세계를 다채롭게 열어 놓았다. 이는 매사 적극적이고 집착이 강한 그의 품성과 다정다감한 기질의 소산이기도 하다. 특히 우리말로 된 송강의 시가들은 미적 · 정서적 체험을 훨씬 더 깊고 감칠맛나게 한다. 우리말 표현에 담긴 사고와 정서를 한층 차원 높은 단계로 끌어올려, 거기에 예술적 미감이 깃들게 했기 때문이다. 그가 생존 · 활동하던 당대의 문학인들 뿐 아니라 이후 오늘의 문학인들까지도, 송강 시가야말로 이 땅의 진정한 문학일 수 있음을 주목 · 강조한 이유도 바로 여기에 있다고 할 수 있다.

(『한국시가연구』 제5집, 한국시가학회, 1999.8)

한국 고전시 해석의 과제와 전망
- 안민영(安玟英)의 〈매화사(梅花詞)〉 경우 -

■

성기옥(成基玉)

1. 문제의 제기

안민영(安玟英, 1816~?)의 <매화사(梅花詞)>는 오늘날 대중에게 비교적 널리 알려진 시조작품 중의 하나다. 대부분의 고전작품이 다 그러하듯이, <매화사>의 낯익음 역시 일찍부터 중고등학교 교과서에 수록되어 온 학교 교육의 덕분이 아닌가 한다. 그러나 <매화사>에 대한 대중의 이해는 몇 가지 문제점을 내보인다. 지금부터 130여년 전인 19세기 후반에 창작된 근래의 작품이면서도 그보다 훨씬 오래 전에 씌어진 케케묵은 작품인 듯한 느낌을 받는다. 머리로서는 19세기 작품으로 배워 알고 있을지라도, 가슴으로는 400여년 전의 16세기 퇴계(李滉)나 율곡(李 珥)의 시조와 동열(同列)에 놓인 것으로 받아들인다. 오늘날과의 거리감이 도드라질수록 16세기와 19세기 사이의 거리감은 무디어져서, 마치 시간이 정지된 동시대의 작품처럼 받아들이는 것이다. 사정은 <매화사> 자체의 이해에서도 다를 바 없다.

<매화사>가 모두 8수로 이루어진 연시조라는 사실은 알만한 사람이 다 알고 있지만, 연시조로서의 전체상을 그릴 수 있는 사람은 극히 드물다. 몇몇 수만 수록되어 온 교과서의 관행 탓으로 선별된 몇 수에 대한 인상이 일반적으로 그릴 수 있는 <매화사>의 전부다. 대중이 아는 <매화사>의 모습은 그렇게 파편화된 조각들로 이루어져 있는 셈이다.

왜 이렇게 되었는가의 원인을 우리는 서구문화의 충격에 의한 근대와 전근대 사이의 깊디 깊은 문화적 골에서 찾아낼 수 있다. 물론 입시 위주의 학교교육으로 말미암은 문학교육의 파행성에서도 그 중요한 원인을 찾을 수 있다. 그러나 필자가 주목하는 것은 무조건 남의 탓으로만 돌릴 수 없는 우리 자체의 내부 사정에 있다. 그렇게 된 원인이 외부적 상황 못지않게 국문학 연구 자체에도 잠복해 있는 것으로 진단할 수 있기 때문이다.

<매화사>의 연구는 단독의 작품론으로서 접근하는 예가 많지 않다.[1] 안민영 시조의 전체상을 밝히는 과정에서 <매화사>에 접근하는 경우가 연구의 대부분을 차지하고 있다.[2] 선행연구를 통해 이루어진 <매화사>의 해석

---

1) 류준필, 「안민영의 <梅花詞>론」, 『한국고전시가작품론』(집문당, 1992).

2) 沈載完, 「金玉叢部(周翁漫筆)硏究-文獻的 考察 및 安玟英作品 考察」, 『論文集』 4집(청구대학, 1961).
崔康賢, 「四君子의 文學的 考察(1)-주로 梅花를 中心하여」, 『弘大論叢』 7집(홍익대학교, 1975).
秦東赫, 「周翁의 生涯와 文學」, 『古時調文學論』(형설출판사, 1976, 1987 증보 5판).
尹榮玉, 「梅花와 桃花의 時調」, 趙奎卨·朴喆熙 編, 『時調論』(일조각, 1981); 尹榮玉, 『時調의 理解』(영남대출판부, 1986 재수록).
黃淳九, 「安玟英論」, 『古時調作家論』(백산출판사, 1986).
朴乙洙, 「安玟英論」, 『韓國文學作家論』(형설출판사, 1982).
羅貞順, 「19세기 時調의 性格과 그 意味」, 『梨花語文論集』 10집(이화여대 한국어문학연구소, 1988).
鄭尙均, 「安玟英」, 『韓國近世詩文學史硏究』(한신문화사, 1988).
朴魯埻, 「안민영 시조의 기본틀과 지향세계」, 『古典文學硏究』 5집(한국고전문학연구회, 1990).
고미숙, 「안민영의 작품세계와 그 예술사적 의미」, 『韓國學報』 62집(일지사, 1991).
______, 「19세기 시조의 전개양상과 그 작품세계 연구」(고려대 박사학위논문, 1993).
이지영, 「安玟英의 시조창작을 통해 본 19세기 歌客時調의 성격」(이화여대 석사학위과 평가는 두 갈래로 서로 엇갈린다. 안민영의 대표작으로 손꼽는 데는 어느 연구자나 주저하지 않지만 해석의 과정에서는 긍정적 평가와 부정적 평가가 함께 공존한다. 그러나 상반된 평가에도 불구하고 작품 해석의 기본 시각은 <매화사>에 대한 대중의 이해와 기본적으로 궤를 같이 한다. 우선 부정적 평가를 내리는 견해들을 종합하면 대체로 다음과 같이 요약될 수 있다.

(가) <매화사>를 통한 雅趣高節의 강조는 조선조 사대부들이 지향하던 전형적 이념세계인 歲寒高節의 전통 안에 있다. 중세적 심미안과 관념의 세계를 넘어서지 못하는, 이른바 '자연의 관념화'라는 조선조 시가문학의 한 전형을 답습하고 있다.

(나) 연시조로서의 통일된 짜임을 발견하기 어려운 단순한 소재적 조합의 성향을 띠고 있어 <매화사>는 8연 전체로서의 구조적 긴장성을 발견하기 어려운 작품이다.

(다) 사물의 탐구나 인식의 깊이에 있어 <매화사>는 기존의 梅花詩(특히 한시) 수준에 못 미친다. 퇴계의 매화시에서 발견할 수 있는 매화의 '淸眞 혹은 淸淨의 세계, 天理의 세계'와는 달리, <매화사>는 단순한 탐닉의 대상, 취흥을 돋우기 위한 차용물로서의 매화를 노래하고 있다.

(라) 표현 기법에 있어서도 <매화사>에 반복적으로 등장하는 눈 · 매화향 · 달 · 술 등의 전통적 연상물들, 이들을 드러내는 '氷姿玉質' '暗香浮動' '黃昏月' '盞' '雅致高節' 등의 시어들은 모두가 매화 제재의 시편들에서 오래 전부터 관행적으로 사용되어 온 전통적 표현들이다.

논문, 1993).
조규익, 「安玟英論-歌曲史的 位相과 작품세계를 중심으로」, 『국어국문학』 109호(국어국문학회, 1993).
이동연, 「19세기 가객 안민영의 藝人像」, 『梨花語文論集』 13집(이화여대 한국어문학연구소, 1993).
_____, 「19世紀 時調의 變貌樣相」(이화여대 박사학위논문, 1995).

(가)는 부정적 평가를 내리는 대부분의 논의에서 <매화사>의 한계로서 지적하는 내용이고, (다)(라)는 부정적 시선을 더욱 돋우어 접근하는 논의에서 지적되는 내용들이다. 비판의 정도가 어떠하든 이에서 지적되는 미의식의 보수성, 사대부 지향성, 관례적 표현들은 19세기적 새로움보다 전시대 문학의 지속적 측면에 초점을 맞춘다는 점에서 기본적으로 대중의 이해와 맥을 같이 한다. (나)의 경우 연시조로서의 통일성 결여를 명시적으로 지적하는 논자는 많지 않다. 그러나 거의 모든 논자들이 이를 묵시적으로 받아들이는 가운데 <매화사>의 해석을 시도한다는 점에서, 파편화된 조각들로서의 작품 이해는 대중의 그것과 다를 바가 없다.

이런 사정은 긍정적 평가를 내리는 경우도 예외가 아니다. 오히려 <매화사>의 우수성을 진단하는 문제의식이나 문제해결의 논리가 부정적 논자들보다 든든하지 못한 편이기 때문에 대중의 소박한 이해와는 더욱 큰 유사성을 보인다. 미의식의 전통성, 세련된 언어구사가 작품의 우수성을 가름하는 중요한 덕목이고, 연시조로서의 통일성 문제 역시 거의 관심을 두지 않는 상태에서 소박하게 작품에 접근하고 있기 때문이다.[3]

이런 사실은 <매화사>에 대한 대중의 이해가 기본적으로 <매화사> 연구의 현재 수준을 반영하고 있다는 점에서, <매화사>의 문제만 아니라 한국 고전시의 해석 과제라는 보다 큰 문제와 직접 맞물려 있다. 근대와 전근대의 연속성이 훼손되고 미의식의 패러다임이 다른 오늘날의 상황에서, 우리는 과거의 작품을 어떻게 읽고 해석해야 할 것인가. '현재'의 기대에 초점을 맞추어 <매화사>를 부정적으로 비판할 것인가, '당대'의 대표성에 주목하여 긍정적으로 찬양할 것인가. 전자는 작품을 현재적 가치 중심으로 해석하고 평가한다는 점에서 자칫 극단적인 '해석의 절대론'으로 빠져 들

3) 예외적으로 <매화사>의 새로움을 중세적인 규범미학으로부터의 일탈로 규정하거나 전체로서의 일관된 짜임 속에서 작품의 의미를 추론하려는 시도가 없었던 바는 아니다. 그러나 이들의 논거 역시 <매화사> 자체의 정밀한 분석에 소홀하거나 타당성의 확보에 문제가 있어 설득력을 얻기에는 여전히 미진하다.

위험이 있다. 후자 역시 작품을 당대적 의미 중심으로 해석하고 평가한다는 점에서 자칫 극단적인 '해석의 상대론'으로 빠져 들 위험이 있다. 작품이 지닌 현재적 가치와 과거 의미 사이의 골이 근대와 전근대 사이의 문화적 골 만큼이나 깊고 넓은 것이다.

따라서 작품의 과거적 의미와 현재적 의의 사이의 거리를 어떻게 조정하면서 접근할 것인가의 문제는, 특히 과거와 현재의 연속성을 훼손 당한 우리의 경우 더욱 심각하게 고민해야 할 작품 해석의 현실적 과제라 할 수 있다. 이 글은 이런 과제와 관련된 작은 한 단면을 들추어 조심스럽게나마 그 해결 방향을 모색해 보려는 의도를 가지고 있다.

2. 〈매화사〉의 연 구성 원리

뭐니뭐니해도 텍스트 분석을 통한 작품의 정확한 이해는 올바른 해석의 방향을 설정하는 데 필요한 선결 조건이다. 이런 관점에서 볼 때 선행연구에서 발견할 수 있는 가장 큰 문제점은 연시조로서의 통일성을 인정하지 않는 입장에서 <매화사>를 이해하고 해석하려는 것이 아닌가 한다. <매화사>가 전체로서의 통일된 짜임을 지닌다는 입장에서 작품을 이해하는 것과 통일된 짜임을 지니지 않는다는 입장에서 작품을 이해하는 것 사이에는 엄청난 차이를 보이기 마련이며, 이는 곧바로 <매화사>의 해석과 평가에 막대한 영향을 미칠 수 있기 때문이다. 물론 선행연구에서는 묵시적으로든 명시적으로든 통일된 짜임을 발견할 수 없다는 판단 위에서 작품에 접근한다. 그러나 여기에서는 오히려 통일된 짜임을 발견할 수 있다는 입장에서 작품에 접근하고자 한다. 그리고 <매화사>가 숨기고 있는 정확한 의미도 이를 입증하는 과정에서 자연스럽게 드러날 수 있으리라 기대한다.

시조의 연 구성방식은 현대시의 그것과 상당히 다르다. 현대시의 경우

연과 연 사이의 흐름이 자연스럽게 이어질 수 있지만 시조는 구조적으로 그렇지 못하다. 3장 단위로 구조화되는 정형시로서의 형식적 완결성이 어느 장르보다 강한 탓으로, 연의 독립성이 상대적으로 강화되는 반면 연과 연 사이의 흐름은 단속적으로 차단되는 특성을 보이기 때문이다. 이런 까닭으로 연시조 작가들은 연과 연 사이의 단속성을 보상할 다양한 완결성 극복의 장치를 사용해 왔다. 그러나 이러한 장치는 쉽게 눈에 띌 만큼 문면에 드러나는 경우도 있고 숨어 있어 좀체로 찾기 어려운 경우도 있다. 아니면 그러한 장치의 발견이 거의 불가능하여 연시조로 보기 어려운 경우까지 있어[4] 그 양상은 실로 다양하다. 따라서 우리는 먼저 현대시의 분석틀을 가지고 연시조의 구성원리나 미학을 해쳐 내려는 유혹에서 벗어나야 한다. 숨어서 잘 드러나지 않는 <매화사>의 연 구성 원리는 일차적으로 이런 특성을 지닌 시조 자체의 미학 안에서 찾아야 마땅하다.

우선 작품 전문부터 제시하여 논의에 편의를 도모하고자 한다. 텍스트는 안민영 스스로가 편찬한 자작시조의 개인가집일 뿐만 아니라 작품 정보를 가장 정확하게 담고 있는 『금옥총부(金玉叢部)』(가람본) 소재의 <매화사>로 한다. 제목은 '雲涯山房梅花詞'로 쓴 곳도 있으나 안민영 자신이 약칭하여 쓴 '매화사(梅花詞)'로 통일한다.

(1) 梅影이 부드친 窓예 玉人金釵 비겨신져
二三 白髮翁은 거문고와 노ᄅᆡ로다
이ᄋᆞᆨ고 盞드러 勸ᄒᆞ랼졔 달이 ᄯᅩ한 오르더라

- <梅花詞> 第一 [우조초삭대엽] 금옥총부 6

---

4) 예를 들어 신흠의 <放翁詩餘>, 金得研의 <山中雜曲>처럼 표면상 연시조 형태를 띠면서도 그러한 장치를 사용하지 않아 전체를 하나의 작품으로 간주하는 연시조로 보기도 어렵고, 각각을 하나의 독립된 개별작품으로 간주하는 단시조로 보기도 어려운 경우를 예상할 수 있다. 이 경우 내적 짜임이나 장치는 발견할 수 없더라도 단일한 제재나 주제 아래 수렴된다면 이는 연시조와는 또다른 형태의 연작시조로 볼 수 있다.

(2) 어리고 셩근 梅花 너를 밋지 안얏더니
눈 期約 能히 직켜 두셰 송이 푸엿고나
燭잡고 갓가이 사랑할제 暗香浮動 하더라
- <梅花詞> 第二 [이삭대엽] 금옥총부 15

(3) 氷姿 玉質이여 눈 속에 네로구나
가만이 香氣 노아 黃昏月를 期約ᄒᆞ니
아마도 雅致高節은 너뿐인가 ᄒᆞ노라
- <梅花詞> 第三 [중거삭대엽] 금옥총부 41

(4) 눈으로 期約터니 네 果然 푸엿고나
黃昏에 달이 오니 그림ᄌᆞ도 셩긔거다
淸香이 盞에 썻스니 醉코 놀녀 ᄒᆞ노라
- <梅花詞> 第四 [평거삭대엽] 금옥총부 54

(5) 黃昏의 돗는 달이 너와 긔약 두엇더냐
閤裡의 ᄌᆞ든 쏫치 향긔 노아 맛는고야
ᄂᆡ 엇지 梅月이 벗되는 쥴 몰낫던고 ᄒᆞ노라
- <梅花詞> 第五 [두거삭대엽] 금옥총부 77

(6) ᄇᆞ름이 눈을 모라 山窓에 부딋치니
찬 氣運 ᄉᆡ여드러 ᄌᆞ는 梅花를 침노허니
아무리 어루려 허인들 봄뜻이야 아슬소냐
- <梅花詞> 第六 [삼삭대엽] 금옥총부 90

(7) 저건너 羅浮山 눈 속에 검어 웃뚝 울통불통 광ᄃᆡ등걸아
네 무슴 힘으로 柯枝돗쳐 곳조ᄎᆞ 져리 피엿는다
아모리 석은ᄇᆡ 半만 남아슬망졍 봄뜻즐 어이 ᄒᆞ리오
- <梅花詞> 第七 [우조소용이] 금옥총부 97

(8) 東閣에 숨은 꼿치 躑躅인가 杜鵑花ㄴ가
乾坤이 눈이여늘 제 엇지 감히 퓌리
알괘라 白雪陽春은 梅花밧게 뉘 이시리

- <梅花詞> 第八 [회계삭대엽] 금옥총부 101

안민영이 『가곡원류(歌曲源流)』를 편찬하고 개인가집 『금옥총부』를 남긴 19세기 최고의 가객이었다는 사실을 염두에 두면서, 『금옥총부』에 수록된 <매화사>의 곡붙임에 주목해 보면 대단히 흥미로운 한 현상을 발견할 수 있다. 1연에서 8연에 이르는 곡붙임이 아래와 같이 가곡창(歌曲唱)의 순서에 따라 연결되어 있기 때문이다.

1연	-	2연	-	3연	-	4연	-	5연	-	6연	-	7연	-	8연
[初數大葉]		[二數大葉]		[中擧]		[平擧]		[頭擧]		[三數大葉]		[騷聳]		[回界數大葉]

이는 19세기 후반에 확립되어 오늘날에까지 전승되고 있는 24곡의 남창가곡(男唱歌曲) 한바탕 가운데 첫 부분의 순서를 그대로 가져와 배열한 형태이다. 즉 24곡의 남창가곡 한바탕이 우조(羽調)(8곡) → 계면조(界面調)(7곡) → 농(弄)・낙(樂)・편(編)(8곡) → 태평가(太平歌)(1곡)의 순서로 불리는 가운데, 첫머리의 '우조 8곡'을 그대로 옮겨와서 <매화사>에 곡붙임을 하고 있는 것이다. 이는 안민영이 <매화사>의 창작 동기를 밝히면서 "매화사를 우조 1편 8절로 지었다"(作梅花詞羽調一篇八絶)고 한 기록[5])에서 확인된다.

다만 가곡창의 연행상 과연 우조 8곡을 따로 떼어서 1편으로 독립시킬 수 있을 것인가가 의심스럽지 않은 바는 아니다. 그러나 이 또한 8연의 '회계삭대엽(回界數大葉)'과 관련된 기록들을 통해 대강은 짐작할 수 있다. 회

5) 『金玉叢部(가람본)』 6번 해설문.

계삭대엽은 일명 '율당삭대엽(栗糖數大葉)'이라 불리던 곡으로서, 우조에서 계면조로 넘어갈 때 반은 우조로 부르고 반은 계면조로 부르는 오늘날의 '반엽(半葉)'을 일컫는다. 그런데 『가곡원류』(국악원본)의 율당삭대엽조 협주에는 "혹 반엇삭대엽이라 부른다. 순전히 우조로만 부를 때는 이를 우롱(羽弄)으로 하여 노래한다."(或稱半旕數大葉 純羽調則爲羽弄歌之)는 기록이 있어,[6] 당시 계면조로 넘어가지 않고 우조 8곡만을 한바탕으로 하여 약식으로 부르는 '우조 한바탕'의 연창방식(演唱方式)이 실제로 있었던 것으로 보인다.

이런 사실은 다른 자료를 통해서도 확인할 수 있어 더욱 신빙성을 얻을 수 있다. 『가곡원류』의 직접적 영향 아래 편찬된 악보이기는 하지만[7] 『협률대성(協律大成)』의 율당삭대엽조에도 똑 같은 주석을 전재하고 있다.[8] 『삼죽금보(三竹琴譜)』에는 곡의 이름을 '회계삭대엽'이나 '율당삭대엽' 대신에 아예 '우롱'이라 쓰고 있다.[9] 적어도 1860, 70년대 박효관 · 안민영 등의 경정산가단(敬亭山歌壇)이 시조가단의 주도적 영향력을 발휘하면서 8곡을 1편으로 짜내는 '우조 한바탕'의 연창방식이 점차 확산되고 있었음을 말해 준다. 이 뿐만 아니다. 안민영의 다른 작품에서도 <매화사>처럼 '羽調一篇八絶'의 곡붙임을 하고 있음이 발견되기 때문이다. 안민영은 1864년 고종의 즉위를 축하하는 시조 1수에다가, 1874년(고종11) 왕세자(순종) 탄신을 축하하는 시조 5수, 1881년(고종18) 왕세자의 8세 탄일을 축하하는 시조 2수를 합쳐서 8수로 된 '우조 한바탕'의 연시조 <賀祝>을 완성해 낸다.[10] 또한 그가 가장 아끼고 사랑해 마지 않았던 해주 기생 옥소선(玉簫

---

6) 『歌曲源流(國樂院本)』 栗糖數大葉條(161번 앞)

7) 李東復, 「古樂譜解題(協律大成)」, 『協律大成』, 국립국악원 전통예술진흥회 편, 한국음악자료총서 14, 1989, 3~9면.

8) 或稱半旕數大葉 純羽調則爲羽弄歌之.(위의 책, 42면).

9) 『三竹琴譜』, 국립국악원 전통예술진흥회 편, 韓國音樂資料集 2, 79면. '羽弄'을 표제어로 내고 그 밑에 "俗稱 밤엿자즌한닙"이라는 주석을 달고 있다.

10) 『금옥총부』 1, 10, 35, 49, 69, 88, 95, 99번 참고. 이에는 1연(금옥1)의 해설문에 '聖上卽祚元年 甲子之春 賀祝'이라 하고 나머지에는 '賀祝第二~賀祝第八'이라는 작품명과

仙)에게 자신의 그리움을 담은 '界面調八絶'을 보냈다는 기록이 있어 이와는 또다른 계면조 한바탕의 곡붙임 가능성도 생각해 볼 수 있다.11)

이런 사실에 비춘다면 <매화사>를 굳이 8연으로 한 까닭도 시조의 음악적 연창과 관련이 깊으며, 연 구성의 원리 역시 우조 한바탕의 악곡구성과 긴밀히 관련되어 있으리라는 예상이 충분한 설득력을 얻을 수 있다. 이를 악곡의 성격에 따라 배분한다면 악곡과 노래말의 관계는 다음과 같이 네 부분으로 나타낼 수 있다.

1연	-	2연~5연	-	6연	-	7연~8연
[初數大葉]		[二數大葉·中擧·平擧·頭擧]		[三數大葉]		[騷聳·羽弄]

2연~5연을 하나로 묶은 까닭은 중거(中擧)·평거(平擧)·두거(頭擧)가 모두 19세기에 들어 이삭대엽에서 분화한 이삭대엽 계열의 파생곡들이기 때문이다. 그리고 7~8연을 하나로 묶은 것은 소용(騷聳)이 초·이·삼삭대엽의 정격성을 다소 이탈한 파격성을 보이는 악곡이며, 우롱(羽弄) 역시 우조로만 부를 때 사용되는 회계삭대엽의 변격형 악곡이라는 점에서 상호 유사성을 지니기 때문이다.

연 구성의 일차적 원리를 악곡에서 찾을 수 있는 개연성을 우리는 또한 예비적으로 <매화사>의 형식을 통해 확인해 볼 수 있다. <매화사>가 왜 유

순서만 부기하고 있을 뿐이다. 그러나 초삭대엽에서 회계삭대엽에 이르는 곡붙임의 순서가 <매화사>와 같아 우조 한바탕으로 짜 나가는 동일한 연창방식임을 아는 데는 큰 어려움이 없다.

11) 海營玉簫仙 丙子(1876)冬 下去後不能忘 作界面調八絶 付之撥便.(『금옥총부』 143번). 『금옥총부』에 안민영은 옥소선과 관련된 시조를 9수 남기고 있으나(22, 53, 113, 121, 123, 125, 129, 143, 163번) 이 가운데 계면조는 6수밖에 안되어 계면조 8절을 모두 『금옥총부』에 수록한 것은 아닌 것으로 보인다. 그조차 다른 사연의 작품(121번)을 제외한 나머지 5수도 계면조 이삭대엽(113번)·중거(123번)·중거(125번)·평거(129번)·삼삭대엽(143번)이어서 이들 5수 모두가 옥소선에게 보냈다는 계면조 8절의 일부인지 어떤지, 이들의 곡붙임이 우조 1편과 비슷한 방식으로 되어 있는지 아니면 남녀 교창 형태와 같은 다른 방식으로 되어 있는지 그 전체의 실상을 알기는 어렵다.

독 7연만 사설시조 형식을 취하는가의 의문은 선행연구에서 여전히 풀리지 않는 수수께끼로 남아 있는 상태이다. 어떤 분은 이런 사정을 <매화사>가 연시조로서의 통일성을 결여하고 있는 구체적 근거로 삼기까지 한다. 그러나 7연의 악곡이 주로 사설시조의 형식을 취하는 소용(騷聳)으로 불린다는 사실에 주목하고 보면 그러한 의문은 쉽게 풀린다. 『금옥총부』에는 소용곡에 편입되어 있는 4수 가운데 3수가 사설시조 형식을 취하고 있다. 국악원본 『가곡원류』에는 14수의 소용곡이 모두 사설시조 형식을 취한다. 그러므로 7연만 유독 사설시조 형식을 취하는 것은 7연의 곡붙임이 사설시조를 주로 얹어 부르는 소용으로 되어 있다는 사실과 맞물려 있는 문제다. 나머지 연이 모두 평시조 형식을 취하는 것도 1~6연의 악곡형식인 초삭대엽~삼삭대엽, 8연의 회계삭대엽이 모두 평시조를 얹어 부르는 곡이라는 사실과 긴밀히 연결되어 있기 때문이다.12) 문학적 접근으로 풀릴 수 없는 문제를 음악적으로 풀어낼 수 있다는 사실로부터, 우리는 <매화사>의 연 구성에 작용하는 음악적 형식의 영향력을 구체적으로 확인할 수 있는 것이다.

이런 개연성은 또한 <매화사>의 창작상황이 뒷받침해 준다. 잘 알려져 있다시피 <매화사>는 스승 박효관이 손수 기른 분매(盆梅)가 꽃망울을 터뜨리자 이에 감동하여 지은 것이다. 안민영은 그러한 창작의 과정을 다음과 같이 설명하고 있다.

> 경오년(1870년) 겨울에 나는 운애 박선생 경화(景華)와 오선생 기여(岐汝), 그리고 평양 기생 순희(順姬)와 전주 기생 향춘(香春)과 함께 운애산방(雲涯山房)에서 노래와 거문고를 연주하며 놀았다. 선생께서는 매화를 심히 사랑하여 손수 새 순을 심어서 여러 서안(書案) 위에 두었는데, 마침 이 때 매화 몇 송이가 반쯤 봉오리를 열어 은은한 향기를 피우고 있었다. 이에 <매화사>

---

12) 회계삭대엽(율당삭대엽) 경우 『금옥총부』에는 4수 모두가 평시조 형식이고 『가곡원류』에는 5수 중 4수가 평시조 형식이다.

를 우조 1편 8절로 지었다.[13)]

이 기록에 나오는 인물 가운데 운애 박효관을 제외한 나머지 세 분은 기록이 없어 구체적인 내력을 알기 어렵다. 그러나 전주 기생 향춘(香春)은 이보다 3년 전인 1867년(고종 4) 봄에도 남한산성 봄놀이에 함께 참여한 이름난 일패기생이었고,[14)] 박효관·안민영 중심의 여러 교유 기록이 거의 모두 가곡활동 중심이었던 점으로 미루어 보면, 이들 참여자 모두가 음율에 정통한 가금(歌琴)의 명인이라는 것만은 분명하다. 따라서 박효관의 거소(居所)인 운애산방에서의 이 모임은 음악 전문가들이 음악[歌琴]을 즐기는 자리였으며, <매화사>는 바로 이런 자리에서 가금(歌琴)으로 연주하기 위해 창작한 노래라 할 수 있다. 다른 곳에서는 거의 밝히지 않던 안민영이 이 노래에 대해서만 굳이 "(作梅花詞)羽調一篇八絶"이라 밝힌 까닭도 이 때문이라 할 수 있다.

그러나 이런 사실만으로 <매화사>의 연 구성의 원리를 다 입증해 낼 수 없음은 물론이다. 그 타당성은 오히려 구체적인 텍스트 분석을 통해 이러한 구성 원리가 작품을 어떻게 구조화하고 의미화하는가를 추적해 나가는 과정에서 자연스럽게 확인될 수 있을 것이기 때문이다.

---

13) 余於庚午冬 與雲崖朴先生景華 吳先生岐汝 平壤妓順姬 全州妓香春 歌琴於山房. 先生癖於梅 手栽新筍置諸案上 而方其時也 數朶半開 暗香浮動 因作梅花詞羽調一篇八絶. (『금옥총부』 6번 매화사 해설문)

14) 余於丁卯春 與朴先生景華·安慶之.金君仲·金士俊·金聖心·咸啓元·申在允 率大邱桂月·全州姸姸·海州銀香·全州香春 一等工人一牌 卽上南漢山城. 時別百花爭發 萬山紅綠 相映爲畵 是所謂不可逢之勝槪佳會也. 三日疾宕 而還到松坡津 乘船下流 漢江下陸 (『금옥총부』 162번 해설문)
아마도 이들 두 기생은 尙房이나 宮中進宴의 選上妓로, 혹은 雲峴宮의 초빙으로 상경했던 歌妓일 가능성이 짙다.

3. 〈매화사〉의 구조와 의미

결론부터 앞세워 말한다면 기존의 통념과 달리 <매화사>의 구조적 짜임새는 생각 이상으로 견고하다. 그리고 그러한 짜임새는 악곡형식과 관련된 연 구성의 원리에 의해 살필 때 그 실상이 제대로 드러날 수 있다. 가장 먼저 주목해야 할 것은 시적 화자의 시점이다. 화자의 시점이 아래와 같이 연 구성의 원리에 맞추어 자유롭게 이동하고 있기 때문이다.

1연	2연~5연	6연	7연~8연
[초삭대엽]	[이삭대엽계]	[삼삭대엽]	[소용 · 우롱]
遠景(외→내)	近景(→매화←)		遠景(내→외)

초삭대엽으로 부르는 1연은 원경(遠景)을 노래하되 밖에서 방안을 들여다보는 형식으로 진술된다. 매화 그림자가 창문에 어른거리는 가운데 여인과 백발옹, 거문고와 노래, 달과 술잔 등이 어울려 이루는 방안의 풍물을 마치 구경이라도 하듯 서술적으로 재현하고 있다. 이삭대엽계의 2~5연에 오면 시점이 원경(遠景)에서 근경(近景)으로 바뀜과 동시에 진술의 초점이 오직 매화 하나에 집중되어 마치 속삭이듯 말건넴의 형식으로 진술된다. 이러한 시점은 삼삭대엽의 6연에까지 이어지나, 소용과 우롱으로 부르는 마지막 7~8연에 이르면 시점은 다시 원경으로 이동한다.

그러나 원경을 노래하되 서술적 형식의 1연과 달리 방안에서 바깥을 내다보면서 혼자 뇌까리는 형태의 독백체 형식으로 바뀌며,15) 진술의 대상 역시 매화를 둘러싼 갖가지 풍물에서 매화 하나로 고정되는 대조적 양상을 드러낸다. 방 밖에서 매화가 핀 방안으로, 방안에서 꽃망울을 터뜨린 매

15) 사실 독백체적 진술은 바로 앞 삼삭대엽의 6연부터 바뀌어 7~8연으로 이어진다. 여기서는 이런 섬세한 변화까지 설명할 자리가 아니므로 6연의 시적 기능을 논하는 자리로 미룬다.

화 자체로, 방안의 매화에서 다시 방 밖의 매화로 시점을 자유롭게 이동하면서, 진술의 패턴까지 서술적 형식에서 말건넴의 형식으로, 다시 독백체 형식으로 자유롭게 변화하는 양상을 드러내고 있는 것이다. 그러면서도 전체적으로는 근경의 2~6연을 중심축으로 하여 원경의 1연과 7~8연이 감싸안듯 대립적으로 맞서는 묘한 짜임을 보인다.

이처럼 한 작품 안에서 보이는 시점의 자유로운 이동, 진술 패턴의 자유로운 선택은, 사실 읊기나 읽기 중심의 한시나 현대시에서는 거의 상상도 할 수 없는 일이다. 그러한 자유로움은 직접 노래로 부르고 즐기는 연행예술로서의 현장성이 보장될 때야 가능한 일이다. 따라서 중요한 점은 <매화사>가 시조연창의 현장성을 십분 활용하여 구조화한 작품인 만큼, <매화사>의 미학도 이러한 특성을 염두에 두면서 살필 때 온전히 발견될 수 있다는 사실의 깨달음이다.

우선 이삭대엽(二數大葉)·중거(中擧)·평거(平擧)·두거(頭擧) 등 네 곡의 이삭대엽계로 곡붙임을 한 2~5연부터 먼저 살피는 것이 효과적일 것이다. 진술의 초점이 매화 자체에 놓여서 시의 중심축을 형성하고 있을 뿐만 아니라, 주제를 비롯한 모든 시적 해명의 열쇠도 이 속에 숨겨져 있다고 생각되기 때문이다. 음악적으로도 이삭대엽은 그 풍도형용(風度形容)을 '공자가 행단(杏壇)에서 제자에게 강학(講學)을 하듯, 비가 알맞게 내리고 바람이 고르게 불 듯'[杏壇說法 雨順風調][16] 노래하는 곡이라 한 바와 같이, 가장 조화롭고 아정(雅正)한 사설을 얹어 부르는 곡에 해당한다.[17]

그러나 일반적인 시 독법대로 분석하다 보면, 2~5연은 비슷한 시상(詩想)이 거듭 반복되기만 하는 듯한 단조로운 인상을 받기 쉽다. 진술의 초점이 매화에 놓여 있다고는 하나, '눈속에 피는 매화', '매화 향기 속의 달'

16) 『금옥총부』 본문 첫머리 우조초삭대엽 협주. 『금옥총부』의 풍도형용은 『海東歌謠』의 '歌之風度形容'을 몇 자만 바꾸어 그대로 습용한 것으로서, 『가곡원류』와는 완전 일치한다.
17) 우리가 잘 아는 사대부 시조는 거의 모두가 이 곡으로 부르도록 배열되어 있다.

과 같은 관례적 시상만 연마다 거듭 반복되고 있기 때문이다. 이는 시상만 아니라 이미지 · 시어 · 표현어법의 반복 등에 이르기까지 계속적으로 나타나기 때문에, 사실상 연이 거듭되면서도 새로운 표현이나 심중한 발견의 맛을 느끼기가 좀체로 쉽지 않다. 이런 까닭으로 논자에 따라서는 독창성을 상실한 채 상투적 표현만 일삼는다는 혹평을 서슴지 않기도 한다. 그러나 매화와의 말건넴을 통해 시인이 드러내고자 한 것이 과연 표현의 새로움이나 인식의 깊이였을까는 다시 생각해 보아야 문제다. 정작 시인이 드러내고자 한 미학이 이와는 다른 차원의 것일 가능성도 있기 때문이다.

사실 그러한 가능성은 상당한 신빙성을 지닐 수 있다. 이미지 · 시어 · 시상의 반복어법이 이미 타성적으로 습성화된 관례적 표현의 결과로서 나타나는 것이 아니라, 매화를 통해 환기해 내려는 또 다른 시적 지향의 결과로서 나타나는 것으로 해석할 수 있기 때문이다. 그러한 단서를 우리는 2~5연의 반복어법이 아래와 같이 정교한 짜임새를 갖추고 있는 데서부터 찾아 나갈 수 있을 것이다.

제2연 :	눈 期約	-	開 花	-	暗 香		
제3연 :	눈 속	-	(開花)	-	香 氣	-	黃昏月 期約
제4연 :	눈 期約	-	開 花	-	淸 香	-	黃昏月
제5연 :	(開花)	-	香 氣	-	黃昏月 期約		

중요한 것은 '期約'이 2~5연의 구조적 틀을 형성하는 기반이라는 사실이다. 위에서 보듯 '기약'은 '눈'[雪]과 '黃昏月'이라는 두 자연 이미지와 규칙성을 띠며 결합한다. 우선 눈과의 기약이 2연과 4연에서 반복적으로 진술되고, 황혼월과의 기약이 3연과 5연에서 반복적으로 진술된다. 다음으로, 눈 기약과 달 기약이 각각 한 연 만큼씩 건너뛰면서 짝수 연(2, 4연)과 홀수 연(3, 5연)에서 교대로 반복된다. 다시 말해 2~5연은 [눈 기약(2연)-

황혼월 기약(3연)]→[눈 기약(4연)-황혼월 기약(5연)]으로 두 자연 이미지의 반복적 교체에 의한 순환적 구조로 짜여져 있다.

더욱이 '기약'은 시가 드러내려는 매화의 두 중심 이미지인 '開花'와 '香氣'와도 규칙적으로 연결된다. 눈과의 기약은 언제나 매화의 '개화'와 연결되고, 황혼월과의 기약은 언제나 매화의 '향기'와 연결되는 규칙성이 그것이다. 그리하여 눈과의 기약을 통해 매화가 꽃을 피우고 달과의 기약을 통해 매화가 향기를 피워내는, '눈-개화→달-향기'의 시상이 2연과 3연, 4연과 5연을 각각 하나로 묶으면서 점층적으로 전개되는 것이다. 선행연구에서 흔히 이 시의 중심어로 거론하고 있는 '雅致高節'(3연 종장)과 '醉興'(4연 종장)은 바로 이러한 두 묶음의 중심어로서 자리하면서 점층적으로 연결되고 있다.

그러므로 2~5연의 구조적 틀로서, 모든 시상을 매개하는 '기약'의 시적 기능을 밝히는 일은 대단히 중요하다. 그것은 2~5연의 반복어법이 드러내려는 시적 지향의 비밀을 캐는 일과 직접 맞물려 있는 것으로 생각되기 때문이다. 이런 관점에서 우선 주목되는 것은 '기약'의 인식론적 기반이다.

'기약'이 인과론적 세계인식에 기반을 두고 있다는 것은 누구나 쉽게 수긍할 수 있을 것이다. 2연과 4연에서는 매화가 눈 속에서 피는 자연현상을 두고서, 눈과의 언약(기약)을 통해 매화가 꽃을 피우는 것으로 해석한다. 3연과 4연에서도 저녁 무렵 향내가 더 짙게 나는 자연현상을 두고서, 황혼녘에 뜨는 달과의 언약(기약)을 통해 매화가 향기를 뿜어내는 것으로 해석한다. 마치 자연현상으로서 일어나는 어느 것 하나도 인과적이 아닌 것이 없다는 식이다. 그러나 '기약'의 인과론은 심오하거나 경건한 철학적 인과론도 종교적 인과론도 아니다. 서정주의 <국화 옆에서>처럼 세계에 대한 우주론적 해석을 꿈꾸는 것도 아니요, 김춘수의 <꽃>처럼 세계에 대한 존재론적 해석을 추구하는 것도 아니다. 그것은 다름 아닌 서정자아의 정서적 매개항으로서 자리하는, '서정적 인과론'이라 소박하게 불러도 좋을 성질의 것이다.

눈과의 기약은 언제나 매화의 피어남에 대한 경이, 놀라움을 동반한다. 2연의 "어리고 셩근 梅花 너를 밋지 안얏더니 / 눈 期約 能히 직켜 두세 송이 푸엿구나"와 4연의 "눈으로 期約터니 네 果然 푸엿고나"에서 그러한 경이, 놀라움을 살필 수 있다. 이를 두고서 우리는 과연 세계의 생성에 대한 우주론적 경이의 표현이라거나, 세계의 이상에 대한 이념적 놀라움의 표현이라는 심오한 해석을 내릴 수 있을까. 그보다는 여린 매화(어리고 셩근 매화)가 대견스럽게도 눈 속에서 꽃망울을 터뜨리는 데 대한, 소박한 정서적 경이의 표현으로 보는 것이 오히려 무난할 것이다. 개화에의 경이가 언제나 매화향의 그윽한 운치라는 서정적 분위기와 연결되고 있다는 사실이 이를 뒷받침해 준다.

달과의 기약이 정서적 매개항으로서 구실을 하는 것은 황혼월(黃昏月)과 매화향(梅花香) 자체가 정서적 상관물이라는 점에서 더 이상 설명할 필요도 없을 것이다. 이들 두 정서적 상관물의 정감 넘치는 만남이 이루어지는 '기약'의 현장인 바에야 다른 이념적 무엇이 끼어들 여지가 없을 것이기 때문이다. 그것은 곧 황혼녘에 달이 떠오르면서 매화 향기가 피어오르는 데 대한 아취(雅趣)어린 정감, 고아한 흥취의 표현이요 정서적 감동 그 자체라 할 수 있다. 뒤로 이어지는 5연 종장의 "닉 엇지 梅月이 벗되는 쥴 몰낫던고 ᄒᆞ노라"에서 볼 수 있는 매월과의 벗됨을 발견한 데서 오는 시적 자아의 경이, 놀라움 역시 이런 문맥에서 이해해야 한다. 이 역시 조화로운 세계상에 대한 우주론적 경이의 표현이라기보다 매화 · 달과의 어울림이 자아의 감정까지 파동치게 만드는 정서적 경이의 표현인 것이다.

이러한 사실은 2~5연의 정서적 정황을 구체적으로 설정하고 있는 1연과 함께 살필 때 더욱 현실성을 얻을 수 있다. 곧 2~5연의 정서적 경이, 고아한 흥취는 1연의 아취 어린 풍류적 분위기를 기반으로 할 때 조성될 수 있는 경이, 흥취다.

앞에서 이미 언급한 바와 같이 1연에는 매화, 여인, 백발옹, 거문고, 노래, 달, 술잔의 어울림이 한 폭의 그림처럼 펼쳐져 있다. 이를 두고 어떤 분은 해설문에 나오는 창작동기의 설명과 그대로 일치한다는 사실에 주목하여, 단순한 배경제시에 지나지 않는 것으로 폄하하기도 한다. 또 어떤 분은 아름다운 여인과 백발옹, 거문고와 노래, 그리고 취흥을 돋우는 술의 어울림에 주목하여, 이러한 어울림을 질탕한 유흥적 풍류의 드러냄으로 해석하기도 한다. 그러나 많은 분들이 지적하듯, 이러한 어울림이 조성해 내는 것은 흥청거리는 풍류가 아니라 '아취 어린' 풍류다. 그것은 특히 이들-여인과 백발옹, 거문고와 노래, 술-이 정적(靜的)인 이미지의 매화, 달과 함께 어울려서 조성해 내는 풍류라는 사실 때문에 더욱 그러하다. 매화와 달이 어울려 이루는 풍류치고 질탕하게 흥청거리는 식의 유흥적 풍류는 없다. 풍류의 대명사로 일컬어지는 달과 술의 결합 경우도 마찬가지다. 매화와 달의 이미지는 속성적으로 정적이기 때문이다.

그러나 '아취 어린' 풍류의 절정에는 역시 초장의 '梅影'이 놓여야 할 것이다. 술잔을 권하려 할 때 달이 떠오르는 운치(중장), 창문에 빗긴 여인의 금비녀(金釵)가 불러일으키는 단아함(초장) 역시 아취를 돋구는 중요한 구실을 하지 않는 것은 아니다. 그러나 이들 또한 "梅影이 부드친 窓"이 없다면 아취의 그 진정한 아취로움은 훨씬 반감되고 말 것이다. 달과 술의 운치는 매화 그림자를 배경으로 삼기에 더욱 고아(高雅)한 운치를 얻을 수 있고, 빗긴 금비녀의 단아함 역시 창문에 어리는 매화 그림자를 배경으로 삼기에 더욱 탈속한 단아함을 얻을 수 있기 때문이다.[18)]

표현의 절묘함은 '梅影'을 중층적으로 후경화(後景化, backgrounding)함으로써 그러한 아취의 절정에 서게 한 데서 찾을 수 있다. '매화'를 '매화 그림자'로 후경화하고 이를 다시 '매화 그림자가 어려 있는 창'으로 후경화하는 은근의 미학이, 서구적 미학의 전경화(前景化, forgrounding)로써는 도저히 이루어낼 수 없는 '매화에의 초점화' 효과를 절묘하게 성취해 내고 있기 때문이다. "梅影이 부드친 窓"이 1연의 모든 어울림을 거느리면서 아

18) '梅影'이 지니는 이러한 표현의 묘미에 주목한 논문으로는 박노준의 「안민영시조의 기본틀과 지향세계」(61면)를 들 수 있다.

취 어린 풍류의 절정으로 이끌고 있는 것이다. 이런 분위기는 곧 1연을 얹어 부르는 초삭대엽이 "긴 소매 휘늘이고 너울너울 춤추듯, 푸른 버들가지 봄바람에 날리듯"[長袖善舞 綠柳春風] 노래하는 곡이라는, 악곡의 풍도형용(風度形容)과도 빈틈없이 잘 어울린다.

그러므로 매화를 대상으로 한 2~5연의 정서적 경이, 고아한 흥취는 결국 1연에서 이미 절정에 도달한 이러한 아취어린 풍류적 분위기를 둘러 안고서 이루어진다고 할 수 있다. 갑작스러운 전경화를 통해 매화가 스포트라이트를 받듯 전면에 부상하지만, 매화의 뒷자락에는 여전히 매영과 백발옹의 아취가 은근하게 숨어 있다. 후경화의 장치를 이용해 숨어서 은근히 군림함으로써, 2~5연의 정서적 경이를 통해 조성하는 고아한 풍류적 분위기를 감싸 안듯 부드럽게 제어하고 있는 것이다.

따라서 2~3연의 중심어라 할 "雅致高節"의 '高節'도 선행연구에서 흔히 해석하듯 사대부적 이념을 드러내는 지절(志節)이나 불사(不死)의 선비정신과는 다른 성격의 것이다. 눈을 이기고 피어나는 매화의 꿋꿋함을 상징하는 사대부적 의미의 '고절(高節)'은 이미 거기에 약해질대로 약해져서 명맥만을 잇고 있다. 1연이 은근히 드리우고 있는 아취 어린 풍류에 그 날카로움이 무디어지고, 어린 가지가 대견하게도 눈 속에서 꽃망울을 터뜨리는 정서적 경이에 그 꿋꿋함이 풀어져서, 가만히 향기를 놓아 황혼의 달을 맞아 내는 '아치 있는' 정감 속의 '고절'이 있을 뿐이다. 눈과의 기약(2연)이 언제나 매화의 피어남에 대한 경이 · 놀라움을 동반하며, 달과의 기약(3연)이 언제나 정서적 매개항으로서 구실을 한다는 앞서의 지적이 현실성을 지니는 것도 이런 문맥에서이다. 이미 '고절'은 이념의 영역을 넘어 정서의 영역으로 들어서서, 청향(淸香)과 술잔의 어울림을 돋우어 내는 4연의 아취 어린 '醉興'을 맞을 준비를 하고 있는 것이다. 매화가 여성적 이미지의 "閤裏에 ᄌᆞ든 ᄭᅩᆺ"으로 형상화되는 5연으로의 연결이 자연스러울 수 있는 것도 이와 무관하지 않다.

삼삭대엽(三數大葉)에 얹어 부르는 6연은 전체 시상의 흐름에 있어 1~5

연에서 7~8연으로 넘어가는 중간 고리로서의 역할을 맡고 있기 때문에 그 성격이 이중적이다. 우선 진술의 초점이 방안의 매화 자체에 맞추어져 있다는 점에서는 2~5연의 연속이다. 그러나 나-너의 관계 설정을 통해 매화와의 말건넴 형식을 취하던 2~5연의 진술 패턴을 독백체 형식으로 바꾸어 진술한다는 점에서는 오히려 7~8연으로 연결된다. 따라서 6연은 앞의 2~5연을 이어 받으면서, 동시에 뒤의 7~8연으로 넘어갈 토대를 예비하는 시적 전환의 기능을 맡고 있다고 할 수 있다.

그러나 2~5연과의 동질성은 다 같이 방안의 매화를 노래한다는 대상의 동질성 정도일 뿐이고 실질적으로는 뒤로 이어질 7~8연과의 동질성이 훨씬 강하다. 우선 2~5연에서 시상의 중심틀을 이루던 눈-개화, 달-향기의 상관항이 6연부터는 눈-개화의 상관항만 남아 7~8연으로 이어진다. 다음으로 2~5연에서는 개화의 정서적 경이에 묻혀 숨겨져 있던 눈의 부정적 이미지가 6연부터는 시의 전면에 부상하여 7~8연으로 이어진다. 세 번째로 눈이 종장의 '봄뜻'과 대립을 이루면서 시의 어조 또한 대결적 어조로 바뀌게 된다. 마지막으로 이미 지적한 바처럼 진술의 패턴이 말건넴의 형식에서 독백체 형식으로 바뀐다.

이런 사실과 관련하여 살핀다면 6연의 시적 전환은 곧 정서적 경이와 아취 어린 정취를 불러 일으켜 준 매화에 대한 시적 자아의 애틋한 애정이 표면화된 결과로 풀이할 수 있다. 산방(山房)의 창에 부딪히는 눈보라가 방안에까지 찬 기운을 스며들게 하자, 방안의 매화로 초점화되던 시적 화자의 의식이 방 밖의 눈보라에까지 확산하게 된다. 곧 어리고 성긴 가지의 매화에 대한 애틋함이 눈을 적대적인 부정적 이미지로, 시의 어조를 대결적 어조로, 진술의 패턴을 독백체 형식으로 바꾸어 내는 시적 전환을 이루는 것이다.

따라서 7~8연은 시점이 방안의 매화에서 방 밖의 매화로 이동했을 뿐 노래하는 세계는 6연과 크게 다르지 않은 것으로 생각할 수 있다. 6연에서 일기 시작한 매화에의 애틋한 사랑이 의식의 확산과 시점의 이동을 통하여 방 밖의 매화로 확대되었을 뿐, 눈 속 매화의 봄뜻을 기리는 시적 자아의 애정 어린 소망을 노래한다는 점에서는 궁극적으로 동일하다고 할 수 있기 때문이다. 그러나 우리의 눈을 압박하는 것은 이런 동질성이 아니라 느닷없이 펼쳐지는 이질적 풍경의 파노라마이다. 갑자기 중국의 나부산(羅浮山) 매화(7연)와 동각(東閣)의 매화(8연)가 튀어나와 우리를 어리둥절하게 하는 것이 그러하고, 절제되고 단아한 평시조의 리듬으로부터 풀어지고 흐트러진 사설시조 리듬으로 급격히 전환되는 것 또한 그러하다. 한 편의 작품으로서는 이해하기 힘든 이 갑작스러운 돌출을 우리는 어떻게 바라보아야 할 것인가. 기존의 논의처럼 한 작품으로서의 유기적 통일성을 결여한 <매화사>의 느슨한 구조로 보아야 할 것인가. 아니면 우리가 채 발견하지 못한 무슨 대안적 미학이라도 숨기고 있는가. 6연과의 연속성에도 불구하고 7, 8연과의 사이에 놓인 이 이질적 거리가 좀체로 우리를 가까이 다가서게 하기 어렵게 한다.

그러나 이 역시 전고(典故)의 사용을 교양인의 소양으로 생각하고, 부르기 중심의 연행성을 시의 존재방식으로 받아 들였던 당대의 눈, 당대의 시적 매커니즘에서 보면 이해되지 못할 법도 없다. 매화숲으로 이름난 나부산(羅浮山)은 예로부터 매화를 노래하는 시인들이 즐겨 차용하던 로맨틱한 사연을 담고 있는 이름이고,[19] 현사(賢士)와 빈객(賓客)을 접대하는 곳을

19) 羅浮山은 中國 廣東省에 있는 산으로서 경치가 빼어나 勝地로 이름날 뿐만 아니라, 晉의 葛洪이 이 산에서 수도하여 道敎에서는 十六洞天의 하나로 삼고 있으며, 매화숲이 유명하여 羅浮梅로 지칭되기도 한다. 그러나 이 시조의 직접적 모티프가 된 것은 隋의 趙師雄이 나부산에서 매화의 精靈인 미녀와의 하룻밤 가연을 맺은 사연으로 유명한 아래의 '羅浮之夢' 고사일 것이다.
隋開皇中 趙師雄遷羅浮 一日天寒 日暮在醉醒間 因憩僕車于松林閒酒肆. 傍舍見一女人淡粧素服 出迓師雄 時已昏黑 殘雪對月色微明 師雄喜之 與之語 但覺芳香襲人 語言極淸麗. 因與之叩酒家門 持盃相與飮 少頃有一綠衣童來 笑歌戲舞 亦自可觀. 頃醉寢 師雄亦懵然 但覺風雨相襲. 久之 時東方已白 師雄起視 乃在大梅花樹下 上有翠羽啾嘈 相須月落參橫 但惆悵而已.(柳宗元, 「趙師雄醉憩梅花下」, 『龍城錄』; ≪中文大辭典≫ 7, 688면 재인용)
柳宗元의 『龍城錄』에 소개된 이 이야기에는 매화(大梅花樹), 여인, 눈(殘雪), 달빛(月

일컫는 동각(東閣)의 매화는 특히 두보(杜甫)의 시로 말미암아 더욱 널리 알려진 이름으로서,[20] 안민영은 이들 두 전고를 알레고리화하여 이제까지 매화의 뒤에 둘러놓았던 운애산방(雲涯山房)의 풍취를 시의 전면으로 끌어내어 노래하고 있는 것으로 풀이할 수 있기 때문이다. 곧 7연은 나부산의 늙은 매화 모티프를 박효관·오기여 두 백발옹에 빗대어, 이들 노대가(老大家)의 아취 있는 풍류를 희화적으로 드러내고 있다. 육신은 비록 매화의 "울퉁불퉁 광더둥걸"처럼 늙었지만, 그들의 예술과 풍류는 여전히 당대 일류의 가기(歌妓)들과 짝할 낭만적 기상이 남아 있음을 골계적으로 표현하고 있는 것이다. 8연의 동각에 숨은 매화 역시 수법은 마찬가지다. 운애산방에 드나드는 자신들을 동각에 드나드는 현사에 빗대어 자신들의 예술을 동각 속에 숨은 매화의 고아함과 견줌으로써, 예술가로서의 은근한 자부심을 표현한 것으로 볼 수 있기 때문이다. 이는 종장의 '白雪陽春'이 '눈 속의 봄뜻'을 의미하는 동시에 고아한 노래의 대명사로 알려진 '백설곡(白雪曲)'과 '양춘곡(陽春曲)'을 뜻하기도 한다는 중의적 의미를 지닌 데서 짐작이 가능하다.[21]

6연부터 일어난 이러한 시적 전환은 물론 악곡형식의 뒷받침 없이는 일어나기 어렵다. 6연의 삼삭대엽은 "군문(軍門)을 나선 장수가 칼을 휘두르며 적을 거느리듯"[轅門出將 舞刀提敵] 노래하는 곡이라고 한 바와 같이, 조화롭고 아정한 가풍(歌風)을 지닌 이삭대엽계와는 사뭇 다른 풍도(風度)

色), 노래와 춤(笑歌戲舞)이 다 나오고 있어 운애산방의 아취 있는 풍류 상황과 상당한 유사성을 보인다.

20) 東閣은 동쪽 행랑에 있는 居室이나 樓房을 지칭하나 예로부터 宰相이 賢士나 賓客을 초치하여 접대하는 곳을 일컬어, 明淸代에는 大學士들이 학문을 연마하던 殿閣의 하나를 東閣이라 지칭하기도 했다(淸代에는 文淵閣과 東閣 두 곳이 있었으며, 이들을 문연각대학사, 동각대학사라 불렀음). 그러나 동각을 매화의 이미지와 연결시키고 있는 이 시조의 동각 모티프에는 『杜詩諺解』에도 번역 수록될 만큼 우리나라에도 널리 알려진 杜甫 시 <和裵迪登蜀州東亭送客逢早梅相憶見寄>의 영향도 컸으리라 생각된다.

21) 18세기 金時模의 「老歌齋記」에도 金壽長의 居所인 老歌齋를 "老歌齋白雪陽春之下"(『海東歌謠』 一石本)로 나타내고 있는 점으로 보아, 이런 표현은 18세기 이래 자기네의 예술적 긍지를 드러내는 관례적 표현이었던 것으로 보인다.

를 지닌 곡이다. 눈의 부정적 이미지가 표면화되면서 봄뜻과 대립적 긴장을 조성하고 적대적 어조의 독백체 형식이 나올 수 있었던 것은 바로 이러한 삼삭대엽의 남성적 가풍이 떠받치고 있기 때문에 가능한 것이다. 7연의 갑작스러운 사설시조 형식의 출현, 희화적 어조로의 전환, 시상의 급격한 비약도 "사나운 바람이 비를 휘몰아치듯 날쌘 제비가 거침없이 날듯"[暴風驟雨 飛鷰橫行] 노래하는 소용의 빠른 템포와 활달한 가풍으로의 전환 없이는 일어나기 어려운 일이다. "뭇 선비들이 입씨름을 하듯 바람과 구름이 이리저리 휘돌듯"[舌戰群儒 變態風雲] 노래한다는 8연의 우롱 역시 마찬가지다. 철쭉을 폄하하고 매화를 높임으로써 자신들의 음악을 속된 음악과 은근히 구별지우려는 소망이 우롱의 풍도와 절묘한 조화를 이루고 있기 때문이다.

이렇게 보면 6연에서 전환의 조짐을 보이다가 7, 8연에서 표면화되는 노래의 세계는 시의 언어와 의미, 악곡의 선율과 리듬, 창작(또는 연행)의 상황 등이 함께 어울려 조성해 내는 교향적 화음의 소산인 셈이다. 시의 유기적 형식(organic form) 문제가 한국의 고전시라고 해서 무관한 논리일 수는 없지만, 적어도 서구의 시적 전통이나 현대시에서처럼 언어 중심의 유기성 이론은 그리 큰 의미를 지닐 수 없다. 유기적 형식론이 <매화사>에서 의미를 지닐 수 있다면 그것은 언어의 차원 너머에서 이루어 내는 이들 교향적 화음의 유기성이다. 6연에서 조금씩 기미를 보이다가 7, 8연에 와서 돌출되듯 압박하는 생경한 느낌은 언어미 중심의 현대시 독법에 젖어 있는 우리들의 현재적 이해 시각 때문이지 시 자체의 파편성으로 말미암은 것은 아니기 때문이다.

다른 모든 대곡형식(大曲形式)의 음악이 그러하듯 시조를 연창하는 음악형식 역시 '변화'는 가곡의 연행 공간에 활력을 불어넣는 악곡 구성의 기본원리로서 자리한다. 변화의 원리는 특정의 어느 한 층위 형성에만 관여하는 것이 아니라 우리가 구조라고 부를 수 있는 모든 층위에 속속드리 참견한다. 예컨대 현행 가곡 한바탕의 악곡편성은 크게 보아 정격(正格)에서 변격(變格)으로 진행된다. 더 나누면 우조에서 계면조로 이어지는 정격형을 거쳐서 농(弄)·낙(樂)·편(編)의 변격형으로 나아간다. 다시 더 잘게 나누면 우조는 초삭대엽→이삭대엽계→삼삭대엽→소용으로 완결시키면서 반엽을 징검다리로 해서 계면조로 넘어간다. 노래를 짓고 즐기는 입장의 향유상황 쪽에서 보면 이러한 악곡의 변화는 창자(시인)와 연주자와 청중을 하나의 향유공간으로 수렴하여, 노래의 세계에 공동으로 참여하고 체험케 하는 활성제 구실을 한다.

소품이라 할 8곡의 우조 한바탕에 얹어 부르는 <매화사>의 사정 역시 이에서 크게 벗어나지 않는다. 초·이삭대엽계의 정격이 삼삭대엽을 징검다리로 해서 소용·우롱의 변격으로 나아가는 <매화사>의 악곡 변화도 이들 창자(시인)·연주자·청중이 함께 참여하는 향유의 현장과 떼어 생각할 수 없다. 적어도 운애산방에서의 가금(歌琴)-창자와 연주자-이 청중을 위한 기능인[伶人]으로서의 봉사가 아니라 스스로 음악을 즐기기 위한 자락(自樂)의 현장인 한 향유의 현장은 더욱 심중한 의미를 띠지 않을 수 없는 것이다.

<매화사>의 구조적 통일성과 의미는 바로 이러한 가곡 연창의 향유 매커니즘 속에 숨겨져 있다. 애초부터 안민영은 시적 대상으로서의 매화를 상황과 분리된 즉자적 존재로서나 선험적 존재로서 바라보지 않았다. 안민영을 감동하게 한 것, 안민영을 노래하지 않을 수 없게 한 일차적 동기는 눈 속에서 소담스런 꽃망울을 터뜨리는 매화의 청정한 존재론적 아름다움도, 눈을 이기고 꿋꿋이 꽃을 피워 내는 매화의 고결한 이념적 아름다움도 아니다. 감동은 매화의 일반적 속성에서 나온다기보다 구체적 상황에서 나온다. 노스승이 손수 분재하여 피워낸 운애산방의 매화라는 사실에서, 매영(梅影)을 드리운 운애산방의 이 아취 있는 음악적 풍류의 현장에서 촉발되는 것이다. 노대가를 모시고 이제 막 꽃망울을 터뜨린 매화와 더불어 달, 술, 여인, 음악이 한데 어울릴 수 있는 지금, 이 곳 운애산방의 이 운치 서린 풍류가 곧 안민영을 노래하게 한 <매화사> 창작의 직접적 동기라고 할

수 있는 것이다. 이런 까닭으로 현대시 같으면 언어에 담아야 할 많은 사연들을, <매화사>는 언어에 담는 것이 아니라 상황에 담아 둔다. 상황과 절연된 시적 매커니즘 때문에 모든 이야기를 언어로 담아내야 하는 현대시와는 사뭇 다른 양상이다.

이렇게 보면 매화의 전경화에 의해 잠시 뒷배경으로 물러나 있던 운애산방의 이 풍류적 분위기가 다시 노래의 전면으로 부상하는 것은 하나도 이상할 것이 없다. 이상한 것은 상황이 거세된 텍스트의 언어만으로 시의 흐름을 읽어 내려고 한 우리들의 이해틀 때문이지 <매화사> 때문은 아닌 것이다. 짐작컨대 노래의 이런 상황을 잘 알고 있는 백발옹(박효관, 오기여)이나 옥인(玉人-순희, 향춘)은 7연의 연창이 끝날 때쯤이면 아마도 풀어진 모습으로 허허 하고 한바탕 파탈한 웃음이라도 터트릴 것이다. 8연이 끝날 무렵이면 자신들의 예술에 대한 은근한 자부심과 함께 더욱 기승을 부리고 있는 당시의 속된 음악에 대한 걱정과 경계심으로 숙연한 분위기가 조성될지도 모른다. 그리고 이맘때 쯤 되면, 매화는 예술가의 인격성에 물들고 예술가는 매화의 아취고절에 젖어들어 그야말로 예술가와 매화가 완벽히 하나로 합일되는 정서적 절정의 경지도 맛보게 될지 모를 일이다. 전고를 통한 매화 모티프의 알레고리화가 창출해 내는 서정적 힘이 바로 이런 것이다.

그러므로 <매화사>는 1연만 풍류적 분위기를 노래하는 것이 아니라 7, 8연도 풍류적 분위기를 노래한다. 1연만 이삭대엽계(2~5연)을 둘러안고 있는 것이 아니라 7, 8연도 감싸안고 있다. 말하자면 <매화사>의 구조는 매화 자체를 전경화하는 2~6연을 가운데 두고 1연과 7, 8연이 각각 앞뒤에서 호위하듯 감싸안으며, 매화와 예술적 정취와의 완벽한 합일을 지향한다고 할 수 있다. 이 시점에 와서야 우리는 이 장의 첫머리에 분석된 '원경-근경-원경'과 '밖-안-밖'이 지닌 구조화의 기능과 의미도 온전히 이해하게 될 수 있을 것이다.

4. 한국 고전시 해석의 반성적 과제

짐작하실 분은 짐작했겠지만 지금까지 필자가 견지한 분석 시각은 현재적 관점이 아니었다. 현재적 관점을 괄호치기하고 가능한 당대의 문학적 상황을 이해하면서 당대의 눈으로 분석하려는 자세를 견지하고자 했다. 서두에서 말했듯이 이러한 분석시각이 자칫 극단적인 해석의 상대론으로 빠질 위험이 있다는 것은 필자도 잘 안다. 그럼에도 불구하고 이런 시각을 견지하는 것은 선행연구에서 발견되는 문제점 때문이다. 과거 작품에 대한 역사적 분석을 시도하면서 연구자들은 흔히 작품의 당대적 의미와 현재적 의의에 대한 별다른 분변의식도 없이, 무정견하게 양쪽을 자유롭게 넘나들기를 일삼는다. 그러나 적어도 그것이 과거 작품의 역사적 분석인 한, 특히 과거와 현재의 미학적 거리가 일치하지 않는 한, 무정견한 과거·현재로의 여행은 작품의 당대적 의미도 현재적 의의도 제대로 해명해 낼 수 없다.

<매화사>의 예가 바로 그러함을 잘 드러내 주고 있다. <매화사>가 지닌 통일된 전체로서의 정연한 구조적 짜임 발견을 발견할 수 없었던 것, <매화사> 특유의 미학적 원리를 발견하지 못함으로써 작품의 성격을 복고취향으로 규정했던 것, 전고(典故)·용사(用事)의 당대적 미학, 반복어법의 작품적 미학, 알레고리의 역동성을 이해하지 못함으로써 상투적이고 관례적인 발상과 표현으로 몰아세운 것 등 선행연구에서 발견되는 거의 모든 문제점이 이에서 비롯된다고 할 수 있기 때문이다. 그러나 이제까지 살핀 바와 같이 이러한 판단은 거의가 <매화사>의 당대적 의미를 곡해하거나 왜곡한 결과이다. 작품의 당대적 의미에 대한 정확한 이해는 역사적 판단의 토대인 동시에 작품의 현재적 의의를 발견하기 위한 선행조건이다.

당대적 의미를 정확히 파악하기 위한 일차적 선결 조건은 대상 작품에 대한 연구자의 접근 태도이다. 우리는 흔히 과거의 작품에 접근하면서, 작품이 지금, 내 앞에 놓여 있다는 이유로 마치 오늘날의 문학을 대하듯 작품을 분석하고 판단하려 든다. 오늘날 현대시의 가치기준과 분석틀을 가지

고 과거 작품을 내려다보고 재단하면서, 그것이 역사적 이해의 가장 온당한 방법이며 객관적인 가치판단이라고들 생각한다. 이른바 현재적 관점이 세계 이해의 가장 정당한 시각이며, 현재적 가치만이 유일한 진리라는 믿음이 은연중 밑바닥에 깔려 있다. 물론 이러한 태도가 전적으로 잘못되었다는 것은 아니다. 지금, 우리의 시각에서 가치있는 작품이라면 역사적으로도 가치있는 작품으로 평가 받아야 하는 것은 당연하다. 더욱이 산더미처럼 쌓여 있는 우리의 고전들 가운데 현재적 가치를 지닌 주옥같은 작품을 발굴해 내는 일은 특히 우리의 처지로서는 더더욱 의의있는 일임에 틀림이 없다. 과거의 문학에 대한 연구가 궁극적으로는 오늘날의 문학을 위하여 필요하다는 입장이 정당하다면, 현재적 가치를 배제한 과거 문학의 연구가 한갓 무의미한 허드렛일에 시간과 열정을 쏟는 것 외에 달리 무슨 의미를 지닐 수 있으랴. 과거의 작품은 화석화된 골동품으로 우리와 만나는 것이 아니기 때문이다.

지극히 상식적인 논리를 심각하게 떠벌리는 이유가 있다. 문학의 연속성이 쉽게 감지될 수 있고, 미학적인 낙차가 크지 않는 문화권에서는 이러한 태도 자체가 그리 큰 문제가 될 이유가 없다. 그러나 불행히도 그렇지 못한 경우, 이른바 서구의 충격으로 근대와 전근대의 연속성이 훼손되고 미의식의 패러다임이 현격히 달라진 우리의 경우, 이를 심각하게 생각하지 않으면 안 된다. 과거 문학의 연구가 궁극적으로 오늘날의 문학을 위해 필요하다는 논리가, 자칫 현재를 위해서는 과거를 훼손시켜도 좋다는 의미로 확장 해석될 위험성에 대한 우리의 불감증 때문이다.

우리는 지금 이 시대에 직접 대면하고 있는 세계의 여러 이질적 문화에 대하여 비교적 너그러운 이해 태도를 지닌다. 가령 우리의 개장국 문화를 야만적이라고 매도하는 일부 외국인의 비판논리가 자기우월적인 제국주의 문화론의 소산임을 잘 알고 있다. 어느 소수민족의 일처다부제적(一妻多夫制的) 혼음(混淫) 문화를 우리의 전통적 윤리관에 맞추어 곧바로 난륜(亂倫)으로 몰아세우는 식의 자기중심적 문화이해 수준을 넘어선 지도 이미 오래다. 실천은 어렵더라도 사람들과의 사귐이 상대방의 개성을 인정하고 존중하는 데서 출발해야 진정한 이해에 도달할 수 있다는 인식도 널리 일반화되어 있다. 우리가 직접 경험하고 있는 우리시대 문화의 상대적 독자성-혹은 사람마다의 개성-을 비교적 잘 이해하고 있을 뿐만 아니라, 공간적 차원에서 본 문화의 자기중심적 이해가 자칫 타문화의 몰이해를 초래하기 쉽다는 사실 또한 비교적 잘 알고 있는 것이다.

그러나 시간적 차원에서 본 과거 우리문학의 개별성에 대해서는 유독 그러한 관념이 잘 적용되지 않는다. 과거 문학의 상대적 독자성을 인정하는 데 인색할 뿐만 아니라, 현재적 관점 중심의 과거 이해가 자칫 과거 문학의 몰이해를 초래하기 쉽다는 사실에도 거의 무관심하다. 이른바 문학작품의 '영원한 현재성'(ever present)에 대한 맹목적 믿음이 이런 무관심을 더욱 부채질하고 있는 것이 아닌가 한다. 그러나 시간성을 소거한 초역사적 존재로서의 과거 문학 이해, 미학적 패러다임이 다른 과거의 문학을 무조건 오늘날의 문학과 동열에 두는 식의 작품 이해가 '영원한 현재성'이라면 이 역시 왜곡된 서구중심적 제국주의 문학론의 맹신에 지나지 않을 것이다. 진정한 의미의 '영원한 현재성'은 작품의 과거성을 인정하는 바탕 위에서, 작품의 과거적 의미를 훼손하지 않는 이해의 기반 위에서 발견되는 현재적 의미여야 할 것이기 때문이다. 이런 점에서 작품의 당대적 미학과 향유상황의 복원을 통한 작품의 과거적 의미 발견은 오늘날 우리가 가장 깊이 새겨 두어야 할 고전시 해석의 선행조건이다. 작품의 역사적 위상을 점검하고 현재적 의의를 되새기는 등의 모든 가치평가도 이를 토대로 해서 이루어져야 함은 물론이다.

필자가 <매화사>의 재해석을 시도한 까닭이 여기에 있다. 시의 언어체만으로는 헤쳐낼 수 없었던 새로운 구조와 의미, 수사적 장치와 시적 지향의 비밀스런 부분들이 베일을 벗고 조금씩 제모습을 드러낼 수 있게 된 것은 다른 것 때문이 아니다. 시조를 가곡창으로 부른다는 일반적 사실을 넘어 <매화사>의 구체적 연창방식과 창작 상황을 복원함으로써, 달리 말해 텍스트의 언어 분석에만 치중했던 기존의 접근태도를 지양하고 '텍스트 언어'와 '텍스트 상황'을 동시에 중시함으로써 가능할 수 있었던 것이다. 보다 중요한 것은 이로부터 추론해 낼 수 있는 <매화사>의 역사적 울림이다. 앞서의 분석만으로도 짐작하실 분은 이미 짐작했겠지만, <매화사>가 지닌 당대적 의미의 복원은 <매화사>의 역사적 위상과 현재적 의미의 해석과 평가에 있어서도 종래와는 다른 새로운 시야를 제공해 준다. 기존의 부정적 해석이나 평가와 달리, <매화사>의 가치가 역사적으로든 현재적으로든 18, 9세기의 어느 작품 못지 않게 중요한 긍정적 의미가 있음을 새로이 밝혀 낼 수 있게 되었기 때문이다.

첫 번째로 우선, <매화사>가 지닌 연시조로서의 형식사적 의의를 새롭게 재조명할 수 있다. 잘 알다시피 연시조는 사대부 시인들의 정신세계와 미의식을 담아내기에 가장 적절한 그릇으로 널리 수용되어, 우리 시조사에서 대단히 중요한 위치를 점유해 왔다. 15세기 맹사성(孟思誠)의 <강호사시가(江湖四時歌)>, 16세기 이현보(李賢輔)의 <어부단가(漁父短歌)>, 송순(宋純) <면앙정단가(俛仰亭短歌)>, 이황(李滉)의 <도산십이곡(陶山十二曲)>, 이이(李珥)의 <고산구곡가(高山九曲歌)>, 그리고 17세기 장경세(張經世)의 <강호연군가(江湖戀君歌)>, 이덕일(李德一)의 <우국가(憂國歌)>, 박인로(朴仁老)의 <입암(立巖)>, 이휘일(李徽一)의 <전가팔곡(田歌八曲)>, 윤선도(尹善道)의 <어부사시사(漁父四時詞)>, 18세기 위백규(魏伯珪)의 <농가구장(農歌九章)> 등 연시조를 빼놓고는 시조사를 말할 수 없을 정도로 굵직굵직한 명작들이 산출되어 왔던 것이다.

그렇지만 이들 연시조는 사대부 지식인의 이념과 정서적 욕망 표출을 위한 문학적 형식으로서는 적절했지만, 가곡 연창을 위한 음악적 형식으로서는 사정이 그렇지 못했다. 음악적 형식으로서의 가곡이 3장의 단련형태로 완결되는 단시조를 얹어 부르기에 적절한 방식으로 발전되어 왔기 때문에, 여러 연을 한 단위로 하여 완결되는 연시조를 한꺼번에 얹어 부를 수 있는 형식으로서는 적합하지 않았다. 그리고 16, 7세기에는 만대엽(慢

大葉)이든 중대엽(中大葉)이든 가곡의 연창구조가 비교적 단순했다. 그리하여 같은 곡을 거듭 반복하든 한두 곡으로 교창(交唱)하든 간에, 문학적 형식과 음악적 형식 사이의 이러한 불일치가 연시조를 향유하는데 크게 지장을 초래할 정도는 아니었다. 뿐만 아니라 처음부터 상층 지식인의 문학적 욕망 표현에 적절한 형식으로서 형성, 발전해 왔기 때문에, 가곡의 연창구조와 관련된 고도의 음악성을 구현하는 따위에는 크게 구애받을 필요도 없었다.

그러나 18세기로 넘어오면서부터는 사정이 달라졌다. 만대엽의 소멸 및 중대엽의 퇴조와 함께 삭대엽계 가곡의 급격한 분화와 발전이 일어나기 시작했다. 이에 따라 가곡의 연창이 고도의 세련된 음악성을 요하게 되면서, 연시조의 향유도 전대와는 다른 국면을 맞게 되었다. 곧 18세기 이후 가곡이 대악곡 중심의 복잡하고 정제된 짜임새를 갖추며 발전해 나가자, 가곡의 연창형태는 연시조의 연행을 구조적으로 봉쇄하는 결과를 낳았다. 전대에는 그래도 연시조를 연행할 여지를 남겨 두고 있었지만, 일정한 악곡들로 질서있게 편성된 18세기 이후 가곡 한바탕의 연창형태는 그러한 여지조차 남겨 두지 않았던 것이다.

17세기에 최고의 전성기를 누리던 연시조가 18세기로 접어들면서 갑자기 위축되어 작품수가 급격히 줄어드는 현상, 가곡 한바탕의 연창방식을 주도해 나간 가객시인들의 작품에 연시조가 한 편도 발견되지 않는 현상[22] 등이 우연일 수 없는 까닭이 여기에 있다. 그리고 이 시기에 편찬된 가집에 전대의 연시조 작품 거의 모두가 이삭대엽곡으로 편성된 까닭, 몇몇 경우를 제외하고는 한 편의 작품을 통째로 온전히 수록한 예가 없는 까닭 역시 이와 무관할 수 없다. 사대부 연시조의 격조 높은 시풍이 유장하고 아정한 음악형식의 이삭대엽곡에 가장 알맞다는 음악적 논리가, 연시조의 시적 완결성을 해체시켜도 좋을 만큼 문학적 논리를 압도해 버린 결과

22) 예외적으로 1767년(영조43)에 창작한 金壽長의 <奉賀親耕親蠶二章>이 있으나, 이 역시 지나치게 단형이어서 연시조의 전형으로 보기는 어렵다.

이기 때문이다. 말하자면 18, 9세기 연시조의 처지는 형식의 해체를 통해서나 겨우 가곡 한바탕의 연창에 편입될 수 있을 정도로 위축되어 있었던 것이다.23)

우조 8곡을 한바탕으로 하여 부르도록 편성되어 있는 <매화사>가 재평가되어야 할 형식사적 의의는 여기에 있다. 적어도 안민영은 18, 9세기의 어느 가객도 미처 생각지 못했던, 문학적 형식과 음악적 형식 사이의 불일치로 인해 일어난 연시조의 이러한 사정과 문제점을 깊이 인지하고 있었다고 할 수 있다. 8연의 <매화사> 형식은 곧 이런 문제점을 깊이 직시하고, 음악적 형식과 문학적 형식의 완벽한 일치를 통해 가곡 한바탕의 전통 안에서 연시조의 향유기반을 새로이 구축하려는 의욕적 시도의 산물이라 할 수 있기 때문이다.

사실 가곡 한바탕의 연창구조가 연시조의 향유 기반을 박탈하고 단시조 중심으로 나아가게 한 것은, 시조 연창의 음악적 완성도 구현에 성공한 대가치고는 지나치게 큰 손실이 아닐 수 없다. 호흡이 짧은 단시조에만 의존함에 따라 연시조로써 드러낼 수 있는 깊고 광대한 표현세계를 포기하고만 것은, 결국 시조의 열린 가능성을 스스로 차단시켜 버리는 퇴행적 행위나 다름이 없겠기 때문이다. 이런 상황에서 안민영이 행한 <매화사>의 형식 실험은 연시조의 향유기반 구축을 통해 전대에 누렸던 연시조의 영광을 다시 회복할 길을 마련했다는 정도 이상의 의의를 지닌다. 어떤 의미에서 형성단계에서부터 안고 있었던 음악적 형식과 문학적 형식의 불일치라는 연시조의 이 해묵은 과제가 수백 년이 지난 안민영의 시대에 와서 비로

23) 물론 18, 9세기라고 해서 연시조가 창작되지 않은 것은 아니다. 16, 7세기에 비해 크게 줄어들었지만 이 시기에도 18세기의 郭始徵, 安瑞羽, 權矩, 權燮, 權益隆, 安昌後, 申墀, 魏伯珪, 黃胤錫, 梁周翊, 南極曄, 19세기의 金尙稷, 趙晃 등에 의해 연시조는 여전히 창작되고 있었다. 그러나 이들 사대부 시인들의 연시조 창작은 당시 주류적 연창형태였던 전문적인 가곡 한바탕의 향유권 안에서 이루어진 것이 아니라, 향촌에 자적하면서 전대의 향유전통을 개인적 차원에서 소박하게 계승하는 식으로 이루어졌다. 이조차도 19세기에 들면, 위에서 보듯 연시조의 창작이 급격히 감소되면서 소멸될 위기에 처하게 된다.

소 해결되었다고 할 수 있기 때문이다.

더욱이 안민영의 형식실험은 일회적으로 <매화사>에서 끝난 것도 아니다. 2장에서 지적한 바와 같이 그것은 <하축> 8장으로 이어졌고, 다시금 계면조 한바탕의 연창형식을 개발하려는 새로운 시도가 해주 기생 옥소선을 그리워하며 써 보낸 계면조 8절을 통해 행해졌다. 이뿐만 아니라 1866년(고종3)의 <石坡大老甲宴賀> 3절, 1873년(고종10)의 <蘭草詞> 3절, 1878년(고종15)의 <府大夫人賀祝> 3절 등의 형식 실험을 통해 연시조의 다양한 연창형식 개발에 지속적으로 관심을 쏟았다. 뒤이어 불어닥친 서구문학의 여파로 후대에까지 영향을 미칠 수는 없었지만, 안민영의 이러한 형식실험이 지닌 역사적 의의는 결코 과소평가되어서 안 될 것이다.

두 번째로는, <매화사>가 표상해 내고 있는 서정시로서의 역사적 의의를 새롭게 조명할 수 있다. <매화사>가 연시조의 전통 아래 놓여 있는 만큼, <매화사>의 서정적 조명 역시 연시조의 서정성 문제로부터 출발하는 것이 순리일 것이다. 그러나 연시조를 주도해 온 층이 16, 7세기 사대부인 만큼, 이보다 앞세워서 이들 사대부의 감성 특성에 기인된 16, 7세기 사대부시가 일반의 서정적 특성부터 살피는 것이 논의에 더 효과적일 것이다. 잘 알다시피 유가 이념-특히 성리학적 이념-에 근거한 사대부들의 세계관적 특성으로 말미암아, 시조·가사로 대표되는 사대부시가의 서정세계는 향가·속요나 현대시와는 다른 특징을 지니고 있다. 심각한 고뇌와 정치한 사유활동을 통해 사물·인간·우주를 하나로 관통하는 존재 원리의 발견에 천착해 온 그들의 이기론에 집약적으로 함축되어 있듯이, 사대부들의 감성양식은 당위의 세계[道]와 분리할 수 없는 긴밀성을 지니고 있다. 모든 사대부문학을 재도론(載道論)으로 다 설명해 낼 수는 없겠지만, 그렇다고 재도론적 관점을 떠나 사대부문학의 본질을 논의한다는 것은 더욱 상상하기 어렵다.

노래의 기능을 감발융통(感發融通)과 탕척사예(蕩滌邪穢)로 수렴해 내는 유가의 전통적 시가관에서도 우리는 그러한 감성의 재도론적 해석을 분명히 감지할 수 있다. 유가-특히 조선조 사대부들-에서 그토록 노래를 중시한 것은 우리의 감성을 통하여 존재 · 사물 · 삶 등의 모든 이치나 도리를 감득하여[感發] 저절로 깨달을 수 있는[融通] 정서적 감동의 힘, 도(道)에 어긋나는 모든 부정적인 것들[邪穢]을 깨끗이 씻어 없앨 수 있는[蕩滌] 정서적 정화력(淨化力)이 노래에 있기 때문이다. 공자의 사무사(思無邪)나 시교(詩敎)의 정신이 그대로 반영되어 있을 뿐만 아니라 시적 정서에 대한 유가의 이러한 인식이 얼마나 뿌리 깊은 전통을 지니고 있는가도 집약적으로 드러내 보여준다. 「도산십이곡발(陶山十二曲跋)」에 표현된 퇴계의 시가관에 이런 인식이 가장 선명히 드러나 있지만, 적어도 조선조의 정통 사대부치고 어느 누구도 이런 인식으로부터 완전히 자유로울 수는 없었다. 김학성이 사대부들의 이런 특성을 '사대부적 서정'으로 범주화하고 있듯이,[24] 사대부시가에서 서정은 진리 · 가치 · 규범과 떼어 생각할 수 없는 이념 지향성을 지니고 있는 것이다.

사대부적 서정의 세계를 가장 전형적으로 내보이고 있는 강호시가의 자연인식 특성이 이를 단적으로 드러내 보여 줄 것이다. 많은 연구자들이 주목해 온 바와 같이 강호시조나 가사에 나타나는 자연합일의 흥취는 자연의 아름다움에 대한 순수한 정서적 감동, 혹은 그러한 자연 속에 노니는 자아의 즉물적 즐거움과는 거리가 멀다. 정서적 감동은 시각적으로 펼쳐진 자연의 감각적 아름다움보다도 오히려 그 배후에 놓인 자연의 도(道)-시간과 공간 어느 쪽으로도 질서와 조화가 완벽히 구현된 사대부적 이상으로서의 자연 세계-가 울리는 이념적 아름다움이 오히려 더 큰 비중을 차지한다. 자아의 즐거움 역시 마찬가지다. 순수한 자족적 즐거움보다는 사대부가 꿈꾸는 조화의 이상이 구현된 세계와의 합일에서 분출되는 이념적 즐거움이 오히려 더 큰 비중을 차지한다. 풍류 역시 이와 다르지 않다. 최진원이 고려 사대부의 향락적 풍류와는 대척이 되는 상자연적 풍류를 강

24) 金學成, 「歌辭의 實現化 過程」, 고전문학연구회 편, 『近代文學의 形成』(문학과지성사, 1988).

조한 것처럼[25] 질탕한 유흥적 흥취보다 절제와 여유를 강조하는 품격 높은 정취에 오히려 더 주목한다. 그런 까닭으로 사대부들의 강호시가에는 자연을 노래하면서 자연만 노래하지 않는다. 자연에 우주론적 이치·도덕적 선(善)·경세(經世)의 이상을 투사하면서, 상대적으로 조화의 이상이 실현되지 않는 저쪽의 부정적 정치현실을 우려하면서, 자연과 사회 모두가 함께 조화를 이룬 더 높은 우주적 조화의 세계를 갈망한다.[26] 정병욱이 한국의 강호시가를 '인생시'로 규정한 것도[27] 결국 강호시가의 이런 측면을 강조한 표현어법이라 할 수 있다.

18세기로 넘어오면서 서정의 이러한 특성이 상당히 누그러든 것은 사실이다. 주로 처사적 삶을 지향하는 일부 사대부시인을 중심으로 이러한 서정의 맥이 계속 이어지기는 했지만, 시가 전반의 변화 흐름이 증폭되면서 서정의 질 또한 상당한 변화를 일으키고 있었다. 가장 큰 변화는 역시 이념과 정서의 팽팽한 균형이 흐트러짐에 따라, 사대부적 서정의 두 축이라 할 이념과 정서의 양단이 서로 분리되는 조짐을 보이기 시작했다는 점일 것이다. 한편으로는 이념 쪽으로 기울어진 교훈적 성격의 노래가 성행하고, 다른 한편으로는 정서 쪽으로 기울어진 풍류적 성향의 노래가 유행하게 된 것이 그것이다. 전자는 주로 지방의 향촌사족을 중심으로 가문이나 향촌의 내부 결속을 다지려는 장형의 교훈적 가사들에서 그 전형을 볼 수 있고, 후자는 서울의 경화사족을 중심으로 당시 급부상한 가곡을 통해 자기네의 멋스런 풍류를 드러내려는 단형의 단시조들에서 그 전형을 볼 수 있다.

물론 이런 현상은 사상적으로 전대의 이념적 지주였던 완강한 성리학적 인식틀의 이완 현상과 관련이 없을 수 없다. 그러나 사상적으로는 실학이나 서학·천주학 등의 대안적 이념틀이 활발하게 모색되고 있었으나, 문학

---

25) 崔珍源, 『國文學과 自然(증보판)』(성균관대출판부, 1981), 44~55면.
26) 성기옥, 「고산시가에 나타난 자연인식의 기본틀」, 『孤山硏究』 1집(고산연구회, 1986).
27) 鄭炳昱, 『國文學散藁』(신구문화사, 1957).

적으로는 그러한 대안적 서정의 틀이 마련되지 못한 것 또한 부인할 수 없다. 그런 까닭으로 전대보다 서정성이 풍부해졌다는 사실과, 전대의 서정적 긴장력이 풀어지면서 유흥적 풍류 쪽으로 흐르는 경향을 보인다는 사실, 전대의 서정적 엄숙주의를 점차로 벗어나는 범속성을 보이고 있다는 사실 외에 이렇다할 공통된 무엇으로 집약하기가 어렵다. 다시 말해 이러한 변화는 전대의 서정적 패러다임이 이완됨에 따른 과정적 현상으로서 나타난 것이지, 새로운 대안으로서의 서정적 미학 발견으로 볼 정도는 아니었던 것이다. 가객시인의 등장으로 서정화의 경향이 더욱 다기한 양상을 보이며 활성화되기는 했으나, 이들 역시 대안적 미학으로 정립될 수준에까지 이르지는 못했다.

비록 사대부적 서정의 이 거대한 흐름에 맞설 강력한 대안 확립의 차원은 아닐지라도, <매화사>가 추구한 서정의 세계는 분명 18세기에 볼 수 없었던 새로운 차원의 서정적 패러다임으로 평가할 면모를 지니고 있다. 우선 안민영은 매화에 부착된 유서깊은 전통적 이미지에 얽매이지 않는, 시적 대상의 자유로운 형상화에 과감하다. 이는 지조 곧은 선비상으로서의 전통적 매화 이미지를 고아한 풍류의 예술인상으로 대치시킨 <매화사>의 과감한 이미지 변용을 염두에 두고 지목한 것이 아니다. 매화를 음악과 관련시키는 이미지 변용은 김유기(金裕器), 김천택(金天澤) 등 18세기 가객시인의 시조에서도 이미 시도되었기 때문에 새로울 것도 과감할 것도 없다.

주목할 바는 이미지의 고착화를 거부하는 안민영의 거침없는 상상력의 자유로움이다. <매화사>를 창작하기 훨씬 이전인 1850년대 초 경상도 유람시 안민영은 <매화사>와 유사한 발상의 아래와 같은 시조를 남기고 있다.

> 乾坤이 눈이여늘 네 홀노 푸엿구나
> 氷姿玉質이여 閤裏예 숨어 잇셔
> 黃昏에 暗香動ᄒᆞ니 달이 조차 오더라 (금옥총부 21)

흡사 <매화사>의 이삭대엽계(제2-5연)를 합성하여 한 편으로 만든 듯한 인상을 줄 만큼 빼닮았다. 그러나 이 시의 매화 이미지는 매화 자체도 예술인상도 아니요 동래 기생 옥절(玉節)의 청초한 자태다. '빙자옥질의 아름다운 자태가 마치 눈 속에 핀 한 떨기 한매(寒梅)처럼 속된 맛이 전혀 없는'[氷姿玉質 如雪中寒梅 少無塵埃矣]28) 옥절의 청초한 아름다움을 이렇게 노래한 것이다. 또한 <매화사>를 창작한 이후인 1877년 관서지방 유람 시에도 안민영은 평양에서 사귄 기생 혜란(蕙蘭)과 자신의 정분을 매화와 달에 견주어, "屛風에 그린 梅花 달 업스면 무엇ᄒᆞ리 / 屛間梅月 兩相宜는 梅不飄零 月不虧라 / 至今의 梅不瓢零 月不虧ᄒᆞ니 그를 죠하ᄒᆞ노라"고 희희낙락하는 희작을 남기기도 한다.29) 매화의 속성을 노래의 뒤켠으로 밀쳐 두고 매화와 달의 관계만을 전면으로 부상시킨 경우다.

겉보기에 별반 대수롭잖게 생각할 수도 있으나, 매화를 하나의 이미지로 고정시키지 않는 이러한 자유로움의 배후에는 사실 우리가 미처 생각지 못했던 커다란 서정적 미학상의 차이가 있다. 잘 알다시피 지조 곧은 선비상으로 관념되는 매화의 고정된 이미지는 그 형성 동력을 사대부 자신들의 이념에 두고 있다. 시속에 물들지 않는 올곧은 선비로서의 고결성을 이상적 자아상으로 꿈꾸는 사대부적 이념을 매화에 투사시킨 결과가 곧 전통적으로 관념되는 매화 이미지인 것이다. 따라서 이런 이미지 형성의 매커니즘 아래에서는, 이상적 자아상으로 믿는 사대부적 이념이 바뀌지 않는 한 매화의 이미지 또한 쉽게 바뀔 수가 없다. 이념에 의한 이미지의 고착은 관습적으로 굳어져 이루어진 것이 아니라 구조적으로 이미 결정되어 있는 것이기 때문이다.

이에 반해 안민영의 시조에 보이는 이미지 형성의 동력은 이념이 아니

28) 『금옥총부』 29번 해설문.

29) 『금옥총부』 159번. 평양에서 정분을 나눈 기생 혜란은 얼굴은 미색이 아니었으나 蘭을 잘 그리고 歌琴에도 정통하여 평양에서도 이름이 난 재능을 겸비한 여인이라고 한다(『금옥총부』 126번 해설문 참고).

라 정서다. 사대부들이 그토록 중시하던 사대부적 이념을 거리낌 없이 툴툴 털고, 대신 그 자리에 자아의 정서를 들여앉힌다. 그리하여 자아의 이념이 매화 이미지를 창출하는 것이 아니라 자아의 정서적 상황이 매화 이미지를 창출케 하는, 새로운 이미지 형성의 매커니즘을 정립해 내는 것이다. 고아한 예술적 풍류에 젖을 때, 청초한 여인의 아름다움에 넋을 잃을 때, 재기 발랄한 여인과 정분을 나눌 때의 감정상황이 각기 다르듯, 달라지는 정서적 상황에 맞추어 매화 이미지를 여러 가지로 변용하는 데 서슴지 않는 것이다. 그러나 더욱 중요한 것은 이런 매커니즘이 매화 이미지만이 아니라 모든 이미지의 형성에, 나아가 시 전체를 형성해 내는 안민영 시학의 기본 원리로서 자리한다는 사실이다. <매화사>가 바로 그러한 전형의 가운데 놓여 있다. 3장을 통해 분석한 대로 <매화사>의 시적 지향은 사대부 시가에서 중시하는 자아의 이념 표상이 아니라 시인과 청자가 함께 즐길 수 있는 정서적 상황의 구축이다. 정서가 이념을 누르는 새로운 서정적 미학으로 주목해야 할 역사적 의의가 바로 여기에 있다.

마지막으로, <매화사>가 오늘날의 우리 시각에서 주목할 수 있는 현재적 의의가 있다면 그것은 무엇일까. 이런 물음을 떠올리면 우리는 금방 <매화사>가 지닐 수 있는 근대문학적 의미를 생각한다. 그리하여 심미적 낭만주의를 지향한다든지 전문예인으로서의 개인문학을 지향하는 등의 싹을 <매화사>에서 발견하는 최근의 업적들과 만난다.[30] 그러나 이들 업적에서 발견된 근대적 의미도 몰역사성이나 개인적 영달 지향의 결과라는 지적과 함께 만나게 되면, <매화사>가 지닐 수 있는 근대문학적 의미가 얼마나 미미한가를 새삼스레 다시 깨닫게 된다. 근대와 전근대 사이에 패인 골이 얼마나 깊은가를 새삼 절감하면서 다시금 근대시와의 연결고리를 제대로 찾을 수 없다는 절망에 빠지는 순간이기도 하다. 이는 <매화사>만 아니라 18, 9세기 문학적 변화의 흐름이 근대문학의 전개 방향과 자연스럽게

---

30) 고미숙, 「19세기 시조의 전개와 그 작품세계 연구」, 142~159면.
이동연, 「19세기 시조의 변모양상」, 95~102면.

연결되지 못함을 스스로 자인하지 않을 수 없을 때면 어김없이 찾아오는 씁쓸한 감정이기도 하다.

그러나 <매화사>가 이룬 시적 성취가 오늘날 우리문학에 던질 수 있는 의미는 과연 이 정도에 지나지 않는가를 되묻게 되면, 우리는 다시 18, 9세기의 문학적 의의를 '근대문학적 요소'의 발견에 두는 우리의 연구태도가 과연 바람직한 것인가를 의심할 수도 있다. 명실상부한 전통단절론의 극복을 통해 우리문학의 정체성을 회복해야 하는 것이 오늘날 고전 연구의 지상과제이고 보면, 이런 방향의 문학연구가 지닌 타당성과 당위성에 대하여 어느 누구도 부정할 사람은 없을 것이다. 그러나 모든 연구가 이런 쪽으로만 나아가는 일방통행식의 연구풍토가 오늘날 18, 9세기 문학연구의 전반적 분위기라면, 여기에도 분명 제기해야 할 문제점이 잠복되어 있다. 근대문학의 길만이 문학이 나아갈 수 있는 유일한 정도(正道)이며, 근대문학에서 설정한 지향점만이 오늘날의 우리 문학이 추구할 영원한 선(善)이라는, 근대문학 우월론에 대한 맹목적 신뢰감이 은연중 연구자들을 사로잡고 있음에 대하여 경계하지 않으면 안 될 것이기 때문이다. 근대문학의 가능성을 무조건 부인하는 태도도 문제이겠지만, 근대문학의 한계를 깨닫지 못한 채 맹신적으로 그 무한 가능성에 매달리는 연구태도 역시 문제 삼지 않을 수 없다. 한계를 깨닫는 것이 우리문학의 정체성 회복과 방향 설정에 오히려 더 효과적일 수도 있기 때문이다.

<매화사>가 바로 그러한 경우다. 근대문학의 연결고리로서보다 근대문학의 한계를 자각할 때 <매화사>의 현재적 의의는 분명 더 돋보이는 빛을 발한다. 문학의 위기론이 심심찮게 대두되고 있는 이 시대에, 시의 위기론은 이제 한갓 케케묵은 옛 화제에 지나지 않을 것이다. 더욱이 최근 소란스럽게 떠도는 후기모더니즘 문학론의 징후가 근대문학의 종언을 예고하듯 불길함을 떨칠 수 없는 시대인 만큼, 일찍부터 위기론에 휩싸여 위축되어가고 있던 현대시의 운명은 이제 더욱 막다른 곳에 다다른 느낌이다. 한국의 현대시도 예외는 아니다. 1980년대까지는 그래도 정치적 자유를 갈망

하는 이념적 긴장의 상황이 시의 호소력을 근근이 지탱해 주었지만, 이런 것들이 소멸된 지금 현대시의 호소력은 이제 한계에 이른 느낌이다. 특히 이미지와 비유로 구축된 현대시 언어의 미학도 사이버문화 · 영상매체문화가 문자문화를 잠식하며 활개를 치는 21세기의 문턱에 이르러서는 이제 그 역동성조차 거의 다 소진해 버린 듯 보인다. 문자언어만으로는 생동하는 언어, 살아있는 언어의 구축이 불가능한 시대가 도래한 지금, 현대시 역시 무엇인가 출구를 모색해야 할 시점에 이른 것이다. 노래의 언어, 상황의 언어 미학을 고도의 경지로 끌어올린 <매화사>가 현대시에 던지는 울림이 이런 것이다. 죽은 언어에 생명력을 불어넣어 과거의 영광을 회복할 수 있는 새로운 시적 언어의 요청이 그것이다. 시인 · 독자 · 상황 어느 것도 죽어 잠자지 않는, 생태론적 세계관이 요청하는 새로운 시적 언어 미학의 모델로서 <매화사>는 지금까지도 여전히 살아서 우리에게 말을 걸고 있다.

<매화사>라고 해서 부정적으로 비판할 여지가 없는 것은 아니다. 더욱이 <매화사>를 넘어 안민영 시조 전체로 시야를 확대하면 그러한 비판의 여지는 더욱 늘어난다. 정서적 상황이 시의 모든 것을 좌우하는 서정적 미학의 특수성으로 말미암은 시세계의 부화뇌동성, 유가적 소양을 단지 풍류시인의 장식적 교양물쯤으로 여기는 시세계의 경박성, 시대 · 삶에 대한 시인적 통찰력의 부재로 말미암은 시정신의 몰역사성 등은 안민영을 위대한 시인으로서보다 재간 있는 시인 정도로 평가할 수밖에 없는 부정적 측면들이다. 그럼에도 불구하고 긍정적 측면만 부각시킨 까닭은 이 글의 목적이 안민영 시 자체의 해명에 있는 것이 아니라 한국 고전시 해석의 방법론적 반성에 있었기 때문이다. <매화사>의 분석모델이 최종적으로 우리에게 시사하는 바는 한국 고전시 해석의 기반 정립을 위한 최소한의 이론적 과제에 대한 관심의 제고이다. 이런 면에서 적어도 다음 두 가지 근본적인 문제의 이론화에 힘써야, 고전시에 대한 우리의 오해를 그나마 조금이라도 줄일 수 있으리라 생각된다.

첫째로 고전시의 언어는 현대시의 언어 미학과는 질적으로 다른 미학을

요구하므로 이에 부응하는 적절한 이론의 개발이 시급히 요청된다. 한국의 고전시가 노래로 불리기 위해 창작된 연행예술적 성격이 강한 만큼, 고전시의 언어는 노래를 짓고 즐기는 향유상황과의 긴밀한 상호작용 속에서 의미가 완성되는 '상황의 언어'이다. 이는 창작상황과 절연된 향유 매커니즘 때문에 모든 것을 언어로 담아내야 하는 현대시의 언어와는 질적으로 다른 미학에 기저한다. 현대시의 경우 시인과 독자의 의미전달 통로가 텍스트의 언어 하나밖에 없지만, 고전시는 텍스트 언어와 텍스트 상황 둘이 통로가 된다. 그런 까닭으로 현대시는 비유, 상징 등의 모든 표현장치를 언어에 의존할 수밖에 없지만 고전시의 경우 그럴 필요가 없다.[31] 텍스트 언어 내부에서 조성해야 할 미적 긴장을 고전시는 텍스트 언어와 텍스트 상황의 상호작용을 통해서도 얼마든지 조성해 낼 수 있기 때문이다. 예컨대 향가의 경우, 텍스트의 언어는 현대시에 비해 평명하기 짝이 없지만 향가의 언어가 조성하는 비유나 상징의 효과는 현대시 이상이다. 그리고 이들 효과는 현대시처럼 텍스트의 언어 자체에서 조성되는 것이 아니라 텍스트 언어(작품)와 서사적 상황(배경설화) 사이의 미적 긴장 형성을 통해 조성된다. 현대시 이론에서 기계적, 상투적이라 비판하는 알레고리의 고전적 미학 역시 그러하다. 알레고리의 상황을 온전히 복원할 때, 알레고리의 언어와 상황이 불러일으키는 미적 긴장력은 현대시의 어느 표현법 못지 않게 생생한 현장감을 조성해 낼 수 있다.

둘째로 전고(典故)·용사(用事)의 당대적 미학에 대한 바른 이해와 이론 정립도 절실히 요청된다. 우리는 흔히 과거 선인들이 즐겨 사용한 전고·용사를 가장 독창성 없는 상투적 표현으로 폄하해 버리기 일쑤다. 그러나 독창성보다 전범성을 우위에 두었던 과거의 미적 패러다임을 바르게 이해하기 위해서는 이에 대한 자기폄하의 태도를 지양하고 나름의 미학을 정

---

31) 이를 텍스트 언어의 측면에서만 보면, 결과적으로 현대시의 언어는 갖가지 세공으로 반짝이는 입체성을 띠지만 고전시는 상대적으로 그러한 세공에 무관심하여 대체로 평면적이다.

립할 이론화에 힘써야 한다. 예로써 비교하자면 서양의 패로디와 전고 · 용사는 미학적 기저가 서로 다르다. 패로디가 기본적으로 원텍스트와의 비판적 거리화를 통한 재문맥화라면, 전고 · 용사는 원텍스트와의 친화관계 형성을 통한 재문맥화라고 할 수 있다. 서양의 패로디와 가장 근사하다고 하는 환골탈태(換骨奪胎) 역시 기본적으로 이러한 차이를 넘어서지 않는다. 더욱이 조선시대의 시조 · 가사에는 어느 시대의 시가장르보다도 전고 · 용사의 사용이 많았다. 따라서 모든 시조 · 가사를 <매화사>의 상투적 표현을 비판하듯 비판적으로만 접근한다면 시조 · 가사의 표현미학은 결코 제대로 이해될 수 없을 것이다. 비판은 과거 문학에 대한 온전한 이해 위에서 이루어져야 할 현재적 관점의 문제인 것이다.

(『震檀學報』 85호, 진단학회, 1998.6)

이념과 기법

- 조기천론(趙基天論) -

김용직(金容稷)

1. 찬사 속의 등장

8・15 직후부터 50년대 초에 이르기까지 북쪽 문단에서 주력이 된 양식은 소설이나 평론이 아닌 시(詩)였다. 그 뒤에 북쪽 문단에서는 이기영(李箕永)의 「땅」과 「두만강」이 나왔고 한설야(韓雪野)의 「대동강」, 「만경대」가 발표되었다. 또한 북한이 창작 활동의 물줄기를 바꾸어버린 것으로 선전한 혁명가극 「피바다」, 「꽃파는 처녀」가 발표된 것도 특기할 일이다. 그러나 북한이 정권 수립에서 그 체제를 굳힌 40년대와 50년대 전반기까지 문단활동의 주류를 이룬 것은 시인이며 그들 작품인 시였다. 이와 같은 해방 후 몇 해 동안의 북한 문단에서 특히 크게 각광을 받은 시인이 있다. 그가 바로 지금까지 줄기차게 북쪽의 최대 시인으로 일컬어지고 있는 조기천(趙基天)이다.

조기천은 1913년 함경북도 회령에서 태어났다. 빈한한 가정 출신으로 어렸을 때 그는 가족을 따라 시베리아에 들어갔다. 그곳에서 사범대학을 다녔고 러시아 문학을 전공했다. 한때 교포들의 교육기관인 사범대학에서 교편을 잡은 경력이 있다. 2차 대전 막바지에 그는 어떤 경로를 거친 것인지 확실하지 않는 가운데 김일성 부대에 편입되었다. 1945년 8월 그는 김일성 부대와 함께 북한에 진주하였고 이어 그 막하에서 북한의 행정기관지 구실을 한 『조선신문』 편집국장이 되었다.

입국 직후부터 조기천은 우리말 시를 써 발표했다. 그들 작품은 1946년에 들어서 차례로 발표되기에 이른다. 「두만강」(1946.3), 「큰거리」(1946.4), 「쓰딸린 대원수에게 드림」(1946.4), 「五·一을 맞으라」(1946.5) 등이 그들이다. 소련에서 그가 우리말 시를 써서 발표한 경력은 자세하지 않다. 등장 초기 북쪽 문단에서는 새로운 이름, 신인에 해당했다. 그 나머지 등장 초기에 그의 시는 남쪽은 물론 북쪽에서조차 크게 반응을 일으키지 못했다.

이런 소외, 묵살 상태는 그가 장편 서사시 「백두산」을 쓰게 되자 하루아침에 뒤바뀌었다. 조기천이 「백두산」을 썼을 때에 이미 북쪽 문단에는 박세영(朴世永), 박팔양(朴八陽), 안막(安漠), 이찬(李燦) 등 카프의 원로급 시인들이 활동하고 있었다. 이 가운데 이찬은 8·15 직후에 재빨리 「김일성 장군의 노래」를 작사하여 북한 당국의 두터운 신임을 얻은 터였다. 또한 박세영은 북한 정권의 수립과 함께 애국가를 지었다. 그것으로 북쪽에서 그의 위치가 부동의 것이 되었다. 그럼에도 장편 서사시 「백두산」이 나오자 조기천의 이름은 그들을 압도하고 남기에 이른다.

「백두산」은 탈고와 동시에 당 기관지인 『로동신문』에 10회에 걸쳐 연재되었다. 이 작품을 각급 학교와 공장, 농촌의 문예조직에서는 필독의 교재로 채택했다. 초판 20만부가 곧 품절되는 사태가 빚어졌으며 북쪽이 제정한 북조선 예술축전에서는 이 작품으로 조기천에게 1등상이 돌아갔다. 이것으로 그는 공화국의 계관시인 자리에 오른 것이다.

「백두산」으로 조기천이 북쪽의 최정상급 시인이 된 것은 우연이 아니었다. 돌이켜 보면 그것을 가능케 한 소인이 그에게는 충분히 있었다. 우선 그는 일제치하에 등단한 시인이 아니라 8 · 15와 함께 입국한 소련파였다. 8 · 15와 함께 38선 이북에 진주한 소련군들은 그들이 일제를 한반도에서 구축한 해방군으로 자처했다. 그들은 애초부터 마련해둔 정치일정에 따라 북한의 사회주의화를 기도했다. 어떤 일이건 그것을 차질 없이 수행하려고 할 때 첫째 요건이 되는 것이 그 집행자들이다. 그런데 소련군과 그 비호를 받는 김일성부대의 입장에서 보면 일제체제하에서 적지 않게 자본주의에 오염된 기성인들은 달갑지 못했다. 당연히 그들에게는 그들의 이데올로기 교육을 받은 사람들이 필요했다. 조기천은 바로 이 첫째 요건에 100프로 들어맞는 시인이었다.

뿐만 아니라 김일성부대는 성격상 전투원으로 구성되어 있었다. 전투부대였기 때문에 문학, 예술활동을 담당할 사람들은 드물 수밖에 없었다. 그런데 조기천은 바로 그런 드문 인재 가운데 하나였고 또한 크게 각광을 받을 여건 또는 토대가 마련되어 있었다. 그는 또한 이밖에도 또 하나의 행운을 타고난 시인이다. 앞에서 살핀 바와 같이 그가 등장하기 전에도 북쪽에는 이미 카프 출신의 원로급 기성시인들이 있었다.

8 · 15 직후의 북한 문단상황을 감안해 보면 카프계의 검증 없이 신인이 등장하는 것은 불가능했다. 더욱이나 그 신인이 문단을 좌우하는 일은 일어날 수가 없는 일이었다. 그런데 조기천은 전혀 그 예외가 되었다. 그 까닭은 대충 두 가지로 생각될 수 있다. 그 하나는 그의 정치적 배경으로 추정된다. 이미 밝힌 바와 같이 조기천은 김일성부대의 일원으로 입북했다. 그에게는 카프 출신들의 기성시인들이 받지 못한 이데올로기 교육이수의 강점이 있었다. 그 결과 그의 작품 활동에 기성의 간섭이 개입할 여지가 없었을 것이다. 다음 또 하나 이 경우에 감안되어야 할 것이 8 · 15 후 북쪽 문단의 사정이다. 8 · 15와 함께 38선 북쪽의 문학, 예술 중심지는 자연스럽게 평양이 되었다. 그런데 그 무렵까지 평양은 한반도에서는 일개 지방도시였다. 대부분의 문학인들은 서울에서 활동하고 있었다. 사회주의 문학조직기구인 조선문학가동맹도 그 본부가 서울에 있었다. 그 조직적 성격

은 지난날의 카프 출신에 다수의 순수문인들을 영입한 것으로 단연 자타가 공인하는 한국의 대표적인 문학 조직이었다.

1946년 봄을 지나면서부터 남쪽의 좌익들은 차츰 우파의 탄압, 박해를 받기 시작했다. 그런 정세아래서 상당수의 좌파 문학인들이 38선을 넘기는 했다. 그러나 그들의 뇌리에는 깊숙이 북쪽 체제가 일시적인 것이며 부차적인 것이라는 생각이 자리 잡고 있었다. 이것은 정치일정에 따라 문예조직을 마치고 그 활동을 본격화시키고자 한 북쪽의 입장으로 보면 크게 못마땅한 것이었다. 그 나머지 북쪽의 문예정책 담당자들은 일단 평양우위론을 펴게 되었다. 또한 그와 표리를 이루는 논리로 서울 문단 부차설을 내세웠다. 이런 경우의 구체적 보기가 되는 것이 1946년에 발표된 한설야(韓雪野)의 「예술운동의 본질적 발전과 방향에 대하여」이다. 한설야는 이 글에서 북조선이 실현한 민주개혁은 새로운 문학예술의 토대를 이룬다고 했다. 그 문학형태는 일제잔재를 청산하지 못한 기성의 벽을 허물어야 가능할 것이라고 했다. 그럼에도 남쪽에서는 아직 기성 문인들 중심의 문학활동이 전개되고 있다. 이때의 기성 문인들이란 일제치하를 눈치 보기로 산 순수문인들까지를 포함한다. 그들의 문학은 그리하여 반동적인 것으로 규정되었다. 이런 논리로 한설야는 서울중심의 남쪽 문단에 향수를 가지는 경향이 타파될 필요가 있다고 주장했다.

서울이 해방 전까지 좋은 의미에서든 나쁜 의미든 조선문화의 중심지인 것은 사실이다. 그러나 한설야는 이때에 문제되는 이른바 조선문화의 거의 전부가 이조의 봉건문화와 침략자인 일제의 문화라고 규정했다. 그러므로 해방이 된 마당에서 문화의 중심을 서울이라고 생각하는 경향은 회향주의이며 이조나 일제의 문화와 구래의 시민문화를 그대로 인용하고 답습하고 계승하자는 가장 무서운 반동적인 사상이라고 못박았다.

한설야의 이런 글이 북쪽의 낡은 문화에 대한 비판인 것은 사실이었다. 그러나 이런 서울 문단 비판이 곧 평양중심의 북쪽문단이 지닌 존재 의의를 확보해내는 것은 아니었다. 그 무렵 북쪽이 이루어낸 민주개혁이 평양

문단의 사회주의적 건설에 토대를 제공하는 것은 사실일 수 있었다. 그러나 시와 소설은 여건이 아니며 문학예술이 제도나 체제의 등가물도 아니다. 그 무렵 북쪽 문단의 지도분자들은 이런 사실을 알고 있었다. 알고 있었기 때문에 그들 나름의 문학적 성과를 고대하지 않을 수 없었을 것이다.

조기천의 「백두산」은 이런 평양문단의 8 · 15 직후 요구에 넉넉히 걸맞는 작품으로 생각되었다. 우선 한설야가 지적한 것처럼 문학가동맹으로 집약된 서울의 좌파 문단은 일제 시대에 등장, 활약한 문학인들이 주류를 이룬 조직체였다. 그들은 일찍이 항일 무장투쟁을 내용으로 한 작품을 발표한 적이 없었다. 그런데 「백두산」은 그 무대배경이 항일 유격대의 활동무대인 백두산이다. 그 골자를 이루는 사건도 일제와의 전투들이며 주인공은 항일 유격 활동의 전설적 영웅 김일성대장이었다. 이것은 일찍이 서울 문단의 그 누구도 손을 대지 못한 인물과 사건, 상황을 「백두산」이 가졌음을 뜻한다. 한설야식 생각에 의하면 서울문단의 신화는 이것으로 일단 그 막을 내린 셈이다.

뿐만 아니라 외형에 있어서도 「백두산」은 북쪽 문단의 콧대를 세울 여건을 지니고 있었다. 한국 시사에서 서사시의 전통은 매우 희미한 자취를 드러낼 뿐이다. 특히 한국 현대시사에 나타나는 영웅서사시의 자취는 아주 흐리다. 19세기 말에서 8 · 15에 이르기까지의 우리 시가 남기는 역사에서 서사시의 이름에 값하는 것으로는 김동환(金東煥)의 「국경(國境)의 밤」과 「승천(昇天)하는 청춘(靑春)」 정도가 있다. 그런데 이 작품에는 영웅서사시의 요건 가운데 하나인 초인이 등장하지 않는다. 주인공의 비극적인 단면을 부각시키기에 걸맞은 사건이나 상황도 잘 나타나지 않는다. 그런데 「백두산」은 이들과 유를 달리하는 작품이다.

조기천이 이 작품에서 중심인물이며 영웅은 말할 것도 없이 항일 유격대장인 김일성이다. 「백두산」은 그를 몇 개의 전투장면을 통해 부각시키고자 했다. 뿐만 아니라 작품 가운데 한 공간인 H시의 공격에서 그는 군중 앞에 나타나 소리높이 일제의 박멸과 조국의 광복을 외친다. 이것으로 그는 영웅서사시의 주인공인 초인으로 부각된 셈이다. 이 작품은 총 300여행으로 머리시와 뒤풀이까지를 합하면 7장 57절의 부피를 가진다. 이 작품이 나오기까지 한국의 현대 시사에서 이렇게 부피가 큰 작품이 나온 예도 없었다. 이 모든 사실이 북쪽이 표방한 새 사회와 새 문학 건설 구호에 걸맞는 것이었다. 그 나머지 자칫 투쟁경력을 내세우며 후배들을 뒷전으로 돌릴 성향이 짙은 구카프계의 문학인들이 조기천을 박수로 맞은 것이다.

2. 서사시 「백두산」의 실제

오늘 우리는 조기천의 시를 다시 검토해 볼 필요가 있다. 우선 그가 등장, 활약한 것은 지금부터 반세기 전의 일이다. 그 동안 우리 문단과 문학적 상황은 크게 변했다. 그런 상황 속에서 조기천과 그의 시가 변함없이 걸작으로 평가된다면 그 까닭을 밝힐 필요가 있다. 그런데 막상 「백두산」을 검토하면 거기에는 북쪽의 평가와 상치되는 면이 적지 않게 드러난다. 가령 이 작품 서장에는 천지를 노래하여 '안개도 오르기 주저하는 이 절정!/ 세월의 류수에/ 추억의 배 거슬러 올리자!/ 어느 해 어느 때에/ 이 나라 빨치산들이 이곳에 올라 천심을 떠받으며/ 의분을 불 살러'라는 부분이 있다. 여기서 '세월의 류수'란 유수같은 세월'의 도치형으로 생각된다. 그리고 이런 우리말의 속뜻은 덧없이 흘러가는 시간을 가리킨다. 그에 거슬러 추억의 배를 저어간다면 그 속뜻은 무기력하고 하염없는 심상을 제시하는 데 그친다. 장편 서사시 「백두산」은 전설적인 항일 유격대의 무장투쟁을 가락에 실어 노래하기를 기한 작품이다. 그렇다면 이런 말씨는 박력을 느끼게 하며 고조된 감정을 펼 필요가 있는 이 작품의 한 부분이 되기에는 부적절하다. '빨치산들이 (…) 의분을 불살러'라고 된 부분에도 비슷한 이야기가 가능하다. 여기서 빨치산들은 백두산을 근거지로 삼고 일제의 박멸, 조국의 광복을 맹세한 사람들이다. 그들의 가슴은 들끓는 적개심, 의

분에 가득 찰 수밖에 없다. 그렇다면 그들이 불을 질러야 할 것은 목적어가 된 적개심이나 의분이 아닐 것이다. 이것으로 우리는 이 작품을 쓸 무렵 조기천이 우리말 구사 능력에 한계가 있지 않았는가 의념에 쌓이게 된다.

다만 이런 단면은 장편시인 「백두산」이 안고 있는 지엽적 문제일 수도 있다. 이제는 이 작품을 총체적으로 검토할 단계에 이르렀다. 먼저 「백두산」의 허두를 이룬 것은 서시다. 분절 표시는 없이 다섯 연 78행으로 이루어진 이 부분에서 조기천은 천지를 앞에 두고 항일 무장투쟁의 지난날을 회상하는 입장을 취했다. 북쪽 문학사에 따르면 이 부분은 시인 자신이 천지를 굽어보면서 구상, 집필한 것이라고 한다. 거기서 빚어진 감정은 그러나 작품의 실제에서 기능적으로 재조직, 편성되지 못한 느낌을 준다.

서장에 이은 1장부터 장편서사시 「백두산」은 본론에 접어든다. 우선 제1장은 교묘한 매복 작전으로 토벌대를 이끌어 들이는 항일 유격대의 작전 활동을 노래한다. 그 무대 배경은 장백산 깊숙이 있는 홍산골이다. 일제의 토벌대는 항일 유격대를 뒤쫓다가 그들의 매복작전에 걸려든다. 한 발의 총성과 함께 유격대는 토벌대를 공격한다. 여기에 빨치산의 지휘자인 김대장이 등장한다. 그는 "한 놈도 놓치지 말라"고 대원들에게 소리친다. 그의 훌륭한 지휘로 왜놈 토벌대는 한 사람도 살아남지 못한다.

다음 2장 끝자리에 정치 공작원 철호가 등장한다. 그는 유격대의 국내 진공을 예고하는 듯 김대장의 명령으로 국경선을 넘는다. 제2장과 3장에는 정치공작원 철호의 국내 잠입이 노래되어 있다. 2장에서 철호는 그의 여성 동지이며 애인인 꽃분이를 만난다. 또한 함흥 노동자와 소년 연락대원 영남과 헤어진다. 3장에서는 꽃분이를 도움으로 감추어 둔 등사기를 찾아내어 선포문을 찍어내는 철호의 활동이 노래되어 있다. 등사가 거의 끝나갈 무렵 그들은 느닷없이 가택을 수색하는 왜놈 순사와 맞닥뜨린다. 그 위험한 순간에 꽃분이는 이불 속으로 철호와 선전물, 등사판을 끌어넣고 그것들을 덮어 버린다. 그리고 왜놈 순사에게는 철호가 그의 서방이라고 말한다. 왜놈 순사는 석유등잔을 엎질러 등사기름 냄새를 눈치 채지 못하게 하는 꽃분이의 기지에 속아 넘어간다. 철호는 위기에서 벗어나고 공작문건과 기기들은 차질없이 확보된다.

제4장에 이르러서는 유격대원들의 숙영지 생활이 노래되었다. 여기서 김대장은 밤에도 책을 읽는 지도자로 등장한다. 그와 대원들은 나흘 째 곡기를 입에 넣지 못했다. 그럼에도 그는 쏘련의 빨치산 투쟁사를 읽으면서 밤을 밝힌다. 여기에는 또한 김대장이 철저하게 인민의 생명, 재산을 보호하는 인간성의 소유자로 나타난다. 그가 뜬눈으로 밤을 밝힌 아침에 보급투쟁을 나간 대원이 소를 끌고 와서 잡는다. 그것을 본 김대장은 그 소가 조선농민의 것임을 알고 격노한다. 유격대의 규율에 따르면 인민의 재산을 약탈한 죄는 총살감이다. 소를 잡은 석준은 전투에 용감한 척후대원이다. 그는 스스로 군율을 어긴 죄로 죽음을 각오한다. 그러나 김대장은 그에게 몇 마디의 훈시를 한 다음 명령한다. "임자를 찾아 소 값을 주라!" 이것으로 김대장은 인민의 편에 설 뿐 아니라 군율에 앞서 동지애를 간직하고 있는 인간으로 부각된다.

제5장은 유격대원들의 국내 공장활동이 노래된다. 이 장의 허두는 일제가 쏜 총소리로 막을 연다. 그 총알에 철호와 같이 국내에 잠입한 영남이가 쓰러진다. 철호는 그 시체를 안고 복수를 결의하면서 그를 묻는다. 그는 다시 솔개골로 찾아가 꽃분이를 만난다. 두 사람은 하룻밤을 같이 지낸 다음 서로의 임무를 수행하기 위해서 헤어진다.

제6장은 장편 서사시인 「백두산」의 절정으로 생각되는 부분이다. 그 무대배경은 국내의 한 도시인 H시며 시간은 깊은 밤인 11시다. 먼저 이 장은 압록강에 뗏목이 나타나는 것으로 시작된다. 뗏목은 삽시간에 다리가 된다. 그 다리를 건너서 항일 유격대가 H시를 장악하자 왜놈들 경비대는 유격대의 포화를 맞고 쓰러지고 반역자의 집들에는 불길이 치솟는다. 그 소용돌이 속에 김대장이 등장한다. 그 장면을 이 시는 다음과 같이 노래했다.

재생의 열망을 휘끌어 올리며
화광이 춤추는데
밤바다 웅성거리는 군중
높이 올라서 칼잃고 웨치는 김대장-
"동포들이여!
저 불길을 보느냐?
조선은 죽지 않았다!
조선의 정신은 살았다!
조선의 심장도 살았다!
불을 지르라-
원쑤의 머리에 불을 지르라!"
만세 소리 집도 거리도 떨치고
화염을 따라 오르고 올라
이 나라의 껌껌한 야공을
뒤흔든다 뒤울린다

여기 나타나는 바와 같이 이 부분으로 김대장의 모습이 비로소 구체적인 전투 지휘관으로 부각되어 나타난다. 그리하여 그가 주인공인 영웅서사시로서의 「백두산」이 제대로 그 격식을 갖게 된 것이다.

제7장은 유격대가 후퇴하는 장이다. H시를 점령한 다음 작전의 성과를 기도대로 올리고 유격대는 다시 국경을 건너간다. 그 과정에서 정찰대장 철호와 또 한 사람의 소대장인 석준이가 토벌대의 추격 화망에 걸려 쓰러진다. 본래 영웅서사시에는 비장미가 깃들어 있어야 한다. 많은 영웅서사시에서 주인공이 죽음에 이르는 까닭이 여기에 있다. 김일성을 전형으로 한 「백두산」에서 조기천이 그의 작중인물인 김대장을 그렇게 할 수는 없었을 것이다. 그 나머지 전사자로 그려진 것이 철호와 석준인 셈이다. 이것은 조기천이 영웅서사시의 뼈대를 어느 정도 알고 있었음을 뜻한다.

서사시 「백두산」의 종장은 뒷풀이, 또는 대단원의 성격을 띤다. 여기서 조기천은 백두산이 김대장과 항일 유격대의 빛나는 근거지임을 확인했다. 여기서 빛나는 태양은 항일 유격대의 정신과 일체화되어 있다. 또한 그에게서 빚어진 감정을 통해 인민의 나라를 세우리라는 다짐을 얻어내는 것이다.

지금 돌이켜 보면 장편서사시 「백두산」이 처음 발표된 것은 반세기를 훨씬 넘긴 시점에서였다. 그 이후 북쪽의 문예정책은 항일 유격대의 혁명정신을 형상화하는 것을 최우선 과제로 삼았다. 그런 정책방향에 따라 수많은 작품들이 항일 유격대의 활동에 초점을 맞추어 제작된 것이다. 그럼에도 「백두산」과 조기천에 대한 칭예는 북쪽에서 잦아들 줄 모른다. 북쪽의 문예비평과 문학사, 창작방법론은 기회 있을 때마다 「백두산」을 성공작의 보기로 든다. 시집 『백두산』은 북쪽에서 해를 거치면서 줄기차게 판을 거듭했다. 특히 1985년 9월에는 북쪽에서 정권 창립을 축하하는 대대적 기념행사가 있었다. 그 행사의 일환으로 사로청의 기관지인 『로동청년』에 이 작품이 8회에 걸쳐 분장 재게재 되었다. 많은 맹원들에게 그 전문을 암송하도록 하는 과제를 부여했다는 말도 전한다.

그러나 북쪽 문단과 당의 이런 칭예에도 불구하고 서사시 「백두산」에는 그 곳곳에 결함이 나타난다. 앞에서 이미 드러난 바와 같이 서사시 「백두산」은 영웅서사시의 갈래에 속하는 작품이다. 영웅서사시에서 여러 요소와 세부는 영웅을 기능적으로 부각시키는데 집중되어야 한다. 그럼에도 「백두산」에서 주인공이며 영웅이라 생각되는 김대장의 생동하는 활동상이 묘파된 부분은 별로 많지 못하다. 3,000여 행에 달하는 이 작품에서 그를 위해 할애된 부분은 제4장의 2절과 3, 4절, 제6장의 6절과 서시, 뒷풀이 부분의 몇 줄일 뿐이다. 이에 반해서 「백두산」에는 상황이나 풍경을 노래한 부분이 상당히 많다. 또한 정치 공작원인 철호와 꽃분이에 할애된 행간도 적지 않게 나타난다. 그럼에도 이들은 영웅서사시의 필수요건으로 생각되는 초인적 행동, 비극의 그림자와 함께 읽는 이를 뒤흔드는 인간상이 되지는 못했다. 단적으로 말해서 「백두산」은 영웅서사시의 첫 교의(敎義)에 제대로 걸맞지 않은 작품이다.

3. 「백두산」의 분석, 검토

「백두산」이 장편서사시로서 성공작이 못된 까닭은 의도가 앞서고 제작 목표 달성에 급급한 단면으로도 드러난다. 되풀이되지만 영웅서사시는 영웅의 초인적인 모습을 기능적으로 노래하는 것으로 그 제작 목표가 달성된다. 이를 위해서 인간들의 행동과 사건은 읽는 이에게 충격적 인간상으로 부각되어야 한다. 이때 충격을 제고시키는 길에 인과감을 살리는 기법이 있다. 서사시에서 사건과 상황은 등장인물들이 백절불굴, 파란만장한 활동을 통해서 이루어진 결과여야 한다. 그러나 그것이 기계적인 행동이나 사건의 연속이어서는 안 된다. 한 사건과 그에 이어지는 사건은 반드시 필연적 상관관계로 묶여 있어야 한다. 그를 통해서 우리는 작중인물의 행동에 진실성을 느끼고 박진감을 맛볼 수 있다. 그 관계를 가능하게 하는 것이 인관관계의 설정이다. 그런데 사건과 사건이 인과관계로 묶인다는 것은 그것이 플롯을 가짐을 뜻한다. 여기서 우리는 서사시가 확보하고 있어야 할 구조적 특성에 플롯의 감각확보가 있음을 확인할 수 있다.

고전문학기의 일부 서사시에는 안과감각이 전제되지 않는 이야기 전개가 있기는 했다. 많은 서사무가와 구전 서술시가 그에 속한다. 이런 경우 작품의 뼈대가 되는 이야기는 필연성을 인식하게 만드는 구조의 그것이 아니다. 사건과 사건은 평면적인 상태에서 차례로 연결되어 이야기를 이룰 뿐이다. 그러나 영웅서사시와 그 단계를 넘은 근대 서사시에서는 인간의 행동이 반드시 사건과 표리관계를 이루어야 한다. 또한 그 사건은 필수적으로 선행한 원인의 결과이어야 한다. 극적인 결과가 작품에서 한 장관을 이루는 것은 사실이다. 그러나 이때의 사건은 반드시 앞선 인물과 영웅, 그들로 통칭되는 인간이 고민하며 방황하는 나머지 빚어지는 결과이어야 한다. 그래야만 서사시의 가락이 제대로 빚어지고 그 구조가 탄력감을 확보해 내는 것이다.

영웅서사시의 이론이 이처럼 명백함에도 불구하고 「백두산」에는 이런 창작 방법 인식의 자취가 잘 나타나지 않는다. 그 단적인 보기가 되는 것이 제6장과 7장이다. 이미 밝힌 바와 같이 제6장은 장편서사시 「백두산」의 절정을 이루는 부분이다. 여기서 항일 유격대는 H시를 해방시켰다. 김대장은 그를 에워싼 군중 앞에서 일제의 박멸을 소리높이 외친다. 그러나 그것은 해방된 H시의 군중, 곧 조선의 대중과 일체화된 듯 보이지 않는다. H시의 승리가 제대로 부각되기 위해서는 유격대의 침공과 동시에 봉기해서 왜적을 타도하는 민중이 나타나야 했을 것이다. 그것으로 북쪽의 문예 정책 집행 당국과 문단이 되풀이해 주장하는 바와 같이 유격전의 영웅 김대장이 민중에 에워싸이고 그들의 우레와 같은 환영 속에서 조국만세를 부를 수 있었을 것이기 때문이다. 그럼에도 이 장에서 유격대와 군중은 명백히 시차 또는 거리를 두고 나타난다.

불길이 일더니
만세소리 터진다.
첨에는 먼 곳에서
다음에는 여기저기서--
눌리우고 짓밟힌 이 거리에
반항의 함성 뒤울리거니
암담한 이 거리에 투쟁의 불길 세차거니
흰옷 입은 무리 쓸어나온다.--
머리벗은 로인도 발벗은 여인도
벌거숭이 애들도

여기서 우리가 지나칠 수 없는 것이 '투쟁의 불길 세차니' 다음에 '흰 옷 입은 무리'와 '머리 벗은 로인', '벌거숭이 애들'이 나타난 점이다. 그리고 김대중의 투쟁 선동은 그 다음에 이어져 있다. 이미 앞에서 나온 바와 같이 김대장은 대원들이 허기에 지친 나머지 유격대 근거지로 몰고 와서 도살한 황소를 단호하게 보상하라고 명령한 사람이다. 그의 혁명 투쟁이 인민과 거리를 가진 채 이루어질 수는 없다. 그런데 여기서는 유격대의 시가지 장악이 먼저고 민중은 그 다음에 나타난다. 서사시 「백두산」에서 H시의 해방은 「백두산」의 클라이막스다. 이 절정의 순간을 조기천이 좀더 기능적으로 노래할 수 있었다면 여기 노래된 것처럼 그것이 유격대의 선공, 민중의 후속 형태로 노래되지는 않았을 것이다. 이 시의 의도는 말할 것도 없이 항일 유격대 활동의 위훈을 높이 선양하려는데 있었다. 그런데 그것을 성공적으로 부각시켜야 할 자리에서 H시 점령이 항일 유격대에 의해서 이루어지고 민중은 그 다음에 그에 호응한 것으로 되어 있다. 이것은 한 결과로서의 사건이(여기서 H시 해방은 유격대의 가장 빛나는 전적임이 다시 기억되어야 한다) 그에 선행하는 원인의 필연적인 성과라는 플롯 설정에 조기천(趙基天)이 둔감했음을 뜻한다. 우리가 이 작품이 근대 서사시의 기본요건의 하나인 구조적 탄력 확보에 기능적이 못된 것으로 잡은 까닭이 여기에 있다.

한편 서사시 「백두산」은 몇 가지 부분적인 문제에 있어서도 난점을 지닌 작품이다. 우선 조기천은 이 작품 여러 곳에서 자연을 곁들여서 그의 감정을 노래하고 때로는 유격대의 활동 근거지가 된 산과 강, 들판을 묘사했다. 사회주의 문학도 문학이므로 시는 예술의 한 갈래다. 경직된 목적의식으로 말들이 굳어지기보다는 풍경과 상황이 묘사되어야 하고 노래될 수 있는 것이다. 그러나 이 경우 그들이 속류 수사학의 편에서 쓰일 수는 없다. 자연과 상황을 포함한 모든 제재가 생생하게 주제를 살리고 작품의 탄력감을 증진하는 데 기여해야 한다. 그럼에도 「백두산」에는 그렇지 못한 부분이 여러 곳에 나타난다. 다음은 이 작품의 뒷풀이를 이루는 에필로그의 일부다.

동방의 줄기줄기를
신촉인양 한줌에 걷어 쥐고
만리 창공에 백발을 휘날리며
아득한 태초로부터
이 나라 풍상의 나날을 낱낱이 굽어
천산 성악아 백두산아

조기천이 이렇게 백두산을 노래한 까닭은 다음 자리에서 곧 나타난다. 그는 여기서 백두산을 '떨어졌던 태양'이 다시 솟아오르게 하는 산으로 파악했다. 이때의 태양이 항일 유격대의 혁명투쟁의 성공을 뜻하는 것은 물을 것도 없는 일이다. 그런데 어떤 연유로 백두산이 민족의 성산이며 솟아오르는 태양의 상징인지가 여기서는 드러나지 않는다. 인용된 부분의 전후를 검토해보면 「백두산」이 성산이니까 그렇다 식의 동어 반복 형태가 나타날 뿐이다. 이것은 백두산에 대한 맹목적 예찬이지 독자들에게 필연성을 느끼게 할 의장을 지닌 경우가 아니다. 여기서 우리는 언제나 시가 의도나 관념이 아님을 인식해야 한다. 그 이전에 시는 말의 예술이다. 시인은 그가 쓰는 말의 기능을 통해 읽는 이에게 시의 내용을 진실로 받아들일 수 있게 해야 한다. 「백두산」이 그런 규범의 예외일 수는 없다.

이와 아주 비슷한 이야기가 「백두산」의 2장이나 제3장 허두를 통해서도 가능하다. 제2장의 시작은 '안개 내린다— 산촌에 저녁 안개 내린다'이다. 안개는 일상적인 차원에서 우리를 가려주는 객관적 상관물 구실을 한다. 이 바로 앞에는 정치 공작원인 철호의 국내 잠입이 예정되어 있다. 그렇다면 여기서 안개는 그것을 보장하는 은폐막 구실을 해야 할 것이다. 그럼에도 제2장에서 안개는 전혀 그런 각도에서 형상화되지 못했다. 이 다음 자리에는 철호의 애인 꽃분이가 등장한다. 그는 끼니의 대용으로 칡뿌리를 캔다. 뿐만 아니라 이 무렵에 이 작품의 무대는 벌써 저녁에 이른다. 저녁에 다시 안개가 내리는 것은 칡뿌리를 캐는 꽃분이에게 아무런 도움이 되지 않는다. 그 뿐 아니라 여기서 안개가 철호의 국내 잠입에 어떻게 의미있는 상관물이 되는지도 끝내 제시되지 않는다. 그 결과 안개의 묘사는 무의미한 언어의 낭비가 될 뿐이다.

이와 함께 이 장에는 또 다른 세부에도 간과될 수 없는 오류가 나타난다. 다음 장에서 드러나는 바 꽃분이가 철호를 만난 시기는 이른 봄이다. 유격대 근거지에서 철호가 떠나는 날 눈보라가 휘날렸음을 조기천은 그 앞부분에서 길게 늘어놓았다. 그렇다면 그가 마을에 내려왔다고 하지만 계절은 아직 여름에 이르지 못한 것이다. 그런데 이 철에 유격대의 일원인 철호가 동지를 확인하는 암호로 뻐국새 소리를 낸다.

> 아 이것도 천운이라 할까…
> 사나이 부르짖으며
> 휘익 손만으로 돌아서더니
> 난데 없는 뻐국소리 높았다-
> 뻐꾹- 뻐꾹-
> 잠잠하던 솔밭도 기쁘게 화답한다.
> 뻐꾹- 뻐꾹-
> 또 솔밭 속에서 나오는 두 사나이

이 다음에 곧 밝혀지지만 먼저 뻐꾹새 소리를 낸 것은 정찰대원인 철호다. 그는 비밀 연락선을 통해 만나기로 약속된 동지들을 확인하는 암호로 뻐꾹새 울음소리를 낸 것이다. 이에 대한 확인 암호로 다시 뻐꾹새 소리를 흉내내고 두 사람의 공작원이 나타났다. 이런 군호 교환은 전혀 납득이 가지 않는 행동설정이다. 본래 뻐꾹새는 남쪽에서 날아와 우리나라에서 여름을 지내는 철새다. 이 새가 우는 시기는 나뭇잎이 무성하게 피어나는 초여

름부터다. 국내에서 유격대가 펼치는 정치공작활동은 고도의 은폐전술을 전제로 한다. 그것을 기능적으로 이루어가기 위해서는 군호도 자연적인 상태가 이용되어야 할 것이다. 그런데 분명히 비밀활동을 할 철호가 이른 봄날 암호의 방법으로 뻐꾸기 울음소리를 냈다면 그 결과가 어떻게 되는가. 무심코 지나가던 일제의 순사나 그 끄나풀들이 곧바로 수상쩍다는 생각을 갖게 된다. 그 다음에 닥쳐올 사태는 너무도 명백하다. 철도 아닌 뻐꾹새 울음을 그들은 유격대의 비밀 신호로 간파하게 된다. 그에 이어 일어날 것은 일제의 수색과 토벌작전일 것이다. 문학작품이 반드시 사실만에 입각하는 것은 아니다. 그러나 이때 허구의 개념이 전혀 사실에 괴리되는 것일 수는 없다. 허구의 전제 요건은 사실 이상의 진실성 확보다. 그렇다면 「백두산」의 위와 같은 부분은 명백한 잘못이다. 북쪽식 비판의 기준에 따르면 이것으로 조기천은 항일 유격대가 공작활동에 사용할 암호 하나도 제대로 만들어 쓸 줄 모르는 바보의 집단으로 만든 것이 된다.

백두산에 나타나는 이런 오류는 이밖에도 적지 않다. 가령 철호와 꽃분이는 선전 삐라를 만드는데 쓰이는 등사기를 돌담불에 감춘다. 등사기는 등사잉크를 쓰며 그것은 석유냄새를 풍긴다. 이런 사실을 「백두산」의 작자도 명백히 알고 있었다. 그 각명한 증거가 제 3장 7절이다. 이미 앞에서 지적된 바와 같이 이 직전에 철호와 꽃분이는 왜놈 순사의 불심검문을 받는다. 그때 그들은 등사기를 이용해서 선전전단을 만드는 중이었다. 문밖에선 왜놈 순사가 문밖에서 석유냄새를 맡았을 것을 꽃분이는 재빨리 감지했다. 그리하여 그는 불을 켜기 전에 등잔을 엎질렀고 문밖의 순사에게 그것으로 석유냄새가 나는 것이라고 둘러댄다. 이런 등사기를 숲섶에 감추면 때 아닌 석유냄새로 일제의 경찰견이 그것을 탐지할 것이다. 뿐만 아니라 등사기에는 엷은 망사가 쓰이며 그것 역시 토사와 나뭇가지에 섞이면 제구실을 못한다.

조기천은 이미 나타난 바와 같이 김일성부대의 일원으로 국내에 들어온 사람이다. 그는 반드시 그 주변의 유격대 활동 참가자들에게 그들 활동의 여건과 상황에 대해서 들었을 것이다. 유격대가 활동한 국경지역에는 일제의 군대와 경찰이 밤낮으로 경계의 눈을 번득이고 있었다. 그런 여건 속에서 유격대의 활동이 공작기구에 대한 처리방법도 모르는 채 이루어졌을 리가 없다.

조기천은 「백두산」을 쓰기 위해서 보천보를 거쳐 천지(天池)에 올랐다고 한다. 이것은 그가 항일유격대의 옛 전적지를 체험하기 위해서였을 것이다. 이와 함께 그가 터득하고 있어야 할 것이 또 하나 있었다. 그것은 항일유격대의 실제 활동을 밑받침한 현실을 자신의 몫으로 인식하는 일이었다. 그럼에도 그는 이른 봄 뻐꾸기 소리로 암호를 교환하는 정치 공작원을 등장시켰다. 또한 정치 공작의 소중한 도구인 등사판을 풀섶이나 돌서리에 감추는 유격대원을 노래하고 있는 것이다. 그러나 문제는 여기에서 끝나지 않는다.

이미 우리는 조기천이 소련에서 대학교육을 받은 시인임을 알았다. 그 연령으로 보아 그는 스탈린 체제하에서 문학교육을 받은 것으로 추정된다. 그렇다면 그는 사회주의적 사실주의에 대한 이론을 어느 정도 터득하고 있어야 했다. 쏘비에트 작가동맹규약에 의하면 사회주의적 사실주의는 다음과 같이 정의되어 있다.

> 사회주의적 사실주의는 싸베트 예술과 비평의 기본 자세이다. 그것의 올바른 발전으로 현실을 정확히 역사적, 구체적으로 묘사할 일이 예술가에게 요구된다. 여기서 예술적 묘사의 정확성과 역사적 구체성은 사회주의적 정신으로 근로자를 사상적으로 교육하고 개조하는 임무(任務)가 부과된다. 사회주의적 사실주의는 창조적 이니시어티브의 발휘와 다양한 형식, 양식, 그리고 장르의 가능성을 보장하는 것이다.

여기서 짐작되는 바와 같이 사회주의적 사실주의는 그 이전의 자연발생적인 계급문학과 명백하게 구별된다. 그 본질은 현실을 있는 그대로 그리는데 있지 않다. 그 이전에 이 사실주의는 스탈린식 세계관을 진실이라고 한다. 이때 진실과 허구와 차이를 결정짓는 것은 당파성이며 이념이다. 그러나 사회주의적 사실주의도 창작방법이다. 창작은 읽는 이에게 예술적 감동을 일으켜야 한다. 그것이 일상의 상식으로도 납득되지 않는 서술로 이루어질 수는 없을 것이다.

이미 살핀 바와 같이 「백두산」은 조기천이 사회주의적 사실주의의 북쪽판으로 만들었다는 느낌이 강하다. 그에게 중요한 것은 김일성이 영솔했다는 항일유격대의 정신이었다. 그것만에 매달린 나머지 그는 문학작품의 기본 방법에 맹목인 채 정치적 목적만을 추구한 작품을 만들었다. 이런 느낌은 그의 작품의 또 다른 부분을 검토해 보면 더욱 명백해진다. 북쪽의 작품들이 대개 그렇듯 서사시 「백두산」도 처음 작품과 다음 판 사이에는 적지 않은 손질이 가해졌다. 구체적으로 개정되기 전 이 작품의 제4장 3절은 '그렇게 기다리던 식량부대/ 아침에야 돌아왔다-./ 얻은 것이란 소 한 마리뿐'으로 되어 있다. 이 소의 고삐를 보고 김대장은 그것이 대원이 보고하는 대로의 일본인 소유가 아님을 간파한다. '대장은 굴레를 보았다-/ 동전을 단 굴레./ 수놓은 굴레 (…) 독특한 코뚜레-- 민족의 이색/ 어김 없이 일본소는 아니다' 이것은 김대장의 판단 근거가 제시된 부분이다.

1955년에 나온 『조기천 선집』에서 이 부분은 '얻은 것이란 소 두 마리뿐'으로 개작되어 있다. 여기서 '마리 뿐'으로 된 부분이 문제되어야 한다. 이때 유격대원들은 나흘을 굶은 다음 식량보급투쟁에 나갔다가 돌아온 것이다. 그들은 기대한 곡식은 얻어내지 못한 채 소만을 몰고 돌아왔다. 그 나머지 '소 한 마리 뿐'으로 이 부분이 쓰여진 것이다. 그러나 그 위에 한 마리가 더 추가된 '두 마리'라면 '-뿐'이라는 접미사는 좀 이상하다. 이에 대한 해답은 김대장의 훈시 발언을 살피면 얻어낼 수 있다.

> 동무들!
> 우리 빨치산들이

어느 때부터 마적이 되었는가?
어느 때부터 평민의 재산을 노략했는가?
이 굴레를 보라!
이 소는 조선 농민의 소다
저 소는 중국 농민의 소다
이렇게 김대장이 말했다.

초판 「백두산」에서 김대장의 발언은 '이 소는 조선농민의 소다'로 끝난다. 『조기천 선집』의 경우에는 그것에 '저 소는 중국농민의 소다'의 한 줄이 더 추가되었다. 앞에서 '한 소'가 '두 소'로 개작된 까닭은 바로 여기에 있었던 것이다. 하지만 어떻든 이 개작은 자연스럽지 못한 문맥을 이루고 있다. 대체 어떤 사정이 이 부분을 이렇게 고치도록 만든 것인가. 이런 물음에 열쇠 구실을 할 수 있는 것이 『조기천 선집』이 나온 시기다. 서사시 「백두산」이 허두에 실린 이 시집이 준비된 것은 북쪽에서 말하는 이른바 조선전쟁 내지 조국전쟁이 막바지에 다다른 1950년대 중반기였다.

이 전쟁이 시작되고 얼마 동안 북한은 일방적으로 전세를 장악했다. 그러나 그해 가을에 시작된 UN군의 반격과 함께 크게 전세는 역전되었다. 1950년의 겨울이 다가설 무렵 그들은 한만 국경선으로까지 밀려났다. 인민군이 맡은 전선은 도처에서 붕괴되고 한때는 국경지대 일부만이 그들의 근거지가 되었을 정도다. 북쪽의 이와 같은 위기에 원조항미(援朝沆美)의 손길을 뻗친 것이 모택동의 군대였다. 그들의 지원으로 북쪽은 남침 이전의 영역 곧 휴전선 북쪽의 강토를 다시 찾을 수 있었다. 8 · 15 직후 「백두산」이 나올 때 북쪽 당국이 정치적으로 신경을 써야 할 나라는 소련이었다. 그러나 6 · 25 동란을 치르면서 이런 사정은 크게 달라졌다. 즉 6 · 25와 함께 북쪽의 지원군을 보내준 모택동의 나라에도 우의, 친선의 눈길을 끊임없이 던져야 했다. 이런 상황이 「백두산」에도 반영될 수밖에 없었다. 그 나머지 초판의 '한 마리 소'가 '두 마리 소'로 그리고 앞의 경우에 나타나지 않은 '중국 농민의 소'가 추가된 것이다. 북쪽에서는 일단 발표된 작품도 정치적 상황에 따라 끊임없이 수정, 개정된다. 「백두산」의 이 부분은 그런 북한의 문단 사정이 반영된 결과다.

4. 목적시, 그 논리와 실제

서사시 「백두산」을 통해서 우리는 북한과 같은 사회주의 체제하의 시와 문학에 대해 얼마간의 판단을 내릴 수 있다. 이 작품이 항일 유격대 정신의 형상화에 전력투구를 한 사실은 거듭 지적된 바와 같다. 그럼에도 이 작품은 창작활동의 기본전제에 대해서는 거의 맹목인 단면을 드러낸다. 「백두산」과 같은 영웅서사시에서 유일한 주인공은 작품을 지배하는 영웅 자신이다. 당연히 이 양식은 전 신경을 그 주인공의 부각, 형상화에 집중시켜야 했다. 「백두산」은 이 영웅서사시의 기본원리를 제대로 인식하지 못한 작품이다. 그 단면의 일단은 이미 우리가 살핀 대로다.

이와 함께 초기의 조기천 시에는 형상화 이전의 문제도 제기되는 것이 있다. 가령 그의 작품 「두만강」은 1946년 3월에 발표된 것이다. 그 제8연 마지막 부분은 '두만강이여! 그대는/ 조선의 생명하 되었어라!'로 되어 있다. 이 연에서 두만강은 외적과 맞서 싸우는 의병들이 투구로 타는 목을 축인 객관적 상관물이다. 그렇다면 '생명하'는 '생명의 물줄기'가 될 것이다. 고전문학기의 시가라면 몰라도 신시이후의 우리시에서 '물줄기'나 '강'이 '생명' 다음에 '하'로 이어지지는 않는다. 그것으로는 진부한 어투와 가락이 빚어지게 되기 때문이다. 그럼에도 조기천은 이런 사실에 전혀 맹목인 채 우리말 시를 써서 북쪽 문단에 등장했다.

조기천의 우리말 사용능력은 「백두산」 이후에도 별로 개선되지 않았다. 1947년에 들어서자 그는 「수양버들(4월)」, 「우리의 노래(5월)」, 「모쓰크바(5월)」, 「그네(6월)」, 「흰 바위에 앉아서(7월)」, 「보뚝에서(8월)」, 「분노(9월)」,

「휘파람(9월)」, 「동해바다(9월)」, 「10월(10월)」 등 다수의 작품을 발표했다. 다음은 그 가운데서 뽑아본 「우리의 노래」와 「그네」이다.

뉘가 모르느냐
우리의 노래를?
화월에 이슬로 맺힌 사랑도
봄밤의 가냘핀 한숨도
가을의 딩구는 락엽도 아니다.
우리의 노래는
민주를 三천리에 떨치려
온 겨레를 싸움에 부르는 것이다.

한낮에 조으는 호수도
시냇가 버들꽃에 담은 피리소리도
바람에 밀리는 흰구름도 아니다.
우리의 노래는
반동과 반역을 없애려
인민의 가슴에서 황황 솟는 불길이다.

천악만악 뚫어 터치는 의지
대지를 끓이는 인민의 정열-
믿음과 기쁨으로 훈훈하고
붉게 타는 사랑 속에
얼음 같은 증오를 품은
애국과 의분에 뭉킨 이 노래
독립의 나라를 세운다(1947.5)

-「우리의 노래」 전문

버드나무 휘늘어진
五월의 푸른 강변에서
이 마을 처녀들이 그네를 뛰오
츠렁츠렁 기나긴 그네줄이
소리없이 반달을 그리면
날새같이 사뿐 나래쳐
맑은 하늘에 날아오르고

한번 구르면
푸른 물이 발밑에서 흘러흘러
두번 구르면
푸른 산이 눈아래 오락가락
세번 구르면
흰 구름이 머릿발에서 일어나오

붉어진 뺨 웃음을 나리며
처녀는 그 무엇을 보련 듯이
하늘가에 높이 날아 오르오

날아 올라선 그 무엇을 찾는 듯이
구름 저편을 건너다 보오
저 산넘어 구름 저편엔
우리 깃발 날리는 평양성이 있다오
평양 성엔 김일성 대학-
그 대학에선 그리운이 글 배운다오
한뉘 머슴살이 하리라던
이 마을 총각이라오(1947.6)

-「그네」 전문

여기에 나타나는 바와 같이 「우리의 노래」는 조기천이 인민과 당을 위한 문학을 지향하려는 의지를 담은 작품이다. 여기서 노래는 그의 시며 문학이다. 그것을 그는 음풍농월, 영탄과 애수에 젖은 지난날의 것들과 다른 것으로 노래했다. 그와 함께 그는 그의 문학이 「애국과 의분」의 노래가 되기를 기한다. 그것이 인민의 편에 서서 새나라 건설의 일익을 담당하는 올바른 시의 길로 파악한 것이다.

「그네」는 북쪽의 문학사가들이 일찍부터 높이 평가한 작품이다. 여기에는 8 · 15 후에 이룩한 북쪽의 민주교육을 지지, 옹호하는 열정이 담겨 있다. 일제 치하에서 우리 농민들이나 노동자 계층은 대학에 갈 수 없었다. 그 무렵의 한반도에서는 보통학교조차를 월사금이 없어서 배우지 못하는 사람들이 수없이 많았던 것이다. 그런데 8 · 15가 되고 김일성 정권은 재빨리 민주교육, 인민이 고루고루 배울 수 있는 교육을 선포했다. 그리고 1946년부터는 재빨리 평양에 김일성 종합대학교를 설립, 운영하기 시작했다. 사회주의 체제하에서 모든 교육은 일단 국비로 실시된다. 그 결과 지난날에는 그 문턱도 넘지 못한 다수의 농민, 노동자 계층 출신이 중학교, 고등학교와 전문대학에 갈 수 있게 되었다. 「그네」의 주인공이 '그리운 이'로 부르는 빈농출신 총각이 '평양성'의 대학에서 배우게 된 것은 그런 사회개혁의 혜택에 의한 것이다. 이것으로 우리는 이들 시가 8 · 15 직후의 북쪽의 문예정책 요구에 십분 부합하고 있음을 알 수 있다.

그러나 기법이나 형상화의 측면에서 보면 「우리의 노래」나 「그네」는 「백두산」이 지녔던 난점을 그대로 안고 있는 작품들이다. 그 주제로 보아 이들 두 작품은 혁명에 대한 열정이나, 새 사회에서 사는 기쁨에 가득차 있어야 한다. 이미 지적된 바와 같이 「우리의 노래」는 과거의 문단과 문학적 태도의 배제, 극복을 전제로 한 작품이다. 그 철저한 배제를 통해서 새 사회 건설, 사회주의 조국 건설의 전위가 되려는 데 이 시의 의도가 있는 것이다. 이런 의도를 효과적으로 노래하기 위해서는 선언조의 어투가 제격이다. 그것으로 의문을 삽입시킬 여지가 없을 정도로 단호한 어조가 빚어지고 가락이 이루어질 수 있기 때문이다. 그럼에도 「우리의 노래」는 적지 않게 어정쩡한 어투로 되어 있다. '뉘가 모르느냐 우리의 노래를?'. 이런 어투대로라면 조기천이 절대 명제로 생각하는 「우리의 노래」가 인민의 감정을 고양시키는 것이 아니라 읽는 이에까지 아무래도 좋을 것이라는 태도를 자아낼 것이다.

조기천의 시 가운데서 「그네」는 그래도 서정시의 요소가 제법 많이 담긴 작품이다. 여기서는 오월달 강가에서 그네를 타는 처녀의 모습이 그 나름대로 심상화되었다. 본래 서정시는 인간과 세계를 총체적으로 다룰 수 있는 양식이 아니다. 그 출발 자체가 우리 자신이 일상에서 맞고 느끼는 여러 국면을 집약시켜서 노래하는 것이 서정시다. 이때 체험내용은 집약형태로 나타난다. 그렇게 함으로써 그것은 긴 서사시나 역사시에 비견될 내용을 담을 수도 있다. 어떻든 서정시의 기본요체는 유의성이 큰 체험내용 또는 제재의 선택으로 시작된다. 이런 양식의 특성상 서정시는 본질적으로 부피가 제한되는 양식이다.

다른 문학양식처럼 서정시도 택할 수 있는 소재 또는 체험내용을 제한하지는 않는다. 그러나 다른 문학양식과 달리 서정시는 단형일 것을 원칙으로 한다. 이런 양식상 특성 때문에 서정시가 소설이나 희곡에 비해서 인간과 세계를 포괄적으로 수용하는데 한계를 가질 수도 있다. 그러나 유능한 시인은 이 한계를 오히려 서정시의 자산으로 살릴 줄 안다. 이때 그 방법이 되는 것이 유의성이 가장 큰 제재의 포착이다. 그와 동시에 서정시의 요체는 제재를 집약적으로 제시하면서 읽는 모든 사람들이 그에 매료되도록 만드는 기법을 구사하는 데 있다.

이런 각도에서 보면 「그네」는 전면적인 긍정이 가능하지 않은 시다. 이 작품이 교육개혁의 일환으로 이루어진 김일성 대학을 제재로 택한 사실은 이미 밝힌 바와 같다. 사회주의 국가에서 대학은 혁명의 최전위에 서는 지도자를 양성하는 데 그 목적이 있을 것이다. 그 혜택을 받는 것은 지난날 교육의 기회를 전혀 갖지 못한 노동자와 농민들이다. 이 작품이 성공작이 되기 위해서는 거기서 빚어진 보람이 고양된 정서로 노래되어야 했다. 그럼에도 이 작품에서 그것은 매우 단편적이며 사말에 그쳐 있다. 이것은 시골처녀의 그네 뛰는 장면으로 사회주의 교육의 성공이 구가되지 못했음을 뜻한다.

뿐만 아니라 「그네」는 주제를 형상화하는 기법에서도 허술한 단면을 드러낸다. 이 작품에서 그네를 뛰는 처녀는 처음 명백히 복수로 되어 있다. 민주교육의 혜택의 감격을 폭넓게 노래하기 위해서는 한 사람의 처녀가 아니라 복수를 등장시키는 게 효과적일 수 있었다. 그럼에도 2연에 이르면 그것이 아무런 사전 절차 없이 한 사람의 처녀로 바뀌어 버린다. 이것으로 이 작품은 세부적 기법에서 소루한 단면을 드러내는 것이다. 그와 함께 이 작품의 끝머리에도 난점이 있다. 빈농 출신이 김일성대학에서 배우는 것은 이른바 사회주의 교육혁명의 큰 혜택이 그에게 돌아갔기 때문이다. 그 감격을 기능적으로 노래하기 위해서는 마땅히 이 시는 고양된 감정이 유지되어야 했다. 그럼에도 「그네」는 마지막 두 줄에서 별안간 그 어세를 떨어뜨린다. '한 눠 머슴살이 하리라던/ 이 마을 총각이라오'. 이것은 물론 사회주의 계급의식을 담고자 한 조기천 나름의 계산에 의한 결과다. 그러나 좋은 시는 어떤 경우에도 사상, 관념을 그 뼈대로 드러내지는 않는다. 뿐만 아니라 이 두 줄로 북쪽이 구가한 교육혁명은 농촌 처녀의 사적인 자랑거리에 돌아가 버릴 한계도 내포하게 되었다. 이것은 이 작품이 좋은 시가 확보하고 있어야 할 짜임새에서 한계가 있음을 뜻한다.

8 · 15 직후부터 50년대에 접어들기 이전의 시기를 북쪽의 문학사는 평화적 민주건설기라고 한다. 이 무렵에도 38선 남쪽에서는 남조선의 혁명을 시도하는 로동당이 끝없이 체제를 공격하고 투쟁을 선동했다. 이 시기의 남쪽 역사는 쟁의와 파괴, 그에 뒤따른 좌파의 연행, 구금, 충방으로 점철된 수난(?)의 역사였다. 그러나 북쪽에서는 이른바 김일성 정강의 선포와 함께 착실하게 민주기지화 과업이 수행되었다. 북쪽의 문학사가 이 시기를 민주건설기로 본 까닭이 여기에 있다.

민주건설기에 조기천은 의연하게 북쪽의 계관시인 자리를 차지했다. 그의 작품은 발표와 함께 예외없이 사회주의적 사실주의 문학의 표본으로 평가되었다. 그의 작품 「백두산」은 그 일부가 중학교의 교과서 첫머리를 차지했다. 그의 다른 시 역시 각급 학교와 직장의 문학교실 교재로 채택되었다. 그리고 이런 추세는 그가 미군의 공습을 받아 폭사한 1951년까지 줄기차게 계속되었다. 6·25 동란의 와중에서도 그는 「조선은 싸운다」와 같은 전쟁시를 썼다. 그 내용은 적에 대한 들끓는 적개심과 싸우는 전선의 병사와 후방의 모습을 담은 것이었다. 그 사상성으로 하여 그의 작품은 예외 없이 북쪽의 모범작으로 평가되었다. 특히 「조선은 싸운다」는 북쪽의 비평가들이 전쟁시의 최고걸작으로 평가한 작품이다.

「조선은 싸운다」는 7장으로 되어 있다. 그 허두는 '세계의 정직한 사람들이어!/ 지도를 펼치라'로 시작한다. 이어 이 시는 엄청나게 전화를 입고 폐허가 되어버린 조선을 다음과 같이 노래했다.

그대들의 뜨거운 마음이 달려오는 이땅에서
도시와 마을을 찾지 말라
방금섰던 3층 벽돌집은
아스팔트 길에 거꾸러지고
반남아 타버린 가로수들은
허리부러져 길바닥에 딩구느니

이 부분 다음을 '남북 三천리에 잿더미만 남았다/ 태양도 연기 속에서 피같이 타고 있는 조선!'으로 계속했다. 서장에서 이 작품은 엄청난 전화에 철저하게 파괴된 나라를 개괄적으로 제시하려 했다. 이어 2장과 3장은 후방에서 전재복구에 일어선 후방 인민의 모습을 다루었다. 2장의 끝은 '밤마다 밤마다 죽음을 이기는/ 조선의 싸우는 후방'으로 되어 있다. 이어 3장르에는 '만약 하늘에 하느님이 있어/ 낮과 밤을 내었다면/ 조선 사람을 보고 놀라리라-'로 시작한다. 그 까닭을 밝힌 부분에서 조기천은 '밤을 모르는 백성을'이라는 행으로 시작했다. 어떻든 '조선은 싸운다'의 본론 두 장은 후방에서 싸우는 인민의 모습으로 이루어진 셈이다.

4장은 '동틀 무렵 그는 홀로 남았다'로 시작한다. 여기서 홀로 남은 그는 혼자서 고지를 지키며 밀려드는 적을 세 번이나 물리친 한 사람의 전사다. 그가 지킨 고지를 다시 인민군이 탈환했을 때 그는 죽음이 되어 내래는 눈송이를 맞았을 뿐이다. 이것을 조기천은 '쓰러진 전사의 낯에선/ 아직도 눈송이들 녹았다'라고 노래했다. 5장에서는 이 작품의 목소리가 한층 더 격앙되어 나타난다.

> 싸우는 조선의 전방아!
> 휘발유에 돌까지 타는 산에서
> 어떻게 원쑤를 물리쳤느냐
> 폭격에 밑바닥까지 뒤집히는 강하는
> 어떻게 넘었느냐
> 불붙는 거리와 마을들은
> 폭격에 컴컴한 진지는
> 어떻게 지키느냐
> 누가 수류탄이 되어
> 적의 땅크 밑에 뛰어 들었던가

이런 시행들의 뼈대가 되고 있는 것은 일종의 캐더로킹 기법이다. 주워섬기기로 바꾸어 말해도 무방한 이 기법의 강점은 한 초점에 맞추어 여러 소재를 차례로 열거하는 데 있다. 그것으로 작자가 강조하고자 하는 내용이 기능적으로 부각되고 시의 가락이 조성되며 독자의 감정이 고조되는 것이다. 그러나 조기천이 좀더 유능한 시인이었다면 여기서 몇 개의 문장을 평면적으로 처리하지는 않았을 것이다. 이와 함께 우리가 주목할 것은 이 부분에서 그가 여러 문장을 의문형으로 만든 점이다.

「백두산」이 그랬던 것처럼 「조선은 싸운다」도 일종의 서사시다. 서사시는 여러 사건을 차례로 읊으면 여러 소재 가운데서 유의성이 큰 쪽을 부각시키고 다른 것을 그 부수 형태로 돌리는 기법을 조기천이 써야 했다. 그것으로 그의 시가 의도를 살피고 주제의식을 강조하는 일이 가능했다. 자칫 읽는 이에게 지루한 느낌을 줄 수 있다. 그 극복을 위한 한 기법으로 서사시는 서사시적 탐색(Epic Inquire)을 사용한다. 서사시적 탐색이란 한 사건과 국면에 대한 해명이다. 그러나 그 해명은 읽는 이의 주의를 환기시키기 위해 물음의 형태를 선행시키며 그에 이어 사건과 사실에 대한 제시가 이루어진다. 이런 사실에서 짐작되는 바 서사적 탐색에서 선행사건은 결과다. 그 다음에 놓이는 해명 부분이 원인일 수 있는 것이다. 그러니까 이 경우에도 인과감각이 서사시적 탐색의 요체를 이루는 셈이다. 이런 견지에서 보면 위의 여러 행들은 서사시적 탐색을 이루기에 함량이 미달이다. 여기서는 피상적으로 의문문이 나열되어 있을 뿐 그것이 사건과 국면을 충격적인 의미체계로 이끌어 올리지 못하고 있는 것이다. 작품의 실제가 이런 「조선은 싸운다」가 북쪽의 문학가들에 의해 고평된 이유가 무엇인지 궁금하다.

5. 시는 이념만이 아니다

여기에 이르러서 우리는 하나의 사실을 전제로 할 수밖에 없다. 그것이 북쪽의 조기천론이 일방적이었다는 점이다. 북쪽의 비평가와 문학사가들은 많은 경우 기법(북쪽에서는 형상화라고 한다)을 작품평에서 뒷전으로 돌렸다. 그들이 최우선으로 적용하는 기준은 당파성이며 사상성이다. 이것을 다른 말로 주제의식이라고 해도 무방할 것이다. 그런데 조기천의 많은 작품이 유례가 없는 적개심과 애국심을 담고 있다. 그런 그의 전쟁시를 걸작으로 평가하는 데는 모순이 있을 수 없다는 것이다. 그러나 이런 주장의 일방성은 이 시를 같은 무렵 북쪽에서 나온 다른 시인의 것에 대비시켜 보면 곧 드러난다.

조기천이 「조선의 어머니」, 「문경고개」, 「조선은 싸운다」, 「우리는 조선 청년이다」, 「나의 고지」 등을 발표했을 때 그와 거의 같은 시기에 임화(林和)는 훗날 전선시집에 수록된 「한 번도 본 일이 없는 고향 땅에」, 「밟으면 아직 뜨거운 모래밭 건너」, 「너 어느 곳에 있느냐」, 「한 전호 속에서」, 「평양」, 「바람이여 전하라」, 「흰 눈을 붉게 물들인 나의 피위에」 등을 썼다. 이 가운데는 전선의 산과 마을, 바다가 모두 "원쑤의 머리 위에 원쑤의 발 아래/ 억수로 내리는 불비가 되거라/ 화산으로 터지는 불길이 되거라/ (한 번도 본일이 없는 고향땅에)"라고 한 부분이 있으며 다음과 같이 높은 목소리로 전투 맹세를 담은 부분도 있다.

> 자랑스런 군단포야 소리치라
> 사랑스런 지스뜨리아 용맹한 직사포야
> 건너 산허리를 잘러 원쑤들을
> 들팍과 흙속에 묻으라
> 고요한 락동강아 일어서라 파도치라
> …(중략)…
> 앞으로 앞으로
> 락동강을 건너 왜관을 지나
> 나아가자 동무들아 다만 앞으로
> 앞에는 대구 그 다음엔 부산
> 또 그 다음엔 원쑤들이 처박힐
> 현해탄의 물결 높고 험한 바다
> 그 위에 떠오르는 찬란한 아침 태양과 더부러
> 우리의 영광스러운 깃발을 휘날리기 위하여

전우들아! 전진이다 전진이다

이 작품이 조기천의 전쟁시에 비해서 질이 떨어진다고 생각되지는 않는다. 적개심과 애국정열의 고취에 있어서 차이를 느낄 수도 없다. 그럼에도 임화는 이 작품을 담은 시집을 낸 얼마 뒤에 사형에 처해졌다. 그 범죄 사실의 한 가닥이 된 것이 바로 임화가 싸우는 전선과 후방 인민들에게 퇴폐적이며 염전사상을 퍼뜨렸다는 것이었다. 이때 단죄의 선봉이 된 것이 한설야와 엄호석이었다. 이들이 단죄의 증거로 이끌어낸 시에 「너 어느 곳에 있느냐」의 '너는 지금 이/ 바람찬 눈보라속에/ 무엇을 생각하며/ 어느 곳에 있느냐// 머리가 절반 흰 아버지를 생각하며/ 해저므는 들길에 섰느냐/ 가슴이 종이처럼 얇아/ 항상 마음 아프던 엄마를 생각하여/ 해 저므는 들길에 섰느냐'가 있다. 이것을 한설야와 엄호석은 싸우는 후방의 인민의 모습을 고의로 실의에 빠진 듯 왜곡시켜 전투의욕을 퇴화시켰다고 단죄했다. 그러나 실제 임화는 이 작품에서 사랑하는 나의 딸에게 '한치의 땅/ 한뼘의 진지일지라도/ 피로써 지켜 내거라'라고 외쳤다. 그럼에도 앞서와 같은 부분이 문제가 된다면 조기천은 어떤가.

이미 살핀 바와 같이 「조선은 싸운다」에는 고지를 지킨 전사를 그려서 '쓰러진 전사의 낯에선/ 아직도 눈송이들이 녹았다'가 나온다. 북쪽의 해석대로라면 인민군대는 쓰러진 전우가 눈송이를 맞고 방치되기 전에 그 시체를 수습할 것이다. 이것이 비판되지 않은 이유는 그럼으로써 이해될 수가 없다. 또한 「죽음을 원쑤에게」에도 비슷한 장면이 나온다. 여기에서 눈은 가열한 전쟁을 겪는 전란의 상징이다. 그런데 조기천은 그것이 내리는 모양을 '화염이 하늘에 닿는 도시며/ 검은 연기 아득한 거리에도 처참한 상처받은 길가며/ 그 옆에 쓰러진 젊은 여인의 시체에도' 등으로 노래했다. 이것이 적개심과 애국적 정열로 해석되는 이유는 그 자체가 다음에 오는 전투의욕을 전제로 하기 때문일 것이다. 말을 바꾸면 이 부분은 어디까지나 작품 전체를 살리기 위한 세부이며 기법의 문제에 그친다. 그렇다면 조기천에게는 허용되는 이런 유의 기법이 임화에게는 왜 그렇지 않은가. 북쪽의 조기천론이 제 나름의 논리적 근거를 지니기 위해서는 이에 대한 대답이 선행되어야 했다.

6. 시와 시인의 주소

여기에까지 우리는 하나의 사실을 확인했다. 그것이 우리 주변의 선입견과 달리 조기천의 시가 상당히 거친 단면을 지닌 작품이라는 점이다. 이에 대한 변명으로 우리가 생각할 수 있는 것이 이 시인의 성장과정이다. 이미 살핀 바와 같이 조기천은 소련에서 태어난 조선인 2세 출신이다. 그런 연유로 그는 우리말을 모국어로 쓸 기회를 얻지 못한 채 자랐다. 그는 대학에서 문학을 전공하고 한 동안 그런 교과 내용을 가르친 바 있다. 그러나 그 동안에도 우리말을 매체로 한 창작연습을 할 겨를이 충분하게 허용되지 않았다. 그 나머지 그의 시가 조잡한 말들로 쓰여진 것이다. 조기천 옹호론은 대개 이런 각도에서 이루어질 수가 있을 법하다.

그러나 문학, 예술은 어떤 경우에도 작품으로 이야기되어야 한다. 그 누구의 사회적 계층이나 신분, 교육내용, 성장배경이 문학, 예술은 아닌 것이다. 뿐만 아니라 성장배경론에는 이보다 더욱 중요한 논리적 함정이 도사린다. 그 연보를 보면 조기천의 출생년도는 1913년이다. 이 연도 출생은 한반도에서 자란 경우에도 한국어 교육을 제대로 받을 기회를 갖지 못했다. 식민제 체계 구축과 함께 일제는 그들의 말인 일본어를 우리에게 국어라고 배우도록 강요했다. 그 나마도 1930년대의 중반을 넘어서면 각급학교에서 한국어는 교과목에서 제외되었다. 그리고 태평양 전쟁 발발과 함께 우리말 사용 자체가 금지되었다.

식민지 체제하에서 한국어 사용은 당시의 사회에서 그 자체가 죄가 되었다. 그것을 쓰는 것은 비국민의 낙인을 자초하는 일이었고 곧 일제의 연행, 구금과 초달을 각오해야 되었다. 8 · 15 직후 남쪽에서 조기천과 비슷한 나이로 시단에 등장한 시인들에 문학가동맹계의 전위시인들이 있다. 그들이 유진오(兪鎭五), 이병철(李秉哲), 김상훈(金尙勳), 박산운(朴山雲) 등이다. 이들 시인들은 이데올로기에 있어서 조기천과 같은 선상의 시인들이었다. 이들은 또한 8 · 15를 맞고 나서 우리 시단에 등장했다. 뿐만 아니라 일제치하에서 우리말 교육을 받지 못한 점에서도 소련에서 자란 조기천과 처지가 비슷했다. 이들은 남쪽 시단에 등장하고 나서 곧 제 나름의 작품들을 발표했다. 다음은 북쪽 문학사에도 나오는 유진오의 「조국(祖國)과 함께」다.

하늘이 있는 곳마다
하늘보다 커다란 원한이
노을보다 붉게타고
…(중략)…
이대로 선자리에
나는 불기둥 되어
이글거리는 가슴
분수처럼 뿜어 올리자

견딜 수 없어
자꾸만
악착스리 다가서면
분함이여
총알보다 아픈
나의 정열이여

다시 또 톱날같은 땅 위에

송두리째 하늘을 이고
소리 아닌 소리 천둥처럼 울리며
각각으로
숨결과 함께 넘어져 가는
祖國과 함께
나는 여기 눈보라 속에 있다.

얼핏 보아도 나타나는 바와 같이 이 시의 뼈대가 된 것은 위기의식이다. 그것이 인민의 나라에 연계될 것임은 이 시의 제목이 「조국과 함께」인 점을 감안할 때 명백해진다. 유진오는 이 시점에서 조국의 위기를 온몸으로 느끼지만 그를 위해 목숨을 아끼지 않으려는 결의도 간직하고 있다. 그 단적인 보기가 되는 것이 '나는 불기둥되어/ 이글거리는 가슴/ 분수처럼 뿜어 올리자'이다. 이 작품을 조기천의 것에 대비시키는 경우 우리가 내릴 수 있는 평가도 명백하다. 그 의분이나 애국정열에 있어서 유진오는 조기천보다 수등이 앞선다. 조기천은 대부분 작품에서 자신이 아닌 제3자를 등장시켰다. 그리고 그의 열정과 행동을 어설픈 말씨로 노래했다. 그러나 유진오는 이 시로 대표되는 바와 같이 그렇지 않다. 그는 적어도 그의 의도나 감정을 격앙된 목소리로 담아 가락을 만들어낼 줄 알았던 것이다.

이 무렵 북쪽과 남쪽의 시인이 처한 상황은 아주 대조적이었다. 여러 가지 과업에 바빴다고는 하겠지만 조기천에게는 정권의 비호가 따랐고 거의 무한정의 작품발표 무대가 제공된 터였다. 그에 비해 8 · 15 직후부터 남쪽의 좌파시인들에게는 갖가지 규제가 뒤따르고 있었다. 그 무렵 군정청은 남한의 치안유지를 위해 문학가동맹계의 시인, 작가들을 감시하고 있었다. 그들에게는 생활을 유지해갈 직장도 허용되지 않았다. 구체적으로 유진오는 1946년 9월 국제청년의 날에 「누구를 위한 우리의 젊음이냐」를 읽고 포고령 위반으로 구속되어 9개월간 복역을 했다. 그럼에도 비슷한 이념 아래 쓴 것이면서 그의 시는 조기천의 것보다 당파성이나 사상성에서 더 철저하다. 작품의 짜임새 역시 더 탄탄하다. 여기서 우리가 얻을 교훈이 명백해진다. 즉 문학과 시의 선결요건은 체제나 이념에 있는 것이 아니었다. 사회주의 문학과 같은 특수상황을 수용하게 위해 시인이 그 전제가 되는 사상이나 이념을 익히는 것도 물론 필요한 일이다. 그러나 그에 앞서 시인이 좋은 시를 남기고자 한다면 피나는 노력으로 창작방법, 형상화의 수단을 습득할 필요가 있었다. 이 요긴한 국면을 조기천은 전혀 오불관하는 태도로 임했다. 그 나머지 그의 시는 북쪽의 일방적인 박수와 상찬에도 불구하고 도무지 시다운 시가 되지 못했다.

단적으로 말해서 문학 이전의 의도와 정치적 편향은 시와 예술을 무력화시킨다. 그 구체적 사례를 우리는 조기천의 시를 통해서 확인할 수 있었다. 이제 우리는 통일의 시대를 열려는 열망에 들떠 있다. 통일은 물론 분단된 나라와 겨레를 하나로 합치는 것을 뜻한다. 그러나 그 인간형태인 민족의 번영을 보장하는 것은 문화다. 그리고 문화는 끝없이 사실을 검증하는 가운데 순화되어야 할 정신의 표현형태다. 이런 논리의 과정에서 우리는 남쪽문학과 함께 북쪽의 시와 소설에도 비판의 눈길을 적용시키지 않을 수 없다. 여기에서 이루어진 조기천론은 그 과정에서 나온 비평적 탐색이다. 진정으로 우리가 통일을 열망하고 그 문화와 문학의 기반구축을 원한다면 이런 결과 보고를 진지하게 검토할 마음의 자세도 지녀야 할 것이다.

(『시와사상』 28호, 시와사상사, 2001.3)

Ⅲ. 산문론

단군신화(檀君神話)의 문단고(文段考)

■

윤철중(尹徹重)

1. 서

단군신화는 고조선의 역사를 바탕으로 형성된 신화이다. 고조선의 역사만이 아니라 고조선이 성립되는 전단계의 역사까지도 포함하고 있다. 우리에게 이 시기의 역사 기록은 없다. 그 때의 역사가 민족의 형성 과정을 지나오면서 민족의 기억 속에 살아온 신화로 남아 있을 뿐이다. 구전하던 이러한 신화가 어느 시기엔가 문자 기록으로 정착하였다. 그 모습을 우리는 『삼국유사』에서 볼 수 있는 것이다.

단군신화에 있어서 환웅(桓雄)과 신웅(神雄)이 별개의 신격(神格)이라는 주제를 내걸고, 환웅과 신웅을 변별(辨別)하는 작업을 하면서, 환웅의 나라와 신웅의 나라도 별개의 나라로 보아야 한다는 생각에 이르게 되었다. 환웅은 환웅의 나라 신격이고 신웅은 신웅의 나라 신격인 것이다. 이러한 주제를 정리하기 위하여 단군신화의 문단 구분이 선행되어야 한다는 생각에 이르게 되었다.

단군신화의 문단을 구분한다면, '어느 자료 문헌의 기록을 분석 자료로 선택해야 하는가'라는 문제에 이르러, 『삼국유사』·『제왕운기』·『세종실록』·『응제시주』의 기록 자료를 연구 대상 자료로 선정하여 단군신화의 원형 찾기도 병행하여 논의하기로 하였다.

2. 들어가기

단군신화를 논의하는 논저는 대체로 문단 구분을 앞세우고 있다. 예를 들면, 김두진은 「단군고기(檀君古記)의 이해 방향(理解方向)」에서

> 檀君古記는 古朝鮮 개국 당시 支配氏族이 가진 관념 체계이지만, 그 속에는 그 이전 단계의 문화 경험을 담고 있다. 이런 점을 유의하면서 우선 그것이 서술상 크게 두 부분으로 구성되어 있음을 지적하고자 한다. 첫째 桓因이 그 아들 桓雄을 人間世로 내려 보내는 데서부터 檀君의 誕生까지(a 部分)는 순수한 신화의 기록이라 할 수 있다. 둘째 檀君이 平壤城에 도읍하였다가 뒤에 山神이 되기까지(b 部分)는 조출한 歷史記述이라 할 수 있다.[1]

라고 하여, 단군고기를 두 부분으로 나누어 단군의 탄생까지를 첫째 부분으로 하여 이 부분을 순수한 신화의 기록으로 이해하고, 단군이 평양성에 도읍하는 데서부터 둘째 부분으로 나누어 이 부분을 조출한 역사기술로 이해하였다.

홍기문은 『조선신화 연구』에서

---

1) 金杜珍, 「檀君古記의 理解方向」, 李基白 편, 『檀君神話論集』, 새문社, 1988, 136면.

> 이제 『삼국유사』와 『응제시주』의 두 기록을 통하여 볼 때 전문을 대략 세 부분으로 나누는 것이 가능하다. 첫째 부분은 "『고기』에서 이르기를(古記云)" 이하 "그를 환웅천왕이라고 일렀다(是謂桓雄天王也)"까지요, 둘째 부분은 "바람 귀신…… 데리고(將風伯)"이하 "아들을 낳으니 단군왕검이라고 한다(生子號曰壇君王儉)"까지요, 셋째 부분은 단군이 언제 도읍을 정하고 또 몇 살까지 향수하였다는 등등의 대목으로 된다.2)

라고 하여, 전문을 세 부분으로 나누었다. 이 구분의 환웅의 활동 내용 가운데 전반부는 첫째 부분으로 후반부는 둘째 부분으로 나누어 환웅에 관한 기사를 양분해 놓고 있다.

리상호는 「단군 설화의 력사성」에서

> 이 기사에서 신화로 규정한 부분(1.2)은 "昔有桓因"으로부터 "孕生子"까지요, 력사로 규정할 부분(3)이 "號曰壇君王儉"으로부터 "御國一千五百年"까지요, 전설로 규정할 부분(4)이 "周武王卽位己卯"로 부터 "壽一千九百八歲"까지이다.3)

라고 하여, 신화로 규정한 부분과 역사로 규정할 부분과 전설로 규정할 부분으로 나누어 첫째, 단군의 탄생까지를 신화 부분으로 잡고 둘째, 단군의 활동 부분을 역사로 규정하고 셋째, 기자(箕子) 등장의 기사 이후를 전설 부분으로 규정하였다. 단군이 활동한 기사를 역사 부분과 전설 부분으로 나누어 설정한 것이 특이하다.

김정학은 「단군신화의 새로운 이해」에서, "이 단군설화의 내용은 널리 알려져 있으나, 일반독자의 이해를 돕기 위하여 아래에 몇 절에 나누어 싣고 해석하겠다."고 전제하고, 먼저 "고기에 이르되 옛날에 …… 다스리고

---

2) 홍기문, 『조선신화 연구』, 지양사, 1989, 132면.
3) 리상호, 「단군 설화의 력사성」, 이형구 엮음, 『단군을 찾아서』, 살림터, 1994, 178면.

교화했다.”의 부분까지를 첫째 논의 대상으로 삼았고, 다음은 “그 때 한 곰과 한 범이 …… 단군왕검이라 하였다.”의 부분까지를 둘째 논의 대상으로 삼았고, “당요의 즉위 한 지 …… 수가 일천구백팔세였다 한다.”의 부분을 셋째 논의 대상으로 삼았다.[4] 대체로 첫째 부분은 환웅이 활동한 이야기이고, 둘째 부분은 단군의 출생에 따른 이야기이고, 셋째 부분은 고조선의 건국과 변천에 관한 이야기로 구분했다고 이해할 수 있다.

이와 같이 제씨의 문단 구분은 나름대로의 타당성이 인정 된다. 논자의 입장과 관점의 차이에 따라 문단 구분이 달라질 수 있고, 서술의 편의에 따라 임의로 구분할 수도 있다. 또 이야기의 통일된 구문을 이해하기 위한 작업이 아니라, 신화 속에 기술되어 있는 사항을 개별적으로 고찰하거나 설화 외적인 시대상황이나 역사를 논의하는 데는 문단 구분이 반드시 선행되어야 하는 것은 아니다. 그러나 신화를 통일된 이야기로 이해하려 할 때는 정확하게 문단을 구분하는 것이 이야기를 이해하는데 도움이 될 수 있다.

설화의 구조 분석을 통해서 설화 속에 담겨 있는 메시지를 추출하려는 연구자들에 의하여 단군신화의 구조 분석이 시도되고 있는 것은 바람직한 일이라 할 수 있다.

라경수는 단군신화를 20개의 문항으로 분절하고,

> 이상 20개의 항목에 대해 주체적인 등장인물이 누구인가 하는 기준을 세워놓고 보면 크게 4단으로 유별됨을 알 수 있다. 桓雄(①~⑤), 熊虎(⑥~⑩), 熊女(⑪~⑮), 檀君(⑯~⑳)의 순에 따라 繼起的으로 배치되면서 이것들이 각기 하나씩 새로운 큰 단위를 형성한다. 전체적으로 보면 단군신화는 이들 네 개의 단위, 즉 에피소드가 순차적으로 연결되어 있는 모습을 보이고 있다. 한편 이 네 개의 이야기 단위는 개별적인 설화로 읽을 수도 있는 독립된 에피

4) 金廷鶴, 「檀君神話의 새로운 理解」, 『歷史學報』 7, 89면.

> 소드이면서 각 부분별 상호관계에 의해 긴밀하게 연결된다. 구슬을 실로 꿰면 목걸이가 되듯이, 신화의 最短文節이 연결되어 에피소드가 되고, 다시 이들이 연결되어 한 편의 완결된 敍事物이 되고 있다.[5)]

라고 하여, 단군신화를 4단으로 나누었다. 이 4단은 각기 하나의 에피소드를 이루는데, "神市를 열어 인간 360餘事를 다스리는 桓雄天王이 되었다."까지를 환웅에 대한 에피소드로 잡고, "곰이 사람이 되었다."까지를 웅호(熊虎)에 관한 에피소드로 잡고, "웅녀가 자식을 낳다."까지를 웅녀(熊女)의 활동에 따르는 에피소드로 잡고, "단군이 산신이 되다."까지를 단군의 활동에 대한 에피소드로 잡았다.

또 정종대는 단군신화를 시간적 전개 순서로 나열하여 13개의 항목으로 나누고,

> 檀君神話의 時間的 展開, 곧 順次的 構造는 세 부분으로 이루어져 있다고 하겠는데, ①~④는 神의 世界를, ⑤~⑨는 動物의 世界를, ⑩~⑬은 人間의 世界를 보여 준다. 다시 말하면, ①~④는 神이 세상을 다스리기 위해 인간 세상으로 내려와 인간을 敎化하였다는 것이고, ⑤~⑨는 動物이 인간 세계를 憧憬하여, 禁忌를 지킨 곰은 人間으로 화하였지만, 禁忌를 지키지 못한 범은 動物로 머물렀으며, 인간이 된 곰은 神과의 결합으로 英雄을 잉태하였다는 것이며, ⑩~⑬은 神과 動物의 결합으로 誕生한 人間英雄이 現世를 다스리다가 神으로 화하였다는 것이다.[6)]

라고 하여, 신의 세계, 동물의 세계, 인간의 세계에 관한 세 부분의 이야기로 나누었다. 첫째 부분의 이야기는 환웅이 인세를 교화하는 데까지이고,

---

5) 羅景洙, 『韓國의 神話硏究』, 敎文社, 1993, 35면.
6) 鄭宗大, 「檀君神話의 構造 分析 試考」, 『국어교육』 55·56, 한국국어연구회, 1987, 380~381면.

둘째 부분의 이야기는 환웅이 웅녀와 혼인하는 데까지이고, 셋째 부분의 이야기는 단군이 산신이 되는 데까지이다.

이와 같이 구조분석을 통한 방법이 설화에 담겨 있는 뜻을 찾아낼 수 있음을 보여 주었다.

서영대는 「단군관계 문헌자료 연구」에서 『삼국유사』 고조선조(古朝鮮條)의 고기(古記) 인용 부분의 내용을 요약하면서, 다음과 같은 문단 구분을 제시하고 있다.

1. 桓因(= 帝釋)의 庶子 桓雄이 천상으로부터 太伯山 神壇樹下(이곳을 神市라고 함)에 하강하여, 지상세계를 교화함.
2. 곰이 환웅의 지시에 따라 일련의 금기사항을 준수하여 여자(= 熊女)로 변신함.
3. 환웅과 웅녀의 혼인으로 단군이 탄생함.
4. 단군이 唐堯 50년(庚寅年)에 조선을 건국하여 1,500년간 통치하던 중, 中國으로부터 箕子가 東來함에 莊唐京으로 천도함.
5. 단군은 1,908세 때 阿斯達로 들어가 山神이 됨.7)

단군신화의 문단 구분은 간단하지 않다. 입장과 관점의 차이에 따라 저마다 다른 견해를 제시하고 있다. 그러나 연구자는 연구의 전제로 나름대로의 문단 구분은 생각하고 넘어가야 할 것이다. 완벽한 것은 얻을 수 없다 하더라도 합리적인 결과를 전혀 기대할 수 없다고 단정할 수도 없는 것이다. 여러 견해를 참고하여 신화를 구성하고 있는 전체 이야기를 분리 가능한 개별 단위로 나누어 정리해 보기로 한다. 문단 구분과 아울러 단군신화의 어느 원전이 원형에 더 가까운가를 함께 논의하기로 한다.

---

7) 윤이흠 외, 『檀君 그 이해와 자료』, 서울대출판부, 1994, 50면.

3. 논의 대상으로 삼을 원전(原典)의 제한

홍기문은 『조선신화 연구』에서 단군신화가 기록되어 전하는 문적을 그 내용의 상이에 따라 세 유형으로 분류하고 있다. ①『삼국유사』적 유형으로 삼국유사와 응제시주(應制詩註)를 이 유형에 분류하고, ②『제왕운기』적 유형으로 제왕운기와 세종실록 지리지를 이 유형에 분류하고, ③『삼국사기』적 유형으로 삼국사기에 단편적인 기록이 있음을 지적하고 있다.[8)]

김정학은 「단군설화와 토오테미즘」에서 단군신화의 중요한 화소를 네 문적의 내용에 따라 비교 검토하고, "世宗實錄 地理志는 帝王韻紀, 或은 그것이 資料로 한 同類의 文獻을 採錄한 듯한데 또한 修飾을 加한 것이 確實하다. 權擥의 應制詩註는 어느 편인가 하면 三國遺事의 記錄에 가까운데 또한 遺事와도 다른 점이 있어 世宗實錄 地理志의 記事와 비슷한 点도 있다. 이것은 權擥 應制詩註가 數種의 資料를 參酌한 까닭이 아닐까 推測된다."고 하였다.[9)]

서영대는 『단군(檀君) 그 이해와 자료』의 「단군관계 문헌자료 연구」에서 단군신화의 제유형을 다루면서 ①『삼국유사』 유형으로 『삼국유사』와 권람(權擥)의 『응제시주(應制詩註)』와 홍만종(洪萬宗)의 『해동이적(海東異蹟)』・『동국역대총목(東國歷代總目)』과 안정복(安鼎福)의 『동사강목(東史綱目)』과 이긍익(李肯翊)의 『연려실기술(燃藜室記述)』, ②『제왕운기(帝王韻紀)』의 유형으로 『제왕운기』와 『세종실록』 지리지, ③『응제시(應製詩)』 유형으로 권근(權近)의 응제시를 전거로 자(子) 권제(權踶-蹈)가 찬한 『동국세년가(東國世年歌)』와 외손(外孫) 서거정(徐居正)이 편찬에 참여한 『삼국사절요(三國史節要)』와 『동국통감(東國通鑑)』, ④『규원사화(揆園史話)』 유형을 제시하였다.[10)]

---

8) 홍기문, 『조선신화 연구』, 지양사, 1989, 127~158면.
9) 金廷鶴, 「檀君說話와 토오테미즘」, 『歷史學報』 7, 279면.
10) 徐永大, 「檀君關係 文獻資料 硏究」, 윤이흠 외, 『檀君 그 이해와 자료』, 1994, 49~59면.

홍기문이 분류한 『삼국사기』적 유형과 서영대가 제시한 『응제시』 유형과 『규원사화』 유형은 문단 구분에 적합하지 않으므로 본 논의에서는 『삼국유사』 유형으로 분류된 삼국유사와 응제시주 그리고 『제왕운기』 유형으로 분류된 제왕운기와 세종실록 지리지를 자료 문헌으로 삼아 문단 구분하기로 한다. 다음은 네 문적의 원문을 문단 구분한 결과로 나누어 놓은 것이다.

1) 三國遺事

古記云 ①昔有桓因(謂帝釋也)庶子桓雄 數意天下 貪求人世 父知子意 下視三危太伯 可以弘益人間 乃授天符印三箇 遣往理之 ②雄率徒三千 降於太伯山頂(卽太伯今妙香山) 神壇樹下 謂之神市 是謂桓雄天王也 將風伯雨師雲師 而主穀主命主病主刑主善惡 凡主人間三百六十餘事 在世理化 ③時有一熊一虎 同穴而居 常祈于神雄 願化爲人 時神遺靈艾一炷 蒜二十枚曰 爾輩食之 不見日光百日 便得人形 熊虎得而食之忌三七日 熊得女身 虎不能忌 而不得人身 ④熊女者無與爲婚 故每於壇樹下 呪願有孕 雄乃假化而婚之 孕生子 號曰壇君王儉 ⑤以唐高卽位五十年庚寅(唐高卽位元年戊辰 則五十年丁巳 非庚寅也 疑其未實) 都平壤城(今西京) 始稱朝鮮 又移都於白岳山阿斯達 又名弓(一作方)忽山 又今彌達 御國一千五百年 周虎王卽位己卯 封箕子於朝鮮 壇君乃移於藏唐京 ⑥後還隱於阿斯達爲山神 壽一千九百八歲

2) 應製詩註

古記云 ①上帝桓因有庶子曰雄 意欲下化人間 受天三印 ②率徒三千 降於太白山神檀樹下 是謂桓雄天王也 桓或云檀 山卽今平安道熙川郡妙香山也 將風伯雨師雲師 而主穀主命主病主刑主善惡 凡主人間三百六十餘事 在世理化 ③時有一熊一虎同穴而居 常祈于雄 願化爲人 雄遺靈艾一炷 蒜二十枚曰 食之不見日光百日 便得人形 熊虎食之 虎不能忌而熊忌三七日 得女身 ④無與爲婚 故每於檀樹下 呪願有孕 雄乃假化而爲人 孕生子 曰檀君 ⑤與唐堯同日而立 國號朝鮮

初都平壤 後都白岳 娶非西岬河伯之女 生子曰夫婁 是爲東扶餘王 至禹會諸侯塗山 檀君遣子夫婁朝焉 檀君歷禹夏 ⑥至商武丁八年乙未 入阿斯達山化爲神 今黃海道文化縣九月山也 廟至今存焉 享年一千四十八年 ⑤厥後一百六十四年己卯 箕子來封

3) 帝王韻紀

(檀君)本紀曰 ①上帝桓因有庶子曰雄云云 謂曰 下至三危太白 弘益人間歟故雄受天符印三箇 ②率鬼三千 而降太白山頂神檀樹下 是謂檀雄天王也云云 ③令孫女飮藥成人身 ④與檀樹神婚而生男 名檀君 ⑤據朝鮮之域爲王 故尸羅 高禮 南北沃沮 東北扶餘 穢與貊 皆檀君之壽也 理一千三十八年 ⑥入阿斯達山爲神不死故也

4) 世宗實錄 地理志

檀君古記云 ①上帝桓因有庶子名雄 意欲下化人間 受天三印 ②降太白山神檀樹下 是爲檀雄天王 ③令孫女飮藥成人身 ④與檀樹神婚而生男 名檀君 ⑤立國號朝鮮 朝鮮 尸羅 高禮 南北沃沮 東北扶餘 穢與貊 皆檀君之理 檀君聘娶非西岬河伯之女 生子曰夫婁 是謂東扶餘王 檀君與唐堯同日而立 至禹會塗山遣太子夫婁朝焉 享國一千三十八年 ⑥至殷武丁八年乙未 入阿斯達爲神 今文化縣九月山

『삼국유사』는 충렬왕대인 1275년에서 1281년의 6, 7년 사이에 찬술된 것으로 보아 단군신화의 문헌 기록으로는 최고의 것이 된다. 『제왕운기』는 충렬왕 13년인 1287년에 찬진되어 삼국유사보다 대략 10년 뒤에 이루어진 것으로 볼 수 있다. 고려왕조가 조선왕조로 바뀌어 『세종실록』 지리지는 단종 2년인 1454년에 편찬되었으니, 제왕운기보다 170년 뒤의 일이고, 『응제시주』는 세조 7년인 1461년에 저술되어 세종실록 지리지보다 7년 뒤에 이루어졌다. 이런 점으로 보면 응제시주는 앞선 세 문헌을 모두 참고했을 것으로 짐작된다.

응제시주는 삼국유사와 같이 『고기』를 인용했다고 하면서도 세종실록과 동일한 점이 있는 것을 볼 수 있다. 응제시주는 다른 문단에서는 삼국유사와 같은 점이 많아 삼국유사와 같은 유형으로 보고 있으나, 문단에서는 세종실록과 같아서 응제시주가 삼국유사의 인용서와 같은 계열의 『고기』를 인용하면서도 다른 문적도 참고한 것임을 알 수 있다.

삼국유사와 응제시주는 '古記云'으로 시작하고, 제왕운기는 '本紀曰'로 시작되며, 세종실록은 '檀君古記云'으로 시작하고 있다. 삼국유사와 응제시주는 『고기(古記)』를 인용하고 있어서, 삼국유사와 응제시주는 같은 책을 인용한 것으로 보이지만, 실상 인용된 내용은 서로 다른 점이 많다. 일연(一然)이 인용한 『고기』와 권람(權擥)이 인용한 『고기』가 다른 책일 수도 있고, 같은 책을 인용하면서 응제시주의 경우 권람의 시각에 따라 첨삭 개작했을 가능성을 생각할 수도 있다. 응제시주의 『고기』 인용 내용이 삼국유사의 『고기』 인용 내용과 다른 점이 있는 것으로 보아, 삼국유사와 응제시주가 인용했다고 하는 『고기』는 같은 이름을 가진 서로 다른 책으로 볼 수도 있다. 그러나 응제시주의 저자가 삼국유사를 주된 저본으로 하면서 어느 부분에서는 제왕운기와 세종실록을 참고했을 가능성도 배제할 수는 없는 것이다.

제왕운기와 세종실록은 인용서로 제시한 책이 『본기(本紀)』와 『단군고기(檀君古記)』로 다르면서도 같은 기사의 내용이 많이 보인다. 제왕운기가 제시한 인용서 『본기』는 『단군본기(檀君本紀)』일 것이다. 세종실록은 『단군고기』를 인용하고 있다. 제왕운기의 인용서 『단군본기』와 세종실록의 인용서 『단군고기』는 책 이름이 다른 점으로 보아 다른 책으로 보아야 할 것이나, 제왕운기와 세종실록의 내용에 있어서 동일한 부분이 너무 많다.

4. 문단 구분

이미 앞에 제시한 네 종류의 원전의 원문에서 ①②③④⑤⑥으로 나누어 놓은 것이 문단 구분의 결과를 표시한 것이다.

삼국유사의 원전에 들어 있는 『고기(古記)』의 인용문을 가지고 문단을 구분하면 아래와 같다.

古記에 기록되어 있는 말이다.

① 옛날 桓因(帝釋을 이른다)의 庶子 桓雄이 天下에 뜻을 두어 人世를 貪求하더니, 아버지 桓因은 아들 桓雄의 뜻을 알아차렸고, 桓因은 三危太伯을 내려다 보고는, 인간 세상을 널리 이롭게 할 만하다 하고, 天符印 세 개를 주어 보내어 가게 해서, 그곳을 다스리게 했다.

② ㉮桓雄은 무리 三千을 거느리고, 太伯山 꼭대기 (곧 太伯은 지금의 妙香山이다) 神壇樹 아래에 내려 왔으니, 그곳을 神市라 이르고, 이이가 桓雄天王이라 일러졌다. ㉯桓雄은 風伯과 雨師와 雲師를 부리고, 穀食을 주관하고, 命을 주관하고, 疾病을 주관하고, 刑罰을 주관하고, 善惡을 주관하고, 모든 人間 三百六十餘事를 主管하며, 人世에 있으면서 다스리고 敎化해 나갔다.

③ ㉮그 때, 한 곰과 한 범이 같은 굴에서 함께 살아가고 있었다. 그 곰과 범은 늘 神雄에게 사람이 되게 해 달라고 祈願했다. ㉯神雄은 신령스러운 쑥 한 심지와 마늘 스무 포기를 주면서, "너희들이 그것을 먹고 日光을 보지 않기 百日이 되면 사람 形狀이 될 것이다." 라고 하였다. ㉰곰과 범은 그것을 얻어 먹고, 三七日을 禁忌했더니, 곰은 女人의 몸이 되었고, 범은 禁忌를 해내지 못하여 사람의 몸이 되지 못했다.

④ ㉮熊女는 婚姻할 이가 없어, 매번 壇樹 아래에서 孕胎하기를 呪願하였다. ㉯雄은 사람의 몸으로 假化하여 그와 婚姻을 하니, 熊女는 孕胎하여 아들을 낳았다. 그를 壇君王儉이라 불렀다.

⑤ ㉮단군왕검은 堯임금이 即位한 지 五十年 庚子年(唐高가 즉위한 元年

은 戊辰年이니 五十年 되는 해는 丁巳年이지 庚寅年이 아니다. 이것은 사실이 아닌 것 같다)에 平壤城(지금의 西京이다)에 都邑하고 처음 朝鮮이라 불렀다. ㉯또 白岳山 阿斯達에 都邑을 옮겼는데, 白岳山 阿斯達을 弓忽山이라고도 하고 今彌達이라고도 했다. ㉰御國하기 一千 五百年에 周나라 武王이 卽位한 己卯年에 箕子를 朝鮮에 封하니, 壇君은 藏唐京에 옮겼다.

⑥ 後에 阿斯達에 돌아가 숨어 山神이 되었다. 壽가 一千 九百八歲였다.

문단 ①의 행동의 주체는 환인(桓因)이다.

① 옛날 桓因(帝釋을 이른다)의 庶子 桓雄이 天下에 뜻을 두어 人世를 貪求하더니, 아버지 桓因은 아들 桓雄의 뜻을 알아차렸고, 桓因은 三危太伯을 내려다 보고는, 인간 세상을 널리 이롭게 할 만하다 하고, 天符印 세 개를 주어 보내어 가게 해서, 그곳을 다스리게 했다.

① 昔有桓因 庶子桓雄 數意天下 貪求人世 父知子意 下視三危太伯 可以弘益人間 乃授天符印三箇 遣往理之

'昔有桓因'을 '옛적에 환인이 살고 있었다'로 해석하면, '庶子桓雄 數意天下 貪求人世'는 '서자 환웅은 천하에 뜻을 두어 인세를 탐내었다'로 해석되어, '昔有桓因'은 환인이 주체가 되어 이야기가 시작되고, '庶子桓雄 數意天下 貪求人世'는 환웅이 환인에게 딸리는 존재로 이 글이 환인의 현재 상태를 설명하는 것이 된다.

'父知子意'가 '아버지는 아들의 뜻을 알아차리고'로 해석되면, 부=환인(桓因)은 이 문장의 주체임을 다시 확인하고, 다음으로 연결되는 '下視三危太伯 可以弘益人間 乃授天符印三箇 遣往理之'의 주어가 되어, '아버지=환인은 삼위태백을 내려다보고 홍익인간할 만하다 하고 이에 천부인 세 개를 주어 보내어 그곳을 다스리게 했다'로 해석된다.

결국 문단 ①의 문장의 주어도 환인이고 행동의 주체도 환인이 된다. 이것은 문단 ①이 환인에 관한 일을 기록한 것임을 보여주는 것이다. 환웅의 뜻을 알아차린 것도 환인의 판단이고, 삼위태백을 관찰한 이도 환인이고, 환웅을 인세에 보낸 것도 환인의 처사라는 것이다. 문단 ①은 환인의 나라에서 일어난 일에 관한 이야기이다. 환인의 나라에서 일어난 일은 환인의 의지에 따라 처리한 사건으로 이루어져 있다.

문단 ①을 환웅이 환웅 자신의 의사에 따라 움직인 것처럼 이해하는 것은 잘못된 판단이다. 삼국유사의 자료 이외의 제왕운기 세종실록 응제시주의 세 기록이 환웅을 주체로 처리한 것은 신화를 잘못 이해한 데서 비롯된 것이다. 환인이 처리한 사건의 내용은 아들 환웅을 인세(人世)에 보내어 다스리게 했다는 것이다. 따라서 문단 ①의 사건이 환웅이 주체가 된 것처럼 꾸미는 것은 잘못된 신화해석이 된다.

문단 ①은 환인의 나라에서 일어난 일에 관한 이야기(삽화)이며, 환인의 나라 역사를 바탕으로 하는 신화적 형상으로 보아야 한다.

문단 ②의 행동의 주체는 환웅(桓雄)이다

> ② ㉮桓雄은 무리 三千을 거느리고, 太伯山 꼭대기 (곧 太伯은 지금의 妙香山이다) 神壇樹 아래에 내려 왔으니, 그곳을 神市라 이르고, 이이가 桓雄天王이라 일러졌다. ㉯桓雄은 風伯과 雨師와 雲師를 부리고, 穀食을 주관하고, 命을 주관하고, 疾病을 주관하고, 刑罰을 주관하고, 善惡을 주관하고, 모든 人間 三百六十餘事를 主管하며, 人世에 있으면서 다스리고 敎化해 나갔다.
>
> ② ㉮雄率徒三千 降於太伯山頂 神壇樹下 謂之神市 是謂桓雄天王也 ㉯將風伯雨師雲師 而主穀主命主病主刑主善惡 凡主人間三百六十餘事 在世理化

'雄率徒三千 降於太伯山頂 神壇樹下'는 '환웅은 무리 삼천을 거느리고 태백산정 신단수하에 내려왔다'로 해석되어, 환웅은 이 문장의 주어가 된다. '謂之神市'는 '그곳을 신시라 이르고'로 해석되어 '之'는 '신단수하'를 지시하고, '是謂桓雄天王也'는 '이를 일러 환웅천왕이라 한다'로 해석되어 '是'는 환웅 내지 '雄率徒三千 降於太伯山頂 神壇樹下 謂之神市'의 전체 정황을 지시하는 것이 된다. 다시 '雄'은 '將風伯雨師雲師'에 연결되어, '將風伯雨師雲師' 이후 문장의 주어가 된다. 문단 ②는 웅(雄)=환웅이 행동의 주체가 되고, 문장의 주어가 되어, 이야기의 한 단락을 이루게 된다. 문단 ②는 환웅의 나라 이야기이다. ㉮는 환웅이 태백산의 양지에 강림하여 그 곳에 삶의 터전을 마련한 것에 대한 이야기이고, ㉯는 환웅이 그들의 이념을 펼쳐 재세이화(在世理化)한 것에 대한 이야기이다.

환웅족의 이동은 중앙아시아 알타이 지역에서 동쪽을 향해 떠나온 어느 종족의 이동에 대한 신화적 표현일 것이다. 환웅은 무리 삼천을 거느리고 풍백·우사·운사를 부리며 태백산 근처로 옮겨 오고 있다. 이것은 환웅의 무리가 상당한 힘을 축적하고 있는 집단이며, 소박하기는 하지만 일정한 정치적 조직을 지니고 있는 집단이라는 것을 상징적으로 표현하고 있는 것이다.

환웅의 나라 신단수(神壇樹)는 환인의 나라 신앙 체계가 옮겨진 우주목(宇宙木)의 표징이다. 이 신단수는 환웅이 샤마니즘의 신앙 체계를 재세이화(在世理化)의 도구로 삼고 있다는 것을 보여 주는 것이다. 신단수와 천부인은 환인의 나라의 이념적 표징이기도 한 것이다.

신단수는 후세의 삼한 별읍의 소도이며, 오늘날에도 마을의 당산에 남아 있는 당목의 원형이라 할 수 있다. 신단수가 샤만과 샤만의 몸주신이 만나는 매개체의 구실을 하는 것이라면, 환웅은 샤만의 자격으로 신시에 거주하는 것이 될 수 있다.

환웅이 샤만의 자격을 지니고 있다면, 환인으로 표현되는 환인의 나라 천신(天神)은 환웅에게 있어서 조상신(祖上神)의 자격을 공유하면서, 환웅의 몸주신이 되는 것이고, 환웅이 신단수를 통하여 신시(神市)에 강림하는 샤만의 신격으로 관념된다면, 환웅을 몸주신으로 맞이할 샤만이 따로 설정되어야 할 것이다. 환웅이 이 양면성을 지니고 있을 수도 있다. 그런데 환웅이 어느 한 쪽의 성격밖에 지니지 못하는 것이라면, 환웅은 환웅 자신이 샤만의 위치에 서 있다는 것이 단군신화의 구조에 더 합당할 것으로 보인다.

환웅은 환인의 나라 천신을 조상신=몸주신으로 모시는 샤만일 가능성이 높으며, 풍백 · 우사 · 운사는 환웅의 하위신격으로 각기 분담한 어떤 제의(祭儀)의 주술사=사제자로 존재하는 것으로 보아야 할 것이다. 무리 삼천의 일정한 인원은 신시의 문화를 창출하는 신격으로 존재했으리라는 가능성을 완전히 배제할 수는 없는 것이다.

문단 ②는 환웅의 나라에서 일어난 일에 대하여 서술한 이야기(삽화)이며, 실제로 우리 민족의 이동의 역사를 바탕에 깔고 있는 환웅의 나라 신화라 할 수 있다.

문단 ③의 행위의 주체는 신웅(神雄)이다. 웅호(熊虎)의 행동은 수동적인 입장에 있다.

> ③ ㉮그때, 한 곰과 한 범이 같은 굴에서 함께 살아가고 있었다. 그 곰과 범은 늘 神雄에게 사람이 되게 해 달라고 祈願했다. ㉯神雄은 신령스러운 쑥 한 심지와 마늘 스무 포기를 주면서, "너희들이 그것을 먹고 日光을 보지 않기 百日이 되면 사람 形狀이 될 것이다." 라고 하였다. ㉰곰과 범은 그것을 얻어먹고, 三七日을 禁忌했더니, 곰은 女人의 몸이 되었고, 범은 禁忌를 해내지 못하여 사람의 몸이 되지 못했다.
>
> ③ ㉮時有一熊一虎 同穴而居 常祈于神雄 願化爲人 ㉯時神遺靈艾一炷 蒜二十枚曰 爾輩食之 不見日光百日 便得人形 ㉰熊虎得而食之忌三七日 熊得女身 虎不能忌 而不得人身

문단 ③은 세 개의 문장으로 이루어져 있다.

㉮문장의 주어는 일웅일호(一熊一虎)이다. 일웅일호가 사람이 되기를 원

하는 것은 신웅에게 빌고 있는 내용이 된다. ㉮문장의 주어는 일웅일호이지만 행위의 주도권는 신웅(神雄)에게 있다. ㉯문장의 주어는 신웅이고 행동의 주체도 신웅이다. 신웅은 일웅일호에게 사람이 되게 하는 절차를 밟고 있는 것이다. ㉰문장의 주어는 웅호(熊虎)이다. 문장의 주어는 웅호이지만 그러나 웅호의 행위는 신웅이 과하는 금기(禁忌)를 수행하는 수행자의 위치에 있다. 문단 ③에서 일어나는 일의 주도적 주체는 신웅이다.

문단 ③은 신웅의 나라에서 일어나는 일을 질서 있게 서술한 이야기(삽화)이다. 신웅의 나라에서 일어나는 일은 성년입사식이고, 이 문단의 기사는 입사식을 알리는 내용으로 짜여져 있다. ㉮는 일웅일호의 존재와 의사를 알리는 기사이고, ㉯는 신웅이 입사식을 개시하는 이야기이고, ㉰는 일웅(一熊)이 입사식에 성공한 것을 알리는 이야기이다. 종전의 학계에서는 신웅의 나라를 독립된 지역으로 다루지 아니하고, 환웅의 나라에 포함시켜 서술하는 것이 일반적이었다. 그러나 신웅의 나라는 환웅의 나라와는 별개의 나라로, 신웅의 나라는 자체성을 지니고 있는 독립적인 지역으로 보아야 할 것이다.

환웅족이 신웅(웅녀)족보다 우세한 선진 문화를 소유했을 것이라는 것은 일반적인 견해이다. 신웅의 나라는 웅녀를 포함하는 주민이 거주하고 있는 씨족 내지 부족의 집단이었을 것이다. 환웅은 그들의 문화를 펼치기에 알맞은 곳을 택하여 신웅의 집단이 거주하는 근처에 이주해 왔을 것이다.

신웅은 환웅의 지역과는 별도로 독립된 공간을 소유하고 있는 나라의 군장(君長)이었을 것이다. 신웅은 그들의 고유한 공간에서 그들의 고유한 문화를 영위하고 있는 나라의 군장이었을 것이다. 신웅은 환웅에 종속되는 관계는 아니었을 것이다. 신웅은 환웅의 하위 신격이 아니라 환웅과 대등한 독립적 신격이었을 것이다. 이런 의미에서 신웅은 환웅의 하위 신격인 풍백 우사 운사 등과는 위치를 달리하는 신격인 것이다.

신웅(神雄)의 나라에서 일어난 중요한 사건은 웅녀(熊女)가 치루어 낸 성년입사식(成年入社式)이었다. 일웅일호(一熊一虎)는 신웅의 나라의 입사식 시기를 맞이한 소녀로 볼 수 있고, 신웅은 성년 입사식을 주재한 샤만 군장이라 할 수 있다. 환웅의 나라 '신단수(神壇樹)'와 구별 표기된 신웅의 나라 '단수(壇樹)'는 신웅의 나라 신목(神木)이라 할 수 있다. 신웅은 단수를 신목으로 지니는 샤만일 수 있다. 일웅은 신웅이 주재한 입사식에서 성년 여성으로 재생한 것이다.

문단 ③은 신웅의 나라에서 일어난 일에 대하여 서술한 이야기이며, 신웅이 주재한 입사식을 소재로 한 이야기(삽화)이다.

문단 ④의 행동의 주체는 웅녀이다.

> ④ ㉮熊女는 婚姻할 이가 없어, 매번 壇樹 아래에서 孕胎하기를 呪願하였다. ㉯雄은 사람의 몸으로 假化하여 그와 婚姻을 하니, 熊女는 孕胎하여 아들을 낳았다. 그를 壇君王儉이라 불렀다.
>
> ④ ㉮熊女者無與爲婚 故每於壇樹下 呪願有孕 ㉯雄乃假化而婚之 孕生子 號曰壇君王儉

문단 ④는 두 개의 문장으로 이루어져 있다. ㉮문장의 주어는 웅녀이고 ㉯문장의 주어는 웅(雄) = 환웅이다. 문단 ④의 행위는 웅녀가 주도하고 있다.

문단 ④는 웅녀의 혼인에 대한 이야기이다. ㉮는 웅녀가 잉태하기 주원하는 이야기이고, ㉯는 웅녀가 환웅과 혼인하여 단군을 낳는 이야기이다. 입사식을 통하여 신모가 될 수 있는 자격을 획득한 웅녀가 환웅과 혼인하여 단군을 낳아 신모가 되는 이야기이다. 일웅(一熊)이 입사식을 치루던 공간이 신웅의 나라였던 것처럼, 웅녀가 단군을 낳는 고장도 신웅의 나라이다. 웅녀는 환웅의 나라 '신단수(神壇樹)'가 아닌 신웅의 나라 '단수(壇樹)' 아래에서 잉태하기를 주원하였고, 환웅은 그 곳에 찾아 와서 웅녀와 혼인하였다. 환웅의 나라 신단수는 태백산정에 있었지만, 신웅의 나라 웅녀의 단수는 강물이 돌아 흐르는 물가 언덕에 자리 잡고 있었을 것이다. 웅녀는 수신(水神)일 가능성이 크기 때문이다.

문단 ④는 웅녀의 혼인에 대한 이야기이지마는, 신웅의 나라에서 일어난 일에 대한 이야기이기도 하다. 신웅의 나라에서 일어난 일은 웅호(熊虎)의 입사식(入社式)에 관한 이야기와 웅녀의 혼인에 관한 이야기로 이루어진다. 신웅의 나라에서 일어난 일은 웅호의 입사식과 웅녀의 혼인의 두 가지 이야기(삽화)로 이루어진다. 문단 ④는 신웅의 나라에서 일어난 일에 속한다.

문단 ⑤의 행위의 주체는 단군이다. 문장도 단군을 주어로 세우고 있다. 고조선의 장구한 역사를 단군을 주어로 설정한 문장으로 처리하여 서술하고 있다. 문단 ⑤는 고조선의 역사를 단군이라는 단일 체계로 서술한 신화적 표현이다.

> ⑤ ㉮단군왕검은 堯임금이 卽位한 지 五十年 庚子年(唐高가 즉위한 元年은 戊辰年이니 五十年 되는 해는 丁巳年이지 庚寅年이 아니다. 이것은 사실이 아닌 것 같다)에 平壤城(지금의 西京이다)에 都邑하고 처음 朝鮮이라 불렀다. ㉯또 白岳山 阿斯達에 都邑을 옮겼는데, 白岳山 阿斯達을 弓忽山이라고도 하고 今彌達이라고도 했다. ㉰御國하기 一千 五百年에 周나라 武王이 卽位한 己卯年에 箕子를 朝鮮에 封하니, 壇君은 藏唐京에 옮겼다.
>
> ⑤ ㉮以唐高卽位五十年庚寅 都平壤城 始稱朝鮮 ㉯又移都於白岳山阿斯達 又名弓忽山 又今彌達 ㉰御國一千五百年 周虎王卽位己卯 封箕子於朝鮮 壇君乃移於藏唐京

문단 ⑤는 단군의 나라에서 일어난 일에 대한 이야기이다. ㉮는 단군이 평양에 조선을 건국하는 이야기이고, ㉯는 아사달로 천도하는 이야기이고, ㉰는 고조선의 쇠퇴를 알리는 이야기이다. 단군은 환웅의 나라에 머무르지 아니 하였다. 신웅(웅녀)의 나라에 머무르지도 아니 하였다. 단군은 새로운 터에서 나라를 열었지만, 환웅처럼 멀리 이동했다고 볼 수는 없다. 웅녀가 자라던 신웅의 나라에서 멀지 않은 곳에 새 나라를 열었다. 아침 햇살이 꽂히는 아사달을 배경으로 펼쳐진 나라를 일구어 냈다. 단군신화는 태양신화이다.

문단 ⑥은 단군 신앙에 대한 이야기이다.

> ⑥ 後에 阿斯達에 돌아가 숨어 山神이 되었다. 壽가 一千 九百八歲였다.
> ⑥ 後還隱於阿斯達爲山神 壽一千九百八歲

고대국가의 출현은 부족 단위의 조상신을 통합하는 국조신의 창조를 요구했을 것이다. 부신(父神)은 태양신화(太陽神話)를 배경으로 하는 천신(天神)으로 맞이하고, 모신(母神)은 물의 생산력을 바탕으로 하는 지모신(地母神)으로 맞이했을 것이다. 여기의 산신(山神)은 태양신의 성격을 지니는 조상신의 좌정이라 할 수 있다.

앞에서 문단 구분한 내용을 요약 정리하면 다음과 같다.

> ① 환인(桓因)이 환웅(桓雄)을 인세에 보냈다.
> ② 환웅이 인세를 교화했다.
> ③ 신웅(神雄)이 입사식을 집전했다.
> ④ 웅녀(熊女)가 환웅과 혼인하여 단군(檀君)을 낳았다.
> ⑤ 단군이 조선을 건국하여 통치했다.
> ⑥ 단군이 산신이 되었다.

5. 단군신화의 원형

삼국유사의 '고조선'기록은 단군신화의 원형에 가깝다. 앞에서 제시한

네 종류의 원전 가운데 신화의 원형에 가장 가까운 모습을 유지하고 있는 것이 삼국유사의 기록이라는 말이다. 이 점에 대해서 앞에서 구분한 문단에 따라 문단 구분의 이유를 밝히면서 아울러 논의해 보기로 한다.

1) 昔有桓因庶子桓雄 ……

네 종류의 원전에서 문단 ①을 한 곳에 나열해 보면 다음과 같이 각 원전의 기록의 차이점이 한 눈에 들어온다.

(삼국유사) ①昔有桓因(謂帝釋也)庶子桓雄 數意天下 貪求人世 父知子意 下視三危太伯 可以弘益人間 乃授天符印三箇 遣往理之

(응제시주) ①上帝桓因有庶子曰雄 意欲下化人間 受天三印

(제왕운기) ①上帝桓因有庶子曰雄云云 謂曰 下至三危太白 弘益人間歟 故雄受天符印三箇

(세종실록) ①上帝桓因有庶子名雄 意欲下化人間 受天三印

삼국유사는 환인을 제석(帝釋)이라 주를 달아 두고 있다. 응제시주・제왕운기・세종실록에서는 '上帝桓因'이라 하여 '上帝'를 '桓因' 앞에 수식하고 있다. 환웅에 대한 표기도 삼국유사에서는 환웅이라 적고 있는데, 다른 세 곳에서는 '雄'으로만 적고 있다. 삼국유사와 제왕운기에만 '三危太伯'과 '弘益人間'이 보이고, 세종실록과 응제시주에는 이것이 보이지 않는다. 삼국유사와 제왕운기에는 '天符印三箇'로 기록하고 있는데, 응제시주와 세종실록에는 '天三印'으로 되어 있다. 환웅의 아들 자격은 모두 환인의 서자로 기록하고 있다.

응제시주와 세종실록의 기록은 생략과 요약을 많이 한 문장이다. 삼위태백과 홍익인간의 문구를 생략했을 뿐만 아니라, '天符印三箇'를 '天三印'으로 줄여 적고 있다. 주어도 환인이 아니라 '雄'으로 되어 있고, '雄'도 삼국유사와는 달리 환웅이 아닌 '桓'이 없어진 '雄'으로만 표기하고 있다.

제왕운기는 '上帝桓因有庶子曰雄云云'이라 하여 '云云'이라는 말줄임표를 달고 있는데, 여기의 '云云'이라 한 부분이 삼국유사의 '數意天下 貪求人世'의 부분을 생략한데 대한 확인 표현이라 할 수 있다. 또 제왕운기의 문장은 응제시주와 세종실록의 "웅은 인간에 내려가 교화하려는 뜻을 두어 천부인(天三印)을 받았다.(雄意欲下化人間 受天三印)"라고 하여 '雄'만을 주어로 하고 있으나, 제왕운기는 "환인은 웅에게 삼위태백(三危太白)에 내려가서 인간 세상을 널리 이롭게 하지 않겠느냐고 하였다. 그래서 웅은 천부인 세 개를 받고……(桓因有庶子曰雄云云 (桓因)謂(雄)曰 下至三危太白 弘益人間歟 故雄受天符印三箇)"라고 하여, 주어가 각각 '桓因'과 '雄'으로 되어 있는 두 개의 문장으로 나누어져 있다. 이것은 '부(父-환인)'가 주어인 삼국유사의 표현과 '雄'이 주어인 응제시주와 세종실록의 표현의 중간적 단계처럼 보인다.

문단 ①에 있어서 제왕운기는 삼국유사에서 세종실록으로 넘어가는 과도적 표기라 할 수 있다. 또 응제시주는 삼국유사뿐만 아니라 세종실록도 참고한 것이 분명하다. 그러함에도 불구하고, 응제시주를 삼국유사 유형으로 보고 세종실록을 제왕운기 유형으로 잡는 것은 다음 문단부터는 사정이 뒤바뀌고 있기 때문이다. 결국 제왕운기 · 응제시주 · 세종실록의 기록은 삼국유사의 기록을 생략 요약하면서 만들어진 문장처럼 보인다.

삼국유사의 기록은 삼위태백을 살펴본 것도 환인이요, 그 곳이 인간 세상을 널리 이롭게 할 만하다고 판단한 이도 환인이요, 환웅에게 천부인 세 개를 주어 인세(人世)에 가서 다스리게 한 것도 환인인 것이다. 이러한 환인의 나라의 사실을 여타의 세 기록은 축소 변조하고 있다. 삼국유사 이외의 여타의 자료에서는 환웅이 주어가 되어 천삼인을 받아 떠나가고 있는 것이다. 삼국유사의 문장은 문단 ②에서부터 환웅을 주어로 세우고 있다. 이것은 환인의 나라에서 일어난 일과 환웅의 나라에서 일어난 일을 분명하게 구획하려는 일연(一然)의 인식이 작용한 것으로 보아야 한다. 그러나 여타의 세 기록에서는 환인의 나라에서 일어난 사실을 축소시키면서 환웅이 주어로 서는 문장이 환인의 나라의 일에까지 소급해 들어오고 있는 것이다. 삼국유사에서 일연이 의도했던 환인의 나라 일과 환웅의 나라 일을 구분 짓는 분명한 경계는 여타의 자료에서는 깨지고 만다.

2) 雄率徒三千 降於太伯山頂 ……

문단 ②는 환웅의 행동을 보여 주고 있다. 환웅의 행동은 새 땅을 찾아가서 재세이화(在世理化)하는 모습이다. 문단 ②에서는 응제시주가 삼국유사 유형이고, 세종실록이 제왕운기 유형임을 분명하게 보여 주고 있다. 문단 ②에서는 문단 ①의 경우와는 달리, 응제시주는 세종실록의 축약된 문장을 따르지 않고, 삼국유사의 내용을 거의 그대로 적어 놓고 있다.

> (삼국유사) ②雄率徒三千 降於太伯山頂(卽太伯今妙香山) 神壇樹下 謂之神市 是謂桓雄天王也 將風伯雨師雲師 而主穀主命主病主刑主善惡 凡主人間三百六十餘事 在世理化
>
> (응제시주) ②率徒三千 降於太白山神檀樹下 是謂桓雄天王也 桓或云檀 山卽今平安道熙川郡妙香山也 將風伯雨師雲師 而主穀主命主病主刑主善惡 凡主人間三百六十餘事 在世理化
>
> (제왕운기) ②率鬼三千 而降太白山頂神檀樹下 是謂檀雄天王也云云
>
> (세종실록) ②降太白山神檀樹下 是爲檀雄天王

세종실록의 기사는 삼국유사의 자료 문헌을 가능한 데까지 생략한 것으로 보인다. 이것을 두고 세종실록의 자료 문헌을 삼국유사가 늘려 적어 가면서 조작했다고 말할 수는 없을 것이다. 세종실록의 '降太白山神檀樹下 是爲檀雄天王'이라는 기사는 여기 ②문단의 내용을 가장 짧게 요약한 기사라 할 수 있다. 세종실록은 제왕운기가 삼국유사 자료 문헌의 "將風伯雨師雲師 而主穀主命主病主刑主善惡 凡主人間三百六十餘事 在世理化"의 내용을 생략하면서 사용한 '云云'이라는 생략 부호마저도 떼어버리고, 거기에 '率鬼三千'도 생략한 기사라 할 수 있다.

응제시주는 삼국유사를 가장 충실히 답습하면서, '桓或云檀'의 주기(註記)와 함께 태백산(太伯山)의 주 묘향산(妙香山)을 뒤로 돌리어, '平安道熙川郡'을 덧붙여 설명하였다. 응제시주는 삼국유사와 함께 '將風伯雨師雲師而主穀主命主病主刑主善惡 凡主人間三百六十餘事 在世理化'의 기사를 다루어 응제시주가 인용한 자료 문헌이 삼국유사의 자료 문헌과 동류임을 강력히 시사하고 있다. 이 점은 문단 ①에서 보여주는 것과는 달리, 응제시주가 제왕운기나 세종실록에 의존한 것이 아니라, 삼국유사의 유형에 더 많이 의존하고 있다는 것을 보여 주는 것이다.

삼국유사와 응제시주는 '率徒三千'인데, 제왕운기는 '率鬼三千'이고, 세종실록은 그 언급이 없다. '降於太伯山頂 神壇樹下 是謂桓雄天王也'는 이 문단의 핵심 내용인 듯이 네 원전에 모두 들어 있으나, 삼국유사에만 '謂之神市'의 한 구가 더 들어 있어, 다른 곳에서는 '謂之神市'를 생략했다는 느낌을 강하게 주고 있다. 삼국유사의 자료 문헌에 의존하고 있는 응제시주까지도 '謂之神市'를 생략하고 있다.

삼국유사는 '太伯山'과 '神壇樹'로 적고 있는데 다른 세 곳은 '太白山'과 '神檀樹'로 '伯'과 '白'의 표기 차이와 '壇'과 '檀'의 표기 차이를 보이고 있다. '壇'과 '檀'의 표기 차이는 뒤에 나오는 '壇君'과 '檀君'의 표기 차이와 함께 단군의 '단'자가 '터 단'이 옳은가 '박달나무 단'이 옳은가 하는 단군신화의 중요한 쟁점이 되어 오기도 했다.

삼국유사와 응제시주는 '桓雄天王'으로 적고 있는데, 제왕운기와 세종실록은 '檀雄天王'이라 적고 있어, '桓'과 '檀'의 차이를 보여주고 있다. 응제시주는 '桓雄天王' 다음에 '桓或云檀'이라 주(註)하여, '桓雄天王'은 '檀雄天王'으로 적을 수도 있음을 시사하고 있다. 이런 점들은 응제시주가 삼국유사의 자료 문헌과 동류의 자료를 인용하면서도 다른 자료 즉 제왕운기나 세종실록에 끌려 그것을 함께 참고했음을 시사하고 있는 것이다. 문단 ②의 비교 결과 신화로서는 삼국유사의 자료가 신화의 원형에 가깝다는 것을 유추할 수 있다.

'桓或云檀'에 대해서 좀더 살펴보기로 한다.

삼국유사와 응제시주는 '桓雄天王'으로 기록하고 있고, 제왕운기와 세종실록은 '檀雄天王'으로 기록하고 있다. 두 유형은 각각 환웅과 단웅으로 달리 기록하여, '桓'과 '檀'의 차이를 보여 주고 있다. 삼국유사와 응제시주는 다 같이 '桓雄天王'이라 적고 있으면서, 응제시주는 '是爲桓雄天王也'의 기사 뒤에 '桓或云檀'이라고 설명하여 환웅은 단웅이라 할 수도 있다는 것을 적어 두고 있다. 이것은 응제시주의 저자 권람이 삼국유사의 자료에 따라 '桓雄天王'이라 기록하고 있으면서, 한편으로는 제왕운기의 '檀雄天王'이라는 기록에 끌리고 있음을 보여 주고 있는 것이다. 다시 말하면, 응제시주는 삼국유사의 기록을 따르고 있으면서 제왕운기의 기록을 참고 자료로 인정하고 있는 것이 된다.

이것은 단군신화의 신통보(神統譜)가 "환인-환웅-단군"이냐 아니면 "환인-단웅-단군"이냐 혹은 "단인(檀因)-단웅(檀雄)-단군"이냐 하는 문제를 불러 오게 된다. 삼국유사에서는 '환웅'의 입장을 취했고, 응제시주에서는 '환웅'과 '단웅'의 경우를 모두 인정하려 했고, 제왕운기와 세종실록에서는 '단웅'의 입장을 취한 것이 된다.

세종실록의 다른 기록에서는 환인마저도 단인으로 표기한 예가 있다.

> 九月山 是縣之主山 …… 山之東嶺 …… 嶺之腰 有神堂焉 不知創於何代 北壁檀雄天王 東壁檀因天王 西壁檀君天王 文化之人 常稱三聖堂[11]

> 文化縣……三聖祠 在九月山聖堂里小甑山(有檀因檀雄檀君祠)[12]

문화현 구월산에 삼성당이 있는데, 세종실록 권40의 기록인 경우 '北壁

11) 『世宗實錄』 卷40.
12) 『世宗實錄』 卷152, 地理志, 黃海道.

檀雄天王 東壁檀因天王 西壁檀君天王'이라 하여, 북쪽 벽에는 단웅이 봉안되었고, 서쪽 벽에는 단군이 봉안되었으며, 동쪽 벽에는 단인이 봉안되었다는 것이다. 환웅을 단웅으로 적고 있을 뿐만 아니라, 환인마저도 단인으로 적고 있는 것이다. 세종실록 권152의 기록인 경우도 '檀因檀雄檀君'이라 하여, 환인 · 환웅 · 단군의 삼성(三聖)을 모두 단인 · 단웅 · 단군으로 적고 있는 것이다. 이것은 세종실록의 편찬자가 단군의 '檀'字를 성(姓)으로 인식하여 단군의 부와 조부도 '檀'자로 적은 것이라 볼 수 있다.

황윤석(黃胤錫)의 『이재전서(頤齋全書)』에서도 단인 단웅 단군의 표기를 볼 수 있다.

> 商武丁八年甲子 入阿斯達山爲神 廟在平壤(阿斯達山亦有三聖祠 曰檀因檀雄檀君)[13)]

역시 삼성사(三聖祠)에 모셔진 삼성(三聖)이 단인 · 단웅 · 단군이라는 것이다. 이것은 세종실록의 인식과 같은 것이라 할 수 있는 것이다.

다음에 인용한 이종휘(李種徽)의 『수산집(修山集)』에는 환인의 '桓'자나 단군의 '檀'자를 성으로 인식하는 태도가 잘 드러나고 있다.

> 朝鮮王檀君者 祖曰神人桓因 桓因有庶子曰桓雄 桓雄居太白之山 有神熊之異 而生君於檀樹下 號檀君 或曰壇君 名曰王儉 或曰姓桓氏[14)]

이종휘의 『수산집』에서 인용한 위의 내용은 "조선왕 단군은 조부가 신인 환인이다. 환인에게는 환웅이라는 서자가 있었다. 환웅은 태백지산에 살게 되었다. 신웅지이(神熊之異)가 있게 되었고, 단수하에서 군을 낳았는데 단군(檀君)이라 불렀고, 혹은 단군(壇君)이라고도 한다. 이름은 왕검이

---

13) 黃胤錫, 『頤齋全書』 下, 資知錄, 東國歷代享年圖.

14) 李種徽, 『修山集』 卷11, 東史檀君本紀.

다. 혹은 성을 환씨라고 한다."라고 해석된다. "生君於檀樹下 號檀君 或曰壇君 名曰王儉"이라 한 '檀'자나 '壇'자를 성으로 보고 있는 것이고, 그것이 성이라면 조부와 부의 성이 환씨일 것이므로 단군도 당연히 환씨라 할 수도 있다는 것이다.

그런데 이와 같이 단군의 성을 환씨로 보는 것은 단군이 환웅의 아들이라는 사실에서 후세 사람들이 지어낸 분식이었을 것이라는 견해가 있다.

> 古記云 檀君姓桓 名王儉 以其桓雄之子 而盖桓因桓雄之事 在於有無之間 況其姓名有誰知之 必是後人因其因雄之說 遂以傅會而稱其姓桓也[15)]

위에 인용한 홍경모(洪敬模)의 『총사(叢史)』에 서술된 내용은 "고기에 이르기를 단군은 성이 환이요 이름이 왕검이라 했는데, 그것은 환웅의 아들이므로 그랬을 것이다. 그러나 아마도 환인과 환웅의 일은 유무지간(有無之間)에 있었던 일이니, 더구나 그 성명이야 알고 있는 이가 누가 있었겠는가. 이는 반드시 후세 사람이 환인과 환웅의 이야기에 말미암아 마침내 거기에 부회하여 그 성을 일컬어 '환'이라 한 것일 것이다."라고 해석이 된다. 아득한 옛날의 일이라 성명을 알 수 없는 일이라고 하여 약간의 시각의 차이는 보이고 있지만, 환인과 환웅에 말미암아 단군의 성을 환씨로 보는 것은 잘못이라는 것이다.

환인·환웅·단군은 어느 것도 성명을 표기한 것이 아니라, 그 단어 자체가 고유어의 어느 어사(語辭)를 표기한 명사인 것이요, 단군의 성을 환웅에 끌려서 환씨로 보는 것이 잘못인 것처럼, 환인이나 환웅의 성을 단군에 끌려서 '단씨'로 보아 단인, 단웅으로 기록하는 것도 잘못인 것이다.

그렇다면 세종실록의 "단인·단웅·단군"이라고 한 단인과 단웅이라는 표기는 단군신화에 대한 잘못된 인식에서 비롯된 것으로 보아야 한다. 웅

15) 洪敬模, 『叢史』, 外編, 東史辨疑.

제시주에서 권람이 '桓雄天王' 다음에 '桓或云檀'이라는 주기(註記)를 단 것도 세종실록의 잘못된 인식에 끌려서 필요 없이 첨가한 연문이라 할 수 있다. 더 나아가 권람이 응제시주에서 '桓雄'과 '神雄'의 구별이 없이 모두 '雄'으로만 표기한 것은 단군신화 전체의 문맥을 완전히 파악하지 못하고, 신화의 내용을 본의 아니게 변조한 것이라 할 수 있다. 이것이 권람의 손에 의해 변조 연문된 것이 아니라, 응제시주와 같은 이야기 줄거리의 전승이 별도로 존재할 수도 있었다고 한다면 너무 관대한 아량이라 아니 할 수 없는 것이다. 어떤 이유에서인지는 명확히 알 수는 없지만, 이승휴의 제왕운기도 환웅에 대한 단웅이라는 표기는 그것이 삼국유사와 쌍벽을 이루는 자료임에도 불구하고, 앞에서 지적해 온 바와 같이 단군에 끌린 단웅이라는 의혹을 벗어날 수 없는 것이다. 제왕운기의 자료는 삼국유사의 자료가 보여 주는 신화적 전개를 대폭 생략 축소시키고 있는 것이다.

세종실록이 '환인-단웅-단군' 혹은 '단인-단웅-단군'이라는 표기를 사용하고 있는데 대하여, 성종실록(成宗實錄)에서는

> 檀君及父檀雄 祖桓因 稱爲三聖 建祠宇祭之
>
> 三聖堂 桓因天王南向 檀雄天王西向 檀君天王東向
>
> 九月山下聖堂里 有小甑山 有桓因檀雄檀君三聖祠16)

이라 하여, '환인-단웅-단군'의 표기를 보여주고 있다. 여기에는 아직 '檀'을 성으로 보는 인식이 남아 있다. 그런데 선조실록(宣祖實錄)에서는 '환인-환웅-단군'으로 돌아가 삼국유사의 표기 인식을 따르고 있다.

> 三聖祠亦在文化九月山 卽桓因桓雄檀君之祠 春秋降香祝致祭17)

---

16) 『成宗實錄』 卷15.
17) 『宣祖實錄』 卷89.

이와 같은 표기 태도는 영조실록(英祖實錄)과 정조실록(正祖實錄)에도 이어지고 있다.

三聖卽桓因桓雄檀君　而史所謂阿斯達山卽今之九月山也……然則桓雄卽檀君之父 桓因卽檀君之祖[18)]

三聖祠 祀桓因桓雄檀君之祠 在文化九月山[19)]

이것은 조선 후기의 학자들이 삼국유사의 신통보(神統譜)인 '환인-환웅-단군'에 따르고 있음을 보여 주는 것이라 할 수 있다.

권람은 환인이 환씨라면 아들인 환웅도 환씨이고, 또 한편으로는 단군이 단씨라면 그 아버지인 환웅이 당연히 단웅이어야 한다고 생각한 듯하다. 그래서 '桓或云檀'이라는 생각에 이끌려, 어느 쪽도 그대로 쓰기는 곤란한 환웅이나 단웅이라는 표기를 피하여 그대로 '雄'이라는 표기를 사용한 것으로 여겨진다. 이리하여 응제시주에서는 '雄'과 '桓雄天王'을 함께 쓰면서 환웅천왕에 '桓或云檀'이라는 주를 달아 놓게 되었던 것이다.

'환인'이라는 용어가 불전(佛典)에서 차용한 말이라 하더라도 하나의 어휘로 생각해야지 '桓'과 '因'을 따로 떼어서 생각할 수는 없는 것이다. 그렇다면 '환인'은 '하느님'이라는 말이지 성씨가 '환'이요 명이 '인'이라는 말이 아닐 것이다. '환'을 성씨로 인식하려는 착오에서 '桓或云檀'이라는 혼선을 빚어내고 있는 것이다. '단군'도 하나의 단어로 우리 고유어인 명사에 대한 차자(借字) 표기이지 '단'이 성씨로 인식될 수 없기 때문이다.[20)]

3) 時有一熊一虎 同穴而居 ……

문단 ②는 환웅이 신시에서 인세를 교화하는 기록이다. 이에 대해 문단

18) 『英祖實錄』 卷106.

19) 『正祖實錄』 卷27.

20) '桓或云檀'의 고찰에 이용한 자료는 윤이흠 외, 『檀君 그 이해와 자료』를 참고하였음.

③은 곰이 사람이 되었다는 기록이다. 삼국유사는 문단 ③이 환웅이 환웅의 나라에서 수행하는 활동과는 별개의 이야기라는 것을 잘 보여 주고 있다. 이것을 웅변이나 하듯이 문단 ③의 문장 속에 '환웅'이라는 말은 나타나지 않고 다만 '신웅(神雄)'이라는 단어를 사용하고 있다. 신웅은 분명히 환웅과는 다른 표기인 것이다. 종래에는 신웅을 환웅으로 해석해 온 것이 사실이지만, 신웅은 환웅과는 구별되는 표기인 것이다. 그러나 삼국유사의 이러한 표기 태도와는 달리, 응제시주에서는 삼국유사의 내용을 거의 그대로 사용하고 있으면서도, 문단 ③의 문장에서 행동의 주체의 하나인 신격을 '환웅'으로 해석되는 '雄'으로 세워, 문단 ③을 환웅의 활동 무대로 설정하였다. 제왕운기와 세종실록은 앞의 문단에서 설정한 '환웅'으로 해석되는 '雄'으로 주어를 삼고 있어, 문장이 앞의 문단에서 계속 이어지고 있는 것으로 만들었다.

(삼국유사) ③時有一熊一虎 同穴而居 常祈于神雄 願化爲人 時神遺靈艾一炷 蒜二十枚曰 爾輩食之不見日光百日 便得人形 熊虎得而食之忌三七日 熊得女身 虎不能忌 而不得人身

(응제시주) ③時有一熊一虎 同穴而居 常祈于雄 願化爲人 雄遺靈艾一炷 蒜二十枚曰 食之不見日光百日 便得人形 熊虎食之 虎不能忌而熊忌三七日 得女身

(제왕운기) ③令孫女飮藥成人身

(세종실록) ③令孫女飮藥成人身

문단 ③을 되풀이해서 다시 살펴보면, 응제시주는 삼국유사를 조금 변형하여 기술하고 있고, 세종실록은 제왕운기와 같은 내용을 그대로 적어 놓고 있다. 삼국유사와 제왕운기가 같은 시기의 저술이면서도 확연히 다른 모습을 보여 주는 것은 두 찬술자의 인식의 차이를 보여 주고 있는 것이다. 삼국유사가 보여 주는 어떤 제의(祭儀)의 생생한 모습을 제왕운기에서는 제의의 내용을 모두 생략해 감춰 두고 있다. 제의의 내용을 모두 생략하면서도 말끔히 없애버린 것이 아니라, 극도로 축약한 문자의 절약 속에, 제의의 모습을 함축해 두고 있다. 제왕운기의 기록을 통하여 우리가 간파할 수 있는 것은 삼국유사에서 보여주는 제의의 내용이 孫女로 표현된 '少女'로 하여금 '飮藥'하여 '成人身'하게 하는 것임을 알 수 있는 것이다. 다시 말하면, 삼국유사의 기록인 '一熊一虎 同穴而居'의 '一熊'은 제왕운기에서는 '令孫女飮藥成人身'의 '孫女'로 표현하여 대응시키고 있는 것이다. 이 점은 세종실록 찬술자나 세종실록의 자료 문헌을 기술하고 있는 사람이 제의의 내용을 생략하고 있으면서도, 삼국유사의 '일웅'이 '손녀'로 표현될 수 있는 '소녀'라는 것을 읽어 내고 있다고 말할 수 있는 것이다.

삼국유사에서 '常祈于神雄'이라 한 곳을 응제시주에서는 '常祈于雄'이라 하여 삼국유사에서는 '神雄'이라 표기한 것을 응제시주에서는 '雄'으로만 기록하였고, '時神遺靈艾一炷'라 한 곳을 '雄遺靈艾一炷'라 하여 삼국유사의 '神'을 응제시주에서 '雄'이라 기록하고 있어, 생략하거나 바꾼 글자 수의 적음에 비해서, 신화 자체의 신화적인 문맥에 너무나 커다란 차이를 보여 주고 있다. 삼국유사에서는 '神遺靈艾一炷'라 하여 행동의 주체가 신웅이라는 것을 분명히 하고 있는 데 대하여, 응제시주에서는 '雄遺靈艾一炷'라 하여 행동의 주체가 환웅인 것처럼 바꾸어 놓고 있는 것이다. 이러한 기록의 차이는 응제시주가 삼국유사보다 신화적 진실을 적게 담고 있다고 지적할 수 있는 점이다. 이 점도 우리들이 삼국유사가 신화적 원형에 더 가깝게 접근해 있다고 주장하는 근거가 되는 것이다.

좀더 설명한다면, 삼국유사와 응제시주의 기록은 문자상으로는 약간의 상이가 있는 것으로 보이지만, 약간의 상이를 보이는 표기 속에는 신화적 내용상으로 많은 차이를 내포하고 있는 것이다. 두 기록은 '時有一熊一虎 同穴而居'로 시작되다가 이어 삼국유사는 '常祈于神雄 願化爲人'이라 하고, 응제시주는 '常祈于雄 願化爲人'이라 하여, 두 문적의 표기에 있어서 '神雄'과 '雄'의 차이를 보여 주고 있다. 응제시주에서는 단군신화 글 전체에서 '雄'을 네 번 모두 '雄'으로만 표기하고 있어서 '웅'을 구별하여 사용하고 있지 않지만, 삼국유사에서는 '桓雄' · '神雄' · '神' · '雄'과 같이 분명하게 구별하여 표기 사용하고 있다. 단군신화를 논의하면서 일반적으로 환웅과 신웅을 구별하지 않고, 신웅도 환웅과 동일한 신격으로 다루고 있는 것이 현재 학계의 실정이나, 삼국유사에서 일연은 '환웅'과 '신웅'을 엄격하게 구별하여 사용하고 있는 것을 깨달아야 할 것이다. '願化爲人' 다음에 이어서 삼국유사에는 '時神遺靈艾一炷 蒜二十枚'로 이어지고, 응제시주에는 '雄遺靈艾一炷 蒜二十枚'로 이어지는데, '一熊一虎'에게 '靈艾一炷'와 '蒜二十枚'를 준 신격을 삼국유사는 '神'으로 표기하고 응제시주는 '雄'으로 표기하고 있다. 응제시주에서는 '雄'을 구별하여 사용하지 않았으니까 '是謂桓雄天王也 桓或云檀'의 표기 인식에 따라 여기의 '雄'도 환웅이나 단웅으로 이해할 수 있겠으나, 삼국유사에서 '神'이라고 표기한 것은 환웅을 지칭한 것이 아니라, 바로 앞에 나왔던 '神雄'을 약기(略記)하여 '神'만을 표기한 것임을 분명히 알아야 할 것이다. 이와 같이 일연은 삼국유사에서 환웅과 신웅을 구별하여 표기하고 있는 것이다. '爾輩食之' 이후의 기록은 두 기록의 문자상의 차이에도 불구하고 신화 내용에는 의미 변화를 초래하지 않고 있다.

제왕운기와 세종실록의 '令孫女飮藥成人身'의 주어는 '雄'이다. 여기의 '웅'은 '단웅'일 것이므로 '손녀'는 단웅의 손녀이어야 하고 단웅은 환웅에 대한 제왕운기 방식의 다른 표기이므로 환웅의 손녀라고도 할 수 있다. '손녀'가 '일웅'에 대응되는 말로, '일웅'의 실체가 '나이 어린 소녀'라는 인식을 담고 있다고 한다면 모르거니와, '손녀'가 환웅의 손녀로 해석된다면 신통(神統)의 계보(系譜)에 혼란을 불러오게 된다. 제왕운기의 '飮藥'은 삼국유사의 '神遺靈艾一炷 蒜二十枚曰 爾輩食之'에 대응되는 축약된 표기이고, 제왕운기의 '成人身'은 삼국유사의 '熊虎得而食之忌三七日 熊得女身 虎不能忌 而不得人身'에 대응되는 표기라 할 수 있다.

4) 熊女者無與爲婚 ……

문단 ④는 문단 ②③과 같이 삼국유사와 응제시주가 같은 유형이고 제왕운기와 세종실록이 같은 유형임을 보여 주고 있다. 삼국유사의 문단 ③에서는 환웅은 사건의 전개에 참여하지 않았던 것과는 달리, 문단 ④에서는 환웅이 사건의 보조 주역으로 참여하고 있다. 이 점에 있어서는 응제시주의 경우도 마찬가지로 사건의 전개에 참여하고 있다. 제왕운기와 세종실록에서는 문단 ④의 행위에 참여하지 못하고 있다. 문단④에서는 환웅 대신에 단수신(檀樹神)이 등장하고 있다.

문단 ④에 있어서 삼국유사의 문장은 환웅이 웅녀의 마을에 처음 나타나는 것이 된다. 웅녀가 '呪願'한 곳이 '神壇樹下'가 아닌 '壇樹下'라는데 유념할 필요가 있다. 너무 지나친 천착이라고 지적 당할 염려가 있기는 하지만, 문단 ①에서 환웅이 하강한 장소는 태백산정(太伯山頂)의 '神壇樹下'인데 대하여, 문단 ④의 웅녀가 '呪願有孕'한 장소는 '壇樹下'인 것이다. 태백산정의 '神壇樹'와 웅녀의 '壇樹'는 구별 표기된 것이 분명하다. 환웅의 '신단수'는 태백산 신시(神市)의 신단수(神壇樹)이고, 웅녀의 '단수'는 웅녀의 마을 물가 언덕의 '단수(壇樹)'인 것이다.

> (삼국유사) ④熊女者無與爲婚 故每於壇樹下 呪願有孕 雄乃假化而婚之 孕生子 號曰壇君王儉
>
> (응제시주) ④無與爲婚 故每於檀樹下 呪願有孕 雄乃假化而爲人 孕生子 曰檀君
>
> (제왕운기) ④與檀樹神婚而生男 名檀君
>
> (세종실록) ④與檀樹神婚而生男 名檀君

웅녀라는 용어는 삼국유사에서만 쓰고 있다. 삼국유사에서는 신웅에게 사람이 되게 해 달라고 빌어서, 쑥과 마늘을 얻어 삼칠일을 기(忌)하고 여인의 몸이 될 수 있었던 곰을 웅녀라고 표기하고 있다. 삼국유사에서는 신웅에게 빌어 여신(女身)을 화득(化得)한 웅녀는 환웅과 혼인하여 생자(生子)한다. 응제시주에서는 '一熊'이 '雄'에게 빌어 여신(女身)을 화득(化得)하고 '雄'과 혼인하여 생자(生子)했으니, 응제시주에서는 '雄'을 환웅으로 해석하고 있으므로, 곰은 환웅에게 빌어 여인의 몸이 되고, 환웅과 혼인하여 생자(生子)하는 것이 된다. 문단 ④의 경우 삼국유사의 생자(生子)와 응제시주의 생자는 동일한 구조를 지니고 있다. 여신(女身)을 화득(化得)한 '일웅'은 '無與爲婚 故每於檀樹下 呪願有孕'하게 되고, 이것을 보고 있던 환웅은 '雄乃假化而爲人'하여 곰이 화한 여인과 혼인하여 '孕生子'하게 된다. 그런데 앞에서 본 바와 같이 문단 ④를 문단 ③과 연결하여 생각하면 사정은 달라진다.

문단 ③의 사건과 문단 ④의 사건은 별개의 사건이다. 문단 ③의 사건은 신웅의 마을에서 신웅과 신웅의 마을 소녀들 사이에서 벌어진 입사식 행사이고, 문단 ④의 사건은 신웅의 마을 여인과 환웅 사이에서 치루어지는 혼인 의례인 것이다. 다시 말하면 문단 ③의 사건은 '일웅일호(一熊一虎)'에게 신웅이 집전하는 성년식이고, 문단 ④의 사건은 웅녀와 환웅의 혼례식이 중심이 되는 것이다. 성년식은 웅녀족(熊女族)의 군장인 신웅이 주재하고, 웅녀와의 혼례식은 신시(神市)의 군장인 환웅과 신웅족(神雄族)의 딸인 웅녀가 주인공이 되는 것이다. 이렇게 보면 표현을 압축한 응제시주의 문장보다 삼국유사의 문장이 신화적인 본래의 모습을 더 충실히 지니고 있다 할 수 있다.

제왕운기와 세종실록은 문단 ③에 이어 문단 ④에서도 기사가 동일하다. 환웅의 손녀는 단수신(檀樹神)과 혼인하여 생남(生男)하는 것으로 기록하고 있다. 제왕운기의 '與檀樹神婚而生男'은 삼국유사의 '無與爲婚 故每於檀樹下 呪願有孕 雄乃假化而爲人 孕生子'에 대응되는 것으로 볼 수 있으며, 그것이 압축된 표현이라 말할 수 있다. '웅'을 단수신으로 승화시킨 감마저 주고 있다. 그러나 이것은 '웅'을 단수신으로 승화시켰다기보다는 문장을 축약하는 과정에서 빚어진 '웅의 손녀를 웅과 혼인하게 하는 과오'를 피하기 위한 방편으로 단수신을 등장시켰다고 여겨지는 것이다. 언뜻 보기에 단수신의 아들이 단군이라는 신화적 환상에 빠질 수 있으나, '飮藥成人身'한 손녀가 환웅의 손녀라면 단군은 벌써 환웅의 외증손(外曾孫)이 되어 있는 것이다. 제왕운기의 기술 방식으로는 '웅'을 더 이상 혼례식의 자리에까지 등장시킬 수 없는 것이다. 유학자의 눈에 비친 '웅녀의 생자(生子)'에 대한 불가지론(不可知論)이 웅녀를 손녀로 바꾸었고, 이로 말미암아 돌출한 '환웅의 손녀'는 신화의 흐름을 벗어나 신화의 방향을 잃게 한 것이라 할 수 있다.

웅녀는 '곰여인'이 아닐지도 모른다. '웅녀'는 '곰딸'의 한자식 표기로 오늘날 무당의 대를 잇는 '신(神)딸'과 같은 용어인지도 모른다는 것이 필자의 평소 생각이다. 웅녀가 신웅의 '신딸'로 해석된다 하더라도 일웅이나 웅녀가 곰 토템으로 해석되는 입론을 약화시키지는 않을 것이다. 웅녀족이 곰 토템을 조상신으로 소유한다거나 웅녀가 신웅의 '신딸=곰딸'로 해석되는 것이 신화 상징해석의 영역을 벗어나지 않는 것이기 때문이다.

5) 以唐高卽位五十年庚寅 ……

문단 ⑤는 단군의 나라 이야기이다. 문단 ②가 환웅의 나라 이야기이듯이 문단 ⑤는 단군이 나라를 열어 다스렸다는 이야기이다. 환웅의 도읍이 신시였다면, 단군의 도읍은 평양성이요, 아사달이요, 장당경이라는 것이다. 문단 ⑤의 논의는 남겨 두기로 한다.

6) 後還隱於阿斯達 ……

문단 ⑥은 단군이 산신(山神)이 되었다는 이야기이다.

(삼국유사) 後還隱於阿斯達爲山神 壽一千九百八歲

(응제시주) 至商武丁八年乙未 入阿斯達山化爲神 今黃海道文化縣九月山也廟至今存焉 享年一千四十八年

(제왕운기) 入阿斯達山爲神 不死故也

((於殷虎丁八乙未 入阿斯達山爲神(今九月山也一名弓忽 又名三危祠堂猶存)))

(세종실록) 至殷武丁八年乙未 入阿斯達爲神 今文化縣九月山

삼국유사는 '後還隱於阿斯達爲山神'이라고 하여 아사달에 돌아간 시기를 막연히 '後'라고만 서술하고 있는데, 다른 세 곳에서는 '殷虎丁八年乙未'라는 구체적인 연대를 제시하고 있다. 삼국유사의 '還隱於阿斯達爲山神'에 대해 다른 세 곳에서는 '入阿斯達山化爲神', '入阿斯達山爲神', '入阿斯達爲神'이라고 각각 기술하고 있는데, 삼국유사의 표현이 정확한 것으로 보인다. 阿斯達의 '達'이 산을 뜻하는 어사(語辭)이므로 '阿斯達山'이라는 표기는 산을 반복 표기한 것이 된다.

아사달의 위치에 대해서 삼국유사는 '亦云白岳 在白州地'라 밝힌 바 있으나, 다른 세 곳에서는 문화현(文化縣) 구월산(九月山)이 아사달이라 밝히고 있다. 응제시주는 구월산에 묘(廟)가 있다고 부기했고, 제왕운기에서는 구월산에 사당(祠堂)이 남아 있다고 적고 있다.

삼국유사의 '壽一千九百八歲'와 응제시주의 '享年一千四十八年'은 햇수에 차이를 보이나, 인간 수명의 한계를 넘어 선 장수의 의문을 부활제의의 주지(主旨)로 설명할 수 있을 것이다.

6. 마무리

삼국유사 · 제왕운기 · 세종실록 지리지 · 응제시주에 수록되어 있는 단군신화의 원전을 논의 대상으로 선정하여, 그 내용의 차이점을 비교 검토해 보았다. 삼국유사의 자료가 여타 세 문적의 자료보다 원형을 유지하고 있다는 것을 알았다. 여타의 세 자료는 자료 나름의 특유한 신화 문맥을 지니고 있는 것이 아니라, 구전하던 설화를 포함한 자료 문적을 요약·생략·연문(衍文)하면서 신화의 내용을 변형시켰다는 것도 어느 정도 짐작하게 되었다. 이런 사정은 기록자의 신화에 대한 인식의 차이에서 비롯되는 것으로 여겨지지만, 기록자가 처한 시대의 문화 분위기에 영향된 바도 적지 않았을 것이다.

삼국유사의 자료는 신화의 원형을 잘 유지하고 있을 뿐만 아니라, 신화 문맥도 풍부하게 담아 지니고 있어서 신화 연구의 자료로 여타 세 문적의 자료보다 유용하리라는 것도 말할 수 있게 되었다. 삼국유사의 자료에는 신화 내용의 기록이 문자 속에 정밀하게 담겨 있고, 설화의 구성이 정확한 문장 단위로 구분·기술되어 있어, 전체 이야기를 총괄적으로 이해하고 각 부분의 사실을 분석하는데 여타의 문적보다 이용 효율이 높다는 것도 재확인할 수 있게 되었다.

그렇다고 삼국유사의 자료가 완벽하다는 것은 아니다. 삼국유사의 자료에서도 전래의 설화를 작의적으로 생략했으리라는 심증이 가는 부분이 없는 것도 아니다. 자료 문적의 이야기를 다시 적으면서 원래의 이야기를 생략했으리라고 짐작이 되는 내용의 흔적을 개작(改作)한 문장의 문자 속에 남겨 놓은 것도 눈에 띄고 있다.

그런대로 삼국유사의 자료를 가지고 문단을 구분해 보면 여섯 단계로 나누어 볼 수 있다.

첫째는 환인의 나라에서 일어난 일의 기술이다. 환인의 나라에서 일어난 일은 환인이 환웅을 인세(人世)에 보내는 절차이다. 둘째는 환웅의 나라에서 일어난 일의 기술이다. 환웅의 나라에서 일어난 일은 태백산에 신시(神市)를 연 일과 인세에 있으면서 교화한 일이다. 셋째는 신웅의 나라에서 일어난 일의 기술이다. 신웅의 나라에서 일어난 일은 웅녀가 입사식(入社式)을 치루는 일인데, 신웅은 입사식을 주재(主宰)했고, 웅녀는 입사식을 치루고 성년 여인이 되어 재생한다. 넷째는 웅녀가 환웅과 혼인하여 아들을 낳는 일에 대한 기술이다. 웅녀는 물의 생산력을 바탕으로 하는 지모신

(地母神)의 자격을 확실하게 하고, 웅녀가 낳은 아들은 천제손(天帝孫)의 자격을 지닌다. 단군은 천제손이다. 웅녀의 혼인에 대한 이야기는 웅녀가 입사식을 치루는 이야기와 함께 신웅의 나라에서 일어난 일이다. 다섯째는 단군의 나라에서 일어난 일의 기술이다. 단군은 평양성에서 나라를 세우고, 아사달에서 전성기를 보내며, 장당경에서 쇠퇴한다. 여섯째는 단군이 아사달에 들어 산신이 된 일의 기술이다. 조선 사회에는 단군신앙이 형성되었다.

문단 구분을 다시 정리해 보면 다음과 같다. 숫자는 문단의 차례를 표시한다.

① 환인의 나라에서 일어난 일.
② 환웅의 나라에서 일어난 일.
③ 신웅의 나라에서 일어난 일.
④ 웅녀가 혼인하여 생자(生子)한 일.
⑤ 단군의 나라에서 일어난 일.
⑥ 단군이 아사달 산신이 된 일.

다시 써보면, '①은 환인이 환웅을 인세에 보냈다. ②는 환웅이 신시(神市)를 열고 인세를 교화했다. ③은 신웅이 입사식을 주재(主宰)하여 웅녀가 성인이 되었다. ④는 웅녀가 환웅과 혼인하여 단군을 낳았다. ⑤는 단군이 조선을 건국하여 통치했다. ⑥은 단군이 사후에 아사달 산신이 되어 단군신앙이 일어났다.'가 된다.

(『한국학연구』 제1집, 상명대학교 한국학연구소, 1994.12)

<육미당기(六美堂記)>의 작자 재론

장효현(張孝鉉)

1. 머리말

고전소설 <육미당기>의 작자는 이제껏 학계에서 김재육(金在堉, 1808~1893)으로 공인되어 왔다. 그러나 이는 잘못된 설이었으며, 실제의 작자는 서유영(徐有英)이다.

<육미당기>는 이미 소개된 바와 같이, 배경과 인물의 설정에 있어서나 주제의식에 있어서 여타의 고전소설과는 뚜렷이 다른 면모를 지녔기에 각별히 주목되어 온 작품이다. 신라 소성왕(昭聖王)의 아들 소선(簫仙)이 부왕의 병을 고치고자 험한 바다를 건너 영순(靈筍)을 구해 오다가 사악한 이복형 세징(世徵)에게 영순을 빼기고 그가 뿌린 독약에 눈이 머는 등의 온갖 역경을 겪으면서 마침내는 당(唐)나라 덕종(德宗)의 공주 등 삼처삼첩(三妻三妾)을 거느리고 신라로 귀국한다는, 그 배경과 인물 설정에 있어서의 자주성(自主性)과, 왜적을 근절키 위해 소선이 장보고(張保皐) 등의

신라 장수를 거느리고 일본을 정벌, 에도(江戶)를 함락시키고 일본 왕의 항복을 받는다는, 그 의식에 있어서의 강렬한 민족주체성(民族主體性)의 구현은 고전소설로서는 매우 드문 탁월한 것이었다.

고전소설 가운데, 근래 서사문학의 맥락 속에서 논의되기도 하는 전(傳) 및 몽유록(夢遊錄)을 제외한다면, 순연한 창작 소설로서 작자가 밝혀진 것은 열 손가락을 꼽을 정도에 불과한데, 그나마도 작자가 잘못 알려져 있음은 안타까운 일이 아닐 수 없다. 더구나 <육미당기>의 경우처럼 소설사에서 중요한 몫을 차지하는 작품의 경우, 그 잘못된 설로 인한 왜곡된 이해의 파장을 생각한다면 그 심각성은 자못 대단하다.

이 글에서는 <육미당기>의 작자가 서유영(徐有英)이라는 사실을 고증을 통해 확인함으로써 지금까지의 잘못된 학설을 바로잡고, 나아가 서유영의 생애와 그 윤곽까지도 살펴보고자 한다. 후술되겠지만, 서유영은 한문소설 <육미당기>, 야담집 『금계필담(錦溪筆談)』, 시집 『운고시선(雲皐詩選)』을 남기고 있는 바, 한 사람의 뛰어난 문학가로서 재조명받아야 마땅하며, 그의 문학 세계에 대한 고찰은 이제 긴요한 과제로 떠오르게 된다.

2. 〈육미당기〉의 작자 고증

1) 기존 학설 검토

김태준(金台俊)이 처음 『조선소설사(朝鮮小說史)』에서 "雲皐 金在堉(?)의 著 <六美堂記> 3책은 尨大한 著述로서 <金太子傳>은 그 抄譯에 不過한 것이다."[1]라고 언급한 이래, 지금까지의 일체의 사(史)·논(論)·사전류(事典類)에서 <육미당기>의 작자는 김재육으로 기록되어 왔다. 김태준은 권말(卷末)의 주(註)를 통해, "雲皐가 徐有英인가 金在堉인가 當俟後考"라는

1) 김태준, 『조선소설사』(증보판), 學藝社, 1939, 143면.

유보(留保)를 달았으나, 그 후고(後考)는 좀처럼 이루어지지 않았다.

양재연(梁在淵)은 <육미당기>의 축역본(縮譯本)인 <김태자전(金太子傳)>을 다루면서 김재육의 저술인 『운고집(雲皐集)』 5권이 전한다는 사실과 김재육의 생몰연대(生沒年代)를 확인해 냈을 뿐이었다.[2]

그러던 중 김기동(金起東)에 의해 <육미당기>를 다룬 본격적인 논문이 이루어지면서,[3] 김재육 설은 확고부동한 것으로 되었다. 김기동은 "필자는 天台山人이 지적해 놓은 김재육과 서유영에 대하여 알아 볼 수 있는 대로 알아 본 결과 서유영에 대하여는 알 길이 없었고, 김재육은 『朝鮮人名辭典』에도 나오는 인물로서 그의 문집 『雲皐文集』 5권 2책을 奎章閣에서 발견함으로써 더욱 정확하게 알 수 있게 되었다" 하고 문집 내용을 통해 김재육의 생애(生涯)와 위인(爲人) · 학문(學問) 등을 밝혔다. 그런데 김기동이 김재육을 작자로 추단한 근거는 매우 소략한 것이었다. <육미당기> 후미(後尾)의 평문(評文)과 『운고집』 내용을 비교해 두 기록에서 모두 운고(雲皐) 옹이 '발군(拔群)의 문장가(文章家)'이며 '고귀한 인품의 소유자'로 기록되어 있는 점, "김재육이 '개과천선(改過遷善)'에 관한 잠명(箴銘)을 벽서(壁書)하고 치심(治心) 수신(修身)하기를 마지 않았고, 그의 문집에 '개과천선'의 말이 자주 나오는 것과 '개과천선'을 주제의 하나로 설정하여 쓴 <육미당기>와의 관련"이 있으리라는 점을 그 근거로 들었다.

2) 서유영(徐有英)설 변증(辨證)

<육미당기>의 작자를 밝히는 단서가 되는 것은 <육미당기> 후미(後尾)에 기록된 14명의 문사들-박영보(朴永輔), 윤정현(尹定鉉), 이시민(李時敏), 임백경(任百經), 홍우건(洪祐健), 이흥민(李興敏), 강시영(姜時永), 심응태(沈膺泰), 서당보(徐堂輔), 두산(斗山), 김영작(金永爵), 윤육(尹堉), 신좌모

2) 양재연, 「김태자전 평설」, 『국어국문학』 25호, 국어국문학회, 1962.

3) 김기동, 「육미당기 贅論」, 『국어국문학』 33호, 국어국문학회, 1966; 김기동, 「육미당기의 연구」, 『양주동박사고희기념논문집』, 탐구당, 1973.

(申佐模), 이승수(李升洙)-에 의한 평문(評文)이다.[4] 이 중 홍우건, 이흥민, 김영작, 윤육, 신좌모, 이승수의 6명의 평문 속에 '雲皐'가 지었다는 기록이 보이는데, 작자가 '운고'라는 호를 가진 인물이었음을 알게 해 주는 소중한 증거이다. 14명의 문사들은 운고와 교류를 가졌기에 평문을 썼을 것이므로 이들의 문집 속에서 운고와의 교류 사실이 확인된다면, 더구나 그 운고가 누구인지 확인된다면, 작자 문제는 명쾌하게 밝혀질 수 있다. 이들 중 문집이 남아 있는 이는 『침계선생유고(梣溪先生遺稿)』[5]를 남긴 윤정현, 『소정시문고(邵亭詩文稿)』[6]를 남긴 김영작, 『담인집(澹人集)』[7]을 남긴 신좌모, 『거사시문집(居士詩文集)』[8]을 남긴 홍우건, 『자각만고(慈閣謾稿)』[9]를 남긴 임백경 등이다. 이들의 문집을 살핀 결과 운고와의 교류가 확인되었으며, 그 운고는 서유영이었다.

『침계선생유고』에는 운고와 관련된(창수(酬唱)하거나 증(贈)한) 시가 3편 있는데, 그 중 <洪海居都尉尹石翠尙書徐雲皐進士夜過同賦>,[10] <秋夜同徐雲皐作>[11]의 시제(詩題)가 있어 운고가 서씨(徐氏)라는 사실을 확인시켜 주며, 『소정시문고』에는 모두 16편이 있는데, 그 중 <秋日徐雲皐進士有英來訪>[12]의 시제(詩題)가 있어 서유영의 이름이 분명히 등장한다. 『거사시문집』에도 모두 8편이 있는데 <秋夜藹士春山改號雲皐徐有奭子直玉坡至拈韻>[13]의 시제가 있어 역시 그 이름을 분명히 해 주고 있다. 이로써 이들

---

4) 이 글에서 주 자료로 삼은 <육미당기>는 最善本으로 여겨지는 서울대 가람문고 소장 한문본이다.

5) 국립중앙도서관 소장본. 필사본. 11권 6책.

6) 고려대도서관 소장본. 1891년간 목활자본. 6권 3책. 上·中·下 3책 중 중이 2권으로 된 『詩稿』이다.

7) 奎章閣 소장본. 1896년간 목활자본. 20권 10책.

8) 규장각 소장본. 필사본. 7권 4책.

9) 규장각 소장본. 1권 1책.

10) 윤정현, 『침계선생유고』 권1.

11) 같은 책.

12) 김영작, 『소정시고』 권2.

13) 홍우건, 『거사시문집』 권4. 有奭은 有英의 다른 이름이다. 李承元, 『迂山稿』 人卷에 첨

문사들과 교유한, <육미당기>의 작자인 운고가 서유영임을 확인할 수 있다.

또한 <육미당기>의 서(序)에서 작자는 이 작품을 소양(昭陽=계해(癸亥), 1863) 12월에 성남(城南)[14]의 직려(直廬)에 우거(寓居)할 때에 지었다고 했다. 김재육은 평생을 영남(嶺南)에서 살았고, 상경해서 성남에 살았던 기록이 없는 점이 의문으로 제시된 바 있는데,[15] 서유영은 줄곧 성남의 양주(楊州)에서 살았던 점에서도 의문의 여지가 없다. 특히 1860년에 음직(蔭職)으로 사릉(思陵) 참봉(參奉)에 제수되었는데(사릉은 경기도 남양주군 진건면에 있는 단종비(端宗妃)인 정순왕후(定順王后)의 능), 바로 참봉으로서 성남(城南)의 사릉(思陵) 직려(直廬)에 우거(寓居)할 이 무렵인 1863년 12월에 <육미당기>를 지은 것임을 알 수 있다.

3. 서유영의 생애와 사상

서유영은 한문소설 <육미당기>, 야담집(野譚集) 『금계필담(錦溪筆談)』,[16] 시집 『운고시선(雲皐詩選)』[17]을 남기고 있는데, 모두 필사본으로 겨우 보존되어 왔으며, 문집은 따로 간행된 바 없다. 『운고시선』은 맨 앞에 '達城徐有英子直著'의 기록이 분명히 있으나, 『금계필담』에는 '歲癸酉(필자 주: 1873)十月念八日, 七十三歲翁, 雲皐居士, 書于錦溪書屋.'[18]으로 기록되어

부된 문사들의 輓詞 가운데 '徐有奭輓'으로 적힌 서유영에 의한 만사가 들어 있으며, 洪翰周의 『海翁詩文稿』 권9, <蘇山老人壽語帖跋> 본문 가운데, "… 三子乃其同社友, 達城徐有奭子直, 唐城洪在鳳聖用, 而余不佞與其一焉云爾, 歲癸巳(필자 註: 1833년) 嘉平 永嘉 洪翰周憲卿書于壺谿山房"에서 '有奭'으로 적힌 것을 볼 수 있다.

14) 여기서의 城南은 고유지명이 아니라, 漢城 남쪽이라는 관용적인 명칭이다.

15) 김기동, 「육미당기 췌론」, 158면; 김기동, 「육미당기의 연구」, 358면.

16) 국립중앙도서관본 · 가람본 · 想百本 · 高大本 등이 있는데, 이 글에서 주 자료로 삼은 것은 善本으로 여겨지는 국립중앙도서관본이다.

17) 이 글에서 자료로 삼은 것은 藏書閣 소장본이다.

있을 뿐이다. 그러나 서유영이 만년(晩年)에 금계(錦溪)로 낙향한 기록이 『운고시선』에서 확인되고, 작가에 관련된 일부 내용이 『운고시선』의 것과 일치하므로 여기서의 '운고' 역시 서유영임이 분명하다.

남겨진 문헌의 영성(零星)함 때문에 그의 생애의 전모를 소상히 밝혀 내기는 어려우나, 족보와 이들 저작을 토대로 편린(片鱗)을 모아 재구성해 보면 대략 다음과 같다.

서유영의 자(字)는 자직(子直), 호(號)는 운고(雲皐), 선조(宣祖)의 딸 정신옹주(貞愼翁主)와 결혼한 달성위(達城尉) 송강(松岡) 서경주(徐景霌, 1579~1643)의 6대 손(孫)으로, 부친 서격수(徐格修, 1759~1842)와 모친 안씨(安氏) 슬하에서 2남 1녀 중 차남으로 1801년(순조(純祖) 1년) 12월 20일에 태어나, 슬하에 아들이 없던 숙부 서옥수(徐沃修, 1756~1823)의 계자(係子)로 들어가 그 대를 잇는다. 서유영은 첫 부인 안동(安東) 권씨(權氏, 1798~1842)와 둘째 부인 고령(高靈) 박씨(朴氏, 1825~1848)를 잃고 청주(淸州) 양씨(楊氏, 1827~?)와 세 번째 결혼을 하지만, 슬하에 아들이 없어 사촌인 유위(有緯)의 아들 정보(正輔, 1821~1898)를 계자(係子)로 들여 대를 잇게 하였다.[19]

50세 때인 1850년(철종(哲宗) 1년, 경술(庚戌))에야 사마시(司馬試)를 거쳐 생원(生員)이 되었고, 1860년엔 음보(蔭補)로 사릉 참봉(思陵參奉)을 지낸다. 66세의 노령으로 1865년(고종(高宗) 2년, 을축(乙丑)) 가을에 역시 음보로 경상도 의령현감(宜寧縣監)에 부임했는데, 그나마 4년째인 1868년(고종 5년, 무진(戊辰)) 가을에 암행어사의 탄핵을 입어 평안도 삼등(三登)[20]으로 유배를 가게 된다.[21] 탄핵을 받게 된 이유에 대해서는, 암행어사와

18) 이는 국립중앙도서관본의 기록이며, 가람본 · 상백본은 "歲癸酉十月念六日", 고대본은 "歲癸酉臘月念三日"로 각기 다르게 기록되어 있다.

19) 『大丘徐氏世譜』, 大丘徐氏譜所, 1979.

20) 平安南道 江東郡 소재.

21) ① 金永爵, 『邵亭詩稿』 권2, <芍玉城東別墅雅集餞雲皐出守宜春>(乙丑作, 宜春은 宜寧의 郡名)

모(某) 진사(進士) 간에 서로 헐뜯다가 그 분노로 인해 파면되었다고 적고 있다.[22] 자신의 해관시(解官時)에 백성과 아전들이 모두 눈물로 환송했다는 청백리(淸白吏)로서의 자부가 피력된 시구에서나,[23] 백성들의 곤궁을 애처롭게 여겨 공감하는, 또한 그 자신의 말년의 궁핍한 생활이 노출된 시구로 보아서, 그의 관직생활은 매우 청렴했던 것 같다.

1870년(고종 7년, 경오(庚午)) 1월에 원단(元旦) 사은(赦恩)에 의해 유배에서 풀려 돌아오게 되는데,[24] 이미 거듭 가향(家鄕)인 금계(錦溪-충청도 금산(錦山))로 낙향할 뜻을 시에 담은[25] 바 있는 것으로 보아, 귀경하자 곧 금계로 낙향한 듯하다. 족보에도 몰년(歿年)은 나와 있지 않아 정확한 연도를 알 수 없으나 1874년이 몰년일 듯 싶다. 고대본 『금계필담』에 1873년 12월 23일로 저작일이 기록되어 있음으로 보아 1874년까지는 생존했을 것이며, 1870년에 낙향한 후의 금계에서의 시작(詩作)이 12편에 불과한 점, 『금계필담』 서와 이 시기의 시 속에서 특히 병고)病苦)를 호소하고 있는 점으로 보아, 1874년이 그의 몰년이 아닌가 한다.

서유영의 생애는 그 변화의 굴곡에 따라 세 시기로 나눠볼 수 있겠다.

① 근기(近畿)지방인 성남(城南)의 양주(楊州)에 살면서 시사(詩社)를 결

② 서유영, 『운고시선』, 오언고시 50, <戊辰秋, 以宜寧宰繡彈, 謫三登行過高陽作> (繡는 繡衣, 즉 암행어사를 가리킴.)

③ 『운고시선』, 칠언절구 54, <初去郡>, "今秋始得解官歸, … 自我南來恰四年."

22) 『운고시선』, 칠언절구 54, <初去郡> 原註. "繡衣醉中, 與進士相詬, 仍發怒幷罷."

23) ① 『운고시선』, 칠언절구 54, <初去郡>, "多謝吏民遮去路, 爭來送我淚沾衣, … 居官未有欺心事, 縱被橫罹不愧天."

② 『운고시선』, 오언고시 50, <戊辰秋, 以宜寧宰繡彈, 謫三登行過高陽作>, "向宰嶠南縣, 奉公元無私, 竭誠勵淸白, 此心吏民知."

24) 『운고시선』, 칠언절구 107, <庚午正月蒙恩放回留別邑諸人>.

25) ① 『운고시선』, 칠언절구 103, <自遣詩>, "家鄕遙在錦溪南, 四面靑山水蔚藍, 好待明春歸舊隱, 男須畊讀婦治蠶."

② 『운고시선』, 칠언절구 107, <庚午正月蒙恩放回留別邑諸人>, "今春將見故園花, 千里江南路未賖, 自此錦溪遙入望, 白雲深處是吾家."

③ 『운고시선』, 칠언절구 110, <自遣詩>, "親朋勸我住城闉, 笻屐過從共夕晨, 何似錦溪林下屋, 無愁無樂一閑身."

성해 당대 최고의 문인들과 교유하며 유유자적하던 청·장년

②1865년 의령현감으로 부임하여 정사(政事)를 베풀고 아울러 민막(民瘼)을 체험하는 시기

③평안도 삼등(三登)에 유배되었다가, 해배되어 금계로 낙향하는 고독과 가난으로 점철된 말년

서유영에게 있어 가장 득의(得意)의 시절은 바로 첫 번째 시기, 즉 시사(詩社)를 결성하여 문인들과 붕교(朋交)를 맺어 노닐던 시절이었다. 이 시기에 풍석(楓石) 서유구(徐有榘, 1764~1845), 항해(沆瀣) 홍길주(洪吉周, 1786~1841), 하의(荷漪) 임백경(任百經, 1778~1865) 등을 모시고, 심암(心菴) 조두순(趙斗淳, 1796~1870), 침계(梣溪) 윤정현(尹定鉉, 1793~1874), 유산(酉山) 정학연(丁學淵, 1782~1859), 운포(耘逋) 정학유(丁學游, 1786~1855), 해사(海士) 홍한주(洪翰周, 1798~1868), 해거(海居) 홍현주(洪顯周), 원천(原泉) 홍우건(洪祐健), 사고(社皐) 박승휘(朴承輝, 1802~1869), 소정(邵亭) 김영작(金永爵, 1802~1868), 담인(澹人) 신좌모(申佐模, 1799~1877), 경대(經臺) 김상현(金尙鉉, 1811~1890), 애사(藹士) 홍우길(洪祐吉, 1809~1890), 환재(桓齋) 박규수(朴珪壽, 1807~1876) 등의 동년배 문인들과 시사(詩社)를 결성해 그 교의(交誼)가 자못 두터웠다. 시사의 명칭은 낙산시사(駱山詩社)·남사(南社)·강사(江社)·죽사(竹社)·낙사(洛社) 등 여럿인데, 세월의 흐름과 여건에 따라 결성되고 폐해지는 부침(浮沈)과 굴곡을 겪은 것 같다.

만년에 시사의 붕우들이 모두 죽고 나서 과거의 성황과 지금의 고독을 대비시키며 심회를 읊은 여러 편의 시구에서, 청장년 시절의 시사 교환(交歡)의 풍류와 번화함에 대한 애착과 자긍심을 볼 수 있다. 기록으로 확인할 수 있는 것만 해도 설악산을 네 차례, 금강산을 세 차례, 관서(關西)지방을 한 차례(유배길에 들른 것을 제외하고), 호남(湖南) 적상산(赤裳山)을 두 차례씩 유람하는 등, 예속(禮俗)에 구애됨이 없이 유람을 즐겼던 사실에서 볼 때, 그는 대단히 자유분방한 의식과 행동의 소유자였다고 하겠다.

그의 교유 가운데 흥미로운 사실은 두산(斗山) 서돈보(徐惇輔, 1808~1876)와의 교유이다. 그는 <육미당기> 권말에 들어 있는 평문 가운데 "…吾友南潭樵玉樓夢 …"의 문구가 든 평문을 적어 <옥루몽>의 작자가 남영로라는 귀중한 문헌 증거를 제시해 주고 있으면서도 '斗山'이라는 호만 적혀 있을 뿐 이제껏 누구인지 미상(未詳)이었던 인물이다.[26] 그런데 함께 평문을 적은 문사 중의 한 사람인 신좌모(申佐模)의 문집 『담인집(澹人集)』 속의 <竹下宅與徐斗山惇輔趙斗南寅圭丁嘉樹大森同賦>의 시제(詩題)에서 이들 문사와 교유한 '斗山'이 서돈보임을 확인할 수 있었다. 따라서 서돈보는 한편으로 <옥루몽>의 작자인 남영로(南永魯, 1810~1857)와 한편으로 <육미당기>의 작자인 서유영과 교우 관계에 있는 셈이 된다. <옥련몽(玉蓮夢)>의 저작 연대가 1840년 전후이고, 남영로 자신에 의한 <옥루몽>으로의 개작도 이 시기에서 크게 뒤지지 않을 것으로 추정되는데,[27] 서유영과 남영로 간의 직접적 교유가 자료로서 확인되는 것은 아니지만, 남영로 역시 근기(近畿) 지방인 용인(龍仁)에서 살면서 서돈보같은 인물을 매개로 해 그 영향의 수수(授受)는 반드시 있었을 것으로 생각된다.

서돈보는 6촌 동생 서기보(徐箕輔, 1812~1871)의 소실(小室)인 박죽서(朴竹西)의 시집 『죽서시집(竹西詩集)』[28]에 서문을 적고 있는데, 이 시집 속에 운고(雲皐)에 관한 시가 2편 있음으로 보아 서유영은 죽서와도 일정한 친분이 있었음을 알 수 있고, 죽서의 지우(知友)로서 『죽서시집』에 발문을 적고 있는, 김덕희(金德熙)의 소실이 된 기녀시인 금원(錦園)과 수창한 시 <關東竹枝詞>가 『운고시선』에 있음으로 보아, 죽서 · 금원 등 당대의 여류 시인들과의 교류도 확인된다.

서유영의 사상적 · 문학적 경향은 하나로 묶기 어려운 복합적인 성격을

26) 車溶柱는 斗山이라는 호를 가진 인물로 徐惇輔가 있음을 제시한 바 있으나(『玉樓夢研究』, 형설출판사, 1981, 18면), 考據는 밝히지 못하였다.

27) 장효현, 「옥루몽의 文獻學的 연구」, 고려대 석사학위논문, 1981.

28) 藏書閣 소장본. 1851년간 목활자본. 1책. "咸豊辛亥(필자 주: 1851)秋, 斗山徐惇輔書."의 序文과 "辛亥黃楊月中澣, 錦園題."의 跋題가 들어 있다.

지닌다고 하겠다. 기본적으로는 홍석주(洪奭周)·김매순(金邁淳) 등 관각(館閣)문학의 문풍(文風)의 테두리에 속하면서, 한편으로는 박지원(朴趾源)의 『열하일기(熱河日記)』, 서유구(徐有榘)의 『임원경제지(林園經濟志)』를 격찬하는 기록이나,[29] 박지원의 손자 박규수(朴珪壽), 정약용(丁若鏞)의 아들 정학연(丁學淵)·정학유(丁學游)와의 교유에서 보듯, 실학(實學)의 학문적 전통과도 접맥되어 있다. 게다가 흔히 패관잡서(稗官雜書)로 여겨지던 소설(小說)을 창작한다든가,[30] 도교·불교에 경사(傾斜)하는 등의 태도는 당시 사대부의 규범적 가치관으로 볼 때는 다분히 이단적인 것이라 할 수 있다. 이렇게 볼 때 서유영의 위상은 근대로의 이행기가 갖는 다기(多岐)로움-상이한 지향의 복합적 수용-의 국면을 집약적으로 드러낸 작가라는 시각에서의 파악이 가능하다.

그가 재세(在世)한 19세기 중엽은 세도정치(勢道政治)의 장기화에 따른 말폐(末弊)와 민란(民亂)의 계기적(繼起的) 발생 등의 내우(內憂)에 의한 동요와 외세(外勢)의 점입(漸入)으로 인해 진통을 겪어내는 시기로서, 실학의 시대와 개화의 시대의 중간에 위치한 과도기였다. 그의 사상적 동향의 일단(一端)을 감지할 수 있는 흥미로운 사실은 정조(正祖) 승하(昇遐) 후에 있은 신유박해(辛酉迫害-1801)에 대한 그의 시각이다.

> 이 때 양학(洋學)이 크게 번창해 온 나라가 그에 빠져 허우적거릴 때, 후(后-필자 주: 正祖의 繼妃인 貞純大妃)가 사특하고 더러운 것을 깨끗이 내몰

---

29) ① 『운고시선』, 칠언고시 43, <送桓齋副行人赴熱河咸豊皇帝奔問之行>, "我嘗喜讀熱河記, 左海奇文無出此, … 當時大家獨推尊, 燕翁淵源君其孫."
② 『운고시선』, 오언절구 7, <楓石丈山房分韻君字>, "養性宜林壑, 頗精在典墳, 平生經界策, 進退不忘君.(原註: 先生著林園十六志, 有經界策一卷.)"

30) 서유영은 <육미당기> 序에서 창작의 기본 방침을, 여러 편을 절충하되 지리한 것은 버리고 新語로써 보태는 것과, 齊諧의 志怪를 취하되 莊子의 寓言을 넓히는 것의 두 가지를 듦으로써, 소설 장르 자체에 대한 진전된 인식을 보이고 있다(장효현, 「조선후기의 소설론-필사본 소설의 序·跋을 중심으로-」, 『어문논집』 23집, 고려대, 1982, 581~582면).

고 정도를 일으켜 세우니, 어찌 종묘사직에 공이 크지 않다 하리오?[31)]

그가 정약용의 아들 정학연 · 정학유와 깊은 교유를 가지면서도 이러한 입장을 견지하는 것은, 그가 심각하게 우려한 것이 양학(洋學)의 번창과 양요(洋擾) 등 외세의 침입에 있음을 보여 주는 사실이다. 일본 정벌이라는 허구를 <육미당기>에 결구시킨 것도 이러한 척양(斥洋) · 척왜(斥倭) 의식의 일환이라 하겠는데, 그것을 가지고 개화사상(開化思想)에 대한 반동으로 볼 수는 물론 없지만, 그렇다고 위정척사사상(衛正斥邪思想)의 추종으로 단순화시키는 것도 타당치 않을 듯하다. 서유영과 긴밀한 교류를 가진 바 있으며 실학사상과 개화사상을 잇는 교량역으로 평가되는 박규수조차도 1872년 진하정사(進賀正使)로서의 연행(燕行)을 체험하기 이전까지는 척양 · 척왜의 입장을 분명히 하고 있는 것이다.[32)] 개항 및 개화기를 거치면서 입장의 분화를 겪게 되긴 하지만 19세기 지식인들에게 공통적으로, 급격한 외세의 침입은 분명히 우려의 대상이었을 것이며, 서유영의 입장도 그와 다르지 않다.

서유영 개인의 취향으로 주목되는 것은 도교 · 불교에의 경사(傾斜)이다. 그의 이러한 입장은 그대로 반영되어 다분히 도교적 · 불교적 색채를 강하게 띤 <육미당기>를 산출케 된다.

少小頗好道　어려선 자못 도를 좋아해
耽觀方外書　방외서를 힘써 읽었네.
鍊精讀參同　정신을 연단하려 참동계를 읽고

31) 『금계필담』, 22화, "時洋學大熾, 八路胥溺, 后廓淸邪穢, 扶植正道, 豈不大有功於宗社哉."

32) 그의 공적 입장과 사적 입장은 서로 차이가 있었고 그 모순 속에서 고뇌했을 것으로 이해하려는 경향도 있지만(姜在彦, 「박규수의 사상과 開國 문제」, 『한국의 개화사상』, 鄭昌烈 역, 比峰출판사, 1981, 177~180면), 이 역시 박규수에게 있어서의 초기의 척양 · 척왜의 입장을 일관된 논리로 해석해 보려는 희망의 소산이다.

放懷慕淸虛　마음을 열어 청허를 사모했다네.
中爲俗累牽　중년엔 세속에 이끌림 되어
遂與丹術踈　마침내 丹術과 멀어졌네.
行至半途廢　중도에 그만두었으니
素志靡有初[33] 평소에도 처음의 뜻이 없게 되었네.

佛門本淸淨　佛門은 본래 淸淨해
逈與人世殊　아득히 인간 세상과는 다르다네.
今我已信宿　지금 내가 이미 이틀을 묵었는데
頓覺俗塵無　세속 티끌 없어짐을 돈연히 깨닫겠네.
朝夕聽鳴鍾　아침 저녁으로 鐘磬소리 듣고
左右列緇徒　좌우로 僧徒들 列을 지어서
濟濟坐蒲團　나란히 포단에 앉아서
整整捧飯盂　가지런히 밥그릇을 받네.
所以程明道　그래서 정명도가
(原註: 一作夫子)　(일설에는 孔子가)
贊他禮樂具　이들을 칭찬해 禮樂을 갖추었다 했네.
那知三代儀　어찌 알았으리. 三代의 儀가
果然在浮屠[34] 과연 佛敎에 있는 것을.

특히 다음의 시구는, 소선(簫仙)이 남해상(南海上)의 보타산(普陀山) 자죽림(紫竹林)에 가 영순(靈筍)을 얻어 오는, 또 결미에 이르러 소선과 육미인(六美人)이 불도에 귀의해 보타산으로 떠나는 <육미당기>의 내용을 그대로 연상시켜 준다.

33) 『운고시선』, 오언고시 65, 제3수.
34) 『운고시선』, 오언고시 65, 제8수.

我聞觀世音 내가 듣건대 관세음은
白衣號大士 백의보살로 불리고
普陀紫竹林 보타산 자죽림은
迺在南海沚 남해가에 있다네.
慈筏渡衆生 자비의 뗏목으로 중생을 제도하는
念念恒如是 늘 이와 같은 마음이시라네.
我生逢不辰 나의 삶은 때를 못 만나서
憂惱無時已 근심과 고뇌가 끝이 없다네.
欲往路難越 가고자 하나 길이 험난해
滄波渺萬里 창파가 아득히 만리나 되네.
遠望涕沾胸 머얼리 바라며 눈물로 가슴 적시는데
天寒海風起 싸늘한 하늘엔 해풍이 일어나네.
那得超迷津 언제나 迷津을 벗어나
快活送餘齒 남은 여생을 흔쾌히 보낼 것인가.
信心願歸歸 믿음으로 귀의코자 하오니
稽首作弟子[35] 머리 조아려 불제자 되려네.

조선 후기의 사회적 정황과 사상적 추이에 있어 도교 · 불교가 민중 신앙과 결부되어 폭 넓고 깊이 있는 저류(底流)를 형성하는 일련의 움직임은 예견된 터이지만, 서유영과 같은 지식인들의 동향에 대해서는 조금 더 연구해야 할 과제이다. 권력에서 소외 · 이탈된 다수의 지식인들이 그 위안 · 발산의 통로로서 도교 · 불교의 신이(神異)함과 청정(淸淨)을 찾은 것은 충분히 있을 법한 움직임이고, 그러한 취향이 문학 작품 산출의 촉매적 역할을 하게 되었다는 사실도, 서유영의 경우 <육미당기>와 이인(異人) · 귀신(鬼神)에 관련된 이야기가 상당수를 차지하는 『금계필담』을 산출한 데에

35) 『운고시선』, 오언고시, 64, <題僧壁>, 제3수.

비춰 볼 때 가능한 추론이겠는데 그 관련 여부에 대한 폭 넓은 검토가 요청된다.

4. 맺음말

그간 학계에서 잘못 알려져 온 <육미당기>의 작자를 바로잡는 것이 이 글의 과제였다. <육미당기>에 평문을 붙인 14명의 문사들 가운데 문집이 남아 있는 5명의 문집 내용을 조사함으로써 그들과 교유한 <육미당기>의 작자인 '雲皐'가 통설의 김재육이 아니라 서유영임을 확인할 수 있었다. 나아가 족보와 그의 또 다른 저작인 야담집 『금계필담』, 시집 『운고시선』을 통해 서유영의 생애와 그 사상의 윤곽까지도 재구성해낼 수 있었다. 이제 이러한 성과를 토대로 해 그의 문학 세계에 대한 진지한 고찰이 요청되는 과제로 남는다.

자주성과 민족주체성이 강하게 나타난 <육미당기>, 절의정신(節義精神)이 특히 강조되고 있는 『금계필담』, 토속쇄사(土俗瑣事)와 역대 고사(歷代故事)를 읊은 일련의 죽지사(竹枝詞)-<關東竹枝詞>, <斗峽竹枝詞>, <西湖竹枝詞>는 각각 그 지방의 토속쇄사를, <海東竹枝詞>[36]는 역대고사를 읊고 있다-의 작품 세계와, 의령현감으로 부임하고 삼등으로 유배갔다 그 후 해배되어 낙향하는 만년에 이르면서 현실적 · 현장적 문맥을 얻게 되는 시 세계의 변모 등이 서유영 문학의 특징으로 지적될 수 있겠는데, 그의 문학관 및 문학 세계에 대한 상세한 고찰은 고(稿)를 달리해 수행코자 한다.

---

36) 『금계필담』, 131화에 "내가 젊었을 때에 海士 洪翰周와 더불어 海東樂府竹枝詞 수백 수를 지었으나 모두 遺失되었다.(余少時, 與洪海士翰周, 作海東樂府竹枝詞數百首, 皆遺失)"라고 적고, 薛聰과 處容을 소재로 읊은 두 수만을 남기고 있다.

【徐有英 年譜】

1801년 (辛酉. 純祖 1년) 1세

○ 12월 20일. 아버지 徐格修와 어머니 安氏의 차남으로 태어남.

1816년 (丙子. 순조 16년) 16세

○ 칠언절구 <對落花有感> 지음.

1817년 (丁丑. 순조 17년) 17세

○ 오언고시 <閨中怨> 지음.

1821년 (辛巳. 순조 21년) 21년

○ 1월 22일. 四寸인 有緯로부터 係子로 들인 아들 正輔 태어남.

1826년 (병술. 순조 26년) 26세

○ 이 무렵부터 설악산 신흥사에 머물기도 하며 科擧 공부에 몰두함.

1830년 (庚寅. 순조 30년) 30세

○ 8월. 翼宗(순조의 세자, 憲宗의 父) 장례. 꿈에 入侍應製하여 깨서 <感遇詩> 9수 지음.

○ 익종의 죽음을 계기로 과거 공부를 포기하고, 이후 在野의 文士로 활동함.

1838년 (戊戌. 憲宗 4년) 38세

○ 여름. 沆瀣公 洪吉周 모시고 臨漢亭에서 10여 詩社 諸友와 교유.

1839년 (己亥. 헌종 5년) 39세

○ 봄. 설악산 신흥사에서 독서.

1842년 (壬寅. 헌종 8년) 42세

○ 2월 12일. 첫 부인 安東 權氏 죽음.

1848년 (戊申. 헌종 14년) 48세

○ 8월 4일. 둘째 부인 高靈 朴氏 죽음.

1850년 (庚戌. 哲宗 1년) 50세

○ 司馬試 거쳐 生員이 됨.

1853년 (癸丑. 철종 4년) 53세

○ 늦봄. 洪翰周·金永爵·洪祐健과 蘭亭會 모방한 詩社 모임.

1860년 (庚申. 철종 11년) 60세

○ 思陵參奉에 부임. (思陵은 南楊州郡 眞乾面에 있는 端宗妃 定順王后의 능)

1863년 (癸亥. 철종 14년) 63세

○ 12월. 장편 한문소설 <六美堂記> 지음.

1864년 (甲子. 고종 1년)

○ 아들 正輔가 進士 됨.

1865년 (乙丑. 고종 2년) 65세

○ 가을. 蔭補로 경상도 宜寧縣監에 부임.

1868년 (戊辰. 고종 5년) 68세

○ 가을. 암행어사의 탄핵으로 평안도 三登으로 유배 감. 도중에 평양에 들러 당시 平安監司로 있던 벗 朴珪壽와 해후.

1869년 (己巳. 고종 6년) 69세

○ <懷人詩> 33수 지음.

1870년 (庚午. 고종 7년) 70세

○ 1월. 유배에서 풀려 돌아옴. 곧 錦溪(충청도 錦山)로 낙향.

1873년 (癸酉. 고종 10년) 73세

○ 10월 26일. 『錦溪筆談』(서울대 想百문고본) 지음.

○ 10월 28일. 『금계필담』 개작본 (국립중앙도서관본) 지음.

○ 12월 23일. 『금계필담』 개작본 (고대본) 지음.

1874년 (甲戌. 고종 11년) 74세

이 해가 서유영의 歿年인 듯하다.

(『고전소설 연구의 방향』, 새문사, 1985)

단재(丹齋)와 임공(任公)의 문학과 사상

■

한무희(韓武熙)

1. 서언

과거로부터 현대에 이르기까지 한국과 중국은 상호 밀접한 관계를 맺어 왔을 뿐만 아니라, 많은 영향을 끼쳤음은 말할 것도 없다. 그러므로 정치(政治)·경제(經濟)·역사(歷史)·철학(哲學)·문학(文學) 등 각 분야에서 비교 연구를 해왔다. 그러나 이러한 연구도 부분적으로만 시도되었지 아직도 거론되지 않은 것이 많이 있으며 혹 거론되었다 할지라도 소극적인 입장에서만 다루어 왔으므로 앞으로는 좀 더 시대가 요구하는 참신하고 과감한 연구가 필요하다고 본다.

오늘날 우리 문학에 있어서도 문학사(文學史)의 재평가와 재정리가 요구되고 있으며 또한 비교문학(比較文學)에 있어서도 재론(再論)되어야 할 문제점이 많이 있는 이 시점(視點)에서 올바른 방법론이나 역사의식 내지는 가치관의 확립이 필요함은 말할 것도 없다. 물론 앞으로 고전문학(古典

文學)의 연구도 새로운 방법으로 새로운 방향에서 재론되어야 하겠지만, 그보다도 근대문학(近代文學)에 있어서는 더욱 그러하다.

그간 문학사에 수록되지 않았던 구한말(舊韓末) 전후의 의병(義兵)들의 시가(詩歌)나 애국지사(愛國志士)들의 항일문학(抗日文學)이 민족문학으로서 문학사에 특기되어야 할 것이며, 이와 반대로 지조(志操)를 잃고 친일(親日)하여 민족을 배신한 작가나 작품을 배제해야 한다. 이렇게 볼 때 일제(日帝) 식민치하(植民治下)에 있어서의 문학을 재평가하여 문학사를 새로 정리함이 시급한 과제라고 본다.

이러한 시점에서 볼 때 또한 그동안 별로 논의되고 있지 않은 근대 한(韓)·중(中) 비교문학의 연구도 아울러 중요한 과제가 아닐 수 없다. 물론 고전연구에 있어서도 한·중 비교문학 연구에 있어 재론할 여지가 많이 있으나, 그래도 여러 학자들에 의해 연구되어 왔다. 한국 근대문학에 있어서도 요사이 단재(丹齋) 신채호(申采浩)의 문학을 높이 평가하여, 한국 근대문학을 재정리하여 새로운 자료로 발굴해 냄은 우리 문학을 발전시키는 데 새로운 활력소(活力素)가 될 수 있을 것이니 반가운 일이다.

요즈음 단재(丹齋)의 문학이 여러 지면(紙面)을 통해 거론되고 있는 이 때, 당시 많은 영향을 끼쳤던 중국의 임공(任公) 양계초(梁啓超)와는 어떠한 관계가 있으며, 또 어떠한 영향을 받았는가 함을 비교 검토해 보고자 한다.

2. 시대 배경

과거 역사를 살펴보면, 한 시대와 사회에 많은 모순(矛盾)과 불합리함을 내포하고 있을 때, 그 시대의 계몽(啓蒙) 내지는 개혁(改革), 더 나아가서는 사회 혁명을 요구하게 되는 것이다. 이러한 것은 외세(外勢)로 인한 것이건 또는 자체 내의 무능으로 인한 것이건 그 시대의 통치자(統治者)와 지배계급이 그 시대와 사회를 더 이상 지탱해 나갈 수 없다고 인정되었을 때 요구되는 자연적인 추세인 것이다.

이러한 역사적인 사실로는 일찍이 16세기에 이탈리아의 르네상스가 있었고, 18세기에는 프랑스 계몽운동이 있었는데, 당시 많은 문예사상가들이 혁신운동(革新運動) 및 계몽운동에 앞장섰고, 19세기에는 한국과 중국에서 거의 동시에 계몽운동을 전개하여 역사의식 · 민족의식을 고취시키고, 아울러 애국계몽운동을 통하여 민족사관(民族史觀)과 민족문학을 형성하기에 이르렀던 것은 주지의 사실이다.

특히 이 당시는 갑오경장(甲午更張)(1894) 이후로 개화운동을 통하여 선진국의 문명을 흡수하였으나, 이는 일본에 의존한 것이었으므로 순수한, 즉 자발적이고 민족적인 입장에서 시도되었던 개화운동이라고 볼 수 없다. 그런데 1900년대에 이르러서 일제(日帝)의 침략은 점점 노골화하여 1905년에는 을사보호조약(乙巳保護條約)을 체결하고, 그것도 부족하여 1910년 8월에는 한일합병(韓日合倂)을 하게까지 되는 비극을 겪어야만 하였다. 이러한 민족적 비운(悲運) 속에서도 애국독립지사들은 뜻을 굽히지 않고 선봉에 나서서 민족의식을 고취시키고, 민족사관(民族史觀)을 정립하고, 역사소설(歷史小說) · 전기소설(傳記小說) · 정치소설(政治小說) 등 소설문학을 통해 애국계몽운동을 전개함으로써 반봉건(反封建) · 반제(反帝) · 반식민(反植民)을 위한 투쟁을 전개하였으니, 그가 바로 단재(丹齋) 신채호(申采浩)이다.

이 당시 중국은 아편전쟁(阿片戰爭)에 패한 이후 열강(列强)들은 중국의 무력(無力)함을 알고 차차 잠식하여 실질적으로는 반식민지화(半植民地化)하였다. 그리하여 부분적으로 이러한 열강세력에 저항하는 의화단사건(義和團事件)과 같은 저항이 있었으나, 전통적인 낡은 사상 밑에서 탈피하지 못하고 있었으므로, 민족의식 · 역사의식의 결여로 거족적인 민족운동으로 연결되지 못하고 말았다.

이러한 역사 과정을 통하여 많은 교훈을 얻은[1)] 중국은 무엇보다도 정치

계몽·사상계몽을 하여 민족의식과 역사의식을 고취시켜 애국심을 함양시켜야 한다는 것을 인식하고 양무운동(洋務運動) 및 무술유신운동(戊戌維新運動)을 전개하여 서구사상(西歐思想)을 소개하는 한편, 많은 정론(政論)·사론(史論)·문학평론(文學評論) 및 전기소설(傳記小說)·정치소설(政治小說) 등을 발표하여 당시 애국계몽에 앞장섰던 것이니, 그가 바로 임공(任公) 양계초(梁啓超)이다. 이렇게 볼 때 임공 또한 중국의 애국계몽운동의 선구자요 사상가·문학가·사학가이며 애국지사이다.

이와 같이 한국은 일본의 식민지가 되고, 중국은 열강의 반식민지화(半植民地化)한 시대적 상황에서 어떻게 애국계몽운동을 전개하여 갔으며, 또한 어떠한 영향을 주었는가 하는 문제를 이제 이들의 사상과 문학을 통하여 비교 검토해 보려고 한다.

3. 서구 사상의 수용

구한말(舊韓末) 계몽기에 있어 서구 사상 내지 문학은 대부분 일본을 통하여 수용되었다고 한다. 특히 한국문학은 19세기 후반 이후부터 일본을 통한 서구문학의 영향을 받았으며, 또한 본래 근대적 의미에서의 민족의식이 없었고 따라서 일본을 통한 서양의 영향으로 비로소 근대적 민족의식이 싹트고, 근대적 문학이 생겨났다고 하여, 김용권(金容權) 교수는 다음과 같이 말하고 있다.

> 1910년 이후(以後)로 우리나라에서의 미국문학(美國文學)의 이해(理解)나 수용(受容), 심지어 유행(流行)은 적어도 표면상(表面上)은 일본(日本) 그것에서 영향을 받아 왔다고 하겠다. 말하자면 신문학(新文學)의 각 시기에 물결처

1) 梁啓超, 「愛國論(1)」, 『飮冰室文集』 卷5, 上海 廣智書局, 1910, 2면. "昔者不自知其爲國, 今見敗於他國, 乃始自知爲國也."

> 럼 들어온 서구문학의 온갖 경향(傾向)이 일본(日本)을 거쳐서 들어온 것처럼, 미국문학(美國文學)도 같은 경로(經路)를 밟아서 이 나라에 찾아 들어왔다.[2)]

물론 이 당시는 갑오경장(甲午更張)이라는 문명개화를 요구하던 시대를 거쳐 본격적인 계몽운동기로 접어들어, 과거 봉건사회의 구제도(舊制度) · 구풍속(舊風俗) · 구사상(舊思想) · 구문학(舊文學) 등에서 탈피하여 모든 것을 개혁하여 신문화(新文化)를 건설하려고 하였으므로, 가까운 일본 유학생에 의해 서구 사상과 문학이 소개되거나 유입되었음은 말할 것도 없다.[3)]

그러나 이러한 개화 또는 계몽운동은 자의(自意)로 이루어졌다기보다는 일본 간섭 하에 시도되었던 것이니, 이러한 것을 계기로 한국을 잠식하려는 그들의 저의가 있었던 것이다. 또한 당시 지식인과 작가들은 봉건사상의 잠재가 근본적으로 완전히 제거되지 않은 채, 즉 시민의식이 결여되어 당시 민중과 호흡을 같이 할 수 없었으며, 또한 민족의식 · 역사의식의 결여로 거의 설득력이 없었다. 뿐만 아니라 당시 지식인 · 문인(文人) · 관리들은 오히려 개인의 출세를 위해 친일하여 일제의 주구(走狗) 노릇을 하기까지 하였으니[4)] 개화라는 미명 아래 일제는 수단 방법을 가리지 않고 민족의식을 약화시키는 동시에 한민족(韓民族)의 역사와 문화를 말살시키려고까지 하였다.

그런데 당시 아편전쟁에 패한 이후 열강세력의 간섭을 받고 있던 중국

---

2) 金容權, 「韓國文學에 끼친 美國의 影響과 그 硏究」, 『亞細亞硏究』 5卷 2號, 1967, 138면.

3) 金台俊, 『朝鮮小說史』, 淸進書館, 1933, 171면 참조

4) 梁啓超, 「朝鮮滅亡之原因」, 『梁任公文集』 第10冊, 上海 共和編譯局, 1914, 46면; 韓武熙, 「朝鮮滅亡의 原因」, 『世界思想全集』 40, 三省出版社, 1977, 284~5면 참조.
"其人最能趨時而變, 前此以頑固著名之人, 及甲午以後, 則日滔滔談改革. 前此之中國黨, 不數年忽變爲日本黨, 不數年又變爲俄黨, 旋又變爲日本黨, 惟强是視, 惟能庇我者是從. 蓋全世界中箇人主義最發達之國, 朝鮮其首矣."

에서는 민족의식과 애국심을 고취시키고 민족의 각성(覺醒)을 촉구하여 각 방면에 혁명의 기운을 불어 넣기 위해 서구 사상과 문학을 수용하였던 것이며, 이러한 서적들이 1900년대 초기에 이미 우리나라에도 유입 소개되어 지성인들, 특히 애국지사들에게 애독(愛讀)되었던 것이다.5) 그러므로 일제(日帝) 당시 중국에서 유입된 서적들은 모두 불태워 버렸던 것이니, 이는 일제와 중국과의 서구 사상 내지는 문학의 수용 자세가 근본적으로 달랐기 때문이다.

> 구한말 일제에 빼앗긴 민족의 흥망사 관계 책자 속의 정신은 단재 선생에 의하여 이 사회에 뿌려졌던 것이다. 당시 거두어 두었던 흥망사 관계 책자와 함께 양계초(梁啓超)의 『음빙실문집(飮冰室文集)』이 어느 촌가의 호롱불 밑에서 우리들의 울적한 심정에 꺼지지 않는 불꽃을 튕겨 주었을지도 모를 일이다. 해방 직후 어느 고서사(古書肆)에서 연기에 그을린 『음빙실문집』(양장본 상·하 2책)을 사다 본 일이 있다. 일제 총독부의 악형의 흔적이었으리라.6)

이는 바로 일제의 만행과 잔악성을 폭로한 것으로 이러한 일면만 보더라도 중국을 통한 서구 사상 및 문학의 수용을 의식적(意識的)으로 금지하였음을 알 수 있다. 『음빙실문집(飮冰室文集)』 이외에도 당시 출판된 서적 중에서 일제에 의해 압수되거나 불태워진 서적을 살펴보면 다음과 같다.

> 『中國魂自由書』·『越南亡國史』·『美國獨立史』·『瑞士建國誌』·『意太利

---

5) 趙容萬, 「日帝下의 우리 新文化運動」, 『日帝下의 文化運動史』, 民衆書館, 1970, 39면. "그 당시 皇城新聞을 주로 하여 각 신문에 내는 서적 광고를 보면 『國家學』·『精選萬國史』·『意太利建國三傑傳』·『法國革命史』·『法蘭西新史』 …… 당시 皇城新聞에는 『讀越南亡國史』니 『讀法國革命史』니 하는 新刊評을 사설로 게재하였다." 金台俊, 앞의 책, 173면 참조.

6) 洪以燮, 「丹齋史學의 周邊」, 『나라사랑』 제3집, 1971, 25면.

獨立史』 · 『法國革命史』 · 『波蘭亡國史』 · 『埃及近世史』 · 『華盛頓傳』 · 『意太利三傑傳』 · 『噶蘇士傳』 · 『大彼得傳』 ….7)

이상과 같은 것은 거의가 중국을 통해 유입된 서적들이며, 때로는 외국 서적을 중국에서 번역 소개한 것을 우리나라에서 중역(重譯)하거나 중국 것을 번역 하였으니, 즉 임공(任公)의 『이태리건국삼걸전[意大利建國三傑傳]』을 단재가 번역하였고, 『음빙실자유서(飮冰室自由書)』를 전항기(全恒基)가 번역하였고, 『소년중국설(少年中國說)』을 장지연(張志淵)이 번역하였고, 『코슈드전[噶蘇士傳]』을 이보상(李輔相)이 번역하였고, 『월남망국사(越南亡國史)』를 현채(玄采) · 주시경(周時經) · 이상익(李相益) 등이 번역하였고, 『애국부인전(愛國夫人傳)』은 쟌다르크 전(傳)인데 중국인 정철관(鄭哲貫)이 번역한 것을 장지연이 중역(重譯)한 것이고, 『스위스건국지[瑞士建國誌]』는 실러의 『윌리엄 텔』을 정철관(鄭哲貫)이 번안(飜案)한 것을 박은식(朴殷植)이 중역한 것이다.8)

특히 최근에 이광린(李光麟) 교수도 개화기 진화론(進化論)의 수용에 대해 다음과 같이 말하고 있다.

1859년 다윈의 『종(種)의 기원(起源)』을 발표함으로써 새로운 학설로 등장한 '자연진화론(自然進化論)'과 '사회진화론(社會進化論)'이 한국(韓國)에 도입된 것은 1880년대 [유길준(兪吉濬)]이지만, 일반 사회에 널리 보급된 것은 1900년대 초기부터였다. …(생략)… 한국사회(韓國社會)에서 진화론(進化論)이 보급된 것은 일본(日本)보다는 중국학자(中國學者) 특히 양계초(梁啓超)의 영향이 컸었다. 당시 일본(日本)에서 망명생활(亡命生活)을 하던 양계초(梁啓

7) 朴殷植, 『韓國痛史』, 三乎閣, 1946, 133면; 『日政下의 禁書 33卷』, 東亞日報社, 1977, 254～9면.

8) 李在銑, 『愛國夫人傳 · 乙支文德 · 瑞士建國誌』, 한국일보社, 1975, 182～92면.
金忠烈, 「中國近代思想의 主脈」, 『世界思想全集』 40, 三省出版社, 1977, 41면; 『日政下의 禁書 33卷』, 1977, 254～9면.

> 超)는 『음빙실문집(飮冰室文集)』·『청의보(淸議報)』·『진화집설(進化輯說)』 등의 책자를 통해 사회진화론(社會進化論)을 제창하였으며, 또 이 책들이 인천(仁川)과 부산(釜山)을 통해 유입(流入)되면서 한국사회(韓國社會)에도 진화론(進化論)이 새로운 사상(思想)으로 각광을 받기 시작했다.9)

또 김철준(金哲埈) 교수도,

> 당시 중국어로 번역된 서구 서적을 거의 다 읽어 『조선상고사』 사료에 나타난 바와 같은 근대적인 사관을 확립할 수 있는 사상적 토대를 마련하였던 것이다.10)

라고 하여, 우리나라 계몽기에 있어 서구사상은 일본보다는 중국을 통해 수용되었고, 아울러 많은 영향을 주었다는 것을 강조하고 있다. 뿐만 아니라 김충렬(金忠烈) 교수도 이에 대해 다음과 같이 말하고 있다.

> 특히 양계초(梁啓超)가 제창한 학술사상은 우리나라 개화기 사상계에까지도 절대적인 영향을 끼쳤다. 즉 중국에 망명했던 우리나라 독립지사들은 양계초의 『신민설(新民說)』·『자유서(自由書)』·『이태리건국삼걸전[意大利建國三傑傳]』 등 변법자강운동을 고취시키는 언론에 영향을 입었는데, 특히 신채호(申采浩)·박은식(朴殷植) 등 민족주의 사상 내지 정신을 주창한 분들로 하여금 독립운동의 사상적 기초와 방법, 그리고 운동의 역량을 기르는 이론을 갖추게 한 것이다. …(생략)… 이들이 펴낸 당시의 언론 사상은 대부분 유길준(兪吉濬)의 『서유견문(西遊見聞)』이나 중국 양계초(梁啓超)의 『음빙실문집(飮冰室文集)』의 영향을 받은 것이었으며, 특히 양씨(梁氏)의 언론은 그대로 우리말로 전용(轉用)된 것이 많았다. 이렇게 본다면 우리가 현대로 넘어오는

9) 李光麟, 「舊韓末 進化論의 受容과 그 影響」, 서울신문, 1976.11.30.
10) 金哲埈, 「丹齋史學의 位置」, 『나라사랑』 제3집, 1971, 36면.

> 초기 서구 문물, 특히 정치 · 사회 사상을 받아들인 경로는 아무래도 먼저 중국의 신진 사류들의 학설을 통한 간접적인 수입이었다고 할 수도 있을 것 같다. 그렇다면 양계초(梁啓超)의 학술 사상은 중국 현대화에만 크게 공헌했을 뿐 아니라 우리나라 개화운동, 특히 민족자강운동에 적잖은 자극이 되었다고 하겠다.[11)]

이상으로 보아 과거에 서구 사상과 문학이 단순히 일본을 통해서만 수용되었고 또한 영향을 받았다는 설은 속단이라고 볼 수밖에 없다. 아울러 여기서 문제되는 것은 일본을 통해 신사상(新思想)을 수용한 지식인과 중국을 통해 신사상을 수용한 지식인으로 나누어 볼 수 있는데, 전자는 대개 일제의 왜곡된 식민지사관 내지 민족의식 · 저항의식을 약화시키려는 흉계에 빠져들어서, 비록 역사나 문학을 통하여 민족을 다소 계몽하여 신사상을 고취시켜 봉건사상에서 탈피시키려는 의식은 있었으나 미온적이며 끝내는 사대적(事大的) · 노예적 근성을 버리지 못하고 일제의 앞잡이로 민족을 배신하게까지 되었다. 그러나 후자는 중국의 철저한 민족주의 영향을 받아 무엇보다도 우선 외세(外勢)에 대해, 특히 일제에 대해 적극적인 저항운동을 전개하였고, 아울러 사대와 노예 근성을 탈피시키기 위하여 반봉건 · 반식민적인 혁명사상으로 민족의 각성과 민지계발(民智啓發)의 중요성을 강조하고 민족주체의식을 확립시키는 것이 무엇보다도 시급하다는 것을 제창하고 선봉에 나섰던 것이다. 이는 당시 처해 있던 시대적인 배경과 정세(情勢)가 한국과 중국이 비슷하였으므로, 그들의 서구 사상 및 문학을 수용하는 방법과 자세를 도입하여 당시 우리나라 현실에 적용시켰던 것이므로, 이들은 적극적인 애국자 · 민족주의자가 되었고, 더 나아가서는 지나친 국수주의(國粹主義)로 빠져들게까지 되었다.

이와 같이 볼 때 우리나라 계몽기에 있어서 신사상 · 신문학(新文學)을

---

11) 金忠烈, 앞의 책, 41~2면.

통한 반제(反帝) · 반봉건 · 반식민(反植民)의 강력한 민족주의 및 애국사상과 주체의식은 대부분 중국의 양계초의 영향을 받아 발전해 왔음을 알 수 있다.

4. 단재(丹齋)와 임공(任公)의 사상

1) 민족계몽과 애국사상

단재(丹齋)나 임공(任公)의 사상적 배경은 전술(前述)한 바와 같이 어디까지나 역사와 시대에 있었다. 물론 사상이나 문학은 그 시대의 반영이라고 하나, 객관적인 입장에서 현실을 그대로 반영한 것이 아니라 주관적(主觀的)인 입장에서, 즉 투철한 역사의식 또는 시민의식을 바탕으로 이들의 사상이 형성되었으므로, 당시 일제(日帝)나 열강들에 대한 적개심이 강하게 작열하여 미래지향적인 입장에서 이들 외세에 저항할 수 있는 민족 계몽 내지는 애국사상의 고취가 필요하였던 것이다. 즉 역사를 통하여 국가를 인식하고 비아(非我)와 상대적인 아(我)를 강하게 인식하였을 때 비로소 애국심이 나타나게 된다고 하여, 이들은 우선 무엇보다 국가 현실로 보아 애국계몽운동의 필요성을 절감하였으므로, 역사를 통한 애국심을 환기시키고 계몽하였으니,

> 嗚呼라 若何면 我二千年의 恒常 愛國이란 一字가 鏗鏘하게 할까? 曰惟歷史로 以할 지니라.

> 一國 民族을 蘇醒케 하는 者가 歷史가 아닌가?

> 嗚呼라 歷史가 無하면 彼國의 國民인들 愛國心이 何處에서 生하리오.[12)]

嗚呼라 我가 國을 愛케 하려거든 歷史를 讀케 할지어다.

歷史를 離하여 愛國心을 求하면 是는 目을 閉하고 視를 求함이며 脚을 棄하고 走를 求함이라 어찌 何得하리오. 故로 國民의 愛國心을 喚起하려거든 完全한 歷史를 先授할지어다.13)

천하의 대업이 누가 애국자보다 승할 이가 있으리오. 진애국자는 국가 이외에는 족히 써 개의할 것이 없는 고로, 국사를 버리고는 즐기고 좋은 것도 없고, 희망할 것도 없고, 우환도 없고, 쟁투할 것도 없고, 기뻐할 것도 없고, 분노할 것도 없다.14)

고 하였고, 또한 애국계몽운동의 방법으로 과거 역사를 통한 조국 위인(偉人)의 전기(傳記)를 통하여 애국심을 고취시켰다.

國民의 愛國心을 기르려면 高聲疾呼로 愛國하라 愛國하라 함보다 차라리 祖國偉人의 傳記를 이야기하며, 域內 山川의 讀本을 읽게 하여, 내 나라에 대한 觀念을 깊게 함이 나으리라 하노라.15)

이상에서 알 수 있는 바와 같이 단재는 당시 역사를 통해 민지계발(民智啓發)을 하려고 한 동시에, 애국계몽운동을 전개하였던 것인데. 이것은 지식층 또는 특수층에만 국한된 것이 아니라, 일치단결하여 남녀 · 노소 · 빈부 · 귀천의 계급의식이 없이 모두가 조국에 대한 긍지를 갖게 하였으니, 바로 단재의 시민의식의 표현이다. 또한 여기서 단재가 봉건사상을 배격하

12) 「歷史와 愛國心의 關係」, 『丹齋申采浩全集』 下, 螢雪出版社, 1975, 352~7면.
13) 「歷史와 愛國心의 關係(續)」, 앞의 책 補遺, 95~8면.
14) 「단기고사 중간서」, 위의 책 下, 484면.
15) 「新教育과 愛國」, 위의 책 下, 58면.

고 민주와 평등을 주장하였으니, 개화사상의 선구자로서의 일면을 엿볼 수 있다.

> 歷史를 讀케 하되 幼時부터 讀할지며, 歷史를 讀하되 男子뿐 아니라 女子도 讀케 하며, 歷史를 讀케 하되 上等社會뿐 아니라 下等社會도 讀케 할지어다. …(생략)… 女子라고 歷史를 不讀케 하면 是는 胎內의 論介를 墮함이며, 襁褓中의 羅蘭夫人을 失케 함일뿐더러, 抑又 二千萬人中에 半數되는 女子를 壓殺하여 國民됨을 不許함이요.16)

단재의 이러한 역사를 통한 애국심 고취는 임공(任公)의 이론과 일치하고 있다.

> 於今日泰西通行諸學科中, 爲中國所固有者, 惟史學. 史學者最博大而最切要也, 國民之明鏡也, 愛國心之源泉也.17)

이와 같이 임공은 애국사상을 환기시킴에 있어서 우선 역사의식이 있어야 한다는 것을 잊지 않고 사학(史學)의 중요성을 강조하였다. 임공의 이러한 역사의식은 서구사상에서 착상하였음은 물론이다. 아울러 임공은 애국심이란 본래부터 없는 것이 아니고, 국가의식·민족의식의 결여로 애국심이 들어나지 않는 것이라고 하였다.18)

그러므로 애국심을 환기시키는 방법을 제시하고 있는데, 첫째로는 국가의식이 투철해야 한다고 하였다. 임공은 중국에서는 과거에 '천하(天下)'라고 하여 국가관이 없었으므로 애국할 대상을 찾지 못하였고, 따라서 자연히 국가를 사랑할 줄 모르게 되었다고 하였다. 그런데 임공은 타국(他國),

---

16) 「歷史와 愛國心의 關係(續)」, 앞의 책 補遺, 96면.
17) 「中國史界革命案」, 『飮冰室文集』, 臺灣 幼獅文化公司, 1962, 325면.
18) 「愛國論(1)」, 『飮冰室文集』 卷5, 上海 廣智書局, 1910, 1면.

즉 열강 제국주의에게 패배를 당하고 나서 나라를 사랑할 줄 알게 되었고, 타국에 외유(外遊)하면서 오히려 국가관이 확립되었고, 애국심이 동시에 일어났다고 자신의 경험을 말하고 있다.[19]

그리하여 아국(我國)과 타국(他國)의 투쟁, 즉 아(我)와 비아(非我)와의 투쟁이 있음으로 해서 비로소 민족주의에 입각한 애국심이 생겨난다고 하였다.[20] 또한,

> 一人之 愛國心, 其力甚微 合衆人之愛國心, 則其力甚大.[21]

라고 하여 봉건사회에 있어 소수 특권층에 의해 국가가 독점되어 오던 방법을 지양(止揚)하고, 전국민이 일치단결하여 애국해야 한다고 하였는데, 여기서 그의 시민의식을 엿볼 수 있다.

둘째로 임공은 애국심을 한 가정(家庭)의 주인과 노예에 비교하여 일국(一國)의 주인이면 애국심이 있으나, 노예의 위치에 있으면 애국심이 없다고 하였으니 이는 바로 열강세력에 의해 주권(主權)을 상실하고 반식민지화함에 대해 노예성을 탈피시키고 애국심을 고취시키고자 한 것이다.[22]

셋째로는 애국은 반드시 민권(民權)이 흥함으로부터 시작된다고 하였다.[23]

이상은 임공의 애국심을 계몽하기 위한 세 가지 요소로서, 즉 첫째는 국가관의 확립, 둘째는 노예성의 탈피, 셋째는 민권(民權)을 확립해야만 비로소 애국심이 발생한다고 하였다.

이러한 애국심의 고취는 세계 열강세력에 저항할 수 있는 힘을 기르는

---

19) 위의 책, 2면.

20) 丹齋는 그의 「朝鮮史研究」, 『丹齋申采浩全集』 上, 19면에서 "歷史는 我와 非我와의 투쟁이라"고 하였는데, 民族主義와 帝國主義와의 투쟁으로 볼 수 있다.

21) 「愛國論(1)」, 앞의 책, 2면.

22) 「愛國論(2)」, 위의 책, 4면.

23) 「愛國論(3)」, 위의 책, 6면.

것으로 일종의 민족주의에 입각하여 제국주의와의 투쟁을 위한 애국계몽 운동이었다고 볼 수 있다. 이에 단재도,

> 國家는 有하건마는 國權이 無한 國이며, 人民은 有하건마는 自由가 無한 民이며, 貨幣는 有하건마는 鑄造性이 無有하며, 法律은 有하건마는 司法權이 無有며, 森林이 有하건마는 我의 有가 아니며…….[24)]

> 第五는 奴隷的 文化思想을 破壞하고자 함이다. …(생략)… 그러므로 民衆文化를 提唱하기 위하여 奴隷的 文化思想을 破壞함이니라.[25)]

라고 하여 일제(日帝)의 세력에 대항할 수 있는 길은 오직 애국자가 많이 나와 강도(强盜) 일제와 투쟁하는 길밖에 없음을 알고, 무엇보다도 국가와 민족을 회복하고 노예근성을 탈피해야 한다고 하였다.

2) 역사의식과 민족주의

단재와 임공은 다 같이 전통적인 사관(史觀)을 부정하고 현실에 입각한 새로운 사관을 제창하였다. 즉 봉건시대의 왕족이나 귀족 중심의 역사는 한 민족과 국가의 역사가 될 수 없으며, 또한 전술(前述)한 바와 같이 이러한 역사의식의 결여는 곧 전 민족을 노예로 만들고, 따라서 애국심을 환기시킬 수 없다고 하였다. 역사를 의식하고 시대적인 현실을 파악하였을 때만 비로소 파괴와 아울러 건설과 창조가 있을 수 있으며, 노예성을 탈피하여 주체적인 아(我)를 강렬하게 인식하였을 때에 비로소 비아(非我)와 투쟁할 수 있으며, 아(我)가 비아(非我)에게 승리하였을 때 역사는 발전하고 민족은 독립되어 새로운 민족문화를 창조해 갈 수 있다고 하였다. 그러므로 역사는 소수인에 의해 이루어지는 것이 아니며, 비록 실패자라 할지라

---

24) 「大韓의 希望」, 『丹齋申采浩全集』 下, 343면.
25) 「朝鮮革命宣言」, 위의 책, 376면.

도 올바른 역사의식과 민족의식에 입각하여 독립적 · 창조적인 인물은 높이 평가해야 한다고 하였다.[26] 이는 즉 성공한 자만 추종하고 높이 평가해오던 봉건잔재의 노예근성을 배격하고 왜곡된 사관을 바로잡기 위한 단재의 민족사관이다.

그러므로 무엇보다도 일제와 열강의 세력에서 탈피하는 길은 애국심과 독립정신이 있어야 하며, 아울러 소수가 아닌 민중의 혁명이 있어야 한다고[27] 하였으니, 이는 단재의 강렬한 민족주의의 발로이다.

> 此帝國主義로 抵抗은 何인가? 曰 民族主義(他民族의 干步을 不涉하는 主義)를 奮揮함이 是이니라. …(생략)… 帝國主義는 民族主義가 薄弱한 國에만 侵入하느니라.[28]

전술한 바와 같이 그는 한 민족의 역사와 전통에 대해서 누구보다 많은 불만을 갖고 비판하였으나, 또한 누구보다도 깊은 애정과 긍지를 갖고 있었다. 이러한 전통에 대한 민족의 긍지에서 나온 역사의식과 현실에 대한 민족의 위기에서 나온 시민의식과 민족의식으로 새로운 미래의 역사 창조에 희망을 갖고 애국계몽운동을 전개하였다. 그러므로 단재는,

> 今日 我韓의 富는 他國만 不如하나, 富의 希望은 他國보다 大하며, 强은 他國만 不如하나, 强의 希望은 他國보다 深하며, 文明은 他國에 不及하나 文明에 對한 希望은 他國보다 遠過하다 하노니, 大하다 我韓 今日의 希望이여, 美하다 我韓 今日의 希望이여.[29]

---

26) 「失敗者의 神」, 앞의 책 補遺, 46~7면.
27) 「宣言文」, 위의 책, 90면.
28) 「帝國主義와 民族主義」, 위의 책 下, 377~8면.
29) 「大韓의 希望」, 위의 책, 343면.

라고 목메어 외쳤고, 임공도 민족의 긍지를 갖고 다음과 같이 외쳤던 것이다.

> 於戲! 美哉, 我國! 於戲! 偉大哉, 我國民! 吾當草此論之始, 吾不得不三薰三沐, 仰天百拜, 謝其生我於此至美之國, 而爲此偉大國民之一分子也.30)

이와 같은 역사의식을 계몽하고 왜곡된 사관을 비판하여 민족사관을 확립하여 민족주의를 확립함에 있어서 임공은 또한 다음과 같이 말하고 있다.

> 一曰, 知有朝廷而不知有國家.(吾黨常言, 二十四史, 非史也, 二十四史姓之家譜而已. …… 吾國史家, 以爲天下者君主一人之天下, 故其爲史也. 不過敍某朝以何而得之, 以何而治之, 以何而失之而已. …… 如歐陽之新五代史, 朱子通鑑綱目等, 今日盜賊, 明日聖神. 甲也天命,乙也僭逆. 正如群蛆啄矢, 爭其甘苦, 狙公飼狙, 辨其四三, 自欺欺人, 莫此爲甚.……)
>
> 二曰, 知有個人而不知有群體.(歷史者英雄之舞臺也. 捨英雄幾無歷史, 雖泰西良史, 亦豈能不置重於人物哉?……)
>
> 今日我輩欲研究二百六十八年以來之事實, 竟無一書可憑籍, 非官牘鋪張循例之言, 則口碑影響疑似之說耳. 時或籍外國人之著述, 窺其片鱗殘甲, 然甲國人, 論乙國之事, 例固百不得一, 況吾國之向閉關不與人通者耶?31)

이에 대하여 단재는,

> 그러면 저 西洋學者가 어디서 무엇으로 어떻게 朝鮮史를 알겠느냐? 中國의 古書 二十四史中 같은데서 考據한 것이 아니면 近日 日本人의 文字에서

---

30)「論中國學術思想變遷之大勢」,『飮冰室文集』10권, 上海 廣智書局, 1면.
31)「中國史界革命案」, 앞의 책 11권, 2~3면.

收拾하였을 뿐이다.

이 兩者가 다 的確한 記錄이 되느냐 하면 中國의 民族的 特殊한 病的 心理인 自尊心과 近代 日本의 惡辣한 政治的 壑欲이 일부러 朝鮮을 侮蔑하느니보다 그 固着한 色眼鏡이 正確한 朝鮮의 觀察을 不許하므로, 被動의 陳述한 朝鮮은 거의 十의 八九나 誣錄이다.[32]

라고 하여 일제 당시 왜곡된 민족사를 바로잡자고 하였는데, 이는 또한 앞에서 임공이 중국역사에 대해 정확한 기록이 되어 있지 않아 믿을 만한 것이 없다고 한 것과 같다. 민족주의에 대해서 임공은 다음과 같이 말하였다.

在民族主義立國之今日, 民弱者國弱, , 民强者國强. ……

今日欲提唱民族主義, 使我四萬萬同胞强立於此優勝劣敗之世界呼, 則本國史學一科, 實爲無老無幼無男無女無智無愚無賢無不肖所皆當從事, 視之如渴飮, 飢食一刻不容緩者也. …… 嗚呼, 史界革命不起, 則吾國遂不可救. 悠悠萬事, 惟此爲大.[33]

당시 한국이나 중국은 일제(日帝)와 열강에 의한 피압박 민족으로서 다 같이 외세에 의한 침략으로 인하여 역사에 입각한 진화론은 애국계몽운동과 연결되었고, 또한 진화론에 의한 우승열패(優勝劣敗) · 적자생존(適者生存)의 원칙은 민족주의를 뒷받침하는 새로운 사상으로 등장하였던 것이다.[34]

이상을 종합해 볼 때 단재 · 임공의 역사의식이나 민족사관은 일치하고 있으며, 아(我)[민족주의(民族主義)]와 비아(非我)[제국주의(帝國主義)]의 투쟁에 있어서 우승열패(優勝劣敗) · 적자생존(適者生存)에 입각한 정치 진화

32) 「歷史에 대한 私意」, 『丹齋申采浩全集』 補遺, 104면.

33) 「新民說」, 『飮冰室文集』, 臺灣 幼獅文化公司, 4면.

34) 李光麟, 「舊韓末 進化論의 受容과 그 影響」, 서울신문, 1976.11.30.

· 사회진화 · 국가진화의 원리를 전개하여, 이를 바탕으로 민족주의 사관을 확립하였다고 볼 수 있다.

5. 단재와 임공의 문학

1) 신문체(新文體)와 신소설(新小說)

전술한 바와 같이 단재와 임공의 역사적 현실에 입각하여 그들의 사관(史觀)을 정립하였고, 서구사상을 수용하여 역사는 '아(我)'와 '비아(非我)'와의 투쟁이라는 강력한 민족주의 사관을 정립하였다.

이러한 민족주의 사관은 결국 애국계몽운동을 전개하게 되었으며, 이 운동의 방법으로 역사적인 인물을 통한 계몽과, 소설을 통한 계몽 방법을 선택하였던 것이다. 그러므로 이 당시에 있어서 애국심을 고취시키기 위한 계몽 방법으로는 난해(難解)한 역사를 통하여 계몽하는 것보다는 누구나 용이하게 읽을 수 있는 역사소설, 즉 위인전(偉人傳)과 같은 전기소설(傳記小說)과 현실에 입각한 정치소설(政治小說)을 통하여 애국계몽운동을 시도하였던 것이다. 물론 이러한 애국심이나 민족의식을 고취시키기 위한 전기소설이나 정치소설과 같은 것은 이미 18세기 프랑스의 계몽기에 있었던 소설 형태로서 특히 임공은 어려서부터 경학(經學)을 통독하여 전통적인 학문을 계승하였으나, 그 후 일본으로 망명하기 전에 이미 강유위(康有爲)의 영향을 받아 중국에서 번역된 서양의 철학 · 사상 · 역사와 문학 등에 관한 서적을 거의 섭렵하여 일찍이 서구의 사상과 문학의 영향을 받았던 것이다.

그러므로 임공의 이러한 전기소설(傳記小說) 및 정치소설(政治小說)은 서양이 그러했듯이 애국심을 고취시키기 위한 애국계몽소설로서 등장한 것이었다. 그런데 당시 한국이나 중국에 있어서 소설과 기타 문장은 어디까지나 계몽을 위한 것이므로, 난해한 문장을 배격하고 용이한 신문체(新

文體)를 사용하여 널리 보급해야 함을 절감하여, 이들은 다 같이 우선 문체의 개혁을 주장하게 되었다.[35)]

호적(胡適)은 임공의 문장을 다음과 같이 말하고 있다.

> 梁啓超最能運用各種字句語調, 來做應用的文章. 他不避排偶, 不避長比, 不避佛書的名詞, 不避詩詞的典故, 不避日本輸入的名詞. 因此他的文章, 最不合「古文義法」, 但他的應用的魔力也最大.[36)]

이와 같이 그는 실용적인, 즉 시대에 적합한 신문체(新文體)를 사용하여 계몽에 적합하도록 하였다. 즉 평이(平易)하고 널리 보급될 수 있는 신문체를 사용하여 문체의 해방을 제창하였고, 아울러 임공은 애국계몽운동 및 모든 개혁은 소설로부터 시작해야 한다고 하였다. 또한 소설은 사회와 가장 밀접한 관계를 가지고 있으며, 인간을 지배할 수 있는 힘을 가지고 있으므로, 어떠한 개혁이든 소설로부터 시작해야 한다고 하였다.

> 欲新一國之民, 不可不先新一國之小說. 故欲興道德, 必新小說 ; 欲新宗教, 必新小說 ; 欲新政治, 必新小說 ; 欲新風俗, 必新小說 ; 欲新學藝, 必新小說 ; 乃至欲新人心, 欲新人格, 必新小說. 何以故?
>
> 小說有不可思議之力. 支配人道故. …(생략)… 小說之以賞心樂事, 爲目的者固多. 其最愛歡迎者, 則必其可驚, 可愕, 可悲, 可感 , 讀之而生出無量噩夢, 抹

35) 단재는 당시 婦女子의 계몽을 위해 순 한글로 『가뎡잡지』(1907)를 내었고, 文體도 독특한 文體를 사용하였다. 鄭寅普는 「丹齋와 史學」에서 "丹齋는 文章의 俊偉함이 近世에 있어 그 匹敵이 없는 同時 그 중에도 辯論에 長하고 敍述에 能하고 分解에 精하여 아무리 머리쌀 아픈 材料일지라도 그 붓끝이 잠깐 스치기만 하면 대번에 精當 明快함을 깨닫게 된다"고 하였다. 梁啓超는 『淸代學術概論』(142면)에서 "啓超夙不喜桐城派古文. 幼年爲文, 學晩漢, 魏, 晉, 頗尙矜鍊. 至是(指辦新民叢報時) 自解放, 務爲平易暢達. 時雜以俚語, 韻語, 及外國語, 縱筆所至不檢束. 學者競效之, 號新文體. 老輩則痛恨, 詆爲野狐. 然其文條理明晰, 筆鋒常帶情感, 對於讀者, 別有一種魔力焉."이라 하였다.

36) 「五十年來中國之文學」, 『胡適文存』 第2集, 臺灣 遠東圖書公司, 1953, 206면.

出無量眼淚者也. 夫使人以欲樂故而嗜此也.[37)]

단재도 역시 국문소설(國文小說)을 써야 한다는 것을 주장하였고, 아울러 국문소설이 국가와 사회에 끼치는 영향에 대해 다음과 같이 그 중요성을 말하고 있다.

天下大事業은 宗敎・政治・法律 같은 大哲理・大學問으로 正하는 배 아니라 諺文小說(國文小說)의 正하는 배라. …(생략)…

莊人正士가 莊嚴한 皐比에 臨하여 天然 正大한 面目으로 心性事物을 奧理를 談하며 古今興亡의 歷史를 說함에는 其傍에서 環聽할 者 幾個有文識者에 不過할뿐더러, 且此로 由하여 多少間 知識은 啓하더라도 其氣質을 轉移하여 惡者를 善케하고 凶者를 順케 하기는 難할지오. 彼俚談 俗語로 選出한 小說冊子는 不然하여 一切 婦孺走卒의 酷嗜하는 배인데, 萬一 其思潮가 稍奇하며 筆力이 稍雄하면 百人이 傍觀에 爲人이 喝采하며 千人이 傍聽에 千人이 喝采하되, 其至於 其精神 魂魄이 紙上에 移하여 悲悽한 事를 讀함에 淚의 滂沱를 不覺하며, 壯快한 事를 讀함에 氣의 噴湧을 不禁하고, 其薰陶 浸染의 旣久에 自然 其德性도 感化를 被하리니, 故로 曰 社會의 大趨向은 國文小說의 正하는 배라 하니라.[38)]

이와 같이 소설의 역사성・사회성・정치성을 주장하는 한편,

韓國에 傳來하는 小說이 太半 桑間濮上의 淫談과 崇佛乞福의 怪話와 此亦人心風俗을 敗壞케하는 一端이니, 各種 新小說을 著出하여 此를 一掃함이 亦汲汲하다 云할지로다.[39)]

---

37) 「論小說與群治之關係」, 『飮冰室文集』, 臺灣 幼獅文化公司, 277면.
38) 「近今國文小說著者의 注意」, 『丹齋申菜浩全集』 補遺, 113~4면.
39) 위의 책, 114면.

하였고, 임공은,

> 吾中國人狀元宰相之思想, 何自來乎? 小說也 ; 吾中國人佳人才子之思想, 何自來乎? 小說也 ; 吾中國人江湖盜賊之思想, 何自來乎? 小說也 ; 吾中國人妖巫狐鬼之思想, 何自來乎? 小說也 …(생략)… 嗚呼! 小說之陷溺人群, 乃至如是! …(생략)… 故今日欲改良群治, 必自小說界革命始; 欲新民, 必自新小說始.[40)]

라고 하여, 단재와 임공은 다 같이 과거 소설의 폐단을 지적하여 건전한 애국사상을 고취시킬 수 있는 신소설(新小說)을 창작해야 하며, 정치를 개혁하고 백성을 새롭게 하려면 무엇보다도 신소설로부터 시작해야 한다고 하였다.

2) 전기소설(傳記小說)과 정치소설

1900년대 계몽기에 있어서 신소설(新小說)은 전술(前述)한 바와 같이 급작스러이 일본을 통한 외래 소설의 수용으로 단순히 흥미 본위 아니면 상업주의적으로 흘렀기 때문에 기교적인 면에서는 서양의 새로운 방법을 도입하여 명목상 표면적으로는 반봉건 · 반제(反帝)를 다소 내세워 계몽적인 성격을 띠고 있었으나, 실제에 있어서는 봉건 잔재가 성행하여 적극적인 애국계몽운동을 전개하지 못하였다.

그러므로 이들은 민족의 역사를 통한 계몽과 서구 사상 및 문학을 통한 계몽을 의식하면서도 단순한 소개, 즉 요식행위로 끝났을 뿐이지 단재나 임공과 같이 과거의 그릇된 사관(史觀)이나 민족정신을 현실적인 역사의식으로 재평가하여 구체적으로 민족의식이나 역사의식을 고취시키거나 방향제시를 하지 못하였다. 더구나 일제하에서 일식(日式) 교육을 받은 이들은 대부분이 끝내 변절하고 말았다.

---

40) 「論小說與群治之關係」, 앞의 책, 278~9면.

그러나 당시 중국을 통해 서구 사상과 문학을 수용한 애국지사들은 일본을 통해 서구 사상과 문학을 수용한 것과 같이 단순히 신사상(新思想)과 문학을 소개하는 데만 그친 것이 아니라, 과거 실제 했던 역사적인 인물을 예시(例示)하여 현실에 있어 역사의식 · 민족의식의 고취와 애국계몽운동을 제창하였을 뿐만 아니라, 또한 봉건잔재 · 노예근성 · 사대주의 사상 등을 제거할 수 있는 근본적인 정신혁명을 제창하였던 것이다. 이러한 애국정신과 혁명사상은 바로 조국 위인(偉人)들의 전기(傳記)를 통해서 함양시켰으니, 이는 역사를 의식하고 역사 발전에 기여할 수 있는 활력소라고 여겼기 때문이다.

그러므로 단재는,

> 國民의 愛國心을 기르려면, 高聲疾呼로 愛國하라 함보다 차라리 祖國偉人의 傳記를 이야기하며, ……41)

라고 하여, 역사적 인물을 통하여 사실적인 묘사로 전기소설(傳記小說)을 썼던 것이다. 이는 바로 역사의식을 통한 주체성의 함양과 동시에 일제(日帝) 또는 열강세력에 저항할 수 있는 애국심을 고취시키기 위한 방법이었다.

물론 작품 형태나 기법 · 형식면에서 볼 때는 완전한 소설로서 또는 문학작품으로서 체제를 갖추지 못하고 있는데, 그것은 당시 애국계몽을 환기시켜 애국자를 출현시키기 위한 의도적인 방법인 동시에, 역사적인 인물을 통하여 현실감각에 접근할 수 있도록, 즉 민족사관과 역사의식 · 사회의식을 통하여 현실이 요구하는 이상적인 인물로 리얼하게 묘사하였던 것이므로 형식 · 기교적인 미사여구(美辭麗句)의 나열보다는 외세의 강력한 저항의식을 고취시키기 위한 혁명적이고 투쟁적인 애국사상을 묘사하는 데 중

---

41) 「新教育과 愛國」, 『丹齋申采浩全集』 下, 58면.

점을 두었던 것이다. 그러므로 작자의 현실적인 인식을 반영시키는 데 주가 되었으며, 그 때문에 오히려 논문형식으로 흐르고 말았다.42)

그러므로 선택된 인물도 민족사관과 역사의식에 입각하여 정선된 인물이었으며 자국(自國) 내의 영웅호걸이나 애국자뿐만 아니라 외국의 민족적 애국자 · 정치가 · 이상가(理想家) · 혁명가들이 차례로 소개되었으니, 예를 들면 임공은 자국의 인물로 『장박망 · 반정원합전(張博望 · 班定遠合傳)』 · 『명계제일중요인물원숭환전(明季第一重要人物袁崇煥傳)』 · 『강인전(康仁傳)』 · 『양심수전(楊深秀傳)』 · 『양선전(楊銑傳)』 · 『임욱전(林旭傳)』 · 『유광제전(劉光第傳)』 · 『담사동전(譚嗣同傳)』 등을, 국외의 인물로는 『이태리건국삼걸전[意大利建國三傑傳]』 · 『헝가리애국자코슈드전[匈加利愛國者噶蘇士傳]』 · 『근세제일여걸로랑부인전[近世第一女傑羅蘭夫人傳]』 등을 소개하였으며, 단재는 『을지문덕(乙支文德)』 · 『최도통전(崔都統傳)』 · 『박상의(朴象義)』 · 『이괄(李适)』 · 『이순신실기(李舜臣實記)』 등과 임공의 『이태리건국삼걸전[意大利建國三傑傳]』을 번역 출판하였다.

이는 비단 단재뿐만 아니라 당시 장지연(張志淵) · 박은식(朴殷植) 등도 외국 영웅들의 전기소설(傳記小說)을 번역 소개하였다.43)

이상과 같은 전기소설은 논문 형식으로 되어 있어 서론(序論)과 결론(結論)이 실려 있는데, 서론을 보면 시종 애국사상을 고취시키고 있으며, 독자로 하여금 그러한 영웅적 · 혁명적 인물이 되기를 희망하고 있다.44) 뿐만 아니라 이러한 전기소설은 역사와 현실, 즉 현대정신에 의해 재구(再構)된 것이다. 이렇게 볼 때 이는 어디까지나 의식적으로 애국심을 함양하는데 근간을 두었고, 민족의식 · 역사의식에 입각하여 민족자각과 동시 반제(反

42) 李在銑, 앞의 책, 183~92면.

43) 위의 책, 184~90면 참조

44) 任公의 『意大利建國三傑傳』 序에 "人人勉爲三傑之一, 人人勉爲三傑之一之一體, 則吾中國立傑出焉矣! 則吾中國立焉矣! 作意大利建國三傑傳."이라 하였다. 丹齋의 『伊太利建國三傑傳』 緖論, 271면 참조. '이태리'를 任公은 '意大利'로, 丹齋는 '伊太利'로, 朴殷植은 '意太利'로 表記하였다.

帝)·반봉건·반식민에 그 목적이 있었으므로 강력한 민족문학의 성격을 띠고 있었던 것이다.

또한 이러한 영웅적인 역사적 인물을 부각시키는 것은 바로 그들이 과거 역사적 인물을 통하여 현실의 역사 발전은 '아(我)'와 '비아(非我)'와의 투쟁으로 쟁취하는 것이라고 하였듯이, 영웅적인 '아(我)'를 형성하여 외세, 즉 제국주의인 '비아(非我)'를 물리침으로써 비로소 민족주의가 제국주의에게 승리할 수 있다는 논법을 전개하여, '아(我)'가 생존할 수 있는 길은 오직 영웅적·혁명적인 애국자·민족주의자가 되어야 한다고 계몽하였다.

또한 계몽기에 있어 정치소설(政治小說)은 전기소설(傳記小說)과 함께 중요한 위치를 차지하고 있을 뿐더러 문학사적인 입장에서도 가볍게 보아 넘길 수 없는 것이다. 물론 당시 정치소설도 전기소설과 같은 성격을 띄고 있으며, 목적의식도 다름 없어 현실의 상황을 판단하여 민족의식과 민족사관 하에 애국심을 고취시키고, 민족을 각성시켜 일제와 외세에 대하여 강력한 저항의식·투쟁의식을 고취시키고, 봉건사상을 배격하여 사대사상(事大思想)과 노예사상을 배격함과 동시에, 사회와 정치 등을 혁신하기 위한 도구요 수단이었던 것이다.

그러므로 전술한 바와 같이 형식·체제·기교적인 면에서는 예술적·문학적 가치가 없을지는 모르겠으나, 역사적 사실을 매개로 한 저항 내지는 혁신(革新)을 목적으로 삼고 있으며, 민족사관, 민중의식의 융합을 주장하였으며, 특히 임공은 영웅의 전기소설뿐만 아니라 외국의 정치소설도 번역 소개하여 민족계몽과 사회개혁을 시도하였고, 아울러 가장 영향력이 있는 것은 이러한 정치소설임을 강조하였다.

> 政治小說之體, 自泰西人始也. 凡人之情, 莫不憚莊嚴而喜諧謔 …(생략)… 在昔歐州各國變革之始, 其魁儒碩學, 仁人志士, 往往以其身之所經歷. 及胸中所懷, 政治之議論, 一案之於小說. …(생략)… 往往每一書出, 而全國之議論, 爲之

一變, 彼美英德法奧意日本各國政界之日進, 則政治小說, 爲功最高焉.

英名士某君曰, 小說爲國民之魂, 豈不然哉? 今特採外國名儒所撰述, 而有關切於今日中國時局者, 次第譯之. 附於報末, 愛國之士, 或庶覽焉.[45)]

전술한 바와 같이 단재나 임공은 다같이 애국계몽에 있어서 역사의식의 중요성을 강조해 왔지만, 결과적으로는 방향을 바꾸어 정치 · 제도 · 체제 등의 표면적이고 형식적인 개혁보다는, 우선 계몽에 가장 실효(實效)를 거둘 수 있고 감화(感化)를 빨리 줄 수 있는 소설을 통하여 민족정신을 계몽한 후에라야 정치개혁도 이룩할 수 있다고 하였다. 그리하여 임공은,

今欲改良群治, 必自小說界革命始; 欲新民, 必自新小說始.[46)]

라고 하여 정치개혁은 소설계의 혁명으로부터 시작해야 하고, 민족계몽은 신소설로부터 시작해야 한다고 결론을 내리고 있다.

단재도 소설이 사회에 끼치는 영향을 지적하고, 아울러 신소설을 창작하여 국가 · 사회 발전을 저해하는 암적 요소를 제거해야 한다고 하였다.

委靡淫蕩的 小說이 多하면 其國民도 此의 感化를 受할지며, 俠情慷慨的 小說이 多하면 其國民이 此의 感化를 受할지니, 四儒의 云한 바, '小說은 國民의 魂'이라 함이 誠然하도다. 韓國에 傳來하는 小說이 太半 桑間濮上의 淫談과 崇佛乞福의 怪話라. 此亦 人心風俗을 敗壞케하는 一端이니, 各種 新小說을 著出하여 此를 一掃함이 亦汲汲하다 云할지로다.[47)]

'藝術은 藝術을 爲하여 存在한다' 하지만 '高尙한 藝術일수록 社會에 좋은

45) 「譯印政治小說序」, 『飮冰室文集』 卷4, 上海 廣智書局, 18면.
46) 「論小說與群治之關係」, 앞의 책, 297면.
47) 「近今國文小說著者의 注意」, 위의 책 補遺, 114면.

> 影響을 끼친다'는 그 附論이 있으므로, 그 말이 얼마큼 承認됨이니, 만일 藝術이 人類에게 害가 되어 그 進步를 따라 人類의 幸福이 減少될진대 人類의 藝術을 憎惡하여 滅亡시키었을지니, 어찌 存在의 餘地가 있으리오.[48]

이와 같이 단재와 임공은 바로 문예와 정치·사회와는 밀접한 관계가 있다는 것을 전제로 하여 역사를 통한 애국계몽운동을 하기 이전에 무엇보다도 영향력이 큰 문예계(文藝界), 즉 민족정신을 좀먹는 연애소설류를 배척하는 소설계의 혁신이 있어야만 정치·사회에도 혁신이 있을 수 있고, 그래야만 올바른 현실의 역사의식으로 민족주의적인 입장에서 애국심을 발휘하여 노예성을 탈피, 반봉건·반제국(反帝國)의 대열에 적극 참여할 수 있다는 것을 주장하였다.

아울러 문예는 조선을 구하는 문예가 되어야 한다고 하였고, 또 간접적으로 사회의 모든 운동을 소멸하는 문예는 우리의 취할 바가 아니라고 주장하였다.[49]

이는 임공이 앞서 「논소설여군치지관계(論小說與群治之關係)」에서 말한 "정치의 개량(改良)은 소설계의 혁명에서부터 시작해야 하고, 백성을 새롭게 하려면 반드시 신소설(新小說)로부터 시작해야 한다"고 한 이론과 일치하고 있다.

이상으로 살펴볼 때 임공이나 단재는 다 같이 자국의 역사를 통한 애국정신을 고취시키려는 방향을 지양하고, 신소설을 통하여 민족의식과 애국계몽운동을 시도하였음을 알 수 있다.

임공의 정치소설로는 「신중국미래기(新中國未來記)」(1902)·「세계말일기(世界末日記)」(1902) 등이 있는데, 이러한 소설들은 후기에 그가 주편한 『신소설(新小說)』(1902)이란 잡지에 발표하면서부터 시작되었다.

「신중국미래기(新中國未來記)」는 제1예비시대(豫備時代), 제2분치시대

---

48) 「文藝界 靑年에게 參考를 求함」, 앞의 책, 118면.
49) 「浪客의 新年漫筆」, 『丹齋申采浩全集』 補遺, 130면.

(分治時代), 제3 통일시대(統一時代), 제4식산시대(殖産時代), 제5외경시대(外競時代), 제6웅비시대(雄飛時代)의 6시대에 와야 할 1세기의 중국을 예언한 소설이다.

이 소설은 내우외환(內憂外患) 당시에 있어서도 중국 전도(前途)를 조금도 비관하지 않고 역사 진화론적인 입장에서 낙관적이고 희망적인 중국 미래를 소설화한 것이다. 그러므로 이는 어디까지나 민족 주체성과 과거 전통의 민족적인 긍지를 갖고 앞으로의 희망을 국민에게 전하여 주는 정치계몽소설인 동시에 민족문화의 경지를 개척한 작품이라고 볼 수 있다.

단재의 소설로는 「꿈하늘[夢天]」(1916) · 「일목대왕(一目大王)의 철추(鐵槌)」 등이 있는데, 「꿈하늘」을 보면, 7명이 적진을 향해 가다가, 하나 둘 모두 도중에서 고통에 못 이기어 떨어지고, 또 한 사람은 황금에 마음이 바뀌어 떨어지고, 총으로 적을 쏜다는 것이 동료를 쏘아 죽이자, 이 죽인 놈을 잡아 태워 죽이고, 한놈 · 둣놈 · 닷놈 세 사람이 동행하였다. 결국 둘이 종살이라도 함이 좋다고 적진으로 향하니, 한놈만이 지조(志操)를 지켰다는 이야기로, 노예적인 민족성과 일제에 변절한 자를 고발 풍자한 것으로, 단재의 사상이 가장 잘 표현된 소설이다.

단재의 소설은 거의가 전기류(傳記類)의 역사소설로서 과거 역사적인[50] 사실을 현실 사회에 결부시켜 사실적인 묘사를 하여 역사와 시대 의식을 일치시켜 계몽하였다. 그러므로 이들은 항상 역사적인 사실을 토대로 현실을 개혁하려고 하였고, 비아(非我)인 외세와 투쟁하려고 하였다.

그러면 이들이 전기소설 및 정치소설을 쓴 동기는 어디에 있었는가?

임공이 잡지 『신소설(新小說)』을 발간한 주지(主旨)는 바로 소설가의 말을 빌어서 국민의 정치사상과 애국정신을 함양시키는 데 있었던 것과 같

50) 李明宰는 「丹齋小說攷」, 『淵民李家源博士六秩紀念論叢』, 1977, 106면에서 "丹齋小說의 題材를 통계적으로 살펴보면, 전체의 67%가 역사적 소설이고, 說話가 17%, 기타(政治物 · 宗教物 등)가 16% 정도로 나타나고 있다"고 하였다.

이, 단재의 이러한 전기소설이나 정치소설도 애국정신을 함양시키고, 동시에 애국자의 출현에 그 목적이 있었던 것이다.51)

그러므로 단재는 우선 사상적인 면에서 일찍이 임공의 『음빙실문집(飮冰室文集)』을 통하여 서구사상의 수용과 더불어 강렬한 애국정신과 민족사관·민족문학을 토착시킨 민족주의자로 등장하였던 것이다.

이것은 그가 당시(1906.10.25)에 『음빙실문집』에 있는 『이태리건국삼걸전[意大利建國三傑傳]』을 번역 소개한 것과 특히 영웅적·혁명적·투쟁적인 인물을 묘사하였다는 것을 보아 잘 알 수 있다.

전술한 바와 같이 이들은 역사를 통해 애국계몽운동을 전개하여 반제(反帝)·반봉건·반식민(反植民)의 의식을 고취시켰고, 역사발전은 '아(我)'와 '비아(非我)'와의 투쟁으로 이루어진다는 원리, 즉 우승열패·적자생존의 원리를 적용시켜 민족의식을 강하게 부각시켰으며, 외세와의 투쟁의식을 고취시켰다. 또한 이들은 역사를 의식하고 민족을 의식하였기 때문에, 이들은 누구보다도 선각자의 위치에서 새로운 역사창조의 선구자가 되었던 것이다.

그러므로 한국에 있어 구한말(舊韓末) 당시나, 중국에 있어서 청말(淸末)에는 다 같이 서구사상을 흡수하여 반제·반봉건·반식민의 와중(渦中)에서 벗어나려고 노력하였음은 명백한 사실이다. 이때 한국에서 일반적으로 가장 널리 읽혔던 책들은 전술한 바와 같이 임공의 『음빙실문집』을 비롯하여 『월남망국사(越南亡國史)』·『프랑스건국사[法國建國史]』 등이었다. 뿐만 아니라 단재 등 당시 독립운동을 위하여 중국에 망명하였던 독립지사들은 애국심과 민족정신을 고취시키기 위한 수단으로서 이러한 책들은 번역 소개하였는데, 이것만으로도 부족하여 위인·영웅들의 전기와 기타 역사·정치소설 등을 창작하기까지 하였다. 당시 이들의 애국운동 과정을 살펴보면, 전반기에는 주로 서구사상에 관한 서적을 번역 소개함으로서 독

51) 「伊太利建國三傑傳」 結論, 앞의 책 下, 271~7면.

립운동의 사상적 기초를 형성하였고, 동시에 계몽을 시도하다가, 후기에는 실천 단계로서 소개에만 그치지 않고 이러한 사상을 직접 전기소설 · 정치소설의 창작을 통하여 애국계몽운동을 전개하였다. 아울러 이들은 애국계몽을 함에 있어서 아(我)를 인식하기 위한 올바른 역사의식 · 민족의식의 필요성을 절감하였던 것이며, 이러한 것을 인식시키기 위한 방법으로 소설의 개혁을 주장하였으며, 소설의 개혁을 위하여 새로운 형식의 소설을 창작하기에 이르렀던 것이다.

6. 단재에 끼친 임공의 영향

그러면 다음으로 임공이 단재에게 끼친 영향을 살펴보기로 하겠다.

앞에서도 누누이 말했듯이, 1900년대 초기에 이미 임공의 『음빙실문집』이 당시 우리나라에 유입(流入)되어 많은 애독자가 있었다는 것이며, 더욱이 시기적으로 우리나라는 일제(日帝)에, 중국은 열강에 의해 식민지 내지는 반식민지화하여 가고 있는 때이므로, 서구의 민족주의 및 혁명가들의 생애는 애국지사들이 한결같이 갈망하는 바 되었으며, 이러한 서구의 진보된 정치사상 및 애국혁명가들의 생애를 대중에게 보급하여 애국자를 출현시키는 방법으로 임공이 그러하였듯이 단재도 임공의 방법을 사용하여 애국혁명가의 전기(傳記)를 번역 소개하는 데서만 그치지 않고, 직접 국내의 역사적인 인물을 선택하여 전기소설을 써냈고, 소설도 창작하였다. 이는 바로 임공이 양무운동(洋務運動) 및 무술유신운동(戊戌維新運動) 당시 맹목적인 서구화(西歐化)가 아니라 중체서용(中體西用)의 민족 주체성을 바탕으로 한 민족주의의 영향을 받았기 때문이다.

전술한 바와 같이 단재는 당시 애국계몽운동을 전개해가는 과정뿐만 아니라, 그 방법에 있어서도 전적으로 임공의 영향을 받았던 것만은 사실이다. 특히 당시 임공의 날카롭고 예리한 신문체는 당시 중국은 물론 한국의 독자들에게도 많은 감화와 영향을 주었던 것이며, 또한 당시 시대적으로 중국 과거의 비슷한 환경에서 반제(反帝)·반봉건·반식민이란 슬로우건을 내걸고 애국계몽하던 시대였으므로, 임공의 날카롭고 재치있는 표현방법을 많이 사용하였던 것이다.

특히 단재의 「역사(歷史)와 애국심(愛國心)과의 관계(關係)」·「조선사(朝鮮史) 정리(整理)에 대(對)한 사의(私疑)」·「조선혁명선언」·「도덕(道德)」·「근금국문소설저자(近今國文小說著者)의 주의(注意)」 등과 같은 사론(史論)이나 문학평론 같은 것은 임공의 『음빙실문집』에 수록되어 있는 「애국론(愛國論)」·「중국사계혁명안(中國史界革命案)」·「논진보(論進步)」[일명 논중국군치부진지원인(論中國群治不進之原因)]·「논공덕(論公德)」·「논소설여군치지관계(論小說與群治之關係)」 등에서 많은 영향을 받았음을 알 수 있다.

표현에 있어서 구체적으로 몇 가지 예를 들어 보면, 임공의 문장에 자주 보이는 '애국'·'혁명'·'노예'·'파괴'·'건설'·'민족주의' 등과 같은 용어를 많이 사용하고 있으며, 특히 '오호(嗚呼)!'와 같은 감탄사를 많이 사용하고 있다. 또 단재의 「역사(歷史)와 애국심(愛國心)의 관계(關係)」라는 글에 보면, "女子라고 歷史를 不讀케 하면 是는 胎內의 論介를 墮함이며, 襁褓中의 羅蘭夫人을 失케 함일뿐더러, 抑又 二千萬人中에 半數되는 女子를 壓殺하여 國民됨을 不許함이요"라고 하였는데, 여기서 '로랑부인[羅蘭夫人]'은 바로 임공의 『근세제일여걸로랑부인전[近世第一女傑羅蘭夫人傳]』에서 영향을 받은 것이라고 볼 수 있다. 뿐만 아니라 또한 단재가 "소설(小說)은 국민의 혼(魂)이라함이 성연(誠然)하도다"[52]라 한 것은 임공이 "小說爲國民之魂, 豈不然哉"[53]라 함은 그대로 전용(轉用)한 것이며, 또 "大하다! 我韓 今日의 希望이여, 美하다! 我韓 今日의 希望이여"[54]라고 하여 임공의

52) 「近今國文小說著者의 注意」, 앞의 책, 114면.
53) 「譯印政治小說序」, 위의 책, 18면.
54) 「大韓의 希望」, 위의 책, 343면.

"於戱! 美哉 我國! 於戱! 偉大哉 我國民!"[55]이라는 표현방법을 그대로 모사하였음을 알 수 있다. 또한 임공의 『이태리건국삼걸전[意大利建國三傑傳]』과 단재의 『을지문덕』은 그 서술 방법이나 체계가 동일하다. 특히 외국의 영웅 · 위인에 있어서는 거의가 임공의 『음빙실문집』에 나타난 인명들을 그대로 사용하였으며, 더욱이 외래어 표기에 있어서는 전적으로 임공의 표기법에 의존하는 것 등으로 미루어 보아[56] 단재의 문장은 거의 임공의 영향을 받았고, 또 『음빙실문집』을 애독하였음을 알 수 있다.

단재는 문장 표현에서뿐만 아니라 사상 또는 신소설의 창작과 애국계몽운동의 방법에 있어서까지 많은 영향을 받았으니, 몇 가지 예를 들어 보면,

① 역사를 통해 애국심을 고취한 점
② 여성 교육을 주장한 점
③ 민족주의로써 제국주의에 저항한 점
④ 남녀평등을 주장한 점
⑤ 신문체를 사용한 점
⑥ 우승열패, 적자생존의 진화론을 전개한 점
⑦ 신소설로 정치개혁 · 사회개혁을 주장한 점
⑧ 민족사관을 확립한 점
⑨ 전기소설 · 정치소설을 창작한 점
⑩ 외래어를 표기한 점
⑪ 노예 및 사대사상을 배격한 점
⑫ 주체의식을 제창한 점

---

55) 「中國學術思想變遷之大勢」, 『飮冰室文集』, 臺灣 幼獅文化公司, 217면.
56) 任公의 『飮冰室文集』 등에는 많은 人名, 地名 등의 外來語가 있는데, 丹齋는 대부분을 任公이 表記한 외래어를 그대로 사용하였다.

등으로 보아 문체면에 있어서나 사상면·문학면에 있어서 단재는 거의 임공의 영향을 받았고, 임공의 서구사상의 수용 방법, 즉 '中學爲體 西學爲用'의 방법을 전용하여 주체의식을 고취시키는 한편, 애국정신 및 항일정신을 고취시켰던 것이다. 그러므로 일제(日帝)의 식민지라는 점과 열강의 반식민지(半植民地)라는 점에서 임공은 투쟁 대상이 서구 열강국이었으나, 단재는 일본이었으므로 자국의 입장에서 대상의 차이뿐이었지 목적의식은 일치하였다. 이러한 입장에서 볼 때, 단재는 저돌적·급진적·과격한 행동 대열에 나서지 않을 수가 없었고, 언론도 임공보다도 비교적 날카롭고 과격한 선동적·자극적인 표현이었고, 지나친 국수주의에 빠지게 되었다.

이러한 것들은 한(韓)·중(中) 양국간의 객관적인 환경에 있어서 애국계몽을 위한 단순한 수단 방법이었다고 볼 수 있다.

7. 결론

1900년대 초기는 한국이나 중국에 있어 반제(反帝)·반봉건·반식민을 위한 애국계몽기요 역사였다고 볼 수 있다. 이러한 시기에 있어 가장 민족의식·주체의식을 갖고 있는 애국계몽의 선봉에 나선 이는 바로 한국에서는 단재였고, 중국에서는 임공을 들 수 있다.

더욱이 이들은 망명생활을 하면서까지 문필로써 또는 직접 행동 대열에 참여, 적극적인 계몽과 개혁·투쟁을 전개함과 동시에, 끝내는 신소설을 통해서 계몽운동을 해야 한다고 주장하였다. 그러므로 결국 사회·정치의 개혁은 신소설로부터 시작해야 한다고 하여 다같이 전기소설(傳記小說) 및 정치소설(政治小說)을 창작하기에까지 이르렀다. 당시 이러한 전기 및 정치소설은 새로운 문학영역을 개척한 것이며, 역사·문학·민족문학으로서도 일익을 담당하였으니, 이렇게 볼 때 이들의 문학은 어디까지나 당시의 정치사상과 국가관념을 반영한 시대적 산물인 동시에 애국계몽 · 정치계몽 · 사상계몽을 하기 위한 수단이었다고도 볼 수 있다.[57)]

또한 이들이 당시 애국계몽을 위하여 수단으로 사용하였던 전기 및 정치소설은 민족문학으로, 즉 당시 시대적인 요청이었던 반제 · 반봉건 · 반식민을 위한 투쟁에 가장 중요한 역할을 하였던 것이다.

그러므로 국가발전을 저해하고 사회악을 조성하는 연애 · 한담이나 오락을 위주로 한 흥미 본위의 구소설(舊小說) 또는 신소설을 개혁해야만 정치 · 사회의 개혁과 아울러 애국심을 함양, 올바른 민족관 · 국가관을 확립하여 역사를 발전시킬 수 있다고 하였다. 즉 소설로써 애국정신 내지는 혁명정신을 함양시키려고 한 것이 그들의 기본적 방침이요 자세였으므로, 이들은 곧 역사 발전을 위한 모든 개혁은 소설로부터 시작해야 한다고 했던 것이다.

이러한 애국계몽운동의 방법은 당시 한국이나 중국서 시대적으로 공통적인 과제였던 것이며, 또한 '예술을 위한 문학', 즉 기교적이거나 낭만적 · 환상적인 면에 있어서는 논할 것이 없다 하더라도 '인생을 위한 예술'이란 사실적이고 현실적인 면에서 볼 때에는 민족 · 국가, 더 나아가서는 역사발전에 큰 영향을 주었다고 볼 수 있다.

또한 이들의 작품이 전기문학 · 역사소설의 성격을 띠고 있는 것으로 보아 문학사(文學史)에 있어서 역사적 의의를 가지고 있다고 보아야 할 것이다. 그리고 근대 중국에 있어서 임공의 이러한 문학관은 후에 호적(胡適) · 노신(魯迅) 등 5 · 4 문학운동의 주역들에게 많은 영향을 주어[58)] 5 · 4 문학의 새로운 전통을 세워 놓았으며, 아울러 애국계몽문학 · 민족문학의 새로운 영역을 개척하였고, 사상가로서 뿐만 아니라 문학가 · 문필가로서도 많은 활약을 하였던 것이며, 단재 역시 근대 한국에 있어서 역사소설로서 새

---

57) 金台俊, 『朝鮮小說史』, 清進書館, 1933, 173면.

58) 胡適은 『四十自述』, 46~51면에서 "梁先生底文章, 明白曉暢之中, 帶著濃摯的熱情, 使讀的人不能不跟着他走, 不能不跟着他想."이라 하였다.

로운 면을 개척하여 계몽문학과 민족문학에 큰 기여를 하였으며, 임공과 같이 사학가 · 사상가로서 뿐만 아니라 문학가 · 문필가로서 계몽시기에 선구적 역할을 하였던 것이다.

(『우리문학연구』 제2집, 우리문학연구회 편, 1977.10)

Ⅳ. 음악론

여말선초의 악무정책(樂舞政策)과 번부악(蕃部樂)

이민홍(李敏弘)

1. 조선조 개국과 전승악무(傳承樂舞)

본고에서 사용하고 있는 '민족악무(民族樂舞)'의 개념은 한민족에 의해 각 해당 시대에 창출된, 민족국가들이 왕조 차원에서 창작한 악무와 그리고 백성들이 만들고 애호했던 악무 그 전부를 지칭한다. 필자는 일찍이 『한국민족악무와 예악사상』이라고 이름한 책을 간행한 바 있다.[1] 이 책에서는 예악사상과 관련된 악무만을 취급했고, 백성들이 노래하고 춤췄던 악무는 다루지 않았다. 민족악무는 해당민족이 만들어서 시행하고 있는 국가의 통치이념 못지않게 백성들에게 영향력을 행사했고, 또 현재에도 하고 있고 미래에도 할 것임을 역사가 말해주고 있다.

민족악무가 갖는 이같은 중요성에 비해 이른바 근대국가라고 생각하는

1) 李敏弘, 『韓國民族樂舞와 禮樂思想』, 集文堂, 1997.

대한민국의 경우, 정부 차원에서의 악무정책은 전무하다고 해도 과언이 아니다. 백성의 마음을 움직이고 백성을 화합하는 데에 악무만큼 절대적인 영향력을 행사하는 것이 없는데도 불구하고, 이에 대한 인식이 이같이 미미한 데에는 놀라움을 금치 못한다. 우리 대한민국과는 달리 한반도 북반부를 실제로 통치하고 있는 북한 정권은 악무에 대한 관심이 비상하게 높다는 사실은 매우 주목할 만한 현상이다.

악무의 중요성은 오래 전부터 중국대륙에 명멸했던 모든 왕조들이 통시적으로 이를 국가 정책의 일환으로 활용하고 있었다는 점에서도 확인할 수 있다. 신라조(新羅朝)를 비롯하여 고구려(高句麗)·백제(百濟)에서도 악무에 대해서 남다른 관심이 있었음을 『삼국사기(三國史記)』 등의 사서를 통하여 엿보게 된다. 특히 신라의 경우는 '음성서(音聲署)'라는 악무를 관장하는 관부의 명칭이 나타나고 있다.[2)]

고려조(高麗朝)와 조선조(朝鮮朝)에서는 예부(禮部)와 예조(禮曹)의 하부기관인 '전악서(典樂署)' '대악서(大樂署)' '장악원(掌樂院)' 등에서 민족악무에 관한 일을 총괄하고 있었다.[3)] 예부와 예조로 표기한 이유는 고려조에서는 충렬왕(忠烈王) 이전까지는 황제의 예악으로 국가를 통치했기 때문에 '○○부'로 했고, 충렬왕 이후부터 공민왕·우왕·창왕까지는 제후의 나라로 격하되었기 때문에 '○○조'로 칭했다. 조선왕조의 경우는 개국초부터 '○○조'의 칭호를 줄곧 사용하다가, 고종황제(高宗皇帝)의 칭제권원(稱帝建元) 이후부터 '○○부'의 관부명을 사용했다. 따라서 악무에도 황제의 악무와 제후의 악무가 엄연히 구별되어 있었지만, 현재 우리는 이를 잘 모르고 동일한 의미를 가진 것으로 안이하게 인식하고 있다. 중국대륙에 명멸했던 각각의 왕조들은 사이(四夷)라고 통칭되는 주변 제후국들을 지배

---

2) 金富軾, 『三國史記』, 「新羅本紀」 제8 神文王. "七年夏四月, 改音聲署 長爲卿" 등의 기록이 있다. 이로써 볼 때 고구려·백제에도 악무를 관장하는 관부가 필히 있었을 것이다.

3) 『高麗史』·『朝鮮王朝實錄』·『增補文獻備考』 등에 樂舞를 관장하는 部署의 명칭이 나타나 있다.

하기 위해 무력을 쓰기도 했지만, 무력보다 '동문정책(同文政策)'을 즐겨 구사했다. 한족(漢族)이 세운 왕조들이 동문정책을 즐겨 구사했다면, 몽고족이나 여진족 등의 왕조들은 대체로 무력에 치중하는 특성을 갖고 있었다. 한족이 '공심(攻心)'을 했다면, 중국 북방민족들은 공성(攻城)'을 위주로 세계제국을 건선코자 했다는 의미이기도 하다.

한족(漢族)이 동양을 지배하기 위해 전통적으로 사용했던 동문정책의 실상은 서긍(徐兢, 1091~1153)이 찬술한 『선화봉사고려도경(宣和奉使高麗圖經)』에서 구체적으로 접할 수 있다.

『고려도경』은 송(宋) 휘종(徽宗) 선화(宣和) 6년(1124)에 완성하여 황제에게 바친 것으로, 뇌천(雷川) 김부식(金富軾)의 『삼국사기(三國史記)』 완성 연대(1145)보다 무려 21년이나 앞서 저술된 문헌이다. 『고려도경』은 『삼국지(三國志)』, 『위서(魏書)』의 「동이전(東夷傳)」과 마찬가지로 중국이 주변의 소위 제후국(諸侯國)을 통치하기 위한 일종의 정보서적(情報書籍)이다. 중국에서 사신을 파견할 때, 해당 국가를 변함없이 제후국으로 유지시키기 위해 필요한 정보를 사행(使行)들에게 수집하게 했는 바, 『고려도경』 역시 이같은 목적으로 작성된 정보보고서(情報報告書)이다.

서력 기원을 전후하여 무엇 때문에 한조(漢朝)나 위조(魏朝)가 부여(扶餘) · 삼한(三韓) 등 우리 고대 국가의 문화 · 풍속 · 민족성 · 신앙 등에 걸쳐서 그처럼 상세하게 조사탐문하고, 이를 「동이전」이라는 이름 아래 기술해 둔 이유가 무엇인지를 냉정하게 되돌아 볼 필요가 있다.

.중국의 정통 사서인 『이십오사(二十五史)』마다 「동이전」을 수천 년간 계속하여 편찬한 이유도 제후국을 통치하기 위한 기초 정보보고서로 활용했기 때문이다. 서긍이 『고려도경』을 찬술하여 송(宋) 휘종에게 바치기까지 소요된 기간은 일 년 정도이었다. 이 기간 동안 서긍은 우리나라에 관한 모든 기록을 참작하고 그가 직접 견문한 내용들을 엮어서 『고려도경』을 완성했다.

중국에는 일종의 제후국의 정보보고서인 『고려도경』과 같은 문헌들이

적은 편이 아니다. 청조(淸朝) 말엽까지 주변 제후국을 경략하기 위해 중국이 활용한 책이 있었고, 그 중의 하나가 『황청직공도(皇淸職貢圖)』이다. 이 책에는 그들이 제후국으로 인식하고 있는 동북아 및 동남아 여러 나라의 풍속과 문물제도 등이 그림과 함께 구체적으로 기록되어 있다.[4] 『황청직공도』는 청조에 의해 후대까지 계속 보완되어 주변국으로 파견된 사신들의 필독서로 사용되었고, 중국으로 들어온 주변국 사신들을 접대하는 데 참고서로 활용되기도 했다. 『고려도경』 역시 중국의 이같은 원대하고 해묵은 제후국 경략을 위한 정보보고서의 일환이었다.

현재까지 남아있는 우리나라에 관한 최고의 정보보고서는 『위서』 「동이전」이다. 문제는 이같은 정보보고서는 과거 중국에만 해당되는 것이 아니라, 중국 아닌 다른 나라에서도 『고려도경』이나 『직공도』 같은 문헌들이 현재에도 어디서인가 종합적으로 기술되고 있다는 사실이다.

2. 서긍(徐兢)의 고려악무 인식

중국이 그들의 제후국이라고 생각하는 주변국가들의 제반사항에 대한 정보보고서의 하나로 만든 『고려도경』의 편차절목(編次節目)을 통하여, 동서고금의 강대국들이 약소국을 통치하기 위해 구사했던 정책들을 명료하게 접할 수 있다. 그 중에서 필자가 본고와 관련지어 특별히 주목하고자 하는 것은 앞서 말한 대로 '동문정책(同文政策)'이다. 동문정책은 중국이 향유하고 있는 문화를 주변 제후국에 전파하여 중국과 같은 문화를 갖도록 한다는 시책이다.

즉, 중국이 동아시아를 지배하기 위한 이데올로기를 확고히 하고 이를

---

4) 『欽定四庫全集』의 『皇淸職貢圖』 참조. 職貢이라 이름한 것은 周禮에 職方氏와 관련이 있고, 朝貢문제와도 직결되었기 때문에 職工圖라고 했으며 여기서 圖는 그림과 기록을 함께 칭했다.

영원히 지속시키기 위해 시행했던 동문정책은 현재와 미래에도 유효한 것인지도 모르겠다. 서긍은 『고려도경』의 서문을 통하여 역대 중국의 이같은 제후국에 대한 정책을 극명하게 밝히고 있다.

> 천자(天子)가 정월 초하루에 큰 조회(朝會)를 가진 후 뜰에다 사해(四海)의 도적(圖籍)을 진열한다. 그리하여 왕(王)과 공(公) 그리고 후(侯)와 백(伯) 등이 만국에서 무수히 모여들지만 이것으로 그들을 모두 헤아릴 수 있다. 그러므로 유사(有司)가 이것들을 수장함에 있어서 특히 엄격하고 신중할 뿐 아니라, 사자(使者)의 직임 중에서도 이것을 급선무로 삼았다. 옛날 주(周)나라의 직방씨(職方氏)는 천하의 여지도(與地圖)를 맡아서 천하의 모든 지역을 관장했는데, 그 나라의 도회지와 변경, 사이(四夷)와 팔만(八蠻) · 칠민(七閩) · 구맥(九貉) · 오융(五戎) · 육적(六狄)의 인민(人民)을 분별하고 그 이해득실을 두루 파악하기 위해 행인직(行人職)의 관리들이 도로에 연면하게 배치되었다.[5]

중국이 사이와 팔만 · 칠민 · 구맥 · 오융 · 육적 등 주변민족과 제후국을 통어하기 위해 『고려도경』과 같은 도적(圖籍)을 얼마나 중시했는가를 위의 글을 통하여 알 수 있다. 또한 주변 민족의 실상을 기록한 이러한 책을 엄격하게 관리하였다는 사실도 엿볼 수 있다. 따라서 일급 비밀문서에 분류되어 일반인들의 접견을 불허했을 것이다.

중국의 동아시아 지배 구조가 근래에 와서 와해되었기 때문에 『고려도경』 같은 책들이 외부로 유출되어 일반인이 볼 수 있었다고 여겨진다. 역대의 중국왕조는 중원을 포함한 주변민족들을 제후국으로 묶어두고 이를 통제하기 위하여 '동문' 이데올로기를 주조로 삼고 무력(武力)을 부수로

---

5) 徐兢, 「高麗圖經序」. "臣聞天子元正, 大朝會畢, 列四海圖籍於庭. 而王公侯伯萬國輻湊, 此皆有以揆之. 故有司所藏, 嚴悶特甚, 而使者之職, 尤以是爲急. 在昔成周職方氏, 掌天下之圖, 以掌天下之地, 辨其邦國都鄙, 四夷八蠻七閩九貉五戎六狄之人民, 周知其利害, 而行人之官, 駱驛道路."

삼았던 것에서, 그들의 세계지배정책이 얼마나 고차원이었던가를 느낄 수 있다. 서긍은 『고려도경』 제40권 「동문」편에서 동문 이데올로기의 절목과 그 내용에 대해서 총괄적으로 다음과 같이 말했다.

> '정삭(正朔)'은 천하의 정치를 통괄하는 방책이고, '유학(儒學)'은 천하의 교화를 아름답게 하는 방책이고, '도량권형(度量權衡)'은 천하의 공변된 기준을 보여주는 방책이다. 이 네 가지가 비록 다르기는 하나 반드시 천자(天子)가 절제한 연후라야 태평시대가 이루어진다. 성인(聖人)이 흥기하면 반드시 세정(歲正)을 세우고 국시(國是)를 확정하여 일대의 악(樂)을 새롭게 하고 율(律)과 도량형(度量衡)을 통일한다. 대체로 지일(至一)로써 군동(群動)을 바르게 하기 위해서는 마땅히 그렇게 해야 한다. 비록 고구려는 해도(海島)에 위치하여 큰 바다가 가로막고 있어서 구복(九服)에 들지는 않았지만, 정삭을 받고 유학을 준봉하며 악률의 조화도 같이하고 도량형을 같이 하고 있다.6)

우리는 서긍이 기술한 위의 글을 통하여 중국 역대 왕조가 시행한 제국주의적 정책의 핵심을 파악할 수 있다. 중국은 이른바 사해(四海)를 통치하는 동문 이데올로기 중에서 네 가지 중요한 사항을 설정하여 이를 제후국에 시행토록 권장 또는 강요했다. 정삭(正朔)과 유학(儒學) 그리고 악률(樂律)과 도량형(度量衡) 등 사대강령(四大綱領)이 그것이다. 정삭은 달력과 세수(歲首)를 통일하는 것이고, 유학은 학술과 이념을 뜻하고, 악률은 악무를 말한 것이며, 도량형은 오늘날의 도량형 그대로이다. 이를 현금의 현실과 견주어 볼 경우 우리가 쓰고 있는 '태양력(太陽曆)'이나 '서기(西紀)'는 정삭에 해당되고, '오케스트라' 등 서양음악과 소위 '우리 가곡'으로 불리

6) 徐兢, 『高麗圖經』 권40, 「同文」. "臣聞正朔所以統天下之治也, 儒學所以美天下之化也, 樂律所以導天下和也, 度量權衡所以示天下之公也. 四者雖殊, 然必參合乎天子之節, 然後太平之應備焉, 聖人之興, 必建歲正定國是, 新一代之樂, 而同律度量衡. 蓋以至一而正群動, 其道當如此. …… 雖高句驪, 域居海島, 鯨波限之, 不在九服之內, 然稟受正朔, 遵奉儒學, 樂律同和, 度量同制."

우는 서양가곡을 모방한 노래들과 '발레'를 위시한 각종의 춤들이 악률에 비정된다.

유학은 자본주의나 사회주의 등 외래의 각종 이데올로기와 사유체계가 이에 부합되며, 도량권형은 지금 세계화라고 뽐내며 거국적으로 사용하고 있는 미터법이 바로 여기 해당되는 것이다. 서긍의 이 글을 통하여 12세기의 제국주의적 틀이 오늘날에도 형식과 국가가 바뀌었을 뿐이지 그대로 시행되고 있다는 사실을 확인할 수 있는 터이니 역사가 본질에 있어서 변하는 것인지 의심스럽다.

서긍의 일련의 글 중에서 필자가 특별히 관심을 갖는 것은 악률, 즉 악무에 관한 내용들이다. 예나 지금이나 강대국이 약소국을 지배하는데 있어서 가장 중시하는 것 중의 하나가 악무이다. 필자는 일련의 논문에서 중국을 '지나(支那)'라고 표현한 적이 있다. 이는 중국을 세계 속에 존재하는 객관적인 한 국가임을 나타내고자 했을 따름이지 비하하려는 의도가 있었던 것은 아니다. 세계는 지금 어느 한 강대국이 세계를 획일화하려는 시도를 용인하지 않고 있다. 긴 시간동안 동양을 호령했던 중국 자신이 지금 패권주의를 비난할 정도로 세계는 변했다.

그러므로 모든 것을 중국 중심으로 인식해왔던 과거에 대해 이를 청산코자 하는 의도에서 필자는 세계의 중심이라는 뜻이 있는 중국을 피하고 '지나'라고 했다. 경우에 따라 중국이라고 사용하는 것은, 세계의 중심 국가라는 의미가 아니라 '지나국'을 칭하는 고유명사로 사용한 것이다. 서양인들은 중국을 두고 모두들 '차이나'라고 호칭하지 세계의 중심 국가라고 하지 않는 것과 동일한 발상이다.

중국, 즉 '지나'는 『고려도경』의 「동문」편에서도 알 수 있는 것처럼 악무를 천하를 통괄하기 위한 긴요한 수단으로 삼고 있었다. 중국의 역대 왕조가 모두 포함되지만, 특히 송조(宋朝)가 제후국을 지배하기 위해 악무를 얼마나 중시했는가를 『고려도경』을 통하여 새삼 확인하게 된다.

대악(大樂)은 천지와 더불어 조화를 이루고, 오성(五聲)은 오행(五行)에 근본했으며, 팔음(八音)의 분별은 팔풍(八風)에 생겼다. 청탁(淸濁)과 고하(高下)는 모두 일기(一氣)에서 나오고 수무족도(手舞足蹈)는 그렇게 하려고 하지 않았지만 절로 그렇게 된 것이다. …… 만(蠻)과 이(夷)・융(戎)・적(狄)의 음악에 이르기까지 또한 이를 합주(合奏)하는데, 말사(韎師)가 악(樂)을 관장하고 모인(旄人)이 무용을 진설하고 제루씨(鞮鞻氏)가 가(歌)를 합치시킨다. …… 그러나 사방의 지역이 다르고 음식이 다르고 복장과 그릇이 다른 만큼 음악 역시 같을 수 없다.

그리하여 동방악을 '말(韎)'이라 하고 남방악을 '임(任)'이라 하며 서방악을 '주리(侏離)'라 칭하며 북방악을 '금(禁)'이라 하는데, 각각 그 특성을 지녔기 때문에 뒤섞을 수 없다. 고려는 동이의 나라이니 그 나라의 악은 '말(韎)'에 본원했을 것이다. 또 삼대(三代)의 제도는 상(商)의 것을 '대호(大濩)' 주(周)의 악무를 '대무(大武)'라 했는데, 기자(箕子)는 상의 후예이며 주에서 조선에 봉함을 받았으니, 말악의 비루함을 고쳐서 호악무악(濩樂武樂)의 유음이 있었을 것이다.

근래에 입공(入貢)하여 대성악(大晟樂)과 연악(燕樂)을 하사해 달라고 청했고 이를 수락했기 때문에, 고려의 악무가 더욱 성대해져 가히 듣고 볼 만해졌다. 이제 고려악을 보니 양부(兩部)가 있는데 좌부악(左部樂)을 당악(唐樂)이라 하고 우부악(右部樂)을 향악(鄕樂)이라 하니 거개가 이음(夷音)으로 이루어졌다.7)

---

7) 徐兢, 『高麗圖經』 권40, 「同文」, '樂律'. "大樂與天地同和, 而五聲之發原於五行, 八音之辨生於八風,. 淸濁高下, 皆出於一氣, 而手舞足蹈, 有不期然而然者. …… 至於夷蠻戎狄之音, 亦用合奏, 有韎師以掌其樂, 有旄人以陳其舞, 有鞮屨氏, 以合其歌吹. …… 然四方異域, 飮食異和, 衣服異制, 器用異宜, 則樂亦不得而同. 故東方曰韎, 南方曰任, 西方曰侏離, 北方曰禁, 各有其義, 而不可以混淆. 若麗人, 則東夷之國, 樂其本於韎乎. 且三代之制, 商曰大濩, 周曰大武, 箕子以商之裔, 而受周封於朝鮮, 則革其韎樂之陋音. …… 比年入貢, 又請賜大晟雅樂, 及請賜燕樂, 詔皆從之, 故樂舞益盛, 可以觀聽. 今其樂有兩部, 左曰唐樂, 中國之音, 右曰鄕樂, 蓋夷音也."

송조(宋朝)가 고려의 간청에 의해 국가공식행사에 사용하는 '대성악(大晟樂)'과 연향(燕享)에 소용되는 '연악(燕樂)'을 하사했다고 서긍은 강조했다. 중국은 사이(四夷)의 악무인 말악(韎樂)과 임악(任樂) · 주리악(侏離樂) 그리고 금악(禁樂)을 그들 조정에서 국가 차원으로 합주하여 천하를 통합하고 이를 실질적으로 통치하고 있음을 내외에 확인시키는 방책으로 삼았다. 그러나 이들 이른 바 사이악(四夷樂)은 수준이 낮은 것이기 때문에 도성의 동서남북 등 문 밖에서 연희하게 했다고 기록하고 있다. 악무에 이르기까지 중국 중심의 제국주의적 발상의 실상을 읽을 수 있다. 주변국가의 악무를 오랑캐 음악으로 강등시키면서, 이들을 지배하기 위해 악무를 활용하는 지능적인 악무정책을 중국은 전통적으로 사용해 온 것이다.

서긍은 고려악을 동이악인 말악에서 근본했다고 규정한 후, 기자(箕子)는 은(殷)의 후예로서 주실(周室)에 봉함을 받았으니 응당 '대호악(大濩樂)'의 유음(遺音)이 남아 있을 것이라고 했다. 그러므로 기자악은 말악(韎樂)의 비루함을 없애고 상악(商樂)의 고매한 음률을 본받았기 때문에 고려악(高麗樂)은 듣고 볼 만한 것이 많았을 것이라고 진단했다. 말악은 비루하고 중국악은 고아하다는 인식은 중국의 역대 인물들의 공통된 평가였다. 서긍의 윗글에서 우리는 중국 주변의 사이악(四夷樂) 가운데 동이악인 말악이 그런대로 평가를 받은 것은, 기자조선이 주나라에 승인을 받은 국가라는 사실과 관계가 있음을 알 수 있다.[8] 기자와 기자조선의 실상과 위상에 관해서 필자는 단정적인 말을 할 입장에 있지를 못한다. 그러나 역사기록에 남아있는 엄연한 기술을 두고 자의적으로 이를 부정할 수는 더욱 없다. 기자조선이 있었다고 했으니 응당 기자악이 존재했을 것이고, 기자가 대륙으로부터 이주해 왔으니 마땅히 대륙의 악무가 실재했을 것은 틀림없다.

고려악이 송나라로부터 음악을 하사받은 후 비로소 악무가 성대해지고

8) 기자조선이 周朝에서 승인 받은 것은 기자가 漢族으로서 商의 후예라는 것이 통설이지만, 우리 학계에서는 동이족이라는 견해도 있다. 원래 殷朝는 중국에서도 黃海가에 살았던 東夷로 보기도 한다.

고급스러워졌다는 것은 서긍의 개인적 시각이다. 그는 고려악이 좌부악과 우부악의 양부악(兩部樂)이 있고 좌부악은 당악(唐樂)이고 우부악은 향악(鄕樂)인데, 우부악인 향악은 말 그대로 이음(夷音), 즉 고려 고유의 악무로 구성되었다고 했다. 고려 향악 전반에 관해서 여러 종류의 악기를 언급한 후, 하악(下樂)으로 분류된 '여기(女伎)' 문제와 '대악사(大樂司)'와 '관현방(管絃房)·경시사(京市司)' 등과 '자지(柘枝)' 및 '포구지예(抛毬之藝)'와 '백희(百戱)'를 관장하는 부서가 있었음을 아래와 같이 밝혔다.

> 중국의 음악과 악기는 모두 중국제도 그대로인데, 다만 향악에는 고(鼓)·판(版)·생(笙)·우(竽)·필률(觱篥)·공후(箜篌)·오현금(五絃琴)·비파(琵琶)·쟁(箏)·적(笛) 등의 악기가 있지만, 그 형태와 제도는 각기 약간의 차이가 있었다. 슬(瑟)의 경우는 기둥이 고정되어 움직이지 않았고, 소(簫)는 그 관(管)의 길이가 2척(尺) 정도가 되었으며 그것을 호금(胡琴)이라 했다. 몸을 굽혀서 먼저 호금을 불어 모든 악기의 연주를 인도했다. 여기(女伎)를 하악(下樂)이라 칭했다. 대저 세 등급이 있었는데, 대악사(大樂司)는 260명의 악인(樂人)이 있었고 왕이 항상 사용했고, 관현방(管絃房)은 170명이고 경시사(京市司)는 300여 인으로 구성되어 있었다. 또 자지(柘枝)와 포구(抛毬)의 교예(巧藝)도 있었고 백희(百戱)의 경우는 수백 명의 연예인이 있었는데, 듣건대 기예가 모두 탁월하다고 했지만 마침 왕후(王侯)-예종(睿宗)-의 상례가 끝나지 않았기 때문에 공인(工人)들이 악기를 잡기만 하고 연희하지 않아서 성률(聲律)의 절도를 고찰할 수 없었다.[9]

서긍이 사신으로 왔을 때가 예종(睿宗, 1079~1122)의 복상 중이었기 때

9) 徐兢, 『高麗圖經』 권40, 「同文」, '樂律'. "其中國之音樂器, 皆中國之制, 惟其鄕樂, 有鼓版笙竽觱篥空侯五絃琴琵琶箏笛, 而形制差異. 瑟柱膠而不移, 又有簫管, 長二尺餘, 謂之胡琴. 俯身先吹之, 以起衆聲, 若女伎則謂之下樂. 凡三等, 大樂司二百六十人, 王所常用, 次管絃房一百七十人, 次京市司三百餘人. 亦有柘枝抛毬之藝, 其百戱數百人, 聞皆敏捷特甚, 然以時王俁衣制未終, 工人執其器而不作, 聲律之度, 不可得而考也."

문에 악무를 연희하지 않고, 악기 등속을 가지고 의전행사만 했다. 서긍은 우리의 향악에 특히 관심을 가져 볼 만한 내용이 많았을 터인데 이를 참관하지 못하여 아쉽다는 뜻을 피력했다.

외래악무인 자지무(柘枝舞)와 포구악(抛毬樂) 등도 고려조에서 성대하게 연희되었고, 특히 신라 이래 민족 고유악무인 백희(百戲)가 당시까지 잘 보존되었음을 확인할 수 있다. '대악사'와 '관현방' '경시사' 등의 악무를 관장하는 부서가 있어서 남녀 악공들을 관장했고, 그 숫자 또한 방대했다. 이들 삼 개 부서에 소속된 인원만 해도 730명에 이른다.

이밖에도 수많은 악인(樂人)들이 있었을 것이 틀림없으니, 고려조가 갖고 있었던 악무인(樂舞人)의 숫자는 천여 명에 육박했다고 생각된다. 『고려도경』에 나타난 서긍의 기록들을 참작할 때, 고려는 당악보다 민족악무인 향악을 중심으로 악무가 운용되고 있었다고 인정된다. 여기(女伎)를 하악(下樂)으로 여겨서 고급악무로 여기지는 않았지만, 실제로 여악(女樂)을 중심으로 악무활동이 짜여져 있었다.10)

대악사와 관현방 경시사 등이 여기(女伎)-하악(下樂)-의 휘하 관서인지는 의문이다. 대악사(大樂司)에서 '대악'이라는 명칭을 신라가 가야악무를 수용하여 그들 나름으로 정리한 후 이를 '대악'으로 규정하고 신라악의 일부를 편입시킨 바 있는데, 이 경우 대악은 가야악무는 아니겠지만 하나의 국가공식 악무로 여겨지기 때문이다. 그러므로 대악사는 반드시 여기로만 국한시키기 어렵고, 관현방의 경우 역시 관현악을 관장하는 악무부서로 생각되는 만큼 반드시 여자들로만 구성되었다고 믿기는 어렵다.

특히 백희(百戲)는 문자 그대로 갖가지 민족전래의 놀이와 춤 그리고 노래들을 말하는데, 현재 우리는 반만년 이상의 전통을 지닌 백희의 실상을 알 도리가 없다. 전국 방방곡곡의 각종의 놀이들에서 그 편린을 엿볼 수는 있지만, 전모를 파악하기는 어렵다. 만일 당시 서긍이 백희를 보고 그 내용

10) 『고려도경』「악률」편을 검토할 때, 민족악무인 鄕樂을 관장하던 右部樂에 소속된 女伎를 비롯한 大樂司와 百戲등의 악무 내용은 향악 위주로 편성되었다고 인정된다.

을 기록했다면 민족악무사에 중요한 자료를 제시했을 것이지만, 예종의 복상 중이었기 때문에 이들 향악이 연희되지 못했던 점이 아쉽다.

3. 전승악무의 예악사상적(禮樂思想的) 배경

서긍이 언급한 고려조의 향악이 『고려도경』보다 21년 후에 완성된 뇌천(雷川)의 『삼국사기』 「악」편의 내용과 어느 정도 연관성이 있는지 살펴볼 필요가 있다. 뇌천은 『삼국사기』 「악지」-지(志)를 붙이지 않고 그냥 악으로 편차했다-에서 신라악 · 고구려악 · 백제악으로 분류하고 소략하게 삼국시대의 악무를 기술했다. 신라악 이외에는 관련 문헌의 부족으로 고심한 흔적이 보인다. 자료가 비교적 많았다고 생각되는 신라악의 경우도 예상외로 빈약한 편이다. 뇌천이 악무에 대해서 큰 비중을 주지 않았기 때문인지는 모르지만, 그의 민족악무인식은 사대적이 아니라 매우 주체적일 뿐만 아니라 나름대로 확고한 악무인식을 바탕으로 하여 서술되었다.

뇌천은 삼국악무를 기술하면서 외래악무인 당악보다 민족악무인 향악을 중심으로 악지를 엮었다. 신라악 말미에 최치원(崔致遠, 857~?)의 「향악잡영(鄕樂雜詠)」 오수(五首)를 첨가한 것도 한 예이다.

뇌천이 삼국악지(三國樂志)에서 고구려악과 백제악을 독립 편장으로 엮었는데 반해, 가야악무(伽倻樂舞)는 신라악 속에 편입시켰다. 이는 가야 여러 나라가 신라에 합병되었음을 말하는 것이다. 고구려와 백제악을 독립시킨 것은 『삼국사기』라는 이름에 충실하고자 하는 의도도 있었겠지만, 이들 나라가 신라에 완전하게 병합되지 못했음을 은연 중 밝힌 것이기도 하다.

사실 『삼국사기』는 신라 중심의 정사(正史)가 아니라 고려 중심의 사서(史書)로 필자는 생각하고 있다. 그 한 실례로서 「신라본기」 제11권 헌강왕(憲康王, ?~886) 3년(877) 춘 정월에 "아태조대왕(我太祖大王)(왕태조 877~943)이 송악군(松岳郡)에서 탄생했다"는 의미심장한 기록을 들 수가 있고, 열전(列傳) 끝 부분에 수록되어 있는 후삼국의 궁예(弓裔, ?~918)와 견훤(甄萱, ?~936)은 실질적으로 한 국가의 왕이었던 인물인데도 불구하고, 이를 강등시켜 열전에 편차한 것도 같은 맥락으로 파악된다.[11)]

고려조 우부악(右部樂)인 향악의 악기로서 서긍은 앞에 인용한 것처럼 고(鼓)와 판(版) 등 여러 개로 열거했는데, 대체로 이들 악기는 『삼국사기』 신라악 등에 등장하는 악기들과 별 차이가 없다.

신라의 삼죽삼현(三竹三絃)에 포괄되는 여러 악기들을 위시한 '현금(玄琴) · 가야금(伽倻琴) · 비파(琵琶) · 금(琴)'과 고구려의 '쟁(箏) · 공후(箜篌) · 비파(琵琶) · 오현금(五絃琴) · 적(笛) · 필률(篳篥) · 고(鼓) · 패(唄)', 그리고 백제의 '쟁(箏) · 적(笛) · 필률(篳篥) · 공후(箜篌)' 등 삼국시대의 악기들이 고려조 향악에 거의 그대로 습용(襲用)되고 있었음을 알 수가 있다. 서긍이 말한 '판(版)'은 신라악의 '박판(拍板)'인 듯하고, '고(鼓)'는 고구려의 요고(腰鼓) · 재고(齋鼓) · 첨고(檐鼓)와 관계가 있다. 필률은 주로 고구려와 백제의 악기였고, 신라악에서는 중시되지 않은 악기였던 듯하다.[12)]

고려조는 삼한(三韓)을 통합했다는 강한 자긍심을 가진 체제였고, 스스로를 제후국(諸侯國)이 아닌 황제(皇帝)의 나라로 인식했다. 왕태조(王太祖)가 개국(開國)하자마자 전조 태봉(泰封)의 연호인 '정개(政開)'를 개원(改元)하여 '천수(天授)'라고 칭한 것도 두드러진 실례이다. 삼한을 통합하여 통일국가를 형성했기 때문에 고려조는 전래된 민족악무를 예악사상에 입각하여 모두 수렴하고자 했다. 약 50년간 지속된 후삼국시대의 분단기 중에서는 민족악무가 제대로 그 기능을 발휘하지 못했을 것이다. 고려가 삼한을 통합한 뒤에 전조(前朝)인 신라 · 고구려 · 백제의 악무를 민족 통합과 국가 통합차원에서 조정에서 연희했던 흔적이 발견된다. 백성들은 각각 그들 고국의 노래들을 민요와 함께 불렀을 것이지만, 고려조가 이를 국가

11) 金富軾, 『三國史記』 「新羅本紀」 제11, 憲康王 三年 항목과 권50 「列傳」 弓裔, 甄萱 항목 참조.
12) 金富軾, 『三國史記』 권32 樂, 新羅樂, 高句麗樂, 百濟樂 참조.

차원에서 연희했다는 것은 민족통합을 위한 절실한 시도였다. 이같은 악무 정책은 현재 우리들이 잘 인식하지 못하고 있지만, 고대나 중세국가에서는 매우 중요한 정책의 일환이었다. 『고려사』 「악지(樂志)」 일(一)에는 '삼국속악(三國俗樂)'이라는 편장이 있는데, 그 서문에 "신라 · 백제 · 고구려의 악을 고려가 아울러 사용했고 악보(樂譜)로 엮어 놓았기 때문에 여기에 첨가해둔다. 이들 속악의 가사는 모두 우리말로 되어있다"13)라고 했다.

고려가 전조인 삼국의 악을 사용한 것은 단순한 전래 악무의 전승만이 아니라 정치적인 의도도 있었다. 오늘의 시각으로 볼 때 정치적 의도라고 칭했지만, 당시의 관점으로 보면 그것은 우리 민족이 전승해왔던 정통 예악사상의 구현이었다. 고려조가 삼국의 악무 중에서 특히 속악에 관심을 가지고 이를 전승한 것은 전조들이 사용했던 외래악인 당악보다 민족악무의 중세적 호칭인 속악의 영향력과 가치를 더 인정했다는 의미이기도 하다. 약 10세기 동안 지속되었던 삼국에는 각각 수많은 민족악무가 존재했을 것이다. 그 많은 전래된 속악들 중에서 고려조는 자기들의 악무인식에 근거하여 산정했을 가능성이 있다.

전조 악무의 산정은 신라가 가야악무를 수용했을 때에도 시행된 사례가 있다. 진흥왕(眞興王)이 가야를 정복하여 악사(樂師) 우륵(于勒)을 비롯한 가야악무를 수용하면서, 신라 악인(樂人) '주지(注知) · 계고(階古) · 만덕(萬德)'은 '가야십이곡(伽倻十二曲)'을 '망국지음(亡國之音)'으로 규정하고 번잡하고 음란하다고 평한 후 '오곡(五曲)'으로 산정했다. '가야 12곡'이 오곡(五曲)으로 정리되자 우륵은 처음에는 화를 내지만, 신라 악인에 의해 산정된 '오종지음(五種之音)'을 들은 후, 즐겁지만 유리되지 않고 슬프긴 하나 애상에 이르지 않았다고 평한 후 '정악(正樂)'이 되었다고 감탄했다.14)

---

13) 『高麗史』 권71, 「志」 권25, 樂二 三國俗樂. "新羅百濟高句麗之樂, 高麗並用之, 編之樂譜, 故附著于此, 詞皆俚語."

14) 金富軾, 『三國史記』 「志」 第一 樂. "後于勒以其國將亂, 齐樂器投新羅眞興王, 王受之, 安置國原, 乃遣大奈麻注知階古, 大舍萬德傳其業. 三人旣傳十一曲相謂曰, 此繁且淫, 不可以爲雅正, 遂約爲五曲. 于勒始聞焉而怒, 乃聽其五種之音, 流淚歎曰, 樂而不流, 哀而

소위 '우륵 12곡'은 엄밀하게 말하면 가야 열두 나라의 악무이고, 여기에서 말하는 '곡'은 곡조라는 뜻이 아니라 음악과 무용이 융합된 종합악무로 봐야 할 것이다. 다만 이들 가야 열두 나라의 악무를 연희할 때, 가야제국의 대표적 악기인 가야금이 주축이 되었기 때문에 신라악에서 가야금조에 편차된 것으로 이해된다.

가야악무가 신라악에 편입되어 '우륵 12곡'으로 격하되고, '우륵 12곡'이 다시 5곡으로 산정된 것은 당대의 예악사상에 입각했던 것인 만큼 피할 수 없는 운명이었다. 그러나 신라가 가야악무를 폐기시키지 않고, 이를 수렴하여 정리된 '가야오곡(伽倻五曲)'을 '대악(大樂)'으로 삼아서 국가 공식 악무로 계속 연희한 것은 평가될 만하다.15) 아마도 '대악(大樂)'은 신라의 국악(國樂)인 정통악무 바로 아래에 위치했던 중요한 악무로 인정된다. 신라악에는 정통 국악을 위시해서 '군악(郡樂)'도 등장한다. 군악은 신라가 국세를 확장하면서 초기에 정복한 '일상국(日上國) · 백실국(白實國) · 하서국(河西國) · 도동벌국(道同伐國) · 북외국(北隈國)'의 국가악무였다. 일상 · 백실 · 하서 · 도동벌 · 북외 등은 군명(郡名)으로 표기되어 있지만, 정복된 국가가 군(郡)으로 강등되는 것은 고대의 관례였기 때문에 '국(國)'이라는 말을 첨가했다. 경우에 따라 명칭은 바뀌었을 수도 있지만 이들 지역에 국가가 있었다는 것은 사실인 까닭으로 '일상국(日上國)' 등으로 표현했다. 신라가 고려에 복속된 후 영역 전반이 고려식으로 개명되었고, 수도 '서라벌(徐羅伐)'의 경우는 '경주(慶州)'로 강등된 비참한 사실이 그 현저한 증거이다.

뇌천(雷川)이 신라악(新羅樂)을 서술할 때 '삼죽(三竹) · 삼현(三絃) · 박판(拍板) · 대고(大鼓) · 가무(歌舞)' 등으로 편차한 것은 통상의 악지(樂志)

不悲, 可謂正也."

15) 李敏弘, 『民族樂舞와 禮樂思想』(集文堂, 1997)의 伽倻樂舞와 禮樂思想 편장에서 이 문제를 논의했다. 大樂의 개념은 『遼史』 樂志에 요나라가 國樂 · 雅樂 · 大樂 등으로 악무를 분류한 사실을 참고했다. 대악이 국악 다음에 놓여진 점으로 봐서 가야악무였던 大樂도 신라 國樂 다음으로 중요한 악무였다고 생각된다.

편찬 시각과는 차이가 난다. 『요사(遼史)』의 「악지」 편제를 기준으로 하여 신라악의 편차를 다시 짠다면 후반부에 있는 '회악(會樂)을 비롯한 신열악(辛熱樂) · 돌아악(突阿樂) · 지아악(枝兒樂) · 사내악(思內樂) · 가무(笳舞) · 우식악(憂息樂) · 대악(碓樂) · 우인(竽引) · 미지악(美知樂) · 도령가(徒領歌) · 날현인(捺絃引) · 사내기물악(思內奇物樂)' 등의 정통 국악(國樂)이 첫머리에 나와야 하는 것이 순리이다. 필자는 이들 악무를 신라의 정통 국악으로 보고 있고, 이 중에서 첫머리에 나오는 '회악(會樂)'이 신라 최고의 국악이 아니었던가 한다. 그렇다면 신라악은 '국악(國樂)'과 '대악(大樂)' 그리고 '군악(郡樂) · 향악(鄕樂)'이 전반부에 오고 삼현(三絃) · 삼죽(三竹)을 비롯한 악기들을 기저로 한 음곡(音曲)들은 후미에 편성되는 것이 합리적일 것 같다.

『삼국사기』 악조의 신라악 부분을 자세히 검토할 때, 외래악무가 거의 없다는 점이 주목된다. 이 점은 고구려악이나 백제악에서도 나타나는 현상이다. 백제악을 서술하면서 당(唐) 중종대(中宗代)의 중국의 악무 현황이 묘사되고 있는데, 이것은 백제를 정복한 당조(唐朝)가 백제악을 모두 가져갔다는 사실을 말하는 것이다. 백제악은 『통전(通典)』과 『북사(北史)』를 근거하여 기록했음을 밝혔고, 고구려악 역시 『통전』을 인용했고 대당(大唐) 무태후(武太后) 시대의 고구려악 현황이 기록된 것도 역시 당이 고구려악을 가져갔음을 말한 것이다.

고구려와 백제를 정복한 것은 신라가 아니라 당조(唐朝)였고, 정복국가인 당이 피정복국가의 악을 모두 가져간다는 중세의 관례를 확인할 수 있다. 뇌천이 『삼국사기』를 편찬할 무렵에도 고구려악과 백제악에 관계된 문헌과 악기 등속의 악무자료는 거의 인멸되고 없었던 것 같다. 이와는 달리 삼국을 통일한 신라의 경우는 비교적 자료가 풍부했기 때문에 신라악의 분량이 고구려 백제에 비해 많을 것은 당연하다. 여하튼 삼국악의 자료를 바탕으로 하여 고찰할 때, 중국이나 기타 외국으로부터 들어온 악무가 중요한 국가 공식악무로 사용되지 않았다는 점을 확인하게 된다. 외래악을

국가악무로 쓰지 않았다는 것은 삼국시대가 악무에 관해서도 주체성을 갖고 있었음을 의미한다.[16)]

민족악무사에 있어서 필자가 유감으로 삼고 있는 것은 궁왕(弓王)의 '태봉악무(泰封樂舞)'와 견훤왕(甄萱王)의 '후백제악무(後百濟樂舞)'가 채록되지 못한 점이다. 삼한을 통합했다고 자부한 고려조가 무려 반세기 동안 일정한 강역과 백성을 차지하여 하나의 국가를 이룩하고 왕노릇을 한 두 나라에 대해서 국사(國史)를 편찬해 주는 것은 당연한 도리이다. 견훤왕이 고려에 항복했고 궁예왕이 비참하게 백성에게 시해되었다고 해도, 고려조의 지식인들은 이들 국가의 역사를 기술해야 마땅하다. 아무리 전란중이라 해도 태봉국과 후백제에도 문하시중이나 영의정 등의 관료체계와 국가악무가 엄연히 존재했을 것이다. 고려조는 조선조 지식인들에 의해 발해사를 엮지 않았다고 비난을 받았다. 필자는 발해사는 물론이고 후삼국사를 편찬하지 않은 실책에 대해서도 비난하고 싶은 심정이다. 『삼국사기』는 궁예왕과 견훤황의 사적을 「열전(列傳)」 항목에 기술했다. 궁예와 견훤이 수십 년간 엄연히 왕노릇을 한 것이 사실이니 「본기(本紀)」나 「세가(世家)」에 편차하는 것이 당연하다. 뇌천이 이들을 열전에 수록하여 기술한 데에도 이유는 있었겠지만, 그것은 당대의 논리이지 초시대적인 정론(正論)은 아니다.[17)]

궁왕(弓王)은 우리 역사에 있어서 주목되는 업적을 남긴 지도자였다. 고려조의 논리와 시각으로 궁왕을 볼 것이 아니라, 이제는 궁왕이 남긴 업적을 중심으로 평가할 필요가 있다. 『삼국유사』 왕력(王曆)에 의하면 궁왕은

---

16) 金富軾, 『三國史記』, 「志」, 新羅 · 高句麗 · 百濟樂 條에 나타나는 삼국의 악무는 모두 국가악무가 중심이 되고 있는데, 이들 악무는 대부분 민족악무로 인정된다. 악기에 대한 설명이 중국문헌 중심으로 되어있지만, 실제적 악무는 거의 전부가 민족악무로 구성되어 있다.

17) 金富軾, 『三國史記』 권50, 「列傳」 一, 弓裔 · 甄萱. 『삼국사기』 말미에 편차된 이들의 열전은 온통 我太祖(王建)를 합리화시키고 궁예와 견훤의 단점을 부각시키는 내용으로 일관되어 있다.

처음에 국호를 후고려(後高麗)라고 했던 듯하고, 단기 3234년 당(唐) 소종(昭宗) 천복원년(天復元年) 신유(辛酉, 901)에 고려(高麗)라는 구호를 사용했고, 갑자년(甲子年, 904)에 마진(摩震)으로 이름을 바꾼 후, 건원(建元)하여 '무태(武泰)'라고 했다고 기술했다.[18] 궁왕이 국호를 '고려'라고 한 사실을 궁예열전에 언급하지 않았던 것은 고의적인 탈루인 듯하다. 훗날 고려조 오백년 간 국가축전으로 봉행되었던 '팔관회(八關會)'도 궁왕이 최초로 개최했고, 진덕왕(眞德王) 4년(650) 신라의 연호(年號) '태화(太和)'가 폐지된 후 254년 만에 민족국가의 연호를 다시 회복한 것 또한 궁왕이었다. 뿐만 아니라 중국의 역대 왕조만이 개국의 근간으로 사용했던 '오행(五行)'을 국가체제와 관련지은 것도 궁왕이 최초였으며 또한 최후이기도 했다. 오행의 이념으로 개국한 예가 삼국시대나 고려조에도 있었는지는 모르겠지만, 문헌에 나타난 것은 궁왕이 처음인 듯하다.

중국의 경우 '복희(伏羲)는 수덕(手德), 황제(黃帝)는 토덕(土德), 소호(小昊)는 금덕(金德), 전욱(顓頊)은 목덕(木德), 제곡(帝嚳)은 수덕(水德), 당요(唐堯)는 화덕(火德), 우순(虞舜)은 토덕(土德), 하(夏)는 금덕(金德), 은(殷)은 수덕(水德), 주(周)는 목덕(木德), 진(秦)은 수덕(水德), 한(漢)은 화덕(火德), 위(魏)는 토덕(土德), 진(晋)은 금덕(金德), 수(隋)는 화덕(火德), 당(唐)은 토덕(土德), 송(宋)은 화덕(火德), 금(金)은 토덕(土德)' 등으로 오행을 칭하여 왕조의 근본으로 삼는 것이 통례였다.[19] 이는 황제가 아니면 일컬을 수 없는 것으로 역대의 제왕들은 생각했다.

궁왕(弓王)이 서기 904년에 '무태(武泰)'로 건원(建元)한 후 905년에 '성책(聖冊)'으로 개원했다가 911년에 다시 '수덕만세(水德萬歲)'로 개원했고 914년에 '정개(政開)'로 또다시 개원했다. 연호를 자주 바꾸는 것은 고대의 한 관례이기도 했기 때문에 반드시 비난할 일만은 아니다. 고려(高麗) 태조(太祖)도 '건원(建元)'을 한 것이 아니라 궁왕(弓王)의 연호 '정개(政開)'를

18) 一然, 『三國遺事』, 「王曆」, 後高麗, 龍紀, 己酉에서 末帝, 甲戌, 還鐵原 부분까지 참조.
19) 李承休, 『帝王韻紀』 上卷에 중국 역대왕조의 五行을 元朝까지 순차적으로 기록했다.

개원하여 '천수(天授)'라고 했으며, 국호도 궁왕이 처음 사용했던 '고려(高麗)'를 그대로 이어 받았다. 따라서 고려조의 기틀은 이미 궁왕이 거의 잡아놓았던 것을 대부분 답습했다는 평가도 가능하다.

궁왕의 민족사적 업적 가운데는 '건원(建元)'과 '팔관회(八關會) 개설(開設)' 등 많은 것이 있지만 그 중에서 '오행'을 국체(國體)와 결부시킨 부분을 필자는 특별히 주목한다. 궁왕의 연호 '수덕만세(水德萬歲)'에서 '수덕(水德)'은 오행 중 '수(水)'와 직결된다. 중국 역대 왕조에서 수덕을 칭한 예는 복희씨와 제곡, 은조(殷朝) · 진조(秦朝) 등이 있다. 오행 가운데서 왜 궁왕이 '수덕'으로 나라의 근본을 삼으려 했는지는 소상히 알 수 없다. '수덕'을 칭했다면 수(水)는 북(北)이며 현무(玄武)이고 흑색(黑色)이니 궁왕의 복장은 흑색일 가능성이 있다. 황제만이 채택할 수 있는 오행을 취했으니 악무에 있어서도 남다른 면이 있었을 터이지만, 문헌의 부족으로 고찰할 바가 없으니 안타깝다.

4. 향악(鄕樂) · 속악(俗樂) · 당악(唐樂) · 아악(雅樂)의 위상

후삼국시대의 난세를 평정하고 통일국가를 이룩한 고려조는 삼국시대와 후삼국시대의 많은 악무들 중에서 이를 정리하여 「삼국속악(三國俗樂)」으로 편성하여 국가악무로 활용했다. 『고려사』의 편찬자들은 삼국속악을 악지의 끝부분에 배치했지만, 실제로 고려시대에 삼국속악을 이와는 달리 중시하지 않았나 하는 의심이 가기도 한다. 『고려사』 「악지」는 일종의 외래악인 '아악(雅樂)'을 첫머리에 실어서 왕조의 최고악무임을 밝히고 있지만, 고려조에서 진실로 아악을 이처럼 중시했는지는 의문이다. 송조(宋朝)와 명조(明朝)가 준 소위 아악을 고려의 모든 왕들이 향악(鄕樂)과 속악(俗樂)을 제치고 최고로 중시했는지는 단언할 수 없다. 왜냐하면 팔관회(八關會)나 종묘의식(宗廟儀式)에 아악만을 전적으로 사용했다고 믿기는 어렵기

때문이다.[20)]

『고려사』「악지」가 '아악·당악·속악·삼국속악'으로 엮어진 것이 지나예악(支那禮樂)에 경사된 조선조 사관(史官)들의 의지에서 연유된 것인지는 확인키는 어렵지만, 고려조의 성향으로 봐서 소위 속악이 이렇게까지 격하되었다고는 생각되지 않는다. 『고려사』「악지」에는 향악(鄕樂)이 별도의 장으로 편성되지 않고, '용속악절도(用俗樂節度)'편에 환구(圜丘)와 태묘(太廟) 등 의식의 아종헌(亞終獻)에 향악을 연주했고, 하남왕(河南王) 사신이 왔을 때 향악과 당악을 연주했으며, 왕이 인희전(仁熙殿)에 행차했을 때 향악과 당악을 연주했다는 기록이 남아 있을 정도이다.[21)] 『삼국사기』에는 향악이 본격적으로 등장하지 않았지만, 신라악 끝부분에 최고운(崔孤雲)의 '향악잡영(鄕樂雜詠)'조에 나타나 있다. 향악은 외래악무인 당악에 대응되는 민족악무를 지칭했다.

향악이라는 명칭은 송조(宋朝)로부터 아악이 수입된 이후 속악이라는 명칭과 혼용되어 사용된 감이 있다. 삼국시대에는 아악이 본격적으로 수입되지 않았고, 당지 중국·서역 등지의 외래악이 들어와 있었는데 이를 총칭하여 '당악' 정도로 분류했던 듯하다. 그러나 『삼국사기』에는 이같은 명칭이 보이지 않는 걸 봐서 당악이라는 용어도 통일신라 이후부터 형성되지 않았나 한다. 우리말을 지칭하여 『삼국사기』에서는 '방언(方言)'이라 했으며 『삼국유사』에서는 '향언(鄕言)'이라고 했다.[22)] 일연이 방언이라 하지 않고 향언으로 한 것은 어떤 이유가 있었지 않았나 한다. 『고려사』「악지」 속악장에는 우리말을 두고 '방언·향언'이라 하지 않고 '이어(俚語)'로 칭했다. 우리의 민족어를 '방언·향언·이어' 등으로 각 시대마다 약간씩 다르게 지칭했는데, 이처럼 상이한 용어 이면에는 의미상의 층위가 있었을

---

20) 『高麗史』「志」 권24, 樂一에 雅樂을 첫머리에 배치했고 그다음에 唐樂·俗樂 마지막으로 三國俗樂이 편차되었다.

21) 『高麗史』「志」 권25, 樂二, 用俗樂節度 참조.

22) 『三國史記』, 「新羅本紀」, 訥祇麻立干 條와 智證麻立干 條에 '方言'이라는 용어가 나타나고, 『三國遺事』에는 新羅始祖 赫居世王편에 '鄕言'이라는 어휘가 실려 있다.

법도 하다.

『고려사』「악지」에는 동일한 속악(俗樂)을 두고, '속악'과 '삼국속악'으로 변별하여 편장을 마련한 것도 문제가 된다. 아악이 고려 악무의 핵심으로 등장한 것은 예종(睿宗, 1079~1122) 9년(1114) 무렵부터이다. 예종 9년 6월에 송(宋) 휘종(徽宗)이 주었고, 같은 해 10월에 태묘(太廟) 제례시에 아악을 겸용했다. 아악은 송의 휘종이 송(宋)에 사신으로 간 안직숭(安稷崇)에게 중세 제국주의적 발상을 근저로 하고 제후국에 악무를 하사한다는 예악사상에 입각하여 고려조에 내려준 것이다. 따라서 아악의 수출은 중국의 제국주의적 세계정책과 밀접하게 관련된 악무정책의 일환인 것이다.[23] 국가의 중요한 행사에서 아악이 사용되었다는 것은 민족악무의 퇴조를 뜻한다. 고려조의 경우 종묘(宗廟)가 아니라 '태묘(太廟)'였다는 사실은 고려조가 황제의 예악을 시행했다는 증거이다.

제후는 종묘이고 황제는 태묘인 것은 널리 알려진 사실이며, 조선조에서는 거의 시행할 수 없었던 환구(圜丘)-제천(祭天)-에서도 아악을 사용했다. 그러나 오로지 아악만을 국가 중요행사에서 사용하는 것을 미심쩍어 했고, 그리하여 '향음향무(鄕音鄕舞)'도 함께 곁들였음을 밝혔다. '헌가악독주절도(軒歌樂獨奏節度)'편장에 "향악(鄕樂)은 토풍(土風)이다. 무릇 제사에 처음에는 시작부터 마칠 때까지 향악을 연주했는데, 지금은 아헌과 종헌에 이르러서야 연주하고 있으니 편중되게 거행하는 과실을 면치 못한다."라는 기록이 이를 뒷받침한다.[24] 고려조에서 환구 · 태묘 등 국가 중요 행사에서 송(宋)이 준 신악(新樂), 즉 아악(雅樂)을 제대로 알지도 못하면서 무차별적으로 사용하는 것은 일종의 '기신인(欺神人)'일 수 있다고 지적하고 민족 전래의 악무인 향악(토풍)을 병용하는 것이 정당하다고 했다. 소위

---

23) 『高麗史』 권24, 樂一, '宋新賜樂器'편에 중세 제국주의적 정책에 입각하여 新樂을 하사한다는 내용을 담은 徽宗의 詔와 함께 그 전말이 기록되어 있다.

24) 『高麗史』「志」 권24, 樂一, '軒架樂獨奏節度', "又鄕樂, 土風也. 凡祭自始事奏之, 以迄于終, 今乃至於亞終獻奏之, 未免有偏擧之失."

아악을 잘못 사용하면 신과 사람을 속이는 결과를 초래한다는 비판은, 훗날 세종(世宗)의 민족악무 인식과도 연계된다.

세종은 우리나라는 본래 향악을 익혀왔는데, 종묘 제향 때 먼저 당악(唐樂)을 연주하고 겨우 삼헌(三獻) 때에 향악을 연주하고 있으니, 조상들이 평상시에 들었던 향악을 사용하는 것이 어떠하냐라고 제안한 바 있다. 아악은 본래 우리의 악무가 아니기도 하지만, 우리의 악무도 중원에 비해서 손색이 없고 중원의 악이라고 해서 어찌 완벽할 수 있느냐고 세종은 반박했다.[25] 세종의 이같은 민족악무인식은 고려시대에도 이미 있었다는 것이 주목된다. 우리의 조상에게는 우리의 향악이 적당하다는 사고방식은 고려시대를 거쳐 조선조까지 지속되었고 지금도 형식을 달리하여 계승되고 있다.

『고려사』「악지」에 다 같은 속안인데도 무엇 때문에 「속악」과 「삼국속악」을 분리하여 편차했는지가 궁금하다. 「속악」 편이 「삼국속악」보다 먼저 편찬된 것은 '속악'을 더 중시했다는 증거이다. 삼국이라는 관사를 붙이지 않고 속악으로 한 것은 전조인 통일신라와 궁왕의 태봉국, 견훤의 후백제 등의 왕조 차원에서 선별되어 사용했던 민족악무였다는 사실과도 혹 관계가 없는지 모르겠다. 즉 전조들이 채용해 사용했던 정통악무를 속악이라 명명하여 그대로 고려조가 계승한 사실에 대한 지적일 수도 있다는 뜻이다.

새 왕조가 탄생할 무렵 경황이 없기 때문에 대체로 전조의 악무를 그대로 사용하는 것이 예사였다. 고려조는 삼한을 통합했다는 자긍심이 대단한 국가였으니 전대 왕조가 사용했던 악무를 고려조의 정체성을 손상하거나 부정한 것이 아닐 경우에는 대체로 채택했을 것이다. 속악조에 편성된 '동동(動動)·무애(舞㝵)·처용(處容)' 등은 여타의 속악들과는 차이가 있다. '동동'은 고구려 악무이고 '무애'는 서역악무(西域樂舞)이며 '처용'은 신라

25) 『世宗實錄』 권30, 七年 乙巳 十月 庚辰條와 十二年 九月 己酉條 및 十二年 十二月 癸酉條 참조.

의 악무이다. 고려조가 채용한 속악 24편 중에 과거 백제의 사적 및 강역 등과 연계된 악무가 별로 나타나지 않고 있는 점이 관심을 끈다. 중국의 은조(殷朝)와 기자조선과 접맥된 '서경(西京) · 대동강(大同江)'의 악무도 나타나는 터에, 백제와 연관된 악무가 배제된 사실은 반드시 우연으로만 볼 것인지 의문이다.

이같은 정황을 참작컨대, 『고려사』 「악지」에서 「삼국속악」조를 별도로 편찬한 이유는 다양하겠지만, 그 중에서 백제악무를 국가 차원으로 채택하겠다는 의도도 작용했다고 필자는 생각한다. 「삼국속악」 백제악편에 나오는 악무는 '선운산(禪雲山) · 무등산(無等山) · 방등산(方等山) · 정읍(井邑) · 지리산(智異山)' 등 다섯 편인데, 이 중에서 '정읍(井邑)'을 제외하고는 모두 제목이 산 이름을 취하고 있는 점도 특이하다. '정읍'은 조선조에 들어와서 '동동 · 처용가'와 함께 민족향악의 삼대악무(三代樂舞)로 정착되었다.

『고려사』 악지 삼국속악 중 신라 · 백제 · 고구려의 악무들 모두가 전승이 단절되었지만, 유독 '정읍'만이 고려조를 거쳐 조선조에 중요한 악무로 격상되어 전래된 행운을 얻었다. 백제 가곡 중에서 왜 '정읍'만이 전승되어 조선조에 들어와서 국가 공식악무로 확정되었는가 하는 데는 그만한 이유가 있었을 것이다. 이는 '정읍'이 혹시 후백제가 중시한 악무였거나, 백제 강역의 백성들이 가장 애호했기 때문이었다는 가정도 해 볼 수 있다. 「정읍사(井邑詞)」의 노랫말이 인간사회의 모태가 되는 부부애를 형상했다는 점도 참작이 되었을 것이다.

『악학궤범』의 편차도 「아악(雅樂)」 · 「속악(俗樂)」 · 「고려사악지(高麗史樂志)」 · 「당악정재(唐樂呈才)」 · 「속악정재(俗樂呈才)」 등으로 구성되어 있고, 권수를 달리해서 「시용당악정재도설(時用唐樂呈才圖說)」, 「시용향악정재도설(時用鄕樂呈才圖說)」 항목이 나열되어 있다. 정읍사는 「시용향악정재」 편장과 「고려사악지」 · 「속악정재」에도 수록되어 있다. 이러한 점을 감안한다면 향악과 속악은 명확한 변별력이 없이 함께 사용된 듯하지만,

용어에 명확한 차이가 있는 이상 악무의 내용도 달랐을 것이다.

「고려사악지」의 「속악정재」편에는 '무고·동동·무애' 등의 악무가 실려 있다. '무고'를 연희할 때 정읍사가 가창되었는데, 향악이 그 곡을 연주했다고 했다. 이 경우 향악은 민족 전래의 전통관현악단을 지칭한 감이 있다.[26] 조선조가 국가 악무를 총괄적으로 다룬 악학궤범에서 '아악·속악'을 근간으로 하고 「고려사악지당악정재」·「고려사악지속악정재」 그리고 「시용당악정재도설」·「시용향악정재도설」 등으로 분류하여 편차한 것은, 조선조 악무체계가 그러했다는 것을 말한다.

이를 근거하여 볼 때 조선조 역시 고려조의 악무전통을 그대로 수렴하여 '아악·속악·당악·향악'의 네 단위로 민족악무를 분류했다. 중국에서 당악과 아악이 수입된 후 아악은 끊임없이 속악과 갈등을 겪었고, 당악 역시 향악과 줄곧 암암리에 대치되어 왔다. 아악과 당악이 고상하고 속악과 향악이 다소 저급하다는 인식은 당대의 지식인들이 가졌던 일반적인 악무인식이었다. 그러나 고려조 이후 조선조까지 국가의 공식 또는 비공식 행사에 사용되었던 당악은 지금 그 흔적조차 찾기가 어렵다. 반면 향악과 속악은 강인한 생명력을 발휘하여 지금도 엄연해 존재하고 있다는 사실에서 우리는 민족악무의 견고성과 영원성을 확인하게 된다. 『고려사』「악지」에는 『악학궤범』과 달리 향악 편장이 별도로 존재하지 않고, '용속악절도(用俗樂節度)'편 말미에 향악과 당악을 연주했다[奏鄕唐樂]는 정도로 부기되어 있을 따름이다.

『고려사』「악지」와 조선조 『악학궤범』을 대비할 경우, 조선조에 들어와서 향악이 부각되었음을 느낄 수 있는 바, 이는 조선조의 악무정책이 향악과 속악을 변별하여 구체적으로 진행되었음을 뜻한다. 『악학궤범』에는 「시용향악증제도설」·「향부악기도설(鄕部樂器圖說)」 등의 편장을 마련하여 향악의 중요성을 시인하고 있었다.

---

26) 『樂學軌範』 권3, 「高麗史樂志」, 「俗樂呈才」 '舞鼓', "諸妓歌井邑詞, 鄕樂奏其曲"

『악학궤범』의 편차가 아악을 머리로 하고 속악을 뒤에 첨부했지만, 내용이나 분량은 속악이 아악을 압도하고 있다. 악기의 경우는 아부악기(雅部樂器)가 당부(唐部)나 향부(鄕部)악기보다 그 종류가 다양하다. 그런데 왜 '속부악기(俗部樂器)' 항목을 두지 않고 '향부악기'로 분류하여 민족 전래악기를 여기에다 수록했는지가 의아하다. 아악을 속악에 당악을 향악에 명확하게 대비하면서, 유독 악기에 관하여서만은 '속부(俗部)'를 정하지 않고 향부악기(鄕部樂器)에 통합시킨 데는 그만한 이유가 있었을 것이다. '속악진설도설(俗樂陳設圖說)'에는 시용아부제악(時用雅部祭樂)과 시용속부제악(時用俗部祭樂) 항목이 나와 있는 것과도 대비가 된다.

『삼국사기』 악지와 『고려사』 악지 그리고 『악학궤범』을 놓고, 우리의 전통악무분류인 '아악 · 속악 · 당악 · 향악'이 갖는 위상을 검토할 때, 삼국시대에는 속악의 개념이 없었고 오직 향악만이 한 부류(部類)로 존재했던 것 같다. 신라시대의 향악은 당시 백성들이 애호했던 악무였을 따름이지 왕조 차원의 국가 악무와는 거리가 있었다. 고려조에 들어와서 급속한 중국화로 인하여 민족악무 역시 윗자리를 중국 악무인 아악에 내주게 되었다. 중국악무가 당악의 차원을 넘어서 국가 공식악무로 승격된 것은 아악이 수입된 뒤부터였다. 제천(祭天) · 제지(祭地) 및 태묘(太廟)나 종묘(宗廟) 등 국가의 중요한 의식에 아악이 사용된 뒤부터 민족악무는 속악 또는 향악으로 격하되었다.

『고려사』「악지」에는 민족악무를 속악(俗樂)으로 일관하여 분류했던 듯하고, 조선조에 들어와서 향악의 개념을 민족악무로 규정하고 다소나마 격상시키려는 의도가 있었음이 『악학궤범』의 여러 편장에서 산견된다. 『악학궤범』에 「시용향악정재도설(時用鄕樂呈才圖說)」 편장이 있고, 편자 및 시대미상인 『시용향악보(時用鄕樂譜)』와 『악장가사(樂章歌詞)』가 전해지고 있다는 점도 문제가 된다.

악장(樂章)에는 '아악악장(雅樂樂章)'과 '속악악장(俗樂樂章)'이 있었고, 당대에 행해진 모든 의식에 참석했던 인물들이 이해가 어려운 당악 또는 아악악장보다 속악악장에 더 관심이 많았을 것이다. 왜냐하면 악장의 가사가 이해하기 쉬운 우리말이 주류이었기 때문이다. '동동·정읍사·처용' 등의 삼대 악무도 「시용향악증제도」의 편에 수록되어 있다. 「보대평(保大平)」·「정대업(定大業)」·「봉래의(鳳來儀)」 등이 조선조 시용향악의 머리 부분에 편차된 것은, 이들 악무가 조선조 개국을 구가한 국가예악인 만큼 당연하다. 그런데 『시용향악보』의 이십육가곡(二十六歌曲) 중 「납씨가(納氏歌)」와 「유림가(儒林歌)」·「횡살문(橫殺門)」류를 제외하고는 거의 전부가 조선조 이전 오랜 시간 동안 가창되었던 향악인 점이 특히 주목된다. 아악이 유입된 이후에 창작된 악장을 두고는 '속악악장(俗樂樂章)'이라고 칭하는 것이 합당하지만, 고려조 이전의 우리 민족 고유의 국가악장은 '민족악장(民族樂章)'이라는 명명을 붙여야 마땅하다. 만일 민족악장이라고 호칭하기가 어려웠다면 그 차선책으로 '향악악장(鄕樂樂章)' 정도만으로도 부르는 것이 합리적이다.

필자는 이같은 이유로 해서 『시용향악보』나 『악장가사』에 실린 우리의 옛 노래들을 일컬어 '향악악장'이라고 말한 바 있지만, 한걸음 더 나아가서 '민족악장'으로 칭하고 싶은 심정이다. 중국으로부터 외래악이 수입되기 이전 우리의 고대 및 중세 국가에서는 왕의 즉위나 행차와 조정의 제반 공식행사 때 우리 민족 고유의 악무가 연주되었음이 확실하고, 이때 연주된 악무가 당시에 악장이라는 용어로 호칭되지는 않았겠지만, 국가 악장의 의미로 사용되었을 것이다. 소위 '아악'이 수입되기 전에는 국가의 중요한 행사에 '향악·속악' 등으로 불리워진 민족 전래의 악무가 국가악장으로 연주되었다는 사실은 부정하기 어렵다. 아악과 당악이 들어온 이후 향악·속악 등으로 격하된 과거의 정통 국가악장을 두고, 더 이상 향악 속악 따위로 불러서는 안 된다는 점을 제언하고 싶다.

우리나라의 역대 악무서적(樂舞書籍)들이 아악을 중시하고 민족고유의 악무를 다소 폄하한 것은 사실이다. 현존 악무에 관한 문헌들의 편차나 내용에 있어서 거의가 아악을 중심으로 짜여져 있기는 하나, 속악의 비중이 결코 가볍게 다루어지지는 않았다. 『악학편고(樂學便考)』의 경우도 악무에 관한 일반론을 머리로 한 후, '아악 · 악부 · 속악'으로 대별하고 '아악장 · 속악장'으로 유분했다. 이 중에서 속악장은 상하로 나눌 만큼 분량이 많은 점을 봐서, 당시에도 속악의 비중이 적지 않았음을 말해준다. 『악학편고(樂學便考)』에는 향악의 개념이 없고 속악만 있는데 여기에서의 속악은 중국 역대 왕조의 속악과 우리나라의 속악을 합쳐서 엮은 점이 특이하다.[27] 고종(高宗) 29년 1892년에 간행된 『속악원보(俗樂源譜)』에는 아악 · 당악 등은 빼고 속악 위주로 내용이 짜여져 있고, 편장의 명칭도 '인의예지신(仁義禮智信)'으로 되어 있다.[28] 이보다 앞서 영조(英祖) 35년 1759년에 발간된 『대악후보(大樂後譜)』에는 처음부터 아악이나 당악이 없다. 지금 전하지 않고 이는 『대악전보(大樂前譜)』 역시 세종조악(世宗朝樂)을 중심으로 편찬했다고 했으니, 아악 · 당악 등의 외래악무는 없었다고 생각된다.

18세기 중엽에 발간된 이 악무서(樂舞書)의 이름이 '대악(大樂)'인 점은 관심을 끈다. 우리의 악무사(樂舞史)에서 대악이라는 말이 처음 나온 것은 『삼국사기』 악조이다. 앞에서도 언급했듯이 신라가 가야악무를 산정하여 대악으로 삼았다고 했는데, 조선조에서도 삼국과 후삼국 그리고 고려조의 악무들을 나름대로 정리하여 '대악'으로 규정한 것으로 생각된다. 전래된 민족악무를 향악이나 속악 등으로만 부르지 않고 이를 묶어서 '대악'으로 인식한 것은 악무 인식의 진전으로 평가된다. 『대악후보』는 칠권(七卷)으로 되어 있고 그 중 권일(卷一) '세조조속악(世祖朝俗樂)' 중에 천자(天子)의 예악(禮樂)인 '환구악(圜丘樂)'이 포함된 것이 주목된다.[29]

향악과 속악의 변별점과 차이점에 대해서 정밀한 논의가 필요하지만,

---

27) 『樂學便考』(權寧徹 解題, 螢雪出版社, 1980)에는 樂舞를 雅樂 · 俗樂 · 樂府 등 삼대 部類로 갈랐을 뿐, 鄕樂은 별도로 취급하지 않고 속악장에다 전부 편입시켰다.

28) 『俗樂源譜』(『韓國音樂學資料叢書』 11, 1989)에는 이름 그대로 俗樂 위주로 되어 있고 鄕樂이라는 명칭을 쓰지 않았다.

29) 『大樂後譜』(『韓國音樂學資料叢書』 1, 1989)에는 俗樂譜와 雅樂譜 그리고 時用鄕樂譜 등을 합쳐서 大樂이라는 部類에 편차하고 있다.

본고의 성격상 문제제기 정도로 언급할 수밖에 없음을 아쉽게 생각한다. 단지 유의할 부분이 있다면, 대체로 '시용향악'이라는 용어는 있지만, '시용속악'이라는 항목이 없다는 사실이다.

시용, 즉 당시에 사용하는 속악이 없다는 것은 속악의 역사가 향악에 비해 길지 않음을 의미한다. 앞서 말한 것처럼 고려조에 아악(雅樂)이 들어온 이후부터 속악이 설정된 듯하다는 견해와도 접맥된다. 이러한 논리가 타당성이 있다면, 향악으로 분류된 민족악무는 적어도 아악이 수입되기 이전에 존재했던 악무로 볼 수도 있다. 따라서 『악장가사』에 '속악가사'와 '속악·아악가사'에 실린 악무들과 '가사상(歌詞上)'에 수록된 악무는 차이가 있는 듯하다. 『악장가사』에는 향악이라는 용어를 쓰지 않고, 통틀어 국가의 공식 또는 비공식 연향에 사용된 악무를 일괄하여 악장으로 취급했다.

그러므로 '가사상(歌詞上)'의 편장에는 향악과 속악이 뒤섞여 수록되어 있는데, 이 중에서 「정석가(鄭石歌)」·「청산별곡(靑山別曲)」·「서경별곡(西京別曲)」·「사모곡(思母曲)」·「쌍화점(雙花點)」·「이상곡(履霜曲)」·「가시리」·「처용가(處容歌)」 등은 속악이기보다는 향악으로 분류되어야 한다고 생각된다. 왜냐하면 이들 악무는 '요(謠)'가 아니고 '가곡(歌曲)'이며 아악을 염두에 두고 창작되었거나 전승된 것이 아닐 뿐 아니라 이들 악무가 전부 악기의 반주에 의해 가창되었기 때문이다. 그러므로 『악장가사』에 실린 고려의 악무를 두고, 우리는 고려가요라고 하고 있는데, 엄밀한 개념에 입각한다면, '고려가곡'으로 불리워져야 합당하다.

향악은 동아시아에서 우리나라의 악무서에만 나타나는 용어인 듯하다. 중국에서는 향(鄕)보다 속(俗)에 비중을 두고 속부(俗部)라는 용어를 주로 사용했다. 송(宋) 휘종대(徽宗代) 진양(陳暘)이 1104년에 편찬한 악서(樂書)에 의하면 '아부(雅部)·속부(俗部)·호부(胡部)'로 분류하고 호부(胡部)에 사이가(四夷歌) 등 중국 주변 여러 민족의 악무를 수록했다.[30]

---

30) 陳暘, 樂書 總目次와 그 내용에 우리의 악서들과 연관시켜 여타의 항목을 뺀 부분에서 이같은 三大部類가 나타나 있다.

『악학궤범』에도 '아부(雅部) · 당부(唐部) · 향부(鄕部)' 등의 편장이 나타나는데, 이는 주로 악기를 말할 때 분류 기준으로 사용했다. 속악은 『악학궤범』의 경우 시용속악이라는 말 대신 "『고려사』 악지 '속악'"으로 나누어서 여기에 관계된 악무들을 편차했다. 「보대평(保大平)」 · 「정대업(定大業)」 · 「봉래의(鳳來儀)」 등 창업과 관계된 중요한 악장을 속악으로 보지 않고 향악으로 취급한 것은 『악학궤범』의 찬자의 의도가 개재된 것으로 생각된다.

조선왕조 개국 무렵은 명제국(明帝國)이 중원을 통일하여 당시 세계 초강대국으로 부상했기 때문에, 개국의 웅혼한 기상을 표면적으로 도회(韜晦)하면서, 이면으로는 강한 자존심을 갖고 있었다. 따라서 15세기의 조선조 개국파 사인들은 악무정책에 있어도 반드시 사대적인 것만은 아니었다.

5. 번부악(蕃部樂)의 설정과 그 추이

눌재(訥齋) 양성지(梁誠之)는 단기 3802년 예종(睿宗) 1년 1469년에 국정 전반에 관한 상소문을 올린 바 있는데, 그 중에서 아악(雅樂)을 보존해야 한다고 주장하면서 악(樂)의 부류에 대해서 다음과 같이 말했다.

> 신이 듣건대 악(樂)에는 아악 · 속악 · 당악 · 향악이 있고, 남악(男樂)과 여악(女樂)도 있으며 번부(蕃部)와 잡기(雜技) 그리고 헌가(軒架) 고취(鼓吹)의 제도도 있습니다. 우리나라의 향악은 신라에서 비롯되었고 아악은 송(宋)에서 대성악(大晟樂)을 내려준 것인데 종(鍾) · 경(磬) · 태상(太常) 등은 지금도 전하고 있습니다. 전일에 중국 사신 예겸(倪謙)이 와서 헌가악(軒架樂)을 보고 칭찬하기를 마지 않았으니, 이는 가히 기쁜 일이 아닐 수 없습니다.[31]

31) 『睿宗實錄』 권6, 元年 己丑 六月. "臣竊聞, 樂有雅樂俗樂唐樂鄕樂, 有男樂, 有女樂, 又有蕃部雜伎, 又有軒架皷吹之制. 吾東方鄕樂, 自新羅而始, 雅樂則宋賜大晟樂, 其鍾磬太常, 至今傳之. 前日明使倪謙之來, 見軒架樂, 稱賞不已, 是可喜也.

양성지는 15세기 중엽에 조선조 악무를 '아악 · 속악 · 당악 · 향악' 등 사대 부류로 나누고, 남악과 여악 그리고 번부악 잡기 고취악에 대해서도 말했다. 향악은 신라시대에 비롯되었고, 아악은 송이 준 대성악에서 출발했다고 했다. 아악의 보존을 주장했지만, 속악과 향악을 과소평가하지 않았던 것이 주목된다. 민족악무의 사대부류 중에서 아악 다음에 속악을 배치한 것은, 속악이 당악이나 향악보다 우위에 있음을 뜻한다. 속악은 아악이 들어온 뒤 아악에 대응되는 민족악무를 창출해야 한다는 의지와 관계가 있다. 그러므로 전래된 향악 중에서 선택된 악무나 또는 새로이 창작된 악무일 가능성이 있다. 『고려사』 「악지」의 '삼국속악(三國俗樂)'은 앞서 말한 것처럼 무수한 향악 중에서 고려조의 악무정책에 의해 선별된 악무라고 생각된다. 양성지가 제시한 '잡기(雜技)'는 과거로부터 전승된 '백희가무(百戲歌舞)'의 일종으로써 오늘날 곡예류에 해당될 것이다.

필자가 예종에게 올린 양성지의 위 상소문에서 특히 관심을 갖는 부분은 '번부악(藩部樂)'에 관한 부분이다. 번부악의 개념은 조선조가 일종의 황제국이거나 주변국가의 맹주임을 전제로 한 악무 인식이다. 이는 마치 앞서 언급한 진역(陳暘)의 악무 분류 중에 '호부악(胡部樂)'의 종주국이 되어야 함을 천명한 것이기도 하다. 양성지가 제청한 번부악은 '아악 · 속악 · 당악 · 향악' 등에 추가되어 오대부류(五大部類)로 확장되어야할 중요한 악무이다.

악무에는 다양한 갈래가 있다. 기능과 역할에 따라 제향악(祭享樂) · 연향악(宴享樂) · 방중악(房中樂) 등 열거하기 어려울 만큼 많지만, 크게 나눌 때 위에서 제시된 오대부류에 모두가 포괄된다.

연희 주체에 따라 분류한 남악(男樂)과 여악(女樂)의 경우, 여악은 항상 문제가 되어 존폐 위기에 놓였다. 여악은 삼한(三韓) 이래로 사용된 것인데, 중국사신 단목례(端木禮)와 예겸 등의 말 한마디로 폐지하는 것은 온당하지 않다는 반론도 만만치 않았다.

우리나라의 전통 여악을 단목례는 매우 나쁘다고 했고 예겸 등은 오랑

캐의 풍속이라고 혹평했으며, 예겸 등의 악평에 의거하여 당대 진신(縉紳)들 모두가 여악의 폐지를 주장했지만, 문종대(文宗代)의 우의정 남지(南智)는 삼한 이래로 전승되어 온 민족악무를 중국 사신 말 한마디에 졸지에 폐한다는 것은 부당한 만큼 다시 의논하여 결정함이 마땅하다고 올바른 주장을 했다.[32)]

중국사신 예겸이 여악을 이악(夷樂)이라고 규정하고 폄하한 것은 중국중심의 예악사상을 기반으로 한 것이다. 당시 오고간 중국 사신들의 여악에 관한 질책을 두고, 영의정 하연(河演) · 좌찬성 김종서(金宗瑞) · 우찬성 정망(鄭莽) · 좌참찬 정갑손(鄭甲孫) 등은 여악 폐지를 주장했지만, 유독 남지만이 외국 사신의 즉흥적인 말 한 마디로 전통악무를 경솔하게 폐지할 수 없다고 주장한 것이다. 민족악무에 대한 조선 초기 지도급 인사들의 이 같은 폄하적 인식과는 달리 한 걸음 나아가서 번부악을 설정하여 조선조의 울타리 역할을 하는 나라들의 악무까지 수렴하여 향유해야 한다는 양성지의 주장은 놀랍다고 하겠다. 번부악의 설정과 동일한 시각에서 제언한 '오경(五京)' 문제도 주목할 필요가 있다. 양성지는 조선조도 요(遼) · 금(金) · 발해(渤海)의 오경과 고려조의 사경(四京)을 본받아 오경(五京)을 설치할 것을 상소했다. 조선조(朝鮮朝)의 오경(五京)은 번부악(蕃部樂)과 접맥된 주체의식의 발로이다. 경도를 상경(上京)으로 하고, 한성부(漢城府) · 개성부(開城府)를 중경(中京), 경주(慶州)를 동경(東京), 전주(全州)를 남경(南京), 평양(平壤)을 서경(西京), 함흥(咸興)을 북경(北京)으로 삼을 것을 양성지는 주장했다. 번부악과 오경의 설정을 주장한 것은, 조선조가 내면적으로 제후국이 아니라 황제국으로서의 긍지를 가져야 함을 천명한 것이기도 하다.[33)]

32) 『文宗實錄』 권4, 卽位年太 庚午 十一月. "太宗之時, 使臣端木禮, 來見女樂, 深以爲非, 不許一陳, 此一可恥也. 今年春, 使臣倪謙司馬恂等, 來下馬之夕, 見女樂之集曰, 此夷風也. 斯亦一大辱也. …… 右議政南智, 議童男難繼故, 已曾受敎革除, 其女樂, 三韓以來, 用之已久, 嫌倪謙之一言, 遽卽廢之爲難.

33) 梁誠之, 『訥齋集』 권2, 「奏議」, '便宜二十四事'. "增置五京, 蓋遼金渤海, 並建五京, 前朝

대저 중국의 악은 아악 · 속악 · 여악 그리고 이부(夷部) 등의 악이 있는데, 본조에서 사용하는 헌가(軒架) · 고취(鼓吹) · 동남(童男) · 기녀(妓女) · 가면잡희(假面雜戲) 등도 있습니다. 대체로 악이라는 것은 성취한 공업(功業)을 형상하는 것입니다. 태조가 천운을 타고 흥기한 이후 태종 · 세종이 계승하자 동린(東鄰)이 보물을 진상하고 북국(北國)이 귀순해 왔습니다. 이에 예를 제정하고 악을 만들어 아악과 속악이 모두 바르게 되었으나, 오직 번악(蕃樂)만이 정해지지 않았습니다. 바야흐로 성상이 용비(龍飛)하여 대위에 오르자 일본 여진 등의 사자가 대궐 뜰에 와서 즉위를 하례하는 자가 항상 수백 인이 되고 있으니 해동(海東)의 문물이 지금보다 성한 적이 없었습니다. 바라건대 일본의 가무로써 동부악(東部樂)을 삼고 여진(女眞)의 가무로써 북부악(北部樂)을 삼도록 하십시오. 일본악은 삼포(三浦)의 왜인(倭人)들에게 익히게 하고, 여진악은 오진(五鎭)의 야인(野人)들에게 익히게 하되, 그 의관제도가 괴의하다고 배척하지 말고 동사(東使)에게 연회를 베풀면 북악(北樂)을 겸용하지만 동악(東樂)을 쓰지 않게 하고, 북사(北使)에게 연회를 베풀 때는 동악을 겸용하되 북악을 사용치 말게 하십시오. 중국 사신에게 베푸는 연회에는 동악과 북악을 모두 연희하게 할 것이며 조정행사와 종묘에서도 이들 악을 사용하여 태평한 다스림을 찬양하게 하여 우리 조종의 위업을 빛나게 하시면 더없는 영광이 될 것입니다.[34)]

又建四京, 而本朝則只有漢城開城兩京而已.…… 乞以京都爲上京, 漢城府開城府爲中京, 屬京畿右道, 以慶州爲東京, 全州爲南京, 平壤爲西京, 咸興爲北京."

34) 梁誠之, 『訥齋集』 권2, 「奏議」, 便宜二十四事, '設蕃部樂', "蓋中國之樂, 有雅樂俗樂女樂夷部等樂, 本朝所用有軒架鼓吹童男妓女假面雜戲等制, 大抵樂者象成者也. 自太祖乘運而興, 太宗世宗相繼而作, 東隣獻琛, 北國款塞, 制禮作樂, 雅俗皆正, 而獨蕃樂未之議焉. 方今聖上龍飛, 新登大位, 日本女眞之使來賀卽位者, 常數百人, 稽顙闕庭, 海東文物, 未有盛於此時者也. 乞以日本歌舞爲東部樂, 女眞歌舞爲北部樂. 日本樂習於三浦倭人, 女眞樂習於五鎭野人, 其衣冠制度, 不爲怪異譏誚之狀, 燕東使則兼用北樂, 而不用東樂, 燕北使則兼用東樂, 而不用北樂, 燕中國使則並用東北樂. 于以用之朝廷, 奏之宗廟, 賁飾太平之治, 以光我祖宗之業, 不勝幸甚."

양성지는 조선조의 악을 중국의 악과 대비시켜 중원의 천자 예악을 본보려는 의도가 강했다. 중국에도 이부악(夷部樂)이 있는 터에 조선조도 여기에 해당하는 번부악을 설정해야 한다고 주장한 것이다. 악이 개국의 공덕을 찬양하는 만큼 세조가 '태조 · 태종 · 세종'의 위대한 지도자의 뒤를 이어 등극했으니, 응당 번부악은 설립되어야 마땅하다고 했다. 양성지는 조선조 초기의 정통성을 '태조 · 태종 · 세종 · 세조'라고 확신했다. 문종(文宗)과 단종(端宗)이 여기에서 배제된 것은 양성지의 이 같은 정통성 인식과 관계가 있다.

세조 즉위식 때 일본과 여진이 사자를 파견하여 축하한 사실을 근거로 하여 번부악을 만들어서 일종의 천자 예악을 갖자는 의도가 깔려 있었다. 일본가무를 동악(東樂)으로 여진가무를 북악(北樂)으로 하고 이들 번국(蕃國)의 사신이 오면 우리의 악무와 함께 사신 온 해당 국가의 악무를 제외하고 동악이나 북악을 연주하여 조선조의 권위를 높일 것을 제창했다. 양성지가 번부악 설정을 제창하고 번부악 산하에 동악과 북악을 만들고 이들 악무를 익히게 해야 한다고 했지만, 과연 조선조가 이를 시행했는지는 분명히 말하기 어렵다.

번부악이나 북악 동악 등은 조선조 초기에 잠깐 모습을 드러내었다가 이후로는 나타나지 않은 점으로 볼 때 제안으로 끝났을 가능성이 있다. 그러나 청(淸)나라가 중원의 주인이 되기 전에는 여진족이 어느 정도 독립성을 지녔던 것이 사실인 만큼 여진족의 대표들이 조정을 드나들었고, 왜(倭) 역시 무수히 사신을 파견하여 조선을 왕래한 바가 있다. 여진과 왜의 사신들을 조정에서 접견할 때 악무를 베푸는 것이 관례였다면, 북악이나 동악의 존재가 전적으로 배제될 수 없는 듯하다.

세조 10년(1464) 1월 1일 왕이 근정전에 나아가 조하(朝賀)를 받은 후 회례연(會禮宴)을 열었다. 왕세자와 효령대군(孝寧大君)을 위시한 여러 대군(大君) · 군(君) · 부정(副正) 등과 영의정 신숙주(申叔舟) 및 좌우의정들을 위시한 문무백관 그리고 왜(倭)와 야인(野人)들도 반열에 끼게 한 신년하례 행사였다. 정월 초하룻날의 회례연은 왕세자가 왕에게 술을 올리는 것을 시발로 하여 차례대로 헌주를 했다. 술이 칠행(七行)을 돌자 세조는 시위군사에게 술을 내린 후, 기녀와 공인(工人)들에게 명하여 악무를 베풀게 했고, 왜인과 야인들에게 전정(殿庭)에 올라와서 노래하고 춤추게 했으며 곧이어 사정전(思政殿)에 행차하여 나희(儺戱)를 관람했다.

신년하례식에 왕족도 참석했고 왜인과 야인도 참여한 사실을 이 기록에서 확인할 수 있다.35) 세조가 왜인과 야인에게 근정전 뜰에 올라와서 춤추고 노래하게 했다고 했으니, 그들은 왜가무(倭歌舞)와 여진가무(女眞歌舞)를 연희했을 터이고, 그렇다면 소위 '북악(北樂)'과 '동악(東樂)'에 해당되는 악무가 조정의 공식석상에서 실연되었을 가능성이 있다.

세조가 참여한 신년하례식에 연주 또는 연희였던 악무가 구체적으로 무엇인지는 밝혀지지 않고 있지만, 이날 나례(儺禮)가 아닌 나희(儺戱)를 관람했고, 다음날에도 세조는 세자와 효령대군 임영대군 영웅대군 그리고 입직제장(入直諸將) 및 승지들과 더불어 술자리를 마련하고 악을 베풀게 했다. 나희는 나례와 달라서 오락적 방면으로 발전해 간 일종의 흥미로운 연극이다. 나희의 관람을 감안할 때 엄숙한 아악보다 향악 위주로 소위 '주악(奏樂)'이 진행되었을 것이고, 1월 1일에 왜(倭)와 달리 일본국(日本國) 대마주태수(對馬州太守)도 사자를 파견하여 세조에게 토물(土物)을 진상했으니, 동악(東樂)의 필요성은 충분히 인정된다.

조선조에서 왜(倭)와 야인(野人)을 접견할 때, 악을 베풀었음은 곳곳에서 확인된다. 사정전(思政殿)에서 이들을 접견하면서 악사(樂士) 2명과 여기(女妓) 40명, 악공(樂工) 14명이 동원되었고, 선정전(宣政殿)에서는 악사 2명, 여기 20명, 악공 14명이 주악(奏樂)했으며, 한편 예조(禮曹)에서 이들에게 연회를 베풀 때 악사 1명 여기 12명, 악공 1명이 동원되었다는 기록

---

35) 『世祖實錄』 권31, 十年 甲申 正月 甲寅朔. "御勤政殿受朝賀, 設會禮宴, 王世子進酒. …… 倭野人皆就班, 補叔舟等, 以次進酒, 酒七行, 賜侍衛軍士酒, 命妓工人, 上殿奏樂, 又令倭野人, 皆升殿歌舞. 御思政殿, 觀儺戱."

들이 있다.[36] 조정에서 왜와 야인들을 접견할 때 일정한 격식의 악무를 연희했고, 이들을 후대(厚待)할 필요가 있을 경우에는 여기와 악공의 수를 더 늘렸다는 기록도 부기되어 있다. 『악학궤범』에 실린 이와 같은 내용들이 속악의 '고취(鼓吹)'조에 편성된 것으로 봐서 왜와 야인들에게 베푼 악(樂)은 속악 위주였다고 생각된다. 속악은 아악에 대응되는 악무의 부류로서 향악 중에서 선별했거나, 아니면 새로 만들어진 민족악무일 가능성을 인정한다면 이는 우리가 만든 일종의 신악(新樂)으로 볼 수 있을 것 같다.

향악에 대한 인식은 『고려사』 「악지」를 근거로 하여 검토할 경우, 고려시대보다 조선조에서 격이 약간 높아진 감이 있다. 그러나 우리가 악성(樂聖)으로 추앙하고 있는 박연(朴堧, 1378~1458)의 향악 인식은 참담한 바가 있다. 그는 당악(唐樂)이 역대 중국의 악을 칭하는 의미로 사용되고 있는데, 이는 중국의 '속부지음(俗部之音)'인 바, 응당 당악이라는 명칭을 '화악속부(華樂俗部)'로 고치는 것이 옳다고 했을 뿐 아니라, 향악이라는 칭호도 매우 비리(鄙俚)한 만큼 바꿔야 한다고 주장했다.[37] 아악과 당악 위주로 조선조 악무를 바꾸려는 그의 의도는 칭송되기 어렵다.

향악과 당악의 문제는 조선조 악무정책의 숙제이기도 했다. 또 한 예로서 종묘나 조회 기타 연향에 사용하는 악들이 혼란하니 반드시 아악(雅樂)으로 통일되어야 한다는 태종의 견해에 대해서, 황희(黃喜)는 향악을 사용한 지 오래이므로 고칠 수 없다는 반론을 편 것은 매우 인상적이다.[38] 용

36) 『樂學軌範』 권2, 俗樂陳設圖說 時用殿庭鼓吹. "思政殿倭野人接見, 樂師二女妓四十, 樂工二十, 宣政殿倭野人接見, 樂師二女妓二十樂工十四, …… 禮曹倭野人宴, 樂師一女妓十二樂工十."

37) 『世宗實錄』 권47, 十二年 庚戌 二月. "其樂之名, 世稱唐樂. 唐字旣爲漢唐之唐, 則歷代中國之樂, 皆以唐稱之, 其可乎. 願以華樂俗部 改稱之. …… 願自今宴享鄕樂, 主用林鍾爲調 樂名世稱鄕樂, 亦甚鄙俚, 願殿下改之."

38) 『太宗實錄』 권109, 九年 己丑 四月 己卯. "上謂左右曰, 禮樂重事也. 吾東方尙循舊習, 宗廟用雅樂, 朝會用典樂, 於燕享迭奏鄕唐樂, 亂雜無次, 豈禮樂之謂乎. 雅樂乃唐樂, 參酌改正, 用之宗廟, 用之朝會燕享可矣. 豈可隨事而異其樂乎. 黃喜對曰, 用鄕樂久, 未能改耳. 上曰, 如知其非, 狃於久而不改可乎."

비시(龍飛詩)를 관현악과 함께 협연케 하기 위해, 선덕(宣德: 宣德宗年號 1426~1435) 연간에 당악을 익히기 위해 창가비(唱歌婢)를 선발하여 중국에 파견했는데, 귀국한 이들을 불러서 당악과 맞추려고 했지만 실패했다는 기록을 봐서 민족악무와 외래악무는 서로 합치하지 못하는 분야가 많았다.[39] 고려시대부터 외래악무가 자의 또는 타의에 의해 유입되었지만, 대부분 정착되지 못하고 표류하다가 얼마 후 백성들의 관심 밖으로 밀려나기 일쑤였다. 다만 일부 관료들에 의해 아악으로 미화되어 국가의 각종 행사에 공식악무로 채택되어 명맥이 보존되었으나, 그것은 다분히 강제 보존의 성격이 강하다.

당악을 수입 또는 억지로 받아서 아악으로 격상시켜 연희한 것과는 달리 왜(倭)와 여진(女眞)의 악무를 국가 차원에서 수용하여 번국(蕃國)의 사신들을 영접할 때 사용하자는 양성지의 주장은, 중국이 사이(四夷)의 악무를 천하통치의 시각에서 활용한 의도와 흡사하다. 고려조 국가 공식축전이었던 팔관회(八關會)에서도 송상(宋商)과 동서번(東西蕃)인 왜(倭)와 여진(女眞) 그리고 탐라국(耽羅國) 등이 예물을 바치고 참석하여 악무를 관람한 것이 상례였음도 참작이 된다. 이 기록에서 주목되는 것은 송상(宋商)과 왜(倭)·여진(女眞)을 칭하여 동서(東西)의 번국(蕃國)이라 표현한 점이다.[40] 여기서 말하는 서번(西蕃)은 중국 서쪽에 있는 북방민족의 여러 국가들을 의미하고, 동번(東蕃)은 왜(倭)를 칭한 것이고 제주도를 탐라국이라 표현한 것은 당시까지 그곳이 준 독립국으로 있었음을 뜻한다.

고려시대나 또는 그 이전부터 우리나라의 주변국들 중에서 중국을 제외한 나머지를 통틀어서 '동(東)·서번(西蕃)'이라고 칭한 사실이 주목을 끈

---

39) 『世宗實錄』 권109, 二十七年 乙丑 九月. "傳旨承政院, 我國邈在東陲, 音樂與中國不同. …… 在今宣德年間, 選揀本國唱歌婢入朝. 經六七年, 太皇太后, 放還之. 諭曰, 在國中任意使之. …… 今者以龍飛詩, 欲被管絃, 使唱歌婢, 協之唐樂. …… 然絃歌之聲, 不合於本國之樂. 但舞蹈之容, 爲可觀也."

40) 『高麗史』「世家」 권16 靖宗 卽位年 十一月. "東西二京, 東北兩路兵馬使, 四都護八牧各上表陳賀, 宋商客東西蕃耽羅國, 亦獻方物, 賜坐觀禮, 後以爲常."

다. 양성지가 말한 번부악도 이 같은 전통적 주변국에 대한 인식이 악무정책으로 구현된 것으로 필자는 생각한다. 중국을 제외했을 때 우리가 주변 국가들의 종주국이니, 당연히 악무에 있어서도 번부악을 만들어서 국가 공식행사에 연희할 필요가 있다는 시각은, 중세의 정치사회가 예악사상을 기반으로 하고 있었기 때문에 필수적이었다.

양성지가 조선조를 주변 국가들의 종주국으로 자부하고 일종의 천자 예악적 시각에서 번부악의 설정을 제창한 것은, 5세기가 지난 오늘에도 재평가할 가치가 있는 중요한 악무인식이다. 서융제국(西戎諸國)의 악무가 판을 치고 있는 현실을 감안할 때, 요즘 휘몰아치고 있는 동서양의 이들 악무를 일종의 번부악(蕃部樂)으로 규정하여 재정비할 필요가 있다. 양성지가 제기했던 번부악의 성정이 조선조에서 실천되었다는 증거는 발견되지 않지만, 그 같은 주체적 악무인식은 면면히 줄기차게 지속되었다고 느껴진다. 15세기 중엽에 제창되었던 번부악의 설정이 현실화되지 않은 숙제였다면, 단기 4333년을 맞이한 21세기 벽두인 오늘 이 시점에서 이 숙제는 풀려야 마땅할 것이다.

(『한국시가연구』 제7집, 한국시가학회, 2000.9)

경기판소리의 역사적 전변(轉變)과 판소리사적 위치

■
정병헌(鄭炳憲)

1. 경기판소리의 형성

'경기판소리'가 존재하는가?[1] 그 존재에 관하여는 두 가지의 견해가 있을 수 있다. 판소리 형성기부터 경기판소리는 그 지역의 민속을 기반으로 하여 남도(南道)판소리 등 다른 지역의 판소리 형태와 병립(竝立)하였다는 점이 그 하나요, 다른 하나는 남도를 중심으로 하여 이루어진 판소리에 경기도의 민속음악이 참여하며 그 판소리를 보다 풍부하게 하였다는 점이 다른 하나의 견해이다. 이처럼 경기판소리의 존재는 판소리의 형성과 정착에 관한 두 가지 측면에서 거론할 수 있는 것이다. 이런 관점에서 경기판

---

1) 경기판소리는 경기 지역의 판소리 문화라는 의미로 사용되어 왔는데, 이는 현재적 관점으로 이 지역의 판소리 현상을 바라본 것이다. 여기에서는 발생적으로 볼 때 경기판소리가 남도판소리와 달리 존재했다는 전제 위에서 논의를 전개한다. 그럴 만한 지역적, 문화적 사정이 존재하고 있기 때문이다.

소리의 형성에 관한 논의를 전개하고자 한다.

판소리는 전문적 기량을 지닌 연창자(演唱者)가 춘향이야기, 심청이야기와 같이 줄거리를 지닌 이야기를, 북을 치는 고수의 장단에 맞추어 창(唱)과 아니리를 섞어 엮어 나가는 연예 형태를 가리킨다. 그러나 판소리가 현재와 같은 모습으로 완결된 것은 대체로 숙종 영조 무렵에야 가능했던 것으로 추정된다. 그 이전의 모습은 창과 일상적 언어가 결합된 다양한 방식으로 전국 어디에서나 존재했던 것이다. 그 구체적인 모습을 우리는 창우집단(倡優集團)의 소리나 무가(巫歌)의 연행(演行)에서 확인할 수 있다. 요컨대 판소리가 남도의 음악과 결합되어 전승되는 모습으로 확정된 것은 보다 후대의 일로 추정할 수 있는 것이다.

우선 우리는 판소리의 사설과 관련되는 이야기가 전국적이고 전 계층적이라는 사실을 기억할 필요가 있다. <춘향가>의 근원설화로 알려져 있는 암행어사이야기, 열녀에 관한 이야기나 백성의 원한을 풀어주는 이야기 등은 우리나라 어느 지역에서나 발견될 수 있는 것들이다. <흥보가>는 그 근원설화로 몽고의 '박 타는 처녀 이야기'가 언급될 만큼 세계적인 분포의 모방담(模倣譚)을 그 구성의 근간으로 하고 있다. <심청가>에서 보이는 어버이에 대한 지극한 효는 그 표출 방식만 다를 뿐, 인륜의 질서가 강조되면서 어디에서든지 나타날 수 있는 보편적인 것이다.2)

그런데 <춘향가>나 <흥보가>, 그리고 <심청가> 등의 골격을 이루는 것은 결핍된 자의 충족을 지향하는 것으로 이루어졌다는 점에서 본질적으로 사회 제도의 혜택을 받는 기득권층의 향유물이라고 할 수는 없다. 결핍의 충족은 필연적으로 가진 자에 대한 공격성을 내재(內在)하고 있기 때문이다. 따라서 여기에 기득권층을 끌어들이기 위하여는 그들이 추구하는 덕목으로 충족 지향의 내면을 포장해야 한다. 이 작품들이 공통적으로 열(烈)이나 효(孝), 우애(友愛) 등의 덕목을 강조하는 것은 이러한 이유에서 이해할

---

2) 정병헌, 『판소리문학론』(새문사, 1998), 26면.

수 있는 것이다.[3] 우리는 음악이나 미술 등 비언어적인 예술형태까지도 언어적으로 해석하여 그 도덕성이나 선정성(煽情性)을 거론함으로써 비판의 도마 위에 올려놓는 경우를 많이 볼 수 있다. 따라서 판소리가 국민예술로 확대된 이유를 단순히 세련된 음악의 채택과 고급화만으로 한정하는 것은 옳다고 할 수 없다.

그러나 판소리는 이처럼 결핍된 자의 충족을 다루는 이야기만 있는 것은 아니다. <적벽가>의 서사는 전체적인 흐름으로 볼 때 기득권층의 자기회복으로 이루어져 있다. 한없이 전락할 수 있는 조조(曹操)의 권위는 불완전하나마 관우(關羽)에 의하여 다시 회복되기 때문이다.[4] 이것이 반드시 <삼국지연의>라는 원전의 틀에서 벗어날 수 없기 때문에 그렇게 된 것만은 아니다. <춘향가>나 <심청가>와 같은 결구(結構)를 원했다면, 얼마든지 다른 작품을 채택할 수 있는 것이고, 따라서 <삼국지연의>의 선택은 나름대로의 필연적 이유에서 이루어졌다고 보아야 하는 것이다. 염계달은 10년 작정하고 충청도 음성으로 판소리 공부하러 가는 도중에 <장끼전> 1권을 습득하였고, 이를 열심히 연마하여 그의 장기로 삼았다고 한다.[5] 여기에서 <장끼전>이 판소리의 한 작품으로 채택된 것은 그가 추구하는 판소리와 <장끼전>의 지향이 맞아 떨어졌기 때문으로 볼 수 있다. 어떤 작품이든지 모두 판소리의 레퍼토리로 채택될 수는 없는 것이다. 이는 현재 창작 판소리로 공연되는 작품들이 판소리로서의 장기적인 수명(壽命)을 지니지 못하고, 일회적 공연으로 끝나는 것과 같은 이치라고 할 수 있다. 그런데 <적벽가>는 '군사설움타령'이나 '죽고타령' 등 민중 지향적 요소의 삽입을 통하여 판소리의 중요한 레퍼토리로 정착할 수 있었다. 이러한 노력을 통하여 판소리는 판소리 향유층의 사정권(射程圈)에서 벗어나 있던 양반 좌상객(座上客)들까지도 포용함으로써 국민예술로 정립할 수 있는 역사적 업적을

---

3) 정병헌, 『판소리와 한국문화』(도서출판 역락, 2002), 139면.
4) 정병헌, 위의 책, 141～143면.
5) 정노식, 『조선창극사』(조선일보사, 1940), 25～26면.

달성했던 것이다.

이제 우리는 판소리의 레퍼토리에 들어 있는 또 하나의 중요한 사실을 이야기할 수 있게 된다. 그것은 중인(中人)의 벼슬살이와 관련되는 배비장이나 왈짜 이야기가 버젓이 판소리의 한 부분을 차지하고 있다는 점이다. 그 두 이야기는 사건의 성격이나 사건을 전개하는 집단의 성격을 볼 때, 그 전승 기반을 서울 중심의 중부 지역이라고 추정할 수 있다. <배비장타령>은 배비장의 망신 과정을 그린 작품인데, 이에 등장하는 인물은 그 대부분이 서울을 중심으로 하는 중부지방의 사람이다.

> 한양에 金卿이라 하는 양반이 있되 …… 제주목사 제수되니 김경이 즉시 도임길을 떠나려고 이호공병형 육방 소임 골라낼 새 西江 사는 배 선달을 장막으로 급히 부러 예방 소임 맡기시니 ……6)

이 중부지방의 사람들이 제주도에서 벌이는 배비장의 망신은 제주목사의 묵인, 나아가서는 조장(助長)으로 이루어진다.

> 사또 분부하시되 너희 중에 배비장을 흠하게 하여 웃게 하는 자 있으면 중상을 줄 것이니 그리 할 기생이 있느냐. 그 중에 애랑이 여쭈오되 소녀가 불민하오나 사또 분부대로 거행할까 하나이다. 사또 이른 말이 네 능히 배비장을 훼절시킬 재주가 있으면 제주 기생 중에 인재가 있다 하리라.7)

배비장은 처음으로 관직에 나서면서 원리 원칙을 앞세우고 인간관계에 소루(疏漏)함을 보인다. 이러한 태도는 관직에 처음 나서는 사람으로서 당연히 가지게 되는 행동양식이라고 할 수 있다. 그들은 백성과의 만남을 위하여 공부했고, 그리고 이제 그들과 만나게 되는 순간이 왔는데 어찌 가슴

6) 정병욱 교주, 『배비장전 · 옹고집전』(신구문화사, 1974), 9면.
7) 위의 책, 47면.

설레지 않겠는가. 그는 관직에 충실하고자 하는 굳은 사명감에 불타오르게 될 것이다. 그러나 그 불타는 사명감은 이미 그 사회에 진출하여 관례(慣例)를 형성했던 사람들과 충돌을 일으킬 수도 있다. 이러한 이유에서 관직에 들어서는 사람에게는 신참연(新參宴)을 내게 하고 혹독한 입사(入社)의 과정(Initiation)을 거치게 하는 이른바 '신고식'이 공식화 되었던 것이다. 이를 통하여 관인들은 선배들이 행하여 내려온 관례의 묵수(墨守)와 관인이 대처할 행동규범을 배웠다고 할 수 있다. 일신(一身)이 당하지 못할 모욕을 받은 후, 처음의 불같은 이상은 사라지고 선배 관인의 행동양식에 자신을 맞출 수밖에 없었을 것이다. 발가벗은 몸으로 중인환시(衆人環視) 속에 나타난 배비장도 다시는 유학자의 도리만을 내세울 수 없었을 것이다.[8] 이처럼 관인들의 입사 과정에 나타난 신참연의 의식이 <배비장타령>의 소재인 것을 볼 때, 이는 서울을 중심으로 한 양반 또는 중인이 그 전승 주체였다고 할 수 있다.

어떤 이야기의 주체를 해명하는 경우 흔히 거론하는 예로 이른바 '거지와 교수 이야기'가 있다. 거지와 교수는 공통점과 차이점이 있다. 공통점은? "둘 다 아침에 나가면 간 곳을 모른다, 나갈 때 손에 반드시 빌어먹을 그릇을 들고 다닌다(아마도 교수들이 책 한 권 들어있지 않은 가방마저도 꼭 들고 다녔던 습관을 가리키는 것 같음), 처음 되기가 어렵지 근근이 먹고는 산다." 그럼 차이점은? 여러 가지가 있겠지만, 이런 것이 있다. "거지 마누라는 자기 남편 알기를 하느님처럼 아는데, 교수 마누라는 자기 남편 알기를 거지처럼 안다." 이런 이야기를 향유하는 집단은 거지와 교수 중 누구이겠는가? 사회적으로 강자(强者)인 것 같지만 다른 면에서 보면 약자(弱者)일 수 있다는 것으로 웃음을 유발하는 이야기의 성격으로 볼 때, 이 이야기의 향유 집단은 교수라고 할 수 있다. 물론 그 이야기가 공격성을 띤 것으로 변모되었을 때는 상황이 달라지지만, 이 자체로 볼 때는 거지가

8) 배비장전을 당대의 신참례와 관련지어 파악한 권두환, 「배비장전 연구」(『한국학보』 17, 일지사, 1979년 겨울)의 견해를 그대로 따랐다.

향유집단이 될 수는 없는 것이다. 이런 점에서 <배비장타령>의 향유자는 중인 이상으로 추정할 수 있는 것이다.

<왈짜타령>은 그 사설과 창을 잃어버린 작품인데, 대체로 시정의 유흥가를 배회하는 건달에 관한 이야기로 추정된다. 구체적으로는 궁중별감들의 풍류로 짐작할 수 있는데, 이들의 모습은 풍속가사인 <한양가(漢陽歌)>에 잘 나타나 있다. 따라서 이 작품의 전승 기반도 <배비장타령>의 그것과 동일하다고 할 수 있다.

인간은 대체로 자기의 체험에 근거하여 대상을 파악하고 이해한다. 똑같은 대상을 두고 농부와 어부, 그리고 상인은 그 이용 가치를 각각 다르게 설명하기 마련이다. 자신이 잘 알고 있고, 듣는 사람도 그것에 대하여 동의를 할 수 있기 때문이다. 이런 인간의 심리 때문에 우리는 문화 전승의 통로를 파악할 수 있게 되는 것이다. 따라서 중인 이상의 벼슬살이를 소재로 하여 이루어진 <배비장타령>이나 <왈짜타령>은 <춘향가>와 같은 저 아래의 남도(南道)를 기원으로 하는 판소리와는 구별하여 보아야 할 것이다.

이러한 이야기에 창이 삽입되면서 판소리의 형태로 이행(移行)되는 것은 퍽 자연스러운 일이라고 할 수 있다. 모든 존재는 상호 영향을 주고받으면서 존재한다. 그 영향은 공간적·시대적으로 가까우면 가까울수록 더 커지는 것이 일반적이다. 이 영향에 의하여 한 존재는 보다 자신의 영역을 살찌우기도 하고, 또 반대로 자신의 존재를 소멸시키기도 한다. 그러한 상호 영향 관계에 의하여 한 존재가 탄생하고 소멸하며, 또 성장하기도 하고 쇠퇴하기도 한다. 판소리라는 새로운 양식의 출현도 그 공간과 시간상 그와 근접한 문화 양식과의 관계에서 설명될 수 있다. 이에는 문학만이 아니라, 당시의 음악과 이 문화를 향유하던 집단의 성격도 포함된다. 경기판소리의 존재 가능성을 운위할 수 있는 까닭을 여기에서 찾을 수 있을 것이다.

발생적으로 볼 때, 판소리는 조잡한 이야기로부터 시작되었다. 이것이 현재의 예술 형태인 판소리로 변화되는 데에 결정적 기여를 한 것은 그 이야기가 시가(詩歌)와 결합하였기 때문이다. 판소리의 예술성은 그 이야기의 진지성이나 흥미에서 출발하였지만, 판소리라는 예술로 성립하면서 그것은 대부분 시가와 결합된 음악의 차원으로 이행되었던 것이다. 판소리의 명창이 되는 가장 중요한 요건으로 득음(得音)이 거론되는데, 득음의 요체는 바로 시가를 기반으로 하는 음악적 실현으로 요약될 수 있다. 요컨대 판소리가 예술 장르로 정립함에 있어 결정적인 영향을 끼친 것은 음악과 관련되는 시가와의 결합이라고 할 수 있는 것이다.[9]

이러한 이유에서 이야기가 시대의 변화에 순응하면서 자신의 생명력을 키워 나가기 위한 선택이 바로 시가와의 결합으로 나타났고, 그것은 새 시대 예술장르를 만드는 절묘한 선택이었다고 할 수 있는 것이다. 이때 이러한 선택을 가능하게 하고 새로운 장르로의 변화를 가능하게 한 것이 당시 음악계의 전문 가객들인 창우(倡優) 집단이라고 할 수 있다. 그들은 단순한 이야기 문학을 시가와 결합시켜 새로운 예술 형태의 가능성을 실험하였고, 그러한 실험이 현재의 판소리를 완성시켰던 것이다. 처음에는 단순히 기존의 시가를 받아들여 이야기 문학을 풍요롭게 하는데 그쳤지만, 뒤에는 본래 이야기로 된 부분까지도 음악에 얹혀 음악적 문화로 이행하도록 하였다. 그리하여 판소리는 음악과 결합된 시가의 만화경적 표현으로 인식될 만큼 다양한 예술 형태를 포괄하게 되었던 것이다.

시가로 이루어진 부분은 창으로 실현되면서, 일상적 어투로 이루어지는 아니리와 함께 사설을 구성하는 요소가 된다. 그러나 아니리도 일상적인 말투라고는 하지만, 그것은 판소리 문맥에 적합하도록 변용된 것이어서 음악과 결합되지 않았을 뿐, 일상적 구어와는 구별되는 판소리의 독특한 언어 표현이라고 하여야 할 것이다. 아니리는 판소리의 세계를 청중에게 전달하기 위하여 특정한 장소에서 특정한 방법으로 사용하는 언어 기법이기

9) 정병헌, 『판소리와 한국문화』, 67~68면.

때문에, 그것이 일상적 언어와 차이를 보이는 것에 대하여 비판하는 것은 옳지 않다. 아니리는 단순한 일상적 언어 정보를 전달하는 것이 아니라, 창과 함께 판소리의 세계를 환기시키는 예술적 언어로서의 기능을 갖는 것이기 때문이다.

판소리에서 창과 아니리가 결합하고, 창이 구현되는 양상은 다음과 같다.

> (아니리) 박석티를 올라서서 사면을 둘러보니 산도 예 보든 산이요 물도 예 보든 물이로구나. 동대문 밖 禪院寺는 夜半鐘聲 듣던 데라 좌편은 蛟龍山이요 우편은 영즛고개 광한루야 잘 있더냐 오작교도 반갑도다. 客舍靑靑柳色新은 나구 매고 노던 데요 靑雲洛水 맑은 물은 내 발 씻던 청계수요 綠樹秦京 넓은 길은 왕래하는 옛길이라 춘향 추천하던 수양버들은 예와 같이 잎이 풀래 꾀꼬리만 울어댄다
>
> (진양조羽調) 옛일을 생각하니 반갑기도 하건마는 人事變遷을 헤어보니 감개 또한 무량하다 한 걸음 두 걸음 緩步하여 남대문 밖 다다라 부중으로 들어가서 민정도 살피고 예 보던 곳을 구경도 하다가 그렁저렁 황혼이 되었구나10)

위의 대목은 '어사또 춘향 문전 당도하는 대목'으로 중고제 명창인 백점택(白占澤)의 더늠으로 알려져 있다. 『조선창극사』에서는 각 명창들의 더늠이 소개되어 있는데, 대부분 창과 아니리, 창조의 구분을 기록하지 않았다. 그런데 이 부분만은 예외적으로 창조를 표시하여 앞 부분의 아니리와 구별하고 있다. 기본적으로 창과 아니리는 상호 교체되어 나타난다. 그러나 그 교체는 형식적일 뿐, 질적으로 동일한 것은 아니다. 중머리 장단의 창이 나온 뒤 중중머리 장단의 창이 나오기도 하며, 한 단위의 아니리가

---

10) 정노식, 앞의 책, 112면.

끝난 뒤 또 아니리가 계속되기도 하는 것이다. 이렇게 장단과 창조의 교체, 그리고 창과 아니리의 교체를 통하여, 연창자 혼자서 여러 배역을 할 때 나타나는 혼란은 방지되기도 한다. 위의 사설에서 '진양조우조(羽調)' 부분은 아니리의 풍경 뒤에 이어서 어사또의 심사(心思)를 드러냄으로써 서사와 대단히 밀착된 진행을 보이고 있다.

그러나 창의 부분이 본래 이렇게 이야기의 전개에 필수적인 요소로 존재했던 것은 아니었다. 서사와 관계없이 조금의 여지만 있으면 얼마든지 기존의 노래를 삽입할 수 있는 것이 초기 판소리의 모습이었기 때문이다. 그래서 각 지방의 민요나, 무가, 시조와 가곡, 그리고 다른 판소리에서 이미 더늠으로 굳어진 부분까지도 얼마든지 차용하여 삽입할 수 있었다. 본래 <장끼타령>에서 생성된 '새타령'은 <적벽가>에도 삽입되었는데, 다음의 자료는 이창운(李昌雲)의 '원조타령'과 이동백의 '새타령'이다.[11] 특히 이동백의 '새타령'은 이날치 이후에는 '당대 독보'라 하였는데, 이동백은 다른 작품일지라도 적당히 끼워 놓을 곳이 있으면 공연 때마다 이 '새타령'을 삽입해서 불렀다고 한다.

> 솟 텡텡 저 흉년새 백만군사를 자랑터니 금일 패군이 무삼 일고 비쭉 비쭉 저 비쭉새 자칭 영웅 간 곳 없고 백계도생을 꾀로만 한다 아리라오 저 꾀꼬리 坦平大路 어디 두고 深山叢林 찾어 간다 가옥 가옥 저 가마구 가련타 저 주린 장졸 냉병인들 아니 들었으랴 병에 좋다 쑥국쑥국 저 쑥국새[12]

> 새가 새가 날아든다 새가 새가 날아 든다 온갖 새가 날아든다
> 남풍 좇아 떨처나니 九萬長天에 大鵬새

11) '새타령'이 <장끼타령>에서 생성되고, <적벽가>의 '새타령'으로 전용될 수 있는 가능성은 다음의 연구에서 검토되었다.
서종문 · 김석배, 「판소리 중고제의 역사적 이해」, 『국어교육연구』 24(경북대 사범대학, 1992), 46~48면.

12) 정노식, 앞의 책, 114면.

문왕이 나게시니 岐山朝陽에 봉황새
문한기우 깊은 회포 울고 남은 공작새
소선적벽 칠월야에 戞然長鳴 백학이
글자를 뉘 전하리 佳人想思 기럭이
生憎帳額繡孤鸞 어여쁠사 彩鸞새
弱水三千里 먼먼 길 서왕모의 청조새
爲報佳人數寄書 소식 전튼 앵무새
聲聲啼血染花枝 귀촉도 불여귀
遼西夢을 놀나 깨니 莫教枝上 꾀꼬리
만경창파 녹수상에 願不相離 원앙새
주란동정 돌아들어 鸛鳴于垤 황새
飛入尋常百姓家 王謝當年 저 제비
(후략)[13)]

이동백의 '새타령'은 다른 사람들이 부르는 것보다 월등하게 길어서 자신의 음악적 역량과 함께, 그에게 전해온 중고제 소리의 전승문법을 잘 보여주는 것으로 평가된다. 그런데 이러한 삽입 방식은 이동백이 처음 한 것이 아니라, 판소리가 형성되면서부터 존재했던 판소리의 중요한 판짜기 방식이었다. 따라서 이처럼 서사와 관련 없는 노래가 조금의 틈만 있으면 끼어들어 노래화 되는 것이 초기 판소리의 모습이었고, 그 때 선택된 노래는 전승되는 지역의 민요나 무가 등이 대부분이었던 것이다. 이처럼 이야기 속에 노래가 삽입되면서, 본래 이야기로만 진행되었다면 서술자의 간단한 요약으로 이루어질 수 있는 내용도 서사의 진행을 중지시키면서까지 노래로 실현되었던 것이다. 이 노래를 통하여 서술자는 자신을 최대한 감추고 청중들을 작중 상황과 대단히 근접한 위치로 끌어들이고 있다. 초기의 판

---

13) 위의 책, 207면.

소리는 이처럼 서사적 상황에 걸맞는 기존의 가요를 이야기 속에 끌어들인 정도의 모습으로 예측할 수 있는 것이다.

2. 경기판소리의 역사적 轉變

이야기 속에 관련되는 노래를 삽입하면서 판소리가 형성되었기 때문에, 경기 지역을 기반으로 하는 배비장이나 왈짜 이야기 속에 이 지역을 기반으로 하는 노래가 삽입되는 것은 너무도 자연스러운 일이다. 이 지역은 경기 민요나 무가, 잡가의 음악적 전통을 충분히 지니고 있기 때문이다. 더구나 영제(嶺制), 완제(完制), 내포제(內浦制)의 향제(鄕制)와 대칭되는 경제(京制)로서의 문화적 토양도 풍부하게 갖춘 지역이 이곳이다.14) 따라서 정치, 문화의 중심지로서의 자부심과 풍부한 문화적 자산을 오랫동안 유지하였기 때문에, 각 지역의 문화가 이곳에서 수용되고 정제되는 양상은 얼마든지 예상할 수 있는 것이다.

지금까지 남도 음악을 기반으로 하는 판소리의 전개만이 논의되었는데, 판소리 형성기에 깊이 관여하였던 명창들의 출신지가 경기 충청을 중심으로 하고 있는 점은 주목할 만한 일이다. 『조선창극사』에서 그 출신을 이 지역으로 기록한 인물은 최선달(충남 결성), 염계달(경기 여주, 혹은 충남 덕산), 모흥갑(경기 진위, 전북 전주), 방만춘(충남 해미), 고수관(충남 해미), 김성옥(충청 강경), 김제철(충청), 이석순(경기 안산), 최낭청(충청 청안), 송수철(충청 청양), 임창학(충청 한산), 정춘풍(충청도), 한송학(경기도 수원), 김정근(충청도 강경), 윤영석(충남 면천), 정흥순(충청 한산 혹은 강경), 최상준(충청 한산), 백점택(충청 연기), 이창운(충청 문의), 황호통(충청 공주), 박상도(충청 공주), 김충현(경기), 김봉학(충청 진천), 김석창(충청),

14) 김석배, 「허흥식본 심청가의 판소리사적 위상」, 『문학과 언어』 22(문학과언어학회, 2000.5), 91면.

이동백(충남 비인), 김창룡(충남 서천)으로 모두 26명이다. 모흥갑의 출신을 전북 전주로 비정(比定)한 것은 그가 만년을 전주에서 보낸 것과 죽산을 전북의 동명인 지역으로 잘못 안 데서 나타난 결과이다.[15] 이 중에 '중고제'로 기록된 인물은 한송학, 김정근, 윤영석, 황호통, 박상도, 김충현, 김석창, 이동백, 김창룡으로 모두 9명이며, 모흥갑은 강산제, 김제철은 석화제, 백점택과 이창운은 중고조, 송수철과 김봉학은 호걸제, 정춘풍은 동편제로 기록되어 있다.

모흥갑의 강산제에 대하여는 '前齒沒落의 脣音으로 모방하여 후세까지 부르는 더늠'으로 기록된 것을 보아 모흥갑 만년에 나타난 신체적 자질과 공력이 결합된 '특이하고 아름다운 調'일 뿐, 지역적 특성을 드러낸 소리제라고 보기는 어렵다. 다음으로 정춘풍이 동편제인 까닭은 '타인에게 學得한 것이 아니고 그 예술적 천재는 聞一知十하여 自家獨工으로 고금을 종합하여' 자신의 소리를 이루었던 점, 그리고 그 출신이 다른 연창자와 달리 유가(儒家)였던 점에서 찾을 수 있을 것이다. 또한 그의 더늠으로 전하는 <소상팔경가(瀟湘八景歌)>는 박기홍과 송만갑 등을 통하여 전하는데, 송만갑이 즐겨 '경드름'과 변화를 선택했다는 점 등을 고려할 때 이들과의 연관 또한 그의 소리 법례가 송만갑 등과는 구별된다는 추정을 하게 한다.

연창자들의 출신과 소리제에 대한 검토에서 분명하게 드러난 사실은 경기나 충청 출신의 연창자들은 '석화제, 중고제, 중고조, 호걸제' 등으로 표현될 뿐, 동편과 서편의 법제로 편입되지 않았다는 점이다. 또한 경기 충청 이외의 지역 출신 연창자들은 예외 없이 이 지역 출신의 연창자들이 보이는 다양성을 보여주지 않고 있다. 그렇다면『조선창극사』가 전도성의 구술을 바탕으로 이루어졌다는 점, 따라서 전도성이 접하지 못한 오래 전의 명

---

15) 모흥갑이 경기 출신이라는 점은 그의 유일한 더늠으로 전해지는 '날 다려가오' 대목의 선율이 경기 민요조인 강산조로 이루어졌다는 음악적 분석에서도 해명되었다.
이보형,「적벽가의 명창 모흥갑」,『판소리연구』 5(판소리학회, 1994), 378~379면.
성기련,「20세기 염계달제 경드름의 변모양상 연구」,『판소리연구』 12(판소리학회, 2001. 10), 315면.

창들, 예컨대 최선달이나 염계달, 모흥갑, 방만춘, 고수관, 김성옥, 이석순, 최낭청, 임창학 등의 소리 법례도 그 이후에 기록된 연창자들의 것과 크게 다르지 않을 것이라는 점을 미루어 짐작할 수 있다. 각 지역에 기반한 음악의 유동(流動)은 대단히 어려운 것이고, 또 두 지역의 판소리는 역사적으로 분명히 구별되는 것으로 인식되었기 때문이다.

이제 문제는 경기와 충청이라는 지역적 기반을 가지고 성장했던 경기판소리가 왜 사라지게 되었는가 하는 점의 규명에 있다. 역사적 실체로 존재했던 경기판소리가 그 지역적 기반은 그대로 남아 있는데, 단순히 '판소리 창법의 독특한 기교'로까지 이해될 정도로 유파로서의 성격을 상실하였기 때문이다. 이를 우리는 송흥록(宋興祿)이라는 걸출한 인물의 등장과 연관지어 해명하고자 한다.[16] 송흥록은 전북 운봉 비전에서 출생한 불세출의 명창이다. 그를 『조선창극사』는 '모든 가사의 집대성한 공로로 보아서 기량의 특출한 점으로 보아서 劇唱의 중시조'라 하였고, '동배의 명창 모흥갑은 선배로 극히 推尊하였을 뿐만 아니라 歌王의 칭호까지 바쳤다' 하였다. 이에 머무르지 않고 다시 모흥갑의 입을 통하여 '자기는 不足論이로되 송흥록은 자타가 공인하는 대가이요 가왕의 칭호까지 받은 空前絶後의 명창이어늘 朱의 所爲 무례막심하다'고 기록하였다. 여기에서 우리는 모흥갑이 경기판소리의 형성과 관련된 명창이라는 것을 기억할 필요가 있다.

송흥록의 생몰연대는 1800년에서 1864년으로 추정될 뿐, 그의 행적이나 판소리사에 대한 기여는 구체적으로 알려져 있지 않다. 그러나 그를 가왕이라고 불렀던 점과 그에 대한 일화를 검토함으로써 그의 판소리 예술화에 대한 공헌을 짐작할 수 있다. 그의 출현 이전에 판소리 형태는 경기나 충청 지역에도 존재했을 것으로 본다. 그러나 그가 있고 난 후, 판소리는

16) 송흥록이 다양한 소리의 통합 과정에서 정점에 놓여 있다는 지적은 배연형, 「판소리 중고제론」, 『판소리연구』 5(판소리학회, 1994), 157면에서 이루어졌다. 그는 "경기 충청지방의 여러 소리조에서 새로운 양식의 판소리 동편제가 나오게 되자 삽시간에 큰 세력을 얻으면서 통합되"었고, 그 이전에 만들어진 설렁제, 경드름 등은 더늠의 형태로 살아남게 되었다고 하였다.

오로지 남도 음악과 결합된 그의 소리로 통합되었다. 그만큼 그의 자장(磁場)은 판소리사의 전개에서 중요한 위치를 차지하고 있는 것이다. 그가 역점을 두고 판소리의 예술화에 관심을 둔 것은 이른바 무속에서의 독립이었을 것으로 추정된다. 판소리 연창자를 공급하는 주된 집단이 무계(巫系)였음은 잘 알려져 있다. 그들의 출신이 그러했기 때문에 판소리가 무속과 긴밀한 관련을 가졌을 것임은 물론이다. 그에 의하여 판소리의 느린 장단인 진양조가 완성되었다고 한다. 이 진양조의 완성은 중고제 명창인 김성옥과의 관련 속에서 나타났다. 이 내용을 『조선창극사』는 다음과 같이 기록하고 있다.

> 송흥록과 남매간이므로 송이 종종 심방하였다. 어느 때 찾아가서 "근래는 병세가 어떠하며 과히 고적하지나 아니한가?"의 의미의 말을 늦인 중모리로 부르면서 방으로 들어섰다. 김은 병석에서 고독의 비애를 몹시 느낀다는 의미의 말을 진양조로 화답하였다. 그때까지는 중모리만 있었고 진양조는 없었다. 늦인중모리에 한 각만 더 넣으면 진양조가 된다. 송은 처음 들은 후에 歌界에 일대 신발견이라고 頌賀하기를 마지 아니 하였다. 그 후로 송은 이것을 다년 연마하여서 극치의 완성을 이루었다. 그런즉 진양조는 김성옥으로부터 창시하여 송흥록에게서 완성된 것이거니와 김씨 진양조를 창시한 만큼 사계에 공헌한 바 위대하였다.[17]

본래의 판소리 형태는 중머리, 중중머리, 잦은몰이로 구성되었는데,[18] 진양 장단이 생김으로써 판소리 장단은 다양하게 편성될 수 있게 되었고, 판소리는 놀이를 통한 망각(忘却)의 추구에서 정관(靜觀)에 의한 예술적 창조의 형태로 탈바꿈할 수 있었다. 박기홍이 서편제와의 융합을 꾀한 송

---

17) 정노식, 앞의 책, 34면.
18) 이보형, 「창우집단의 광대소리 연구」, 『한국전통음악논구』(고려대 민족문화연구소, 1990), 103면.

만갑에 대하여 '장타령이 아니면 염불이다. 명문의 후예로 전래 법통을 붕괴한 패려자손'이라고 비판하였다는 것도 바로 송흥록의 예술화를 모색한 과정을 방증해 주는 것으로 볼 수 있다. 즉 그에 의하여 판소리는 청중과의 흥겨운 한 마당이 되는 굿거리에서, 예술인으로 정착한 연창자와 청중이 마주하는 현재의 모습으로 변모하였던 것이다. 이렇게 됨으로서 청중은 같이 즐길 수 있는 굿판의 참여자가 아니라 연창자의 득음과 기교에 압도당하여 추임새에 만족하는 향유자로 정착한다.[19]

또한 그 예술적 역량의 이해를 위하여는 청중도 판소리에 대한 이해의 심도(深度)를 높여야 했다. 이러한 연창자와 청중의 정태적인 모습으로의 정착은 판소리 향유에 있어 이질적인 집단일 수밖에 없었던 양반층의 참여를 가속화시킬 수 있었다. 당대 최고의 가객인 안민영(安玟英)은 그의 『금옥총부(金玉叢部)』에서 송흥록과의 만남을 다음과 같이 기록하고 있다.

> ① (창원 기녀인 경패와 함께) 漆原 삼십리의 송흥록 집에 이르니, 맹렬이가 역시 집에 있다가 나를 보고 기뻐하였다. 사오일간 질탕하게 지내다 헤어졌는데, 이 때에 과연 이별이 어려움을 알았다.[20]

> ② 나는 壬寅年(1842년) 가을 禹鎭元과 더불어 호남의 순창에 내려갔다가, 주덕기와 함께 운봉의 송흥록을 방문하였다. 그 때 申萬燁, 金啓哲, 宋啓學 등 한 무리의 명창들이 마침 그 집에 있다가 나를 보고 반갑게 맞아주었다. 함께 수십 일을 질탕하게 보낸 후에 남원으로 향하였다.[21]

송흥록의 집에 있던 명창 중 신만엽은 전북 여산 출신으로 '가사가 軟美浮輕하여 時人이 斜風細雨의 칭호'를 붙여준 인물이며, 김계철은 충청도

---

19) 정병헌, 『판소리문학론』, 38면.
20) 안민영(김신중 역주), 『금옥총부』(박이정, 2003), 152면.
21) 위의 책, 164면.

출생으로 '심청가에 장하고 특히 석화제'를 잘 불렀다 한다. 여기에서 우리의 관심을 끄는 인물은 김계철인데, 그를 『조선창극사』는 김제철(金齊哲)로 기록하고 있다. 가야금 병창제와 유사한 석화제를 불렀던 충청도 출신의 김계철이 중년 이후로는 경상도 함양에 터를 잡았는데, 이곳은 바로 송흥록이 사는 운봉과 인접한 지역이다. 이런 주거 이전은 이미 모흥갑에게서 찾을 수 있었다. 경기도 진위 출신인 모흥갑 또한 만년에는 전북 전주에서 여생을 보냈기 때문이다.

송흥록과 관련되어 거론한 모흥갑, 김성옥, 김계철은 모두 경기소리에 소속된 명창들이다. 이런 인물들이 송흥록을 중심으로 모여들면서 판소리의 대통합을 도모하였을 것으로 생각할 수 있다. 경기소리는 자신만이 가지고 있는 독창적 부분을 송흥록의 소리에 가미하면서 더늠으로 남아 판소리의 새로운 창조에 기여하였던 것이다.[22] 따라서 현재 더늠으로 남아 있는 설렁제 · 경드름 · 추천목 · 석화제 · 강산제 · 호걸제 등은 경기소리의 전부가 아니라 동편제에 통합되면서 살아남은 일부인 것이다. 따라서 중고제란 경기소리의 본래 모습을 유지하면서 일정 기간 유파로서의 사명을 감당한 명칭이라고 규정할 수 있을 것이다.[23] 이로써 송흥록 이전의 소리는 통칭 고제(古制)라 부르게 되었고, 송흥록을 판소리의 '중시조(中始祖)'라고 지칭한 진정한 이유도 여기에 있다. 송흥록에 의하여 판소리는 전국의 판소리적 형태를 받아들여 통합하면서 새로운 물줄기를 형성하였기 때문이다.

---

22) 성기련, 앞의 논문, 343~344면.

23) 이 논문에서 언급되고 있는 경기소리는 중고제와 동일한 개념으로 사용하는 것은 아니다. 중고제는 경기 충청지역에서 두루 불리던 다양한 소리제를 총괄하여 부른 개념으로 이해되기 때문이다. 이런 까닭에 중고제는 동편제와 같이 단일한 소리제를 가리키는 것이 아니라, 개인적인 편차가 용인되고 있다. 배연형, 앞의 논문, 193~194면 참조. 또한 강도근의 증언과 중허리시조의 음악적 성격을 바탕으로 '중고제의 음악적 자질이 서울 · 경기지방의 음악적 자산에서 유래되었다'는 설명도 중고제와 경기소리의 친연성을 말해주는 것이라고 할 수 있다. 서종문 · 김석배, 앞의 논문, 51면.

3. 경기판소리 사설의 성격

지금까지 경기판소리에 대한 논의는 음악적 특성에 관한 것이 그 주종을 이루었다. 이는 음악적 특성과 관련지을 수 있는 구체적 자료인 경기민요나 경기무악의 존재가 현재 전승되고 있고, 특히 이와 관련지을 수 있는 '경드름'이 판소리의 중요한 더늠으로 실재하고 있기 때문에 나타난 당연한 현상이었다. 그 결과 경기판소리가 판소리의 형성과 전개에서 중요한 위치를 차지하고 있다는 성과를 거둘 수 있었다.

그러나 당연한 말이지만 판소리는 외형상 긴 이야기를 음악과 일상적 어투의 이야기로 교직(交織)해 나가는 예술형태이다. 이는 음악이나 사설, 어느 하나만으로는 그 실상을 온전히 드러낼 수 없다는 것을 의미한다. 따라서 어떤 의미에서건 경기판소리 사설의 성격에 대한 규명이 있어야만 그 종합적 실체에 접근할 수 있는 것이다. 사설의 성격에 대한 규명은 이렇게 전체적인 시야(視野) 확보에 기여할 뿐만 아니라, 음악만으로 접근하여 거두기 어려운 성과를 보완할 수 있다는 장점도 지니고 있다. 음악과 사설은 따로 떨어져 존재하는 것이 아니라 상호 긴밀하게 결합하여 하나의 유기체를 형성하고 있기 때문에, 음악적 고찰만으로 거둘 수 없는 부분이 사설의 연구 성과에서 드러날 수 있는 가능성이 있는 것이다.

경기판소리의 사설로 추정할 수 있는 것은 일차적으로 이 지역을 기반으로 하는 <배비장타령>과 <왈짜타령>을 들 수 있다. 이 작품들은 중인 이상의 관인 사회에서 있을 수 있는 소재를 판소리화한 것이다. 앞에서 말한 바와 같이 이런 소재의 이야기는 이 사회의 저변을 이루고 있는 천민층의 것이라고는 할 수 없고, 따라서 그 향유집단은 서울 경기 지역의 관인사회와 관련된 인물이라고 할 수 있다. 이런 작품이 공통으로 드러내고 있는 사실은 자신들이 소속된 사회에서 나타날 수 있는 사소한 삽화라고 할 수 있다. 자신들이 향유하고 있는 사회 구성원의 다양한 세상살이를 보여주고 있다는 점에서, 이는 <춘향가>나 <흥보가>, 그리고 <심청가>가 계층의 변동, 또는 공동의 삶을 추구하면서 미래 사회의 도래를 추구하고 있는 것과는 구별된다. 본질적으로 이런 작품들은 사회 질서의 유지를 도모하고 있다는 점에서, 기존 질서의 유지 속에서 혜택을 누리는 기득권층의 의식을 대변한다고 볼 수 있는 것이다.

그러나 이런 작품들이 경기판소리를 일구어낸 연창자들에 의하여 전승되었다는 구체적 자료는 찾을 수 없다. 다만 이 작품들의 전승이 일찍부터 단절된 것도 이 작품들이 가지고 있는 기득권층의 의사 대변이라는 점에서 찾을 수 있을 것이라는 추정을 할 수 있을 뿐이다. 따라서 여기에서는 염계달의 더늠으로 알려진 <춘향가>의 '남원골 한량대목'과 한송학의 더늠으로 알려진 <장끼타령>을 통하여 경기판소리 사설의 성격과 지향을 검토하기로 한다.

① 이때 남원부 한량들이며 기생들이며 남녀로소 없이 모여든다. 손벽들을 치며 "춘향이가 매를 맞고 거의 죽게 되었단다. 어서 가서 구경하자." 삼문 밖에 당도하니 연약한 춘향 다리 유혈이 낭자가 되었구나 여러 한량덜이 이 꼴을 보고 "아스라 정절도 쓸대없다. 저 매를 맞고 어이 살니. 모지도다 모지도다. 우리 골 사또가 모지도다. 저런 형벌이 웨 있으며 저런 매질이 또 있으랴. 집장사령놈 눈익켜 두어라 삼문 밖 나서면 급살을 줄리라." 어떤 오입장이 하는 말이 "웃령이 지엄하니 젠들 제 마음대로 할 수 있나. 춘향이 매 맞는 것은 사람의 자식은 못 보것다. 이 꼴도 저 꼴도 보지 말고 행화촌으로 가서 술이나 먹자." 한 기생이 노래를 부르명 춤을 추명 "잘 죽는다. 잘 죽는다. 춘향이가 잘 죽는다." 여러 기생덜이 "저 년 미쳤구나. 네가 춘향과 무슨 前嫌 있드나. 아무리 원수척이라도 오날날 이 정색은 낙루하고 돌아설데 춤을 추니 웬일이냐." 저 기생이 대답하되 "너의들 내 말 들어바라. 황해도 해주감영 一枝紅이 나겨시고 평안도 평양감영 月川婦人 나겨시고 경상도 진주는 義岩婦人 나겨시고 전라도 남원땅에 열녀 춘향이 나겨시니 우리 교방

청의다가 정문을 덩그렇게 지어놓고 선판감이 생겼으니 이런 경사가 또 있는가." 여러 기생덜이 이 말 듣고 "영덕전 지은 후 상량문이 제격이요 岳陽樓 중수할 제 范希文의 洞庭一湖가 제격이요 등왕각 잔치할 제 王子安의 落霞孤鶩이 그도 또한 제격이요 열녀 춘향 죽게 될 대 네 말 하나가 제격이로다."[24]

② 건곤이 배판할 제 만물이 번성하여 귀할 손 인생이오 천할 손 짐승이라 날짐승도 삼백이오 길짐승도 삼백이라 꿩의 화상 볼작시면 의관은 오색이오 별호는 화충이라 山禽野獸의 천성으로 사람을 멀리 하여 운림 벽계상에 낙락장송 정자 삼고 상하평전 들 가운데 퍼진 곡식 주어먹어 임자 없이 생긴 몸이 관포수와 산양개에 걸핏하면 잡혀가서 삼태육경 수령방백 다방골 제갈동지 실토록 장복하고 좋은 것 골라내어 사령 기의 살대 치레와 전방의 몬지채며 온 가지로 두루 쓰니 공덕인들 적을소냐 평생 수문 자최 좋은 경치 보려하고 백운청산 상상봉에 휘위휘위 올라가니 몸 가벼운 보라매는 예서 떨렁 제서 떨렁 뭉치 든 모리군은 예서 우 제서 우 냄새 잘 맡는 사냥개는 이리훗 저리훗 웍새 포기 떡갈잎을 뒤적뒤적 찾어드니 사라날 길 바이 없네 사이길로 가자 하니 부지기수 포수들이 총을 메고 둘러 섰네 엄동설한 주린 몸이 어대로 가잔말가 상하평전 너른 들에 콩낱 혹시 있겠으니 주으러 가자세라 …(중략)… 이때 차위 임자 탁첨지는 망 보다가 만선드리 鼠皮 휘양 우구려 쓰고 지팡막대 걷어짚고 허위허위 달려드러 장끼를 빼어들고 희희낙낙 춤을 추며 "지아자 좋을시고. 안남산 벽계수에 물 먹으러 네 왔더냐. 밧남산 灼灼桃花 꽃노리에 네 왔더냐. 貪食歿身 모르고서 식욕이 과하기로 콩하나 먹으려다가 녹수청산 놀든 네가 내 손에 잡혔구나. 산신께 치성하여 네 구족을 다 잡으리라." 장끼의 빗문 혀를 빼내여 바위 우에 얹어

24) 정노식, 앞의 책, 27~28면.

> 놓고 두 손으로 합장하여 비는 말이 "아까 놓은 저 차위에 까토리 맞어 치이옵소서. 남무아미타불 관세음보살." 꾸벅꾸벅 절하고 탁첨지 나려 간다. 까토리 뒤미처 발버가서 바위에 엎친 털을 울며불며 찾아다가 칙 잎으로 소렴하고 댕댕이로 대렴하고 원추리로 명정 써서 애송목에 걸어놓고 밭머리 사태난데 금정없이 산역하여 하관하고 산신제와 불신제 지내고 제물을 차릴 적에 가랑잎에 이슬 받아 도토리 잔 삼아 다마놓고 속세대로 수저삼아 稱家有無 형세대로 그렁저렁 차려놓고 호상 소임으로 집사를 분정하니 누구누구 드렀든고. 의관 좋은 두루미는 초헌관이 되어있고 몸 가벼운 제비새는 접빈객 되어있고 말 잘하는 앵무새는 진설을 맡았구나. 따옥이 꿇어앉아 축문을 낭독하니 그 축문에 하였으되 "惟歲次 某年某月某日 未亡 까토리 敢昭告于 顯辟 장끼 學生府君 形歸窀穸 神返室堂 神主旣成 伏惟尊靈 捨舊從新 是憑是依"라 하였더라.25)

염계달은 경기도 여주 출신으로 그의 더늠인 <춘향가>의 '남원골 한량 대목'은 '경드름'으로 짜여져 있다. 그런데 같은 경드름이라고 하더라도 경기도 진위 출신의 명창 모흥갑이 부른 경드름과는 구별이 된다고 한다. 모흥갑은 염계달의 것과는 달리 선율을 높은 소리로 질러내 높은 상성으로 일관하고 있기 때문이다.26) 이는 경기도를 지역적 기반으로 하면서도 서로 다른 모습을 보임으로써 연창자에 따라 판소리를 다양하게 발전시키고자 하는 의지를 가지고 있음을 알게 한다. 이런 다양성은 문화적 중심지로서의 세련성과 포괄성에서 기인하는 것으로 볼 수 있다.

충청도 해미 출신인 방만춘이 22세에 서울로 올라와 명성을 드날렸고, 다시 황해도 봉산에서 자신의 소리를 다듬었다는 것도 판소리의 전국화와 관련된 것이며, 이에 경기·서울 지역이 일정한 기여를 하였음을 알려준다. 특히 방만춘은 봉산 지역의 음율가(音律家)와 함께 <적벽가>와 <심청

25) 위의 책, 82~93면.
26) 이보형, 「적벽가의 명창 모흥갑」, 『판소리연구』 5(판소리학회, 1994), 384면.

가>를 윤색 개작하였는데, '<적벽가>의 초고는 여러 사람이 다년 轉讀하는 동안에 파열되어 겨우 수 장 紙片이 餘存하여 있고, <심청가>는 그 嗣孫이 보존'하였다고 한다.[27] 이는 염계달이 <장끼전>을 얻어 판소리로 짠 것과 마찬가지로 초기의 연창자들이 사설의 윤색과 개작에 깊은 관심을 보였다는 점, 그리고 판소리의 다양한 변화가 경기 서울지역의 중앙문화와 긴밀하게 연관되면서 진행되었음을 알려주고 있다.

염계달은 특히 판소리 공부하러 가는 길에 습득한 <장끼전>을 공부하여 자신의 특장(特長)으로 삼았는데, 특히 권삼득의 창법을 많이 모방하였다고 한다. 여기에서도 우리는 끊임없이 변화를 추구하는 판소리 예인(藝人)들의 자세를 확인할 수 있다. 염계달이 판소리로 짜서 불렀다고 하는 <장끼타령>은 경기도 수원 릉 안에서 출생하였고, 용주사에서 오래 수업을 하였다는 한송학의 더늠으로 『조선창극사』에 기록되어 있다. 여기에 기록된 것은 콩을 앞에 두고 까토리가 간밤의 꿈을 얘기하며 먹지 말라고 하는 부분으로부터 장끼가 죽어 치상(治喪)하는 대목까지로 이루어져 있다. <장끼전>에서 그 이후의 대목은 장끼의 수절하라는 유언을 거부하고 까토리가 개가하는 결말 부분이 있을 뿐이어서 사실상 <장끼타령>의 대부분이 『조선창극사』에 수록되었다고 할 수 있다. 한송학의 더늠으로 기록되어 있는 이 자료를 통하여 우리는 염계달의 <장끼타령>이 판소리로 정착되는 과정을 확인할 수 있게 되었다. 한송학의 더늠은 지역적, 문화적 성격으로 볼 때, 염계달의 그것에서 크게 벗어나지 않을 것이기 때문이다.

이 작품은 아내의 충고를 듣지 않아 죽음에 이르는 장끼의 비극과 까토리의 새로운 삶을 중요 소재로 하고 있다. 한 사회가 추구하고 있는 질서의 강요는 각 영역에서 그 질서를 유지하고 있는 담당자가 그 역할을 충실하게 준수할 때 가능한 것이다. 그 담당자가 그 역할에 합당한 인물이 아닐 때, 그 질서의 강요는 경직(硬直)된 방향으로 나아가고, 결과적으로는

27) 정노식, 앞의 책, 31면.

그 사회의 붕괴(崩壞)로까지 이어지는 것이다. 민주사회란 각 개인의 이런 차별을 인정하지 않고 제도의 힘으로 질서를 유지하고자 창출한 제도라고 할 수 있을 것이다. 조선 사회가 추구하는 남녀의 질서도 이런 점에서 항상 비판받을 소지를 가지고 있었다. 그래서 우매한 남편과 현명한 아내의 이야기는 우리 주변에서 얼마든지 발견할 수 있는 일이어서, 수많은 민담의 소재로 활용되어 왔다. 남녀의 관계를 상하의 질서로 파악한 것도 또한 조선사회를 유지하는 중요한 제도였기 때문에, 이에 대하여 이의를 제기하는 일은 강상(綱常)을 흔드는 일로 엄격하게 제한되었다. 그러나 조선 후기에 이르러 여성의 역할이 강조되면서 이 남녀의 질서는 가장 먼저 비판을 받게 된다. 이런 이야기가 즐겨 소설화되고, 당연한 것처럼 여겨졌던 강요된 질서에 대하여도 격렬한 비판이 가해졌던 것이다.

<장끼타령>은 이런 사회적 변화를 동물들의 것으로 치장하여 보여준 우화이다. 이런 의식의 변화가 정치나 사회, 경제의 중심지인 중앙으로부터 비롯된다는 점에서, <장끼타령>은 서울 경기지역의 변화하는 의식을 작품화한 것으로 볼 수 있다. 그리고 염계달은 이러한 의식을 가장 먼저 파악하고 판소리에 올려 판소리의 중요한 레퍼토리로 확정한 것이라고 할 수 있다.[28] 이 작품에 등장하는 장끼의 해몽이나 아내를 구타하는 장면은 같은 시대에 제작되었다고 추정되는 <이춘풍전>의 그것과 크게 다르지 않다. <이춘풍전>은 그 소재와 배경은 <배비장전>, <왈짜타령>과 유사하고, 여성의식의 측면에서는 <장끼타령>과 유사하다는 점에서 서로 다른 차원에서 진행된 세 작품이 연결될 수 있는 고리를 제공하는 작품이라고 할 수 있다.

<이춘풍전>의 춘풍처는 남편과의 문제 해결을 위하여 스스로 비장(裨將)을 자원(自願)하고, 이를 기반으로 사건을 해결한다. 그런 점에서는 <배비장전> 등과 같이 관인사회의 경험을 그 중요한 바탕으로 간직하고 있다.

---

28) <장끼타령>과 <왈짜타령>이 중고제의 몰락과 함께 판소리의 전승 통로에서 사라지게 되었다는 지적은 서종문 · 김석배, 앞의 논문, 45면에서 설명되었다.

다만 장끼의 우둔함은 결국 생명을 잃게까지 하지만, 이춘풍은 아내의 도움을 받아 행복한 결말을 맞이한다는 점에서 차이가 있다. 그러나 이는 민담과 소설의 차이에서 나타나는 것일 뿐, 그 지향하는 의식은 동궤(同軌)에 놓여 있는 것이다.

<이춘풍전>은 애당초 신분에 대한 차별 의식이 배제되어 있다. 전체적인 흐름으로 보아 이춘풍은 상층의 지배 계층은 아니다. 그런데도 이춘풍의 아내는 남편에게 과거를 보고 입신양명하기를 요구하고 있는데, 과거에 응시하는 데 있어 신분적 제약은 전혀 드러나지 않는다. 따라서 우리는 이러한 신분의식의 배제를 통하여 <이춘풍전>이 신분의 문제 제기를 지향하고 있는 작품이 아니라는 것, 또한 이 작품이 역(逆)으로 신분에서 자유로울 수 있는 계층에서 창작되고 향유된 것이라는 추정을 하게 된다. 이것이 <배비장타령>, <왈짜타령>과 이 작품을 연관지어 설명할 수 있는 까닭이 된다.

다음으로 이춘풍의 아내는 남성의 권위만을 내세우고 드디어는 전락한 남편을 구하기 위하여 다양한 방법을 동원한다. 어리석은 남편과 현명한 아내의 이야기를 그 바탕으로 하고 있다는 점에서 이 작품은 <장끼타령>과 연결될 수 있는 가능성을 가지고 있다. 장끼의 비극은 극도로 피폐해진 서민의 삶에 그 원인이 있었지만, 그를 죽음에 이르게까지 한 것은 남성의 권위를 내세워 고집을 부렸기 때문이었다. 이춘풍도 자신의 노력에 의하여 얼마든지 행복을 추구할 수 있었지만, 남성의 권위를 내세우면서 고집을 부렸기 때문에 비극적인 결과를 맞이하였다. 두 인물이 모두 아내에게 폭력을 행사하고, 윽박지르는 양태까지도 상당히 유사한 것으로 보아 두 작품은 상당한 정도의 친연성(親緣性)을 가지고 있는 것이다.

이춘풍은 비장으로 나타난 아내에게서 징치(懲治)를 당하게 되는데, 이는 아내의 경제권 장악에서 가능하였다. 그런 점에서 우리는 까투리의 변화된 모습을 이춘풍의 아내에게서 찾아볼 수 있는 것이다. 까투리의 끊임없이 계속되는 꿈 사설은 장끼에 대한 도전으로 표변(豹變)할 수 있을 것이라는 암시를 주고 있기 때문이다. 따라서 <장끼타령>과 <이춘풍전>을 여성의식의 고양(高揚)이라는 연장선상에서 파악한다면, 권위를 내세우는 남성의 처절한 패배와 전통적인 남녀관계의 파괴가 두 작품의 공통적인 지향이라고 할 수 있는 것이다. 이를 통하여 우리는 변화된 남녀관계를 승인할 수밖에 없는 시대 조류가 서울·경기지역을 중심으로 확산되고 있음을 확인할 수 있는 것이다.

4. 경기판소리의 판소리사적 위치

이상의 논의를 통하여 경기판소리가 성립할 수 있는 가능성과 형성, 변화의 과정을 확인할 수 있었다. 경기판소리는 판소리가 형성되는 시기에 하나의 중요한 유파로서 정립되어 있었고, 나름대로의 중요한 역할을 수행하고 있었다. 우리나라의 각 지역은 나름대로의 민속적 기반을 가지고 있어, 이를 바탕으로 하여 나타난 표층문화로서의 판소리 형태가 동일한 것일 수는 없다. 경기 지역은 오랫동안 정치 문화의 중심지로 존재하였기 때문에, 그 문화적 자부심과 세련미가 그 문화의 중심에 놓여 있다. 모든 지역 문화는 이 지역에서 평가되고 종합되는 과정을 거쳐 전국문화로 정착할 수 있었다. 판소리가 전국예술로 정착할 수 있었던 것은 경기지역의 이러한 관문을 통과하였기 때문에 가능한 것이었고, 여기에 이 지역 판소리 연창자가 중요한 역할을 담당하였다고 할 수 있는 것이다. 판소리 형성 초기에 이 지역 명창이 집중적으로 나타나게 된 까닭을 여기에서 찾을 수 있다.

이 지역에서 독자적으로 형성되었던 판소리 형태는 전성시대에 이르러 전국예술로 성장한 판소리 형태 속에 자신의 모습을 용해시켰다. 전국예술로 성장하면서 판소리는 각 지역의 유사한 형태를 통합, 조정하는 과정을 거쳤기 때문이다. 이는 송흥록을 중심축으로 하여 이루어졌는데, 이 지역

명창들의 주거지가 남도로 옮겨지게 된 것도 이러한 역사적 전개 과정을 보여주는 것이라고 할 수 있다. 이 과정에서 경기판소리는 다양한 전 시기의 모습을 판소리에 포함시킴으로써 판소리의 다양화와 세련화에 크게 기여하였다. '경드름, 석화제, 중고제, 호걸제' 등의 기호들은 경기판소리가 있어 가능했던 것이다. 심지어는 판소리의 예술화를 촉진시켰던 진양 장단의 발견도 이 지역 판소리의 성숙과 함께 거론할 수 있다.

이런 음악적 기여와 함께 경기판소리는 자신이 소유하고 있던 의식과 지향을 판소리 속에 남길 수 있었다.[29] 이 지역을 기반으로 하여 형성된 <배비장타령>이나 <왈짜타령>, <장끼타령> 등은 판소리의 소재를 넓히고, 시대의 변모와 함께 나타나게 되었던 여성의식의 변화를 직접적으로 보여주었다. 이러한 작품들이 판소리에 추가됨으로써 판소리는 보다 다양한 삶을 보여줄 수 있었고, 또 전국예술로 발돋움할 수 있는 계기를 마련하였던 것이다.

현재 연행되고 있는 판소리는 각 지역의 이러한 기대에 힘입어 전국예술로 성장할 수 있었다. 판소리가 모든 장르에 대하여 개방적 자세를 지니고 있는 것은 그 태생이 그러하기 때문인 것이다. 양반 좌상객들을 받아들이기 위하여 <적벽가>를 만들어낸 것처럼, 열사(烈士)들의 행적도 들어올 수 있었고, 심지어는 '예수의 탄생'까지도 판소리 속에 들어왔다. 한없이 받아들이고 또 정화(淨化)하는 살아있는 호수처럼, 판소리는 포용의 모습으로 이루어졌던 것이다. 이것이 있어 판소리는 살아있는 장르이고, 또 판소리의 미래가 어떠해야 하는 가를 알려주고 있다. 그리고 그것을 웅변으로 보여주고 있는 정점에 경기판소리는 놓여 있다.

---

29) 위의 논문, 50면.

참고 문헌

권두환, 「배비장전 연구」, 『한국학보』 17, 일지사, 1979년 겨울.
김석배, 「허흥식본 심청가의 판소리사적 위상」, 『문학과 언어』 22, 문학과언어학회, 2000.5.
배연형, 「판소리 중고제론」, 『판소리연구』 5, 판소리학회, 1994.
서종문 · 김석배, 「판소리 중고제의 역사적 이해」, 『국어교육연구』 24, 경북대 사범대학, 1992.
성기련, 「20세기 염계달제 경드름의 변모양상 연구」, 『판소리연구』 12, 판소리학회, 2001.10.
안민영(김신중 역주), 『금옥총부』, 박이정, 2003.
이보형, 「적벽가의 명창 모흥갑」, 『판소리연구』 5, 판소리학회, 1994.
______, 「창우집단의 광대소리 연구」, 『한국전통음악논구』, 고려대 민족문화연구소, 1990.
정노식, 『조선창극사』, 조선일보사, 1940.
정병욱 교주, 『배비장전 · 옹고집전』, 신구문화사, 1974.
정병헌, 『판소리문학론』, 새문사, 1998.
______, 『판소리와 한국문화』, 도서출판 역락, 2002.

(『공연문화연구』 10, 한국공연문화학회, 2005.2)